U0899344

人力资源服务概论

中国人事科学研究院　组织编写
余兴安　主　编
田永坡　副主编

中国人事出版社

图书在版编目（CIP）数据

人力资源服务概论/余兴安主编；中国人事科学研究院组织编写．—北京：中国人事出版社，2015

ISBN 978-7-5129-1015-7

Ⅰ．①人…　Ⅱ．①余…　②中…　Ⅲ．①人力资源-服务业-概论　Ⅳ．①F249.1

中国版本图书馆 CIP 数据核字（2015）第 307433 号

中国人事出版社出版发行

（北京市惠新东街 1 号　邮政编码：100029）

*

保定市中画美凯印刷有限公司印刷装订　　新华书店经销

787 毫米×1092 毫米　16 开本　36 印张　633 千字

2016 年 1 月第 1 版　　2016 年 1 月第 1 次印刷

定价：85.00 元

读者服务部电话：（010）64929211/64921644/84626437

营销部电话：（010）64961894

出版社网址：http://www.class.com.cn

编委会

主　编　余兴安

副主编　田永坡

撰著者（按姓氏笔画排序）

王晓辉　王爱敏　田永坡　刘青田　刘　涛　刘　璐
朱莉莉　余兴安　苏永华　苏丽峰　吴　帅　时　博
李作学　张伟国　杨惠贤　孟庆伟　孟凡艺　郑振华
苟小娟　曹可安　黄　梅　黄芳芳　葛　婧　熊通成
薛　驰

前　言

人力资源服务业这个概念是我们提出来的。十余年前并没有这个说法，英文中本也无相对应的概念，有的只是我们在进行中译英时选择的表述。

但这个概念不是凭空编造的。在市场经济体制下，市场机制成为资源配置的基础性力量，人力资源的配置也不例外。

1978年年底召开的党的十一届三中全会开启了中国经济市场化的进程，中国人力资源（人才、劳动力）配置市场化的进程也相伴而生。然而，在一个大规模的市场体系中，资源配置由一个一个的市场主体之间直接交易来完成虽然并非不可能，但成本极高、效率极低，以至于在现实中难以真正实现。因而一个中介性的服务体系的产生成为必然。

这就是我们看到的，从20世纪80年代初开始，先是政府部门举办的各类人才交流机构、就业服务机构、职业介绍机构的产生，短短的几年内遍及省市县各级行政区域；与此同时，专门面向外资企业人力资源工作的对外服务机构也在各省市陆续建立。自20世纪80年代后期起，各类民营职业中介机构、人才中介机构、劳务派遣机构、培训机构、管理咨询机构等，随着改革大潮的涌动，亦如雨后春笋般勃兴。20世纪90年代后，境外人力资源服务提供者纷纷进入我国市场，由此又产生了众多中外合资、合作的人力资源服务组织。

三十余年间，一项全新的事业在中华大地产生并蓬勃发展。

但是，我们一直缺乏一个合适的概念，既能体现这一领域的功能特点，涵括各项业务形态、各类组织机构、各种服务行为，又能与现代市场经济相适应，并明确其在国民经济和社会事业体系中的地位。

长期以来，我们使用“人才市场建设”或“劳动力市场建设”作为我们工作的总概念，但是，“市场”一词在不同场合下含义是不同的。从宏观意义上讲，它指的是平等交易的资源配置机制，而在实际运用中，往往又是指一种组织形态，在很多时候讲到“市场”时还仅仅说的是一个空间意义的场所。

所以，在十多年前，一些业内人士通过反复讨论，提出使用“人力资源（人才）服务业”这个概念来作为我们这个工作领域（行业）的称谓，并努力使之写入中央文件之中。

现在看来，我们的这个概念转换工作是做对了。

首先，人力资源服务所涵盖的各种业务形态的确具有同质性。这个共同的质的规定性就是促进各类劳动者与生产劳动即工作岗位的有效结合，促进人的智能、体能的有效发挥与生产事业的发展，按文件上的表述就是“为劳动者就业和职业发展，为用人单位管理和开发人力资源提供相关服务的专门行业”。把它归为一个行业门类并非硬性整合。

其次，这种服务具有广泛的社会价值和经济价值。人力资源服务总体来看是做生产要素——人力资源，这个最重要的生产要素的配置工作的，这种配置工作是任何一种社会活动尤其是生产性社会活动离不开的。同时，这种服务行为又能为服务提供者自身带来经济效应，而且可能是可观的经济效应，对服务提供者有强劲的激励作用。这使得人力资源工作不仅为经济建设服务，而且本身也成为一项经济工作。这是与传统的劳动、人事工作有本质意义上的不同之所在。

再次，这的确是一个相对广阔的服务领域。现在我们一般列举的各项业务形态，包括招聘服务、职业指导、人员培训、人才测评、劳务派遣、猎头服务、人力资源社会保障公共事务代理、人力资源业务外包、人力资源管理咨询、人力资源信息软件服务等，林林总总，不一而足。数十万人从业其中，为数以亿计的劳动者和数百万的各类社会组织提供服务，每年产生数千亿元的营业额，称之为一个行业，正是名副其实了。

2007 年 3 月，国务院印发《关于加快发展服务业的若干意见》（国发〔2007〕7 号），明确指出，“发展人才服务业，完善人才资源配置体系”。2010 年发布的《国家人才中长期发展规划纲要（2010—2020 年）》对此做了进一步的明确。2011 年发布的《产业结构调整指导目录》《国民经济和社会发展“十二五”规划纲要》《国民经济行业分类（GB/T 4754—2011）》等文件中开始使用“人力资源服务”或“人力资源服务业”的表述。2012 年 12 月，国务院发布《服务业发展“十二五”规划》，将人力资源服务业列为生产性服务业中要重点发展的十二个门类之一，与金融保险、交通物流处于并列的位置，对人力资源服务业的行业地位做了明确界定。2014 年 12 月，人社部、国家发改委、财政部联合发布《关于加快发展人力资源服务业的意见》，按照“十二五”规划精神，系统、全面地提出了促进我国人力资源服务业发展的基本方针、目标任务、支持政策和具体措施。

现在，我国的人力资源服务业无论从业务形态的发育、组织体系的建构、服务产品的开发，还是在国民经济与社会事业总格局中的定位、国家管理法制与产业政策的制定等方面，均已规模初具并渐臻于完备。总体上讲，我国的人力资源服务业已走过了它的产业形成期，正进入对内全面夯实行业发展根基，不断向世界先进水平迈进；对外努力适应时代变革，更好地服务于经济社会事业发展新需要的新的历史时期。

夯实行业发展根基中的一项重要功课就是要系统建构其理论体系并对其中的一系列认识问题、方法问题做出清晰的阐释。这是行业长久、健康发展的基础，也是这一领域经营规模壮大、服务方式创新、管理运营改进、从业人员素质提升乃至业务形态拓展的前提性条件。《人力资源服务概论》的编写即是为此进行的探索，力图为我国人力资源服务业的同行们提供一个系统的、有一定理论深度及应用价值的基础读本。

本书的撰著者或为资深专家，或为学术新锐，本着对事业的热爱和高度负责的精神，在总结我国人力资源服务业发展实践经验的基础上，通力合作，历经一年多的努力，几经反复商讨、修改，终于完成全稿。值此书稿付梓之际，作为主持人，我要对参与这项工作的每一位同仁表示衷心的感谢，同时也祝愿这部作品的问世能为我国人力资源服务业的健康发展贡献一份应有的力量。当然，也热忱欢迎业界同行们的严厉批评与良好建议，以便我们在修订再版时予以丰富、完善。

余兴安
于中国人事科学研究院
2015 年 10 月 8 日

目　　录

第一章 人力资源服务概述

人力资源服务是相关企事业单位或用工组织将自身的人力资源管理和开发相关活动的部分或者全部交由第三方提供，由其通过专业化手段实施的外部化过程。它是伴随着人力资源管理科学化和社会分工的深化逐步发展起来的专业化服务，并逐步形成现代服务业和生产性服务业的重要组成部分。本章主要介绍人力资源服务的基本概念、理论基础、核心内容以及未来的发展模式。第一节介绍人力资源服务的基本概念和属性等；第二节分析了与人力资源服务相关的经济学、社会学等理论；第三节简要介绍当前人力资源服务的核心内容和人力资源服务的发展模式。

第一节 人力资源服务的概念

一、人力资源服务的基本概念

在科学技术进步和经济发展的进程中，人力资源的作用越来越明显，对一国经济增长的贡献也越来越大。而且，人们发现人力资本水平的差异，会给不同国家的等量物质资本投入带来差别迥异的产出，这也促进了社会各界对人力资本投资和人力资源作用的认可。

人力资源的管理，应当是一种开发性的管理，应将人力资源挖掘出来，转化为巨大的生产力和社会发展的动力。近年来有关人力资源管理理论的研究，综合了经济学、管理学、社会学、人口学及心理学等各学科的知识和研究方法，研究范围也拓展到以社会人力资源的开发与管理为宏观背景，来研究企业的人力资源管理。人力资源管理从最早的监督性或强制性管理到行为管理，再发展到开发性管理，是人力资源管理不断走向科学的一个过程，也是人力资源管理科学化水平不断提高的一个过程。

随着人力资源管理专业化程度的提高，管理的分工也更加明确，形成了企事业单位各自独具风格的人力资源管理模式。同时，为了迎接全球化、组织变化、知识工人短缺等新挑战，人力资源管理在不断创新中寻求变革，出现了专门以提供人力资源管理为核心业务的服务机构。为了应对企事业单位人力资源管理的新需求，人力资源服务行业利用信息化技术，实施网络化人力资源管理，建立起了更加有效的管理机制，不断推动人力资源服务向纵深发展。

综合上述人力资源服务产生背景及当前国内外人力资源服务的实践，我们可以将人力资源服务概括为，相关企事业单位或用工组织将自身的人力资源管理和开发相关活动的部分或者全部交由第三方提供，由其通过专业化手段实施的外部化过程。从人力资源服务提供者的角度看，这表现为人力资源服务机构向客户企业和就业群体提供各项服务的过程。伴随着各项人力资源服务的发展，逐渐形成了一个包括招聘、猎头、测评、培训、劳务派遣等服务业态在内的相对独立的产业，即人力资源服务业。人力资源和社会保障部、国家发展改革委、财政部发布的《关于加快发展人力资源服务业的意见》（人社部发〔2014〕104号）将人力资源服务业定义为“向劳动者就业和职业发展，为用人单位管理和开发人力资源提供相关服务的专门行业”。

从实践意义上看，人力资源服务产业的可持续发展关系到国家人才战略的实现，关系到相关产业结构的转型升级和效能提升，关系到广大就业群体的职业规划和发展，同时也关系到各阶层劳动关系及社会关系的和谐稳定。从运行体系上看，人力资源服务的实施过程包含若干实践主体、相互关联的服务业态和产品，反映市场需求及供应商战略的运营模式、技术标准和服务流程，以及相应的外部规制政策和法律依据。

二、人力资源服务的属性

（一）人力资源服务的社会属性

人力资源服务具有相应的社会属性，其在形式上集中体现为组织与组织间、员工群体之间，以及组织与员工之间的相互关系，其在内涵上则表现为劳动关系的和谐程度，以及组织间的社会化合作及相互依赖。比如，在人力资源服务实践过程中包含二元制（雇主与雇员间的相互关系构成的企业内部劳动力市场）以外的非典型雇佣模式及其劳动关系，例如劳务派遣和岗位外包等；同时，也可能在用工组织内部形成不同体制和身份下的员工关系，例如正式员工与派遣员工或者外包员工间的制度和认知差别。从人力资源服务提供者和使用者的关系看，人力资源服务提供商与不同行业的多个客户组织间可能存在经常性的交流互动、制度构建和资源依赖，以及战略性的协同发展。例如，主动遵守外部规制，以及崇尚服务创新和价值创造的人力资源服务企业有助于提升客户组织的人力资源最佳实践，提升后者的员工满意度，形成并持续保持和谐稳定的劳动关系；然而，单纯强调成本导向，以及独占和滥用资源的人力资源供应商可能与客户组织间产生潜在的矛盾冲突，并导致后者组织内部劳动关系的复杂化和竞争性。

结合特定的制度环境，人力资源服务的社会属性也表现出鲜明的时代特征。例如，我国现行的档案和户籍制度一定程度上影响到就业人口的属地化管理和区域间流动，这要求相关人力资源服务机构面向用工组织或个人提供必要的档案管理和落户代办服务，这有助于就业群体和个人在特定区域和组织中的稳定工作和长期发展。2014 年 12 月，中央组织部、人社部、发展改革委、财政部及国家档案局等五部委，出台了《关于进一步加强流动人员人事档案管理服务工作的通知》，通知原则上要求按照“集中统一、归口管理”的管理体制，自 2015 年 1 月 1 日起取消相关档案管理服务性收费，从而进一步明确了该项服务的公共及社会化职能属性。

（二）人力资源服务的经济属性

人力资源服务可以提升劳动力市场的配置效能，优化客户组织内部的人力资源管理和开发流程，提高相关产业链条和经济区域内的专业化分工水平，从而实现行业、组织和个人产出水平的提升，有效控制管理成本，提高人力资源潜在价值的挖掘，因此具有相应的经济属性。

首先，人力资源服务提供商可以通过多样化的雇佣模式以及市场化的搜寻，在满足客户组织用工数量和能力需求的同时，辅助其实现必要的雇佣灵活性，从而应对产品市场和资本市场中的复杂性和不确定性。例如，在华外资制造型企业在 2008 年金融危机后，进一步通过特定流程和岗位上的派遣用工来合理调控内部人员配置，以应对产品订单的波动性、原材料成本上升，以及蓝领工人薪酬水平不断增长的压力。

其次，人力资源服务可以一定程度上优化人力资源管理流程或模式。人力资源服务供应商能够将客户组织的事务性人事管理流程转变为规模化、标准化和集约型的人力资源共享中心服务，以“技术 + 服务”的形式，通过客户专属接口实现跨区域、全行业、即时性和个性化的市场覆盖及服务落地。例如，上海外服集团近年来开始尝试将人事代理服务与信息技术平台相整合形成人力资源共享服务中心（HR shared service center），以满足其基础性的全国人事代理操作需求。

最后，人力资源服务能够突破单一企业的制度限制和资源瓶颈，通过市场化的人员配置、专项开发和运营管理，来丰富、变革及替代原有的专业化分工，从而提升特定人员团队或组织的产出效能。例如，美国硅谷地区的 IT 及相关创新型产业依赖于大量的自雇佣或外包服务工程师（sub - contractor engineer）来完成相关工作，这些工程师能够以项目为导向，通过重点参与和智力投入来满足客户企业的技术和产品开发需求。又如，随着人口红利的减退及人工成本的上升，如何持续提升人工和管理效能成为制造业面临的艰巨挑战，北京亦庄国际和苏州英格玛等中国本土人力资源服务提供商开始通过生产线服务外包来替代客户组织原有的人员和管理投入，在辅助客户提升生产效能的同时，也为自身创造了显著的经济收益。

三、人力资源服务业的特征

结合产业经济发展的一般规律及其自身特征，人力资源服务产业体现出产业依附性、地区不均衡性，以及发展周期性的特征。相应地，人力资源服务企业的可持续发展需要遵循行业整体的客观发展规律，同时通过资源整合、模式创新及跨界竞争来克服发展过程中的潜在瓶颈。

（一）产业依附性

产业依附性一般体现为人力资源服务企业与服务对象行业的产业链条、专业分工和组织流程间的适应性，以及与合作伙伴在资源整合、平台共享及渠道代理等方面的相互依附性。就前者而言，人力资源服务行业企业的组织架构、人员构成、专业能力、业务范围及服务标准客观上要依赖于客户组织的内外部职能和业务发展需求。例如，在金融和通信服务行业，随着市场规模的不断扩大，以及产品结构的更加丰富，需要建立呼叫中心以满足相应的客户服务要求。对此，人力资源服务企业在整合一定规模客户需求基础上，可能通过有针对性的人员配置、专业化的岗前培训，以及现场管理等服务流程，为客户提供呼叫中心职能外包服务。就合作伙伴而言，人力资源服务企业作为市场中介组织，具有面向客户企业和广大就业群体的渠道功能；因此，O2O（Online to Offline）服务平台、金融、医疗、教育及文化体育等服务型产业，可能选择具备一定市场规模和品牌影响力的人力资源服务企业开展相关平台和项目合作。

（二）地区不均衡性

人力资源服务行业的地区不均衡性主要体现在该行业在经济较发达地区以及较不发达地区间的专业化和成熟度差异。一般而言，在产业聚集度高、人才汇集度高、经济基础雄厚以及政策环境良好的区域，人力资源服务发展得好；反之，如果该地区的第二和第三产业发展相对缓慢和滞后、人口城市化程度较低，且经济基础较为薄弱，则人力资源服务产业就难以形成较大市场规模和产业集聚。例如，在北京、上海和深圳等一线城市，聚集了大量世界500强外资企业总部以及国有央企，并在京津冀、长三角和珠三角地区形成了一定规模的产业集群；相应地，也推动了包括中智、北京外企和上海外服在内的国有人力资源服务集团和Manpower、Randstad Group和Adecco等外资人力资源服务提供商在该地区的落地和发展。

（三）发展周期性

人力资源服务产业周期性主要取决于宏观经济的发展景气程度、相关行业企业的发展经营状况以及劳动力开发和供给的波动性。国外相关研究发现，从20世纪70年代开始，当宏观和产业经济处于上升周期时，相关产业组织可能需要补充一定规模的弹性用工，在此阶段非正式雇佣比例相对正式雇佣比例显著上升；然而，随着经济转向下降周期，用工组织可能逐渐减少临时用工的比例，从而减少用工成本并保护正式员工的就业安全。同样逻辑也可用于解释用工组织对外部人才的招聘需求增加，以及招聘计划缩减甚至冻结的变化趋势。

四、人力资源服务实践中的相关主体

人力资源服务实践过程中的相关主体可以从产业化服务视角进行分析，一般表现为服务提供方和服务需求方。与人力资源管理实践相比较，人力资源服务实践过程中的主体构成体现出市场化、多样化及网络化的特点（见图1—1）。

图1—1　产业化服务视角下的人力资源服务主体关系示意图

在产业化服务视角下，服务提供方一般表现为以专业化人力资源服务企业为核心的功能性服务链条、平台或网络。人力资源服务企业能够结合市场及客户组织需求，以及自身的品牌和产品战略，开发和推广相应的服务项目，并辅助客户实施。常态化的服务项目包括基础性人事代理服务、招聘外包服务、培训及管理咨询服务，以及薪酬福利外包等方面服务。在服务项目开发和实施过程中，人力资源服务企业出于效率和有效性考虑，可能通过技术和管理手段提升服务流程的标准化、信息化和定制化；同时，通过整合相关的市场化服务资源，来不断提升服务的规模经济性和范围经济性。例如，在弹性福利外包项目开发和实施过程中，人力资源服务企业可能会借助专业化的O2O服务平台、金融服务机构，以及第三方物流公司等主体，来共同实现针对跨行业和跨区域客户企业的福利产品设计、选型、交易和交付过程。

人力资源服务的需求方一般包括组织和个人两方面，前者的服务需求主要体现为组织内部的人力资源管理和开发；后者的服务需求主要体现为在组织内部的工作满意度和投入度，以及基于市场和专业的职业生涯规划和发展。通常情况下，组织及其内部员工的人力资源服务需求可能存在一致性和协同性。例如，弹性福利外包产品既可能为客户企业提供成本节约和员工关怀服务，又能够提升员工群体和个人的自我认知、服务体验和待遇满意度。

五、人力资源服务与人力资源管理的关系

我们可以从一个供需关系的角度来考察人力资源服务与人力资源管理的关系。从需求方的角度看，人力资源服务是人力资源管理外部化的过程，也是提升人力资源管理水平的一种手段。站在人力资源服务供给方的角度，人力资源服务的产品创新或项目开发，能够有效支持客户企业的人力资源管理变革、流程再造，以及人才管理。因此在资源开发和使用、制度建设和优化以及雇主品牌建设等方面，人力资源服务提供方与客户组织间可能形成战略性的合作关系。

（一）需求视角下的人力资源服务和人力资源管理

从需求方角度看，对外部人力资源服务的选择和获取是其人力资源管理流程的组成部分，一定程度上反映了组织所处的市场竞争环境、人才战略和配置基础、发展目标、企业文化，以及管理规范等方面的情况。在实践过程中，来自供应商的人力资源服务与客户组织的人力资源管理流程间存在相应的互补性和替代性。客户出于成本和效率动机，可能选择代缴保险公积金、委托档案管理，以及薪酬代发等人事代理服务作为现有内部管理流程的补充和延伸；同时，当客户企业面临人力资源管理变革时，可能选择创新性和定制化的人力资源服务来实现流程再造或管理提升。例如，中智关爱通这一弹性福利外包服务产品能够改变客户组织传统的员工福利管理流程，有效扩大福利选型范围，并将员工关怀理念有效导入服务流程，从而改善客户组织员工的满意度水平。

（二）供给视角下的人力资源服务和人力资源管理

从服务提供方看，如果要不断挖掘和满足客户组织的人力资源服务需求，并持续提升现有服务的规模和范围，客观上就要求其掌握并理解一般化的客户组织人力资源管理流程，同时实现与关键客户组织人力资源管理实践的战略契合。例如，集团化人力资源服务企业通常可以利用共享性人力资源服务平台，实现与众多客户企业在操作流程和数据管理方面的有效对接。又如，美世咨询及怡安翰威特等外资管理咨询公司能够根据客户企业的变革性需求，利用其调研能力和专业顾问团队，为其定制系统性的薪酬及绩效管理方案，并提供相应的实施过程辅导。

第二节　人力资源服务的理论基础

一、人力资源服务的经济学基础

由于人力资源服务具有经济属性与社会属性，因而相应地，支持并解释人力资源服务产生和发展的理论基础包含经济学理论和社会学理论。在经济学方面，一般认为能够解释人力资源服务行业发展的基础理论包括人力资本理论、工作搜寻理论、交易成本理论、委托代理理论，以及资源依赖理论等。

（一）人力资本理论

一般来说，人力资本是指对劳动者进行教育和职业培训等支出，及其在受教育过程中机会成本的总和，表现为蕴含在劳动者身上的各种生产知识、劳动与管理技能以及健康等。对于人力资本投资的形式、对经济社会发展的促进作用等内容，诺贝尔经济学奖获得者西奥多·舒尔茨（Theodore W. Schultz）、加里·斯坦利·贝克尔（Gary Stanley Becker）等都对此进行过详细的论述。

从人力资源开发和配置的角度，人力资本理论能够为人力资源服务的产生和发展提供理论支撑。一方面，人力资源服务所带来的劳动力流动和人力资源弹性化配置，增加了相关就业群体在相关区域和产业集群中的流动性，从而拓展了其人力资本投资和获取的途径，增加了工作经验积累，获取职业发展机会和平台；另一方面，针对特定专业和行业类别客户所开发的培训和咨询服务，有助于整合针对特定行业和相类似企业的最佳实践经验，同时降低组织内部培训项目的开发和运营成本，提升培训对象的人力资本水平和生产潜力。

（二）工作搜寻理论

工作搜寻理论是搜寻理论在劳动经济学中的运用和发展，搜寻理论通过序列决策方法，分析了微观主体在持久变化和充满不确定的环境中通过获取信息进行理性决策的行为，深入探讨了失业、择业和就业的成本和收益等一系列问题。其讨论的核心问题，是劳动者和用人主体在信息不完善的情况下，其最优化决策是什么样的，以及这种决策行为会对市场效率和福利产生什么影响。在工作搜寻理论框架下，搜寻和获取求职者和职位相关信息的过程，被看作是一种带有投资性质的行为。

人力资源服务能够通过信息技术手段和相关媒体，为劳动力供需双方提供求职和招聘的相关信息，消除劳动力市场因为信息不完善而带来的摩擦，降低劳动力供需双方搜寻的时间和经济成本，提升劳动者供需双方匹配的效率。以领英（LinkedIn）的职业社交平台为例，该平台能够为不同技能水平和职场经验的专业人士提供创业、社交和求职机遇，以及相应的被选择机会，从而提升了传统求职网站以及就业者在组织内部的信息开放性，从而增强了个人的职业和工作搜寻机会。

（三）交易成本理论

交易成本理论也称交易费用理论，是与生产成本相对应的一个概念，指在社会关系中，人们相互交往、合作时所支付的成本。最早提出这一理论的是英国经济学家罗纳德·哈里·科斯（Ronald H. Coase），他指出“当交易行为发生时，所随同产生的信息搜寻、条件谈判与交易实施等的各项成本”[①]，“交易的稀缺性”是交易费用产生的基础。交易本身的三个特征，即资产专属性、交易不确定性以及交易频率，这三个特征决定了交易成本的高低。

该理论在一定程度上可以解释人力资源服务能够增强市场和组织对人才使用、管理和开发的效率性。在实践过程中，单一组织可能面临人才开发的持续投入与培训资源不足之间的矛盾，一定规模和结构用人需求与生产计划难以预测之间的矛盾，以及人员保留与人员离职之间的矛盾。为解决这一矛盾，单一组织需要将其人力资源配置、管理和开发流程适当外部化，以降低各项交易成本。而包含招聘、测评、管理咨询在内的人力资源服务则能够降低客户组织的人员搜寻成本、员工沟通成本、人员管理成本，以及人员开发成本等方面。例

① 科斯. 企业市场与法律［M］上海：格致出版社，2009.

如，多元化的雇佣模式能够提升用工组织对劳动力数量和结构的选择处置权，弱化就业群体和个人在正式雇佣制度下可能发生的投机行为。

（四）委托代理理论

委托代理理论建立在非对称信息博弈论基础之上，在雇佣关系、人事代理和人员搜寻等方面能够解释人力资源服务相对于客户组织的功能性。首先，客户组织出于降低雇佣风险，以及提升雇佣弹性的考虑，可能选择将人力资源的所有权和使用权相分离，将派遣用工、实习生用工及服务外包作为正式雇佣模式的补充或替代，从而形成潜在的三方雇佣关系。其次，客户组织可能由于不掌握充分的外部人事及劳动政策信息，而选择相应的人力资源服务机构提供录退工办理、工伤申报，以及外籍人就业或专家证办理等人事代理服务。再次，招聘外包服务供应商可以为客户组织提供开放性的人员搜寻渠道以及市场化的搜寻经验，并通过招聘流程外包（recruitment process outsourcing，RPO）辅助客户人力资源管理部门直接对接其内部用人需求，从而在时间、内容和匹配度上缩短用工主体与目标候选人之间的沟通距离。可见，人力资源服务机构可能充当代理人角色，向委托方企业提供更有效能的服务。

（五）资源依赖理论

资源依赖理论主要探究组织与环境间的互动关系，认为企业间的资源禀赋存在差异性，且无法在市场间实现自由流动，因此需要组织间的资源交换以保持自身的可持续生存和发展。在此过程中，某些组织可能依赖于其资源的价值、稀缺性、不可复制性以及不可替代性，而产生对其他特定组织的外部控制，甚至影响后者内部的组织架构和流程。

相应地，人力资源服务机构可以通过人员配置、管理咨询，以及培训开发等方面服务，满足客户企业的战略性需求。例如，随着基础岗位用工外部招聘难度的加大，客户组织会更加依赖具备蓝领技术工人培训、搜寻和管理能力的人力资源服务供应商，后者可能通过招聘外包或者生产线服务外包，来逐步提升前者对其的长期依赖。因此，资源依赖以及资源基础论能够解释人力资源服务及其相关产业组织的可持续发展内涵，即在人力资源和劳动关系方面建立与目标客户的持续合作关系，并能够为市场和组织提供有价值且难以复制的人力资源服务产品。

二、人力资源服务的社会学基础

在社会学方面，可用于解释人力资源服务行业发展逻辑和运营模式的基础理论一般围绕组织社会学、社会网络理论和劳动关系展开，包括研究人力资源服务行业与工会、政府、相关产业组织及就业群体间的相互关系，各阶层和专业群体间的人际互动，以及探讨非正式员工的自我认知，非正式员工与正式员工之间，派遣或外包员工与用人单位三方主体间的关系问题。积极的研究结论认为，人力资源服务行业的存在和发展有利于维护相关社会组织关系间的稳定，更好地满足不同就业群体的多层次职业发展诉求，从而能够弱化劳资关系间的矛盾冲突。

（一）组织社会学视角

组织社会学主要关注社会组织间的相互关系，以及组织发展与外部规制间的相互关系等问题。人力资源服务提供商、客户、劳动者、工会、人力资源行业协会以及国家相关劳动立法及行政监督机构，共同构成了人力资源服务行业的生态和发展环境。各主体在交互依赖中协同发展，并接受相关法律政策的规制以及社会责任和伦理价值观的约束。在此过程中，人力资源服务提供商可能主动构建一定规模和功能性的网络化资源，以及公平合理的行业规范，从而有效满足其他主体的发展诉求，并提升特定制度环境的运行效能。

（二）社会网络理论视角

社会网络理论主要关注社会个体成员之间的关系互动，该理论能够解释职业或商务社交网络平台发展的基础以及劳动者职业发展规划及流动意愿。创建于 2002 年的 LinkedIn 公司是目前全球最大的职业社交网络平台，截至目前其会员人数已超过 3 亿人，《财富》杂志评选的世界 500 强公司的高管都有在该网站注册。注册用户能够在该平台上公开自己的职业身份，洞察相关行业信息和知识发展，并通过与同学、同事及合作伙伴搭建人脉网络，从而挖掘新的商业机会。LinkedIn 所代表的商业模式及其运行效能，能够变革传统的人才搜寻和招聘模式，通过职业社交群体的专业化分类以及人际在线互动，实现人才与人才之间，人才与企业之间的多渠道沟通、认知和匹配。

（三）劳动关系理论视角

从劳动关系理论视角看，一方面，人力资源服务能够为劳动者提供多样化的职业发展通路和就业机会，同时为用工组织提供弹性化的人才配置以及专业化的职能或业务外包服务，从而降低传统劳动关系下雇主与雇员之间的机会成本和雇佣风险。另一方面，人力资源服务企业出于自身竞争力的打造和发展，能够主动为外包或派遣员工提供必要的薪酬增长机制、技能培训以及员工关怀，同时不断提升客户的人力资源管理和开发效能，因此可能在客户组织内部形成相对和谐的劳动关系和员工关系氛围。

第三节 人力资源服务的核心内容及发展模式

一、人力资源服务的内容

人力资源服务的内容较为广泛，但其核心是要实现劳动力市场中人才供需的有效对接，使人力资源配置更加有效。就具体的服务内容来看，主要包括以下几个方面。

（一）招聘服务

招聘服务对应于企业内部的招聘流程，是指招聘服务机构根据用人单位的人力资源规划和工作岗位要求，通过挖掘组织外部人才资源信息渠道和人才选拔操作，为用人单位提供经筛选后符合岗位要求的专门人才的服务形式。

常见的招聘服务内容包括猎头服务、中高端人才寻访及推荐服务、批量招聘外包服务、校园招聘外包服务、招聘渠道服务，以及招聘流程外包服务等。结合用人单位的人力资源规划和人力资源管理流程，用人单位可以针对不同层级的岗位选择相关的招聘服务项目，以提升用人单位自身的招聘渠道、候选人资源、招聘团队，以及专业化的搜寻和甄选能力。

（二）高级人才寻访服务

高级人才寻访是“猎头”的正式称谓，是指为客户提供咨询、搜寻、甄选、评估、推荐并协助录用高级人才的系列服务活动。高级人才寻访服务是人力资源服务领域一项新兴的高端业务，解决客户在高级人才获取方面的问题。

（三）劳务派遣

劳务派遣是指依法设立的劳务派遣单位出于营利之目的，依据与用工单位签订的劳务派遣协议，将与之建立劳动关系的劳动者派往用工单位工作的一种特殊的劳动用工方式。各个国家和地区之间、各方学者之间对劳务派遣的称谓和定义不相统一，但其内涵和外延却基本一致，即由派遣机构与派遣员工签订劳动合同，然后向用工单位派出该员工，使其在用工单位的工作场所内劳动，接受用工单位的指挥、监督，以完成劳动力和生产资料结合的一种特殊用工方式，也是一种人力资源的配置方式，一种就业形式，一种劳务经济①。

（四）培训服务

所谓培训服务是指为客户提供与人力资源管理和开发相关的培训活动，通过改变知识、技能和态度以满足客户需求的过程。这里的客户既包括个体，又包括各类组织。政府、企事业单位和各类社会团体都可能成为培训服务的客户。从培训的外延看，广义的培训服务应涵盖对整个人口的人力资源培训开发。狭义的培训服务特指面向法定劳动年龄人口的培训服务。本书的培训服务则介于广义和狭义之间，是对已进入法定劳动年龄人口的，同时又不以退休年龄为限的培训服务。

（五）人力资源测评服务

人才测评的本质是对人才的评价，定义如下：人才测评是根据一定目的，综合运用定量与定性的多种方法，对人才的德、智、能、绩、勤、体等进行客观、准确评价的一种社会活动。人才测评具有鉴定功能、预测功能、诊断功能、导向功能以及激励功能。

（六）人力资源服务外包

人力资源服务外包（HRO）是指发包单位根据本单位业务发展需要，将几项或全部的人力资源管理工作职能以及对非核心业务板块的人力资源配置发包出去，交由其他企业或组织进行管理，以降低管理成本，获取专业资源，实现效率最大化。② 人力资源服务外包的特点主要是基础性、重复性和通用性。基础性是指外包出去的人力资源项目一般是传统的人力资源管理的部分内容；重复性是指外包出去的业务一般是招聘、培训、薪酬发放等需要重复性工作的内容；通用性是指同类外包项目，基本流程一致，在满足需求者差异化需求的同时可以提供普适性的流程。

---

① 董保华，杨杰. 劳动合同法的软着陆——人力资源管理的影响［M］. 中国法制出版社，2007：95.

② 范本鹤. 服务外包是人力资源服务业发展的新天地，http://www.gxrlzy.com/article－11683－1.html.

（七）人力资源管理咨询服务

人力资源管理咨询是与“人力资源管理”以及“管理咨询”这两个关键词联系在一起的。从范畴上来讲，人力资源管理咨询是管理咨询的一项组成部分，是管理咨询中的一项具体业务。在业务内容上，主要包括人力资源管理诊断、人力资源规划咨询、工作分析咨询业务、绩效管理咨询、薪酬管理咨询等业务。

（八）流动人员人事档案管理服务

流动人员人事档案管理工作是党管人才原则在组织人事工作中的具体体现，是党和政府联系非公经济组织和社会组织中各类人才的纽带，是基本公共就业和人才服务的重要内容，是促进人力资源流动配置、促进社会就业创业的重要措施。流动人员人事档案是人事档案的重要组成部分，也是国家档案的组成部分，它是在组织人事管理活动中形成，并经组织审查或认可的，记述和反映人员经历、政治思想、品德作风、业务能力、工作表现、工作实绩的，以个人为单位立卷集中保存备查的各种方式和载体的历史记录。①

（九）就业服务

就业服务主要是指帮助劳动者求职就业、职业发展和用人单位招用人员以及由其延伸的提高劳动者素质和用人单位人力资源管理水平等各类服务行为，例如职业介绍、职业指导、劳务派遣、人力资源培训、创业指导、人事代理，人员测评、企业人力资源管理咨询等服务。国际劳工组织把就业服务看作是以最佳方式组织劳动力，实现和维持充分就业、开发利用生产资源的重要手段。我国的就业服务体系根据服务提供者性质的不同，可以分为两大类：公共就业服务和经营性就业服务体系，如无特别说明，本书的就业服务是指公共就业服务机构的业务内容和业务流程。

（十）人力资源和社会保障公共事务代理服务

人力资源和社会保障公共事务代理是社会主义市场经济的产物，是新形势下人力资源服务工作的一个创新，是经主管部门授权或批准，人力资源服务机构接受用人单位或个人委托，提供流动人员人事档案管理、专业技术职务任职资格考评及初次确认代理、社会保险代理、流动党员管理、集体户口管理、跨地区人才引进及调动等方面的服务。

---

① 邓绍兴. 人事档案教程［M］. 北京：中国传媒大学出版社，2008.

（十一）职业指导服务

职业指导是为个人选择恰当职业，保持个人可持续发展，为单位合理用人提供咨询、指导和帮助服务。职业指导与学校教育有着天然联系，与社会职业指导相比，高校的大学生职业指导更注重育人，不仅仅是解决求职者的具体困难，帮助其就业，更重要的是授予大学生择业、就业、创业的方法，培养大学生的综合素质和能力。

二、人力资源服务的发展模式

人力资源服务的发展模式主要体现于行业企业的战略定位、组织架构和运营流程，反映了组织所处的外部市场和政策环境，以及相应渐进式成长过程。结合业务发展区域、服务业态及产品范围，以及商业盈利模式等三方面因素，人力资源服务具体的发展模式大致可以分为集团化人力资源服务供应商、专门业态或产品服务供应商、区域性人力资源服务供应商，以及人力资源服务平台供应商。

（一）集团化人力资源服务供应商

集团化人力资源服务企业通常在一线城市设有地区总部，并通过设立分支机构的方式实现跨区域的业务开发和服务落地。该类供应商一般经营多业态及产品线的人力资源服务，并选择公司品牌结合产品品牌的竞争战略。另外，集团化人力资源服务企业可能通过收购或与区域性人力资源服务企业建立合资合作来实现规模性扩张，并与专门业态或产品服务商建立合资合作来实现业务的结构性拓展。例如，中智、北京外企和上海外服等国有人力资源集团公司在2010年前后完成了在全国范围内的基础人事代理业务市场布局，并在近几年开始与财务外包公司、劳动法律咨询机构、金融服务机构，以及招聘外包服务公司等建立相应的合作关系，从而在现有基础人事代理客户关系基础上实现业务范围的突破和创新。

（二）专门业态或产品服务供应商

专门业态或产品服务供应商一般比较强调特定人力资源服务业态或产品的专业深度，以及服务技术的标准化、流程化和平台化。在治理结构方面，该类公司相对比较灵活，通常选择股份所有制以及合伙人模式，允许合伙人以资本投入、智力投入以及关系投入等方式来参与公司的战略决策、项目开发、运营管理，以及收益分配。典型的案例包括专业化猎头公司、教育培训公司、管理咨询公司，以及经营人才测评和背景调查等细分产品的供应商。从经营地域范围看，该类供应商通常选择以一线城市为重点，并通过地方合作或渠道代理等途径有针对性地辐射二线、三线城市。

（三）区域性人力资源服务商

区域性人力资源服务商通常依赖于本地化的公共关系或人脉资源，兼顾公共和市场化人力资源服务，在具体业务规模和范围上一般以基础性人事代理、劳务派遣或服务外包为主导，其发展比较受制于政策环境变化，以及本地经济规模和发展速度的影响。典型的机构包括隶属于当地人事和劳动部门的下属人才和就业服务机构以及服务于二线、三线城市的外服公司等。

（四）人力资源服务平台供应商

人力资源服务平台供应商能够为人力资源服务供应商和需求方提供服务产品的在线开发、营销、运营和渠道服务，并集中体现为多样化的盈利模式、“HR 管理信息系统 + HR 服务解决方案”的功能性，以及人力资源服务与信息化服务平台间的有机结合。服务平台所适用的业态和产品范围可以包括基础人事代理服务、人员搜寻和招聘渠道服务、弹性福利外包服务，以及在线学习外包服务等内容。人力资源服务平台能够借助云计算功能和数据库支持，同时通过标准化操作流程及定制化模式与客户组织和个人的移动终端相连接，从而能够提升人力资源服务的效率和有效性。此类模式的典型案例包括猎聘网、宏景软件，以及 Taleo Corporation 等。

在组织架构和运营流程方面，人力资源服务企业对服务规模、范围和弹性的发展诉求，决定了其通常具有显著的扁平化特征，在运营流程上通常采用项目管理的方式。人力资源服务企业一般会依靠标准化的操作规范，以及开放性的管理信息系统来支持基础人事代理服务的运营管理，并在此基础上结合客户组织的延伸性需求整合相应的内外部资源，通过项目运营的方式提供服务。因此，扁平化的组织特征有利于提升沟通效能，提升项目团队在服务提供过程中的自主性和支配权。在现实实践当中，人力资源服务企业的项目管理可能以关键客户需求为导向，也可能以服务产品为导向，例如为央企提供管理咨询服务的项目团队，以及为外资企业提供招聘流程外包的项目团队。

主要参考文献

[1] 萧鸣政，郭丽娟，李栋. 中国人力资源服务业白皮书 2013 [M]. 北

京：人民出版社，2014.

［2］朱庆阳，胡志民. 人力资源服务与咨询［M］. 上海：华东理工大学出版社，2010.

［3］西奥多 · W. 舒尔茨. 报酬递增的源泉［M］. 北京：北京大学出版社，2001.

［4］加里 · 斯坦利 · 贝克尔. 偏好的经济分析［M］. 上海：格致出版社，上海三联书店，上海人民出版社，2015.

［5］科斯. 企业市场与法律［M］. 上海：格致出版社，2009.

［6］张苗荧. 文化、企业制度与交易成本［M］. 浙江：浙江大学出版社，2008.

［7］杰弗里 · 菲佛，杰勒尔德 · R. 萨兰基克. 组织的外部控制：对组织资源依赖的分析［M］. 北京：东方出版社，2006.

［8］于显洋. 组织社会学［M］. 北京：中国人民大学出版社，2009.

［9］奇达夫，蔡文彬. 社会网络与组织［M］. 北京：中国人民大学出版社，2007.

［10］程延园. 劳动关系［M］. 北京：中国人民大学出版社，2011.

［11］田永坡. 工作搜寻与失业研究—基于中国转轨时期劳动力市场分析［M］. 北京：中国社会科学出版社，2010.

第二章
中外人力资源服务业发展概况

人力资源服务业是现代服务业中具有代表性的行业，在人力资源有效开发与优化配置中发挥着极为重要的作用。伴随着经济社会的发展，人力资源服务业从无到有，正沿着专业化、信息化、产业化、国际化方向快速迈进。本章将回顾我国人力资源服务业的发展历程，简要介绍我国和国外人力资源服务业的发展状况；从经济发展、人力资源、行业政策等方面，总结我国人力资源服务业发展面临的新形势，最后分析我国人力资源服务业的发展趋势。

第一节　我国人力资源服务业发展概况

一、我国人力资源服务业的发展历程

当前，我国人力资源服务业已经形成，但仍处在发展的初级阶段。以行业发展的视角，追溯其从无到有的过程，大致经历了人力资源服务的起步探索期、人力资源服务拓展与行业初步形成期、人力资源服务蓬勃发展与行业深化改革期三个主要阶段[①]：

（一）人力资源服务的起步探索期（1978—1991 年）

这一时期以政府举办的服务机构为主体，人力资源服务出现，并在实践中逐步探索。20 世纪 70 年代末开始，随着党的工作重心转移到以经济建设为中心，深入实施改革开放，统包统配的人力资源配置制度开始打破，企业开始实行劳动合同制，人事部门在全国开展了调整用非所学专业技术人员、人才余缺调剂工作。在这一时代背景下，人力资源服务在解决返城知青就业、实施“三

① 我国人力资源服务业的发展历程主要参考了《中国人力资源服务业发展报告（2014）》。

结合”就业方针[①]、满足外资企业用人需求、促进部分专业技术人才向体制外流动中发端。这一阶段的主要特征有：

（1）探索建立劳动服务公司和公共服务机构。为解决大量的返城知青等待业人员的就业问题，20 世纪 70 年代末，劳动部门开始创立并组织劳动服务公司，并逐步演化为就业服务机构。同时，为满足人才从体制内向体制外流动的需求，80 年代初，人才服务公司和人才交流服务机构相继成立。1983 年沈阳市人才服务公司成立，1984 年劳动人事部成立了全国人才交流咨询中心（全国人才流动中心前身），之后各地纷纷建立类似的人才交流服务机构，面向各类人才提供人事代理等服务。

（2）市场化人力资源服务开始出现。伴随着改革开放政策的实施，境外企业开始尝试进入中国市场，为开展业务在国内设立办事联络机构，并随之提出了对本土化工作人员的需求。为满足外商对本土化人才的需求，并统一管理分散在不同外商办事机构的中方雇员，1979 年，北京市外国企业服务总公司（北京外企服务集团有限责任公司前身）成立，其主要业务就是为驻华机构提供人力资源及其他综合服务。随后，以为外商驻华机构提供人力资源服务为主要业务的一批外事服务单位陆续成立。1982 年北京外航服务公司成立，1984 年上海对外服务有限公司成立，1985 年广东省友谊国际企业服务有限公司成立，1986 年中国四达国际经济技术合作公司成立，1987 年中国国际技术智力合作公司成立。

（3）构建规范人力资源服务的法律法规框架。比如，1990 年，国务院制定下发《劳动就业服务企业管理规定》，劳动部下发《职业介绍暂行规定》。1991 年，人事部制定下发《关于加强人才招聘管理工作的通知》等规范性文件。

（二）人力资源服务拓展与行业初步形成期（1992—2006 年）

伴随着国有企业改制、产业结构调整和我国加入世界贸易组织，人力资源配置市场化改革的深入，市场在人力资源配置的基础性地位逐步确立。这一时期，人力资源服务围绕服务就业，在解决下岗职工再就业问题、农村剩余劳动力顺利向城市转移、实现政府调控人力资源合理流动等方面发挥了极其重要的作用，各类人力资源服务机构规模日益扩大、服务领域逐步拓展、服务业态不断创新，奠定了行业形成的基础。

（1）稳步推进人力资源配置市场化改革，人力资源管理体制和配置机制不

---

① 1980 年 8 月 2 日至 7 日，中共中央在北京召开全国劳动就业工作会议。

断合理和完善。1992年，党的十四大召开，提出建立社会主义市场经济的改革目标。劳动部提出“建立竞争公平、运行有效、服务完善的现代劳动市场”的发展目标。人事部提出了，“适应经济体制和经济增长方式两个具有全局意义的根本性转变，把适应计划经济的人事管理体制调整到与市场经济相配套的人事管理体制上来，把传统人事管理调整到整体性的人才资源开发上来”，以及建立“宏观人事管理体系、人才市场体系、人事法规体系”三个体系的改革思路。2003年年底全国人才工作会议召开，中共中央、国务院下发《关于进一步加强人才工作的决定》，利用一个专节就“建立和完善人才市场体系，促进人才合理流动”进行了部署。

（2）人力资源服务机构转型与业务不断拓展。在外商驻华机构开始转变为具备法人资格的外商独资或中外合资企业，聘用雇员人数大幅度增加的背景下，外资企业向人力资源服务企业提出了更高和更加多样化的要求，面对新的形势，北京外企、上海外服等外事服务机构开始积极调整业务结构，从过去相对单一的向外商驻华机构派遣雇员，逐步延伸至提供人事代理、高级人才寻访、人事外包、劳务派遣、岗位外包、薪酬福利外包等人力资源服务全系列产品，服务对象也从外资企业扩展到国有企业和民营企业，完成了从外事服务机构向人力资源服务供应商的转变。政府主办的人力资源服务机构利用培育发展市场经济体制的历史机遇，服务功能得到全面加强。不定期的交流大会向固定有形市场转变，人事劳动事务代理、人才素质测评、高级人才寻访等业态相继发展，许多服务项目进入了市场化服务领域。在新技术引领下，网络招聘开始兴起。

（3）民营和外资人力资源服务机构取得较快发展。2001年12月，中国加入世界贸易组织，改革开放进入与国际接轨的提速期。《境外就业中介管理规定》（2002年，劳动部）与《中外合资人才中介机构管理暂行规定》（2003年，人事部）相继发布，外资背景的人力资源服务机构进入中国内地的步伐加快。民营人力资源服务机构规模和市场占有率逐年提升。据人事部统计，截至2006年民营和外资人才服务机构约占全国各类人才服务机构总量的40%。

（4）人力资源公共服务体系形成。劳动部门举办的职业介绍所，逐渐取代劳动服务公司，成为公共就业服务机构的主要载体。人事部门按照“完善区域性人才市场，发展专业性人才市场，规范基础性人才市场”的部署，加快人才市场体系建设步伐，并先后建立了7大区域性、31家专业性国家级人才市场，省、市、县各级人才服务机构逐步发展壮大，服务布局和网络逐步形成。

（三）人力资源服务蓬勃发展与行业深化改革期（2007年至今）

随着人力资源服务业行业地位正式确立，国务院机构改革的推进，劳动力市场和人才市场的管理体制进一步理顺，人力资源服务业进入了统筹发展新时期。这一时期，人力资源服务业，在国家实施就业优先战略、人才强国战略、城镇化、全面深化改革等方面发挥了很好的人力资源支撑作用，其发展特点如下：

第一，国家确立了人力资源服务业的行业地位，将人力资源服务业列入了国家鼓励类发展的产业目录，鼓励发展的政策陆续出台。2007 年 3 月，国务院印发的《关于加快发展服务业的若干意见》（国发〔2007〕7 号）首次将人才服务业作为服务业中的一个重要门类，强调要“发展人才服务业，完善人才资源配置体系”“扶持一批具有国际竞争力的人才服务机构”。2010 年国家颁发了《国家中长期人才发展规划纲要（2010—2020 年）》（中发〔2010〕6 号），进一步提出要“大力发展人才服务业”。国家发改委公布的《产业结构调整指导目录（2011 年本）》和 2013 年修正版，也将人力资源服务业以及人力资源市场及配套服务设施建设列入鼓励类行业目录。2012 年国务院批转《促进就业规划（2011—2015 年）》（国发〔2012〕6 号），规划提出要大力发展人力资源服务业，加快建立专业化、信息化、产业化的人力资源服务体系。《关于印发服务业发展“十二五”规划的通知》（国发〔2012〕62 号）提出“十二五”时期，建立专业化、信息化、产业化、国际化的人力资源服务体系，实现公共服务充分保障、市场经营性服务逐步壮大、高端服务业务快速发展，人力资源开发配置和服务就业的能力明显提升。2014 年 12 月，人力资源和社会保障部与国家发展改革委员会、财政部联合下发《关于加快发展人力资源服务业的意见》（人社部发〔2014〕104 号），首次对我国人力资源服务业的发展做出全面部署。

第二，从国家法律层面提出了人力资源市场概念，劳动力市场和人才市场逐渐走向统一规范，综合性公共就业和人才服务机构逐渐发展，人力资源服务领域的公共服务与经营性服务分离改革逐步深化，人力资源公共服务机构创办的企业陆续改制脱钩。2007 年 8 月，《就业促进法》出台，首次在国家法律层面明确提出“人力资源市场”的概念。同年 10 月，党的十七大报告从加快推进经济社会建设的高度，明确要求“建立统一规范的人力资源市场，形成城乡劳动者平等就业的制度”。2013 年人力资源和社会保障部下发了《关于加快推进人力资源市场整合的意见》（人社部发〔2013〕18 号），提出了建立健全功能完善、机制健全、运行有序、服务规范的人力资源市场体系的指导意见。党的十八大报告也指出“健全人力资源市场，完善就业服务体系”。截至 2013 年年底综合性公共就业和人才服务机构 1 282 家。

第三，探索了人力资源服务业发展新模式，人力资源服务产业园区建立，人力资源服务区域合作不断深化。目前已建立或在建的国家级人力资源服务产业园有6家。浙江、安徽、山西、山东、广东等地都在加快推进人力资源服务产业园建设。长三角、泛珠三角、东北地区、京津冀、西北五省、中部六省等各类区域、跨区域人力资源服务合作机制不断推向深入，合作机制日益健全、合作领域不断拓展、合作共赢效果日益显现。

第四，人力资源服务业相关法规体系不断健全，行业自律与监管相结合，规范和指导了人力资源服务业的发展。《劳动合同法》《就业促进法》《劳动争议调解仲裁法》等法律相继出台，为市场管理奠定了法律基础。《人力资源市场管理条例》制定工作提上日程。《劳务派遣暂行规定》为开展劳务派遣业务提供了良好的法律环境。建立了全国人力资源服务标准化技术委员会，制定出台了《高级人才寻访服务规范》，加快推进了人力资源服务标准化建设。2012年人力资源社会保障下发了《关于加强人力资源服务机构诚信体系建设的通知》，提出了以“诚信服务树品牌、规范管理促发展”，形成了行业诚信服务的良好氛围。

二、我国人力资源服务业的发展状况

经过多年的发展，我国人力资源服务业形成了多元化多层次的服务体系、行业规模不断壮大、服务业态进一步丰富、人力资源优化配置能力进一步增强、行业集聚效应初步显现。

（一）营业收入

近年来，人力资源服务业的行业规模快速扩大，从2010年的1 164亿元，增长到2013年的6 945亿元，2013年的营业总收入比2010年约增长了5倍（见图2—1）。

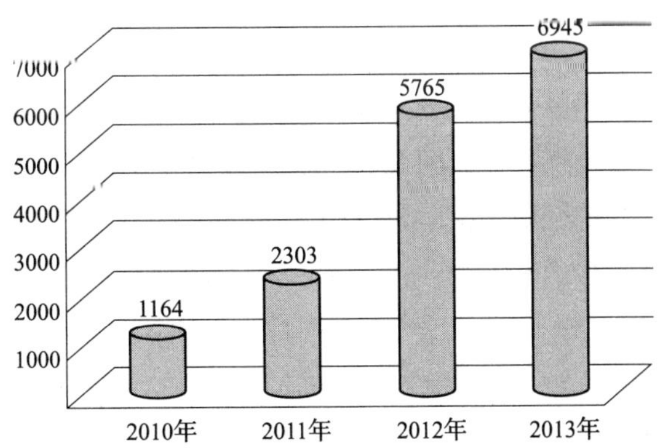

图2—1　2010—2013年人力资源服务业营业总收入（亿元）

资料来源：根据人力资源和社会保障部人力资源市场司数据制作。

从不同性质的人力资源服务机构的营业总收入分布情况来看，各类别的人力资源服务机构的营业总收入都在不断提高。国有性质的服务企业2013年的营业总收入为2 169.6亿元，约是2010年的3倍；民营性质的服务企业的营业总收入，急剧增长，从2010年的339.7亿元，增长到2013年的3 700.9亿元，增长了约10倍；港、澳、台及外资性质的服务企业的营业收入，在2011年后也出现了急剧膨胀，从2010年的56.3亿元，增长到2013年的260.3亿元，实现了翻两番（见表2—1）。从不同性质的人力资源服务机构营业收入所占比例来看，营业收入主要由国有性质的服务企业和民营性质的服务企业实现，2010年到2013年，两者的平均比例之和约为87%。其中，2010年和2011年国有性质的服务企业的营业收入所占比例，是民营性质的服务企业的两倍。但是2012年民营性质的服务企业的营业收入所占比例（55.2%），大大超过了国有性质的服务企业的营业收入所占比例（36.2%）（见表2—1）。

表2—1　2010—2013年人力资源服务企业营业总收入（按机构性质分）

	营业总收入（亿元）				比例（%）			
	2010年	2011年	2012年	2013年	2010年	2011年	2012年	2013年
国有性质的服务企业	669.1	1 439.4	2 088.9	2 169.6	57.5	62.5	36.2	31.2
民营性质的服务企业	339.7	514.6	3 184.8	3 700.9	29.2	22.3	55.2	53.3
港、澳、台及外资性质的服务企业	56.3	223.2	240.2	260.3	4.8	9.7	4.2	3.8

资料来源：根据人力资源和社会保障部人力资源市场司数据计算制作。

（二）人力资源服务业态

随着求职人员和用人单位需求的多元化，人力资源服务内容从当初的职业介绍、职业培训、流动人员档案管理等业务，拓展到招聘服务、人力资源培训、人才测评服务、高级人才寻访（猎头）服务、人力资源外包服务、劳务派遣、人力资源管理咨询等，服务业态进一步丰富。

从招聘服务的情况来看，招聘主要包括现场招聘（各类招聘会）、网络招聘以及其他媒介招聘等。从现场招聘会举办来看，2010年至2013年现场招聘会次数呈逐步上升趋势。2010年全国共举办招聘会14.7万场次，2013年为20.7万场次，2013年比2010年约增长了40%；其中，高校毕业生专场招聘会，由2010年的3.6万场次，增加到2013年的6.9万场次，增长了约90%；农民工专场招聘会，由2010年的3.9万场次，增加到2013年的6.5万场次，约增长了67%（见图2—2）。从网络招聘服务的情况看，网络招聘受到求职者和用人单位的青睐，近几年发展迅猛。2010年发布岗位信息9 167万条，而2012年岗位信息发布最多，达2.19亿条，是2010年的2.4倍；而求职者发布求职信息，由2010年的7 708万条，增加到2013年的3.38亿条，增长了约3.4倍（见图2—3）。

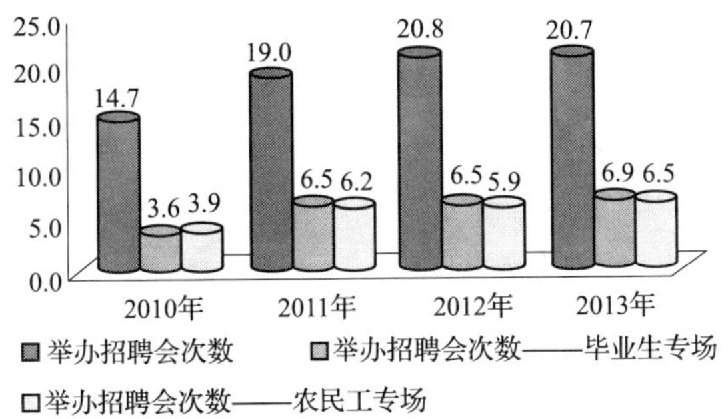

图2—2 2010—2013年全国举办现场招聘会次数（万场次）

资料来源：根据人力资源和社会保障部人力资源市场司数据计算制作。

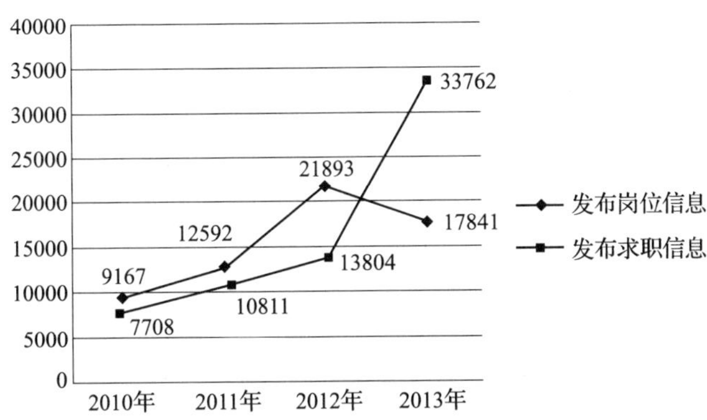

图2—3 2010—2013年网络招聘服务信息发布（万条）

资料来源：根据人力资源和社会保障部人力资源市场司数据计算制作。

从劳务派遣服务来看，近几年来劳务派遣服务需求量剧增。劳务派遣人员总量2010年后增长极为迅速，2010年共派遣340万人，2011年派遣人员总量是2010年的两倍多，达720万人，而2012年为1 345万人，是2010年的近4倍。2013年派遣人员总量有所下降，但也有1 080万人；要求派遣的单位数2010年后增加较多，2013年要求派遣的单位数是2010年的2.6倍，约34万家；登记要求派遣的人数2010年至2012年波动较小，基本保持在500万人左右，2013年增长较快，达633万人（见图2—4）。

从人力资源培训服务来看，主要包括职业技能培训、各类职业资格考试培训和中高级人才开发培训等。近几年人力资源培训服务有了较大发展，2010年举办培训班12万次，2011年后保持在20万次左右；而参加培训的人数近几年稳步增长，2010年为697万人，2013年达1 039万人，比2010年增长了约50%（见表2—2）。

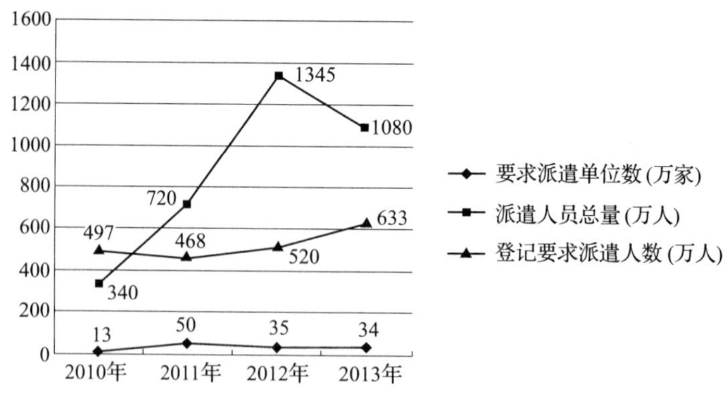

图 2—4　2010—2013 年劳务派遣服务

资料来源：根据人力资源和社会保障部人力资源市场司数据计算制作。

表 2—2　　2010—2013 年档案管理服务与培训服务

年份	流动人员依托档案提供服务（万人次）	举办培训班（万次）	参加培训人数（万人）
2010	1 254	12	697
2011	2 253	22	830
2012	3 087	18	873
2013	3 260	21	1 039

资料来源：根据人力资源和社会保障部人力资源市场司数据制作。

从档案管理服务来看，主要是以流动人员人事档案管理为核心，以及以档案为依托代办转正定级、计划工龄、代评职称、办理出国政审等。档案管理服务需求量在 2010 年后增加较大。为流动人员依托档案提供服务的需求增长较快，2010 年到 2012 年，平均每年增加 800 余万人次，2013 年达 3 260 万人次（见表 2—2）。

比较高端的高级人才寻访（猎头）、人才测评、人力资源外包服务、人力资源管理咨询等人力资源服务近几年也稳步发展。高级人才寻访（猎头）服务，主要为用人单位推荐高级高层次人才。猎头服务需求保持相对稳定，2010 年至 2013 年平均每年成功推荐人才约 85 万人；人才测评服务需求量 2011 年急剧增加，为 969 万人提供了测评服务，近两年有所下降，2013 年约为 500 万人；人力资源外包服务，主要提供招聘管理、绩效管理、薪酬与福利管理、培训管理等服务。2011 年后有较快发展，2010 年共为 25 万家用人单位提供了人力资源外包服务，2011 年达 65 万家，2013 年为 43 万家；人力资源管理咨询服务需求 2011 年后急剧增长，2010 年为 63 万家用人单位提供了人力资源管理咨询服务，2011 年近 190 万家，2013 年近 170 万家（见表 2—3）。

表 2—3　　2010—2013 年人力资源管理咨询等服务

年份	人力资源管理咨询服务用人单位数（万家）	人力资源外包服务用人单位数（万家）	人才测评服务测评人数（万人）	猎头服务成功推荐人才数（万人）
2010	63	25	98	87
2011	188	65	969	83
2012	145	43	279	88
2013	167	43	499	80

资料来源：根据人力资源和社会保障部人力资源市场司数据制作。

（三）人力资源服务体系

经过 30 多年的探索与发展，我国人力资源服务业，从无到有，从小到大，以星星之火燎原之势，逐步壮大，人力资源公共服务体系和市场经营性服务体系同步发展，国有、民营、外资等企业百舸争流，形成了多元化多层次的服务体系。

从服务机构和服务场所的总量看，据人力资源和社会保障统计，截至 2013 年年底我国已设立县级以上公共就业和人才服务机构以及各类人力资源服务企业 2.6 万家，全国各类人力资源服务机构共设立固定招聘（交流）场所 1.8 万个，建立各类人力资源市场网站 0.9 万个。

从人力资源服务机构构成类别看，截止到 2013 年年底县级以上地方政府人力资源社会保障部门（含其他行业管理部门）共设立公共就业和人才服务机构 6 482 家，占人力资源服务机构总量的 24.6%；国有性质的人力资源服务企业 1 139 家，占 4.3%；民营性质的人力资源服务企业 18 578 家，占 70.3%；港、澳、台及外资性质的服务企业 218 家（其中港资、澳资、台资性质的服务企业分别为 102 家、5 家、3 家），占 0.8%（见图 2—5）。

从人力资源服务企业的品牌建设上看，在竞争日趋激烈的经营环境中，我国人力资源服务企业日益注重品牌经营，涌现出了国内外知名的品牌。比如，由中国企业家联合会发布的“2013 年中国企业 500 强”榜单中，有三家人力资源服务行业的企业入围——东浩集团上海市对外服务有限公司排行第 168 位，中国国际技术智力合作公司（CIIC）排行第 307 位，北京外企服务集团有限责任公司（FESCO）排行第 371 位。而在“2012 年中国服务业 500 强企业”榜单中，东浩集团上海市对外服务有限公司进入百强，位列第

66位，中国国际技术智力合作公司（CIIC）列第102位，北京外企服务集团有限责任公司（FESCO）列第119位。在“2013年中国服务业500强企业”榜单中，东浩集团上海市对外服务有限公司排行第58位，中国国际技术智力合作公司（CIIC）排行第98位，北京外企服务集团有限责任公司（FESCO）也上升至第116位。另据2013年HRoot旗下人力资源期刊《人力资本管理》发布的“2013大中华区人力资源服务品牌榜单”，中国控股的人力资源服务企业前20位的有8家，包括CIIC、前程无忧（51job）、FESCO、用友（yonyou）、智联招聘（zhaopin. com）、上海外服（SFSC）、北森（Beisen）、凯洛格（KeyLogic），其中CIIC排行第3名，前程无忧第8名，FESCO第9名。

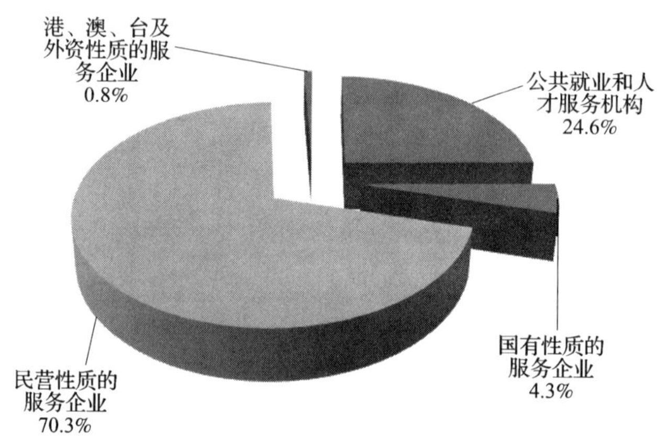

图2—5　2013年各类人力资源服务机构构成比例

资料来源：根据人力资源和社会保障部人力资源市场司数据计算制作。

（四）人力资源服务业从业人员

随着人力资源服务业的发展，投身人力资源服务业的人员不断增加，素质也有所提高。从从业人员人数看，近几年从业人员人数增长迅速。2010年从业人员约为22.1万人，而2011年以后快速增长，2011年至2013年年均约35.7万人，2013年的人数是2010年的1.6倍；从从业人员学历构成来看，2011年至2013年本科及以上学历的从业人员每年约15万人，占所有从业人员的比例约45%。从业人员中，取得职业资格的人数也有所增长，2010年约9万人取得了职业资格，2011年后每年保持在11万人左右，近3年取得职业资格人数约占所有从业人员数的三分之一（见表2—4）。

表 2—4　　　　2010—2013 年从业人员总数与构成比例

年份	人数（万人）					比例（%）			
	人员总数	大专及以下	大学本科	硕士及以上	取得职业资格	大专及以下	大学本科	硕士及以上	取得职业资格
2010	22.1				9.0				40.5
2011	37.8	20.7	16.1	1.0	11.4	54.7	42.7	2.6	30.2
2012	33.6	19.3	13.4	0.9	11.1	57.4	39.9	2.7	33.0
2013	35.8	21.2	13.5	1.1	11.6	59.4	37.6	3.0	32.5

注：2010 年按学历分的从业人员的人数和比例为空，是因为该项统计数据不全。

资料来源：根据人力资源和社会保障部人力资源市场司数据计算制作。

（五）人力资源的优化配置能力

人力资源服务业的发展，极大地满足了人才和劳动力初次就业和工作转换的需求，也很好地满足了用人单位对人才和劳动力的需求，同时促进了农村劳动力转移，配合了产业结构调整，有力地推动了人力资源在各行业中的流动配置。从近年来人力资源流动配置服务的情况来看，2010 年至 2012 年，全国各类人力资源服务机构共接待流动人员数年均增长约 30%，2013 年接待流动人员数与 2012 年的基本持平，约为 4.3 亿人次；登记要求流动人员从 2010 年的 1.6 亿人次，增加到 2013 年的 2.3 亿人次；服务用人单位数从 2010 年的 1 327 万家次，增加到 2013 年的 2 002 万家次，增长了约 50%；实现就业和流动人数由 2010 年的 5 588 万人次，增加到 2013 年的 10 167 万人次，增长了 81.9%；猎头服务成功推荐人才数基本保持稳定，年均约为 85 万人（见表 2—5）。

表 2—5　　　　2010—2013 年人力资源流动配置情况

年份	服务人员总数（万人次）	登记要求流动人员数（万人次）	服务用人单位数（万家次）	实现就业和流动人数（万人次）	猎头服务成功推荐人才数（万人）
2010	25 216	15 953	1 327	5 588	87
2011	33 653	19 118	1 530	7 597	83
2012	42 978	24 532	1 888	9 547	00
2013	43 479	22 537	2 002	10 167	80

资料来源：根据人力资源和社会保障部人力资源市场司数据计算制作。

（六）人力资源服务产业园建设

我国人力资源服务产业园，依托人力资源政府公共服务平台、人力资源市场服务平台，或结合科技创新服务平台、生产要素市场服务平台集合发展，具备了引进人力资源服务企业及相关服务机构集聚产业、拓展服务、孵化企业、培育市场等基础功能，建立了层次分明、形式多样、各具特色的园区，改善了地方发展环境，促进了经济发展转型和产业结构升级。据不完全统计，截至2014年12月，我国已建、在建中的人力资源服务产业园有36家，其中国家级人力资源服务产业园6家，省级人力资源产业园15家。从产业园分布看，江苏11家、浙江7家、安徽3家、山东2家；上海、福建、山西各1家；而北京、重庆、广州、深圳、天津、郑州、济南、成都、青岛、武汉、河北等地在规划建设中①。据2013年年底初步统计，中国上海人力资源服务产业园区，建园以来已集中入驻机构包括公共人事服务、人事派遣、外包、测评和培训等各类企业60余家，税收已突破5亿元人民币②。

第二节　国外人力资源服务业发展概况

国外人力资源服务业最早起源于19世纪末的美国。1893年，弗雷德·温斯洛（Fred Winslow）在美国创办了世界上第一家私营职业介绍机构③。在国际经济社会环境变化、社会对人力资源的认知、人力资源服务机构的自律、国际劳工组织公约、国家政策法规等多因素影响下，除美国等少数国家外，国外人力资源服务经历了公共就业服务机构垄断、对私营职业介绍机构放松管制、私营就业服务机构多元化发展、国际社会肯定和鼓励发展阶段④。经过了近一个世纪的发展，私营就业服务终于为国际社会认可，私营就业服务机构合法地位得以正式确立，进入了快速发展期，多种业务形态蓬勃发展，人力资源服务业在人力资源开发和优化配置、实现更高质量和更充分就业中发挥着日益重要的作用。本节将结合民间职介机构国际同盟（CIETT）⑤ 的有关统计数据，重点介绍国际私营就业服务的规模、业态、服务机构、从业人员等概况。

---

① 王晓辉，黄梅，田永坡．人力资源服务产业园建设发展研讨会会议综述［J］．中国人事科学，2015（6）：32-39.

② 数据来源：对人力资源服务产业园区发展的多维审视，http://www.chinajob.gov.cn/EmploymentServices/content/2014-07/16/content_952898.htm.

③ 陈玉萍．国外人力资源服务业发展对我们的启示［J］．理论月刊，2013（4）：160-164.

④ 莫荣，陈玉萍．国外人力资源服务业的发展［J］．第一资源，2013（4）：50-63.

⑤ 民间职介机构国际同盟（CIETT）成立于1967年，是全球权威的国际民间人力资源行业组织，致力于推动全球范围内的人力资源服务业的发展，目前已被众多世界性组织（例如，欧盟、国际劳工组织、经合组织、世界银行）认可。CIETT定期发布人力资源服务业发展报告，也得到国际业界一致认可。

一、营业收入状况

目前国际人力资源服务业以美国、日本、英国等发达国家为主导，占据了较大市场份额。民间职介机构国际同盟基于43个国家的数据显示，2011年，私营就业服务业营业总收入为2 590亿欧元。其中，美国私营就业服务业依然领跑，其年营业收入占世界总量的23%，日本占17%，英国占11%（见图2—6）。从区域上划分，欧洲依然是私营就业服务业的最大市场，其营业收入占全球总量的41%，亚太地区占25%，北美地区占24%。从营业收入排行靠前的服务机构看，2011年全球排名前10位的私营就业服务机构的营业收入占全部私营就业服务业的营业总收入的30%。其中，德科集团（Adecco）继续夺冠，2011年营业收入达201亿欧元；万宝盛华集团（Manpower）排名第二，年营业收入为162亿欧元；而任仕达集团（Randstad）以158亿欧元的年营业收入，排名第三①。

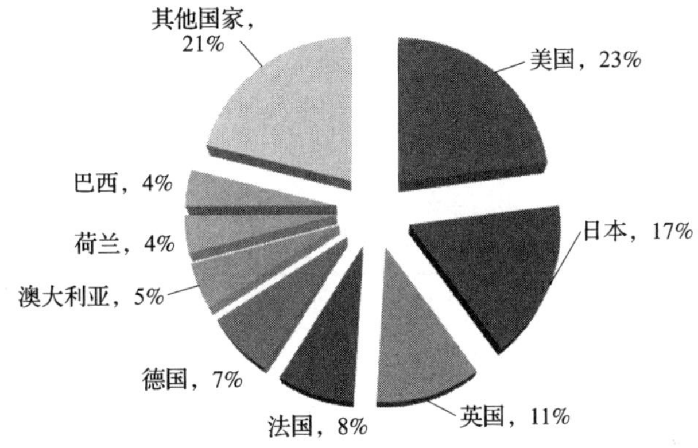

图2—6 2011年主要国家人力资源服务业营业收入占比

资料来源：CIETT. The agency work industry around the world：economic report. 2013 Edition.

二、人力资源服务的主要业态

国外人力资源服务业主要包括劳务派遣、职业介绍、职业培训、猎头、员工福利、人才测评、中高级管理、专业技术人员招聘、人力资源软件、人力资源咨询、网络招聘、人力资源外包和人力资源整体解决方案等业务领域。目前全球私营就业服务业大公司的业务主要集中在临时就业和派遣就业领域。据民

① CIETT. The agency work industry around the world：economic report. 2013 Edition.

间职介机构国际同盟2012年发布的研究报告，2010年全球派遣就业服务的营业总收入为2 470亿欧元，其中美国占全球营业收入的27%，排名第一；日本占19%，排名第二；英国占9%，位列第三。全球临时就业和派遣就业的营业额占私营就业服务业总营业额的比例达90%以上①。人力资源媒体公司HRoot 2011年发布的全球人力资源服务机构50强，前50强企业涉及的业务主要包括劳务派遣、人力资源服务外包、人力资源咨询、在线招聘、猎头寻访、人才测评等。前20位机构中有7家机构，包括前三位的德科、万宝盛华和任仕达，都主要从事劳务派遣业务，劳务派遣营业额比其他业务的都高；此外，前20位机构中有6家机构主要从事人力资源外包业务②。

三、人力资源服务机构

劳动力需求的增长催生了人力资源服务机构的发展。根据民间职介机构国际同盟基于39个国家的数据统计，2011年全球共有14万个私营就业服务机构（见表2—6）。从区域看，亚太地区的私营就业服务机构总数占全球机构总数的61%，欧洲占24%，北美占11%。从国别看，中国、日本和美国是私营就业服务机构数量最多的国家，中国、美国和日本的私营就业服务机构总数占全球总数的67%③。

表2—6　　2011年主要国家人力资源服务机构数量　　单位：个

国家	数量	国家	数量	国家	数量
中国	56 000	奥地利	1200	秘鲁	190
日本	20 000	哥伦比亚	788	比利时	142
美国	13 910	挪威	700	斯洛伐克	129
英国	11 500	墨西哥	700	罗马尼亚	129
德国	6 672	匈牙利	667	阿根廷	82
波兰	3 537	加拿大	650	意大利	70
澳大利亚	3 500	瑞典	500	爱沙尼亚	70
南非	2 685	芬兰	500	卢森堡	41
巴西	1 878	荷兰	481	立陶宛	30
韩国	1 813	斯洛文尼亚	355	马其顿	27

① International Confederation of Private Employment Agencies. The Agency Work Industry around the World. Economic Report, 2012, pp. 15-16.

② 莫荣，陈玉萍. 国外人力资源服务业的发展［J］. 第一资源，2013（4）：50-63.

③ CIETT. The agency work industry around the world: economic report. 2013 Edition.

续表

国家	数量	国家	数量	国家	数量
法国	1 500	西班牙	309	俄罗斯	20
捷克	1 350	葡萄牙	265	希腊	9
丹麦	1 347	智利	194		

资料来源：CIETT. The agency work industry around the world：economic report. 2013 Edition.

从主要国家的人力资源服务机构设立的分支机构来看，发达国家的分支机构数较多，日本、美国、英国占绝大部分。2011 年，全球 30 个国家私营就业服务机构的分支机构共计 17.9 万个（见表 2—7）。从区域看，亚太地区的分支机构数量占总量的 51%，欧洲的占 26%，北美的占 20%。从国别看，日本、美国和英国的私营就业服务机构的分支机构最多，其分支机构总数占 74%。

表 2—7　　2011 年主要国家的人力资源服务机构的分支机构数量　　单位：个

国家	数量	国家	数量	国家	数量
日本	82 681	奥地利	1 952	墨西哥	262
美国	31 932	加拿大	1 700	秘鲁	214
英国	17 000	捷克	1 650	斯洛伐克	194
澳大利亚	7 500	比利时	1 356	罗马尼亚	194
法国	6 700	瑞典	1 200	哥伦比亚	180
荷兰	5 850	挪威	900	智利	112
南非	4 827	西班牙	644	爱沙尼亚	75
德国	4 627	巴西	625	卢森堡	73
意大利	2 600	阿根廷	510	希腊	17
韩国	1 983	斯洛文尼亚	465	匈牙利	977

资料来源：CIETT. The agency work industry around the world：economic report. 2013 Edition.

四、人力资源服务业从业人员

随着世界经济的缓慢复苏，从事人力资源服务的人员有所回升。民间职介机构国际同盟基于 36 个国家的数据统计，2011 年，共有全日制从业人员①86.3 万人从事于私营就业服务业。从区域看，欧洲从业人员数量最多，占总量的 32%；亚太地区次之，占 23%；而北美地区占 18%。从国别看，美国、日本和巴西的从业人员排行前三，约占总数的 57%（见表 2—8）。从就业服务机构的

① 全日制从业人员是指人力资源服务机构所聘用的全日制员工，主要包括服务机构和分支机构的管理人员、HR 咨询师、后台支持人员等。

从业人员规模看，2011 年，每个私营就业服务机构平均有全日制员工约 10 人，每个分支机构约 4 人。这说明，私营就业服务业虽然有大型跨国公司，但还是以中小型企业为主①。

表 2—8　　2011 年主要国家人力资源服务业全日制从业人员数量　　单位：个

国家	数量	国家	数量	国家	数量
美国	191 592	意大利	11 000	俄罗斯	1 500
日本	155 000	韩国	9 000	斯洛伐克	1 007
巴西	149 279	比利时	6 400	葡萄牙	750
英国	95 865	波兰	4 100	乌拉圭	600
德国	60 000	新西兰	4 012	保加利亚	470
荷兰	34 000	捷克	3 800	奥地利	400
南非	31 500	墨西哥	3 159	斯洛文尼亚	360
法国	20 000	智利	3 142	卢森堡	307
澳大利亚	16 200	匈牙利	2 723	希腊	200
中国	15 041	秘鲁	2 560	爱沙尼亚	200
瑞典	15 000	芬兰	2 500	阿根廷	3 600
爱尔兰	12 950	挪威	2 105	罗马尼亚	3 518

资料来源：CIETT. The agency work industry around the world：economic report. 2013 Edition.

注：中国的数据由于统计口径的问题，与前文中的数据有较大差异。

五、人力资源服务的用人单位行业分布

国外使用人力资源服务的用人单位的行业分布有一定差异，但主要是制造业和服务业的企业。根据国际劳工组织的报告显示，总体来看私营就业服务机构主要为制造业和服务业提供人力资源服务。比如，在智利、希腊、挪威、西班牙、瑞典和英国等国家，私营就业服务机构主要为服务业提供就业服务，比例在 50% 以上；而在比利时、德国、匈牙利、波兰等国家，私营就业服务机构为制造业提供就业服务的比例较高，约占 50% 以上；为农业提供的就业服务比例通常较低，为其他行业提供就业服务的比例平均约 20%②。

---

① CIETT. The agency work industry around the world：economic report. 2013 Edition，pp. 20.

② International Labour Organization，Private Employment Agencies. Temporary Agency Workers and Their Contribution to the Labour Market，2009，pp. 17.

第三节 我国人力资源服务业的发展趋势

一、我国人力资源服务业发展面临的新形势

全面深化改革，推进依法治国，发挥市场在资源配置中的决定性作用等新决策和新部署，经济发展进入新常态以及人力资源供求结构、流动性等新变化，给人力资源服务业发展带来了新机遇与挑战。

（一）经济发展进入新常态

我国经济经过多年的高速增长，进入了新常态，呈现出如下特征：第一，我国经济增速将告别10%时代，进入7%左右的中高速增长期。第二，产业结构不断优化升级，第三产业比重上升，新兴产业、服务业、小微企业作用更凸显，生产小型化、智能化、专业化将成产业组织新特征。第三，国家实施创新驱动战略，经济发展将从要素驱动、投资驱动转向创新驱动，将更多依靠人力资本质量和技术进步。第四，随着经济开放度的提高，拉动经济的“三驾马车”发生了新的变化，高水平引进来和大规模走出去将成为常态。比如，目前对外直接投资量我国突破千亿美元大关，蝉联全球第三大对外投资国。

（二）人力资源的新状况

近年来，我国人力资源发生了新变化，呈现出新特点。第一，自2012年以来，我国劳动年龄人口呈现总量和占比双下降趋势。第二，劳动者素质逐步提高。比如，普通高等教育毕业生人数和中等职业教育毕业生人数逐年提高。第三，劳动力市场流动性提高。比如，我国农民工总量和外出农民工增多。外出农民工从2011年的1.59亿人增长到2013年的1.66亿人，增长了4.4%。第四，人力资源供求结构性矛盾突出。当前我国劳动者素质还不能满足经济社会发展的需要，就业结构性矛盾突出；我国技能人才总量不足，特别是高技能人才严重短缺。

（三）行业政策的新变化

党和国家高度重视人力资源服务业，这为人力资源服务业发展带来了巨大的政策红利。比如，《国家中长期人才发展规划纲要（2010—2020年）》（中发

〔2010〕6号）、《关于印发服务业发展“十二五”规划的通知》（国发〔2012〕62号）、《关于加快发展生产性服务业促进产业结构调整升级的指导意见》（国发〔2014〕26号）等一系列重大规划和重要文件中，都将人力资源服务业纳入其中，提出了明确要求；2014年年底，人力资源和社会保障部联合国家发展改革委、财政部印发了《关于加快人力资源服务业的意见》（人社部发〔2014〕104号），首次就发展人力资源服务业在全国范围内进行了全面部署，提出了行业发展的主要目标、重点任务和政策措施。各省市也十分重视人力资源服务业的发展，出台了有关鼓励政策。比如，截至2014年12月，已有江苏、浙江、山东、辽宁、天津、北京、河北等七个省市出台了促进人力资源服务业发展的意见。

与此同时，国家逐渐注重提升人力资源服务业发展质量，出台了一些规制性政策，对人力资源服务业的发展提出了新要求。比如，2014年3月施行的《劳务派遣暂行规定》（中华人民共和国人力资源和社会保障部令第22号）指出，“用工单位应当严格控制劳务派遣用工数量，使用的被派遣劳动者数量不得超过其用工总量的10%”，并规定了两年的过渡期。这让占据人力资源服务业半壁江山的劳务派遣业务面临着巨大的转型升级挑战。

二、我国人力资源服务业的发展趋势

受国内国际环境的影响，新形势下我国人力资源服务业将呈现新趋势。比如，人力资源服务业将转向集约型内涵式增长、民营人力资源服务企业的活力将进一步增强、新一代信息技术与人力资源服务将深度融合、区域经济一体化将带动人力资源服务区域合作、人力资源公共服务将与社会资本有效结合、人力资源服务将加速国际化。

（一）人力资源服务业将转向集约型内涵式增长

经过几十年的发展，我国人力资源服务市场规模不断扩大，服务的范围和提供服务产品的类别都得到了进一步的延伸和拓展，已形成较完整的服务产品体系。但是行业规模的扩大，主要采取粗放式模式增长。其主要特点是，人力资源服务企业着重开辟新顾客群体或者新的市场领域，从区域性市场拓展到国内市场，少数企业迈出国门参与国际竞争。

随着区域经济一体化和经济全球化的加深，人力资源服务市场环境日益复杂多变，客户需求也更为多样和挑剔。之前以价格战为手段的市场扩面模式，日益不能适应人力资源服务业的进一步发展。需要转向以市场细分、服务结构优化、提高效率和为客户提供更高增值服务为主要特点的集约内涵式增长，将成为未来人力资源服务业发展的法宝。在对服务对象进行细分的基础上，提供个性化、私人定制式、专精深的人力资源服务，将广受客户欢迎。比如，国际上较为知名的人力资源服务企业，其提供的服务产品细分程度很高，包括商业与管理咨询服务、薪酬与福利、教育与培训、员工关系、人力资源咨询服务、人力资源外包服务、人力资源信息系统与计算机软件、法律事务与税收、养老金与退休计划、保险服务、心理测评工具、招聘与高端人才获取、人力资源再配置、职业生涯规划等涉及人力资源管理各个方面的服务产品①。

（二）民营人力资源服务企业的活力将进一步增强

我国创新驱动战略的实施，大力推行大众创业万众创新，持续推进包括工商登记制度改革在内的简政放权，最大限度减少中央政府对微观事务的管理、市场机制能有效调节的经济活动，使市场在资源配置中起决定性作用和更好地发挥政府作用。特别是《国务院关于大力推进大众创业万众创新若干政策措施的意见》（国发〔2015〕32 号）从 9 大领域、30 个方面明确了 96 条系统性地推动创新创业的政策措施，创业创新动力和市场活力将得到更有效激发，民营中小企业将如雨后春笋般建立和成长。

随着我国全面深化改革，政府与市场的关系进一步理顺，包括工商登记、财政支持、金融信贷、税收减免等，在小额贷款、就业资金扶持、社保补贴、岗位补贴等扶持政策落实，将进一步激发人力资源服务市场的活力，我国民营人力资源服务企业已成为人力资源服务业的中坚力量，无论在数量上和营业总收入上都占绝对优势，将呈现欣欣向荣的发展态势。比如从营业收入看，民营人力资源服务企业的营业总收入近年来急剧增长。据人力资源和社会保障部数据，从 2010 年的 339.7 亿元，增长到 2013 年的 3 700.9 亿元，增长了约 10 倍；2013 年民营人力资源服务企业的营业收入所占比例（53.3%），大大超过了国有性质的服务企业的营业收入所占比例（31.2%）。从人力资源服务机构数量看，民营人力资源服务企业保持较快增长势头。截止到 2013 年年底，民营人力资源服务企业 18 578 家，占 70.3%，大大超过了人力资源公共服务机构和国有人力资源服务企业。

（三）新一代信息技术与人力资源服务将深度融合

互联网、移动终端、大数据、云计算、O2O（Online to Offline，线上到线

① 汪怿. 国外人力资源服务业：现况、趋势及其启示［J］. 科技进步与对策，2007（2）：195－200.

下）等信息技术和网络技术的发展，互联网在生产要素配置中的优化和集成作用将充分发挥，人力资源服务将进入“互联网+”时代。2015年3月5日十二届全国人大三次会议上，李克强总理在政府工作报告中首次提出“互联网+”行动计划，要求“推动移动互联网、云计算、大数据、物联网等与现代制造业结合，促进电子商务、工业互联网和互联网金融健康发展，引导互联网企业拓展国际市场。”“互联网+”行动计划的实施，为新一代信息技术与现代制造业、生产性服务业等的融合创新添加了新动力。

“互联网+”时代，人力资源服务水平提高和业务拓展将更多依赖于与信息技术的融合。通过与新一代信息技术的高度融合，不断创新人力资源服务工具、商业模式。比如，不断创新人力资源服务移动APP、线上线下招聘、私人定制化人力资源服务、依托大数据的人力资源咨询服务、大数据信息挖掘服务、虚拟人力资源服务产业园区、虚拟人力资源市场等。又如，“云薪酬”薪酬福利解决方案，将薪酬管理与云计算结合，通过强大的数据库和全国广布的服务网络，构建“薪酬云”服务计算基础数据服务平台，实现了快捷、高效、准确、安全的“互联网技术+人力资源专业服务”的人力资源服务模式。

（四）区域经济一体化将带动人力资源服务区域合作

伴随着我国区域发展战略布局，区域经济一体化加速推进，通过经济区内城市之间的战略协作，形成优势互补，达到资源优化配置，实现共同发展。如今，我国已经形成了多个城市群，其中有京津冀、长三角、长江中游、成渝、珠三角等五大国家级城市群。

区域经济一体化带动了人力资源跨区域流动配置，人力资源服务的区域合作应运而生。随着区域经济一体化的深入，人力资源服务区域合作的内容和范围将不断扩大。比如，自2003年中国南方人才市场开始探索和推动建立“珠三角城市群人才一体化战略联盟”以来，区域人才合作和人力资源服务跨区域合作成效显著。建立了多区联动的合作体制机制；将联盟扩展，吸引了香港、澳门和台湾的加入；定期联合举办大型人才交流活动。如“广佛肇人才一体化大学生专场招聘会”和“珠三角九城市高校毕业生就业联合招聘大会”具有较高影响力，每次联合招聘会组织招聘企业规模均超过2 000家，提供数万个职位，进场毕业生超过10万人；不断探索扩大合作范围，目前在人才信息共享、人事代理、人才租赁、人才交流、人才测评、高校毕业生就业、知识创新、成果转化、产业培育、政策咨询等领域合作密切。

（五）人力资源公共服务将与社会资本有效结合

近年来，社会对人力资源公共服务的需求大幅度增长，并呈多样化、精细化和综合化的发展趋势，传统的政府供给模式越来越难以适应社会发展的需要①。如何创新体制机制，撬动社会资本来提高人力资源公共服务能力和服务质量，是当前进一步推动人力资源服务市场建设的焦点，也是创新人力资源公共服务发展模式的重要举措。

在新形势下，党中央、国务院日益重视社会资本参与公共产品和服务的供给，探索了政府和社会资本合作模式（PPP 模式），这为人力资源公共服务提供了新的发展模式。2015 年 4 月经国务院同意颁布了《基础设施和公用事业特许经营管理办法》，该法规用制度创新激发了社会资本投资活力，被认为是政府和社会资本合作（PPP）推进的基本法。2015 年 5 月，国务院总理李克强主持召开常务会议，部署推广政府和社会资本合作（PPP）模式，要求以竞争择优选择包括民营和国有企业在内的社会资本，扩大公共产品和服务供给，并依据绩效评价给予合理回报。

随着我国人力资源市场体制机制改革不断深化，民间资本投资人力资源公共服务也提上日程，并出台了一系列鼓励政策措施。比如，《关于加快推进人力资源市场整合的意见》（人社部发〔2013〕18 号）和《关于加快发展人力资源服务业的意见》（人社部发〔2014〕104 号）等文件的发布，对人力资源公共服务、人力资源市场整合、促进人力资源服务业发展做了新的部署，文件提出整合加强公共就业和人才服务机构；实现人力资源市场领域的管办分离、政企分开、事企分开、公共服务与经营性服务分离，推进政府所属公共就业和人才服务机构设立的人力资源服务企业脱钩。人社部发〔2014〕104 号文件还制定了有关政府购买人力资源公共服务的政策，要求各地要从实际出发，通过竞争择优的方式选择承接政府购买人力资源服务的社会力量，逐步将适合社会力量承担的人力资源服务交给社会力量。

（六）人力资源服务将加速国际化

随着经济全球化和贸易自由化的不断发展，跨国公司在全球经济中占据着主导地位，在全球范围内进行资源优化配置成为竞争取胜的客观要求，人力资源的国际流动也成为常态。作为人力资源配置的主体，人力资源服务机构也跨出国门，以更好满足人力资源流动和用人单位人力资源服务需求，跨国人力资

---

① 陈力．人力资源服务业迎发展良机［J］．中国人力资源社会保障，2013（12）：31.

源服务机构迅速扩张，其网点遍布世界各地。比如，瑞士的德科集团（Adecco）在全球60多个国家拥有5 000多个分支机构，3.1万余名员工，在全球范围内每天为超过65万个组织和10万名客户提供短期招聘、长期招聘、永久性安置、职业转型、人才开发、人力资源外包和咨询等服务①。

近年来以德科、万宝盛华、任仕达等为代表的国际知名跨国人力资源企业，通过并购、投资、入股等方式纷纷进入我国市场。国外人力资源服务机构进入我国，有利于我国人力资源服务机构从国际合作中提高市场竞争力，但也对我国人力资源服务业产生较大冲击；同时，我国对外开放度进一步提高，“一带一路”战略的实施，我国企业走出去参与国际竞争势头强劲，我国企业海外经营，人力资源服务需要同步跟进，我国人力资源服务将加速国际化。据国家统计局数据，2014年全年非金融领域对外直接投资额为6 321亿元，按美元计价为1 029亿美元，比上年增长14.1%；全年对外承包工程业务完成营业额8 748亿元，按美元计价为1 424亿美元，比上年增长3.8%。对外劳务合作派出各类劳务人员56.2万人，增长6.6%。

主要参考文献

[1] 王克良. 中国人力资源服务业发展报告（2014）[M]. 北京：中国人事出版社，2014.

[2] 余兴安，陈力. 中国人力资源发展报告（2014）[M]. 北京：社会科学文献出版社，2014.

[3] 莫荣，陈玉萍. 国外人力资源服务业的发展 [J]. 第一资源，2013（4）：50－63.

[4] 陈力. 人力资源服务业迎发展良机 [J]. 中国人力资源社会保障，2013（12）：31.

[5] 陈玉萍. 国外人力资源服务业发展对我们的启示 [J]. 理论月刊，2013（4）：160－164.

[6] 中国就业促进会赴欧洲考察团. 欧洲私营职业中介机构发展与人力资源市场管理新趋势（上）[J]. 中国就业，2007（10）：53－56.

[7] 王晓辉，黄梅，田永坡. 人力资源服务产业园建设发展研讨会会议综述 [J]. 中国人事科学，2015（6）：32－39.

[8] CIETT. The agency work industry around the world：economic report.

① 数据来源：德科集团网站的公司简介，http://www.adecco.com/about/default.aspx.

2013 Edition.

[9] International Labour Organization, Private Employment Agencies. Temporary Agency Workers and Their Contribution to the Labour Market, 2009.

[10] International Confederation of Private Employment Agencies. The Agency Work Industry around the World. Economic Report, 2012.

第三章
招 聘 服 务

人才越来越被现代企业所重视，招聘服务已成为人力资源服务当中不可或缺的部分。招聘服务的形式，因市场环境的变化以及企业发展的客观要求，从传统的粗放式服务模式逐渐衍生出定制化的、定位精准的、更加专业的服务模式。本章首先介绍了招聘服务的含义、作用及模式分类；进而列举了招聘服务管理的相关政策法规，以及招聘活动的基本流程。第三节和第四节分别就招聘会服务、网络招聘服务的特点、实施方法及发展趋势等加以阐述。第五节具体描述招聘外包服务的优势、业务流程及发展趋势。

第一节　招聘服务概述

一、招聘服务的含义

招聘服务对应于企业内部的招聘流程，是指招聘服务机构根据用人单位的人力资源规划和工作岗位要求，通过挖掘组织外部人才资源信息渠道和人才选拔操作，为用人单位提供经筛选后符合岗位要求的专门人才的服务形式。

常见的招聘服务内容包括猎头服务、中高端人才寻访及推荐服务、批量招聘外包服务、校园招聘外包服务、招聘渠道服务，以及招聘流程外包服务等。结合用人单位的人力资源规划和人力资源管理流程，用人单位可以针对不同层级、岗位，以及所在区域，在特定阶段内选择相关的招聘服务项目，以补充用人单位自身的招聘渠道、候选人资源、招聘团队，以及专业化的搜寻和甄选能力。

二、招聘服务的作用

招聘服务的发展，源于社会经济的发展，产业结构的调整，企事业单位和各类社会组织对人才的多样化需求，随着用人单位对招聘服务要求的不断提高，招聘服务的作用也在不断提升。

（一）拓展组织外部招聘渠道

用人组织的招聘管理一般通过内部招聘和外部招聘来实现，结合组织内部人才储备和开发程度，以及用人需求的紧迫性、重要性和搜寻难度，用人组织可能通过市场化的招聘服务，通过购买服务的方式选择特定的信息发布平台、招聘服务供应商，以及相关职业社交网络来增加现有的外部人才搜寻渠道，从而提升其人才搜寻效率，以及挖掘关键人才的有效性。现实操作中，用人组织经常选择多元互补的招聘渠道服务，从而最大限度地提升组织的招聘管理效能。

一般的招聘渠道可以划分为线上渠道和线下渠道两方面。前者通常依赖于发布式和交互式互联网平台，以及微信等移动通信手段，典型的供应商包括猎聘网、领英（LinkedIn）、智联招聘以及58同城等。后者通常依赖于供应商在相关专业领域、职业分类，以及市场区域内的人脉渠道，更加适用于猎头及中高端人才寻访和推荐，典型的供应商包括科锐国际、万宝盛华、FESCO和德科等专业化招聘外包服务供应商，以及综合性人力资源服务解决方案提供商。

（二）优化用人组织招聘管理流程

常态化的组织内部招聘管理流程一般包括需求分析、信息发布、人员搜寻、面试甄选、背景调查，以及录用上岗等环节。结合岗位需求的差异，具体的企业内部招聘流程在招聘周期、搜寻方式、面试流程，以及录用标准等方面会有所不同，因此在批量招聘和关键岗位招聘过程中，特定的工作流程可能面临不同的产出效能。现实操作中，用人组织可以将部分招聘流程外包，从而改善招聘流程的效率性和专业性。典型的招聘流程外包项目可能包括以上其中某一项流程，以及多项流程的系统外包。例如，科锐国际通过派驻招聘顾问的形式，与客户组织的具体用人需求对接，利用其多元化和相匹配的搜寻渠道，为客户提供全流程的招聘外包服务，并通过人员到岗率、招聘及时率，以及人员保留率等指标，来评价其流程外包服务的质量。

（三）提升用人组织雇主品牌形象

用人组织的雇主品牌关系到其对在岗人员的保留，以及对外部求职者的吸引力程度，其可能在外部招聘过程中通过招聘服务提供商扩大在特定求职群体和就业市场中的影响力，提升品牌形象。例如，智联招聘、58同城以及领英等招聘平台服务提供商，能够为雇主提供定制化的招聘广告发布服务，从而提升其在校园招聘、中高端岗位人才搜寻，以及海外人才招聘等方面的候选人接入性，利用多媒体途径打造并宣传其雇主品牌。同时，智联招聘还通过线下服务形式，在指定高校范围内为雇主客户定制开发并执行校园宣讲活动，从而提升其在大学生就业群体中的雇主品牌认知。

（四）提升用人组织人力资源配置和开发效能

用人组织在外部招聘过程中可能面临来自批量招聘的压力，以及针对关键岗位人才的搜寻难度。现实操作中，用人组织通常会依靠招聘服务提供商来提升其人才配置弹性，满足其在可持续发展进程中对关键技术、管理和业务人才的开发和储备需求。例如，德科等综合性人力资源服务提供商能够通过 1～2 天的快速搜寻和推荐，以岗位外包等形式满足客户企业对短期用工岗位的人员配置需求；又如，生物医药等行业企业在发展过程中，可能通过专业猎头公司来满足其对产品和技术研发职能的人力资源开发需求。

三、招聘服务的模式分类

人才招聘服务从不同角度划分有不同的模式。从人才招聘服务载体角度，可分为现场招聘、网络招聘以及校园招聘等（见表 3—1）。从人才招聘服务中招聘对象的来源角度，可分为社会招聘、内部招聘。从人才招聘服务的介入深度上，可分为简单流程服务、部分流程外包服务和全程外包服务。

（一）现场招聘

现场招聘是用人单位通过人才服务中介机构提供场地条件，用人单位的招聘人员与各类前来应聘的人员现场直接对话，在招聘现场达成招聘意向，完成招聘最初环节的一种方式。现场招聘一般包括各类规模招聘会和常设人才市场等形式。用人单位不仅可以与求职者直接面对面交流，而且求职者也可以直观了解企业实力和风采。这种方式总体上效率比较高，节省招聘成本，可以快速淘汰不合格人员，控制应聘者的数量和质量。现场招聘通常与媒体广告同步推出，并有一定的时效性。其局限性在于受到展会主办方宣传推广力度的影响，求职者的数量和质量难以有效保证，一般只能吸引城市或周边地区的人员。也存在求职者达成初步意向后，需要深入用人单位进一步沟通洽谈等问题。这种方式通常用于招聘一般人才。

（二）网络招聘

网络招聘是运用网络、系统等 IT 技术手段，通过第三方招聘网站或人才服务机构的专业网站，发布企事业单位的用人招聘信息，使用简历数据库或搜索引擎等工具进行人才招聘的形式。用人单位通过网络发布用人招聘信息，应聘者从网上投递简历，用人单位在网上进行筛选，发布笔试、面试信息等。网络招聘不受地域限制，信息传播广，受众群体大，可以获得更多的应聘者信息。从全球看，网络招聘增长速度迅猛，已成为最有效的招聘方式之一。近年来，通过移动互联网技术开展招聘服务，也已成为发展较快的网络招聘形式之一。

（三）校园招聘

校园招聘服务一般表现为招聘服务供应商利用其线上网络平台，以及线下的高校就业指导部门关系资源，通过标准化结合定制化服务，为用人组织提供校园宣讲、简历收集、现场面试、素质测评，以及录用协议签订等代理服务。用人组织通常结合其应届生招聘专业、目标院校、重点区域，以及招聘周期等要素，向供应商提出相应的活动策划和执行需求。当前，类似于智联招聘等供应商可能通过招募校园大使、链接校园 BBS 以及职业辅导讲座等形式，延伸其校园招聘服务的有效性和影响力。

表 3—1　　招聘服务模式比较表

服务模式	特点
网络招聘	覆盖面广，可以广泛延伸到任何地域，能够实现传统招聘方式无法获得的效果
	方便、快捷、时效性强，本身不受时间、地域限制，也不受服务周期和发布渠道限制，对用人单位和求职者双方不强求时间和空间上的绝对一致，方便双方时间上的选择
	节约招聘成本
	针对性强，对于供求双方都是主动行为，双方自主在网上进行选择
校园招聘	更具针对性，满足条件的招聘对象相对集中
	可以集中宣传和树立雇主品牌，并进行面试
	快捷简便、节约时间及人员投入成本等
现场招聘	企业短时间内获取大量求职者资源
	企业与求职者实现多对多的双向选择
	针对性较差

四、招聘服务的特点

不同的人才招聘服务模式在招聘范围的覆盖面、针对性、成本与风险、速度与时效性以及服务的附加值等方面呈现不同的特点。

五、招聘服务的发展趋势

从人才招聘服务的发展走向看，在新技术、新理念不断涌现的新环境下，不同的服务模式呈现不同的发展趋势。

（一）传统的招聘方式面临挑战

传统的现场招聘、委托招聘主要是由政府所属人力资源服务机构及综合人力资源服务机构提供的简单招聘流程服务，向用人单位提供的也多是中低端人才及通用人才。伴随着网络技术、移动互联网技术、微信平台、微博平台的不断发展，网络招聘、猎头、招聘流程外包服务等服务形式的出现，传统的招聘方式在一线城市的市场份额呈下降趋势。但是，由于价格和效率上的综合优势，以及近年来高校毕业生数量的不断攀升，基础劳动力中的农民工群体的不断发展，传统招聘方式在二线、三线城市还保持着小幅上升趋势。

（二）网络招聘和远程招聘发展势头迅猛

以互联网为核心的网络招聘模式，彻底改变了传统招聘模式中的滞后性和被动性。专业招聘网站的出现，打破了传统劳动力市场的地域性特征，解决了招聘方和求职方在时间、地域上的不对称问题，为人力资源跨区域流动提供了平台。根据中国电子商务研究中心的《2012 年网络招聘行业研究报告》，截至 2011 年，网络招聘服务个人用户规模已达到 6 960 万人，页面点击率超过 40 亿人次，网络招聘服务的市场规模不断扩大。远程招聘是以互联网为平台，采用多媒体和远程视频技术实现的人才招聘形式，能够实现网上“一对一”或“一对多”的面对面的异地面试。由于远程招聘具有费用低、设备简单、互动快捷的特点，因此其不受时间、地域限制，能够使招聘服务延伸到不同区域及不同国度，目前已成为一种主流的招聘形式。

（三）招聘流程外包服务日益活跃

招聘流程外包是人才服务机构介入程度最高的一种招聘服务模式。它包含了从发布招聘职位信息、收集应聘人员信息，到候选人的评价、用人决策咨询等在内的一条龙的招聘外包服务。人才服务机构代理操作整个招聘流程，直到为委托单位提供最终人选。世界 500 强中的部分企业采用这种服务模式。由于该服务模式成本低、招聘质量高等特点，越来越多的国内企业也在尝试使用招聘流程外包服务模式。由于招聘流程外包的专业化程度高，目前在国内能够真正为各类企业提供招聘流程外包服务的机构主要还是外资人力资源服务机构。

第二节 招聘服务的管理

一、招聘服务管理相关政策法规

（一）国家层面政策法规

举办各种类型的招聘活动，都要严格遵守国家有关法律法规和规章，改革开放以来，国家先后出台了一系列涉及招聘服务的法规制度，其中，核心的法规政策包括：

（1）《人才市场管理规定》（人事部、国家工商行政管理总局令第4号）。

（2）《关于规范人才招聘会管理改进人才招聘服务的通知》（国人部发〔2007〕94号）。

（3）《中华人民共和国就业促进法》（国家主席令第七十号）。

（4）《国务院关于做好当前经济形势下就业工作的通知》（国发〔2009〕4号）。

（5）《关于做好建立招聘信息公共服务制度有关准备工作的通知》（人社部2011年9月）。

（6）《人力资源社会保障部关于修改〈就业服务与就业管理规定〉的决定》（人社部令第23号）。

（二）地方层面政策法规

根据国家一些政策法规，各地区制定了很多地方性的规章制度，如：《北京市事业单位公开招聘工作人员实施办法》（北京市人力资源和社会保障局，2010），上海市人事局关于印发《关于加速发展上海人才大市场的意见》的通知（沪人〔1999〕54号），《关于印发〈天津市实施海外高层次人才引进计划的意见〉的通知》（津党发〔2009〕7号）。

地方层面政策法规主要涉及的内容包括：

1．招聘活动的举办条件

逐级举办招聘活动，县、省（市）、全国规模的招聘活动，对应相应的举办机构资质。

相应的人力资源社会保障行政部门按照所在地的法规要求的审查批准。

招聘活动的名称、内容要与主办单位的业务范围相符，对现场招聘会还要有严密的组织方案、安全工作方案和突发事件应急预案，有与其举办的招聘会规模相适应的场所。

2. 招聘活动的审批手续

招聘活动应严格根据有关法律、规章要求，严格按照规定程序进行。

不具备资质、不具备基本条件的招聘活动，一律不予批准。

现场招聘活动中，对借用公共场所举办大型招聘活动的，要严格审查场地消防、安全等设施，以及制定周密的突发事件应急预案；对冠以“中国”“全国”等称谓的全国性招聘活动，要严格按照要求，报人力资源和社会保障部相关部门审批。

3. 招聘活动的监管

逐步完善招聘活动的监管机制，加强与公安、工商、物价、消防、通信等部门间的沟通协作，齐抓共管，进一步加大对招聘活动的管理力度。

通过新闻媒体、网络媒介，及时公布相关信息、投诉举报电话等，主动接受社会各界的监管，营造诚信守法的社会氛围，为促进人力资源合理流动创造良好的环境。

举办单位获得批准举办招聘活动后，要认真落实招聘活动的各项组织工作。

会前要严格审查参会单位资格和招聘信息，防止“只招不聘”和“虚假招聘”的现象，对举办现场招聘活动的，要对招聘现场进行认真的安全检查。

会中要对招聘活动进行监管，受理投诉，提供咨询和后续服务，举办现场招聘活动的，还要负责维护招聘现场的正常秩序。

会后要认真总结经验教训，按时反馈，并按有关规定向相关部门报告情况。

招聘活动，特别是大型现场招聘会，有关方面一定要明确举办单位的相关责任，发生问题要追究举办方和相关人员的责任，要设立招聘活动监督举办制度，公布举报电话，严厉打击非常招聘活动，对招聘活动实行严格的考核评估制度。

4. 招聘活动的要求

用人单位招用人员，中介机构开展业务，要向应聘者提供平等的就业机会和公平的就业条件，严防就业歧视问题，不得在民族、性别、残疾人、传染病病原携带者等方面设定违法条件。

地方各级政府和有关部门不得举办或与他人联合举办经营性的职业中介机构，公共人才就业部门举办的招聘会，不得向劳动者收取费用。

中介机构不得提供虚假就业信息，不得为无合法证明的用人单位提供职业中介服务，不得伪造、涂改、转让职业中介许可证，不得扣押劳动者的身份证和其他证件，不得向劳动者收取押金。

人才就业公共服务部门举办的各种类型的招聘活动，要有经物价部门制定核准的收费项目和收费标准，杜绝高收费、乱收费行为，切实维护用人单位和应聘人员的合法权益。

5. 招聘活动的服务

鼓励举办针对性强的行业性、专业性的招聘会和校园招聘活动，不断提升招聘会的质量和效果。

不断加强招聘会延伸服务，通过有形市场和无形市场相结合的手段，继续为供求双方提供服务。

创新招聘会形式，提高供求双方供需见面成功率，大力倡导网络招聘，积极开发网上人才市场，充分利用现有网站，将网上供求信息进行配对组合和筛选，为用人单位和求职人才牵线搭桥。

6. 招聘活动的信息管理

加强对招聘活动的信息管理，建立和完善招聘活动广告及参加单位供求信息的审查制度，发现招聘活动举办单位、参加单位发布虚假广告、不实信息，要及时制止并查处。

招聘活动结束后，应当及时收集汇总统计分析招聘结果，逐级报告情况，作为未来招聘工作的资料依据。

对现场招聘活动的招聘信息和求职信息，经用人单位和求职者确认，应当纳入人才网站的供求信息数据库，入库信息要定期统计结果，及时更新，要建立权威的招聘信息服务平台，保证信息的真实可靠。

二、招聘活动的基本流程

人力资源服务机构组织的招聘活动，是源于用人单位的实际需求。因此，我们对用人单位的招聘环节和主要流程应当有一个大致了解和基本掌握（见图3—1）。

针对用人单位的大学应届毕业生招聘流程，人力资源服务机构确定基本招聘流程如图3—2所示。

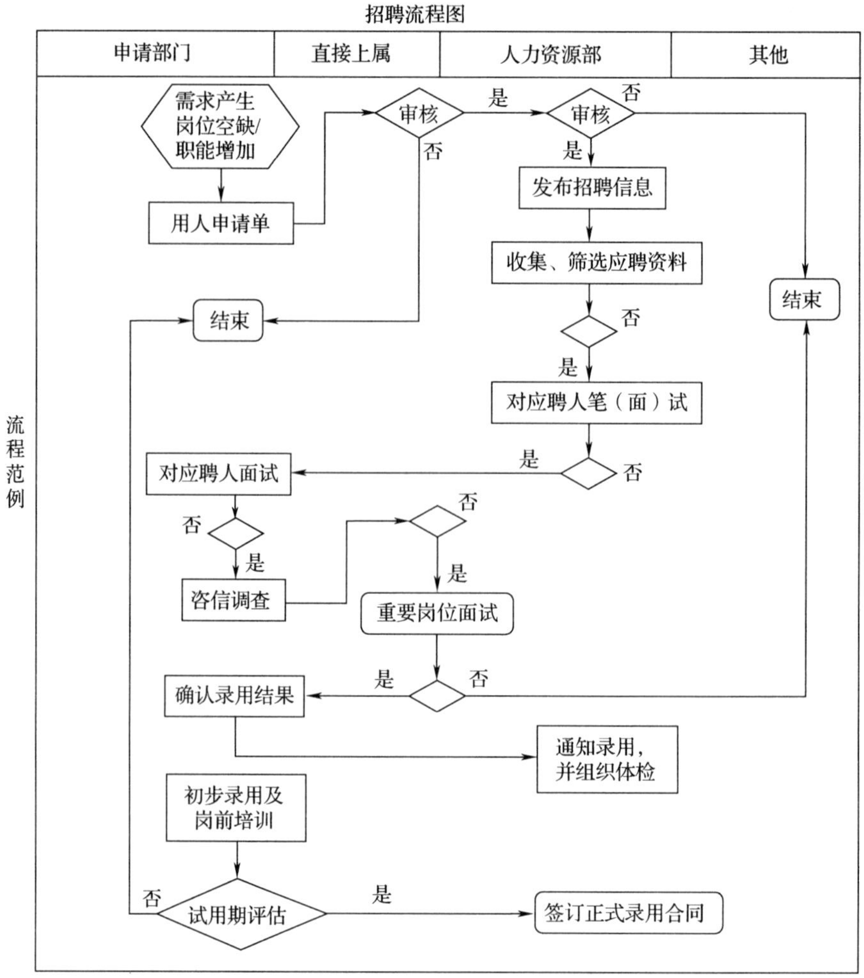

招聘流程图
申请部门
直接上属
人力资源部
其他
流程范例
需求产生
岗位空缺/
职能增加
用人申请单
审核
是
否
审核
否
是
发布招聘信息
收集、筛选应聘资料
否
是
结束
结束
对应聘人笔（面）试
是
否
对应聘人面试
否
是
咨信调查
否
是
重要岗位面试
是
否
确认录用结果
通知录用，
并组织体检
初步录用及
岗前培训
否
试用期评估
是
签订正式录用合同

图 3—1 用人单位招聘流程图

①用人单位联系毕业生就业指导中心
②毕业生就业指导中心介绍毕业生情况并对单位进行审核
不通过
③向单位说明不予通过的原因并告知单位如何调整
通过
④用人单位下载《专场招聘会预约单》填写并发送E-mail或传真
⑤毕业生就业指导中心向用人单位发送《专场招聘会确认函》

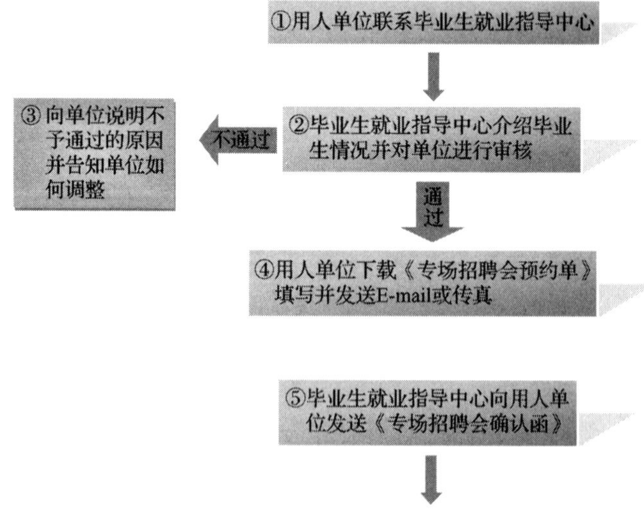

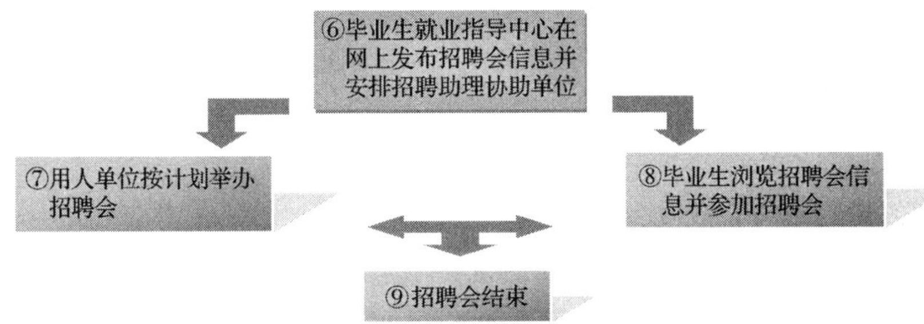

图 3—2 人力资源服务机构针对大学应届毕业生招聘工作流程图

第三节 招 聘 会

随着我国改革开放带来的劳动力流动和市场化人才配置，已有近 30 年的历史。通过举办不同层次、不同形式的招聘会，可以给单位和求职者提供一个良好的平台，同时能够促进社会就业，带来良好的社会效益。

一、招聘会概述

招聘会一般分为现场招聘会和网络招聘会。日常所讲的招聘会通常指现场招聘会，而网络招聘会是随着网络招聘技术的崛起和发展所衍生的概念，是现场招聘会的网上展示版本，网络招聘表现形式多元化，每届招聘会的举办方一般都会策划不同的主题和基调，设计不同风格的专题网页页面。

（一）招聘会的基本概念

招聘会是用人单位和求职者利用第三方提供的一个固定场所及相关的设施和服务，进行直接面对面对话，现场完成招聘面试的一种方式。

（二）招聘会的作用

目前，尽管新型的网络招聘和人才中介服务的发展非常迅猛，但招聘会这种比较传统的形式仍然占有一定的市场份额，是招聘服务不可或缺的服务形式。据统计，全美约有近 5% 的求职者是通过人才招聘会实现就业的，我国省会城市和二线、三线大城市每年春节后举办的大型招聘会，都有数千家用人单位同时进场招聘，前来应聘的人员达到几十万，最高人数能够接近百万人。同时，招聘会也是政府人力资源服务部门宣传国家及地方人才引进政策和劳动就业政策的一个重要阵地，用人单位也借助招聘活动开展宣传展示活动。

（三）招聘会的类型

1. 大型综合招聘会

大型综合招聘会一般选址在会展中心等大型场所进行，往往能够吸引几百家甚至上千家不同行业和不同类型的企事业单位和社会组织前来现场招聘人才。大型综合招聘会具有参会人员多、人才洽谈氛围良好等优点，同时也存在针对性不够强、求职者参会带有一定盲目性等问题。

2. 行业专场招聘会

行业专场招聘会是针对特定行业的人才需求所举办的人才招聘会，如医药生物专场招聘会、汽车专场招聘会、物流运输专场招聘会、电子机电专场招聘会、计算机应用专场招聘会、教育文化设计专场招聘会等。行业专场招聘会较综合性招聘会而言，用人单位的招聘目的更明确，参会的求职者和用人单位专业对口的可能性更大，从而能够使求职者和企业进行良好的沟通，避免求职者盲目赶场，用人单位出现“有岗无人”的情况，提高了双方的签约率。

3. 校园招聘会

校园招聘会主要面向即将毕业的应届生，可分为两种形式：一是综合性校园招聘会，通常由一所或几所院校主办，用人单位要在统一的时间、地点对毕业生进行现场招聘；二是专场校园招聘会，通常由用人单位根据自身招聘计划，自主选择时间，通过主动与校方联系举办专场招聘会。校园招聘会一方面减少了毕业生的求职成本，另一方面通过安排企业宣讲活动，加深了毕业生对用人单位的了解，这也是促进高校毕业生就业的一种主要形式。

二、招聘会服务的实施

（一）举办招聘会的基本原则

举办各种类型的招聘会，是一个较为庞大的系统工程，牵涉到方方面面，需要组织者怀着高度的责任心，认真把握每一个细小的环节，按照一定的标准和要求，做好招聘会的各项工作。归纳招聘会的各项要求，有以下几点基本原则。

1. 安全性原则

确保招聘会的安全是举办招聘会的一个基本要求。一是场地的适用性。由于每次招聘会所面向的服务对象不同，因此招聘会的规模及对场地的要求也各不相同，这就要求举办单位对各类招聘会适用的场地大小做到心中有数，结合招聘企业的数量及社会适合招聘对象规模选择场地。二是场地布置的合理性。无论招聘会的规模大小，总会吸引不同行业、不同领域的招聘单位，合理安排各类单位的招聘展位是举办单位不可忽视的环节，应尽量做到同类别的企业在同一区域，为求职者寻找自己心仪的企业或职位创造"捷径"。三是场地整体设施的安全性。作为举办单位，对举办场地进行安全检查是必不可少的，如场馆出入通道、消防器材、电气线路、通风设备、卫生设施等方面都是检查的重点。此外，为了保障招聘会的顺利举办，举办单位应提前制定完备可行的紧急疏散预案、应急救援预案，组织专门力量进行反复周密的部署和检查，并搞好演练，做到安全工作责任到人。

2. 针对性原则

成功的招聘会应该有明确的主题和目的，要紧紧围绕党和政府的中心工作要求，以促进就业为中心目标，及时解决企业用工难题、高校毕业生就业等社会实际需求，满足重点工程、重大项目、重点发展行业的人才需要，满足不同时期各类人才就业择业的需求。总之，举办招聘会要结合不同时期的不同社会背景有针对性地选择办会主题，减少招聘会的盲目性。

3. 实效性原则

招聘会的实效性主要体现在以下几个方面：一是招聘单位和职位的有效性。要对参会单位资格、工作人员身份和所提供的招聘信息真伪进行审查，防止"只招不聘"和"虚假招聘"等欺骗现象发生。二是招聘会信息宣传的有效性。在会前做好招聘会尤其是用人岗位信息的宣传，谋求招聘单位的岗位需求和求职者信息的对称，使用人单位和求职者都有选择的空间。三是不断创新人才招聘的形式和方法，着力推出专场、定制招聘会，使不同层次、不同专业、不同领域的人才参加与其相适应的招聘会，提高招聘效率。

4. 合法性原则

招聘活动的合法性主要体现在：一是举办招聘会的单位要合法。举办单位必须经过政府主管机关的审查批准后，方可举办招聘会。对不具备资质、在不符合要求的场所举办招聘会及未制定周密的安全保卫工作方案和突发事件应急预案的申请机构，政府主管部门一律不予批准。二是办会要经法定程序审批。各人才中介机构提交举办招聘会申请，除按举办人才交流会的规定提交关材料外，还需提交单位正式工作人员劳动（聘用）合同复印件、缴纳社会保险证复印件、由法定代表人签字并加盖单位公章的招聘会安全承诺书和招聘场地的安全情况说明。三是入场招聘单位要合法。举办招聘会的单位要加强对参会单位资格及招聘信息真实性的审核，对招聘人才的单位出具的营业执照（副本）要保留复印件（加盖招聘单位公章）备查。

5. 服务性原则

为办好招聘会，举办单位要把服务贯穿始终。除了要对招聘过程中各项活动进行周密安排与管理外，还要做好投诉办理、咨询服务等。尤其应注意做好对未能在现场找到合适工作但做了求职登记的人员，要根据其求职意向为其推荐相应岗位，对未能在现场招到合适人员的用人单位推荐合适人才，在网络等相关媒体上发布企业招聘信息，努力以多种形式为用人单位和人才提供高效便捷的后续服务。

（二）招聘会存在的问题

招聘会有自身的局限性，由于地域受限，现场招聘一般只能吸引到所在城市及周边地区的应聘者，与其他新型招聘形式相比，招聘会暴露出了以下一些问题。

1. 招聘的成功率偏低

招聘的成功率偏低是招聘会存在的主要问题，尤其是大型综合招聘会。很多求职者对自己定位不准确，面对大量种类繁多，层次不等的企业，会盲目投递简历，用人单位收取大量的简历，加大了筛选简历的工作量，导致招聘需求匹配度下降。另外，在3到4个小时的招聘会上，求职者也无法做到对企业及岗位精确、到位的了解，求职者为了增加面试的机会，只能根据企业对招聘信息和岗位的描述来投递简历，最终导致招聘效果不理想。

2. 招聘现场环境问题

大型招聘会现场环境一般都是比较杂乱，不仅拥挤而且嘈杂，这样的环境容易使人产生烦躁情绪，影响了招聘人员和求职者的心情，人流量的聚集也导致管理难度的增大和安全隐患因素的增加。同时私密受限，现场招聘求职者曝光于大众眼光下，对高端人才吸引力明显不够。

3. 招聘负责人的知识能力有待提高

招聘是一个双向选择的过程，招聘负责人代表的是整个公司的形象，他们是企业与求职者的第一个接触点，大多数单位都由人力资源部门的专门人员负责招聘，但也有些企业由于自身规模过大或是体制问题，前来招聘的并非专业人士。很多应聘者会基于对招聘工作人员的印象，做出对于企业文化及企业管理制度的判断，有些招聘人员素质不高影响了单位的形象甚至造成了恶劣的影响，有些招聘人员专业水平和综合素质偏低，对应聘者的提问回答模棱两可或表现得极不耐烦，都会影响招聘工作的质量。

（三）招聘会的风险防控

招聘会现场存在环境的复杂性、人员的流动性、企业的多样性等众多不确定因素，而有的求职者识别能力有限，对自身定位不足，企业了解不深，会导致产生多种风险。

1. 风险类型

（1）美化企业或职位诱导求职者。目前很多公司招聘业务员都是到各招聘网站搜集应聘者的资料，或到招聘会现场以招聘高薪、高职人才为名欺骗求职者，待求职者真正到岗工作后，才发现实际工作与招聘时不符。招聘单位因担心招不来业务员、推销员、代理员等，就把职位美化成“某部门经理”或助理等，以此来诱惑求职者。

（2）利用招聘为企业做广告宣传。当今社会，各种人流量巨大的场所，都会成为企业展示形象和宣传产品的有效平台，招聘会具有隐性宣传的作用，因此越来越多的企业利用招聘会宣传企业形象，但是有的企业花大价钱做宣讲会，铺天盖地的海报，过分美化企业形象，而没有将财力和精力用在真正招聘到合适的人才上。在求职者心目中，当一个企业需要招聘很多人时，这个企业无疑会被认为是一个蒸蒸日上的企业，让人感到这个企业很有发展潜力。有的企业就会利用求职者的这种心态，在宣讲时夸大自身优势，做出不切实际的描述，这些都可能导致后期的高违约率。也有不少保险机构、培训机构以及部分房产中介机构，常常把招聘会变成宣传产品和推销服务的场所，对于这类现象应严格限制，约束这种非法招聘行为，严肃招聘会秩序。

（3）以工作岗位为诱饵骗取求职者钱财。现在就业形势比较严峻，很多企业摸准求职者急于找到工作的心理，利用一些看似合理的收费手段骗取求职心切的人，当求职者把钱交给企业后，便会遭到企业各种理由的拒绝录用。这种陷阱，有一个特点就是用人单位利用求职人员期待过高、求职心切、经验不足的特点，通过各种手段榨取他们的钱财和劳动力。

2. 风险控制

（1）做好参会企业的组织与审核工作。一是要加强对参会单位资质的审核，对招聘人才的单位出具的营业执照（副本）要保留复印件（加盖招聘单位公章）备查，防止不合法企业浑水摸鱼，欺骗求职者。二是对参会单位的工作人员身份和所提供的招聘信息真伪进行审查，防止“只招不聘”和“虚假招聘”等欺骗现象发生。三是招聘会后，举办单位应努力以多种形式为用人单位和人才提供高效、周到的后续服务，防止各种欺骗行为的滋生。四是建立起用人单位诚信信息库，对入库诚信企业继续保持合作关系，对放入“黑名单”的不诚信企业终止合作，这样既方便了求职者查询有关单位信息，也避免求职者落入虚假招聘陷阱。

（2）开展就业指导工作，加强求职者防范意识。主动做好就业指导工作，指导求职者在参加招聘会前，用充足的时间收集信息，掌握当天招聘单位的情况，对有关单位展位的大概位置和招聘岗位做到心中有数。投递简历，一定要适销对路，有的放矢，有针对性，要做到“知己知彼”，准确定位自己，清楚自身实力，不怕从基础做起，逐渐展现自己的才华。在琳琅满目的招聘会上，根据自己所学的专业所长、个人兴趣爱好确定好求职方向和层次，想去哪类单位，对什么样的职位感兴趣，做到心里有数，根据个人情况有目的选择性地参与，不能盲目赶场。

三、招聘会的发展趋势

招聘会作为人才招聘服务的传统服务形式，用人单位在较短时间里和众多求职者见面交谈，求职者在较短时间里与众多用人单位当面接洽，这种用人单位和求职者直接面对面现场洽谈的方式，使双方能够了解和掌握彼此的真实情况，相对其他招聘求职方式，可以避免时间、精力和经济成本上的过多消耗，从这个角度来看，招聘会是最为直接和便捷的招聘方式，成为至今被用人单位和求职者认可的一种招聘人才、就业择业的不可或缺的形式。但要使人才招聘会取得实效，办会单位必须认真落实举办人才招聘会的基本要求，并注意总结经验，确保办会质量，切实为用人单位选才和各类人才就业择业创造条件。

第四节　网络招聘服务

一、网络招聘概述

网络招聘即在线招聘或电子招聘，是将传统的招聘业务复制到网上，也是互动的、无地域限制的、具备远程服务功能的一种全新的招聘方式，它的出现给招聘方式带来了深刻的变革。

（一）网络招聘的概念

网络招聘是利用互联网技术进行的招聘活动，包括发布职位信息、收集整理简历、在线面试与在线测评等招聘程序。网络招聘主要依靠招聘网站，招聘网站是集合网络媒体、传统媒体及先进的信息技术，以网络为媒介资源的招聘广告发布及其他相关的人力资源服务系统。网站用户包括单位用户和求职者。单位用户是指通过网络媒体在网络上刊登招聘广告、发布招聘信息及使用其他服务的企事业单位。网上求职者是指有过网上求职经历，通过浏览专业招聘网站获得招聘信息，再结合自身条件与招聘要求进行比较，选择目标应聘单位和职位，并将自己的求职信息发送给招聘单位的求职者。

（二）网络招聘的特点

1. 为求职者提供的岗位机会多

部分求职者既不愿意去人才市场，也不愿意去招聘会，但有更好的机会也愿意尝试，网络招聘就能满足求职者的这种要求。求职者可以把自己的简历储存到人才招聘网站的人才库中，设定好条件，一旦招聘网站的单位用户正需要这样条件的人才，网站便自动向招聘单位推荐。

2. 信息量大，更新速度快

招聘网站的信息量非常大，一个普通的招聘网站提供的职位数量一般都有上万个，远非现场招聘会、报纸广告能比。据统计，中华英才网平均每天发布的职位数就可达到 287 万个。同时，网络招聘信息每天都有更新，求职者可以根据目标职位的要求，对网上简历快速修改，避免了在招聘会上对不同职位有需求但无法做相应变通的尴尬。招聘单位也可以随时更新招聘信息，快速获得求职者信息。

3. 招聘成本较低

对招聘单位来说，投入的人力、资金成本都比较低。单位用户用于网络招聘费用的性价比相对合理，招聘会上，参加的求职者数量有限，而招聘单位也只有一个展位，可能错过不少优秀人才，现场招聘会的成功率因此也受到很大局限。而网络招聘能够为用人单位提供更广泛的求职人选，有效提升招聘的投入—收益比。

4. 针对性强

在网络招聘中，招聘单位可以通过系统程序设定学历程度、外语水平、工作经验等条件，很快地从数千份电子简历中筛选出合格人选。招聘单位通过设定某个职位的关键条件进行搜索，从成千上万的应聘者中挑选符合条件的人，节省了招聘单位的宝贵时间。

5. 不受地域限制

很多用人单位可通过网络招聘方式找到千里之外的合适人选，不仅为单位用户跨区域寻求更合适的人才提供了方便，也为求职者找到更合适的单位提供了途径。

（三）网络招聘的类型

1. 综合招聘网站

综合招聘网站是聚集大批量各种单位用户和多种不同类型求职者的交流空间。单位通过注册成为人才招聘网站的会员，在人才网站上发布招聘信息，收集求职者信息资料，查询合适的人才信息。综合招聘网站是目前大多数用人单位使用的网上招聘服务方式，由于人才招聘网站的资料库大、日访问量高，所以用人单位能较快招聘到合适人才，同时低廉的费用也促使很多单位同时在几家网站上注册成为会员，这样就可以收到众多求职者的资料，可挑选的余地更大，求职者也可更好地在这样的综合招聘网站上搜寻到合适的企业岗位。如前程无忧网、中华英才网、智联招聘网、中国人才热线、北方人才网、南方人才网及各省市的人才服务机构网站等均为这一类型。

2. 行业招聘网站

行业招聘网站是该行业知名单位和人才精英聚集的交流空间，企业可以通过行业招聘网站发布招聘信息招聘本行业的人才精英，而人才可以通过行业该网站来寻求知名企业。如中国建筑人才网、中国教师人才网、中国医药人才网等众多的国家级及省市级行业人才招聘网站均为这一类型。

3. 特色招聘网站

特色招聘网站是浏览量较大、知名度较高的招聘网站。浏览量大的网站是人才聚集度较高的地方，用人信息就可能获得更多的浏览量，从而获得更加合适的人才。用人单位在这样的网站专栏做招聘广告，主要是借助高流量网站的人气，提高招聘信息的浏览量。求职者登录浏览网页新闻或娱乐信息的同时，还可以获取用人单位的招聘信息，实现职业转换。如赶集网、58 同城等网站就是这一类型。

以目前国内具有代表性的人才招聘网站——智联招聘网为例。智联招聘成立于 1997 年，是国内最早、最专业的人力资源服务商之一。总部位于北京，在上海、广州、深圳、天津、西安、成都、南京、杭州、武汉等城市设有分支机构，业务遍及全国 50 多个城市。智联招聘的客户涉及的领域比较广泛，主要面向大型公司和快速发展的中小企业，提供一站式的专业人力资源服务。网站在 IT、汽车、金融、房地产、快速消费品等十几个领域拥有丰富的经验，服务内容主要包括：①网络招聘：为个人用户提供网上求职、简历中心、求职指导等个性化服务；为企业客户提供以网络招聘为核心的人才解决方案。②报纸招聘服务：智联与全国众多重点城市的主流高端平面媒体强强联手，每周在哈尔滨、南京、天津、沈阳推出专业的《智联招聘专刊》，成为专业的招聘刊物之一。③猎头服务：智联猎头业务遍布全国，已经在北京、上海、天津、深圳、南京、成都、苏州等城市开展猎头业务。④培训服务：智联培训服务始于2001年，服务范围包括公开课、认证、企业内训及人才测评，已经为大量跨国公司、民营企业、国有企业提供了有针对性的培训方案与课程体系。⑤"急聘VIP"：是一种资源有限的职位搜索结果优先排名服务，它可以使企业用少量的投入在短时间内带来大量的简历申请，有效提升企业的招聘效果和品牌知名度。⑥人才测评：依托国内外顶级人才测评专家和专业机构形成了科学、系统、完善的测评产品和服务体系。此外还有校园招聘、智联社区等服务内容。

4．招聘信息搜索渠道

即通过搜索引擎，获取网络招聘服务机构的网址，实现与多个招聘网站的链接。用人单位利用搜索引擎搜索相关专业网站及网页，发现可用人才。这种方式的选择面更宽，获得信息的渠道更加广泛。如通过百度招聘网这类搜索引擎，即可将国内知名招聘网站目录呈现在网页上。

二、网络招聘的发展趋势

（一）网络招聘存在的问题

网络招聘服务发展迅猛，为社会人才资源的合理配置发挥出重要作用，但在发展中也面临着不容忽视的问题。

1．服务模式缺乏个性化

招聘网站多以人才中介为主要服务内容，网上运作模式基本相同，即将招聘信息、应聘者简历信息放在数据库中，用人单位及求职者从职位分类的角度去检索和查询。这种模式取得了一定的功效，但是在众多招聘网站不断发展、竞争加剧的形势下，若只简单相互效仿、人云亦云，则很难办出自身特色。摆脱单一化，开辟多种信息服务渠道，是人才信息网站突破同质化，进行个性化经营的必要途径。只有进一步提升招聘网站的服务附加值，从简单的信息中介，扩展到多种有技术内涵的专业化服务，如人才测评、招聘选拔等服务项目，才能为用户提供多样化的选择，满足更多用户的个性化需求。

2．网站互动服务不足

从目前人才招聘网站的经营情况来看，多数是侧重于招聘信息、求职信息的单向发布，缺乏用户与网站及用户之间的互动式交流，尤其在提供适应不同用户需求的个性化服务方面存在很大差距，这使网站看上去更类似于从事职介的平面或立体媒体，网上招聘的特殊优势并未真正得以体现。由于对求职者的投递信息反馈较慢，求职者的简历登录到简历库之后，除非有用人单位发现该求职者，否则往往再无进一步来自网站自身的动态反馈消息，从而削弱了网站的服务功能。反映出国内人才招聘网站在服务理念、服务模式、技术开发上还需进一步完善。大部分企业在通过网上招聘人才时也会有所疑虑，网上求职者资料的真实度与可信度在一定程度上无法保证。

3. 网站信息资源难以共享

由于存在利益分配关系，各种招聘网站上求职者的信息相对封闭，人才资源信息的互通互联成为网站经营中的现实问题，人力资源信息网站提供的信息量太少，导致网上求职的成功率不高。由于运营机制等现实情况，贯通招聘网络体系的条件尚不完全成熟。

4. 资金投入较大，实现利润下滑

竞争加剧加大了招聘网站的运营成本，在服务模式上，一方面不向求职者收费，另一方面又对企业展开低价战略，据统计，部分知名网站的广告投入达到3亿元，招聘网站的竞争几乎演变成了广告和资金的竞赛，造成成本快速上升，利润直线下降。而一些政府部门所属人才中介机构认识到建立人才信息网络的重要性，但由于体制性障碍和无雄厚的资金支持而难以实施。

5. 网络招聘的法律法规亟待健全

部分招聘网站在经营过程中存在不容忽视的违规行为，如大网站向小网站及培训机构出售求职者信息，小网站定期付费获取大网站的人才信息库。一些招聘网站上发布的企业信息并非为了招聘，而是变相成为企业广告宣传，企业信息及求职者信息缺乏必要审核环节等。上述行为均亟待行业规范、法律法规的出台和治理。

（二）网络招聘的发展方向

网络招聘具有招聘范围广、无空间和时间限制、高效快捷、省时省力和费用低廉等优点。有专家认为，网络招聘服务是国内人才服务机构唯一处于世界先进水平的业务领域。网络招聘服务成为国内人才资源服务各领域中市场最为成熟、竞争最为激烈、市场化程度最高的领域之一，本土网络招聘服务机构处于垄断地位。据《中国人力资源服务市场发展状况白皮书》分析，互联网在全球范围内是1995年后诞生的新兴行业，国内的网络招聘服务机构与国外网络机构几乎同时起步。随着科技实力与技术水平的提升，国内互联网基础设施不断发展，庞大的网民数量、风险基金等融资手段，也使我国的网络招聘机构成为全球领先的在线招聘服务机构。据统计，截至2010年年底，全国各类人力资源服务机构共建立各类人力资源市场网站7 211个，于2010年发布各类岗位需求信息9 167 万条，求职信息11 068 万条，招聘网站的专业化程度大大提高。2002年至2006 年，国内网络招聘占整体招聘市场的比例由 5. 1% 增长至 22. 5%，2011 年，网上招聘个人用户规模达到6 960 万人次。

由于互联网是一个虚拟的求职环境，招聘网站上也存在虚假信息、无效信息等问题。针对招聘网站服务功能上存在的不足，各种网络招聘机构主要采取了以下一些对策和做法。

第一，通过技术研发手段开发高附加值的网络招聘服务项目，提升招聘网站的服务特色。一方面，形成集人才信息、职位信息、职业能力评估、人才测评、选拔考试、用人决策咨询等为一体的复合性招聘服务项目，增加招聘网站服务的附加值。另一方面，为提高网站点击率，建立简明扼要的检索系统，提高用户对所需信息的查准率和查全率，提高用户的满意度和重复使用度，从而保证一定的固定访问人数和访问量。

第二，实现招聘网站之间的“链接”互通。以招聘服务为导向，建立与综合性网站、专业性人才招聘网站以及专业人士浏览量较大的网站的链接，在国际国内著名搜索引擎上注册。根据不同层次的用户提供不同层次的相关信息服务，重点针对各类专业人才，扩大网站的信息服务对象和范围。

第三，提升招聘网站的互动性服务。人才网站是依赖互联网平台、服务器、交互性的网络程序开发而组成的，因此随着网络技术的发展，人才网站将具有更多的功能，开发更专业的服务软件，通过视像技术企业与求职者实时交谈，提高在线测试内容的有效性，加强对应聘者实际工作能力的考察，并可以实时点播企业现状的相关视频信息，个人也可以建立网上或移动互联网上的视频简历模式。

第四，完善网下的招聘服务工作，建立相关配套的信息服务体系，调查和研究用户的需求，争取更多的用户更全面的利用信息服务，加强与应聘者的互动沟通，提高招聘过程可信度和综合效益。

第五节　招聘外包服务

一、招聘外包概述

（一）招聘外包的概念

招聘外包服务是人力资源管理业务外包的一部分，是将企业的招聘、甄选任务全部或部分委托给第三方的专业人才服务机构，由专业化的人才服务机构利用自己在人力资源管理、评价工具和管理方面的技术优势为企业从众多的应聘人员中甄选出最适合岗位要求人才的一种新型招聘形式。根据用人单位的岗位需求特点，招聘外包服务可能包括中高端岗位人才推荐、猎头服务，以及人才测评和背景调查等内容（具体可参见其他章节）。

（二）招聘外包的优势

1．节约招聘成本

招聘工作包含招聘需求分析、需求信息发布、搜寻候选人、选拔候选人等诸多环节，其中的每一个环节都需要花费物质成本。招聘外包服务机构由于长期从事招聘外包工作，有着广泛的招聘渠道和资源，因此对于大多数的企业来说，借助外包服务机构的资源，可以在一定程度上降低人员搜寻、选拔、录用的时间和资金的成本投入，使企业以较低的成本，在较短的时间内及时获得所需要的人才。企业在希望获得高质量人才的同时，成本因素是招聘中考虑得最多的因素。招聘外包服务机构因专门承接大批量的招聘外包工作而形成规模经济的低成本运作格局，招聘外包服务机构能以更低的成本提供服务。招聘服务机构有效率的外包服务管理实践可以为企业制定科学合理的招聘方案，在较短的时间内完成招聘工作，有效降低成本。

2．增强企业竞争力

较大规模的企业，人力资源部门任务繁重，要在花费大量时间招聘的同时还要将精力用在考核、培训、福利等工作上，招聘外包是可以有效解决这一问题的重要手段，有利于人力资源部门的职能转变，把他们从繁重的事务性工作中解脱出来，而专注于重要的人力资源管理整体战略规划工作，比如人力资源短期和长期规划、企业文化建设、员工职业生涯管理等。这将保证企业核心工作的开展，提高企业竞争力。传统的人力资源管理工作是由70%的事务性工作和30%的战略咨询工作组成，其中将大量时间和金钱成本用在行政管理上，而行政管理活动却只能对其企业产生有限的价值。战略人力资源管理工作则是由30%的事务性工作和70%的战略咨询工作组成，这就要求企业把招聘中过于烦琐的工作外包出去，而可以更关注那些具有战略性的工作。人力资源管理部门的这种职能的调整，有利于形成独特的竞争优势。通过外包服务机构在招聘过程中的多渠道信息传播及广告宣传，可以将信息传播到更多、更合适的求职人群中去，使得企业在招聘的过程中也发挥了自身的宣传作用，企业的认知程度将更加深入。招聘外包服务机构利用自身的品牌号召力，带动和提高自身吸引力不强的企业，影响目标人群，收集候选人简历，可以获得更加广泛的人才资源，增大企业的选择范围，有利于帮助正在成长中的中小企业选到更好的人才，提升企业的人力资本，从而增强人才竞争力。

3. 保证招聘质量

招聘外包是人力资源管理专业化的体现，专业的机构具有资深的面试专家群体，丰富的人才信息，比较完备的招聘流程，强大的人才测评工具，使其比企业做得更细致、更准确、更周到，有效保证人职的匹配度，为人才的甄选提供充分的专业支持，企业人力资源管理人员也可以得到外部专家的招聘意见和指导。企业自身的招聘渠道往往比较单一，而专业的人才招聘企业服务通常具有多种招聘渠道，能够提供多种方式的综合性服务，它们利用庞大的、能及时更新的人才收集网络，为企业在更大范围内找到合适人才，提供了一个基本保证和广阔的平台。

4. 减少用人风险

专业的招聘服务机构与政府人力社保部门、教育部门及行业协会有着密切的合作关系，对政策法规有着准确地把握运作能力和细致的了解，可以协助企业人力资源部门规避和化解法规政策、公司治理等风险，通过招聘外包，可以有效降低和转移原有的招聘风险，招聘外包服务的出现可以让企业不再需要直接参与招聘前期过程，打消了一些企业在招聘同时有可能泄露企业发展战略方向或行业机密的顾虑。

二、招聘外包的业务流程

1. 招聘需求分析

招聘需求分析是企业开展招聘的基础性工作，也是招聘工作应该关注的焦点。在招聘需求分析过程中，企业要明确战略目标，自身不同发展阶段、不同市场环境、不同部门对人才的需求到底是什么。人才代理机构可以为企业找到符合要求的人。然而具体需要什么类型的人才，是企业应该首先明确的事情，模糊广泛的用人要求会直接影响招聘外包效果，因此需要企业首先收集各个部门的人员需求、职责要求，然后和部门业务主管进行充分的沟通，结合企业人力资源战略规划，对招聘需求进行科学、专业的分析，定位所需人才业务素质、行为风格、个性特征、专业技能、工作履历以及形象气质等方面的要求，最后制定出详细的工作描述和职位说明书。招聘需求的说明要尽可能明晰，这样招聘的质量才会有保障。

2. 代理策略确定

企业在确定需要招聘外包服务时，会明确哪些岗位适合外包给第三方招聘，一般涉及企业战略营运的关键部门及核心技术部门的岗位外包要非常慎重，也要确定哪些招聘环节需要外包。人力资源招聘工作主要是由三大部分组成：渠道搜寻、人才甄选和面试评价，最终的面试活动应该由企业主导，在第三方帮助下完成，渠道搜索和人才甄选可以交给外包服务商来完成。企业在制定招聘外包服务策略时，要从企业整体利益、具体岗位来统筹考虑，以此为原则确立相应的代理策略。

3. 外包服务机构的选择

外包服务机构的选择是企业使用招聘外包的关键环节之一，外包服务机构实际上是人力资源服务的供应商，企业应从相关因素进行综合调研和评估选择，主要包括外包服务机构的信誉、服务质量、技术水平、是否与企业文化有冲突、业绩状况以及服务价格等方面，特别是要对外包服务机构自身的素质、服务质量和服务费用三个方面进行重点考察评价。对外包服务机构素质的评价可以从七个方面进行评价：业务范围、人员素质、稳定性、企业规模、经营策略、管理水平和企业文化相融性。评价外包服务商的服务质量可以从五个方面进行评价：服务标准、及时性、符合性、以往业绩和行业信誉。服务费用可以从三个方面进行综合评价：服务价格高低、价格的变动性以及支付方式。

4. 外包合同的签订

在确定服务机构后，双方应该制定尽可能详细周密的外包协议，由于人力资源外包业务在我国刚刚起步，各个方面的规章制度还不健全，因此存在很多的经营漏洞。为了防范外包过程中的风险，双方签订的外包合同要尽可能地完善，详尽的合同可以保障双方招聘外包服务机构的利益，保证招聘外包服务机构的服务质量，约束合作双方的行为，避免可能出现的法律纠纷。

5. 外包服务的实施

在启动和实施招聘外包项目过程中，企业人力资源部门与招聘外包服务机构之间的沟通与协调非常重要，企业要选择内部级别较高、素质较强的管理人员负责相关的具体事情，随时进行监控和管理，首先要让外包服务机构熟悉企业的情况和要求；其次要对外包服务机构的业务进行检测和评估，依据双方签订的合同对外包服务商进行追踪调查和间接约束，同时根据自身和外部环境的变化随时调整外包方案，保证项目的质量和速度。

6. 人才甄选及录用

初步人选甄选出来以后，企业人力资源部门应该及时按照计划参与最后阶段的招聘与录用。人力资源部门应组织相关的业务部门主管与外包服务机构共同合作，对最终提供的候选人进行甄选。由于外包服务机构在初选过程中已对候选人的业务技能进行测试，所以企业考察的重点是从企业全局上把握候选人是否适合本企业，是否符合本企业的企业文化、理念和价值观，是否能融入集体当中。一个理想的候选人应该和企业有着相同的愿景，能够认同企业的文化，只有这样的人才才能在企业里发挥最大潜力，为企业创造最大效益。

7. 服务质量评估

服务质量评估是依据服务质量标准，运用定性或者定量的方法，对服务质量水平进行评价的过程。起步阶段的候选人推荐环节尤为重要，企业可以依据候选人数量、推荐候选人速度、候选人质量等因素对外包服务机构的质量做出评估。企业要对整个招聘外包活动效果进行评价，考察招聘目标的实现程度，可从三个指标评价：录用情况，是否能及时找到所需人员以满足企业需要；财务情况，是否能以最少的投入找到合适人才，成本节约等；使用情况，所录用人员是否与预想的一致，能否胜任企业和岗位的要求，还要参考进入企业初期的适应性阶段的“危险期”内的离职率。

三、招聘外包的发展趋势

招聘需求信息的发布是招聘外包领域中最早发展，也是发展最迅速的环节，国外的招聘外包项目已经占整个人力资源管理外包业务量的10%以上，所应用的人力资源测评和管理系统已经相当成熟，用于人才评价的手段也很多，在理论建设和实践经验都有丰富的积累。目前，世界500强企业中的绝大多数都在使用招聘外包。我国招聘外包从2000年左右开始起步，经历了从无到有、从小到大、从少到多的过程，总体来说还属于新生事物，但是招聘外包作为当前国际流行的趋势已经逐渐被越来越多的企业所接受，从2009年的整体发展趋势来看，招聘外包已经成为企业招聘的一种流行趋势，外包服务的需求也正在大幅增加，国内的主要城市都出现了一批提供专业招聘服务的供应商，主要有提供综合人力资源管理服务的人才中介机构，提供专门人力资源招聘服务的猎头公司，提供人力资源管理业务服务的管理咨询公司等，还有提供专门人力资源招聘特定环节服务的供应商，如心理咨询公司、人员测评公司、人事代理机构等。

招聘外包服务的出现可以让企业隐性操作，低成本高效率的同时也降低了风险。值得关注的是，招聘外包活动会涉及企业的商业机密，双方都面临着交易安全性问题，例如外包服务机构除了需要了解企业文化及基本组织架构外，还会涉及企业的薪资待遇、测试内容等敏感内容；而对于外包服务机构来说，其人员招聘渠道、候选人资源以及甄选测试方式等，也会在外包实施过程中被企业所了解。因此外包服务双方应在合同中列出明确的保密条款或者签订保密协议，有效规避招聘外包中的风险。

主要参考文献

［1］陈杨. 国家级人才市场建设历程回眸［J］. 中国人才，2006（21）：12－14.

［2］董志超. 人力资源服务机构现状与发展［J］. 人事天地，2012（1）：28－29.

［3］毕雪融. 推进统一规范灵活的人力资源市场建设，促进人力资源优先开发与优化配置［J］. 中国人才，2011（3）：10－11.

［4］韩光耀. 人才市场中的“人才”［J］. 中国人才，2001（11）：32.

［5］蔡吉臣. 人才开发专业化服务的理论与实践［M］. 天津：天津人民出版社，2012.

［6］胡志海. 人才市场建设要坚持三大创新［J］. 学习月刊，2008（16）.

［7］刘铭. 统筹公共就业与人才服务资源，推进现代化人力资源市场建设［J］. 中国人才，2009（21）：7－9.

［8］彭剑锋. 聚焦中国人才市场——基本问题与矛盾［J］. 中国人才，2003（1）：4－6.

［9］厦门市人事局. 开放市场　加强监管　行业自律——厦门市多举措加强人才市场建设与管理［J］. 中国人才，2010（15）：72－74.

［10］王通讯. 全面解读《国家中长期人才发展规划纲要（2010—2020）》［J］. 中国电力教育，2010（20）：6－16.

［11］魏弘扬. 人事人才公共服务与人才市场健康发展［J］. 人才开发，2007（10）：42－43.

［12］吴江，田小宝. 人力资源蓝皮书——中国人力资源发展报告（2011—2012）［M］. 北京：社会科学文献出版社，2012.

［13］萧鸣政，郭丽娟. 中国人力资源服务业白皮书 2011［M］. 北京：人民出版社，2012.

［14］萧鸣政，李泠. 关于我国人才市场建设的问题与思考——基于人力资源服务业发展的视角［J］. 中国人才，2009（11）：13－16.

第四章 高级人才寻访

高级人才寻访服务又称为“猎头”服务，是人力资源服务领域一项新兴的高端业务，通常为客户提供咨询、搜寻、甄选、评估、推荐并协助录用高级人才的系列服务活动。本章共三节，第一节介绍了什么是高级人才寻访，第二节重点介绍了高级人才寻访业务，第三节从高级人才寻访服务项目、机构的创立与发展和行业展望三方面深入阐述了高级人才寻访行业的发展，尤其在高级人才寻访行业展望方面进行了进一步的分析和探讨。

第一节　高级人才寻访概述

一、高级人才寻访的起源与发展

（一）高级人才寻访的起源

高级人才寻访是“猎头”的正式称谓（下文简称“猎头”），是指为客户提供咨询、搜寻、甄选、评估、推荐并协助录用高级人才的系列服务活动。

关于猎头的起源，最通俗的说法是：在古老的原始部落时代，有一个食人部落，每当战争结束，人们就会把敌人的头颅割下来，作为战利品带回部落，悬挂于部落内，既炫耀了自身实力，也可有效地威吓来犯敌人，后人将这种行为称为“猎头”。

尽管“猎头”一词在历史的发展中带有几分原始的野蛮、神秘、恐怖气息，但在近代社会，猎头完全被赋予了崭新的含义，打上了新时代的烙印，并具有鲜明的时代特色。第二次世界大战后，美国最早将猎头用于特指人才搜寻。当时美国作为主要的战胜国之一，不仅大量搜罗战败国的机器、武器等“硬件”，更是不遗余力地搜罗战败国的先进技术等“软件”，尤其是那些掌握了先进技术的精英人才。这样的一个过程被称为“Headhunting”，即“猎头”。因为头脑是智慧、知识之所在，网罗人才就是为了获取他们头脑中的知识，获取最新、最前沿的技术信息。

第二次世界大战后的美国迅速崛起，归功于从战败国猎取了大量高素质战俘，他们为美国科技发展做出了巨大贡献，并带来了大量财富。现代社会的人才竞争日益激烈，精明的商人们抓住企业对高级人才需求的重大商机，把为企业选用高级人才转变为彻底的商业行为，从中获取利润。随着经济的快速发展，猎头也得到前所未有的增长，目前，猎头已经发展为一个行业，成为现代经济社会的一个重要组成部分。

（二）高级人才寻访行业的发展

1. 全球高级人才寻访行业的发展

高级人才寻访机构最早产生于第二次世界大战后的美国。如同传统行业一样，经过多年发展，该行业产生了一些伟大的公司，如光辉国际（Kom/Ferry International）、海德思哲国际咨询公司（Heidrick & Struggles）及史宾沙管理顾问咨询公司（Spencer Stuart Consultants）等。

全球最早的高级人才寻访机构是1926年在美国诞生的迪克·迪兰人才搜索公司。目前全球最大的高级人才寻访公司是美国的光辉国际有限公司，成立于1969年，总部位于美国的洛杉矶。2009年，光辉国际被《福布斯》评为高管搜寻行业CEO搜寻有效率第一名。2012年光辉国际在全球41个国家73个城市设有89处分支机构，在世界范围内光辉国际有超过500位顾问服务于世界500强客户中的90%以上。

在欧美等发达国家，很多高级人才寻访机构与跨国公司有着密切的联系。有些高级人才寻访机构甚至跟随跨国公司辗转世界各地，随时根据这些跨国公司的人才需求开展业务。惠普公司的前掌门人卡莉顿·菲奥里纳加入惠普公司，曾经轰动一时，正是高级人才寻访机构运作成功的范例。IBM公司曾在处于低谷阶段时，由于高级人才寻访机构为其请到了郭士纳任新总裁而使公司获得长足发展。

2. 中国高级人才寻访行业的发展

中国大陆最早的高级人才寻访机构于1992年成立，早期主要是为外企在中国的机构寻求本土人才。近几年来，许多国企特别是一些上市的股份公司、民营高科技企业纷纷跻身于高级人才寻访机构客户的行列。

中国的高级人才寻访行业发展是与引进外资联系在一起的。外国来华投资企业需要大量聘用高素质本土人才，而他们缺乏寻找人才的渠道，甚至对中国的体制情况都不甚了解。加之高级人才寻访机构在国外的高级人才招聘方面扮演着重要角色，因而大多数跨国公司来到中国后，为了尽快适应中国市场，通常会委托那些能了解其企业需求，能帮助其解决困难的高级人才寻访机构，为他们寻找熟悉本地文化、工作习惯、竞争规则的关键人才。很多外资高级人才寻访机构觊觎这样的市场机会，一直在等待来华投资的机会。

1996 年 1 月人事部发布的《人才市场管理暂行规定》要求：境外公司、企业和其他经济组织或个人，不得在中国境内单独投资成立人才市场中介机构；同国内的公司、企业或其他经济组织合资、合作成立人才市场中介机构的，应当由省级以上政府人事部门审批并报人事部备案同意后，颁发许可证，同时按有关规定办理其他手续。基于政策方面的宽松环境，猎头业迎来了一轮新的发展高潮。

2001 年 11 月 10 日，中国加入世贸组织。根据 WTO 协议，中国政府开始有条件、有计划和有步骤地开放人才市场。2001 年 10 月 1 日人事部和国家工商行政管理总局联合颁布的《人才市场管理规定》指出，开展人才中介或者相关业务的外国公司、企业和其他经济组织在中国境内从事人才中介服务活动的，必须与中国的人才中介服务机构合资经营。这意味着中国人力资源市场对外资开始谨慎开放。从这一天起，外资参与中国的人才服务的空间越来越大，外资高级人才寻访机构开始大量进入中国市场。在外资高级人才寻访机构的带动下，中国的高级人才寻访行业得到快速发展。

截至 2007 年 6 月，在全国通过政府相关部门注册成立并正式经营猎头业务的猎头公司超过 950 家，伴随着大批跨国公司来华投资，大约已有 200 家全球跨国公司直接或间接地进入了中国猎头市场，提供国际化猎头服务。

2007 年，全国各类人才服务机构共为 8 万家用人单位提供了猎头服务，选聘各类高级人才 23 万人。① 2013 年，高级人才寻访（猎头）服务成功推荐选聘各类高级人才 80 万人。②

二、高级人才寻访的内涵

（一）基础术语

1. 人才

《国家中长期人才发展规划纲要（2010—2020 年）》（以下简称《纲要》）中提出，人才是指具有一定的专业知识或专门技能，进行创造性劳动并对社会做

---

① 萧鸣政. 中国人力资源服务业 2008［M］. 北京：人民出版社，2008.

② 王克良. 中国人力资源服务业发展报告（2014）［M］. 北京：中国人事出版社，2014.

出贡献的人，是人力资源中能力和素质较高的劳动者。人才资源是我国经济社会发展的第一资源。

2. 高级人才

《纲要》提出，我国人才队伍建设的主要任务是突出培养造就创新型科技人才，大力开发经济社会发展重点领域急需紧缺专门人才。《纲要》还指出，要统筹推进党政人才、企业经营管理人才、专业技术人才、高技能人才、农村实用人才、社会工作人才等六类人才队伍建设。党政人才队伍建设要以中高级领导干部为重点，企业经营管理人才队伍建设要以战略企业家和职业经理人为重点，专业技术人才队伍建设要以高层次人才和紧缺人才为重点，高技能人才队伍建设要以技师和高级技师为重点，农村实用人才队伍建设要以农村实用人才带头人和农村生产经营型人才为重点，社会工作人才队伍建设要以中高级社会工作人才为重点。从宏观规划角度看，这六类人才中的重点人才都是我国的高级人才。

在高级人才寻访业务中，通常从市场运营的角度去界定高级人才。高级人才寻访机构一般喜欢把"三高"人群，即高学历、高职位、高收入的职场白领或者金领称为高级人才，通常表现为拥有良好的教育背景、丰富的工作经验、较强的专业能力、较高的业务素质、顽强的敬业精神、良好的综合素质等。

3. 高级人才寻访

高级人才寻访就是指通常意义上的"猎头"。"猎头"两个字各有含义。"猎"是捕猎、搜寻的意思。"头"包括两层含义，一是指头脑，代表智慧、能力等；二是指头领，可引申为一个组织或团队的高级管理人员或经营者，或技术带头人等。"猎"与"头"合在一起，就专指为客户搜寻和捕猎高级人才的服务。在猎头服务过程中，从事人才搜寻、人才评价、背景调查、候选人推荐等猎头服务过程的人，称为猎头顾问。对以寻访人才为主要工作内容的人，称为人才寻访员或职业猎手。由猎头顾问、人才寻访员等人员组成团队，经常为客户提供猎头服务的机构，称为猎头公司。

（二）相关理论

1. 马斯洛需求层次理论

美国心理学家亚伯拉罕·马斯洛于1943年提出的需求层次理论认为，人类需求可分为五种，分别是生理需求、安全需求、社交需求、尊重需求和自我实现需求。五种需求通常像阶梯一样从低到高，按层次逐级递升。需求层次理论有两个基本出发点：一是人人都有需求，某层需求获得满足后，另一层需求才出现；二是在多种需求未获满足前，首先满足迫切需求，该需求满足后，后面的需求才显示出其激励作用。一般来说，某一层次的需求相对满足了，就会向高一层次发展，追求更高一层次的需求就成为驱使行为的动力，而获得基本满足的需求就不再是一股激励力量。五种需求可分为两个等级，其中生理上的需求、安全上的需求和社交上的需求都属于低级需求，这些需求通过外部条件就可以满足；而尊重的需求和自我实现的需求属于高级需求，要通过内部因素才能满足，而且一个人对尊重和自我实现的需求是无止境的。同一时期，一个人可能有几种需求，但每一时期总有一种需求占支配地位，对行为起决定作用。任何一种需求都不会因为更高层次需求的发展而消失。各层次的需求相互依赖和重叠，高层次的需求发展后，低层次的需求仍然存在，只是对行为影响的程度大大减小。马斯洛和其他的行为心理学家都认为，一个国家多数人的需求层次结构，是同这个国家的经济发展水平、科技发展水平、文化和人民受教育的程度直接相关的。在发展中国家，生理需求和安全需求占主导的人数比例较大，而高级需求占主导的人数比例较小；在发达国家，则刚好相反。

2. 素质冰山模型

美国著名心理学家麦克利兰于 1973 年提出了一个著名的素质冰山模型。所谓“冰山模型”，就是将人员个体素质的不同表现划分为表面的“冰山以上部分”和深藏的“冰山以下部分”。其中，“冰山以上部分”包括基本知识和基本技能，是外在表现，大部分与工作所要求的直接资质相关，能够在比较短的时间内使用一定的手段进行测量，可以通过考察资质证书、考试、面谈和简历等具体形式来测量，也可以通过培训、锻炼等办法来提高这些素质。而“冰山以下部分”包括社会角色、自我形象、特质和动机，是人内在的、难以测量的部分，往往很难准确表述，不太容易通过外界的影响而得到改变，又少与工作内容直接关联，但却对人员的行为与表现起着关键性的作用，通常作为职位胜任力的核心考察因素。

（三）基本特征

总体来说，规范的高级人才寻访通常具备以下特征：

一是目标针对性强。猎取对象通常是市场上急需紧缺的“高职位、高学历、高价位”的“三高”人才。

二是服务专业水平高。整个高级人才寻访服务过程中，需要运用沟通技巧来游说候选人，运用测评技术来识别人才，需要对目标行业有深入的研究，对服务过程的每一个环节，包括如何签订合同、如何做背景调查等，都要做到敏锐、准确。这些都要求从业人员具备较高的专业服务水平。

三是操作过程要依法守规。招聘过程中，围绕候选人的选聘环节，常常会涉及一些法律法规方面的问题，比如服务过程中为保障客户和候选人的权益而提供的保密服务、候选人与老东家是否存在竞业避止的问题，候选人与客户公司之间的劳动合同签订问题，要严格按照《保密法》《公司法》《劳动合同法》以及有关人事政策法规等的规定开展工作。

四是上岗留用率高。对比普通的招聘活动，通过专业的高级人才寻访服务所推荐的候选人，上岗的留用率更高，稳定性更好。

三、高级人才寻访服务标准

（一）高级人才寻访服务规范

为进一步规范我国高级人才寻访服务的开展，由人力资源和社会保障部提出、中国国家标准化管理委员会于2010年9月2日发布的《高级人才寻访服务规范》国家标准，于2011年1月1日正式实施（见附录1）。

（二）高级人才寻访职业道德准则

2012年6月17日，中国人才交流协会高级人才寻访专业委员会正式成立。2013年10月，中国人才交流协会高级人才寻访专业委员会发布了《高级人才寻访职业道德准则》（见附录2）。

（三）高级人才寻访服务收费规则

高级人才寻访服务费一般按照所聘用人才年薪20%～30%的标准来收取。介绍比较常见的两种支付模式。第一种是预付费模式。预付费模式在项目前、项目中和项目后（候选人入职）各收取1/3左右的费用。使用预付费模式通常伴随着客户的独家委托，当职位级别高、候选人库存量小或者客户希望低调招聘时采用较多。采用预付费支付模式的高级人才寻访机构通常在业内具有良好的行业声誉，并且拥有业绩卓越的猎头顾问，这些顾问会在与目标候选人接触的过程中，给候选人带来专业、舒适的体验，有助于提高雇主在行业中的口碑。同时由于这种收费模式能够有效尊重高级人才寻访机构的服务价值，机构会从维护品牌形象的角度，更客观地评估候选人。第二种是按结果付费模式，即在项目成功后才收取费用。大部分高级人才寻访机构都采用这种模式。如果招聘方对招聘活动并无太多顾虑或者希望接触到更多的候选人时，多采用这种方式。多数情况下，招聘方会同时委托多家机构进行招聘，对成功推荐候选人的机构付费。

第二节 高级人才寻访业务

一、客户开发与管理

（一）目标客户的界定

1. 目标客户的选择

高级人才寻访机构通常会根据自身的愿景和使命，确定客户定位，并据此锁定目标客户群，开发客户和候选人。一家规范的高级人才寻访机构对客户和高级人才均有高度的责任心，在接受高级人才寻访委托前，一般要对企业进行严格考察，并有选择性地提供服务。高级人才寻访机构通常愿意为以下7种类型的企业提供服务：①发展前景好的企业；②成长速度快的企业；③内部管理规范的企业；④社会形象好的企业；⑤品牌影响力强的企业；⑥诚信守约的企业；⑦尊重人才的企业。

2. 潜在客户的类型

根据研究，大致有如下五类企业更倾向于借助高级人才寻访机构开展高级人才的招聘。

（1）外资企业。一般有两类企业：一是在中国新注册的外资企业。这类企业刚刚进入中国，设立了分公司或者办事处，急需一批既了解外方文化又懂中国国情的管理人员，参与经营管理，依靠他们启动并开拓中国市场，通常会委托当地的高级人才寻访服务机构帮助其物色一批经营管理人才。二是管理层向本土化过渡的外资企业。这类外资企业在中国已经运营了一段时间，逐渐了解和适应了中国的国情，而且一批外方管理人员的合同期快结束，投资方为了降低人工成本，通常会聘用中国本土的高级人才担任管理人员。这些管理职位一般包括公司的总经理、副总经理、总裁高级助理、财务总监、营销总监、公关经理、高级法律顾问等。

（2）高速发展的企业。一些正处于高速发展中的公司，业务扩张很快，人才梯队没有充分建立起来，急需从公司外部引进一批事业心强、能吃苦、善于经营的创业型人才与企业共同成长。此时，企业品牌仍处于初创时期，社会影响力还不够大，对人才的吸引力也不够强，因此，不得不委托高级人才寻访服务机构来帮助自己猎取人才。

（3）处于战略转型的企业。新常态下的中国经济正处于产业结构调整的关键时期，一些传统企业将加速淘汰落后产能，实现装备升级和产品升级，还有些企业也将按照国家鼓励的方向实现战略转型，比如在“互联网+”上升为国家战略的大背景下，越来越多的企业将拥抱互联网，急需大量互联网方面的人才，而企业在转型过程中并没有这方面的人才储备，这将给高级人才寻访服务机构创造市场机会。

（4）新创高科技企业。近年来，我国科技飞速发展，科技型创业企业如雨后春笋般的涌现，特别是李克强总理提出大众创业和万众创新的战略部署，必将进一步激发全民创业热情，移动互联网、大数据、物联网等领域的创业机会将大大增加，这些新创办高科技企业将面临的一个最大的问题就是创业合伙人的紧缺。由于企业正处于起步发展阶段，这些高科技企业创始人生存压力大，工作时间紧，而且人脉圈小，想立即找到一个理想的创业合伙人也不是一件容易的事情，委托高级人才寻访服务机构来搜寻人才，是一个不错的选择。

（5）其他单位。对于一些依靠自身力量难以招聘的高层岗位，很多企业迫于无奈，尝试委托高级人才寻访服务机构寻访高级人才。

（二）获取客户资源的渠道

高级人才寻访服务的客户资源通常有两个来源：一个是主动咨询的客户，另一个是定向搜寻并开发的客户。一般来说，主动咨询的客户，其人才需求更为迫切，信息的真实度较高，合作意愿也更强烈，但每个高级人才寻访机构都有其行业或领域的侧重，经常出现来询客户的人才需求与公司现有业务范畴不相匹配的情况。定向搜寻并开发的客户是根据公司的客户定位，收集目标客户信息，有选择性地开发客户，通常针对性强，库存人才资源的支撑性较好，但客户开发难度相对较大。获取目标客户信息的渠道通常有招聘网站、报刊、招聘会、行业协会、企业黄页、HR论坛、行业论坛等。进一步收集整理企业所属行业、地区、发展态势，了解高级人才招聘需求，并详细记录客户信息，健全客户档案。

（三）客户开发技术

获取了客户的基础信息后，需要对客户进行有效的开发。一般情况下，通过拨打上门电话进行客户前期咨询，初步确认有需求的客户，并针对目标客户上门拜访。对于计划重点拜访的客户，要做好积极准备工作，提高客户开发成功率。

1. 事前准备

一是要做好客户调研。深入了解客户相关信息，包括行业信息、竞争对手、薪酬信息、客户情况等。二是要做好资料准备。做好企业简介、产品介绍、价目表等相关资料的准备工作，必要时还可准备企业宣传视频或者 PPT 演示材料。三是做好仪容仪表的准备，在与客户见面时保持良好的职业形象。四是要做好心理准备，随时接受在开发过程当中出现的种种困难和挑战。

2. 确认需求

与客户沟通过程中，首先要了解客户需求，明确空缺职位的相关信息，包括直接上级、下属部门、职务名称、所属部门、薪酬水平、任职条件等，同时还要了解职位对任职人员的要求，包括知识、技能、个人特质等。

3. 阐述观点

熟练介绍公司的优势、产品的特性以及成功案例等，并结合客户需求，能提出有针对性的高级人才寻访方案。

4. 处理异议

与客户研究确认空缺职位的需求标准，共同商讨解决方案的可行性，针对客户提出问题，要予以尊重。对于建设性问题，要积极想办法，进一步完善方案；而对于不合理的问题，要积极与客户取得沟通，并耐心做好解释说服工作，以赢得客户的充分信任，直至达成委托协议。

5. 签订协议

当客户认可公司价值以及可行性方案后，就可以洽谈委托协议的签订事宜。

（四）客户管理

当客户开发出来后，客户管理显得更为重要。如果客户管理得好，可以降低客户开发成本、增加收入、拓展市场、全面提升企业赢利能力和竞争能力。高级人才寻访行业的客户管理与其他行业的客户管理存在共性，同时也有其自身的特点。通常对客户实施分级管理：

（1）一级客户。这类客户从战略上高度重视高级人才，通常有较好的盈利能力和强烈的品牌意识，对高级人才寻访服务的质量要求较高，对价格相对不太敏感，一般对高级人才寻访机构的行业地位、品牌形象比较看重，一旦对某家机构信任，忠诚度较高。

（2）二级客户。这类客户愿意通过高级人才寻访机构来招聘高级人才，但对寻访服务的性价比较为看重，对寻访机构的忠诚度不太高，通常委托多家机构寻访高级人才，以降低自身的风险和成本。

（3）三级客户。这类客户数量比较多，对高端人力资源服务的消费能力一般，偶尔咨询高级人才寻访服务，但真正能达成协议的不多，能做成项目的更少。

（4）四级客户。这类客户不仅对招聘的要求极高，而且还对价格非常敏感，往往需要高级人才寻访机构花费较大精力和代价，但收效不一定理想，有时甚至大量浪费资源，不仅不能给机构带来盈利，而且还会影响对其他客户的服务。

根据帕累托二八法则，通常 20% 的客户创造了 80% 的收益。前面提到的一级和二级客户通常只占所有客户的 20%，但这些客户往往带来 80% 的收益，是高级人才寻访机构的重点客户。因此，对于重点客户，需要重点管理。

（1）深入了解客户。了解客户的经营管理情况以及高级人才需求，准确把握自身对客户的价值。

（2）了解竞争环境。认清高级人才寻访行业竞争者的竞争优势，做好对比分析。

（3）确定优先排序。根据客户价值、潜力来确定重点客户的优先排序，根据客户对高级人才寻访机构的相对重要性来决定对资源的有效分配。

（4）科学制订计划。制定重点客户发展目标，明确向重点客户提供哪些个性化解决方案。

（5）完善团队建设。建立一支有共同愿景目标的客户团队，鼓励客户团队为争取重点客户而努力。

（6）有效协调沟通。确保由合适的人、在合适的时间做合适的事情。

（7）帮助客户解决问题。积极响应，调动高级人才寻访机构内外的一切资源，帮助重点客户解决好各方面的问题。

（8）关注客户动态。保持对重点客户的跟踪，跟进了解客户需要什么、担心什么以及提高在交往中获得的价值。

（9）准确衡量评估。评估机构对客户所作投资的回报，满足机构内部希望得到高额投资回报的需求。

二、客户服务

为客户提供高级人才寻访服务，要遵循科学规范的服务流程。图 4—1 展示的服务流程主要包含六个关键环节，即深入了解客户、签订委托协议、开展人才搜寻、实施人才评荐、协助客户面试、人选试用上岗。

（一）深入了解客户

1. 了解客户所属行业情况

（1）查阅平时积累的行业信息，尤其是一些行业报告。

（2）查找行业协会网站及其行业内专业网站、报刊等资料。

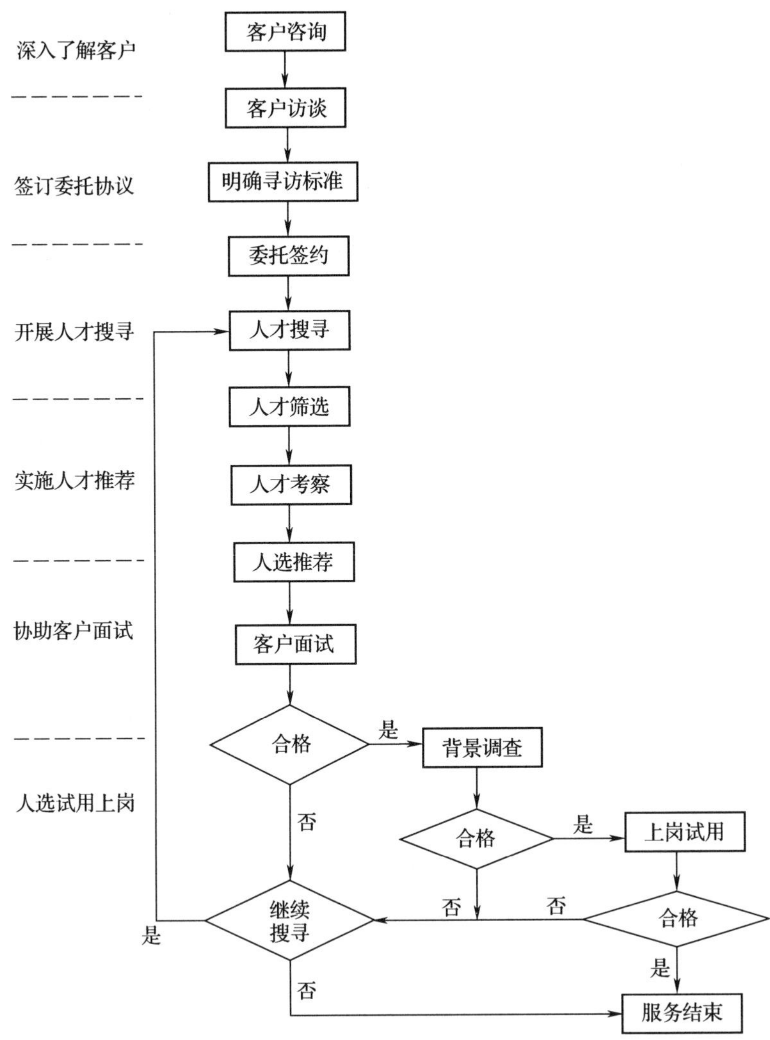

图 4—1　高级人才寻访服务流程

（3）利用互联网搜索引擎搜索行业新闻等信息。

（4）利用行业内的人脉资源了解行业有关情况。

（5）关注行业的相关微博、微信公众号，了解行业信息。

（6）查阅与行业相关的政府部门官网，了解行业动态和政策信息。

2. 了解客户公司的经营管理情况

（1）查阅该公司的网站，了解公司的基本情况。

（2）查阅该公司的工作总结、年报及相关资料，了解公司的经营理念、主营业务、营业收入、市场份额等情况，如果是上市公司，可查阅公司向证监会提交的年度报告，股东大会通知，其他宣传手册等。

（3）向公司索取市场推广资料，比如公司宣传录像、光盘、公司内刊、剪报，以及新员工入职辅导资料，了解公司的组织架构、管理制度、组织文化等。

（4）查阅主流媒体对该公司的最新报道。

（5）深入企业实地考察，现场查看生产经营情况，同时听取负责人的相关介绍。

3．了解客户公司负责人

了解客户公司负责人的性别、年龄、爱好、特长、缺点、偏好、能力、性格等，是非常重要的，不仅有助于理解公司的文化，而且有助于推进项目的开展。了解方法一般有两种：一是“听”，向有关人员打听负责人情况，比如向公司内部员工，特别是在他身边工作的员工打听，或者向公司最近离职的员工打听。二是“看”，观察负责人对公司员工的态度以及对猎头顾问的态度，也可查阅一些媒体、书籍、讲话等资料，从中了解公司负责人的管理风格和对人才的重视程度。

4．了解目标职位的直接上级

对于目标职位的任职者来说，顶头上司的用人心态、思维方式、行为风格、性格特点以及与负责人的关系等，对其开展工作有很大的影响。比如，顶头上司是一位行事雷厉风行的人，而这位任职者是性格相对沉稳内敛的人，两人合作起来就容易出现不愉快。因此，在确定目标职位的胜任特征时，要将直接上级的特点纳入要素中来统筹考量。

（二）签订委托协议

1．明确寻访标准

在洽谈高级人才寻访委托协议时，首先要明确委托任务的标准，也就是关于目标职位的工作描述和人选标准，一般要进行职位分析，书写职位说明书。职位分析的通用性问题一般有：

（1）职位名称是什么？工作地点在哪里？薪资结构如何？可提供的薪资区间是什么？

（2）职位的上下左右关系：

下属：共多少人？直接下属职位的名称与职能是什么？

平级：平行部门有哪些？

上司：职位和职能是什么？行为风格、用人偏好有什么特点？

（3）职位前任或现任的行事风格是什么？大致的工作经历怎样？离职原因是什么？

（4）该职位招聘多少人？为什么招聘？紧急程度如何？希望何时到岗？为什么？

（5）要求职位的任职者必须符合和优先符合的条件各是什么？英文能力要求如何？经常出差吗？

（6）需要候选人在目标岗位上解决的核心问题是什么？

（7）职位吸引人才的地方是什么？有多大上升空间？是否有明确的职业通路？

（8）希望候选人来自哪里（区域、行业、公司、职位等）？希望有特定职能的任职经历吗？

（9）目前的招聘进展如何？是否已有候选人申请职位？

（10）面试流程如何？

2. 委托签约

双方就合作的内容达成一致后，就开始洽谈合作协议。签订合作协议是与客户达成共识的过程，也是双方合作的基础。合作协议的内容应包括双方权利与义务、服务期限、服务内容、服务费用与支付方式、违约责任等。签订委托协议时，要严格遵守《劳动合同法》，按照市场的运作规律，对条款的相关要求做平等友好的协商。

本章选用中国人才交流协会高级人才寻访专业委员会印发的《高级人才寻访服务合同》作为参考文本（见附录3）。

（三）开展人才搜寻

1. 人才搜寻

协议签订后，就迅速转入人选搜寻程序。根据与客户商量确定的职位需求信息，组织开会研究，确定搜寻方案，并向客户提交方案。首先，根据目标职位的人才标准，确定目标人选的范围和可能分布的区域；其次，要确定目标人选的搜寻方式和渠道；再次，要成立项目小组，根据工作任务分派项目助手和猎头顾问，明确工作职责，规定工作进度，并提出任务要求。

搜寻是作为猎头工作人员的必修课，也是猎头专员在开展业务时花费精力最多、时间最长的一部分。高级人才的搜寻方式主要有横向搜索、纵向搜索、圆形搜索和曲线搜索，除此之外还包括其他多种人才搜索方式。横向搜索就是在客户所在行业中去搜索目标人选。纵向搜索就是指研究目标职位的上下游职能，开展关联搜索。圆形搜索是以某一个或某一类人为基点，依靠其人脉圈开展人才搜索。曲线搜索是一种跨行业、跨职业的搜寻，搜寻过程较为间接。

2. 人才筛选

在对目标人选进行筛选的过程中，首先要查看年龄、学历、经历等基本条件是否符合目标职位的要求。很多时候还要对目标人选的各种资历证明进行真伪辨别，具体方法有如下几种：第一是观察对比法。通过肉眼观察，必要时与真文凭对比来识别假文凭。第二是提问检验法。通过对应聘者的学习经历、知识水平和能力的提问检验，来鉴定文凭的真假。第三是信息核实法。面试人员可通过文凭所在学校学籍管理老师的帮助，核实文凭的真伪。目前，教育网站也开通了文凭真伪识别系统，也是一种核实信息的好方法。

（四）实施人才推荐

1. 人才考察

对于符合基本要求的人选，要研究目标人选是否有跳槽的愿望，并采取多种方式去接触或考察这类人选。首先，初步了解候选人。在这个阶段，猎头专员将与目标人电话沟通或直接面谈，根据目标人选的言谈举止、情况介绍、职业期望等，初步判断其是否符合职位基本要求。其次，做好素质测试。对于初次接触符合条件的人选，着手进入素质测试阶段，要对他进行全面了解。主要进行面谈测评和软件测评，主要了解三个方面情况：①工作条件，指身体情况、健康状态等；②工作能力，指知识、技能、理解能力、沟通能力、创造能力、组织协调能力等；③工作态度，指积极性、责任性、协作性等。

2. 人选推荐

为了让企业客户对候选人有一个全面和细致的了解，猎头公司将在前期对候选人搜寻和考察的基础上，撰写推荐报告，并提交客户供其决策。推荐报告一般分为七大部分，分别为：

第一部分：候选人基本信息。候选人基本信息包括姓名、性别、出生日期、户籍、婚姻状况、推荐职位、期望年薪等要素。

第二部分：候选人的知识与技能结构。候选人的知识与技能结构包括教育经历、培训经历和职称技能特长三个部分。

第三部分：候选人过往经历与主要业绩描述。此部分重点描述候选人在各工作单位所创造的主要工作业绩。

第四部分：候选人的个性特征与管理风格的倾向。重点了解和描述候选人的个性特征及管理风格。

第五部分：候选人的优劣势分析。

第六部分：核心胜任力构成。

第七部分：推荐建议。

（五）协助客户面试

1．客户面试

客户面试是猎头专员最为关心的环节，也是检验猎头专员前期工作是否有效的重要一步。猎头专员与HR和候选人充分沟通，商定面试时间和地点，并及时提醒双方，以促进面试的正常进行。面试后，猎头专员还要及时跟进了解面试双方的感受，并做好沟通反馈。有时面试了一次，双方感觉意犹未尽，彼此了解得不彻底，此时猎头专员应积极提议，双方应再找时间进行深入交流，以加深了解。

2．背景调查

对于客户面试合格的候选人，还要进行深度背景调查。在对高级人才和关键性职位人才进行背景调查，主要基于两方面的原因：一是证实应聘者在申请职位时所提供的资料是否真实可信；二是了解应聘者以前是否存在对其工作绩效有负面影响的行为，如酗酒、吸毒、盗窃等行为。进行背景调查所要证实的信息主要包括以下几个方面：①是否可以正常录用，比如某些候选人与老东家的劳动合同可能存在某些约定，影响其正常流动；②过往任职情况，包括任职日期、任职职位、薪资水平、在职表现、离职原因等；③教育背景；④身份确认。同时，还要清楚地了解候选人对现单位的忠诚程度、与老板关系的友好程度，以及近年的职业稳定性。

（六）人选试用上岗

1．录用通知书

候选人通过各项考核程序后，将会收到企业发给的录用通知书（offer）。录用通知书上将写明候选人即将任职的职位及部门、报到时间、入职手续以及薪资福利等信息，作为企业录用候选人的重要凭证。候选人持录用通知书就可以着手办理离职手续（录用通知书样本见附录4）。

2．签订劳动合同

劳动合同是用人单位与受聘人员之间就受聘人员提供劳务、用人单位给付报酬而签订的，确立双方当事人各自权利和义务的协议。当事人双方在订立劳动合同时，应遵守国家有关劳动法律法规以及规章，还应按有关规定履行劳动合同上报劳动主管部门批准或备案的程序。需要公证的，应当依法公证。双方签订劳动合同前，高级人才寻访机构也有义务调查清楚，目标人选是否已合法退出原单位（劳动合同样本见附录5）。

3．试用期跟踪回访

候选人上岗试用后，猎头专员的工作并未结束，还需要积极开展与客户及候选人的沟通协调工作，帮助候选人度过保证期。

（1）与进入试用期的候选人保持密切联系，了解候选人新工作的感受及适应情况，为其提供必要的咨询和指导服务，对于候选人提出的新要求，要及时与客户进行沟通，帮助候选人做好协调。

（2）与客户保持联系，了解客户对候选人的评价，并做好与候选人的反馈。

（3）与客户商定保证期，保证期内由于候选人主动离职或不胜任，负责按寻访流程重新寻访候选人，直到客户满意为止。

三、高级人才服务

在高级人才寻访服务过程中，做好高级人才的服务非常重要。既有利于高级人才实现平稳的职业发展，也有利于提升寻访机构的品牌形象，还有利于提高高级人才寻访的成功率以及候选人入职的稳定性。

（一）职业生涯规划服务

职业生涯规划的目标就是帮助候选人在职场中获得最大的“生涯满意度”，也就是幸福。我们正处于一个快速发展的社会，每个职场人士都应该每隔 3 ~ 5 年重新评估自己的职业生涯，反思一下自己在职业定位、目标达成、工作水平、工作满意度、满足感以及薪酬等方面，是否处于最佳状态。作为顾问，在与候选人沟通时，应该从候选人的实际情况出发，帮助候选人做自我评估，了解兴趣——喜欢干什么，了解能力——能够干什么，了解价值观——想干什么，从而对候选人的职业倾向做出一个判断。同时还应帮助候选人分析未来行业和职业发展的趋势，对候选人当前的职业发展提出建议。此外，优秀顾问还将从生涯的视角，来帮助候选人分析职业生涯发展问题，将职业、自我、社会与家庭三者统一起来，确保工作与生活的平衡。

（二）面试指导

到了客户面试这一关，说明候选人的基本条件已经大致符合客户要求。面试对于一个候选人至关重要。为了帮助候选人顺利度过这一关，猎头顾问有必要对候选人做些指导，因为很多候选人虽然业务能力很强，但缺少面试经验，甚至在与老板面谈时显得不知所措。一旦候选人走进客户的公司开始面试，猎头顾问就失去了对这件事情的影响力和控制力，所以面试指导是必不可少的。

一般可对候选人做出如下指导：

（1）提前浏览客户的网站，或者搜集其他关于客户情况的资料，做到知己知彼，心中有数。

（2）出席面试时要着正装，及时到达面试会场，不迟到，注意眼神交流、微笑、握手以及其他肢体语言的得体，给客户留下良好的第一印象。

（3）表现出对职位的浓厚兴趣和热情，端正求职动机。

（4）针对面试官可能关心的简历信息，预设几个问题，并提前做好准备。

（5）准备几个开放式的问题，必要时向客户提问。

（6）礼貌结束面试。

（三）劳动法律法规咨询服务

高级人才通常在一家公司的重要岗位上工作，或多或少都掌握着公司的商业秘密。商业秘密具有保密性、实用性和价值型特点，是企业重要的知识产权和无形资产，一旦商业秘密被竞争对手利用，企业不仅难以收回研发投资，还有可能丧失市场竞争力。《劳动合同法》第 23 条规定，用人单位与劳动者可以在劳动合同中约定保守用人单位的商业秘密和与知识产权相关的保密事项。对负有保密义务的劳动者，用人单位可以在劳动合同或者保密协议中与劳动者约定竞业限制条款，并约定在解除或者终止劳动合同后，在竞业限制期限内按月给予劳动者经济补偿。劳动者违反竞业限制约定的，应当按照约定向用人单位支付违约金。《劳动合同法》第 24 条规定，竞业限制的人员限于用人单位的高级管理人员、高级技术人员和其他负有保密义务的人员。竞业限制的范围、地域、期限由用人单位与劳动者约定，竞业限制的约定不得违反法律、法规的规定。在解除或者终止劳动合同后，前款规定的人员到与本单位生产或者经营同类产品、从事同类业务的有竞争关系的其他用人单位，或者自己开业生产或者经营同类产品、从事同类业务的竞业限制期限，不得超过两年。

（四）候选人辞职与入职服务

首先，是辞职服务。当客户与候选人签完录用通知书后，接下来候选人将要与老东家谈辞职的事情。这个阶段可能发生很复杂情况，比如老东家挽留怎么办？用限制性条款阻碍候选人跳槽怎么办？这时需要猎头顾问深度介入，为候选人提供辞职培训服务。培训的内容大致包括如何写辞职报告，什么时候提交辞职报告，向谁提交，如果老东家挽留怎么办，接受挽留的利弊分析等。另外，猎头顾问一定要提醒候选人，作为一名职业经理人或专家，要有一种职业精神，要与老东家友好分手，同时辞职后还要站好最后一班岗，做好工作交接。

其次，是入职服务。按照事先确定好的上岗时间，候选人要提前做好入职准备。在候选人入职前一天，顾问需要与候选人沟通，提醒第二天上班的时间和地点，需要携带的证件，并特别强调第一天上班千万别迟到。候选人上班第一天结束后，顾问要与之沟通上班的感受，并给予鼓励和支持。之后要每隔一段时间要定期做些沟通，直到通过保证期。在保证期，候选人既会面临新环境不适应的情绪波动，还会面临其他猎头公司的诱惑，因此，顾问需要定期跟进，了解候选人的情况，对于候选人有些不便于讲的要求，要及时与 HR 沟通，帮助候选人予以解决。

第三节　高级人才寻访行业发展

一、高级人才寻访服务项目

高级人才寻访服务包括标准猎头服务、战略猎头服务和定向猎头服务。

1. 标准猎头服务

根据客户提供的职位要求，共同商定项目计划书（前期、中期、后期），确立咨询方案，启动专业搜寻途径，并通过专业渠道获取人才信息，采取专业的人才评价技术筛选后推荐给客户，全程跟踪服务至人才正式上岗。标准猎头服务是一种最常用的猎头服务，费用合理，在及时性、准确性、匹配性等方面均有较好的价值保障，是性价比较高的方式，适用于具有一定实力企业的高级人才需求。

2. 战略猎头服务

对于高级人才需求量大或长期招聘高级人才的客户，可签订长期服务合同，结成人才招聘战略合作伙伴，组建专业和专门的团队为客户预先建立专用人才库，随时为客户提供战略发展时所需要的人才，这种合作方式就是战略猎头服务。战略猎头服务的业务流程和服务标准与标准猎头服务基本相同，但招聘效果和人才保障优于标准猎头服务，而且收费标准大幅低于标准猎头服务，总体费用低于标准猎头服务。此种猎头服务方式适合于职位需求较多的优秀企业、发展势头良好且长期需要补充人才的企业、集团性企业和战略转型的企业。战略猎头服务优势：①由于高级人才寻访机构与客户相互的了解程度很深，推荐的准确率非常高；②专业项目团队和专用的人才库可以提高搜寻速度；③平均费用低于标准猎头服务，大大节省企业的人才引进成本，企业可获得长期稳定的人才需求支持。

3. 定向猎头服务

定向服务通常特指两种情况：一种是针对客户指定候选人开展的猎头项目；另一种是针对客户指定1～2家特定公司人员为目标候选人开展的猎头项目。定向猎头服务方式适用于内部管理规范、社会声誉良好的企业客户。当客户已经瞄准了目标人选，但又不便以本企业名义直接开展挖猎行动，高级人才寻访机构可以代为开展定向猎头服务。

二、高级人才寻访机构的创立与发展

（一）高级人才寻访机构的创立

1. 高级人才寻访机构的登记

根据《中华人民共和国企业法人登记管理条例》（2014年修订）第7条规定，申请企业法人登记的单位应当具备下列条件：

（1）名称、组织机构和章程；

（2）固定的经营场所和必要的设施；

（3）符合国家规定并有与其生产经营和服务规模相适应的资金数额和从业人员；

（4）能够独立承担民事责任；

（5）符合国家法律、法规和政策规定的经营范围。

2. 高级人才寻访机构的行政许可申请

根据我国《人才市场管理规定》（2015年第二次修订版）第7条规定，未经政府人事行政部门批准，不得设立人才中介服务机构。第6条规定，设立人才中介服务机构应具备下列条件：

（1）有与开展人才中介业务相适应的场所、设施；

（2）有5名以上大专以上学历、取得人才中介服务资格证书的专职工作人员；

（3）有健全可行的工作章程和制度；

（4）有独立承担民事责任的能力；

（5）具备相关法律、法规规定的其他条件。

申请通过后，人才中介服务机构将取得由政府人事行政部门发给的人才市场中介服务许可证。人才中介服务机构持此证件到有关部门办理相应手续。

3. 高级人才寻访机构的开业登记

《中华人民共和国企业法人登记管理条例》（2014年修订）第14条规定，

企业法人办理开业登记，应当在主管部门或者审批机关批准后30日内，向登记主管机关提出申请；没有主管部门、审批机关的企业申请开业登记，由登记主管机关进行审查。登记主管机关应当在受理申请后30日内，做出核准登记或者不予核准登记的决定。

第15条规定，申请企业法人开业登记，应当提交下列文件、证件：

（1）组建负责人签署的登记申请书；

（2）主管部门或者审批机关的批准文件；

（3）组织章程；

（4）资金信用证明、验资证明或者资金担保；

（5）企业主要负责人的身份证明；

（6）住所和经营场所使用证明；

（7）其他有关文件、证件。

第16条规定，申请企业法人开业登记的单位，经登记主管机关核准登记注册，领取企业法人营业执照后，企业即告成立。企业法人凭据企业法人营业执照可以刻制公章、开立银行账户、签订合同，进行经营活动。登记主管机关可以根据企业法人开展业务的需要，核发企业法人营业执照副本。

（二）高级人才寻访机构的发展

1. 要有足够的市场容量

市场是企业生存的根本。高级人才寻访机构出于战略考虑，往往会确定自己的目标市场，并集中人力、财力和物力等资源，在目标市场深耕，以取得市场优势地位。但选择目标市场时，需要充分考虑目标市场的容量，确保企业能盈利，并实现持续发展。

2. 要有专业服务能力

企业客户委托高级人才寻访机构招聘的职位一般是高端职位，寻访的也是高级人才，因此对机构的服务技术和服务质量有很高的要求。优秀的高级人才寻访机构一般非常注重专业服务能力建设，在服务流程、服务技术和服务模式等方面坚持创新。高级人才寻访服务对猎头顾问的依赖性非常高，猎头顾问的服务能力直接关系猎头服务的质量好坏。专业程度较高的猎头顾问应该具有良好的职业道德，职业经历非常丰富，有的甚至在多家企业从事过高级管理职位。

3. 要善于经营管理

首先，要做好组织定位，根据机构自身的优势和市场特点，选准行业和职能，开展深入研究和积累，努力成为目标市场的专家。其次，要做好项目管理，因为项目操作是机构生存的基础，也是机构存在的价值。再次，要加强员工管理，高级人才寻访服务是一项专业性很强的服务，对猎头顾问的依赖程度高，但高依赖性容易引起猎头顾问的高流动性，甚至引起机构的快速裂变，机构要做大做强，必须想尽办法留住优秀的猎头顾问等人才。

4. 要熟悉劳动法律法规

高级人才寻访机构必须按照劳动法律法规的要求来开展工作，比如在服务两个主体的过程中遵守保密性约定，候选人可能与老东家存在竞业避止协议，如何签订劳动合同等，如果处理不好，容易引起法律纠纷。因此，要求高级人才寻访业务从业者必须掌握《劳动合同法》《保密法》《公司法》《人才市场管理规定》等各种法律法规，并在业务开展过程中灵活加以应用，才能确保各个项目的顺利推进。

三、高级人才寻访行业展望

（一）“互联网+”将改变高级人才寻访行业格局

2015 年 3 月 5 日，李克强总理在政府工作报告中首次提出“互联网+”行动计划。将“互联网+”首次纳入国家经济的顶层设计，对于整个互联网行业，整个中国的传统行业的创新发展意义重大。“互联网+”是一个传统行业的模式，在过去成就了很多成功的案例，比如“互联网+通信”，成就了 QQ 和微信等即时通信产品；“互联网+零售”成就了淘宝这样的电子商务。互联网具有打破信息不对称、降低交易成本、促进专业化分工和提升劳动生产率的特点，为经济转型升级提供了重要机遇。可以预测，随着移动互联网、云计算、大数据、物联网等互联网与高级人才寻访服务的深度融合，必然会改变高级人才寻访行业的分布格局。比如，互联网时代大数据资源的积累、社交媒体的兴起、移动互联网的快速发展等，使得信息资源在互联网上更加开放，猎头获取资源的方式，已经不再局限于打陌生电话（Cold Call），而且借助互联网资源获取信息更加省时、省力和省钱。再比如，高级人才寻访服务机构通过互联网可重新构建与客户及人才的关系，通过互联网将自己的业务模式与外界打通，通过平台的整合扩大资源获取渠道，形成规模化资源优势，降低信息不对称形成的壁垒。还比如，社交媒体的开放性，让每个人在社交活动中均有自然的展示，他们的聊天话题、聊天内容、聊天时间、聊天对象等内容均有真实的展示，通过对这些信息进行标准化提炼和大数据分析，将能很好地了解一个人的性格、兴趣、能力、价值观等，这将有利于精准识别候选人，特别是对于一个组织发展的关键候选人的识别意义更为重大。

（二）高级人才寻访行业将出现新的整合

目前，我国高级人才寻访服务行业竞争非常激烈，尚未有垄断性的品牌出现。随着经济的全球化以及我国经济的快速发展，我国高级人才寻访行业的空间将会越来越大，行业的成长速度越来越快，预计在不远的将来，我国高级人才寻访行业将会出现并购浪潮，大浪淘沙之后将会诞生一些规模较大、知名度高、资金实力雄厚、信息化程度高、专业性强的大型高级人才寻访服务机构，有的机构未来可能还会去资本市场 IPO，并走上全球化扩张的道路。并购发生可能主要呈现以下三种形式：一是品牌知名度较好的高级人才寻访机构收购小型的、区域性的、专业性的机构；二是国际机构收购在国内运作的比较成熟的高级人才寻访机构，直接进入中国市场；三是国际或国内知名大企业成立属于自己的猎头部，为自己公司专门去猎聘各种人才，收购曾经给他们公司服务的高级人才服务机构或猎头顾问不失为一种可行而有效的办法，而这种情况目前来看，有扩大化趋势。

（三）高级人才寻访业务的专业化趋势将更加突出

随着移动互联网的日益普及，信息的可得性大大提高，以前很难找到的人才信息，现在通过互联网似乎得来很容易，导致高级人才寻访的难度下降。其主要原因是少部分高级人才开始通过互联网上传简历，这直接给了 HR 机会；此外，部分中低端猎头职位也可以由网络招聘完成；而且越来越多的大企业有了自己的招聘团队，比如有些公司设立高级招聘经理岗位，这些人的操作手法和猎头操作模式类似。尽管互联网使信息对称变得简单，找到一个人也变得更容易，但互联网解决不了高级人才寻访服务过程中的一对一的专业咨询服务，而且大量的高端人才、专业人才，对于在互联网上公开简历信息也非常谨慎，他们的简历信息通过互联网很难直接找到。所以，很多通过互联网能够解决的人才寻访问题，HR 一般自己就能解决了，剩下不能解决的往往是难啃的骨头，要么很高端，难以获得信息；要么很稀缺，挖动的难度较大，比如让猎头去定向挖某候选人等，这些职位的设立对企业往往非常重要，人选的适合与否有时甚至事关企业的成败。所以他们在选择高级人才寻访服务机构时也非常谨慎，对机构的专业化水平将提出更高要求，仅仅擅长搜索是远远不够的，还需要有丰富的行业经验，擅长谈判以及说服候选人的能力。

（四）高级人才寻访服务模式将更加多元

高级人才寻访服务作为一种高端的人才招聘模式，在企业招聘高端人才时发挥着越来越重要的作用，但多年来行业的创新性不足，发展水平滞后于企业需求。但随着社交化网络媒体和移动互联网的兴起，越来越多的创业者开始涉足这一行业，新的理念和新的技术开始引入，创新能力也被大大激发，创新者们开始摆脱传统操作手法，尝试一些高端人才寻访服务新模式。当前的主流服务模式仍是以服务客户为导向的模式，即 KA（Key Account）模式，高级人才寻访机构力求成为企业的最佳供应商，而企业则委托多家高级人才寻访机构，并从众多机构推荐的候选人当中选择最适合的。但随着企业对高级人才寻访服务专业性和效率的要求越来越高，主动专注的模式（PS 模式）开始得到越来越多行业人士的认同，使得越来越多的咨询服务机构相继建立多维矩阵结构，即专注服务行业与职能领域相结合，进而专注在 FILL（职能 Function、行业 Industry、地域 Location、级别 Level）领域，形成一个纵横交错的多维度矩阵架构。此外，随着人才在组织中地位的逐步提升，人才作为组织发展最重要的资源地位得以确立。高级人才寻访服务的模式出现了大的创新，开始由以企业驱动逐渐转为以候选人为驱动。优质候选人模式，即 MPC 模式（Most Placeable Candidate）成为当下较为热门的猎头服务模式创新。这就要求猎头顾问必须有一个成熟完善的人才数据库，在 PS 专注的基础上，尽可能发挥候选人的最大价值。甚至有高级人才寻访服务机构将候选人同时推荐给多家客户，最终多方面综合选择。该模式进一步衍生为 C2C（Candidate to Clients），即以候选人为导向，针对候选人所期望的目标企业，猎头主动推荐。综合来看，当前高级人才寻访服务创新性越来越强，服务模式也越来越多元。

（五）高级人才寻访机构整体创新求变意识将大大增强

互联网的快速发展，改变了高级人才寻访服务的行业生态，一些低层次、低附加值、低效率的高级人才寻访业务必将被网络所取代，一些优质高级人才寻访服务机构的部分业务也将受到冲击，迫使这些机构加强创新，自我革命，提高运营水平。一是机构将更加重视与猎头顾问的平等合作。猎头顾问在高级人才寻访业务中对猎头资源的控制力强，极易引起高级人才寻访机构的裂变，而裂变对于机构的损伤是巨大的。目前，不少大的机构为了防止裂变，采取合伙人制的方法，让优秀的猎头顾问参与机构的收益分配，取得了较好的效果。二是业务多元化。越来越多的经营者们发现，高级人才寻访业务做大是一件很难的事情。很多机构开始借鉴国外的先进做法，尝试多元化的经营，也就是除了传统猎头业务外，还经营人事外包、劳务外包、管理咨询等业务，只要盘子做得足够大，就可以带来巨量现金流。三是布局国际化。随着我国在全球经济地位的提升，中国将会有越来越多的企业走向海外，而全球也将有更多的人才到中国来寻找发展机会。届时，先入为主的猎头公司在国际化人才资源储备、客户服务水平上都将有很大的优势。

主要参考文献

[1] 萧鸣政. 中国人力资源服务业（2008）［M］. 北京：人民出版社，2008.

[2] 萧鸣政. 中国人力资源服务业（2010）［M］. 北京：人民出版社，2011.

[3] 王克良. 中国人力资源服务业发展报告（2014）［M］. 北京：中国人事出版社，2014.

附录

附录1

高级人才寻访服务规范

（中华人民共和国国家标准 GB/T 25124—2010）

1 范围

本标准规定了高级人才寻访服务资质及服务条件、服务流程、服务要求以及服务质量控制。本标准适用于高级人才寻访服务业务。

2 术语和定义

下列术语和定义适用于本标准。

2.1 高级人才 executive

满足客户要求的具有较高知识水平、专业技能的高层管理人员和高级技术人员或其他稀缺人员。

2.2 高级人才寻访 executive search

为客户提供咨询、搜寻、甄选、评估、推荐并协助录用高级人才的系列服务活动。

3 资质及服务条件

3.1 机构资质

依法获得政府主管部门核发的人力资源服务许可证的机构。

注：该许可证指根据《关于进一步加强人力资源市场监管有关工作的通知》的规定，由人力资源和社会保障主管部门发放的人力资源服务许可证。

3.2 人员条件

3.2.1 取得人力资源服务从业人员资格证书

3.2.2 具备高级人才寻访相关专业知识

3.3 服务环境

3.3.1 设有独立的面试和业务洽谈室

3.3.2 有完善的办公与通信设备

3.4 数据库

3.4.1 客户数据库应包括以下信息：

a）单位名称、属性和行业类别

b）主要业务、产品和规模

c）发展目标和战略规划

d）员工工资和福利待遇状况

e）办公地点和环境

f）组织机构设置

g）其他相关信息

3.4.2 人才数据库应包括以下信息：

a）个人基本情况

b）工作经历及业绩

c）性格特征、特长

d）教育背景及培训情况

e）专业技术资格或执业（职业）资格、职称获得情况

f）其他相关信息

3.4.3 资料归档并输入数据库

3.4.4 数据库应及时充实和更新

4 服务流程

4.1 接受客户委托

4.1.1 查验客户法人营业执照或相关资质证书

4.1.2 由客户提供职位说明书、拟录用人员条件等信息资料

4.2 需求分析

4.2.1 了解分析客户背景、规模、经营状况、组织结构、人员构成、企业文化及发展规划等信息。

4.2.2 了解分析职位所需人才的行业经验、专业水平、能力要求、工作条

件、薪酬及福利待遇等内容。

4.3　签订服务协议

与客户签订服务协议。服务协议的内容应包括双方权利与义务、服务内容、服务期限、服务费用与支付方式、违约责任等。

4.4　提交寻访计划书

向客户提交包含对招聘职位的理解、寻访目标、寻访渠道、工作进度等相关内容的寻访计划书。

4.5　实施寻访

4.5.1　甄选

进行有针对性的寻访工作，初步筛选出基本符合条件的候选人。

4.5.2　测评

运用面试或专业测评工具对筛选出的候选人的性格倾向、管理能力、专业知识与技能、工作业绩、相对优势与劣势、离职原因、职业取向等相关要素进行评估，进一步了解候选人与职位的匹配性。

4.5.3　出具评价报告

根据面试或测评结果，分别对候选人出具书面评价报告。评价报告应包括：

a）个人基本情况

b）教育背景

c）工作经历

d）现岗位职能分析

e）管理能力

f）专业能力

g）性格特征

h）薪酬状况

i）职位匹配度

j）结论（总体匹配度）

4.5.4　确定候选人名单

将筛选出的候选人名单及相关资料提交给客户，供客户选择。

4.5.5　协助客户面试

安排客户面试候选人。

4.5.6　与客户沟通

确定客户初步认可的候选人。

4.5.7　与候选人沟通

与确定的候选人进行沟通，分析候选人与客户职位需求的匹配度，了解候选人的意向。

4.5.8 候选人信用调查

根据客户要求，对候选人进行信用调查。信用调查应保护其个人隐私。

4.6 协助客户录用

协助客户与候选人洽谈入职等有关事宜及办理录用手续。

4.7 资料归档

归档资料应包含下列内容：

a）服务协议书

b）客户提交的资料

c）候选人的资料报告

d）评价报告书

e）访谈报告书

f）双方交流函件

g）项目总结

4.8 后续服务

4.8.1 与被录用人员保持联系，为其提供必要的咨询和指导服务。

4.8.2 与客户保持联系，了解客户对录用人员的评价。

4.8.3 与客户商定跟踪服务期（或保用期），服务期（或保用期）内由于候选人主动离职或不胜任，负责按寻访流程重新寻访候选人。

5 服务要求

5.1 维护客户和候选人双方权益，遵守保密约定。

5.2 高级人才寻访不应涉及国家法律法规规定不得流动的人员。

6 服务质量控制

6.1 及时了解客户和候选人对服务的意见和建议。

6.2 及时妥善处理客户投诉，提出改进措施并加以实施，提高客户满意度。

附录2

高级人才寻访职业道德准则

1 合规性准则。高级人才寻访活动必须遵守国家法律、法规，严格执行国家有关政策规定，维护国家人才安全，促进社会经济的稳定与发展。

1.1 高级人才寻访机构应依照国家《劳动法》和《劳动合同法》等法规与

本单位员工建立规范的劳动关系，签订劳动合同，约定员工的岗位职责、劳动待遇、工资支付及社会保险费用的缴纳，保障员工利益，维护本行业用工秩序。

1.2 高级人才寻访活动要严格遵循国家《合同法》的规定，在与客户签订的服务合同中要明确合同标的，服务价格，时间要求以及违约责任，并严格履行合同。

2 专业性准则。高级人才寻访活动必须体现专业性、职业性的特点。

2.1 对于承接的高级人才寻访业务，应具备相应的专业能力、专业知识及应变能力。

2.2 高级人才寻访机构应按国家有关管理部门对高级人才寻访经营许可的要求，配置工作人员，抓好本机构从业人员的业务培训和素质教育。

2.3 从业人员须了解高级人才寻访的相关政策法规，熟悉业务流程，遵守《高级人才寻访服务规范》，具备相应的职业素养和胜任能力。

3 诚实性准则。以诚实、正直的精神，从事高级人才寻访活动。

3.1 不向客户提供虚假的材料，不参与伪造档案和其他个人证明材料。

3.2 不向被推荐对象提供虚假的企业资料，欺骗或误导被推荐对象。

3.3 正直公正，对客户和候选人给予客观、不带偏见的判断。

3.4 廉洁自律，不谋求不合法的商业利益。不以给回扣、赠送代金券和安排旅游等形式行贿和变相行贿；不接受候选人的馈赠。

4 准确性准则。客观了解客户和候选人的真实情况，准确向双方传递真实的信息。

4.1 准确了解客户的历史、现状和发展战略，使候选人全面了解客户情况。

4.2 通过个人资料查阅、面试和人才评估等方法，客观全面了解和评估候选人的情况，并向客户做准确的介绍。

4.3 准确客观地做好候选人筛选工作，推荐的人选符合客户的需求。

5 保密性准则。尊重并保护客户和候选人的隐私。

5.1 高级人才寻访业务，必须坚持双向保密的原则。

5.2 对客户未向社会公开披露的信息要予以严格的保密。

5.3 对推荐过程中的高级人才信息，未经本人同意不得予以披露。

6 忠实性准则。保护并忠实于客户的利益。

6.1 高级人才寻访活动要全面、客观的反映客户和候选人双方的利益。

6.2 不挖客户本身的人才。

6.3 不将一个被推荐对象同时向两个企业推荐。

6.4 在发生投诉或与客户、被推荐对象发生争议时，高级人才寻访机构应当在第一时间解答有关疑问，认真、妥善处理对方的要求与投诉，力求通过友好协商解决争议。

7　公平竞争准则。提倡开展公平有序的竞争，自觉约束经营和管理行为，维护行业内公平竞争的市场环境。

7.1　不得采取以下不正当竞争或违规行为：

7.1.1　通过媒体、广告或其他方式，对服务项目进行虚假宣传，或损害、贬低业内其他企业的形象和商誉。

7.1.2　采取竞相压价和转借资质等手段，谋取不正当利益或市场份额，干扰、破坏其他高级人才寻访机构的合法市场活动。

7.1.3　在开展竞标服务和与其他高级人才寻访机构合作时，与客户互相串通、暗箱操作，欺诈或排挤其他竞争对手。

7.2　反对压价竞争或通过消极的价格协议垄断市场。

8　公众利益准则。高级人才寻访机构必须维护社会公共利益和行业公共利益。根据有关规定，不得向客户推荐下列人员：

8.1　正在承担国家、省级重点工程、科研项目的技术和管理人员，未经所在单位和主管部门同意的；

8.2　有违法嫌疑正在依法接受审查和尚未结案的人员；

8.3　法律、法规规定暂时不能流动的其他特殊岗位的人员，或须经批准方可离职或出境的人员。

9　敬业准则。高级人才寻访机构从业人员应忠诚、敬业，诚信服务。

9.1　从业人员应以忠于职业的精神维护公司的利益和声誉。

9.2　从业人员应以敬业精神对待每一项工作，积极主动，严谨认真，学习和钻研业务，努力提高业务技能。

9.3　从业人员应树立服务社会、积极进取的价值观，诚信服务，与客户和候选人实现共赢。

附录3

高级人才寻访服务合同

（中国人才交流协会高级人才寻访专业委员会推荐文本）

甲方：（委托企业名称）

联系地址：____________________

乙方：（寻访服务机构名称）
联系地址：________________

甲乙双方协商，就甲方委托乙方寻访其所需要人才的有关事宜，达成协议，并在________（地点）签订本合同。

对本合同文本，双方确认除非与上下文矛盾或另有说明，否则本协议（及其附件、补充协议等，下同）中的以下文字具有以下含义：

1. “服务”是指人才寻访的服务过程，具体指：乙方根据甲方的要求，为甲方指定的职位寻访、推荐符合条件的候选人，并依据协议约定协助甲方完成录用候选人的相关面试、核查等工作。

2. “候选人”是指乙方针对甲方的寻访要求推荐给甲方，且甲方未在收到后2个工作日内以书面方式提出异议应聘者。

3. “职位”是指甲方拟聘用或因乙方的推荐而实际聘用的岗位或职位。

4. “职位说明书”是指甲方向乙方发出的、要求乙方就其指定的职位寻访候选人的文件。

5. “聘用合同”是指甲方与其认为符合条件的候选人签署的劳动合同、劳务合同或类似性质的以候选人直接或间接向甲方提供劳动力的合同或协议。

6. “录用”是指甲方与其认为符合条件的候选人签订聘用合同或达成聘用的合意。

7. “正式入职”或“上班”是指已与甲方签署了聘用合同的候选人已正式至甲方报到，并已执行其在甲方的岗位职责；或候选人已开始自甲方取得收入或报酬。

8. “推荐成功”是指乙方向甲方推荐的候选人已签署了甲方发出的录用通知，且候选人已正式入职。

9. “年薪”是指相应聘用合同或其附件中规定的候选人在一个完整的财政年度内自甲方取得的所有个人所得税前的收入，包括工资、奖金、补贴、津贴、补助及股票等。

10. “关联单位”是指存在控制（指持股比例超过50%或虽未超过50%但可以推荐董事会半数以上的人选或者其他能够行使最终决策权的情况，下同）或被控制及被同一人控制等关联关系的单位，包括但不限于母子公司、总分公司、兄弟公司、代表处及办事机构等。

第一条 委托寻访的职位、要求及数量

1.1 甲方委托乙方寻访的职位是：[ ]

1.2 各职位的要求是：[ ]

1.3 各职位的数量是：[ ]

1.4　本条内容，可在本协议签订后，由甲方随时发出的工作指令中载明。该工作指令应以书面形式发出，并作为本协议的附件。

第二条　服务内容

在本合同下，乙方的人才寻访服务包括下面几个方面：

2.1　人才推荐

2.1.1　除本合同第一条列明的职位之外，其他职位的招聘，甲方应根据其职位空缺情况向乙方发出职位说明书。

2.1.2　在接到甲方的职位说明书后之1个工作日内，乙方与甲方进行沟通确认；经双方确认一致后，乙方向甲方发出确认通知。

2.1.3　自对职位说明书确认后之［　］个工作日内，乙方指派专人或小组负责为甲方提供服务，并在3至5周内向甲方提供候选人报告。甲方选定的乙方项目负责人为［　］。

2.1.4　为防止资料重复与混淆，若甲方发现乙方推荐的候选人与甲方之前从乙方之外的第三方收到的应聘者资料重复，甲方须在收到乙方推荐资料后2个工作日内书面通知乙方，则乙方将停止该候选人的继续推荐，且该候选人将不视为乙方推荐。

2.2　人才面试

2.2.1　乙方根据甲方职位说明书中列明的职位以及详细的职位要求，对所搜寻的人才进行基础面试、素质考核、履历调研等；在确认其符合甲方用人标准后，推荐给甲方进行面试。每个职位推荐1~3人，直至甲方选定拟面试的候选人。

2.2.2　甲方自收到乙方提供的候选人资料后［　］日内做出是否面试的决定。第一次面试由甲乙双方商讨安排面试时间与地点。如果需要复试的，由甲方根据需要与乙方协商安排。

2.2.3　如甲方对乙方提供的候选人有聘用意向的，应甲方要求及候选人同意的情况下，乙方应提供候选人背景核查，核查应从公开途径且不侵害候选人隐私。

第三条　双方的职责

3.1　甲方的职责

3.1.1　向乙方发出职位说明书，应乙方要求提供必要的说明和解释。

3.1.2　在甲方向候选人正式发出录用通知前，不得向任何第三方及甲方内部非相关人员透露候选人的信息，并应对所获得的所有候选人资料采取适当的保密措施。

3.1.3　自录用通知发出后之［　］日内，将候选人在甲方正式入职的时间

（以签订聘用合同、实际用工及起薪日三者中最早者为准，下同）和薪资内容及数额书面通知乙方。

3.1.4 如认为乙方提供的候选人系甲方之前或正在联系（包括委托其他中介在联系）的人选，甲方应自接到乙方提供的候选人资料后之［ ］日内，书面通知乙方并向乙方出具联系事实的书面证明。

3.1.5 当出现以下情况时，视为乙方推荐成功，甲方应按本合同约定向乙方支付服务费：

a）对乙方所提供的候选人信息不得转递第三方（甲方关联单位除外），不作转换推荐，否则视为该候选人已被推荐成功。

b）如乙方向甲方推荐的候选人在推荐之时没有被录用，而在其被推荐后之1年内被甲方录用的，无论所录用的职位是否为最初推荐的职位，均视为乙方推荐成功。

c）在本合同的有效期内或候选人被推荐后之1年内（以两者中时间最晚者为准），如甲方的关联单位聘用该候选人的，视为乙方推荐成功。

d）未经乙方书面同意，不得直接与乙方推荐的候选人联系，否则视为乙方推荐成功。

e）如果由于甲方未履行对候选人的保密义务导致候选人被原单位解职，而甲方又未录用该候选人；或在甲方向候选人签发录用通知后，候选人已因此和原单位解除劳动合同，但甲方未能与其签订劳动合同的，均视为乙方推荐成功。

3.1.6 按合同约定向乙方支付服务费。

3.2 乙方的责任

3.2.1 应严格执行国家与地方政府有关人才中介服务的法律法规。

3.2.2 按合同约定的条件，选择、寻访适当的候选人推荐给甲方。

3.2.3 乙方应确保每一个推荐给甲方的候选人首先经过乙方的面试筛选。

3.2.4 审慎、客观、专业、独立地履行推荐义务；应甲方要求，向甲方通报推荐工作进展情况。

3.2.5 应甲方要求，协助甲方安排候选人的面试以及录用、入职等事宜。

3.2.6 在候选人与甲方签订的劳动合同期内，乙方不得再猎取该候选人推荐给第三方。

第四条 服务费及支付

（A方案或B方案）

A方案

4.1 乙方向甲方收取的人才寻访服务费为被录用的候选人第一年年薪的［ ］%。

4.2　寻访服务费按做单进度给付，甲方在乙方开始推荐人选及面试合格被录用后两次支付乙方。

4.3　甲方在乙方开始推荐人选时，就每个职位每人向乙方支付人才推荐费人民币［　］元。人才推荐费是乙方提交候选人报告的费用，乙方按2.1.3条约定向甲方提交了候选人报告后，无论推荐成功与否，人才推荐费即不再退还，仅在推荐成功时全额抵扣服务费。

4.4　甲方在乙方推荐的候选人面试合格被录用后，向乙方支付所余寻访服务费全款。

4.5　每个职位每人的最低收费为人民币［　］元，如某职位按4.1条计算的服务费小于最低收费的，甲方应按最低收费向乙方支付服务费。

4.6　甲方应支付乙方服务费对应的税金，包括但不限于营业税、增值税等。

B方案

4.1　乙方向甲方收取的人才寻访服务费为被录用的候选人第一年年薪的［　］%。

4.2　寻访服务费分两次支付：合同签订后支付定金；入职后全额支付寻访服务费余款。

4.3　甲方就每个职位每人向乙方支付寻访定金，定金数额为该职位寻访服务费用的20%。职位推荐成功后，定金抵顶服务价款。甲方如履行合同中违约，定金不退。

4.4　每个职位每人的最低收费为人民币［　］元，如某职位按4.1条计算的服务费小于最低收费的，甲方应按最低收费向乙方支付服务费。

4.5　甲方应支付乙方服务费对应的税金，包括但不限于营业税、增值税等。

第五条　支付方式

A方案

5.1　自本合同签署之日起3日内，甲方向乙方支付全部人才推荐费。

5.2　自候选人正式入职之日起3日内，甲方向乙方支付该职位人才面试费。

5.3　按本合同约定视为乙方推荐成功的，经乙方提出书面付款通知之日起3日内，或自候选人在甲方或甲方的关联单位正式入职后3日内，甲方将按本合同4.2条计算的服务费一次支付给乙方。

5.4　乙方自候选人正式入职后向甲方提供相应的正式发票。

5.5　甲方未按合同约定向乙方支付服务费的，每迟延一天应向乙方支付不少于应付未付金额2‰的违约金。

B 方案

5.1　自本合同签署之日起3日内，甲方向乙方支付全部职位的寻访定金。

5.2　自候选人正式入职之日起3日内，甲方向乙方支付该职位人才寻访服务费余款。

5.3　按本合同约定视为乙方推荐成功的，经乙方提出书面付款通知之日起3日内，或自候选人在甲方或甲方的关联单位正式入职后3日内，甲方将按本合同4.2条计算的服务费一次支付给乙方。

5.4　乙方自候选人正式入职后向甲方提供相应的正式发票。

5.5　甲方未按合同约定向乙方支付服务费的，每迟延一天应向乙方支付不少于应付未付金额2‰的违约金。

第六条　服务保证

6.1　乙方就推荐服务的保证期为［　］个月，自候选人在甲方正式入职之日起计算。

6.2　若甲方所录用的候选人在正式入职后［　］个月内与甲方解除劳动合同（解除合同的原因包括但不限于：甲方认为其不胜任本职工作，或其违反法律法规及甲方的管理规定，或其本人辞职等），甲方必须在解除劳动合同之日起10日内以书面形式通知乙方。

6.3　如甲方已及时、足额支付了该候选人的服务费，则乙方自接到甲方书面通知之日起3个月内，就该职位向甲方推荐其他人选。如甲方未就该职位人选增加新的要求或所增加的要求乙方书面确认接受的，则乙方就此推荐不再另行向甲方收取费用；如甲方改变职位要求的，则视为新的职位要求，应按本合同的约定重新计算服务费，原职位已收取的服务费不退还。

6.4　如因以下原因导致候选人离职的，乙方不承担本条约定的保证义务：

6.4.1　甲方擅自变更该候选人的工作地点的；

6.4.2　未按照劳动合同约定提供劳动保护或者劳动条件的；

6.4.3　未及时足额支付劳动报酬的；

6.4.4　未依法为该候选人缴纳社会保险费的；

6.4.5　甲方的规章制度违反法律、法规的规定，损害该候选人权益的；

6.4.6　因以欺诈、胁迫的手段或者乘人之危，使候选人在违背真实意思的情况下订立或者变更劳动合同，致使劳动合同无效的；

6.4.7　甲方以暴力、威胁或者非法限制人身自由的手段强迫候选人劳动的；

6.4.8　甲方违章指挥、强令冒险作业危及候选人人身安全的。

6.4.9 法律、行政法规规定劳动者可以解除劳动合同的其他情形的。

第七条 违约责任

7.1 如一方未履行其在本协议项下的任何或部分义务，则该方应对其违约造成的损失负责。违约方的赔偿责任应相当于其他各方因其违约行为而遭受的实际损失，但不应超过违约方在订立本协议时所能预见到的损失。若未履行本协议系由双方的过错所致，则相关方应根据其过失程度承担各自的责任。

第八条 变更与解除

8.1 在本合同有效期内，经双方协商一致，本合同可以书面形式变更、解除或终止。

8.2 如因甲方原因提前终止某职位的推荐，因乙方实际履行本合同已发生的费用超过该职位人才推荐费的，超出部分由甲方承担赔偿责任，并自该职位终止后3日内支付给乙方。

第九条 争议解决

9.1 任何起因于本合同或与本合同有关或与本合同的解释、违约、终止或效力有关的争议或权利要求，都应由双方通过友好协商解决。如果双方在协商开始后30天内通过协商不能解决争议，任何一方可将争议提交原告所在地的人民法院通过诉讼解决。

9.2 本协议的效力、解释和履行在各个方面均受中华人民共和国法律管辖并据此解释。

第十条 合同期限

10.1 本合同有效期为一年，自本合同双方签字盖章之日起生效。双方经书面约定可续延本合同。

第十一条 合同文本

11.1 本合同以中文书就，一式两份，甲、乙方各执一份。每一份均为原件，各份合在一起构成同一份文据。

有鉴于此，本协议双方责成其各自的代表正式签署本协议。

甲方：（盖章）

____

授权签字人：

职位：

日期：[ ] 年 [ ] 月 [ ] 日

乙方：（盖章）

____

授权签字人：

职位：

日期：[　]年[　]月[　]日

附录 4

录用通知书　（样本）

××先生/女士：

非常荣幸通知您，您已成功通过考核，正式成为我公司的一员，并将入职________部门担任________职位，我们对您的加入表示热烈的欢迎！下面就有关报到事宜作如下通知：

1. 请您于________年____月____日____时，到位于________市________区________街____号______大厦____楼公司人力资源部办理报到手续。

2. 请您在办理入职手续时，提供以下资料：

（1）居民身份证原件、外地户籍另提供居住证原件；

（2）最高学历证书及学位证原件；

（3）专业技术职称证书原件、职业资格证书原件；

（4）前一家公司离职证明原件；

（5）您本人在××银行开办的储蓄卡（用于工资发放）一张；

（6）最近三个月在三甲医院的体检证明；

（7）个人近期1寸蓝底免冠照____张（用于档案资料、工作牌、劳动合同等）；

（8）请保证提供以上资料的真实性和可靠性。

3. 您在公司的薪资福利待遇，将按公司相关制度及岗位薪酬等级标准规定执行。具体薪资金额，由公司财务部另行通知。

4. 该职位试用期为____月，试用期满通过考核合格后转正。

5. 公司提供工作餐，如需要住宿，请向公司行政部提出住宿申请。

6. 本入职通知有效期截至________年____月____日____时，超过时间未办理报到手续，视为自动放弃。

7. 请将本邮件打印出来，并在签名地方签字，报到时请携带该通知作为办理入职手续依据。

8. 如有疑问，请与公司人力资源部×××联系，联系电话＿＿＿＿＿＿。

××公司人力资源部
××××年×月×日

附录5

劳动合同（样本）

甲方（用人单位）　　　　　　　　　乙方（员工）
名称＿＿＿＿＿＿＿＿＿＿＿＿＿＿　姓名＿＿＿＿＿＿＿＿＿＿＿＿＿＿
公司地址＿＿＿＿＿＿＿＿＿＿＿＿　住址＿＿＿＿＿＿＿＿＿＿＿＿＿＿
法定代表人（主要负责人）＿＿＿＿　身份证（护照）＿＿＿＿＿＿＿＿
联系人＿＿＿＿＿＿＿＿＿＿＿＿＿
联系电话＿＿＿＿＿＿＿＿＿＿＿＿　联系电话＿＿＿＿＿＿＿＿＿＿＿

根据《中华人民共和国劳动法》（以下简称《劳动法》）、《中华人民共和国劳动合同法》（以下简称《劳动合同法》）等有关法律法规的规定，甲乙双方遵循合法、公平、平等自愿、协商一致、诚实信用的原则，签订本合同，共同遵守本合同所列条款。

一、合同期限

（一）甲乙双方同意按以下第＿＿＿种方式确定本合同期限。

1. 有固定期限：从＿＿＿年＿＿月＿＿日起至＿＿＿年＿＿月＿＿日止。

2. 无固定期限：从＿＿＿年＿＿月＿＿日起。

3. 以完成一定工作任务为期限：从＿＿＿年＿＿月＿＿日起至工作任务完成时止。完成工作任务的标志是＿＿＿＿＿＿。

（二）试用期为＿＿（试用期包括在合同期限内，如无试用期，则填写“无”）。

二、工作内容和工作地点

乙方的工作内容（岗位或工种）＿＿＿＿＿＿＿＿

乙方的工作地点＿＿＿＿＿＿＿＿＿＿＿＿＿＿＿

三、工作时间和休息休假

（一）甲乙双方同意按以下第＿＿＿＿种方式确定乙方的工作时间。

1. 标准工时制，即每日工作＿＿小时（不超过8小时），每周工作＿＿小时（不超过40小时），每周至少休息一日。

2. 不定时工作制，即经劳动保障行政部门审批，乙方所在岗位实行不定时工作制。

3. 综合计算工时工作制，即经劳动保障行政部门审批，乙方所在岗位实行综合计算工时工作制。

（二）甲方由于生产经营需要延长工作时间的，按《劳动法》第四十一条执行。

（三）乙方依法享有法定节假日、婚假、产假、丧假等假期。

（四）乙方的其他休息休假安排________________。

四、劳动报酬

（一）甲方依法制定工资分配制度，并告知乙方。甲方支付给乙方的工资不得低于市政府公布的当年度最低工资。

（二）乙方每月工资________元（其中试用期每月工资________元）或按执行。

（三）甲方每月____日发放工资。甲方至少每月以货币形式向乙方支付一次工资。

（四）乙方加班工资、假期工资即特殊情况下的工资支付按有关法律、法规的规定执行。

（五）甲乙双方对工资的其他约定____________。

五、社会保险和福利待遇

（一）甲乙双方按照国家和省、市有关规定，参加社会保险，缴纳社会保险费。

（二）乙方患病或非因工负伤，甲方应按国家和省、市的有关规定给予乙方享受医疗期和医疗期待遇。

（三）乙方患职业病、因公负伤的，甲方按《职业病防治法》《工伤保险条例》等有关法律法规的规定执行。

（四）甲方为乙方提供以下福利待遇____________________。

六、劳动保护、劳动条件和职业危害防护

（一）甲方按国家和省、市有关劳动保护规定，提供符合国家安全卫生标准的劳动作业场所和必要的劳动防护用品，切实保护乙方在生产工作中的安全和健康。

（二）甲方按国家和省、市有关规定，做好女员工和未成年工的特殊劳动保护工作。

（三）乙方从事__________作业，可能产生________职业危害，甲方应采取防护措施，并每年组织乙方健康检查________次。

（四）乙方有权拒绝甲方的违章指挥，强令冒险作业；对甲方危害生命安全和身体健康的行为，乙方有权要求改正或向有关部门举报。

七、规章制度

（一）甲方依法制定的规章制度，应当告知乙方。

（二）乙方应遵守国家和省、市有关法律法规和甲方依法制定的规章制度，按时完成工作任务，提高职业技能，遵守安全操作规程和职业道德。

（三）乙方自觉遵守国家和省、市计划生育的有关规定。

八、合同变更

甲乙双方经协商一致，可以变更合同。变更合同应采用书面形式，变更后的合同文本双方各执一份。

九、合同解除和终止

（一）甲乙双方协商一致，可以解除合同。

（二）乙方提前三十日以书面形式通知甲方，可以解除劳动合同；乙方试用期内提前三日通知甲方，可以解除劳动合同。

（三）甲方有下列情形之一的，乙方可以通知甲方解除劳动合同；

1. 未按照劳动合同约定提供劳动保护或者劳动条件的；

2. 未及时足额支付劳动报酬的；

3. 未依法为乙方缴纳社会保险费的；

4. 甲方的规章制度违反法律、法规的规定，损害乙方权益的；

5. 甲方以欺诈、胁迫的手段或者乘人之危，使乙方在违背真实意思的情况下订立或者变更本合同，致使劳动合同无效的；

6. 甲方免除自己的法定责任、排除乙方权利，致使劳动合同无效的；

7. 甲方违反法律、行政法规强制性规定，致使劳动合同无效的；

8. 法律、行政法规规定乙方可以解除劳动合同的其他情形。

（四）甲方以暴力、威胁或者非法限制人身自由的手段强迫乙方劳动的，或者甲方违章指挥、强令冒险作业危及乙方人身安全的，乙方可以立即解除劳动合同，不需事先告知甲方。

（五）乙方有下列情形之一的，甲方可以解除劳动合同；

1. 在试用期间被证明不符合录用条件的；

2. 严重违反甲方的规章制度的；

3. 严重失职、营私舞弊，给甲方造成重大损害的；

4. 乙方同时与其他用人单位建立劳动关系，对完成本单位的工作任务造成严重影响，或者经甲方提出，拒不改正的；

5. 乙方以欺诈、胁迫的手段或者乘人之危，使甲方在违背真实意思的情况下订立或者变更本合同，致使劳动合同无效的；

6. 被依法追究刑事责任的。

（六）有下列情形之一的，甲方提前三十日以书面形式通知乙方或者额外支付乙方一个月工资后，可以解除劳动合同；

1. 乙方患病或者非因公负伤，在规定的医疗期满后不能从事原工作，也不能从事由甲方另行安排的工作；

2. 乙方不能胜任工作，经过培训或者调整工作岗位，仍不能胜任工作的；

3. 劳动合同订立时所依据的客观情况发生重大变化，致使劳动合同无法履行，经甲乙双方协商，未能就变更劳动合同内容达成协议的。

（七）有下列情形之一，甲方需要裁减人员二十人以上或者裁减不足二十人但占甲方职工总数百分之十以上的，甲方应提前三十日向工会或者全体职工说明情况，在听取工会或者职工的意见，并将裁减人员方案向劳动行政部门报告后，可以裁减人员；

1. 依照企业破产法规定进行重整的；

2. 生产经营发生严重困难的；

3. 企业转产、重大技术革新或者经营方式调整，经变更劳动合同后，仍需裁减人员的；

4. 其他因劳动合同订立时所依据的客观经济情况发生重大变化，致使劳动合同无法履行的。

（八）有下列情形之一的，劳动合同终止；

1. 劳动合同期满的；

2. 乙方开始依法享受基本养老保险待遇的；

3. 乙方死亡，或者被人民法院宣告死亡或者宣告失踪的；

4. 甲方被依法宣告破产的；

5. 甲方被吊销营业执照、责令关闭、撤销或者甲方决定提前解散的；

6. 法律、行政法规规定的其他情形。

十、经济补偿

（一）符合下列情形之一的，甲方应当向乙方支付经济补偿；

1. 甲方依据本合同第九条第（一）项规定向乙方提出解除劳动合同并与乙方协商一致解除劳动合同的；

2. 乙方依据本合同第九条第（三）项、第（四）项规定解除劳动合同的；

3. 甲方依据本合同第九条第（六）项规定解除劳动合同的；

4. 甲方依照本合同第九条第（七）项规定解除劳动合同的；

5. 除甲方维持或者提高劳动合同约定条件续订劳动合同，乙方不同意续订的情形外，依据本合同第九条第（八）项第1目规定终止固定期限劳动合同的；

6. 依据本合同第九条第（八）项第4目、第5目规定终止劳动合同的；

7. 法律、行政法规规定的其他情形。

（二）甲乙双方解除或终止本合同的，经济补偿的发放标准应按《劳动合同法》和国家及省、市有关规定执行，甲方依法应向乙方支付经济补偿的，应在乙方办结工作交接时支付。

十一、合同解除和终止手续

甲乙双方解除和终止本合同的，乙方应按双方约定，办理工作交接等手续，甲方应依法向乙方出具书面证明，并在十五日内为乙方办理档案和社会保险关系转移手续。

十二、争议处理

甲乙双方发生劳动争议的，应先协商解决。协商不成的，可以向本单位工会寻求解决或向本单位劳动争议调解委员会申请调解；也可以直接向劳动争议仲裁委员会申请仲裁。对仲裁裁决无异议的，双方必须履行；对仲裁裁决不服的，可以向人民法院起诉。

十三、双方认为需要约定的其他事项

1. 乙方同意接受因违反甲方规定，影响甲方利益或造成甲方经济损失的，甲方有权做出处罚，并根据具体情况追究乙方的经济和法律责任；

2. 乙方因弄虚作假骗取甲方的招聘录用，后果由乙方自己承担；

3. 乙方辞工未按规定达到预告辞工天数的，甲方将扣除乙方未达到天数的基本工资（基本工资 = 底薪 + 技术津贴 + 职务津贴）。

十四、其他

（一）本合同未尽事宜或合同条款与现行法律法规规定有抵触的，按现行法律法规执行。

（二）本合同自甲乙双方签字盖章之日起生效，涂改或未经书面授权代签无效。

（三）本合同一式两份，甲乙双方各执一份。

甲方：（盖章）　　　　　　　　　乙方：（签名）

法定代表人：

（主要负责任人）

年　月　日　　　　　　　　　　　年　月　日

第五章
劳 务 派 遣

劳务派遣在发达国家广受关注已有40多年的历史。现在，不论是发达国家，还是发展中国家，都在使用劳务派遣用工模式。本章共包含四节，第一节是对劳务派遣基本概念和特征的描述，第二节对比分析了与劳务派遣相关的人力资源管理概念，第三节结合与劳务派遣相关的几个法律，分析了劳务派遣的法律规制，第四节对劳务派遣的风险来源和管控进行了探讨。

第一节　劳务派遣概述

在世界各国的相关法律法规中，均有对劳务派遣的明确定义。但是由于国家、地区具体情况的差异，导致劳务派遣的含义也因时因地而不同。因此，明确界定劳务派遣的概念，对劳务派遣所规制的对象及其行为的性质有直接而重要的意义。

一、界定劳务派遣含义的重要性

劳务派遣作为一种非标准化用工方式，正在被越来越多的企业和劳动者所接受。界定劳务派遣的内涵和外延，对于规范和调整劳务派遣法律关系以及明确劳务派遣法律法规的适用范围具有重要的意义。

（一）决定劳务派遣法律法规所规制的对象

界定劳务派遣的含义，可以直接决定劳务派遣法律法规所规制的对象。劳务派遣用工方式中的劳动关系是一种特殊的劳动关系，适用于这种劳动关系的调整方法也与传统的劳动法、社会保险法所界定的内容有所不同。世界各国家、地区在界定劳务派遣的规范内容之前，都会首先界定其含义，揭示其特点，划分劳务派遣的类型，区分劳务派遣与其他相似劳动关系的区别，从而确定劳务派遣相关法律的适用范围，为劳务派遣的实践提供相关的依据和准则。

（二）反映劳务派遣三方关系的实质

劳务派遣的科学定义可以直接反映出劳务派遣三方关系的实质。在劳动者通过派遣机构为用工单位提供劳动的过程中，劳动者与派遣机构、用工单位之间关系的性质是什么样的？提供劳务派遣服务的派遣机构与用工单位之间的关系性质如何？这些问题都需要在理清劳务派遣三方主体之间的关系之后才能加以明确。

二、劳务派遣的含义

（一）劳务派遣定义评述

劳务派遣是一种新的用工形式，在世界发达国家和地区，如美国、日本、德国等国家发展得比较早。我国的劳务派遣发展时间较晚，但速度非常快，已经引起了社会各界的重视，众多学者开始将之作为研究的对象。关于劳务派遣的概念，国内外相关领域的专家学者在研究中使用不同的名字来进行界定，如“人力派遣”“人才派遣”“劳动派遣”“劳动力派遣”“派遣劳动”以及“人才租赁”等①。由于各自关注的领域和角度不同，学者们很难在劳务派遣的概念上达成一致。本书在此将引用学术界一些具有代表性的观点来阐释劳务派遣的基本内涵和主要特征。

1. 从派遣过程中三方之间的契约关系角度来看，主要是通过对劳务派遣过程中三方主体之间权利义务的描述来进行研究，主要观点如下。

“所谓派遣劳动关系，系指由‘企业’与劳工订立劳动契约，由劳工向‘他企业’给付劳务，劳动契约存在于企业与劳工之间，但‘劳务给付’的事实则发生在劳工与他企业之间的法律关系。”② “派遣劳动，系指自己所雇佣之劳工，在该雇佣关系下，使其为他人从事劳动、接受该他人指挥命令者而言。”③

“劳动者派遣是一种用工形式：派出单位（以经营劳动者派遣为主要业务的公司）和受派劳动者签订劳动合同；派出单位和要派单位签订劳务合同；派出单位将受派劳动者派到要派单位工作。其造成的后果是：实际用人单位不直接

① 毕小青，严荣．国内外人力派遣研究现状综述［J］．技术经济与管理研究，2007（6）．

② 黄越钦．劳动法新论［M］．北京：中国政法大学出版社，2003：89－91．

③ 刘志鹏．劳动法理论与判决研究［M］．台北：元照出版公司，2000：212．

和劳动者签订合同，而将直接雇佣变成间接雇佣。”①

“劳动力派遣是指依法设立的劳动力派遣机构和劳动者订立劳动合同后，依据与接收派遣单位（要派单位）订立的劳动力派遣协议，将劳动者派遣到接收派遣的单位工作。”②

2. 从雇主责任承担的角度来看，是通过将劳务派遣与传统劳动关系进行对比来进行研究，主要观点如下。

“劳动者派遣（雇员派遣）指用人单位分割为派遣机构（名义用人单位）和要派单位（实际用人单位），劳动关系主体由用人单位和劳动者双方变为派遣机构、要派单位和受派遣劳动者；由此产生三种关系，即派遣机构与受派遣劳动者的关系、派遣机构与要派单位的关系，以及要派单位与受派遣劳动者的关系。”

“劳动力派遣应以多重劳动关系、共同雇主来认识”。“传统‘标准劳动关系’是建立在特定雇主与雇员之间的只存在一重劳动关系、八小时全日制劳动、遵守一个雇主的指挥为标准的劳动关系”；“多重劳动关系中每一个单位从内容上看，都无法完全达到标准劳动关系的要求，或是在工时、工资上，或是在雇佣、使用上，都会有一部分达不到标准要求，也可以说是半劳动关系，但法律只能视其为一个劳动关系来进行调整”；“同理，在劳动力派遣中，两个用人单位，一个专司雇佣，一个专司使用，从内容上看，每个用人单位都是半个劳动关系，劳动者与两个主体发生关系时就会形成两重劳动关系。”③

“劳务派遣是指，劳务派遣单位受特定用工单位委托招聘劳动者，并与之签订劳动合同，将劳动者派遣到用工单位中工作，其劳动的过程由用工单位管理，工资、福利、社会保险费等由用工单位提供给派遣单位，再由派遣单位支付给劳动者，并为劳动者办理社会保险登记和缴费等多项事务的一种用工形式。”④

3. 从劳务派遣机构的角度出发，国内外学者将劳务派遣的概念定义如下。

“派遣机构与要派单位签订的劳动者派遣合同，是派遣公司把雇佣的派遣劳动者（也可以说是‘借用’的劳动力）提供给用人单位使用，并从中获得利益的合同。”⑤

“日本学者三浦和夫（1997）将人才派遣业者定义为：‘将自己雇佣之劳工，

---

① 李坤刚. 劳动者派遣：起因与规制［C］//劳动派遣的发展与法律规制国际研讨会论文集，2006：36.

② 沈同仙. 劳动力派遣法律规制研究——兼议我国《劳动合同法（草案）》的有关规定［M］//周长征. 劳动派遣的发展与法律规制. 北京：中国劳动社会保障出版社，2007：314.

③ 董保华. 劳动关系非标准趋势下的劳动力派遣［C］//劳动力派遣的发展与法律规制国际研讨会会议论文集：28－29.

④ 王全兴，侯玲玲. 劳动关系双层运行的法律思考——以我国的劳务派遣实践为例［J］. 中国劳动，2004（4）：19.

⑤ 马渡淳一郎. 劳动市场法的改革［M］. 田思路，译. 北京：清华大学出版社，2006：74.

于雇佣关系存续中，并且在他人的指挥监督下，为他人从事直接劳动的业者’。”①

“劳动力派遣一般是指用人单位以营利为目的，将自己的劳动者委派到第三者处并在其指挥监督下从事劳动的经营行为。”②

可以看出，尽管学者们关于劳务派遣的定义各不相同，但是都指出了劳务派遣的相同内涵，即劳务派遣涉及三方主体，较传统典型的劳动关系更为复杂。在劳务派遣关系中，存在着派遣机构与用工单位之间、派遣机构与劳动者之间以及劳动者与用工单位之间的三种劳动关系。派遣单位与劳动者签订劳动合同，成为传统标准劳动关系下的两个主体。而用工单位基于与派遣单位的民事合同，对劳动者进行实际上的使用和管理，成为劳务派遣关系中的第三个主体。

虽然上述学者们对劳务派遣的定义揭示了劳务派遣的实质和基本特征，但是还是不完整的，不能完全概括劳务派遣的所有特征。特别是不能与“借调”这种用工形式相区分。

（二）劳务派遣的法律定义

由于各个国家和地区间有关法律概念上的差异，在世界范围内，劳务派遣并没有一个统一的表述，劳务派遣在各个国家也有着不同的名称。例如，在我国称为“劳务派遣”，在德国称为“员工出让”，在法国称为“临时工作”，在我国台湾地区称为“劳动派遣”，在日本、韩国称为“劳动者派遣”，在美国则称为“暂时性劳务提供”“劳动租赁”等。

国际劳工组织（ILO）于1997年通过的第181号公约，是目前唯一对劳务派遣做出全面规定的国际劳工公约。在其第一条规定“招聘劳动者并派遣其为第三人（用工单位）提供劳动，第三人给劳动者布置工作，并且监督其履行情况”的私营就业机构为劳务派遣机构。虽然该公约并未直接给出劳务派遣的定义，但是其首次扩大了私营就业服务机构的行为范围，规定其可以作为服务的提供者，雇佣劳动者供三方使用③。这实质上打破了传统雇佣关系中用人单位直接雇佣劳动者、就业服务机构只从事职业介绍服务的局面，将被派遣劳动者视为私营就业服务机构的临时雇员（a temporary employee），规定其应当享有劳动法和社会保障法的相关保护。

德国劳务派遣法的第一条规定，员工出让是指雇主（出让方）以经营形式

① 林纹君，陈靖雯，陈琼闵，陈丽燕，郑朝治．派遣员工对要派公司组织承诺影响因素之研究［R］//辅仁大学企业管理学系第三十七届人力资源管理专题报告．

② 张荣芳．论劳动力派遣机构的法律规制［M］//丁薛祥．人才派遣理论规范与实务．北京：法律出版社，2006：98．

③ ILO Convention NO. 181 第一条（b）规定。

将自己雇佣的劳动者（借用员工）提供给第三方（借用方）使用，由被借用的劳动者给第三方提供劳务①。

法国的《劳动法典》将劳务派遣定性为“临时工作”，把劳务派遣的范围限制在某些临时性劳动。法国《劳动法典》第 L124 - 1 条规定：凡专一活动是将其依照约定资格招聘并为此给以报酬的受薪人员交由用工者临时安排工作的一切自然人或法人，均为本章所指意义上的临时工作承包人（即派遣机构）。秘鲁的《就业促进法》也有类似规定。

在亚洲，日本是较早对劳务派遣进行专门立法的国家。其通过《劳动者派遣法》对劳务派遣进行了严格的法律定义。日本《劳动者派遣法》第 2 条规定：“所谓劳动者派遣就是指将自己所雇佣的劳动者，在该雇佣关系下，让该劳动者接受第三方的指挥命令，并让其为第三方从事劳动，但是，这种劳动并不包括约定让第三方雇佣该劳动者从事劳动。”②

韩国的《派遣工作保护法》规定：“劳动者派遣是指派遣单位聘用劳动者之后，在维系雇佣关系的同时让劳动者按照劳动者派遣协议的内容，听从使用单位的指挥、命令，让其从事使用单位的工作。”③

作为目前我国唯一对劳务派遣做出规定的法律，《中华人民共和国劳动合同法》并未对劳务派遣进行直接的法律定义④。根据我国《中华人民共和国劳动合同法》第 58、第 59 条的表述可以看出：劳务派遣是由派遣单位、用工单位以及被派遣到用工单位从事工作的劳动者三方所形成的三角关系。

我国《中华人民共和国劳动合同法》对劳务派遣的过程中三方主体的劳动关系表述如下：《中华人民共和国劳动合同法》第 58 条规定：“劳务派遣单位是本法所称用人单位，应当履行用人单位对劳动者的义务。劳务派遣单位与被派遣劳动者订立的劳动合同，除应当载明本法第 17 条规定的事项外，还应当载明被派遣劳动者的用工单位以及派遣期限、工作岗位等情况。劳务派遣单位应当与被派遣劳动者订立二年以上的固定期限劳动合同，按月支付劳动报酬；被派遣劳动者在无工作期间，劳务派遣单位应当按照所在地人民政府规定的最低工资标准，向其按月支付报酬。”《中华人民共和国劳动合同法》第 59 条规定：“劳务派遣单位派遣劳动者应当与接受以劳务派遣形式用工的单位订立劳务派遣

---

① 德国员工出让法［M］//丁薛祥．人才派遣理论规范与实务．北京：法律出版社，2006：211．

② 高梨昌．详解日本劳务派遣法［M］．日本劳动研究机构：238．

③ 马渡淳一郎．劳动市场法的改革［M］．田思路，译．北京：清华大学出版社，2006：74．

④ 我国在《劳动合同法》出台前，人力资源和社会保障部《有关非全日制用工若干问题的意见》（2003 年）规定：劳动者通过依法成立的劳务派遣组织为其他单位、家庭或者个人提供非全日制劳动的，由劳务派遣组织与非全日制劳动合同签订劳动合同。《劳动合同法实施条例》为了防止派遣机构规避两年固定期限合同，又禁止派遣机构雇佣非全日制劳动者。

协议。劳务派遣协议应当约定派遣岗位和人员数量、派遣期限、劳动报酬和社会保险费的数额与支付方式以及违反协议的责任。”

相比于我国对劳务派遣的间接定义，国外相关法律法规对劳务派遣进行直接定义的好处是可以将劳务派遣与职业介绍等相似的包含三方关系的劳动关系形式严格加以区别。

（三）本书对于劳务派遣的定义

尽管各个国家和地区之间、各方学者之间对劳务派遣的称谓和定义不相统一，但其内涵和外延却基本一致：劳务派遣是指由派遣机构与派遣员工签订劳动合同，然后向用工单位派出该员工，使其在用工单位的工作场所内劳动，接受用工单位的指挥、监督，以完成劳动力和生产资料的结合的一种特殊用工方式，也是一种人力资源的配置方式，一种就业形式，一种劳务经济①。

综合国内外学者对劳务派遣管理概念界定的各种不同观点，分析劳务派遣这种用工形式的特征和运行规律，结合我国《劳动合同法》对劳务派遣的相关规定，本书认为，劳务派遣的定义应当为：劳务派遣是指依法设立的劳务派遣单位出于营利之目的，依据与用工单位签订的劳务派遣协议，将与之建立劳动关系的劳动者派往用工单位工作的一种特殊的劳动用工方式。

与传统的劳动关系不同，劳务派遣中的劳动关系涉及了三方主体，所以其劳动关系特点较传统典型的劳动关系来说也更为复杂。在传统的劳动关系中，雇主与签约劳动者构成了双方主体，而在劳务派遣关系中，这种双方主体关系是由派遣机构与派遣劳动者组成的。劳务派遣关系中，除了传统的双方主体外，还包含一个重要的第三方主体，即与派遣公司签署劳务派遣协议的用工单位，即劳务派遣公司是劳动者的法定雇主（即用人单位），用工单位由于用工管理关系成为与劳务派遣公司有连带责任的主体。

由此可见，在劳务派遣活动过程中，劳动者的劳动合同签约方为派遣机构，而具体的工作单位和劳动服务对象则是第三方的用工单位。在这一过程中，劳动者的雇佣和使用发生了分离，派遣机构与劳动者之间的雇佣关系是一种有关系而无劳动的劳动合同关系；而用工单位与劳动者之间则是一种有劳动而无关系的用工管理关系；用工单位与派遣单位之间则是一种民事的民事合同关系。

一般来说，劳务派遣的具体运作程序是：用工单位根据工作实际需要，向劳务派遣机构提出所需人员的标准和工资待遇，由派遣机构通过市场方式搜寻合适的人选，把筛选出的合格人选送交用工单位，由用工单位确定最终人员；

---

① 董保华，杨杰. 劳动合同法的软着陆——人力资源管理的影响［M］. 北京：中国法制出版社，2007：95.

然后，用工单位与派遣机构签订劳务派遣协议，被聘人员与派遣机构签订劳动合同；最后，派遣机构将与自己建立劳动合同关系的员工派遣到用工单位进行工作。需要指出的是，由于派遣单位是此过程中派遣劳动者的劳动合同缔约方，是法定上的唯一雇主，因而其对派遣劳动者负有完全的雇主责任，实际的用工单位基于劳务派遣协议的让渡，拥有对派遣劳动者的用工管理权并负连带责任。劳务派遣的具体过程如图 5—1 所示。

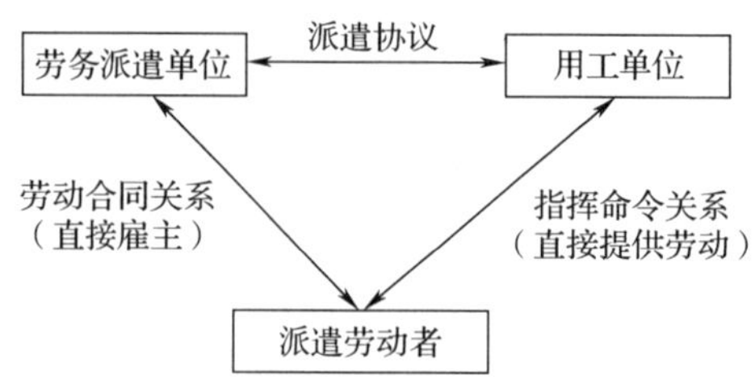

图 5—1　劳务派遣示意图

总之，尽管有关学者对于劳务派遣的定义不尽相同，对劳务派遣的具体称谓以及所包括的范围界定也有不同。但是，劳务派遣是由用工单位、派遣机构、被派遣劳动者三者形成的特殊的劳动关系这一点是共通的。

劳务派遣之所以能够引起各方的广泛关注，是因为其与传统的就业形式相比，具有明显的不同之处。因此，无论从何种角度对劳务派遣做出定义，我们都应该把握好劳务派遣自身所独具的特征。下一节中本书将详细介绍劳务派遣的自身特征。

三、劳务派遣的法律特征

从全球范围看，尽管劳务派遣的规模仍比较小，但其发展速度却较快。传统的用工方式是指在用人单位与劳动者之间建立直接的劳动关系，而劳务派遣则是一种建立在劳动者、派出机构以及用人单位三方主体之上的新型劳动关系。尽管各国立法模式有所不同，相关概念间的差异也较大，但是劳务派遣的主要特点基本上是一致的。

在我国，劳务派遣是指依法设立的劳务派遣单位出于营利之目的，依据与用工单位签订的劳务派遣协议，将与之建立劳动关系的劳动者派往用工单位工作的一种特殊的劳动用工方式。较之劳动关系的一般运行规则与传统的用工方式来说，劳务派遣具有其自身的一些特征。

（一）劳务派遣必须由依法设立的、以营利为目的劳务派遣单位进行

劳务派遣必须由依法设立的派遣单位进行，这是劳务派遣区别于借调、业

务外包、企业集团内部各企业之间人员的流转以及大型设备安装技术服务和劳务等用工形式的主要特征。《中华人民共和国劳动合同法》第57条规定，劳务派遣单位应当依照公司法的有关规定设立，注册资本不得少于50万元。这明确了劳务派遣单位设立的特别规定，即劳务派遣单位的设立除了满足《中华人民共和国公司法》关于企业法人设立的基本条件外，还须符合特别规定——注册资本不得少于50万元。

制定特别规定是因为劳务派遣的社会风险很大。在整个劳务派遣过程中，劳务派遣机构是劳务派遣的主体，派遣机构的实力和信誉对劳务派遣的秩序和效果至关重要。此外，派遣机构是法定雇主，必须承担全部的法律责任，必要时还要和要派公司厘清事件发生的原因，索取赔偿，同时也有可能还要承担连带责任，这都要求派遣机构具备相当的财力和实力。因此，应当对派遣机构的资格实行较之一般企业法人更严格的管理。规定50万元的注册资金可以提高派遣机构的设立门槛，在一定程度上把不具备实力的企业排除在外，这样才能更好地保证劳动者的利益。

当然，为了从根本上杜绝劳务派遣单位推卸其雇主责任或者无力承担雇主责任的现象，有一些国家还规定了更加严格的资格要求，包括须取得劳务派遣许可证、具有一定数量的专业技能达到一定等级的从业人员、有健全的管理制度、有不低于法定数额的风险担保金等，这样可以更好地规范劳务派遣市场，更好地保护派遣工权益。除了注册资本之外，《中华人民共和国劳动合同法》未做其他特别要求。

“以营利为目的”的特征则突出了劳务派遣单位的营利法人的属性。劳务派遣单位属于民法上的营利法人，是以营利为目的的企业组织。所谓营利，是指进行连续性的经营，并将该利益分配给成员。劳务派遣的营利性使其区别于企业之间由于业务往来的员工流动，企业集团总部与各成员企业之间、成员企业之间的劳动派遣，总公司与分公司之间以及分公司之间的劳务派遣。同时，该特性也就决定了公益法人等社会公益组织和政府组织（如公共就业服务机构等）不能从事劳务派遣业务。

（二）劳务派遣法律关系涉及三方主体

与传统用工方式下的“劳动者—用人单位”一对一的直线型法律关系有所不同，劳务派遣中的派遣机构、用工单位和劳动者三方形成了三角法律关系。派遣机构是指雇佣了员工，并使其为用工单位提供劳务的主体。用工单位是根据与派遣机构的约定，在实际中使用劳动者提供的服务的用工主体。劳动者是受派遣机构雇佣，并为用工单位提供劳动的劳动者，是劳务派遣的对象。纵观国内外相关表述，所有劳务派遣的定义都涉及这种法律关系上的三方主体，即派遣机构、用工单位以及派遣劳动者。劳务派遣劳动关系的三方主体组成了三个相对独立的关系：一是派遣单位与被派遣劳动者之间的劳动关系，约定劳动者为他人提供劳动，派遣单位支付给劳动者工作报酬和有关的劳动福利；二是派遣单位与用工单位之间的服务关系，派遣单位为用工单位提供“临时工人”，用工单位向派遣单位支付派遣费用（包括应当给付劳动者的工资、福利，派遣单位的管理费用和利润等）；三是劳动者与用工单位之间成立的工作关系，派遣劳动者为用工单位提供劳动并接受其指示与监督。

（三）劳务派遣是典型的劳动力“雇佣”与“使用”相分离的用工形式

劳务派遣的一个最主要特征便是“雇佣”和“使用”的分离，即“用人不管人，管人不用人”。黄越钦认为，“所谓派遣劳动关系，指的是由‘企业’与劳动者订立劳动契约，由劳动者向‘其他企业’给付劳务，劳动契约存在于企业与劳动者之间，但是‘劳务给付’的事实发生于劳动者与其他企业之间的法律关系。”① 劳务派遣中派遣机构与派遣劳动者订立劳动合同，在得到派遣劳动者的同意后，使其在用工单位的指挥、监督下提供劳务的劳动形态。劳务派遣最主要的特征是“雇佣”与“使用”相分离。派遣机构与用工单位之间也会订立劳务派遣契约，约定派遣劳动者给付劳务的一切后果直接归属于用工单位，用工单位则将使用劳务派遣的酬劳付与派遣机构，再由派遣机构支付给派遣劳动者，同时派遣机构向实际用工单位收取一定的服务费和管理费。这种将劳动者的“雇佣”与“使用”分离的劳动形态与一般典型的雇佣关系不同，不仅可以使企业在人力资源的运用上更有弹性，而且无须负担雇佣劳动力的保险、遣散费、退休金以及其他福利支出，因此，在劳动市场中，劳务派遣的方式逐渐被广泛采用。

这种“雇佣”与“使用”相分离的三方主体关系被我国一些台湾地区的学者概括为“三方两地”。例如，焦兴铠认为，劳务派遣通常是涉及所谓“三方两地”的法律关系，首先是派遣单位与派遣劳动者的劳动关系，其内涵与传统劳动契约极为相似，包括工作条件，诸如薪资报酬、津贴及休假等一般条件，以及受雇者被告知将会被派遣至用工单位工作的特别条件等。根据此契约，劳务派遣人员的劳务给付对象为用工单位，而不是与之签订契约的派遣单位，并且必须服从用工单位的指挥管理与监督。②

---

① 黄越钦．劳动法新论［M］．北京：中国政法大学出版社，2003：89－91．

② 焦兴铠．论劳动派遣之国际劳动基准［M］//劳工法论丛（二）．台北：元照出版社，2002：40．

（四）劳务派遣用人单位的权利和义务由派遣单位与用工单位共同行使和履行

在劳务派遣中，派遣机构和用工单位作为两个独立的主体，由于派遣合同的约定形成了一个共同体，这个共同体在两个不同层次上共同行使用人单位的职能。这不同于一般劳动关系中用人单位在不同层次之间的职能分工，因为不同层次的单位行政机构之间不具有独立性。劳务派遣单位作为法定的用人单位，通过与用工单位的劳务派遣合同以及与派遣劳动者的劳动合同的约定，将用工管理权让渡给用工单位，形成了用人单位的权利和义务由派遣单位与用工单位共同行使和履行的现实。劳务派遣单位和用工单位都只是行使部分的用人职能，其中用工单位只行使劳动过程的组织和管理、保护受派员工的安全和健康以及负担劳动力再生产费用的职能，而其他用人职能则由派遣机构行使，将这两部分职能有机结合才构成一个用人单位的完整的用人职能。在这里，派遣劳动者只是在生产过程中与用工单位的生产资料进行结合，用工单位作为劳动力的使用者是实际上的用人单位；派遣机构不组织和管理劳动过程，只是负责录用和管理派遣员工，但并不安排受派员工的具体工作岗位，因而只是名义上的用人单位。在这两个层次的用人单位间还存在着相关的委托代理关系，即派遣机构受用工单位的委托代理实施部分劳动管理的事务。

（五）劳动者权益受到双重责任保障

在劳务派遣中，派遣机构和用工单位都对派遣劳动者的权益负有保护职责。派遣机构作为派遣劳动者的录用和派遣者以及派遣劳动者与用工单位之间的劳动关系管理者，就用工单位的信用及其在劳动关系中所承担的保障劳动安全卫生、支付劳动力再生产费用等承担实现派遣劳动者权益的义务，对派遣劳动者负有直接责任。用工单位作为派遣机构的连带责任人、派遣劳动者的实际使用者和劳动力再生产费用的最终负担者，就派遣机构在非生产性劳动管理中承担实现派遣劳动者权益的义务，对派遣劳动者负有担保责任。无论是派遣机构，还是用工单位，如果未履行其实现派遣劳动者权益的义务，派遣劳动者既可以向派遣机构，也可以向实际用工单位主张其权利。

四、劳务派遣的企业管理特征

（一）劳动力资本的二次让渡

在劳务派遣过程当中，劳动力资本的产权权能发生了分离。与人力资本交易一般形态相似，在劳务派遣的过程中，被派遣劳动者虽然拥有对劳动力资本的法定上的所有权，但是需要在实际中将使用、收益等其他的权能进行让渡。与人力资本交易一般形态不同的是，劳务派遣过程中劳动力资本的权能不是直接转让给使用主体，而是首先将其转让给人才中介（派遣机构）；派遣劳动者作为劳动力资本的法定所有者与派遣机构达成交易契约之后，派遣机构再与用工单位建立劳务交易关系，从而将劳动者派往用工单位工作。

派遣机构与派遣劳动者之间通过订立不定期的劳动合同或是订立定期的劳动合同建立劳动关系，向派遣员工支付工资，为其缴纳社会保险。依据劳动合同，派遣机构作为雇主一方对派遣劳动者享有劳动法上的相关权利，如招工权、辞退权、分配权、用人权等。除劳动合同外，劳务派遣的两个用人单位间还存在着商务合同，有的学者将劳务派遣界定为劳动力的公司间交易，即由专业公司招募劳动人员，再向用人单位派遣，因此，认为劳务派遣关系是一种基于劳动关系产生的劳动商务关系①。派遣机构与用工单位间签订派遣协议，该协议为商务的、有偿的合同。通过一系列合约的安排，派遣员工给付劳务的利益直接归属于用工单位，用工单位将使用派遣劳动者的报酬支付给派遣机构，派遣机构将该报酬的一部分作为派遣劳动者的工资。

也有人认为，劳务派遣协议与“转租合同”有相类似的性质。“派遣公司与用人单位之间签订的劳动者派遣合同，是派遣公司把雇佣的派遣劳动者提供给用人单位使用，并从中获得收益的合同。可见劳动者派遣合同有与‘转租合同’类似的性质”②。当然，由于雇佣合同具有身份从属的性质，所以派遣行为有必要征得派遣劳动者的同意。劳务派遣与劳动力租赁的雇佣一样，因为其对象是人，所以有必要与劳动者本人达成一致。由此可见，与“转租”相类似的劳务派遣位于类似“租赁合同”的雇佣合同的延长线上，两者在以劳动力的使用收益（利用权）为目的这一点上是共通的。

（二）内部劳动管理与社会化劳动管理相结合

在劳务派遣中，劳动管理事务可以划分为两个部分：用工单位的内部机构负责派遣劳动者的工作岗位安置、劳动任务安排、安全卫生管理、劳动纪律制定和实施等生产性劳动管理事务；派遣机构则负责派遣劳动者的录用、派遣、档案管理、工资支付、社会保险登记和缴费等非生产性劳动管理事务。派遣机构是独立于用工单位组织系统之外的社会机构，为众多的实际用工单位提供专

---

① 杨燕绥，赵建国. 灵活用工与弹性就业机制［M］. 北京：中国劳动社会保障出版社，2006：147－148.

② 马渡淳一郎. 劳动市场法的改革［M］. 田思路，译. 北京：清华大学出版社，2006：71－74.

业化的劳动管理服务，这就使企业的内部劳动管理转化为社会化劳动管理。从员工管理角度来看，劳务派遣将员工管理清晰地分为了“实体”与“程序”两个层面。用工单位对被派遣劳动者只进行工作考核等实体管理，而剩下的一切程序性管理工作，如劳动合同的签订、续订、解除、终止等均由劳务派遣机构负责。由此，用工单位用人，派遣机构管人，各个不同的用工单位的具体非生产性劳动管理事务由派遣机构集中行使，实现了非生产性劳动管理事务的专业化和集约化。对于用工单位而言，剥离出非生产性劳动管理事务后，减轻了劳动管理负担，从而能够更专注于生产性劳动管理事务和生产经营活动。

（三）劳务派遣者在用工单位的工作具有非核心性

随着社会经济的发展和科学技术水平的提高，社会分工的细化和专业化是社会发展的客观规律，企业的发展也遵循了这个规律。企业的竞争，主要在于其核心业务的竞争。因此，随着社会分工的细化和专业化，企业为了保持其核心竞争力，一般会把其非核心业务外包。企业在员工管理方面也体现了这个规律。从员工管理角度来看，劳务派遣将员工管理清晰地分为了“实体”与“程序”两个层面。用工单位对被派遣劳动者只进行工作考核等实体管理，而剩下的一切程序性管理工作，如薪酬发放、社会保险代收代缴、劳动合同的签订、续订、解除、终止等均由劳务派遣机构负责。这样，用工单位用人，派遣机构管人，这种模式对用工单位来说节省了许多精力，减少了大批因管理工作带来的工作量和相关的麻烦，可以使用工单位的经营者能够更专心于事业的发展和企业的生产经营，也可以使用工单位的人力资源管理部门更加专注于企业核心员工的有关事务。相对于用工单位来说，派遣公司掌握着信息和专业优势，可以为用工单位提供快捷、便利、多渠道的相关人才。由于派遣公司有专业化人员，可以解决用工单位要花巨大的精力处理的诸如单位与员工发生劳动争议等问题，使用工单位省却了很多麻烦，能更加专注于业务的提升。此外，很多用工单位的人力资源的制度设计，只针对企业的核心人群，其人力资源管理制度，包括招聘、培训、考核、职业发展、绩效等制度，都是针对核心人群来设计的。企业人力资源部门的工作就是保证企业核心的人力资源规划和核心人才的职业发展，提升企业的核心竞争力。用工单位根本就没有针对初级、适用性岗位的人力资源制度，也不愿意花费精力来对初级和一般员工进行管理，同时也没有精力顾及一些具体的事务性工作，如工资的发放，社会保险费的缴纳，档案管理，一般操作员工的管理、招聘、辞退、培训等事务性工作。劳务派遣正适应了社会分工的细化和专业化的要求，帮助用工单位管理非核心业务员工。因而，劳务派遣者在用工单位的工作具有非核心性。

（四）劳动力发生了支配权转移，劳动者发生了身份转换

“雇佣”与“使用”相分离的三方主体关系，对用人单位而言，最重要的特征是发生了劳动力的支配权转移。派遣劳动者虽然是由派遣机构所雇佣，却必须在用工单位提供劳务，遵守用工单位的工作准则、规章制度等，并接受其监督管理。一些学者从这一角度进行定义，以解释这一法律关系在实际运行中的特征。日本学者高梨昌（1997）认为：“依人才派遣法所定义的派遣行为，即指派遣公司对自己直接雇佣的劳工提供特任，并且使其在他人的指挥监督下从事劳动的一种事业活动。”三浦和夫（1997）也认为：“指将自己雇佣的劳工，于雇佣关系存续中，并且在他人的指挥监督下，为他人从事直接劳动为事业者。”我国台湾地区的一些学者也从这一角度进行了概括：“派遣劳动，系指自己所雇佣之劳工，在该雇佣关系下，使其为他人从事劳动并接受他人指挥命令者而言。”[①]“派遣公司与劳工之间有雇佣关系，而使用公司与劳工之间则由指挥命令关系之谓”。[②]“劳动派遣企业是由雇主与劳动者约定，劳动者必须依雇主之指示，受派为另一企业主提供劳务之契约”。

第二节 劳务派遣与人力资源相关概念的辨析

企业人力资源管理中用工方式的使用是多种多样的，劳务派遣只是其中的一种。目前，在我国的人力资源市场上，主要的劳动用工模式是以劳动合同工为主，辅以劳务用工、非全日制用工，并且零星使用内退人员、返聘离退休职工等用工模式。其中，与劳务派遣一样涉及三方劳动主体的人力资源中的使用方式主要有劳务承包、人力资源外包、企业借调等。这些用工方式虽然也涉及了三个方面的劳动主体，但是这些用工方式与劳务派遣之间有着根本的不同。

一、劳务派遣与职业介绍的区别

职业介绍是指职业介绍机构在接到招聘方（企业）和应聘方（求职者）的申请之后，在两者之间进行斡旋，最终使两者的雇佣与被雇佣关系成立的过程。

---

① 刘志鹏．劳动法理论与判决研究［M］．台北：元照出版社，2000：212.

② 林振贤．论派遣公司的问题［D］//林基丰．“劳动派遣”相关法律问题及在我国台湾劳动法制适用上之研究．台湾东海大学.

职业介绍与劳务派遣最大的不同是职业介绍机构和求职者没有雇佣和被雇佣的关系，仅仅是通过斡旋让用人方和求职方的雇佣和被雇佣关系成立，两者的雇佣关系一旦成立，职业介绍机构的工作即宣告结束。

具体来说，劳务派遣是劳务派遣单位把所雇员工派遣到用人单位去，并且该员工在用人单位内接受其生产指令、监督管理。从事劳务派遣业务的公司称为劳务派遣公司。在劳务派遣中，劳务派遣公司履行雇主的法定义务，直接支付被派遣劳动者的工资、福利和社会保险费用，而实际用工单位则是将这些费用转到派遣单位。因此，派遣公司与劳动者存在法定的劳动关系，而用人单位与劳动者只有使用和被使用的关系。三者的关系如图 5—2 所示。

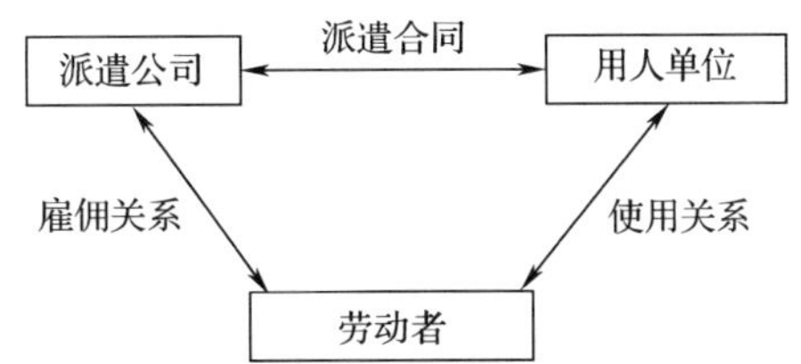

图 5—2　派遣公司、用人单位和劳动者的关系

这种雇佣方式和传统雇佣方式最大的不同是雇佣和使用的分离。劳资关系从传统的两者关系变为三者关系。派遣单位只是录用和派遣员工，既不安排劳动者的具体工作岗位，也不组织和管理劳动过程，但是派遣公司按法律规定要承担作为雇主的大部分义务，主要包括发放工资、社会福利等方面的非生产性义务。用人单位则负责安排劳动者的具体工作岗位、行使劳动过程的组织和管理职能、保护劳动者的健康和安全并且负担劳动力再生产所需的费用，例如工作场地、生产工具、生产安全等生产性责任由用人单位来承担。由此可见，劳务派遣中的劳动关系已经偏离了传统的劳动关系，因此，传统的劳动法很难保护派遣劳动者的合法权益。制定劳务派遣法可以让分离了的雇佣方和使用方加强连带责任，明确雇佣责任和使用责任，保护劳动者的合法权益。

职业介绍是指职业介绍机构在接到求人方和求职方的申请后，在两者之间进行斡旋，让两者的雇佣和被雇佣关系成立的过程。一般职业介绍分为公共（免费）职业介绍和有偿职业介绍。一般来说，政府部门从事的职业介绍活动为公共职业介绍，为劳动者提供免费服务。其他的职业介绍机构均为营利性职业介绍。职业介绍也涉及三方主体，分别是求职者、用人单位和职业介绍机构。职业介绍行为的本质是一种居间行为①。和劳务派遣不同的是职业介绍机构和求职者没有雇佣和被雇佣关系，只是通过斡旋让用人方和求职方的雇佣和被雇佣

① 所谓居间是指居间人向委托人报告订立合同的机会或者提供订立合同的媒介服务，委托人支付报酬的行为。

关系成立，两者的雇佣关系一旦成立，职业介绍机构的任务就完成了，并且与之后用人单位和劳动者之间的劳动法律关系没有牵连。因此，职业介绍机构和求职者之间的关系只是简单的介绍服务关系，而用人单位和劳动者之间则存在着法定的劳动关系。劳务派遣公司为用工单位和派遣员工提供的服务中，虽然也含有职业介绍部分，但是提供的服务并没有因职业介绍行为的终结而终止，并且其他劳动管理服务的比重大于职业介绍服务的比重。这是职业介绍与劳务派遣的区别之一，否则，劳务派遣机构就会归到职业介绍中去。这也是现实当中，登记型劳务派遣极易与职业介绍相混淆的重要原因之一。职业介绍的三方主体关系如图 5—3 所示。

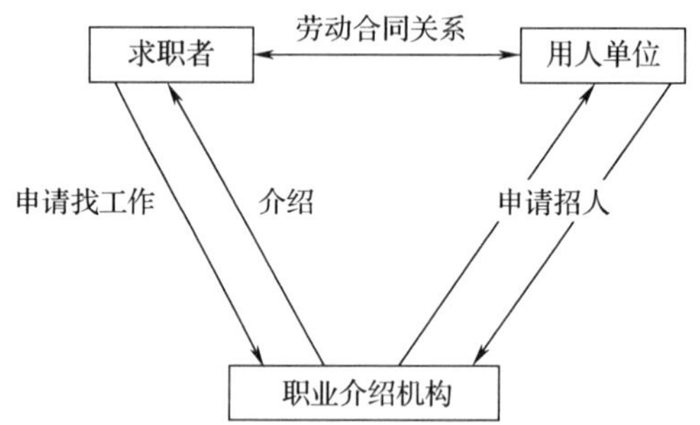

图 5—3　职业介绍示意图

具体来说，职业介绍作为一种居间行为，其与劳务派遣有以下区别。

（1）职业介绍与劳务派遣最大的区别是职业介绍机构与劳动者之间没有建立劳动关系，劳动者与用工单位建立劳动关系，职业介绍机构只起到居间的作用。而在劳务派遣中，派遣机构与劳动者建立劳动关系，然后将劳动者派到用工单位从事劳动，劳动者与用工单位之间不存在形式上的劳动关系。

（2）在劳务派遣关系中，劳动者自派遣机构受领与提供劳务对价的工资。在职业介绍关系中，除约定无偿提供服务外，劳动者需依约定给付职业介绍机构居间报酬。

（3）在劳务派遣关系中，派遣机构与用工单位间订立劳务派遣合同，约定由派遣机构提供劳动力供用工单位使用，用工单位支付相对的报酬给派遣机构。在职业介绍关系中，同样是使用劳动力的用工单位给付职业介绍机构居间报酬。

（4）在劳务派遣关系中，用工单位不能将受派的劳动者再派遣出去（再派遣之禁止）。在职业介绍关系中，使用单位可以是以从事派遣为业的机构，可以将职业介绍机构介绍的劳动者派遣出去，这是自然且不违法的。不过需要强调的是，二者关于此点的差别，并非两者性质上的必然，而是立法上对再派遣的限制使然。

二、劳务派遣与劳务承包的区别

劳务承包合同是民事合同。根据民法原理，劳务承包合同是指劳务承包人与定作人相互约定，由劳务承包人为定作人完成一定的工作，定作人待工作完成后给付劳务报酬的合同。劳务承包与劳务派遣最大的区别在于对劳动者的指挥命令权上。在劳务派遣关系中，派遣劳动者不具有独立性，其一般以用工单位的设备、技术为依托来进行工作，并且在其履行劳务时必须听从用工单位的指挥命令。用工单位拥有从派遣单位受让来的指挥命令权。但在劳务承包关系中，劳务承包人的工作具有独立性，劳务承包人以自己拥有的设备、技术和劳动力完成主要工作，对其劳动者的指挥命令权仍保留在劳务承包人身上，不受定作人的指挥管理①。劳务承包人与自己所使用的劳动力是直接雇佣的关系。劳务承包的主体关系如图 5—4 所示。

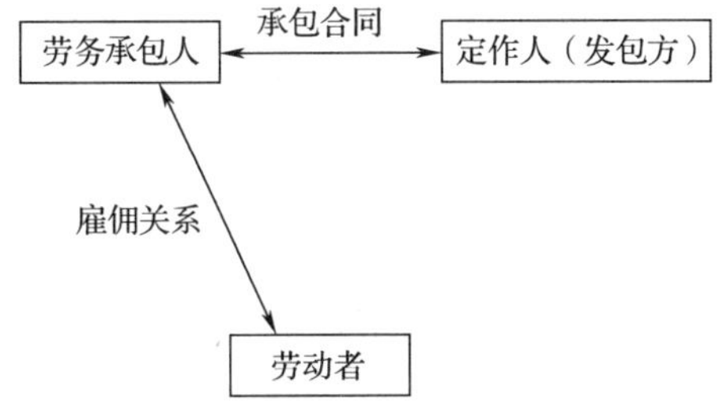

图 5—4　劳务承包示意图

劳务派遣与劳务承包的差异体现在以下几个方面。

第一，出发点不同。劳务承包是从企业的生产经营战略出发而产生的劳务经济；而劳务派遣则完全以满足企业的用工需求为出发点和立足点。

第二，劳务供给的主体不同。在劳务承包关系中，有关劳务的提供，在承揽契约时必须全部由承揽人完成，实际履行劳务的劳动者的劳务供给对象是承揽人，而非定作人。在劳动力派遣中，用工单位根据企业的需要组织派遣劳动者的工作，派遣机构供给派遣劳动者，派遣劳务的供给对象是用工单位，而非派遣机构。

第三，指挥监督权不同。派遣劳动者在要派企业提供劳务、给付劳务时，必须服从使用单位或其代理人 的指挥监督，指挥监督权范围包括每一工作的细节。相反的，在承揽合同时，对于履行劳务的劳动者的指示权由承揽人行使，

---

① 杨通轩．台湾“劳动派遣法”立法之刍议——机会与风险的平衡［J］．万国法律，2004，12（138）：41．

劳动者只接受承揽人完成特定工作的指示，定作人要对劳动者进行指示必须通过承揽人来进行。

第四，从业资质要求不同。劳务承包一般是由具有承包资质的企业进行，应具有承担相应业务的资格，像建筑行业就是如此；而劳务派遣则没有特别的约定，只要符合《中华人民共和国劳动合同法》关于劳务派遣的规定就可以。

第五，法律关系不同。劳务承包涉及的仅仅是企业和劳动者之间的法律关系；而劳务派遣涉及的是劳务派遣单位、实际用工单位和劳动者三方之间的法律关系。

第六，承担风险责任不同。劳务承包人在定作人受领劳动成果前负风险责任。在劳务派遣中，派遣机构只负责提供劳务派遣人员，不承担产品及成果的风险责任，生产过程中的风险由用工单位承担。

第七，报酬的计算和给付方式不同。劳务派遣协议以工作时数为基础，以派遣劳动者工作的时数计算报酬，一般是按工资支付周期发放劳动报酬。劳务承包合同以工作成果来计算报酬，一般是在工作完成以后支付报酬。

第八，适用的法律不同。劳务承包适用的是民法中的《合同法》；而劳务派遣适用的是《劳动合同法》。

三、劳务派遣与人力资源外包的区别

随着社会经济的发展和科学技术水平的提高，社会分工的细化和专业化成为社会发展的客观规律，企业的发展也遵循了这个规律。企业的竞争，主要在于其核心业务的竞争。因此，随着社会分工的细化和专业化，企业为了保持其核心竞争力，一般会把其非核心业务外包。企业在员工管理方面也体现了这个规律。在西方发达国家，人力资源外包已经发展成为一种比较成熟的管理模式。

人力资源管理外包是指企业将人力资源管理的工作全部或部分工作委托给人力资源服务专业机构。美国经济学家玛丽·库克将人力资源外包定义为："让第三方服务商或服务出售商连续提供人力资源活动管理服务，这种管理过去通常由企业内部有关部门进行。服务商将签订合约，管理某项特定人力资源活动，提供预定的服务并收取既定的服务费用。"

国外学者一般都用经济学或管理学理论来阐释人力资源外包的原因。这些理论可以分为劳动分工理论、核心竞争理论、比较优势理论、企业生态竞争理论、委托代理理论、协同理论、战略管理理论等，但无论是用什么理论来分析，都与社会分工的细化与专业化是分不开的。我国一般将人力资源管理外包从外包的范围上来进行区分。从范围上来区分人力资源管理外包，可以将其分为完全人力资源外包和部分人力资源外包。完全的人力资源外包是指企业将全部人力资源管理工作外包给专业的人力资源管理公司，包括员工招聘、培训、薪酬、绩效管理、法律事务以及员工日常管理工作等。部分人力资源外包是指企业将人力资源管理的部分业务或部分流程外包出去，以使企业的人力资源管理更加专业化。人力资源管理外包是人力资源管理领域进行专业化分工的一种新形式。从服务内容看，人力资源管理外包比劳务派遣更为广泛，与劳务派遣应是一种包含关系。人力资源外包不仅包含劳务派遣，而且还包括人事代理、管理咨询、员工培训、人员招聘、薪酬管理等。

四、劳务派遣与企业借调的区别

借调关系是指雇主将受雇人于一定期间内借调给其他雇主，在该期间内受雇人接受其指示的法律关系，这种关系须得受雇人同意，并且通常见于关系企业。[①] 与劳务派遣相似，借调关系也有三方当事人，即借出单位、借入单位和被借调的职工本人。一般是由借入和借出单位双方通过平等协商达成协议，双方单位签订借调合同，在征得劳动者本人同意的情况下，劳动者在借入单位的指挥监督下从事劳动。被借调的职工与借入单位不建立劳动关系。借调合同一般适用于借入单位急需并且是临时性的情况，这种合同中一般规定由借入单位支付借调人员的劳动报酬和福利待遇。[②]

在企业用工实务中，常常出现这样一种情况：A 企业将其员工在一定期间内，借调给 B 企业，在约定的期间内，该员工接受 B 企业的指挥监督并进行劳动。同时，劳动关系仅存在 A 企业与该员工之间，由 A 企业向该员工支付劳动报酬和福利待遇，该员工与 B 企业之间没有劳动关系，这种现象被称为借调。对企业间借调的法律关系，我国大陆研究尚少，在日本和我国台湾地区称为在籍出向。对于在籍出向（借调）与劳动力派遣的区别，在实务上认为有以下二点。

（1）劳动力派遣是为了满足今日企业有必要将特定的服务业或高度专门、技术性的业务予以外部化所实施者；反之，出向系其基本企业间之业务合作、人事交流、研修、雇佣调整等目的所实施者。

（2）劳动力派遣的对象劳动者，通常都是没有意愿在特定企业里永远服务的人；反之，出向劳动者通常都是预定在特定企业里继续工作至退休的人。

---

① 黄越钦．劳动法新论［M］．北京：中国政法大学出版社，2003：87．

② 薛孝东．劳动力派遣中的实务问题［M］//董保华．劳动合同研究．北京：中国劳动社会保障出版社，2005．

（3）劳动力派遣大部分都是以派遣为主要业务的机构所进行的；反之，出向几乎没有所谓的出向业务机构。

基于以上三点劳动力派遣与出向的实质差异，派遣劳动力与出向在劳动条件内容及决定方法、劳动者管理方式上都有所差异。

劳动力派遣的本质特征在于雇佣（招用）与使用的分离，用工单位与派遣劳动者有事实上的支配关系，派遣劳动者要在用工单位的指挥监督下从事劳动。而在借调关系中，借调的员工在借入单位工作，也要遵从借入单位的指挥监督，从事劳动。可见，借调与劳动力派遣极具相似性，仅仅凭借以上三点差异要对借调与劳动力派遣进行区别仍有很多困难，而且这三点差异本身过于笼统，不够明确。日本实务提出，将有无营业的目的作为区别在籍出向与派遣劳动的标准，即在籍出向（借调）是基于以下原因的。

（1）调派劳动者至关系企业就业，以确保雇佣机会。

（2）经营指导、技术指导的交流。

（3）系职业能力开发的一环。

（4）企业集团内人事交流的一环。

虽形式上各有不同，但社会普遍观念认为其不是以营利为目的的活动。反之，虽名义上称为在籍出向，如将自己雇佣的劳动者以营业为目的，反复地出向，基于该出向获得企业利益，超越通常用工权行使范围，应属（脱法的）派遣劳动。

综上所述，借调与劳务派遣的主要区别有：其一，在相关人员方面，企业借调一般涉及相互间的业务合作、人事交流、学习研修等目的，而劳务派遣则主要涉及临时性、辅助性、替代性岗位或特定的服务业和高度专门及技术性的业务；其二，在主营业务方面，企业借调的出借方一般都有自己所在的行业，并不以出借业务为主营业务，而劳务派遣单位的主业即人力资源的派遣；其三，在使用频率方面，企业借调并非经常性行为，而劳务派遣则以派遣劳动者为其经营的常态；其四，在专业机构方面，企业借调通常只以企业双方共同意愿为基础，没有所谓专门从事借调业务的机构，而劳务派遣则以派遣公司为其业务运作的前提；其五，在是否营利上，企业借调通常是基于人员互动或调剂，不以获取经济利益为目的，而劳务派遣则以派遣营利为基本目标。

《关于贯彻执行〈中华人民共和国劳动法〉若干问题的意见》第 14 条规定，派出到合资、参股单位的职工如果与原单位仍保持着劳动关系，应当与原单位签订劳动合同，原单位可就劳动合同的有关内容在与合资、参股单位订立劳务合同时，明确职工的工资、保险、福利、休假等有关待遇。这是我国最高劳动保障行政部门颁布的政策文件中唯一一次提到劳务合同，实际上就是典型的最狭义的劳务合同，劳务合同（派出单位与派出单位的合资、参股单位之间）与劳动合同（派出单位与派出到派出单位的合资、参股单位的劳动者）并存，法律关系一目了然，只不过没有引起人们的重视而已。

五、劳务派遣与人事代理的区别

人事代理（Personnel Agency）有狭义、广义之分。狭义的人事代理是政府主管部门所核定的人才服务机构，运用社会化服务方式，接受用人单位或个人的委托，为其提供系列的人事管理服务。人事代理既负责保管人事关系档案，办理转正定级，考评技术职称，调整档案工资，核定工龄，认证身份，考研、出国（境）政审，接转党团组织关系，也负责办理养老保险、五大毕业生录（聘）用手续，接纳家庭生活基础不在市区的大中专毕业生落户。人事代理是我国人事制度改革的产物，人事部最早于1995年开始推行，主要是为了降低用人单位的人力资源成本。简单说来，就是将“单位人”变成“社会人”，实现人事关系管理与人员使用相分离，用人单位只管使用人，而将与人事相关的管理工作，如档案管理、职称评定、社会保险等，委托给合法设立的人才中介机构处理。人事代理首先是在高校以及事业单位和没有人事权的外资企业中推行，随后慢慢地扩展到国有企业和其他单位。

自1995年以来，虽然在国家层面没有制定统一的人事代理法律或者行政法规，但是各地为了规范人事代理这一制度，陆续制定了一些地方法规和规章，主要有《北京市人事代理暂行规定》《黑龙江省人事代理规定》《哈尔滨事业单位人事代理暂行办法》《湖北省人事代理暂行办法》《江苏省人事代理暂行办法》等。在这些地方规章中，对人事代理做出了大体相同或相似的定义，即人事代理是指经依法批准成立的人事代理服务机构，在规定的业务范围内，接受单位或者个人的委托，依法代理有关人事管理、服务工作。从对人事代理的定义中可以看出，人事代理实质上是一个民事代理合同，人事代理的双方为依法成立的人事代理机构和用人单位或者个人，当事人双方并不存在行政隶属关系，双方是平等的民事法律关系。人事代理主体关系如图5—5所示。

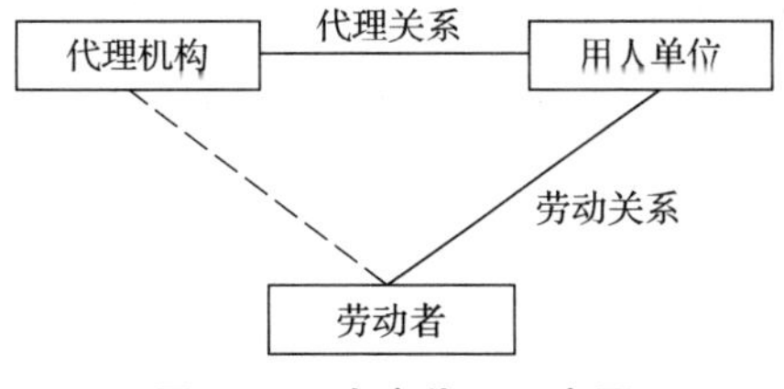

图5—5 人事代理示意图

劳务派遣与狭义上的人事代理从表面上来看都涉及劳动者、用人单位及这两者之外的第三方，而且劳务派遣单位和人事代理机构都需要给劳动者缴纳社会保险费等。这两者在很多方面具有一定的相似性，但实质上这是两种性质完全不同的制度，具体的区别如下所述。

（1）劳动者与人事代理中介机构和劳务派遣单位的法律关系不同。在劳务派遣法律关系中，劳动者与派遣单位之间是劳动关系，他们订立的是劳动合同，受劳动法的调整和规范。在人事代理关系中，劳动者与人事代理中介机构之间的关系则要具体分析，在劳动者委托进行人事代理的情况下，二者是委托和受托的关系，受合同法等民事法律规范的调整；在用人单位委托进行人事代理的情况下，劳动者与人事代理中介机构之间并不存在法律关系。

（2）劳动者与实际用人单位的关系不同。在人事代理关系中，劳动者与实际用人单位之间是劳动法上规定的劳动关系，用人单位需承担劳动法规定的义务。在劳务派遣中，劳动者与实际用人单位之间则没有形式上的劳动关系，实际用人单位对劳动者的管理和使用权是基于其与劳务派遣单位的劳务派遣合同以及劳务派遣单位与派遣劳动者的劳动合同行使的。

（3）二者所适用的法律规范不同。劳务派遣受劳动法以及相关劳动法律规范的调整；而人事代理则是受民事法律规范的调整，二者分受不同的法律部门调整。

（4）人事代理服务的内容同劳务派遣不同。劳务派遣是以派遣单位与劳动者之间的劳动合同为基础，其内容是劳动法上规定的权利和义务；人事代理的内容则是委托方与受托方在相关法规规章规定下由双方协商确定的。一些地方的政府规章对人事代理的项目都做了明确的规定，如《北京市人事代理暂行规定》中规定："经许可的人才市场中介服务机构可分别开展以下人事代理项目：①代理人事政策咨询与人事规划；②代理人才招聘、人才素质测评和组织人才培训；③代办人才招聘启事的审批事宜；④按照国家有关规定，代理人事档案管理；⑤依据国家有关规定，代理用人单位办理接受高校应届毕业生有关人事手续；⑥经国家和本市有关部门批准，代办社会保险；⑦经国家和本市有关部门批准，代办住房公积金；⑧代办聘用合同鉴证；⑨代理当事人参加人才流动争议仲裁事宜；⑩其他人事管理事项。"其他地方规章也做出了类似的规定。

（5）实际用人单位所承担的义务和责任不同。在人事代理关系下，实际用人单位是劳动法上劳动关系的用人单位主体，不仅拥有对劳动者的管理使用权，而且还需承担劳动法上规定的义务；而在劳务派遣关系下，劳动法上规定的用人单位的义务是由派遣单位来承担的，实际用工单位所承担的义务是基于其与派遣单位之间的劳务派遣合同和劳动合同法来确定的，其所承担的是一种连带责任。

综上所述，人事代理与劳务派遣是两种完全不同的制度，我们不能因为其具有一定的相似性而否认二者的区别，如果把劳务派遣当作人事代理而进行调整，势必侵害劳动者的合法权益。

广义的人事代理与人力资源服务或人力资源管理外包是同义词，全方位的人事代理服务包括人事政策咨询、人事档案管理、人事派遣、办理户口关系、办理录用（退工）手续以及社会保险等。如北京市人事代理不仅包括代理五项社会保险及住房公积金的缴纳、转移、支取，人事档案的存放，北京工作居住证办理，人才引进等事务，还包括劳动争议仲裁事务。可见，广义的人事代理与劳务派遣是包含关系，既包括劳务派遣，也包括其他服务。

六、劳务派遣与业务外包的区别

业务外包（Outsourcing）指企业为了适应环境的需要，获得比单纯利用内部资源更多的竞争优势，将本该由自己完成的业务通过签订合同的形式，转为由外部供应商提供的一种经营战略。业务外包是近几年发展起来的一种新的经营策略，其实质是企业重新定位，重新配置企业的各种资源，将资源集中于最能反映企业相对优势的领域，塑造和发挥企业自己独特的、难以被其他企业模仿或替代的核心业务，构筑自己的竞争优势，获得使企业持续发展的能力。劳动密集型业务外包主要是指外包的业务是劳动密集型业务，这种外包活动主要出现在生产制造业。

劳务派遣与业务外包都是由非企业内部人员完成企业工作任务的生产活动过程，但是二者也有一定的区别。①劳务派遣是企业为了满足其用工需求而采用的用工方式；业务外包是企业为了完成经营战略，最大化内部资源而选择的经营战略。②劳务派遣合同属于劳动合同的一种，而业务外包合同属于民事承包合同的一种。③两者的员工管理关系不同。在劳务派遣中，劳动者与用工单位虽然不存在劳动关系，但由用工单位管理，要遵守用工单位的规章制度；而在业务外包中，劳动者由承包公司自行管理，各项工作制度和用人制度也由承包公司自行制定。④两者的法律关系不同。业务外包适用于民法中的《中华人民共和国合同法》，主要是发包方和承包方的法律关系；而劳务派遣适用于《中华人民共和国劳动法》和《中华人民共和国劳动合同法》，是劳务派遣单位、实际用工单位和劳动者三方之间的法律关系。

企业在实施业务外包时，应该注意以下几个方面的问题，以确保外包工作的顺利实施、企业资源的合理使用和企业利益的最大化。

（1）准确界定外包业务。企业在决定实施业务外包之前，要准确选择需要外包的业务。这些业务应该是不利于公司内部完成、非核心的、现有的公司资源不能很好完成的、适合组织发展战略的。

（2）选择合适的外包服务商。合适的外包服务商是实施外包的良好保障。具有外包服务资质，并且信誉良好的公司是首选的外包服务商。在此过程中，首先应该圈定备选名单，然后由相应备选公司出具外包实施方案、计划书或者标书等，根据企业的业务要求和发展需要，对各公司的资料进行评价和筛选，最终选择合适的外包服务商。

（3）建立完善的外包服务管理体系。实施外包工作，并不是指签约以后就结束了，而要在签约以后，成立相应的管理机构和评估机构。一方面要对外包业务的实施进行有效管理，另一方面要对外包实施过程和实施成果进行有效评估，以保证外包业务的顺利完成，并且要总结经验，对其后的外包工作进行有效指导。

（4）强化外包服务意识，提升组织认同程度。业务外包是企业为达成经营战略所选择的经营方式，这种经营方式势必使原来由企业内部进行的工作转到外部，员工很可能产生误解。此时，应该将业务外包的原因等情况及时传达给员工，让全体员工能够理解公司的经营战略，以此提升对业务外包的认同程度。

第三节　我国的劳务派遣的法律规制

一、《中华人民共和国劳动合同法》对劳务派遣的规制

2008 年 1 月生效的《中华人民共和国劳动合同法》首次在法律中对劳务派遣作了专节的规定，这对规范劳务派遣行为，保护派遣劳动者的权益具有重要意义。《中华人民共和国劳动合同法》的主要进步在于：明确了劳务派遣单位的设立门槛（第 57 条）；明确了用人单位和被派遣劳动者之间劳动派遣合同以及劳务派遣单位和用工单位之间劳务派遣协议的内容（第 58、第 59 条），尤其是劳务派遣单位必须和被派遣劳动者签订两年以上的固定期限合同；劳务派遣单位应当将劳务派遣协议的内容告知被派遣劳动者（第 60 条）；明确了派遣单位和用工单位之间的法定义务。《中华人民共和国劳动合同法》还明确了派遣单位和接收单位的义务和责任，有利于保护被派遣劳动者，但该法有关劳务派遣的规定仍有不足和僵化之处，保护被派遣劳动者的立法宗旨能否得以实现还尚待观察。

具体来说，《中华人民共和国劳动合同法》中对于劳务派遣的规定主要有以

下几个方面。

（一）工资报酬和其他福利的支付方式

针对劳务派遣单位克扣工资以及用工单位没有支付加班费和其他福利导致同工不同酬的弊端，《中华人民共和国劳动合同法》规定派遣单位必须履行用人单位对劳动者的义务，不得克扣用工单位按照劳务派遣协议支付给被派遣劳动者的劳动报酬（第 58 条、第 60 条）。用工单位必须告知被派遣劳动者工作要求和劳动报酬，支付加班费、奖金和相关福利待遇（第 62 条）。但该法第 62 条没有明确用工单位是向劳务派遣机构还是被派遣劳动者支付加班费、奖金和其他福利待遇。既然用工单位有义务告知被派遣劳动者劳动报酬并支付加班费和其他福利（第 62 条第 2、第 3 款），派遣单位负有不得克扣劳动报酬的义务，为何法律不直接规定由用工单位直接向被派遣劳动者支付工资、加班费及其他福利？仅仅规定派遣单位不得克扣劳动报酬根本无法保证被派遣劳动者及时足额地获得报酬。而且，只有让用工单位直接向被派遣劳动者支付报酬及其他福利，才能真正实现同工同酬。如果用工单位先支付给派遣单位，派遣单位再支付给被派遣劳动者，这样就难以判断是否同工同酬，也难以阻止派遣单位克扣被派遣劳动者的报酬。

（二）劳务派遣的适用范围

关于劳务派遣适用的行业范围，《中华人民共和国劳动合同法》规定：劳务派遣一般在临时性、辅助性或者替代性的工作岗位上实施。作为法律条文，这种政策性的模糊概述并没有实际意义，劳务派遣也不应当限制行业范围。事实上，在一些高级行业采用劳务派遣的用工形式，由于劳动者自身的力量较强，更容易保护自己，出现损害被派遣劳动者利益的可能性更小。因此，实在没有必要将劳务派遣限制在临时性、辅助性或者替代性的岗位。

（三）用人单位不得自设劳务派遣公司

《中华人民共和国劳动合同法》第 76 条规定，用人单位不得设立劳务派遣公司向本单位或者所属单位派遣劳动者。这种规定也缺乏理论依据。派遣单位可以向其他单位派遣劳动者，为何不能向本单位派遣劳动者？用人单位自设劳务派遣公司有其合理一面，有利于对本单位雇员进行更加专业化的管理，对于大型公司，只要其符合法定的设立派遣公司的条件，似乎没有充分的理由禁止其设立派遣公司。为了防止用人单位和其自设的劳务派遣公司合谋损害派遣雇员的利益，可以引入美国所谓的“单一雇主（single employer）”理论，即如果两家机构符合一定条件，例如两家机构存在经营上的相互关系、拥有共同的管理层、对劳动关系实行集中控制、拥有共同所有者或股东时，两家机构将被视为单一雇主，派遣机构和用工单位必须连带承担责任。这也许是对用工单位自己设立派遣公司进行规制的另一种可行思路，简单的禁止只会破坏市场的机制。

（四）劳务派遣单位和用工单位之间的连带责任

关于劳务派遣单位和用工单位的责任，《中华人民共和国劳动合同法》第 92 条规定，劳务派遣单位违反本法规定的，给被派遣劳动者造成损害的，劳务派遣单位与用工单位承担连带责任。这种规定从表面上看有利于保护劳动者，但由于派遣单位应当履行用人单位对劳动者的义务（第 58 条），用工单位将面临很大的风险。如果不区分雇主责任的类型，一律让用工单位和派遣单位承担连带责任，用工单位就无法通过劳务派遣的形式事先控制自身风险，使用劳务派遣对用工单位的经济意义就会大为下降，从而不利于劳动者就业和劳务派遣行业的发展。因此，如上所述，用工单位不应连带承担派遣机构的所有雇主责任，用工单位应主要承担派遣劳动者处于其控制过程中产生的责任，用工单位不应承担有关招聘，劳动合同订立、变更、解除、终止等生产经营过程以外产生的责任。劳务派遣的存在和流行肯定有其经济上的合理性，过分加重用工单位的责任，不利于该行业的积极发展，最终也会损害劳动者的利益。而且，《中华人民共和国劳动合同法》第 92 条仅规定当劳务派遣单位“给被派遣劳动者造成损害”，劳务派遣单位与用工单位承担连带责任，法律并没有直接规定劳务派遣单位与用工单位连带承担所有的义务和责任。因此，如何解释“给被派遣劳动者造成损害”是实施该规定的关键因素，该条的实施仍有待司法机关做出解释。

二、《劳务派遣暂行规定》对我国劳务派遣的规制

在《中华人民共和国劳动合同法》颁布之后，劳务派遣用工方式的许多法律问题已经得到了制度上的解决。譬如，明确了派遣机构的资质和用人单位的性质，解决了劳动者总是告错人的问题；用工单位或派遣机构盘剥劳动者应得的劳动报酬，通过执行用工地工资标准、不得克扣劳动者工资、不得向劳动者收费的规定来加以克服；用工单位和劳务派遣机构对于应当承担的法律义务和责任的推诿，就有连带责任制度来进行规制；再如，用工单位自行成立劳务派遣机构来将自己的正式员工大量转化为派遣工，使得用工单位与劳务派遣单位相互制约和监督的机制形同虚设，这一问题也通过禁止自设派遣的方式来加以规制，等等。可以看出，《中华人民共和国劳动合同法》的出台对于有效规制劳

务派遣来说是一个重大进步，劳务派遣的相关条款体现出《中华人民共和国劳动合同法》对被派遣劳动者保护力度的加大，但是法律尚有很大的完善空间。所以，法律授权劳动行政部门制定了《劳务派遣暂行规定》。《劳务派遣暂行规定》对我国劳务派遣的规制主要有以下特点。

第一，明确规定了辅助性岗位的确定必须经过民主程序。在我国，劳务派遣是现阶段的一种重要的用工方式，有其存在的合理性。但在实践中，用工单位存在滥用劳务派遣的现象，很多企业大量、长期使用派遣员工，以求降低用工成本、提高劳动生产率，以及规避法律风险，这在一定程度上侵害了劳动者的权益。虽然修改后的《中华人民共和国劳动合同法》对劳务派遣做出了限定，规定了劳务派遣只能在临时性、辅助性或替代性岗位上使用，并将临时性岗位确定为不超过六个月，但对辅助性岗位如何确定并没有明确规定。由于各行业的用工单位情况不一，岗位千差万别，甚至同一岗位在不同的用工单位的地位和重要性都有很大差别，很难在岗位的定性上做统一规定，因此，在程序上加以监督和控制则成为立法上的必然选择。对此，《劳务派遣暂行规定》第 6 条规定，用工单位决定使用被派遣劳动者的辅助性岗位，应当经职工代表大会或者全体职工讨论，提出方案和意见，与工会或者职工代表平等协商确定，并在用工单位内进行公示。这一规定对于保护派遣员工的利益，实现实质意义上的同工同酬有重要的现实意义。

第二，明确规定了劳务派遣的用工比例。劳务派遣用工比例一直是我国劳务派遣中一个关键且敏感的话题。据统计，有些用工单位的派遣员工比例已超过 30%，有的甚至达到 90%。过量使用派遣员工，不仅派遣员工的合法权益难以得到有效保障，而且容易产生劳动争议。更重要的是派遣员工普遍没有归属感，使用工单位在管理上产生混乱，从长远上影响企业的稳定和发展，同时也与派遣用工的灵活用工本质不符。因此，《劳务派遣暂行规定》将用工单位使用的被派遣劳动者数量控制在不得超过其用工总量的 10%。这一比例的确定既考虑到劳务派遣的本质，也兼顾到我国的实际情况，目前看是比较合理的。

第三，进一步细化了劳务派遣单位和用工单位的义务，并在立法技术上注意到与《中华人民共和国劳动合同法》的有效衔接。近年来，由劳务派遣引发的劳动争议呈不断上升的态势，涉及劳动合同解除和社会保险（尤其是工伤保险）的争议更为常见。对此，《劳务派遣暂行规定》在《中华人民共和国劳动合同法》的基础上，进一步规定了在劳动合同解除、工伤认定、社会保险缴纳中劳务派遣单位和用工单位各自的责任和义务。这些规定无疑将极大保护派遣劳动者的合法权益，也将有利于劳务派遣争议的处理。

法律实践中，最高人民法院《关于审理劳动争议案件适用法律若干问题的解释（二）》（法释〔2006〕6 号）第 10 条规定：劳动者因履行劳务派遣合同产生劳动争议而起诉，以派遣单位为被告；争议内容涉及用工单位的，以派遣单位和用工单位为共同被告。

要求派遣单位和用工单位对被派遣劳动者承担连带赔偿责任，不仅可以防范派遣单位与用工单位对责任相互推诿，而且可以促使派遣单位与用工单位之间相互择优选择和彼此督促对方履行义务。劳动法虽然将连带赔偿责任限定于劳动者权益在被派遣的工作岗位受到损害的情形，但何谓“劳动者权益在被派遣的工作岗位受到损害”则不明确。基于保护被派遣劳动者的需要，应当将连带赔偿责任的适用范围明确限定为劳动安全卫生、工资和社会保险费义务。为规范派遣单位和用工单位之间具体的连带赔偿责任，《中华人民共和国劳动合同法》的实施细则应严格规定工资和劳动报酬由派遣单位偿付，用工单位只是根据派遣协议和国家有关派遣的规范，代行派遣单位对职工的劳动管理权，指挥命令被派遣的劳动者为其提供劳动服务。在此基础上，再明确划分两者的责任，严格两者应履行的法律义务，如保障被派遣的劳动者具有工作的知情权、公平的就业和受教育机会，以及在契约结束后自由流动和选择职业的权益等。对于劳务派遣单位和用工单位互相推诿或者恶意串通侵犯劳动者合法权益的行为要进行严厉惩处。

第四节　劳务派遣业务的风险管控

一、我国劳务派遣的劳动风险分析

从一定意义上看，社会层面、劳务派遣组织、用工单位以及派遣人员均在劳务派遣中实现了多方共赢，但正如每个硬币总有两面，劳务派遣也具有天然的局限性，这一新型的用人模式也有相当的潜在风险，参与劳务派遣的各方都会承担这种风险。

对劳务派遣组织来说，按照法律规定，员工在未被派遣至岗位工作时，组织也应负责其最低生活保障工资及保险等福利待遇，这对派遣组织来讲是有较大成本和运行风险的。同时，劳务派遣员工在工作中可能会出现商业机密泄露的风险，这不仅为用工单位带来损失，派遣组织也要共同承担损失。

对用工单位来讲，对劳务派遣的过度依赖，会造成员工队伍的不稳定，业务的核心技术人员群体难以形成，企业核心竞争力的打造、品牌价值的提升也将受阻。当用工单位急需某类人才时，劳务派遣组织不一定可以在第一时间找到匹配的人才，人才在上岗后也不一定能满足岗位要求，履行岗位职能，这样最终会贻误发展机会，造成损失。

对派遣人员来说，用工单位可能会将他们视为派遣组织的员工，而不是本企业的员工，在其使用上会较为生硬，甚至压榨剩余价值，派遣人员有时会出现超负荷运转状态，培训权利和福利待遇也会因此受到影响。派遣人员容易处于一种不稳定的工作状态中，在一定程度上不利于其主观能动性的发挥，最终造成工作效率低下，给双方都带来一定的损失。

二、劳务派遣风险的分类

我们从劳务派遣所涉及的利益主体出发，将劳务派遣风险划分为社会层面、劳务派遣组织、用工单位及受派遣人员面临的风险。

（一）社会层面的风险

劳务派遣作为人力资源管理中的新模式，现已成为我国人力资源管理的重点研究对象，因此，它也带来了一系列的问题和挑战。

1. 突破了传统 HR 管理理念和模式

传统的人力资源管理中，人力资源始终是组织中最为重要的资产，其是实现组织目标的核心力量。因此，企业在管理实践中，采用各种方式进行人才储备、招聘管理和销售培训生，并采取猎头或内部招聘的手段以便随时满足企业的用人需求。但在产业升级、服务链日益完善的今天，控制各类管理成本尤其是人力资源成本已经迫在眉睫，只有采取一定措施才能对人力资源进行合理配置并给组织带来持续的竞争力。劳务派遣成为解决这一问题的首选途径。

用工单位与劳务派遣公司签订派遣服务协议后，源源不断地使用派遣组织所提供的人力资源，降低招聘甄选和入职培训等方面的成本，有效规避由人员不稳定带来的风险，使组织可以集中多余的精力在自身的核心业务发展上，有助于提升组织的整体竞争力。

派遣员工的激励问题也是劳务派遣中一个亟待解决的课题。传统的人力资源管理激励中，会从员工的忠诚度和认同感出发，设计较为完善的员工职业生涯发展规划，并予以企业年金、股权等多方面的长期激励。但在劳务派遣中，派遣机构往往与员工签订不超过两年的劳动合同，即短期雇佣，如何实施有效的激励手段并达到较好的激励效果值得进一步研究。

2. 对组织人力资源管理提出新课题

我们应该看到，对于组织而言，劳务派遣不仅带来了外在的经济成本收益，也聚集了内在的组织发展收益，但同时对 HRM 也提出了重大的挑战。人是生产要素中最活跃的要素，人力资源自然成为组织核心竞争力的关键所在，在组织的战略发展中，更是希望通过适当的激励和约束手段，实现员工对组织的依赖和忠诚，长久地发挥员工的聪明才智，为组织服务。劳务派遣在此方面便存在先天不足，较强的人员流动性无法形成稳定且长期的核心竞争力，或是对核心竞争力的打造带来一定的隐患。同时，如果从事的工作岗位涉及相关企业发展的商业机密，在人员离职或流动时就会带来难以应对的风险，造成经济利益的损失。

3. 提高了人力资源的使用要求

劳务派遣对人力资源个体综合素质提出了新的要求。当面对更加灵活、快速的就业方式后，人力资源要尽可能满足组织的需要，将精力主要集中在中高级技术人才和非核心的普通员工上。同时，就职员工的职业信用问题也是至关重要的，是否存在竞业禁止等知识产权或商业秘密的职业素养，也值得我们关注。

（二）派遣组织的风险

派遣组织作为服务方，掌握着派遣人员的人力资本，可以将他们派往使用派遣服务的用工单位。派遣人员构建起派遣组织的人才储备，也成为派遣组织的核心竞争力。但在同时，由于派遣人员岗位流动性较大，在出现离职或暂停服务的情况下，派遣组织按照《中华人民共和国劳动合同法》的规定，依然需要为他们提供所在地最低生活保障的薪资和福利。我国尚未形成一种较为稳定和成熟的劳务派遣人才供给方式，只能通过花费较大的人力资源成本来保障用工单位的实际需要。

但就我国劳务派遣事业的发展来看，现有的劳务派遣组织大多数是根据企业的人员需要，开展一系列的招聘、甄选和培训，最终将员工派遣到用工单位中去。这种运行方式处于相对初级阶段，时间周期较长，不能为用工单位提供快速的服务。因此，大多数派遣组织未能形成真正的人才储备，对于法律的执行也是无从谈起。同时，产生劳动纠纷事件时，按照法律规定，用工单位应与派遣组织一同承担赔偿责任，但在实践中往往会将责任推给派遣组织，派遣组织不仅因此要担负较多的赔偿款项，还要应对可能发生的集体上访、罢工等突发情况。

（三）用工单位的风险

1. 组织长远目标难以实现

人力资源规划是伴随着组织的战略发展进行的，工作职位越高，其发挥作用的时间就越长，所体现出的价值就越大，这是以短期用工为特征的劳务派遣所不能比拟的。即使是空降中高级派遣人才，也只能是设定于在短期内发挥作用，不能看到长期的优势。因此，如果组织想依靠优质的人力资源来支持长远目标的实现，那么劳务派遣并不是最佳的选择，如果选择了劳务派遣，那就应该采取其他的人力资源管理手段加以辅助。

2. 派遣人员对工作的组织忠诚度不高

人力资源管理研究认为薪资体系、员工参与度和组织理想是组织激励三个重要的方面。在劳务派遣中，派遣人员所从事的工作岗位和工作性质决定了他们在组织中只能满足薪资层次的需求，很难参与到组织的管理工作中去，较少有机会对组织的发展提出自己的意见，这就造成派遣人员对组织的归属性较差，没有足够的忠诚度。组织激励的三个重要的方面是不同阶段、不同层次的需要，形成了一种分阶的转换平衡，如果这种平衡不能维系，就会造成派遣人员对工作不满，继而将情绪传导到服务中去，影响组织对外的整体形象。

3. 组织的商业机密易被泄露

劳务派遣的一部分工作人员是从事组织某个项目的运行工作，或某一新业务的开展工作。这些工作往往需要大量的工作人员，并且相关工作人员会被委以重任，参与到组织的重要岗位中去，派遣人员便会获悉组织的内部事务、运行情况，甚至商业机密。在短期的雇佣关系中，派遣人员在一定程度上是在同行业、同领域的企业中流动，这样在无形中商业机密就比较容易被泄露出去。如果派遣人员为企业的中高级技术或管理人才，那么将更有可能发生这种风险。

（四）派遣人员的风险

1. 缺乏归属感

劳务派遣劳动关系的双方均抱有不同的发展目的，对组织而言是借用人力资源，降低管理成本，满足组织的发展需要，无法对派遣人员履行全部的雇主义务，在福利水平、员工晋升等方面也很难实现公平对待，甚至会产生正式员工对派遣员工的歧视，产生组织内的不和谐现象。在这样的情况下，派遣人员容易产生游离于组织之外的感受，无法实现在组织内的角色需要。派遣组织也往往只负责事务性工作的管理，对派遣人员的关心少之又少，在派遣人员的职业生涯中无法发挥指导作用。因此，这些因素会使派遣人员缺乏对组织的归属感。

2. 岗位稳定性较低

派遣人员在本职岗位中需要达到组织提出的岗位要求，但与正式员工不同的是，一旦出现业绩不理想、生产不需要等岗位不匹配的情况，派遣人员并不是被安排到其他岗位中，通常是被直接辞退，或是退回到派遣组织。同时，鉴于一般派遣人员只签订 2 年左右的劳动合同，因此，对派遣人员而言，岗位稳定性较低，他们可能随时会遭遇失业的境遇。

3. 合法权益缺乏保障

在劳务派遣的三方关系中，客观上派遣人员相对弱势，他们的权益最容易受到侵害。派遣组织与用工单位处于雇主的角色，存在直接的利益关系，在法律未规定的空白领域，他们可能会在面临组织利益和员工利益矛盾的情况下，选择牺牲派遣员工的利益。例如，在薪资待遇方面有意压低，在岗位层级上有上限的规定，在发展机遇上更倾向于正式员工，甚至在发生工伤或工亡后不能参照国家标准进行合理的赔偿。当派遣员工的利益受到侵害之后，他们基本上无法在用工单位和派遣组织里得到权益的申诉，只能依靠法律手段，一旦付诸法律，派遣员工的工作机会就很难保留，失业也就在所难免。同时，现行的国家相关法律在执行中存在脱节的情况，而地方法规又相对滞后，因此，派遣人员的合法权益无法得到有力的保障。

4. 职业生涯规划不顺畅

就目前我国劳务派遣的发展情况而言，不少派遣组织的管理和发展还处于初级阶段，只是为了实现组织的经济效益，并未与派遣人员建立长久、持续的雇佣关系。派遣员工在被派遣工作的过程中，无论是在用工单位，还是在派遣组织，都不能实现职业生涯的完整规划，往往也不能得到正规的职业培训，对职业发展的提升造成阻碍。因此，如果派遣员工长期在派遣岗位上工作，很有可能出现职业生涯规划不顺畅的情况。

三、劳务派遣风险的防范和控制

本书主要从劳务派遣机构的角度，讨论劳务派遣风险的防范和控制问题。

1. 对劳务派遣的适用范围进行明确的表达

《中华人民共和国劳动合同法》规定，劳务派遣用工岗位必须是临时性、辅助性或者替代性工作岗位，并在《劳务派遣暂行规定》中予以明确界定。因此，在实践中，建议按照劳务派遣的服务环节和流程，对其适用范围做出明确的表达。如对劳务派遣服务的行业领域予以限制，对关系到国计民生的核心行业采取禁入的被动手段，对关系到广大人民群众生命和财产利益的行业进行部分限制；可以对派遣工作岗位进行规定，列出相关可以采用劳务派遣的具体岗位，这样当用工单位在使用劳务派遣满足了基础层次的人力资源需求后，较高层次的岗位就可以采取晋升优秀的派遣员工的办法，将其转为正式员工使用。这样不仅满足了用工单位的需要，还在一定程度上规范了劳动关系，为派遣用工构筑了一条较为顺畅的职业发展通道，派遣组织也可以从中理顺服务内容，扩大服务范围。

2. 建立具有可操作性的同工同酬制度

《中华人民共和国劳动合同法》第 63 条规定：被派遣劳动者享有与用工单位的劳动者同工同酬的权利。用工单位无同类岗位劳动者的，参照用工单位所在地相同或相近岗位劳动者的劳动报酬确定。在具体的人力资源管理中，应该对如何实施同工同酬进行规定。首先明确任职要求，参照学历、工作经验的情况，确定任职资格，若派遣员工与正式员工具有同等任职能力，岗位匹配程度相同，则在考核评价上必须参照统一标准，并由此支付同等级的薪酬。当然，这需要建立行业的参照标准和企业内的应用标准，建立起稳定、平等的薪酬制度，并将制度分解为具有可操作性的人力资源管理手段，利用各种管理工具予以实现，最终达到对派遣员工的合理管理。

3. 完善管理手段，增强派遣员工归属感

首先，要统一管理标准。参照相同的管理标准，可以弥合派遣员工在心理上与正式员工的落差，有助于改善两个群体间的关系，缩小矛盾，提升工作效率，营造和谐氛围。其次，要增强与派遣员工的沟通。及时了解他们的思想动态，尤其是对现有工作岗位和从事工作内容的意见和建议，对其进行分类汇总，提炼出主要的问题所在，分析出问题的成因，并由此改善现有的管理制度。同时，有效的沟通还可以提升派遣员工的主人翁意识，使他们在工作中投入更多的热情和主动性，最终提高工作效率，代表用工单位在一线工作岗位上展现出良好的精神风貌，提升企业形象。最后，要关怀派遣员工的生活和学习，让他们参与到组织的运营管理中来，满足其对社会角色的诉求，从而达到双赢的发展结果。

4. 具体措施

（1）发挥工会的集体协商作用

劳务派遣作为一种新型用工方式，其派遣员工同样是经济社会发展中的中坚力量和支柱，应该维系广大派遣员工与派遣组织和用工单位的良好联系，维护好、发展好、实现好劳务派遣工的根本利益。劳务派遣组织应建立派遣员工工会组织，主要是做好会员核查和会籍管理工作，建立会员名册或台账，最大限度地把劳务派遣工组织到工会中来。要做好用工单位工会委托管理工作。劳务派遣企业工会要与用工单位工会建立会员委托管理关系，签订委托管理协议，明确双方责任与义务。积极建立健全劳务派遣工维权机制，把劳务派遣工的经济权益、安全权益、精神权益作为工会工作的重点内容，畅通诉求渠道，倡导尊重劳动、体面劳动，积极呼吁和推动劳务派遣工与用工企业自有职工“同工同酬同薪”。积极推动职工之家建设，发挥好工会组织作用，努力把工会建设成为深受广大劳务派遣工信赖的职工之家。

（2）建立派遣业务风险基金

劳务派遣机构按照一定周期提取组织一定比例的服务费收入作为基金的来源，不计收入和利润，限定基金总金额上限。基金用于劳务派遣业务的法务支持，包括聘请专业律师审核派遣协议，处理劳动仲裁、诉讼案件，协助办理派遣协议的终止、变更及派遣员工劳动合同的终止、解除。费用包括律师咨询费、仲裁费、诉讼案件律师费用。基金还将用作派遣员工发生工伤或工亡事故时，社会保险以外的赔偿费用；派遣协议的终止、解除、变更对派遣员工进行赔付的补偿金费用；重大事故处理及善后事宜的处理费用等。

在基金的管理上，按照风险基金分级报批的原则，由组织决策层实行监控并进行专项管理。组织确需使用风险基金，须提出书面申请，经审批后方可使用。发生重要事故当年使用风险基金，在按同等比例提取的基础上，使用部门再按5%的递增提出风险基金。

（3）配合企业建立派遣员工的激励机制

劳务派遣是市场经济条件下市场化配置人力资源的用工方式，在实践中保持了人力资源使用的灵活度，增加了就业机会，有效解决了用工单位的用工难题。但如何降低派遣用工的流动率、实现人才保留、为派遣员工建立稳定的职业上升通道，一直是派遣服务所要解决的重要问题。派遣组织在派遣员工的管理中，应贯彻落实《中华人民共和国劳动合同法》，建立完善、可行的派遣员工转正制度，配合组织有计划地吸纳工作业绩突出的派遣员工，使其转为正式员工，并予以晋职、晋级，增强派遣员工对用工单位的归属感，实现对派遣员工的有效激励。

四、劳务派遣业务的操作流程

劳务派遣作为一种灵活的用工形式，在我国得到长足的发展，形成了相对标准化的流程模式，同时其作为广义人力资源外包的一个部分，又承担着预警用工风险、探知服务对象特征的使命。在我国劳务派遣法律规制的背景下，细化业务操作流程，防范法律风险，具有十分重要的现实意义。

（一）劳务派遣的业务流程

从纵向角度看，一般意义上的劳务派遣业务流程如图5—6所示。

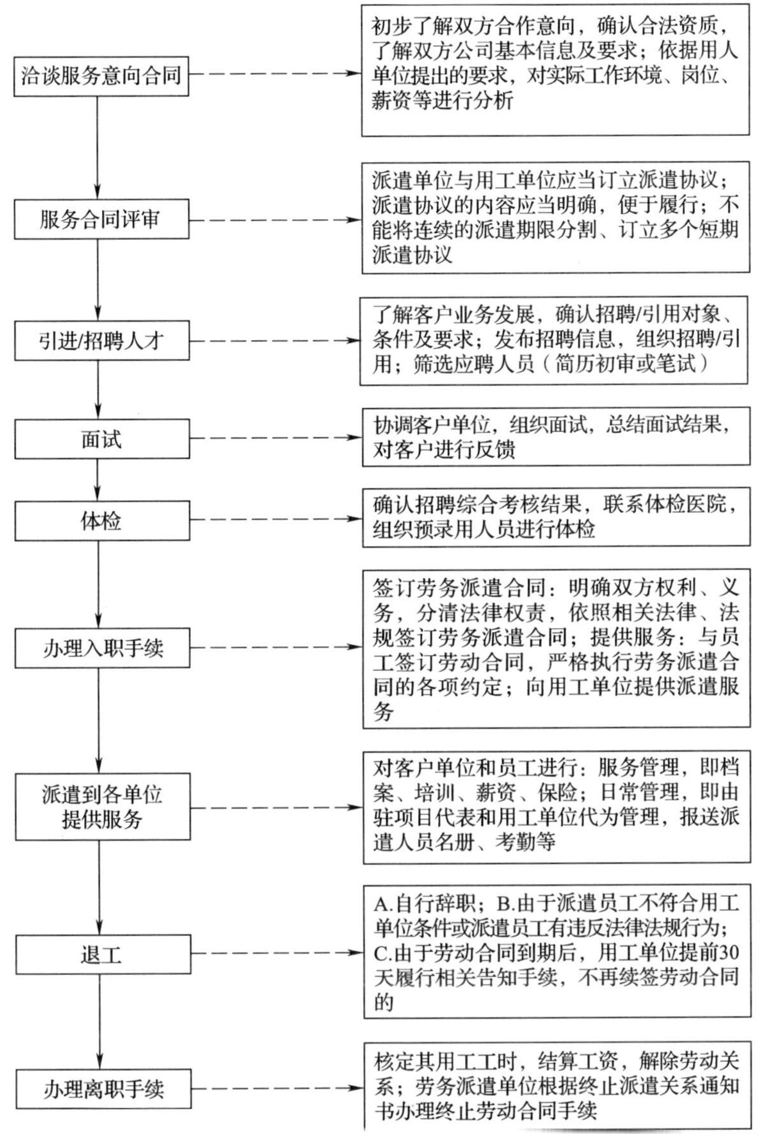

图5—6　劳务派遣业务流程

（二）劳务派遣服务项目

从横向角度看，劳务派遣服务项目即劳务派遣用工三方共同实现的劳动形式，劳务派遣业务服务项目分工上有所不同，具体见表5—1。

表 5—1　　劳务派遣服务项目

项目/责任方	用工单位	劳务派遣机构
员工招聘	提供岗位说明书、确定人选	组织招聘、初试、提供候选人员
员工录用、调配、辞退	决定录用、辞退人选	办理手续，负责调配富余员工
劳动合同		签订合同及鉴证、存档
考勤、考核	负责考勤、考核	协助和执行考勤、考核结果
奖惩	负责奖惩	落实奖惩事项
福利待遇	负责制定	负责发放或落实
劳动纪律	负责规定、检查	负责执行
劳动保护	负责制定和执行	协助监督员工执行
培训	岗位技能培训	公共培训、转岗培训
薪金	承担费用	负责发放
社会保险	承担费用	负责缴交
户口、暂住证等		负责办理
日常管理	生产及现场管理	日常事务管理
住宿		按需要办理
出港、出国审批	签署意见	审批、盖章、存档
党团关系		负责管理

主要参考文献

[1] 毕小青. 严荣. 国内外人力派遣研究现状综述 [J]. 技术经济与管理研究，2007 (6)：38 -40.

[2] 黄越钦. 劳动法新论 [M]. 北京：中国政法大学出版社，2003.

[3] 刘志鹏. 劳动法理论与判决研究 [M]. 台北：元照出版公司，2000.

[4] 李坤刚. 劳动者派遣：起因与规制 [C] //劳动派遣的发展与法律规制国际研讨会论文集，2006：36.

[5] 沈同仙. 劳动力派遣法律规制研究——兼议我国《劳动合同法（草案)》的有关规定 [M] //周长征. 劳动派遣的发展与法律规制. 北京：中国劳动社会保障出版社，2007.

[6] 董保华. 劳动关系非标准趋势下的劳动力派遣 [C] //劳动力派遣的发展与法律规制国际研讨会会议论文集：28 -29.

[7] 王全兴，侯玲玲. 劳动关系双层运行的法律思考——以我国的劳务派遣实践为例 [J]. 中国劳动，2004 (4)：18 -21.

[8] 马渡淳一郎. 劳动市场法的改革 [M]. 田思路，译. 北京：清华大学

出版社，2006.

［9］林纹君，陈靖雯，陈琼闵，陈丽燕，郑朝治．派遣员工对要派公司组织承诺影响因素之研究［R］//辅仁大学企业管理学系第三十七届人力资源管理专题报告．

［10］张荣芳．论劳动力派遣机构的法律规制［M］//丁薛祥．人才派遣理论规范与实务．北京：法律出版社，2006.

［11］德国员工出让法［M］//丁薛祥．人才派遣理论规范与实务．北京：法律出版社，2006.

［12］高梨昌．详解日本劳务派遣法［M］．日本劳动研究机构：238.

［13］董保华，杨杰．劳动合同法的软着陆——人力资源管理的影响［M］．北京：中国法制出版社，2007.

［14］焦兴铠．论劳动派遣之国际劳动基准［M］//劳工法论丛（二）．台北：元照出版社，2002.

［15］杨燕绥，赵建国．灵活用工与弹性就业机制［M］．北京：中国劳动社会保障出版社，2006.

［16］刘志鹏．劳动法理论与判决研究［M］．台北：元照出版社，2000.

［17］林振贤．论派遣公司的问题［D］//林基丰．“劳动派遣”相关法律问题及在我国台湾劳动法制适用上之研究．台湾东海大学．

［18］沈水生．对劳务派遣立法的探讨［J］．中国劳动保障，2005（12）：32.

［19］杨通轩．台湾“劳动派遣法”立法之刍议——机会与风险的平衡［J］．万国法律，2004，12（138）：41.

第六章
培 训 服 务

改革开放以来，在党中央、国务院自上而下的政策引导下，在返乡知青、干部职工和各类人群求学、找工作等需求的推动下，我国的培训服务从体制内产生，并伴随着人力资源市场的成长而发展，在人力资源市场建设中逐渐形成多元、开放的格局，成为我国人力资源服务业的重要组成部分。本章第一节介绍培训服务的概念、功能、相关立法和政策，第二节介绍培训服务的分类和技术，第三节介绍培训服务的基本流程，第四节介绍我国培训服务的发展现状与趋势。

第一节　培训服务概述

当前，建设人力资源强国、人才强国已成为我国的国家战略。国家通过立法和政策引导推动各类组织对员工的培训，各类组织为形成核心竞争力而积极开展员工的培训开发工作，个体则为了追求更高的生活质量加大对自己的人力资本投资。

一、培训服务的概念

（一）培训和我国的培训服务

不管是在我国，还是在国外，培训都有漫长的发展历史。中外历史上都存在正规教育系统之外的和人们的生产生活密切相关的培训活动。传统社会手艺人、艺人的技术、艺术传承就是通过师傅带徒弟的方式手把手地教。现代社会，揭示培训开发重大意义的研究始于西奥多·W. 舒尔茨（Thodore W. Schults）的人力资本理论。

1960 年，舒尔茨提出人力资本学说。舒尔茨的研究发现，在促进经济增长的各要素中，人力资本的作用比物质资本重要得多。人力资本的投资收益率超过物质资本的投资收益率。重视对人力资本的投资揭示了德国、日本等国家战后经济腾飞之谜。在世界范围内，舒尔茨的人力资本理论被广泛传播，越来越多的国家和地区加大对国民的人力资本投资。国际组织也进行了加大人力资本投资缩小国际社会南北差距的援助或干预。

改革开放以来，我国的培训服务在社会转型中发展壮大。从国家层面看，尊重知识、尊重人才伴随着城乡经济体制的改革逐渐上升为国家战略。为了培养各级各类人才以加快我国的现代化建设，党中央、国务院于20世纪80年代初提出了“双补”的历史性任务，即：“近两三年内，要把职工教育的重点，放在对领导干部的训练和对‘文化大革命’以来入厂的青壮年职工进行政治思想教育和文化、技术补课方面”（《关于加强职工教育工作的决定》）。“双补”之后，职工、干部的教育培训工作伴随着我国改革进程的深入逐渐走上正轨，并于20世纪90年代逐渐走上法制化进程。20世纪90年代的《中华人民共和国劳动法》《中华人民共和国教育法》《中华人民共和国职业教育法》，21世纪初修订的《中华人民共和国宪法》及后来的《中华人民共和国公务员法》等，都对国民的教育培训工作做出规定，为我国粗放型经济增长向依靠科技进步和提高劳动者素质的内涵型增长转变发挥了重要作用。

除国家层面的政策和立法推动外，培训服务供需双方的演变也使培训服务市场逐渐发展壮大。改革开放后，返城知青等待业人员的就业问题催生了体制内培训服务主体——劳动服务公司和公共服务机构的出现。伴随着城市国有企业改革，大批转岗待业工人的转岗培训深化、拓展了公共服务机构的职能角色。被“文革”耽误的人群在求学就业方面的井喷性需求进一步催生了各类教育培训机构的发展，这里既有体制内的教育培训机构，比如夜大、电大、函授等面授或远程教育，也有在体制外萌发的私营甚至外资教育培训机构，这类培训旨在帮助提升人们的升学和就业能力，比如现在的新东方等语言类培训机构，还有帮助人们进入外资企业的语言类及其他的适应性培训服务。经过三十多年的发展，这种帮助人们提高就学、就业能力的培训服务已经在体制外绽放，形成多元、多层的培训服务业态，并且市场容量不断攀升。

除上述面向城市主要人群的培训服务，面向农民及迁移就业农民工的培训服务也在国家政策的推动下逐渐发展。面对改革开放户籍制度松动带来的农民工迁移就业的“民工潮”，地方城市政府从排斥、歧视、设置各种障碍，转向联合输出地政府加强对农民工的技能开发。加强对农民及农民工的人力资本投资已逐步成为各级政府的工作内容。在中央把提高农民素质，促进农民工有序定居城市作为国家政策的时代背景下，针对农民和迁移农民工的各类培训服务也逐渐成为我国培训服务业的重要组成部分。

（二）培训服务的概念

目前，培训服务已经成为我国人力资源服务业的重要组成部分。虽然政策研究者、理论界或业界对此并没有统一而权威的界定，但培训服务在国家政策的推动和日益扩张的市场需求下已有了长足的发展。

我们认为，培训服务是指为客户提供与人力资源管理和开发相关的培训活动，通过改变知识、技能和态度以满足客户需求的过程。

需要指出的是，这里的客户既包括个体，也包括各类组织。政府、企事业单位和各类社会团体都可能成为培训服务的客户。

另外，还需要明确的是，广义的培训服务应涵盖对整个人口的人力资源培训开发，狭义的培训服务特指面向法定劳动年龄人口的培训服务。本书的培训服务则介于广义和狭义之间，是对已进入法定劳动年龄，同时又不以退休年龄为限的培训服务。这一概念和《成人教育培训服务术语》国家标准中对成人教育培训服务界定的范围稍有差异。《成人教育培训服务术语》中的“成人”强调的是达到法定成年标准的人，是以18周岁为下限。我们这里讲的培训服务对象则以劳动年龄为下限，即16周岁。同时，培训服务对象的年龄上限不以法定退休年龄为限。那些已经过了法定退休年龄的人，如果他们的智力、体力、精力情况允许，依然可以成为社会上宝贵的人力资源，面向这部分人的培训服务也属于我们讲的培训服务。

二、培训服务的功能

如图6—1所示，培训服务的功能可以从三个层面来分析，一是对个体的功能，二是对组织的功能，三是对国家和社会的功能。

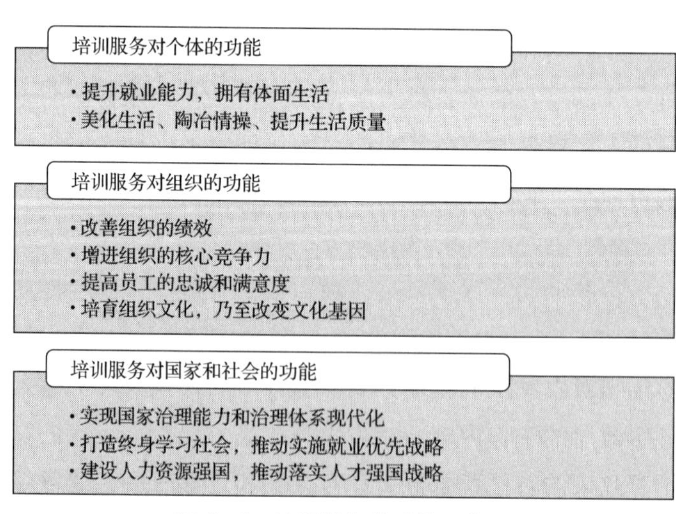

图6—1　培训服务的功能示意图

（一）培训服务对个体的功能

1. 提升就业能力，拥有体面生活

培训服务本质上是对人力资源的开发。培训服务最终要落到对个体知识、技能和态度的改变，即通过改变参训学员的知识、技能和态度来提升他们的工作能力。2001 年 12 月，国际劳工组织通过的《全球就业议程》强调："工作是人们生活的核心。不仅是因为世界上很多人依靠工作而生存，它还是人们融入社会、实现自我以及为后代带来希望的手段。这使得工作成为社会和政治稳定的一个关键因素。"作为重要的人力资本投资途径，个体将从优质的培训服务中提升自己的工作能力，更好地就业并拥有体面的生活。

2. 美化生活、陶冶情操、提升生活质量

随着社会经济的发展和物质生活水平的提高，人们的精神文化需求日益丰富和多元化，这也催生了培训服务的范围从人们的工作领域扩展到生活领域。根据人们的生活需要，培训服务市场不断开发出新的培训主题，比如营养健康和养生类的培训已经成为培训服务的重要组成部分，包括瑜伽、西点、调酒、插花、舞蹈、音乐、书法和绘画等。这类培训对美化人们的生活、陶冶人们的情操、提升人们的生活质量有积极作用。

（二）培训服务对组织的功能

1. 改善组织的绩效

组织整体绩效的提升以员工个人绩效的实现为前提和基础，有效的培训开发能够帮助员工提高自身的知识和技能，改变他们的工作态度，乃至重塑他们的价值观，增进他们对组织战略、目标、规章制度、工作标准等的理解和接受度，不断提高他们的工作积极性和创造力。通过对员工个体工作绩效的改进推动组织整体绩效的提升，是培训服务的首要功能。美国海氏公司的一项调查数据表明，对在职员工培训每投资 1 美元，就可获得 50 美元的收益，投入产出比为 1∶50。在知识经济时代，对人力资本投资的日益重视使培训服务有稳定而日渐增长的市场需求。

2. 增进组织的核心竞争力

组织的核心竞争力是组织在激烈的市场竞争中谋求发展和壮大的关键，和企业组织类似，各类组织的核心竞争力都是"偷不去（难以被模仿）、买不来（难以在市场上交易）、拆不开（具有互补性）、带不走（属于组织而非个人）"的，组织核心竞争力的实现有赖于对全体员工实行普遍的、多元的、有针对性的培训开发。通过对员工有计划、成体系地培训与开发，可以帮助员工及时跟进组织的愿景、使命和发展战略，更好地谋划本部门、本岗位的工作，最大限度地发挥个人的主观能动性，创造性地发挥个人的潜质和能力，从而有效地实现组织的整体合力。

3. 提高员工的忠诚和满意度

员工对组织的忠诚和满意度不仅仅依赖经济回报这一单向维度，也和职业声望、工作赋权、良好的组织文化和人际关系、完成挑战性工作带来的成就感，以及科学完善的培训开发体系等紧密相关。多元分层的培训开发体系能够从不同的员工需求出发，致力于打造员工终身就业的能力。合理有效的培训开发提升了人们的就业能力，确保人们有更强大的能力选择自己喜欢的、有挑战性、能带来成就感的职业，这显然将极大地提高员工对组织的忠诚和满意度。

4. 培育组织文化，乃至改变文化基因

经典的研究发现，那些卓越的企业，那些基业长青的企业具有一个显著的特征，那就是拥有利润之上的追求，即核心理念或价值观，在此基础上形成教派般严谨的内部文化，并通过精心培养接班人和经理人才以确保文化的传承与发展。专注于态度或价值观方面的培训开发在培养企业文化方面起着举足轻重的作用，由企业文化而发散出的凝聚力保证从一线员工到高层管理人员都对企业有同样的忠诚和承诺，从而有力保证优秀企业的基业长青。除了营利性的企业组织，组织文化对非营利组织的运行和发展也起到重要的作用，组织内部持续的培训开发对有效地塑造组织文化、加强组织的向心力有不可忽视的重要作用。

（三）培训服务对国家和社会的功能

作为人力资源服务的重要组成部分，培训服务有助于通过干部教育培训实现国家治理能力和治理体系的现代化，有助于通过构建终身学习社会推动实施就业优先战略；同时，它直接作用于人力资源的开发和整体国民素质的提升，是我国人才强国战略的重要组成部分。

1. 实现国家治理能力和治理体系现代化

习近平同志指出，实现十八大确定的各项目标任务“关键在党”“关键在人”。十八届三中全会更是明确提出，要建立学习型、服务型、创新型的马克思主义执政党，提高党的领导水平和执政能力。加强各级领导班子建设，完善干部教育培训和实践锻炼制度，不断提高领导班子和领导干部的推动改革能力。十八届三中全会提出全面深化改革的部署，并且明确提出要实现国家治理体系和治理能力现代化。这对党政领导干部和普通干部的教育培训都提出新的要求。面向各层级干部的培训服务将大力推动国家治理能力和治理体系的现代化。

2．打造终身学习社会，推动实施就业优先战略

实施就业优先战略，就是要把促进就业放在经济社会发展的优先位置，作为经济社会发展的优先目标，选择有利于扩大就业的经济社会发展战略，强化政府责任，加大资金投入和政策支持，使就业优先成为思想共识、决策导向和行动自觉。落实就业优先战略的重要举措就是提高各类人群的就业、创业能力。这种能力的获取不仅需要学历教育，更需要各种非学历教育和培训。这和终身学习社会的打造紧密相关。终身学习既包括正规学习，也包括非正规的以及无定式学习类型的总和，其涵盖人们生活中要面对的人性的、社会的、职业的各种层面的学习。各类组织提供的培训服务将有助于形成多元、灵活、终身的学习渠道，提升不同行业、不同层次劳动者的就业、创业能力，从而促进我国经济结构的转型和社会的可持续发展。

3．建设人力资源强国，推动落实人才强国战略

当代社会，各国之间的激烈竞争本质上是人才的竞争。人才战略已经上升为各国的国家战略。我国在《2002—2005 年全国人才队伍建设规划纲要》中明确指出：抓住机遇，迎接挑战，走人才强国之路，是增强综合国力和国际竞争力，“实现中华民族伟大复兴的战略选择”。人才强国战略的工作重心是建设“人才资源强国”，充分发挥人才的作用，调动各方面的积极性，通过各种途径大力开发人才资源，加快我国从人口大国向人力资源强国转变的进程，努力造就一支规模宏大、素质优良、结构合理、活力旺盛，既能满足我国经济社会发展需要，又能参与国际竞争的人才大军，为实现新世纪我国经济社会发展的宏伟目标提供坚强有力的人才保障。各类各层培训服务将直接推动我国人才强国战略的落地。

三、培训服务的相关立法和政策

党和政府高度重视国民的教育培训工作，自 20 世纪 90 年代以来，加速有关教育培训的立法过程，出台了一系列政策，明确了政府、单位、个体等利益相关方在教育培训中的责任，为我国培训服务市场的孕育和发展提供了良好的政策支持环境。2008 年，原来分割的劳动力市场和人才市场逐渐整合成统一的人力资源市场，分散在不同部门的对培训服务的行业监管逐步整合，伴随着就业优先战略和人才强国战略的推进，培训服务出现较大的发展机遇。“十二五”以来，中央出台了一系列促进人力资源服务业发展的政策，政策红利对培训服务市场起到了更加积极的推动作用。

（一）立法规定

在我国的法律体系和政策文件中，《中华人民共和国宪法》《中华人民共和国劳动法》《中华人民共和国教育法》《中华人民共和国职业教育法》《中华人民共和国公务员法》以及《中华人民共和国就业促进法》构成了各类人群接受教育培训的相关法律体系。在这些立法中，接受教育培训是公民的权利，各类组织有提供培训的义务，国家通过各种政策和手段鼓励组织举办培训，推动个体接受培训。我国有关培训服务的立法具体见表6—1。

表6—1　　我国有关培训服务的立法

《中华人民共和国宪法》，2004年修正	明确国家发展面向国民的教育事业："国家发展各种教育设施，扫除文盲，对工人、农民、国家工作人员和其他劳动者进行政治、文化、科学、技术、业务的教育，鼓励自学成才"
《中华人民共和国劳动法》，1994	明确职业技能培训是劳动者的权利，用人单位建立培训制度、提取和使用职业培训经费，对劳动者进行职业培训。国家鼓励用人单位进行各种形式的职业培训，并通过发展职业培训事业增强劳动者的工作能力
《中华人民共和国教育法》，1995	明确国家实行职业教育制度和成人教育制度；从业人员有依法接受职业培训和继续教育的权利和义务。国家机关、企业事业组织和其他社会组织，应当为本单位职工的学习和培训提供条件和便利
《中华人民共和国职业教育法》，1996	明确国家实行学历证书、培训证书和职业资格证书制度，对职业培训的种类、实施和举办者等做了明确规定："职业培训包括从业前培训、转业培训、学徒培训、在岗培训、转岗培训及其他职业性培训，可以根据实际情况分为初级、中级、高级职业培训。职业培训分别由相应的职业培训机构、职业学校实施。其他学校或者教育机构可以根据办学能力，开展面向社会的、多种形式的职业培训"
《中华人民共和国公务员法》，2005	明确公务员享有"参加培训"的权利，并对我国公务员培训体系、培训类型、培训方式、培训与晋升等关系做了明确规定
《中华人民共和国就业促进法》，2007	明确政府积极展开就业、创业、转业培训和劳动预备制制度，落实相关培训补贴政策，鼓励和支持劳动者、用人单位、培训服务机构积极投入各类职业培训，以提升劳动者的就业创业能力。地方各级政府组织要引导进城就业的农村劳动者参加技能培训，鼓励各类培训机构为进城就业的农村劳动者提供技能培训，增强其就业能力和创业能力

（二）中央和国家规定

中央和国家的规定主要体现在有关人才工作的政策规定和干部教育培训工作的规定。

1. 有关人才工作的政策规定

2003 年 12 月 26 日，中共中央、国务院印发的《中共中央　国务院关于进一步加强人才工作的决定》（以下简称《决定》）提出，“党政人才、企业经营管理人才和专业技术人才是我国人才队伍的主体”，“只要具有一定的知识或技能，能够进行创造性劳动，为推进社会主义物质文明、政治文明、精神文明建设，在建设中国特色社会主义伟大事业中做出积极贡献者，都是党和国家需要的人才”。

《决定》明确要以能力建设为核心，大力加强人才培养工作：一是树立大教育、大培训观念，在提高全民思想道德素质、科学文化素质和健康素质的基础上，重点培养人的学习能力、实践能力，着力提高人的创新能力。改革教育培训的机制、内容和方法，加大教育培训力度。二是加快构建终身教育体系，促进学习型社会的形成。在全社会进一步树立全民学习、终身学习理念，鼓励人们通过多种形式和渠道参与终身学习，积极推动学习型组织和学习型社区的建设。

《决定》还指出，要加强各类人才的培训和继续教育工作。继续做好选派各类人才出国（境）培训工作。强化用人单位在人才培训中的主体地位，鼓励在职自学，完善带薪学习制度。制定科学规范的质量评估和监督办法，提高教育培训成效。

2010 年 4 月，中共中央、国务院印发《国家中长期人才发展规划纲要(2010—2020 年)》（以下简称《规划纲要》），对“人才”做了新的界定，“人才是指具有一定的专业知识或专门技能，进行创造性劳动并对社会做出贡献的人，是人力资源中能力和素质较高的劳动者。”《规划纲要》提出要统筹推进党政人才队伍、企业经营管理人才队伍、专业技术人才队伍、高技能人才队伍、农村实用人才队伍和社会工作人才队伍等六类以人才为主的队伍建设。

2. 干部教育培训工作的规定

2006 年 1 月 21 日，中共中央印发《干部教育培训工作条例（试行)》，这是党对全国各级各类干部教育培训工作的总体部署。全国干部教育培训工作实行在党中央领导下，由中央组织部主管，中央和国家机关有关工作部门分工负责，中央和地方分级管理的体制。这一条例适用于各级党的委员会、人大常委会、政府、中国人民政治协商会议、纪律检查委员会、人民法院、人民检察院和各民主党派、人民团体机关的干部教育培训工作。国有企业和事业单位的教育培训工作参照该条例执行。

这一条例明确了接受教育培训是干部的权利和义务，条例还对干部教育培训对象、类型、培训内容、培训机构建设等做出规定，同时明确指出优化配置干部教育培训资源的具体举措，比如由高等学校、科研院所承办，委托符合条件的社会培训机构和境外培训机构承担干部培训项目。

2010 年 6 月 17 日，中共中央办公厅印发《2010—2020 年干部教育培训改革纲要》（以下简称《改革纲要》）。《改革纲要》提出要“构建更加开放的干部教育培训格局”，“坚持以我为主、为我所用、趋利避害、注重实效的方针，积极利用境外著名大学和其他培训机构开展干部培训。积极稳妥开展领导人才培训国际合作交流。”

在运行机制改革方面，《改革纲要》提出要“建立激发干部教育培训机构办学活力的竞争择优机制。省级以上干部教育培训管理部门要制定干部教育培训机构资质认证标准，对承担干部教育培训职能的社会培训机构进行资质认证。推行项目管理制度，对部分培训项目采取直接委托等方式，在干部教育培训主渠道、高校培训基地和经过资质认证的社会培训机构中，择优确定培训项目承担者。加强对干部培训机构竞争的监督和管理，确保培训机构公平参与、规范运作、能进能出。”

（三）准入政策

我国对人力资源服务业实行准入政策。国家出台了一系列的法律和行政规章对此进行明确规定。由于部门分割，我国曾经对涉及培训服务的人才市场、劳动力市场分别做出规定。2008 年，劳动和社会保障部、人事部组建为人力资源和社会保障部，根据《关于进一步加强公共就业服务体系建设的指导意见》（人社部发〔2009〕116 号），将各地的人才市场和劳动力市场整合，以建立健全实施就业政策和人才政策，以及对城乡所有劳动者提供公益性就业服务的公共就业服务体系，至此，统一开放、竞争有序的人力资源市场才逐步形成。在此之前，《中华人民共和国就业促进法》第 40 条明确规定，“设立职业中介机构，应当依法办理行政许可。经许可的职业中介机构，应当向工商行政部门办理登记”。目前，我国涉及培训服务的准入政策主要体现在表 6—2 的有关规定。

表 6—2　　培训服务准入政策一览表

《人才市场管理规定》，2001	人才中介服务机构可以从事包括人才培训在内的多项业务。人才中介服务机构是指为用人单位和人才提供中介服务及其他相关服务的专营或兼营的组织。人才市场服务的对象是指各类用人单位和具有中专以上学历或取得专业技术资格的人员，以及其他从事专业技术或管理工作的人员。设立人才中介服务机构应符合法律法规的有关规定

续表

《中外合资人才中介机构管理暂行规定》，2003	中外合资人才中介机构的经营范围包括中国境内的人才培训。中外合资人才中介机构，是指外国开展人才中介服务的公司、企业和其他经济组织与中国开展人才中介服务的公司、企业和其他经济组织，在中国境内依法合资成立的人才中介机构。开展人才中介服务的外国公司、企业和其他经济组织在中国境内从事人才中介服务活动，必须与中国开展人才中介服务的公司、企业和其他经济组织合资经营，设立专门的人才中介机构。不得设立外商独资人才中介机构。外国企业常驻中国代表机构和在中国成立的商会等组织不得在中国境内从事人才中介服务
《境外就业中介管理规定》，2002	境外就业中介实行行政许可制度。未经批准及登记注册，任何单位和个人不得从事境外就业中介活动。劳动保障部门负责境外就业活动的管理和监督检查。公安机关负责境外就业中介活动出入境秩序的管理。工商行政管理部门负责境外就业中介机构登记注册和境外就业中介活动市场经济秩序的监督管理。境外就业中介机构可以依法从事的业务包括"为境外就业人员进行出境前培训，并协助其办理有关职业资格证书、公证等手续"
《就业服务与就业管理规定》，2007	职业中介机构是指由法人、其他组织和公民个人举办，为用人单位招用人员和劳动者求职提供中介服务以及其他相关服务的经营性组织。职业中介实行行政许可制度。本规定还明确了政府在促进劳动者就业能力方面的有关规定，包括就业服务的就业援助等一系列帮扶。本规定对建立劳动关系的用人单位和劳动者都具有约束力

（四）产业政策

1. 产业引导政策

2011 年 3 月，国家发展和改革委员会下发《产业结构调整指导目录（2011 年本）》，"培训"紧随"就业和创业指导、网络招聘"之后，排在"人力资源服务业"的第三位，列入鼓励类发展目录。《产业结构调整指导目录（2011 年本）》是政府引导投资方向，管理投资项目，制定和实施财税、金融、土地、进出口等方面政策的重要依据。由此，培训服务在人力资源服务业的整体布局中处于相对优先的战略位置。

2015 年 1 月，人力资源和社会保障部与国家发展改革委员会、财政部联合下发《关于加快发展人力资源服务业的意见》（以下简称《意见》），首次对发展我国人力资源服务业做出全面部署。《意见》提出以产业引导、政策扶持和环境营造为重点，坚持市场主导、需求引领，鼓励创新、提升服务，深化改革、增强活力，依法管理、规范发展的总方针和原则，实现到 2020 年建立健全专业化、信息化、产业化、国际化的人力资源服务体系的发展目标。这一顶层设计将极大地促进包括培训服务在内的整个人力资源服务业的健康有序发展。

2. 财税政策

（1）财政政策和税收优惠。近年来，国家出台了关于加快服务业、小微企业、服务外包业发展的有关政策，作为人力资源服务业重要组成部分的培训服务，可将其视为促进自身发展的政策红利。

第一，2008 年，《国务院办公厅关于加快发展服务业若干政策措施的实施意见》（国办发〔2008〕11 号）明确指出，中央财政和中央预算内投资继续安排服务业发展专项资金和服务业发展引导资金，并根据财政状况及服务业发展需要逐步增加，重点支持服务业关键领域、薄弱环节和提高自主创新能力。

第二，2012 年 4 月，《国务院关于进一步支持小微企业健康发展意见》（国发〔2012〕14 号）指出，要落实支持小型、微型企业发展的各项税收优惠政策。

第三，2015 年 1 月《国务院关于促进服务外包产业加快发展的意见》（国发〔2014〕67 号）明确，加大现有财政资金政策，优化资金安排和使用方向，改进支持方式，加大对国际服务外包业务的支持，鼓励开展包括人才培训在内的国际服务，并在金融、税收，公共服务等方面提供一系列政策。

（2）公共服务购买政策。公共服务购买政策主要包括公共就业服务购买和人才公共服务购买。

第一，公共就业服务购买。作为我国积极就业促进政策的重要组成部分，特定培训服务涉及的个人、用人单位和培训机构都可以得到公共财政的支持。根据《关于就业专项资金使用管理及有关问题的通知》（财社〔2008〕269 号）和《关于进一步加强就业专项资金管理有关问题的通知》（财社〔2011〕64 号），就业专项资金中的职业培训补贴惠及四类人群，包括农村转移就业劳动者、城镇登记失业人员、毕业年度高校毕业生和城乡未继续升学的应届初高中毕业生。四类人员每人每年只能享受一次职业培训补贴，不得重复申请。享受职业培训补贴的培训期限最长不超过 12 个月。这两项政策对就业专项资金使用管理的问题做出明确规定。

第二，人才公共服务购买。《国家中长期人才发展规划纲要（2010—2020 年）》明确指出，“创新政府提供人才公共服务的方式，建立政府购买公共服务制度，为各类人才平衡工作和家庭责任创造条件。加强对人才公共服务产品的标准化管理，大力开发公共服务产品。”其中的重大人才工程包括创新人才推进计划，青年英才开发计划，企业经营管理人才素质提升工程，高素质教育人才培养工程，文化名家工程，全民健康卫生人才保障工程，海外高层次人才引进计划，专业技术人才知识更新工程，国家高技能人才振兴计划，现代农业人才支撑计划，边远贫困地区、边疆民族地区和革命老区人才支持计划，以及高校毕业生基层培养计划等12项。

（五）行业规划

2011年，《国民经济和社会发展第十二个五年规划纲要》在“规范提升商务服务业”中明确提出，要规范发展人事代理、人才推荐、人员培训、劳务派遣等人力资源服务，这是我国首次将人力资源服务业纳入国民经济和社会发展五年规划。

2012年，国务院印发《服务业发展“十二五”规划》（国发〔2012〕62号），明确提出，“支持社会资本投资发展培训业，鼓励高等学校、职业学校、企业、行业协会和其他社会组织开展培训，推动培训主体多元化”。并且强调通过服务业职业教育推动培训市场的建设：“加快发展服务业职业教育，加强从业人员培训，培育形成功能完善、规范有序、较为成熟的培训市场，不断满足多样化、个性化的学习需要。”此外，还明确规定整个人力资源服务业的布局：鼓励社会资本投资人力资源服务领域，发展行业性、专业性人力资源服务机构。构建多层次、多元化的人力资源服务机构集群，探索建立人力资源服务产业园区，推进行业集聚发展。实施人力资源服务品牌推进战略。建立健全人力资源服务标准体系，规范服务流程。鼓励人力资源服务机构“走出去”，为我国企业开拓国际市场提供人力资源服务。

第二节　培训服务的分类和技术

一、培训服务的分类

根据不同的维度，培训服务可以有多种分类。下面主要介绍从三个维度来划分的培训服务。

（一）按照不同购买方划分的培训服务

根据“购买方是谁”来划分，培训服务可以分为个体购买方和组织购买方，如图6—2所示。个体购买的培训服务主要集中于升学就业类的人力资本投资型培训，包括各类岗位能力培训和职业能力培训，另外，美化生活、陶冶情操、提升生活质量的培训也占一部分。

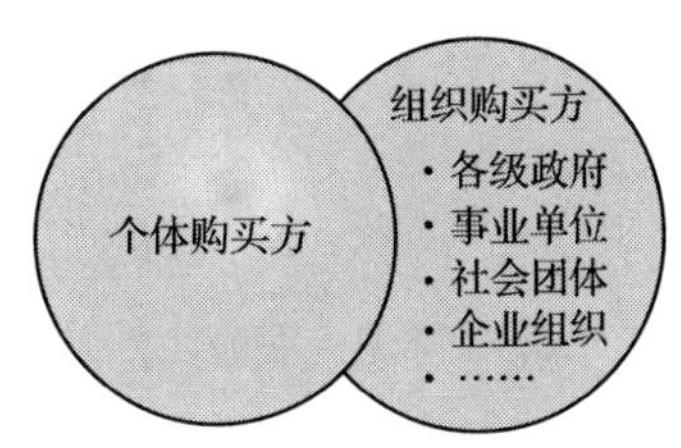

图6—2　培训服务的购买方示意图

组织购买方则包括各级政府、企事业单位和社会团体等。公共财政为各类人才工程和干部教育培训购买的培训服务占据组织购买方一定的比例；此外，还有相当一部分公共财政支出属于国家对全体国民行使教育培训责任，用于为国民教育培训出钱买单。每年，国家都有相当一部分的财政经费用于全体国民的人力资本投资，比如各种人才工程、干部教育培训计划、公共就业服务项目和人才公共服务项目等。除国家对整个国民的人力资本投资之外，在激烈的市场竞争中，各类企业组织用在员工培训开发方面的经费也呈现水涨船高之势。

现实中，很多个体购买的培训服务会得到来自所在组织或公共财政资金的补贴。同时，很多企业组织对本单位员工的培训开发活动也会得到国家财政的补贴，这些补贴很多来自公共就业服务项目。比如，人力资源和社会保障部于2014年春印发《农民工职业技能提升计划——“春潮行动”实施方案》，启动“春潮行动”。每一年，职业培训补贴和职业技能鉴定补贴将惠及上千万农民工，同时，符合政策的用人单位也会获得相关的财政补贴。再如，企业新录用的四类人员，与企业签订6个月以上期限劳动合同，在劳动合同签订之日起6个月内，由企业依托所属培训机构或政府认定的培训机构开展岗前就业技能培训的，根据培训后继续履行劳动合同情况，按照当地确定的职业培训补贴标准的一定比例，对企业给予定额职业培训补贴。

在大众创业、万众创新的当代中国，创业培训成为各地方政府公共就业服务购买的重要内容。针对大学生群体创业项目的财政补贴也惠及更多的学生创业群体。在政府通过创业培训推动就业、再就业工作的同时，也将推动培训服务市场对创业培训产品的研发和投入。

很多组织将员工的培训开发作为全面薪酬的重要组成部分，鼓励员工从培训市场中自主地选择服务，并按相关规定给予报销。

（二）按照人员类型划分的培训服务

根据本章第一节提到的《中华人民共和国公务员法》和《干部教育培训工作条例（试行）》的相关内容，我国的干部培训实行分级分类培训，培训种类大致如图6—3所示。

类似于我国干部实行的分级分类培训，包括企业在内的各类组织的培训服务一般也都是分级分类进行。按大类划分，培训服务可以分为面向管理人员、研发人员和普通员工的培训。

1. 面向管理人员的培训服务

（1）管理技能开发（Management Development）指的是通过知识的传授、技

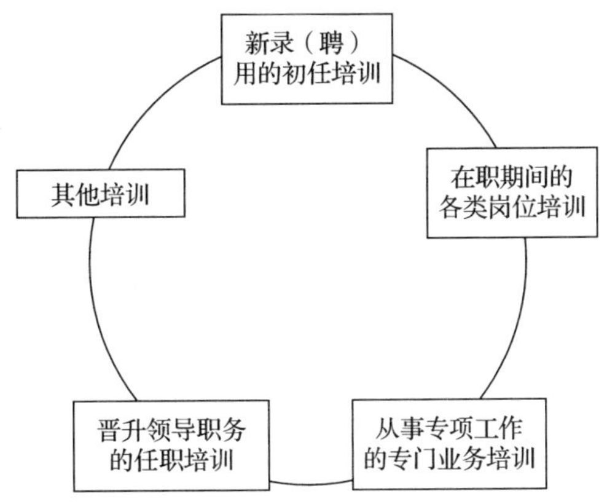

图 6—3　我国干部培训分类示意图

能的增加，或者态度的改变来改善管理绩效。管理技能开发包括以下主要环节：第一，评估本组织的战略需求；第二，评估管理人员当前的工作绩效；第三，对当前（以及未来）的管理人员实施开发活动。管理技能开发的侧重点与组织的发展战略紧密相关。在我国企业开始实施“走出去”战略的时代，管理人员在财务、法律、风险控制以及跨文化方面的能力成为要着力提升的方面。

管理技能开发有若干具体的方法，包括在职和脱产的各类学习和训练。案例研究法、角色扮演、行动学习等都是比较受欢迎的培训方式。此外，教练技术/教练辅导（Coaching）被很多企业用于提升高层管理者的管理绩效。高管的教练辅导通常与绩效考核中的 360 度反馈结合起来使用，以促进管理能力的提升。

（2）管理人才继任计划（Succession Planning）又称接班人计划，是组织确定关键岗位的后继人才，对这些人才进行培训开发的整个过程。这些高层职位包括战略经营部门的管理者、职能领域的指导者（如营销总监）或首席执行官（CEO）。继任计划具有战略性、事先性、长期性和发展导向性，实施的过程要涉及培训开发、职业生涯管理和绩效测评等方面。在实践中，继任计划常常与咨询服务、人才测评以及猎头服务等融合在一起进行。

2．面向研发人员的培训服务

研发人员是知识型员工，对他们的培训是研发工作保持核心竞争力的决定性因素之一。可以通过构建研发团队或虚拟团队等团队模式进行有效开发，还可以在辨析不同职业生涯周期下，根据研发人员的特征进行针对性的开发。对不同职业生涯周期的研发人员而言，培训服务应有不同的着力点。对处于职业生涯早期的研发人员，应迅速建立他们的组织认同感，可采用团队合作开发模式，减轻他们新加入组织受到的冲击。对处于职业生涯中期的研发人员，可围绕如何解决或渡过研发人员的“职业生涯中期危机”进行设计，以科学合理的激励机制为切入点，比如建立“双阶段激励机制”，为其提供管理和技术路径两种职业发展方向。对处于职业生涯晚期的研发人员，可着力培养他们在研发团队中的导师角色，完善其个人退休计划，使其顺利向退休阶段过渡。

3. 面向普通员工的培训服务

面向普通员工的培训服务以各类岗位培训为主，可划分为在岗培训（On - the - Job Training）和脱产培训（Off - the - Job Training）。脱产培训是员工在接受培训期间不承担工作任务的全日制培训；在岗培训是员工在接受培训期间需要同时承担工作的业余时间制培训。

在岗培训通常由管理者或其他员工共同负责，对员工进行培训的经理或负责人既能向员工讲解，又能向其示范如何来从事某项工作。员工要认真观察、学习，并实际操作使用与工作相关的材料和机器。“传帮带”是一种典型的在岗培训。在我国的各类组织中，老人带新人的“传帮带”广泛存在。党的干部培养也强调老同志对新同志的榜样作用。

在岗培训的优点是培训效率高，因为员工学到的就是他们在实际工作岗位上面对和处理的实际问题。在岗培训的缺点是受训人员不容易超越从事这种培训的经理或负责人的能力，而且培训的过程因人而异，培训的结果不易统一，不好控制。

综上所述，按照不同人员类型的培训服务划分，如图6—4所示。

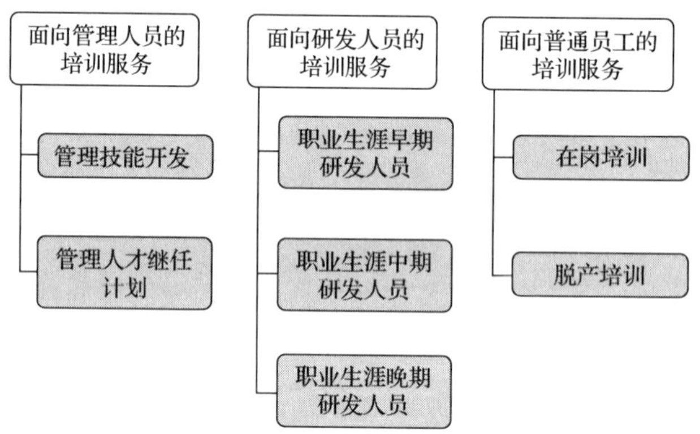

图6—4 按照不同人员类型的培训服务划分

（三）按照不同能力主题划分的培训服务

按照不同能力主题划分的培训服务有多种，下面选择几种有代表性的进行简要介绍。

1. 领导力培训服务

领导力培训是指通过一系列科学的方法与手段实现个体领导能力的提高。

领导力培训服务即提供领导力研究、评估、发展和实施项目的培训服务。

在全球化竞争日趋激烈的时代，拥有合适的高级管理人才不仅成为企业成功的关键，更成为国家人才战略的重要组成部分。在我国，不管是企事业单位，还是政府组织，领导能力的提升是各级各类管理人员教育培训的重要内容之一。对不同类别、不同层次员工进行的领导力培训有广阔的市场基础。在公务员干部队伍中，小到基层的社会公共服务平台的科级管理人员，大到省部级领导干部，对各级各类公务人员的领导和管理能力培训都是干部教育培训的重要组成部分。

一份 IBM 所推崇的实证研究显示，企业的文化 70% 是由领导力决定，由各个业务单元、职能部门、各个层级的领导所决定。国内外一流的人力资源服务机构纷纷把领导力培训服务作为重要产品来开发经营。国内外企业大学的核心课程中也往往包括领导力培训。比如，思科公司投入 2 000 万美元与北京大学合作成立光华——思科领导力研究院，这是思科公司在全球范围内首次与教育机构共同打造的国际化学术交流平台，面向政府及企业的高层管理人员，旨在为中国培养出更多国际化的现代管理人才。平安金融培训学院从管理/领导力、金融服务、职业技能、网络学习、客户五个方面构建完整的课程体系，着重开发干部素质、管理知识、通用技能和客户培训领域的核心课程。

2. 沟通能力培训服务

沟通能力包含着表达、争辩、倾听和设计等各项能力（形象设计、动作设计、环境设计）。沟通能力是个人素质的重要体现，它关系着一个人的知识、能力和品德。

杰克·韦尔奇（Jack Welch）曾说过，“管理的秘诀，就是沟通，沟通，再沟通！”对组织而言，沟通能力的培训将有效减少组织内部个体之间、部门之间，甚至组织与其价值链上各种利益相关者，包括客户乃至所在社区之间的摩擦和冲突，从而帮助组织发掘、整合资源，发现、拓展市场，提升组织的整体绩效。在绩效评价中，绩效沟通是绩效管理的灵魂和核心。

美国普林斯顿大学的一项研究显示，“智慧”“专业技术”和“经验”只占职业成功因素的 25%，其余 75% 决定于良好的人际沟通。在职场中，沟通能力的培训开发有助于个人、团队和组织绩效的提升，并直接关系到组织的团队协作能力。在人们的生活领域，沟通技能的培训旨在增进个体理解，提升与自我、与他人乃至与整个社会的和解。

“有效沟通”是各类组织、各级员工培训开发中的重要内容，有广泛的市场需求。世界一流的商学院有面向卓越领导人的沟通能力培训，很多组织自有的培训课程也有面向不同层次员工的沟通力培训。沟通能力作为领导力的重要内容之一，已成为培训服务市场重要的组成部分。

3. 团队协作能力培训服务

团队协作能力建立在团队的基础之上，是一种发挥团队精神、互补互助，以达到最大的工作效率的能力。团队合作能力是一个组织最希望员工拥有的重要能力和品质之一。对于各类组织的各类员工而言，团队合作都对其自身有重大的意义。

在对公务员“德、能、勤、绩、廉”的考核管理中，团队合作既是一种履行职责的业务素质和能力，又反映了个人的思想政治素质和个人品德、职业道德、社会公德，同时还反映了个人的工作态度和工作作风，并成为公务员有效完成工作的重要促成因素。比如，在“中央企业领导人员综合考核评价”中，团队协作和政治素质、经营业绩并列成为三大重要的考核内容之一，如图6—5所示。

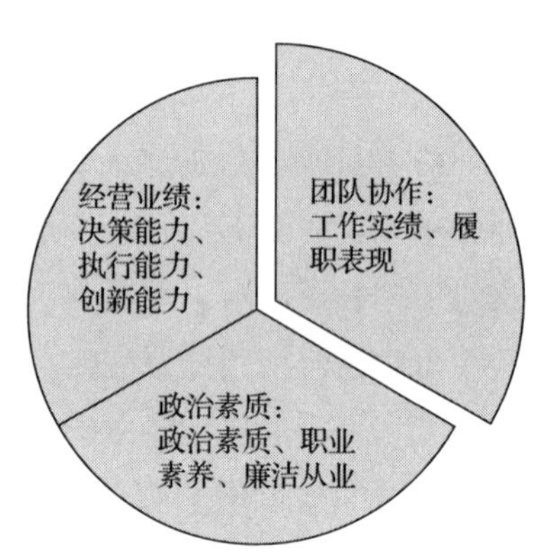

图6—5 中央企业领导人员综合考核评价示意图

不论是华为、联想、万科，还是海底捞、蒙牛、阿里巴巴，一流的企业总是由一群有卓越领导力的领导者带着一群精诚合作的团队组成。任何组织要走向成功，除了有各类管理、技术和技能人才，还必须形成各类人才、各个部门之间的精诚合作。善于合作的个体、部门和组织更容易在激烈的竞争中脱颖而出。在一定意义上，团队合作能力意味着个人和组织在市场上的生存和战斗能力。因此，对各行、各业、各类人群来说，团队协作能力的培训显得紧要而急迫。

团队协作能力是构成领导力的基本要素之一，良好的沟通能力也意味着更好的团结协作能力。在培训服务市场中，团队合作能力培训可以是独立的培训主题，也可与领导力或其他主题的培训产品整合在一起，成为一个集合的人才解决方案包、人力资源管理服务包或企业管理整体解决方案。

4. 战略思维和创新能力培训服务

战略思维能力是指善于对影响个体、组织或国家的全局性、长远性和根本性问题进行综合分析、判断预见和决策的能力。创新能力是指善于思考、发现新的方法、技术和路径去解决问题并获得收益的能力。

党的十八届三中全会提到“治理能力和治理体系的现代化”，这就要求干部教育培训工作要大力提高干部的政策理解能力、对现实问题的把握能力，以及战略思维和创新发展能力。在我国经济新常态下，经济结构调整、产业结构转型需要各行各业的人加强培养战略思维能力和创新发展能力，以应对全球一体化的各种风险和互联网时代各种新技术的挑战。

战略思维和创新能力培训属于高端的培训服务，是受到组织领袖和管理者高度重视的培训课程。国内外一流的教育培训机构纷纷将战略思维和创新发展能力作为高端培训体系的组成部分，以期通过理念的传递为各行各业打造有卓越气质的领军人物。国际顶尖师资和良好的课程设置是打造战略思维和创新能力的重要保障。

二、培训的方式方法

（一）培训方式

培训方式就是实施培训服务的组织形式。一般说来，培训方式可以分为现场式（on - the - spot mode）、远程式（distance mode）、行动式（action mode）以及自学式（self - directed learning mode）。具体见表6—3。

表6—3　　　　培训方式一览表

现场式	在工作现场通过观察或效仿他人在工作时的行为进行学习的培训方式
远程式	运用广播、电视、计算机、网络等信息通道对远距离的学习者所进行的培训方式
行动式	在受训学员实施活动计划时对其所进行的培训方式
自学式	受训学员在培训工作者的指导下，通过自身学习达到教学要求的培训方式

注：本表借鉴参考国家标准《成人教育培训服务术语》（GB/T 28913—2012）。

下面选择几种有代表性的培训方式进行简要介绍。

1. 行动学习

行动学习理论认为，在实践中学会学习是个人成长和发展中最重要的因素，在实践中通过行动不仅可以获得新知识和新技术，而且能够通过深刻反思经验来提升对成长有决定性影响的能力。行动学习通过小组成员的合作和情感互动，将“在干中学习”和“在思考中学习”有机结合，使组织成员在团队合作中获得和提升具有创造性的解决问题的能力。

在进行行动学习的培训中，培训提供者要通过一套完善的框架，保证小组成员在解决实际问题的过程中实现学习和发展的目的。行动学习是集学习知识、分享经验、创造性研究解决问题和实际行动为一体的方法，其力量源于小组成员对已有知识和经验的相互质疑，以及小组成员在行动基础上的深刻反思。行动学习可以表述为：行动学习 = 结构化的知识 + 质疑 + 反思 + 执行，如图6—6所示。

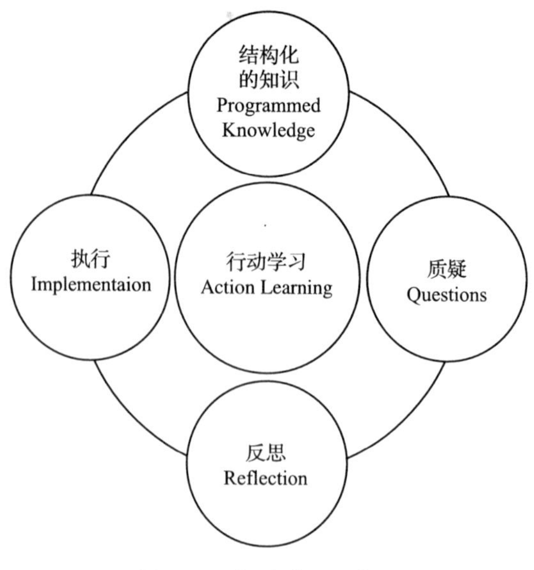

图 6—6 行动学习示意图

2. 电子学习

在网络化、信息化时代，传统的 face – to – face（面对面）教育、培训和学习的方式已难以适应时代需求，越来越多的组织或个人正逐步采取基于计算机和互联网技术、以人为中心的电子学习的新模式，即电子学习（E – learning）。电子学习能为员工提供更好的学习服务，也能实现异地同步的培训与教学，有效解决受训学员和培训者时间和地点冲突的问题。更重要的是，它还打开了传统员工培训通往外界的窗口，提供了解决传统员工培训体系、观念层面问题的可能。电子学习可以充分利用现有的网络技术，从文字、声音、图片、动画、影像等多方位吸引受训学员，提高学员的学习效果。电子学习在降低组织或个人的培训成本的同时，电子学习的学习效果也遭到人们的质疑。有研究认为，电子学习缺乏营造的课堂效果和积极的教学互动，受训学员的学习效果会大打折扣。

3. 混合式学习

为了进一步深化电子学习的应用，提升电子学习的培训效果，国际教育技术界在对“网络化学习”深入思考后提出了“混合式学习（Blended Learning)”。所谓混合式学习就是要把传统学习方式的优势和网络化学习的优势结合起来，既要发挥培训师引导、启发、监控教学过程的主导作用，又要充分体现学员作为学习过程主体的主动性、积极性与创造性。混合式学习强调线上培训与面授（或在线辅导）相结合的模式，从而兼顾电子学习的持续性、即时性、资源丰富性、成本低的特点，以及面授培训的互动性、实操性、简单直接、“效果好”的特点。此外，训前调查、训中的体验学习介入，以及训后的跟踪服务则在更大程度上丰富了混合式学习的概念和手段。

4. 移动学习

移动学习（Mobile Learning，即 M - Learning）是指在终身学习的思想指导下，利用现代通信终端，如手机、PDA 等设备（通常不包括具备无线上网功能的笔记本电脑）进行远程学习。这是一种在任何时间、任何地点都能发生的学习，移动学习所使用的移动计算设备必须能够有效地呈现学习内容，并且提供教师与学习者之间的双向交流。

移动设备成为人们上网的接收终端，而终端和网络的背后则是庞大的数据云。据 IDC（Internet Data Center，互联网数据中心）研究显示，中国云计算市场正以超过 42% 的速度迅猛增长。后端云数据的发展成就了轻终端和轻应用，由于其更好地吻合了人们的使用习惯，从而促使人们更加活跃地使用移动互联网服务。

顺应信息时代的变革，组织的学习培训也正快速进入云服务时代。传统上开发学习系统的模式正走向云端的移动学习服务模式，以学员服务为导向的移动学习服务正逐渐代替传统的以系统开发为核心的电子学习模式，移动学习也成为未来组织学习的重要发展方向之一。

（二）培训方法

培训方法即为了达到培训目的而在培训过程中采取的途径、手段和具体措施。常见的培训方法有讲授法（lecturing）、讨论法（discussion）、演示法（demonstration）、案例分析法（case study）、角色扮演法（role playing）以及拓展训练法（outward development）等。常见的培训方法见表 6—4。

表 6—4　　常见的培训方法一览表

讲授法	通过语言表达，系统地向受训学员传授知识的培训方法
讨论法	通过交流和探讨问题向受训学员传授知识的培训方法
演示法	运用一定的实物和教具，通过形象示范向受训学员传授知识的培训方法
案例分析法	通过对案例的分析和评价，提出解决问题的建议和方案向受训学员传授知识的培训方法
角色扮演法	由受训学员在模拟情景中通过扮演特定角色，体悟角色所需的理念、情感和行为模式的培训方法
拓展训练法	户外体验式的培训方法

注：本表借鉴参考国家标准《成人教育培训服务术语》（GB/T 28913—2012）。

下面选择几种有代表性的培训方法进行简要介绍。

1. 课堂授课

课堂授课即通过使用程序化的教材（包括函授、影带）、计算机辅助技术等，由学员进行自主性学习或接受教师以讲座、讲课形式的集中讲授。课堂授课法可以使参训对象集中在统一的时间、地点进行学习，如果培训师有较好的知识储备和表达能力，能够有效地调动学员听课、思考和讨论的积极性，那么，培训就能取得较好的效果，反之，培训效果会大打折扣。课堂授课的不足之处在于受时间、地点的限制，学员没有自主、主动地安排时间的可能。另外，由于大量的时间用于培训师的讲授，集中于知识和信息传递，因此，会在某种程度上降低知识、理论和实践密切结合的效果。

2. 模拟训练

相对于课堂授课，模拟训练强调课堂知识传递的环境要与实际的工作环境相类似。这是在一种与实际的工作场所类似的物理环境中进行知识讲授和传递的培训方法。这种让受训学员熟悉的环境有助于调动他们的参与热情。比如，酒店服务员的培训或者飞行员的培训都可以在一种模拟的环境中进行，受训学员在一种人工的、无风险，但是类似其日常工作岗位的环境中进行选择和决策，并由培训师对学员的行为进行观察和分析，帮助他们改进工作中觉察不到的不好的习惯或缺陷。但是，这种培训方式的开发费用比较高，而且并不总是能够准确地重现实际情况。

3. 案例分析

在某种意义上，案例分析是模拟训练的一种延伸，参与培训的学员要就培训的主要工具——“案例”进行深入地阅读、聆听、研究和分析。通常，培训者将提供相关的案例给各位学员，学员将以个体的身份或组成小组来参与阅读后的讨论和分析，他们将归纳总结案例中提出的核心问题，分析案例中问题出现的原因以及解决的方案，这种案例分析的问题往往是开放式的，容易引发争论，能够激发学员进行深入思考和讨论，鼓励每个人从个人的生活经历，尤其是工作体验来展开深入的分析。这是一种帮助学员如何思考问题和解决问题的逻辑训练，能够培养受训学员分析问题的敏锐度和深刻度，一般用于对组织内部高层管理人员的培训。

4. 角色扮演

在角色扮演法中，培训师的角色是“导演”，培训师提供一个剧本，里面设计有针对员工培训和针对预期目标的各种可能要素，让不同的学员选择不同的角色进行表演，培训师将通过学员的表演和呈现来分析学员在理解角色和扮演角色中出现的问题，这些问题和培训方案所要针对的问题以及达到的预期目标有紧密的联系。角色扮演对员工的人际交往技能的开发和提升有好处。舞台场景和情节安排都反映了现实的工作和生活环境。参训学员通过角色扮演和互相交流、沟通，得以发现自己在现实人际交往方面存在的问题，并在扮演中获得改进的方式。成功的角色扮演可以改变一个人的态度和价值观，提升人们在人际交往和价值观方面的能力。

5. 沙盘模拟

沙盘模拟是针对企业 ERP 沙盘模拟游戏而研发的一种培训课程，是集知识性、趣味性、对抗性于一体的经营管理类实战演练。沙盘模拟利用沙盘的各种应用工具，通过角色扮演、情景演练，以及模拟企业经营管理来培养学员的团队精神，全面提升学员的管理能力。

沙盘模拟培训已经形成一套集情景式教学、互动教学、自主学习和角色实训为一体的、较为完善的教学体系。模拟沙盘的各职能中心涵盖了组织运营的所有关键环节，把组织运营的内外环境抽象为一系列的规则，由参训学员组成小组，每一个小组的成员各司其职，共同完成对组织的经营。沙盘模拟训练可以使学员对企业各个部门的职能有所了解，以提高组织的团队凝聚力和管理能力。

6. 拓展训练

拓展训练是一种源自野外旅行和其他形式的室外培训活动。不少组织会选择这一形式对新入职人员、潜在晋升者进行培训。拓展训练最适合开发与群体有效性相关的能力，比如自我知觉能力、解决问题的能力、冲突管理能力以及风险承担能力和团队合作能力等。拓展训练通常将参训学员分成几个小组以对抗的形式，培养组内、组与组之间的合作意识和竞争意识。其设计既包括一些耗费大量体力，同时也非常具有挑战性的活动，也包括需要群策群力以找出最经济、最快速、最有效的问题解决方式的脑力劳动。拓展训练通常包括若干个具体的项目或游戏。每个游戏开始时，指导者介绍游戏的规则。游戏结束时，指导者请各小组推选代表或小组成员以自由发言的形式进行总结和反思。最后，指导者本人进行点评，向大家阐述游戏蕴含的意义和目的，并对某些特别好的，或者后进的行为、态度进行重点点评。拓展训练是一种对成人“寓教于乐”的培训方式，通过学员的共同参与和共同反思来提升参训者的能力。

7. 慕课

慕课（MOOC），即大规模在线开放课程。“M”代表 Massive（大规模）；第一个字母“O”代表 Open（开放），慕课的学习不分地域国籍，只需一个邮箱即可注册参与；第二个字母“O”代表 Online（在线），是指学习是在网上完成，不受时空限制；“C”代表 Course，即课程。慕课是一种最近几年涌现的在线课程开发模式。

2012 年，美国的顶尖大学陆续设立网络学习平台，在网上提供免费课程。Coursera、Udacity 和 edX 三大课程提供商的兴起，给更多的学生提供了系统学习的可能。慕课正改变着传统高等教育领域的教育模式，并对培训服务市场造成一定的冲击。Yahoo、Intel、McAfee 和 SAP 等享誉国际的大公司纷纷利用慕课平台开展员工培训，他们的培训对象不仅仅是自己的员工，还包括合作伙伴和客户。也有的传统行业企业开始利用慕课培训员工。2013 年，中国银联培训中心与中国金融培训中心合作，面向 300 多名银联员工开展了“团队学习 + 个人学习”形式的，以任务为导向的慕课模式认证培训，取得了良好的效果。慕课在大型公司员工培训中的应用大大延展了企业培训及企业大学的功能。

8. 翻转课堂

互联网，尤其是移动互联网催生了“翻转课堂”（Flipped Class）培训方法。翻转课堂是指重新调整课堂内外的时间，将学习的决定权从教师转移给学生的培训方法。在这种培训方法下，课堂上，学生将专注于主动的基于项目的学习，共同研究探索解决本地化或全球化挑战，以及其他现实世界面临的问题，从而获得更深层次的理解。教师不再占用课堂的时间来讲授信息，信息内容需要学生在课后自主学习完成。学生可以通过看视频讲座、听播客、阅读电子书，以及网络搜索、网络讨论等方式查阅所需要的材料。在课后的时间里，学生可以自主规划学习内容、学习节奏、学习风格，以及呈现知识的方式；教师则可以采用讲授或协作的方式来满足学生的需要，促成他们的个性化学习。

翻转课堂是大教育运动的一部分。它与混合式学习、探究性学习，以及其他教学方法和工具在含义上有重叠，都是为了增强学习的灵活性、主动性和学生们的参与度。“翻转课堂”是对基于印刷术的传统课堂教学结构和教学流程的彻底颠覆，从而将引发教师角色、课程模式和管理模式等一系列变革。翻转式课堂的模式如图 6—7 所示[①]。

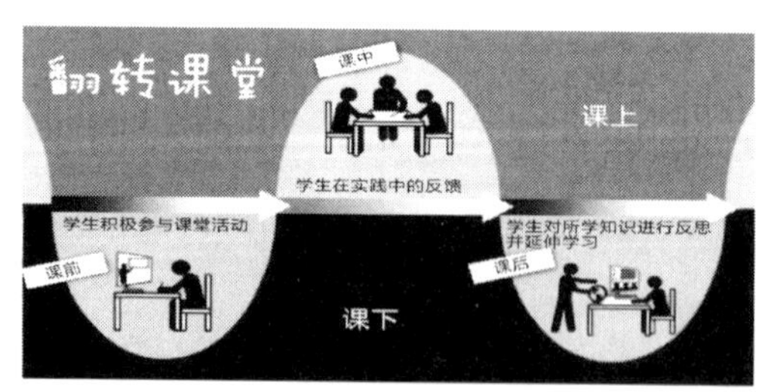

图 6—7　图解翻转课堂

翻转课堂从国际教育界走向教育和培训领域，并逐渐成为培训界新生代的

① 齐向宇. 翻转课堂翻转培训——对话嘉惠集团总裁乔培伟［J］. 人力资源，2014（9）：16.

宠儿。根据美国培训与发展协会（American Society for Training and Development，ASTD）的统计，翻转式学习模式让学生在线下对线上的学习进行总结、反思和讨论（见表6—5）①，学习效果远远高于单纯的传统式学习。

根据大脑的发展规律，成年人的学习有70%依靠实践获得（包括轮岗、带领项目和外派等方式），有20%依靠向他人学习获得（包括辅导、反馈和评价等），只有10%依靠传统课堂面授获得。翻转课堂的混合式学习模式能帮讲师构建最有效的70－20－10学习体系。当然，作为一种新的、好处多多的培训技术和方法，组织在培训实践中也会遭遇诸多挑战，比如，课程改造、讲师转型，以及更多的培训运营工作量。培训老师要从"讲授型讲师"转型为"促动型讲师"，随时回答学员提出的问题，还要力求在线上把知识精彩地讲出，这对讲师的能力提出了更高的要求。

表6—5　　翻转学习与其他学习方式效果对比

带来的价值效益	实体学习	线上学习	翻转学习
人脉建立	0	×	0
同侪互动	0	×	0
即时问答	0	×	0
固定时间	0	×	0
教学弹性	0	×	0
讲师指导	0	×	0
随时随地	×	0	0
学习内容个人化	×	0	0
人数不限	×	0	0
无需差旅、节省时间	×	0	0
可随时进行复习	×	0	0
课程内容统一标准化	×	0	0

注：0代表有利，×代表无利。

第三节　培训服务的基本流程

在提升组织业绩的各种方法中，培训是一种改进组织需求的有效方式，如

① 齐向宇．翻转课堂翻转培训——对话嘉惠集团总裁乔培伟［J］．人力资源，2014（9）：16.

图 6—8 所示[①]。不管何种类型的组织，在对组织需求进行分析的过程中，培训都是满足能力需求的有效途径。各行各业都要通过提高员工的能力素质来增强核心竞争力，人力资源服务业本身也不断通过加大员工培训以占领更多的市场。在我国的人才强国战略中，国家的公共财政基金通过委托或购买服务的方式，对各行业从业人员、各类人才队伍进行了人力资源的投资与开发，这种人力资源的总体开发逻辑是基于国家的需求分析，与国民能力有关的需求分析和培训需求分析，最终落到具体的培训中。

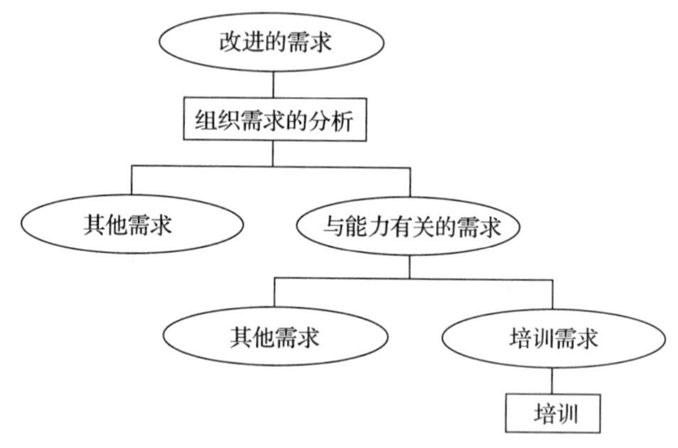

图 6—8　通过培训改进质量

如第二节所述，培训服务根据不同的购买方可以分为面向个体和面向各类组织的培训服务。在人力资源服务市场上，面向个体购买者的培训服务既包括由个体升学就业驱动的各类岗位能力培训和职业能力培训，也包括源于个人的兴趣爱好，以修身养性、提高生活质量为目标的各类培训服务项目。本章培训服务的基本流程关注的是组织层面的培训行为，特别是企业为了提升组织的运营绩效，通过对员工进行培训以提高员工个体的工作绩效，从而达到组织层次持续改进目标的培训行为。

根据《质量管理培训指南》（GB/T 19025—2001）[②] 的描述，完整的培训过程包括：确定培训需求、设计和策划培训、提供培训、评价培训结果，以及对培训过程的监控和改进，如图 6—9 所示。在人力资源服务市场上，有的组织将培训流程的某一个或某几个部分外包给培训服务机构，也有的组织则将培训服务的完整流程都外包给培训服务机构。不管是哪种方式，双方必须签署明确的协议或正式合同，这将有效地保障双方的合法权益，并且推动培训服务的依约履行，使培训得以高效开展。

---

① 参见国家标准《质量管理培训指南》（GB/T 19025—2001）。

② 本节写作主要参考这一国家标准。

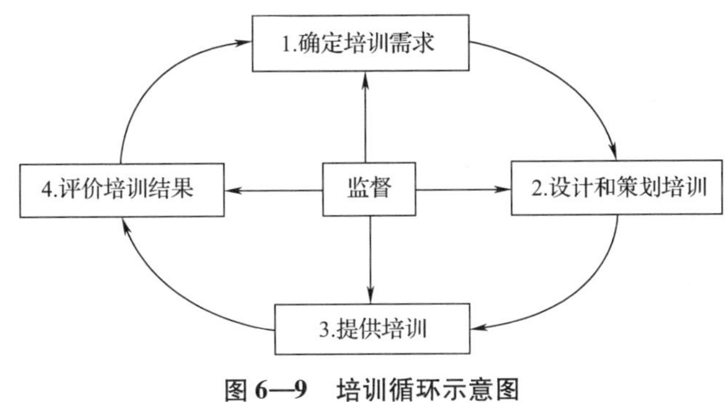

图 6—9　培训循环示意图

经过策划的、系统的培训过程能够帮助组织改进能力并满足其质量目标。为了选择和实施培训，以弥补所要求、所期望的与现有的能力之间的差距，管理者应监督包括确定培训需求、设计和策划培训、提供培训，以及评价培训结果等四个完整的阶段。需要特别指出的是，这里的管理者应该既包括培训服务的购买者，又包括培训服务的提供者。对于培训服务的购买者而言，监督的主要目的是确保作为组织质量体系一部分的培训过程按照要求进行管理和实施。对于培训服务的提供者而言，监督的主要目的是审视自己的产品，通过对自己业务过程的全流程监督不断完善和提高产品的质量。

下面，我们将分别按照培训循环示意图所示，对培训流程的四个环节以及培训过程的监督与改进作简要介绍。

一、确定培训需求

确定培训需求是培训正式开始之前的第一步。有的组织将整个培训项目完整地打包给培训服务机构，那么培训服务机构从培训需求开始就要介入需求分析，而且自始至终要与培训服务购买方就各个流程、各个环节进行充分的沟通和磋商。

培训需求的确定旨在通过确定影响产品质量的每项工作的能力需求，评价进行该项工作的人员的能力，并通过制订计划以弥补任何可能存在的能力方面的差距。培训需求的确立应建立在对组织当前的和预期的需求与其人员的现有能力进行比较和分析的基础上。确定培训需求阶段的目的有三个：一是确定现有的和工作所要求或预期的能力之间的差距；二是确定由于员工现有能力与所要求或预期的能力不匹配所需要的培训；三是将规定的培训需求形成文件。

（一）确定组织的需求

当开始进行培训时，组织应明确培训质量和培训方针、质量管理要求、资源管理和过程设计，以确保培训能够以满足组织的需求为目的而开展。

（二）确定和分析能力要求

能力要求关系到组织的战略目标和质量目标（包括人员能力需求）及组织未来需求的确定。可根据组织内外部的各种资料确定和分析能力要求。比如：

——影响工作过程或组织产品性质的组织内外环境或技术的变化。

——过去或当前培训形成的记录资料。

——对组织人员完成规定任务的能力评估。

——人员的调整、季节性或其他类型的波动记录，包括临时人员。

——为完成工作任务所需要的内部或外部认证。

——对组织目标有贡献的员工个人发展机会的有关资料。

——由于顾客抱怨或不合格报告引起的相关评审和纠正措施。

——影响组织及组织的活动和资源的法律法规、规章、政策和相关标准。

——通过调查能识别或预测的新的客户要求。

（三）评审能力

对影响产品质量和组织绩效的每个过程所要求的能力和每个员工现有的工作表现进行评审。员工现有的工作表现可以归纳为员工在工作过程中展示出的知识、技能和态度（KSAs）方面的能力。评审能力可以使用如下方法：

——与员工、管理人员或经理进行面谈和（或）开展问卷调查。

——观察。

——小组讨论。

——相关专家的介入。

阅读链接

知识、技能和态度（KSAs）

知识（Knowledge）：知识的培训使得员工从无到有地获得某种知识，改变某种认识，这类知识主要通过老师的讲授，自己的阅读、理解和记忆来完成。

技能（Skill）：技能培训的目标是改变员工对技能的掌握程度，这类知识来自于实践，需要通过操作性的实践来改变原有的操作规则和实践经验等。

态度（Attitude）：态度情感培训的目的是要改变员工的动机、态度和价值观等领域。

（四）确定能力差距

确定能力差距即对员工现有的工作能力和岗位所要求的能力进行比较，以确定并记录能力差距。实践中，可以基于胜任素质来确定能力差距。基于胜任素质的培训需求分析是以胜任素质为基本框架，通过对组织环境、组织变量与优秀员工关键特征来确定岗位的培训需求，是一种战略导向的分析方法。通过这种方法，培训内容和程序一方面能够满足组织当前对岗位的要求，另一方面也可以适应组织发展的需要。

（五）识别解决问题办法，以弥补能力差距

弥补能力差距的办法包括培训和组织的其他活动，如重新设计工作过程、补充经过充分培训的人员、将工作外包、改进其他资源、轮岗或修改工作程序等。

（六）为培训需求确定说明

当选择以培训作为弥补能力差距的方法后，应对培训需求做出确定说明，并形成相关的文件。文件的内容应包括：能力要求清单、能力差距清单、以前培训的结果以及纠正措施的要求。

确定培训需求的各环节如图 6—10 所示。

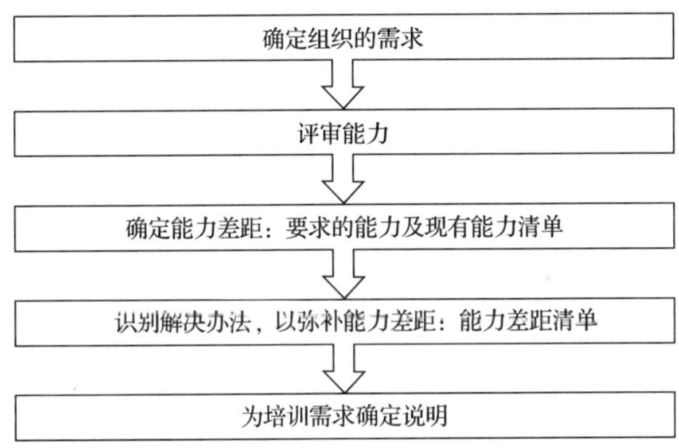

图 6—10 确定培训需求的流程示意图

二、设计和策划培训

设计和策划阶段为培训计划提供基础。本阶段为针对前面环节“确定能力差距”中识别的能力差距所应采取措施的设计和策划，还包括为评价培训结果以及监督培训过程而确定准则。

（一）确定制约条件

确定制约条件是指确定并列出各种制约培训过程的项目。这些项目可能包括以下几方面：

——依法规定的各种要求（国家层面立法可参见本章第一节中的有关论述）。

——组织确定的方针要求，以及那些与人力资源有关的要求。

——财务考虑。

——时间和日程要求。

——接受培训学员的人员结构、可用性、积极性以及能力。

——组织内部是否有进行培训的内部资源，组织外部能否获得声誉好的培训提供者。

——任何其他可用资源的制约性条件。

上述制约条件是选择培训方式、选择准则、培训提供者，以及培训计划编制时所必须考虑的约束性条件。

其中，师资的选择是最重要的环节之一。内部、外部的培训师各有优劣（见表6—6），组织可根据情况综合分析。

表6—6　内、外培训师的优势、劣势比较

内部培训师的优势	对内部情况较为熟悉，能教到点子上 能激励员工的上进心，有利于组织文化的建立 易控制，成本低
内部培训师的劣势	“近亲繁殖”，不易提升境界 选择范围小，受限制大 权威不够，可能不能引起学习者足够的热情
外部培训师的优势	选择范围大，可以聘请到真正的专家 能带来许多全新理念 可以提升培训档次，引起组织内各方的重视 容易营造气氛，从而促进培训效果
外部培训师的劣势	因接触时间短，对所选专家无法做出准确的判断 沟通较为困难，沟通成本较高 对组织陌生，传授的内容可能不实用 可能偏重于理论，而对实际技能认识不足 实际的管理和控制较难

（二）培训方式和选择准则

列出满足培训需求的各种可能的培训方式。培训方式依据所列出的资源、制约条件和目标所定。培训方式包括以下几种：

——现场的或非现场的课程或专题研讨会。

——学徒。

——在工作中接受辅导和建议。

——自学。

——远程学习。

上述培训方式可以选择单个或组合的方式进行，选择的同时要考虑下面各要素：

——时间和地点。

——设施。

——费用。

——培训目标。

——学员情况，如当前的部门、岗位分布、特长和（或）经历、参加者的最大数量。

——培训持续的时间和实施顺序。

——评定、评价和证书的形式。

（三）制订培训计划

应制订培训计划，以便与可能的培训承办者协商培训过程的具体事宜，比如具体的培训内容等。制订培训计划有利于更明确地理解组织要求、培训要求和培训目标。培训目标确定的是受培训学员可实现的培训结果。培训目标应紧紧围绕培训需求设计，以确保培训的提供是有效的。在制订培训计划时应创造通畅和公开的交流环境，以提升培训质量。制订培训计划应考虑下述方面：

——组织的目标和要求。

——培训需求说明。

——培训目标。

——学员的相关情况（接受培训人员）。

——培训方式和内容概要。

——日程安排，比如持续的时间、培训日期和重要阶段。

——资源要求，如培训材料和教员、管理人员等。

——财务要求。

——为评价培训结果，要注意收集相关资料以评测下述方面：

a）学员的满意程度。

b）学员的知识、技能和态度方面的改变。

c）学员在工作中的业绩。

d）学员（直接）领导的满意程度。

e）对学员所在组织的影响。

f）监督培训过程的程序。

（四）选择提供培训者

在选择提供培训者环节，对任何可能的外部培训提供者进行严格的审查是一项必要的前提性工作。这个审查包括外部提供者的书面信息（如情况介绍、有关目录等）和评价报告。审查应依据培训计划和已知的制约条件来进行。选择了培训提供者后要签署相关的协议或正式合同，明确规定各相关方的责任、权利和利益等。

设计和策划培训的流程如图6—11所示。

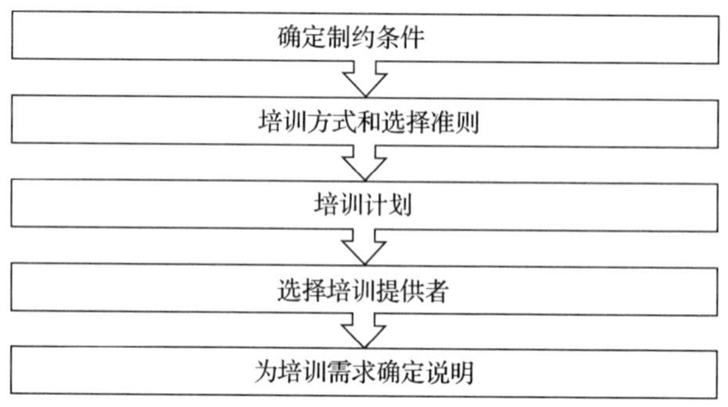

图6—11 设计和策划培训的流程示意图

三、提供培训

为提供培训而开展培训计划规定的所有项目是培训提供者的职责。同时，培训服务的购买方也应提供必要的资源以确保培训提供者的服务到位。开展培训服务的组织对培训的支持和促进作用还包括：

——向培训者（应用培训方法的人）和受训学员双方提供支持。

——监督培训质量。

开展培训服务的组织可以在监督培训质量中为培训提供者提供支持。这些活动的效果受到组织、培训提供者和学员之间相互作用的影响。

培训支持包括培训前支持、培训支持和培训后支持。

培训前支持包括下述活动：

——向培训提供者简要介绍相关信息。

——向学员简要介绍本次培训的性质和准备弥补的能力差距。

——帮助受训学员和培训提供者进行接触、沟通。

培训支持包括下述活动：

——为培训双方提供相关的工具、设备、文件、软件或食宿。

——为学员提供恰当而充分的机会以得到发展的能力。

——应培训提供者和（或）受训学员双方要求就工作业绩给出反馈。

培训后支持包括下述活动：

——从学员中收集反馈信息。

——从培训提供者处收集反馈信息。

——向管理者和参与培训过程的人员提供反馈信息。

四、评价培训效果

评价的目的是确认通过本次培训，组织目标和培训目标已经实现，即本次培训是有效的。评价培训结果是对培训需求说明、培训计划以及培训实施记录的综合评估。应当注意的是，当在工作中观察和考验学员前，常常不能充分地分析和证实培训的结果。在学员已完成培训后的规定期间内，组织的管理者应及时进行评价以验证其能力所达到的水平。

培训效果的评价应在短期和长期的基础上开展：

——从短期方面看，应从学员中获得有关培训方式、所用资源及培训中所获得的知识和技能的反馈信息。

——从长期方面看，应对学员的工作业绩和生产效率改进做出评价。

评价应根据培训计划中制定的相关准则进行，包括培训计划所涵盖的内容。为了做好评价工作，应尽可能地收集相关的资料，这包括：培训需求说明、培训计划，以及来自培训提供过程的记录。培训评价的撰写者要尽可能收集上述资料并根据指定的准则进行评价，科学地分析资料并阐明结果，评审整个培训的预算情况，验证培训能达到的规定能力等。

培训效果评价报告可包括如下内容：

——培训需求说明。

——评价准则和对评价来源、方法和日程的说明。

——分析收集的资料并阐明结果。

——评审培训费用。

——结论和改进建议。

通过撰写评价报告，应对不合格的方面给出纠正措施，并应在培训记录中表明培训的完成效果。

在评价培训效果领域，最经典权威的工具是唐纳德·L. 柯克帕特里克（Donald L. Kirkpatrick）的培训效果评估四模型（Kirkpatrick Model）（简称柯氏四级培训评估模式）。柯氏四级培训评估模式由美国人力资源管理专家柯克帕特里克于 1959 年提出。柯氏四级培训评估模式简称“4R”，主要包括四个层面的评估，如图 6—12 所示。反应评估、学习评估、行为评估和成果评估的实施要点分别如图 6—13、图 6—14、图 6—15、图 6—16 所示。

1. 反应评估（Reaction）

· 对受训人员在培训刚结束时所持有的主观感觉和满意程度进行的评价和估量

2. 学习评估（Learning）

· 对受训人员通过培训开发所学的知识、技能的掌握程度进行的评价和估量

3. 行为评估（Behavior）

· 对受训人员运用培训所学内容的程度进行的评估和估量

4. 成果评估（Result）

· 对由培训开发活动引起的企业业务结果变化情况进行的评价和估量

图 6—12　柯氏四级培训评估模式图

反应评估的定义

· 受训人员对培训项目的印象如何，包括对讲师和培训科目、设施、方法、内容、自己收获的大小等方面的看法

反应评估如何实施

· 培训项目结束时，可以通过问卷调查来收集，也可以对学员或其主管进行面对面的访谈，或进行电话调查

反应评估要收集什么

· 改进培训内容、培训方式、教学进度等方面的建议，包括但不限于，讲师的培训技巧，课程内容的设计，教材挑选及内容、质量，课程的组织，学员能否在将来的工作中用到培训所学的知识和技能

反应评估的作用

· 可作为培训师或培训方提供的服务参考，但不能作为评估的结果

图 6—13　反应评估的实施要点

学习评估要评估什么

· 受训人员学到了什么知识？学到或改进了哪些技能？改了哪些态度？即测量受训人员对知识、技能、态度等培训内容的理解和掌握程度

· 可体现出培训师的工作是否有效

学习评估如何实施

· 可以采用笔试、操作测试和工作模拟等方法来考查。通过对受训人员参加培训前和培训结束后知识、技能测试的结果进行比较，以了解他们是否学到新东西。同时也是对培训设计中设定的培训目标进行核对

学习评估不能确定什么

· 无法确定受训人员是否能将他们学到的知识与技能应用到工作中去

图 6—14　学习评估的实施要点

行为评估要回答的问题

· 受训人员在工作中使用了他们所学到的知识、技能和态度了吗？即，考虑学员在接受培训回到工作岗位后在工作中表现的变化，其设计体现为对知识、技能和态度的迁移的评估

行为评估如何实施

· 在培训结束后的一段时间里，由受训人员自己，或上级、同事、下属客观观察他们的行为在培训前后是否发生变化，是否在工作中运用了培训中学到的知识。通常需要借助一系列的评估表来考察受训人员培训后在实际工作中行为的变化，以判断其所学知识、技能和态度对实际工作的影响

行为评估需要的事项

· 因行为评估只有在受训人员回到工作中时才能实施，这一评估一般要求与受训人员一同工作的人员如督导人员等参加

图 6—15　行为评估的实施要点

成果评估要回答的问题

· 培训为企业带来了什么影响？即，成果评估要考察的不再是受训人员的情况，而是从部门和组织的大范围内，了解因培训带来的组织上的改变效果，这一效果既包括财务业绩等指标，也包括士气态度等方面

成果评估会用到哪些指标

· 主管/管理培训项目的成果评估指标包括：增加的产量、减少的缺勤和怠工、成本的下降、离职率的降低、员工建议书的增加、士气和员工态度的改变等

· 销售培训项目的成果评估指标包括：销售量、平均销售规模、累计销售、新旧账户比、每张订单的数目等

· 客户关系项目的成果评估指标包括：订单的准确性、订单大小、每日交易数目、失去的顾客数、顾客投诉等

· ……

图 6—16　成果评估的实施要点

五、培训过程的监督和改进

监督的主要目的是确保作为组织质量体系一部分的培训开发过程能按要求进行管理和实施，以便提供在满足组织的培训要求方面有效的客观证据。监督包括评审整个培训过程的每个阶段。监督应该由有能力的人员依据组织正式文件的程序进行，并且最好独立于被监督对象。监督的方式可以包括：磋商、观察和资料收集。在培训计划阶段，应该制定好监督的方式。监督的对象包括培训过程各个阶段的全部记录：培训开发的有关决定，培训需求的分析，培训计划、培训过程中发生的协议和合同、评价报告等。

对培训过程的监督是为了整个培训过程的改进。对培训过程的监督要把握如下着力点：培训的各阶段是否遵照程序，培训的结果是否满足了规定的要求。如果通过监督发现，培训遵照程序进行，培训结果也达到规定的要求，那么监督报告中就应注明受训人员的能力已经得到预期的提高；如果通过监督发现，培训并没有遵照程序进行，但是培训的结果显示达到规定的要求，那么监督报告就应注明受训人员的能力已经得到预期的提高，同时要建议修改、完善培训程序；如果通过监督发现，培训遵照程序进行，培训结果却没达到规定的要求，那么监督报告就应该给出纠正或预防的措施和建议，并及时制定适当的解决办法来弥补培训缺憾。

六、培训流程各环节的问题

在完整的培训项目实施过程中，每个环节都有实施的要点。很多培训之所以没有达到组织的预期，很大的问题在于培训流程中某个或若干个环节出现了问题。这些问题有的源于培训服务的购买方，有的源于培训服务的提供方，也有的源于培训服务提供者和购买者双方。下面，对培训服务不同环节中可能存在的问题进行简单梳理。

（一）培训需求调查环节

培训需求调查是培训服务全流程中的第一个环节，也是一个基础性环节。在某种意义上来看，需求调查环节能否本着科学理性和实事求是的态度进行，能否取得预期的效果，反映了组织（不管是培训服务的购买方，还是培训服务的提供方）专业化管理的能力。事实上，培训需求调研很容易成为走形式的环节。如果不经过科学、严谨的需求分析，整个培训的效果将会大打折扣。培训需求调查环节容易出现的问题包括以下几方面。

（1）脱离组织的整体战略收集培训需求。培训需求一定要在组织战略的关照下，根据组织长远发展对人才的需求做统筹规划。脱离了组织战略的培训需求分析只能是“头疼医头，脚疼医脚”，据此得到的培训计划注定无法有效把握组织的长远战略，从而无法推动绩效的改善。

（2）收集到的资料是零散的、不完整的。能够基于组织的发展战略来展开需求调研，可是由于能力或技术所限，对组织内外部各种资料的收集是零散的、不完整的，这些零散的、不完整的资料将导致制订的计划与战略产生偏差。

（3）收集到的资料不是客观、真实的。有的组织，所谓的需求调查环节形同虚设，培训由某个或某些人拍脑袋得出；有的组织，培训需求仅仅是各业务部门各自培训需求情况的简单汇总；还有的组织，各业务部门提供的数据本身有问题，并没有真正反映其真实需求。总之，由于种种原因导致收集到的资料不是客观、真实的，依据这种资料制订的培训计划自然无法与组织战略相吻合。

（4）基于前述原因，由于组织没有形成专门的制度，或收集资料的人员缺乏专业能力，或由于人力资源部门和其他业务部门之间的沟通方式存在问题，从而使人力资源部门收集的“能力差距清单”有偏差，既没有很好地与组织的战略联系，也没有很好地与业务部门的需求连接，这样的培训也就无法真正达到改良组织绩效的目标。

（二）设计和策划培训环节

在设计和策划培训过程中，没有完整、充分地确定各种制约条件，对制约组织实施培训项目的各种条件认识不全、认识不准，或认识不够，从而对各种可能影响培训的因素考虑不足，造成培训设计和策划没有可操作性，致使培训达不到预期效果。设计和策划培训环节的风险表现如图 6—17 所示。

需要重点指出的是，在设计和策划培训环节，为了确保培训服务提供方和购买方双方的合法权益，需要通过正式的培训协议或合同来确定培训各环节双方的责权利等事宜。这里的培训服务提供方既包括提供外部培训课程、外部培训师的人力资源服务机构，也包括提供食宿、会务的服务机构。在签署合同的环节，要特别注意其中的法律风险，这包括但不限于如图 6—18 所示的风险。对于那些一开始就决定将整个培训流程全部外包的组织而言，更需要关注合同中各种可能的风险。

（三）提供培训环节

提供培训环节即围绕培训服务的具体实施而展开的各项活动。其中，培训实施主体的专业能力和各类培训支持的服务保障能力将直接影响培训的效果。

没有充分考虑法律法规或政策、标准对组织战略的各种影响

- 造成人才储备方面不足

没有充分结合组织的中长期发展战略

- 造成人才结构与组织发展不匹配

对财务和预算相关方面准备不足

- 引发财务问题

培训的时间和业务部门的工作节奏不匹配

- 扰乱工作节奏，造成受训人员的反感

对哪些人员进入培训计划没有统筹安排

- 弱化了培训的激励作用

对组织内可利用的培训资源没有充分地挖掘

- 浪费了组织的内部资源

对组织的外部培训资源没有充分调查和风险预估

- 提高了培训成本，或培训效果不佳，甚至引发不必要的纠纷

对各种培训的特点不能精准把握，选择了不合适的培训形式

- 培训效果不佳

……

- ……

图 6—17　设计和策划培训环节的风险表现

合同签署过程中可能的隐瞒、伪造、作假、欺骗等合同欺诈

- 引发争议，乃至诉诸法庭

合同中缺乏相关的保密条款等

- 引发商业机密泄露

合同中有关双方的权利、义务划分不清、不完备

- 提高沟通成本，降低培训的效率

……

- ……

图 6—18　培训流程中合同引发的风险一览

（1）培训者能力不足。培训实施的主体即培训者，培训者的专业理解和管理能力直接关系到培训服务的实施效果。以企业培训师为例，原劳动和社会保障部于2007年修订了《企业培训师国家职业标准》。企业培训师是指能够结合经济、技术发展和就业要求，研究开发针对新职业（工种）的培训项目，以及根据企业生产、经营需要，掌握并运用现代培训理念和手段，策划、开发培训项目，制订、实施培训计划，并从事培训咨询和教学活动的人员。企业培训师的职业能力特征见表6—7。

表6—7　　企业培训师的职业能力特征

重要程度/能力种类	极重要	很重要	重要	较重要
学习能力	+			
创新能力			+	
表达能力			+	
研究开发能力		+		
协作能力				+
成本核算能力			+	
沟通协调能力			+	

注：本表内容参见《企业培训师国家职业标准（2007年修订）》。

2012年颁布的《成人教育培训工作者服务能力评价》（GB/T 28914—2012）国家标准规定了成人教育培训工作者的职业道德与专业资格要求、培训过程实施与管理能力、培训教学能力、培训质量管理能力及相应的评价内容。

优秀的培训师要既懂专业业务，又深谙成人学习规律。培训师有上述任何一种能力的明显缺陷都将直接影响到培训的效果。

阅读链接：

国际培训大师眼中的“培训大师的25种能力”

简·巴贝切特（Jean Barbazette）认为，培训大师能够展现下面的25种能力：教学准备、设置学习环境、使用成人的学习原则、有效地演讲、主持讨论、催化练习、进行演示、提供角色扮演、提供反馈、运用试听材料、实施测试与技能评估、处理问题学员、善用科技来提供培训、促进知识转化、进行在线学习、提出课程改进的建议、规划会议、创造有益于生产力的讨论氛围、引导会议获得成果、促进群体沟通、鼓励创造性地解决问题、鼓励参与、促进自我探索、促进决策，以及选出团体领导者。

上述二十五种能力是基于知识和技能构建出来的，每种能力都伴随着一组培训大师所展现出的行为特征。比如，和“处理问题学员”相关的行为特征如下。

培训往往会被一些问题人物所打断。为了避免干扰其他人的学习，并促使培训回到正轨，培训大师会：

■ 使用纪律策略来纠正问题学员的行为。

■ 忽略那些微不足道的问题行为，并与影响较大的问题学员私下谈话。

■ 使用互动式培训方法来把问题学员的注意力转向正确的地方。

■ 必要时，请问题学员离开教室。

■ 确认问题行为是不是由于教材内容或培训过程而导致的。

■ 采用预防策略来避免问题学员的出现，例如预先设定基本规则。

■ 把通过高风险纪律策略来纠正问题学员的行为当做最后手段。

■ 评估用来处理问题学员的策略有效性。

培训大师会让整个学习过程变得容易。初级或中级培训师通常能表现出每种能力底下的两至三种行为，但培训大师却能展现它们全部。①

（2）培训支持薄弱，不足以顺利地支持整个培训过程。培训支持既包括培训的场地、器材、设备、课件、教材、资料、参训人员的食宿、交通等方面的支持，还包括贯穿于整个培训过程中的人员保障和及时的沟通服务。这其中可能出现的问题包括以下几点。

培训前支持不足。这表现为：没有向培训提供者简要介绍相关背景信息（包括组织的、学员的）；没有向受训学员做充分的介绍和动员，使学员受训激励不足，预期不清晰；没有为培训双方提供合适的接触沟通机会，从而降低了培训中的互动等。

培训支持不足。这表现为：为培训双方提供的工具、设备、文件、软件或食宿不尽如人意，对培训过程中可能出现的沟通障碍没有及时消除，对培训过程中可能出现的严重冲突没有及时化解，以及对整个培训过程没有进行完整的监督，从而影响了后续对培训效果的评估。

培训后支持不足。这表现为：没有及时收集培训双方的反馈信息，从而影响到后续对培训效果的评估。

（四）评价培训结果环节

培训评价结果主要是运用各种技术和工具对培训的效果进行评估。这种评

---

① 简·巴贝切特．培训大师的 25 项能力［M］//伊莱恩·碧柯．ASTD 培训经理指南．南京：江苏人民出版社，2011.

估是对培训项目是否真正落地的检验。培训效果的评估往往成为培训全流程中的另一个薄弱点。

（1）评估报告的科学性不强。由于运用评估工具人员的专业能力不足，对评估工具的理解不深，或使用的评估工具不合适，导致评估本身出现问题，无法对培训的效果做出真实科学的界定。

（2）评估报告的客观性不够。真正有价值的评估报告应该科学、客观，能够通过培训工作推进组织管理工作的开展。有时，评估人员有充分的专业能力，但为了组织内部各种利益关系的平衡，从而不能真实、客观地呈现培训效果。被人为扭曲的评估结果同样会妨碍整个组织的管理运行。

（3）评估反馈机制不完善。培训评估旨在通过对培训各环节的有效监控，提升培训质量，从而改变员工绩效，支撑组织的发展战略。缺乏评估机制，或评估机制不到位将大大削弱培训的功能和意义。只有将科学、客观的培训报告向组织内外各重要的利益相关方报送，培训的意义和价值得到充分彰显，才能持续地改善组织的绩效。

第四节　我国培训服务的发展现状与趋势

一、培训服务的萌芽和发展

培训服务伴随着我国改革开放以来社会的全面改革和整体转型而萌芽和发展。经济体制改革、国企改革，人事制度、劳动用工制度、教育制度……诸多领域的改革相互交织、碰撞，形成我国培训服务发展的宏观社会背景。培训服务在不同历史时期表现为不同的形态，总体呈现出市场化、专业化和多元化的演变路径。国家立法、政策和规定在培训服务业的发展过程中扮演推动和鼓励的角色，来自各类人群的求学就业和提高生活质量的需求成为培训市场发展的动因。进入21世纪，培训服务的发展更多来自全球化和市场化力量的影响。在全面深化改革的新时代，全球化伴随着技术革命的狂涛，给培训服务业的发展带来新的机遇和挑战。本节通过对培训服务发展史的简单回顾，总结培训服务发展的特点和问题，并分析发展的趋势。

（一）培训服务的萌芽

改革开放揭开了尊重知识、尊重人才的新篇章。在从计划经济向中国特色社会主义市场经济转型的探索过程中，人才的作用和角色不断凸显。企业员工的培训和发展、干部教育培训事业以及国民终身教育体系的构建，和其他经济、社会各领域内的改革一样，伴随着时代的变迁不断深化，成为我国实行“科教兴国”和“人才强国”战略的有机组成部分。

自20世纪80年代以来，国家大力推行政府和企事业干部教育培训及企业员工的在职培训，并逐渐建立和完善一套从中央部委到行业部门、地方政府和各类组织的庞大的教育培训系统。在整个培训市场上，非营利性的政府购买项目占有相当大的比例，这构成体制内干部教育培训的重要组成部分。在培训开发方面，国际组织，比如世界银行等，提供了内容广泛的培训活动，这些培训活动伴随着贷款项目、研究和技术援助①而开展，分布在扶贫、农村发展、农民工转移技能培训等各个领域。在中国政府加快改革开放的过程中，由国家、政府组织向国外或境外机构输送大量的人才接受短期培训也成为整个国家人才战略的组成部分。

改革开放也开启了个人购买培训服务的序幕。个体购买服务主要围绕着人们的就业及教育需求而展开。围绕着知青就学难、就业难而应运而生的夜校、函授，以及劳动服务机构成为当时最早面向个体的培训服务机构。这些培训的内容具有鲜明的时代特征，接受培训的个体范围非常小，一般集中在返城知青群体。培训服务产品的类型也非常少，以升学为目标的学历教育为主，技能培训的内容还比较少，而且主要集中于体制内，比如国有企业以学徒培训为代表的岗位培训。

（二）培训服务的发展

党的十四届三中全会通过了《关于建立社会主义市场经济体制若干问题的决定》。一方面，中央继续加大国家财政对各类人才教育和培训事业的投入；另一方面，企业自主培训体系也在国家政策的引导下逐渐形成。伴随着劳动力市场和人才市场的孕育，人力资源的流动越来越成为一种常态。学历教育与职业教育双证书制度的实施，推动各类培训服务加速发展。进入21世纪前后，随着我国国有企业改革的深化和各项改革的深入，包括培训服务在内的各项人力资源服务业开启了市场化和专业化的发展方向，伴随着中国经济的高速发展而成长。

1. 个体购买的培训服务类

从十四届三中全会做出建立社会主义市场经济的决定之后，逐渐孕育了包括人力资源在内的各种要素市场。个人购买的培训服务产品的内涵不断发生变

---

① 刁莉，梁松，刘捷．20世纪80年代以来世界银行对华贷款及其经济社会影响［J］．中国经济史研究，2011（4）：162．

迁，个体购买的培训服务产品也不断推陈出新。这一时期，个体购买的培训产品与提升个人的升学就业能力紧密相关，这与我国职业教育、劳动用工领域的改革有很大关系。

个体购买的培训服务从最初侧重知识的、通用类型的培训逐步拓展，发展到包括各种职业资格类、岗位资格类，乃至执业资格类的培训，通用类的培训有英语、计算机类等培训，职业资格类培训有各类职业资格考试。较早进入这一培训市场的是与职业资格认定相关的培训机构，他们依托于技工院校和各类职业培训机构开展培训服务。在升学就业等关键需求的推动下，我国逐渐形成一个巨大的培训市场，英语类培训，计算机类培训，考研、考公务员类培训，律考、会计资格等各种职业资格考试培训，汽车维修培训等成为培训服务领域内的热点。在市场上涌现出一系列领军的培训集团，如三校名师、北方汽车专修学校、新东方、北大青鸟、中公教育、安博教育、尚德机构、万学教育等。这些领军的教育培训提供者绝大多数是私营、民营企业，或者是合资成分的组织，也有少部分隶属于体制内的企事业单位。

2. 企业购买的培训服务类

十四届三中全会以后，伴随着政企分开的深化，以及建立现代企业制度的实践，企业作为用工主体的地位得以确立。企业对员工的管理逐渐从传统的人事管理演变为现代的人力资源管理。进入 21 世纪后，伴随着我国加入 WTO 进程的加快，我国企业在员工培训开发体系建设方面逐渐走向正规化和系统化。据研究，我国主要行业的中央和地方重点企业的职工教育培训始终稳步发展，以岗位培训为主并向一线职工倾斜的方针基本落实，企业对职工教育培训的投入相对稳定，行业全员培训率高于地方平均值。这类企业在培训服务市场中是重要的购买方。

外资、合资企业一般十分重视培训工作，基本传承其母公司的企业文化和运行方式。企业各级领导人有培训下属员工的职责，指导下属员工的职业发展并对其进行职业生涯管理。这类企业的培训还延伸至生产商和经销商。培训内容包括企业文化、社会责任、业务知识、技术技能、语言训练和文化交流等，并有完善的激励机制。这类企业在培训服务市场也有相当强的购买力，同时对培训服务的个性化程度要求也较高。

私营、民营企业的员工培训受行业行规影响较大，培训紧扣企业生产经营主题，培训的目标明确，注重培训效果，投入产出比高，盲目性较小。在培训服务市场中，这类企业是值得深入开发的客户群。

总体来看，不同企业之间在员工培训方面的发展水平存在较大的差异，发展较好的企业不但能够建立健全科学合理的培训体系，有自己的培训中心，甚至成立企业大学，越来越多地将高科技和高投入结合，培训正在从知识类、技能类培训往态度类培训发展，并能比较好地与员工的职业发展相结合。与此同时，我国还有相当数量的企业由于组织规模小、营利能力低，还处于较低的生存水平，这些企业既无培训体系，又无培训职能，培训服务的购买能力较弱。

企业员工培训机构发展的高级形式是企业大学。中国本土的企业大学建设方兴未艾，海尔、联想、华为、平安、蒙牛、中粮、腾讯、万达等一批具有战略眼光的企业已经创办了自己的企业大学或学院，为本组织员工的培训开发服务，有的也开始提供面向市场的培训服务产品。但是，总体而言，我国企业大学的自身建设还相对落后。大多数中国的企业大学仍然没有完成从传统的培训中心向多元化企业大学的角色和功能转变，还无法真正发挥其在企业战略中的作用。

在各类企业的员工培训开发中，尚无权威数据显示全国范围内有多少比例属于外包范围的培训开发。江苏省对人力资源服务业的调研显示①，在企业的员工培训中，购买第三方服务机构的培训服务在各类企业人力资源管理职能中居于前列。各级政府、各类院校、人力资源外包园区、人力资源外包企业、各类培训机构、行业协会/联盟等各类主体都积极参与到人力资源外包人才培训的工作中，各方在工作中形成了紧密的合作关系，培训的针对性加强，人才培训的模式丰富多样，一些城市也开展了特色的推进人才培训的工作方法。在已经进行外包的企业中，员工培训占 15.8%，在人力资源服务业各单项业务中占据最大的比例。在被调查的人力资源管理职能中，外包或者准备外包比例最高的是员工培训、员工招聘和劳务派遣。薪酬发放和人力资源规划的外包比例仅占 5%左右，准备将这些职能外包的企业也只有 1%左右。

3. 公共财政购买的培训服务类

公共财政购买的培训服务除了面向各级政府、各类事业单位及相关社会团体中各层各类干部的教育培训外，还包括以提升人们的就业、创业能力的职业培训，该培训是构成就业技能培训的重要组成部分，如图 6—19 所示。

就业技能培训的对象

- 向非农产业或城镇转移就业的农村劳动者等初次就业人员
- 城乡新成长劳动力
- 就业转失业人员
- 其他在就业和上岗前需要学习和提高职业技能的劳动者

图 6—19　就业技能培训的对象

① 俞安平. 江苏人力资源服务业发展研究报告 2013［M］. 南京：南京大学出版社，2014：142－148.

国家高度重视农民工的培训工作，组成了各相关部门的联席会议进行统筹规划、综合协调和考核评估。国务院等各部门的工作职责如图 6—20 所示。

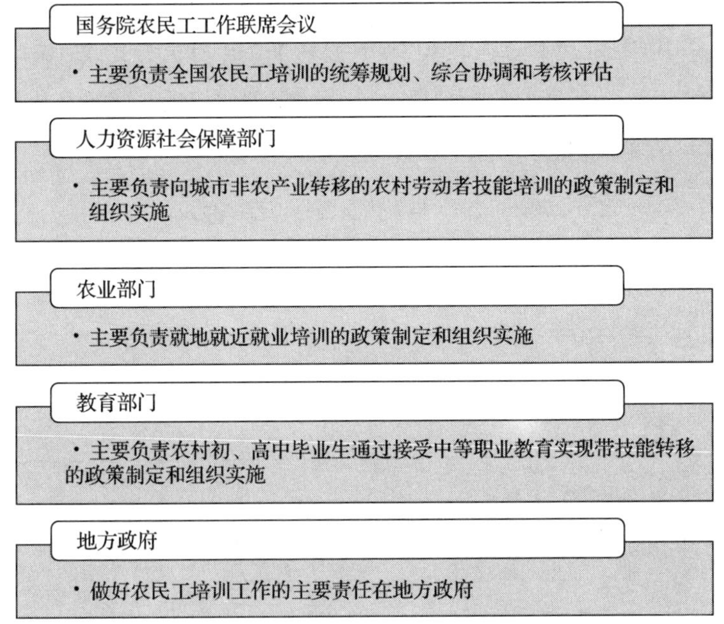

图 6—20　农民工培训工作中有关政府各部门的工作分工

目前，各部委牵头的比较有代表性的农民工培训项目包括：由农业部门牵头组织的“阳光工程”、由人力资源和社会保障部门牵头组织的农村劳动力技能就业计划、由教育部门组织的中等职业教育扩大招生计划、由国务院扶贫办实施的“雨露计划”和由科技部门实施的“星火计划”等。

宏观的国家政策的制定充分发挥企业在农民工培训工作中的作用：鼓励企业特别是劳动密集的大型企业与院校联合，举办产学结合的农民工培训基地；鼓励中小企业依托职业学校、职业培训机构培训在岗农民工；鼓励有一定规模的企业举办农民工业余学校；鼓励企业依托所属培训机构或委托所在地定点培训机构，结合岗位要求和工作需要，组织农民工参加技能提升培训；选送农民工参加脱产、半脱产的技能培训和职业教育，推动技术工人特别是高级技工的技能提升培训，组织农民工参加职业技能竞赛；鼓励行业、企业建立农民工培训奖励基金，扶持农民工参加学习与培训。

此外，针对企业员工培训开发的高端培训已经上升到国家战略层面。作为全国中长期人才发展规划纲要的重大工程之一，2011 年年底，国务院国有资产监督管理委员会、工业和信息化部印发《企业经营管理人才素质提升工程实施方案》，启动实施了企业经营管理人才素质提升工程。这一重大人才工程旨在通过向国内外一流教育培训机构购买培训服务，以打造我国一流的企业经营管理人才。

根据人力资源和社会保障部的有关统计，2010 年全国各类人力资源机构共举办培训班 12 万次，2011 年后保持在 20 万次左右；而参加培训的人数近几年稳步增长，2010 年为 697 万人，2013 年达到 1 039 万人，比 2010 年增长了约 50%（见表 6—8）。如果加上培训班之外其他类型的培训，我国每年接受培训服务的人数还要高于下面的统计数字。

表 6—8　　2010—2013 年人力资源培训服务情况

年份	举办培训班（万次）	参加培训人数（万人）
2010	12	697
2011	22	830
2012	18	873
2013	21	1 039

二、培训服务的特点和问题

（一）培训服务的特点

1. 培训服务市场需求旺盛，发展潜力大

随着全球化程度的进一步加深，在经济新常态的背景下，进一步强化了中国对人才结构素质转型提升的要求。在人才强国战略和建设学习型组织的时代背景下，我国培训服务的市场前景广阔。国内的培训服务机构开始崛起，国际一流的培训机构也逐步加大对大陆市场的扩张。在我国对人力资源服务业实行准入制度，对外资机构、港澳台有关机构进入大陆实行政策性限制的前提下，国外或港澳台地区的培训机构将加大、加强与大陆有影响力的服务机构的合作力度。

国外或港澳台地区的培训服务机构带给大陆培训服务市场的挑战和冲击将是全方位的，不但会提升整个行业的专业水准，加强培训服务从业人员的流动，而且也将带来文化方面的碰撞。只有将培训服务扎根于中国的土地，才能真正获得大陆市场的认可，促进我国培训服务市场的发展壮大。

2. 专业化、个性化的培训服务需求日趋增长

近十年间，我国的培训服务市场有了突飞猛进的发展。培训服务的产品需求越来越多元，参训组织与学员的要求也越来越高。传统以面授为主的培训产品已经逐渐显现出局限。培训服务购买方对培训产品质量的要求促使培训服务供应者不断提升产品的专业化水平。在强大的市场需求驱动下，培训服务市场

将自发地转型，逐步趋向专业化道路，这其中不乏高端的、量身定做的培训服务产品。

和我国经济结构的调整同步，人力资源服务业中的培训服务正从“粗放型”向“集约型”转变，将有限的培训资源用于最急需的培训项目上将是立足于培训服务市场的最佳选择。不管是面向个人的技能培训，还是面向各类组织的员工培训，包括政府财政基金支持的各种项目，都开始高度重视培训的效果问题。比如，很多组织已经关注到员工年龄结构的变迁，对于年青一代员工的培训将更重视受训学员的体验，关注他们的自我实现。凸显尊重和自由等价值成为很多培训服务产品的重要特点。对于公共财政购买的培训服务而言，为了提高公共财政资金利用的有效性，各级政府对培训服务产品的针对性要求更高。只有真正把培训需求调查分析工作做好、做扎实，深刻地洞察和把握培训需求方的需求，才能真正赢得口碑，树立品牌。

3. 培训服务市场分散，未形成品牌效应

总体上看，我国的培训服务市场集中度不高，品牌效应低。改革开放三十多年来，在面向个体的技能提升培训方面，我国的培训服务市场上逐渐孕育出一批职业培训品牌，但是各类组织，尤其是企业组织的高端培训服务一般还是由国际一流培训机构提供。从 20 世纪八九十年代以来，国际一流的人力资源服务供应商开始进入大陆市场。我国政府或企事业单位成为国际培训服务产品的购买者。相比而言，我国本土的培训服务品牌从十四届三中全会以后开始起步，进入 21 世纪后进入发展的快车道。但是，大陆培训服务品牌依然满足不了培训服务市场对高端培训服务的需求，大陆能进入世界一流梯队的培训服务机构还太少。

也正因为如此，我国政府从国家产业布局上提出各种优惠政策，以推进中国人力资源服务产业品牌的建设。不少地方，培训服务产业成为地方政府着力发展的人力资源服务业业态。2014 年 5 月 28 日，江苏宿迁人力资源服务产业园项目签约仪式在宿迁市软件与服务外包产业园举行。这里将建设国内首个民营省级人力资源服务产业园。项目一期重点发展人才交流、培训认证、人力资源外包及咨询测评等业务。①

（二）培训服务的问题

我国的培训服务经过改革开放三十余年的发展已经初具规模，但是，总的来看还存在诸多问题，简要叙述如下。

---

① 宿迁市启动国内首个民营省级人力资源产业园建设. http：//js. xhby. net/system/2014/05/29/021068757. shtml.

1. 从业人员的层次结构参差不齐

作为提升人力资本价值行业的从业者，培训服务从业人员本身需要较高的专业素质和能力。但是，包括培训服务在内的人力资源服务业从业人员的进入门槛还比较低，整个行业人员的层次结构参差不齐。根据有关数据，截至2013年年底，人力资源服务业全行业从业人员已达35.8万人，其中取得从业资格证的只有11.6万人。从业人员的专业化水平和综合素质亟待提高①。从业人员的素质限制了他们的专业能力，也限制了他们提供优质服务、创造价值的能力。

2. 行业发展具有较强的不平衡性

由于我国城市化进程中城乡、东中西部地区发展的不平衡，我国的人力资源服务业存在较大的地域差别。包括培训服务在内的各类人力资源服务业主要集中在东部（长三角地区），中部和东北部发展比较慢，西部近几年发展较迅速，但总体规模不大。

3. 行业整体不足以支撑我国的人才发展战略

人力资源服务业已经成为我国未来经济发展的重要增长点。但是，和我国经济转型对各类各级人才的需求而言，我国现有的培训服务业所能提供的产品还远远不能在规模和质量上满足市场需求。这表现在：一是培训服务市场的集中度不高，品牌效应低。全国性的权威培训机构数量依然较少，培训机构质量良莠不齐，优秀品牌的知名度还不高。二是培训服务市场的监管不足。人力资源服务业的管理职能分散，存在管理真空，培训服务的标准化建设、诚信建设等还远远跟不上市场的需求，培训服务的科学化、标准化、规范化和精细化发展还亟待加强。

三、培训服务的发展趋势

在高速发展三十年后，我国的经济发展进入新常态阶段。人力资源作为第一资源的重要性更为凸显。从国家到各类组织，乃至个体，越来越将教育培训作为最重要的人力资本投资。强大的市场需求对培训服务市场的壮大和转型发展起到积极的推动作用。可以预见，在国家宏观政策的支持下，在我国经济转型升级的社会大背景下，培训服务市场将迎来重要的发展机遇。在行业规模不断扩大的同时，我国的培训服务机构要更加注重内涵式发展。更早、更快开始转型的培训服务提供者更容易在下一轮的市场竞争中获得优势。

① 王克良. 中国人力资源服务业发展报告（2014）[M]. 北京：中国人事出版社，2014：153.

（一）从业者的素质将大幅提升

作为人力资源服务业的重要组成部分，培训服务行业的高速成长性和高回报由从业人员本身的价值创造能力决定。培训服务行业的发展态势要求其从业者在能力、素质方面都要有较大幅度的提升。

培训服务从业人员职业素质的提升已经被列入国家促进人力资源服务产业发展的政策和措施之一。从培训服务从业机构自身的能力建设而言，从业人员能力素质的提升将是有效保障整个业态扩容、增效和提升质量的动力源。符合培训服务业能力素质模型的人才会充分获得这个行业带给自己的回报，而无法跟上行业发展步伐者将逐步被市场淘汰。

（二）新技术引领培训服务市场

在移动互联网、云计算、大数据和社交网络为代表的新技术的推动下，全球的商业和社会都在发生巨大的变革。技术越来越成为影响组织发展的重要因素，一方面是对培训服务购买方产生巨大影响，另一方面则是对培训服务提供方的影响，这一影响深刻地体现在培训技术方面的变革上。

新技术的引领宣告混合型学习时代的到来。根据 ASTD 最近的一份调查显示，55% 的培训依然采用传统的正式课堂学习的形式，只有 39% 的培训利用新技术进行。面授形式的培训依然是企业主要采用的培训形式，短期内这种形式也不会消亡。

当前我国的互联网用户已达 6 亿，智能手机呈现爆发式增长。社会化交流习惯逐渐形成，传统的学习形式正在彻底被颠覆，随时随地学习得以实现。有效地运用多种培训方式将会大大增强培训效果，从而提升培训服务提供者的竞争力。“社会非正式学习”也将在员工培训中扮演更重要的角色。

培训服务的提供者要更注意关注新技术带来的市场变化，加强研究、做好研判，未雨绸缪、迎接挑战。

（三）市场优化将进一步加快

根据有关研究显示，人力资源管理的未来在云端，而以 SAP、IBM、Oracle 等为代表的全球人力资源管理软件公司正在为人力资源管理带来更多智能化工具，这将全面解放人力资源管理部门的双手，从而使他们的精力集中于更核心的职能。这给培训服务提供者带来更大的市场机遇。

和市场机遇相伴的是更激烈的市场竞争。培训服务市场会产生急速的分化，分化的方向会由培训产品购买方的需求所引领。以客户为导向的专业化会引发服务领域的细分、服务客户的细分，乃至服务地区的细分。

国际化也成为市场优化和产业结构进一步加快调整的重要表现。国际化可以表现为两个方面：一方面是我国的培训服务产品在国外或境外上市，服务范围从本土向世界范围延伸；一方面是国外的培训服务产品加快进入我国市场，并购、投资、入股成为国际培训服务产品进军我国的重要举措。这些发展态势将在总体上提升我国人力资源服务业的竞争能力。

主要参考文献

[1] 国家标准《成人教育培训服务术语》(GB/T 28913—2012).

[2] 齐向宇. 翻转课堂翻转培训——对话嘉惠集团总裁乔培伟 [J]. 人力资源，2014 (9)：16.

[3] 国家标准《质量管理　培训指南》(GB/T 19025—2001).

[4] 简·巴贝切特. 培训大师的 25 项能力 [M] //伊莱恩·碧柯. ASTD 培训经理指南. 南京：江苏人民出版社，2011.

[5] 刁莉，梁松，刘捷. 20 世纪 80 年代以来世界银行对华贷款及其经济社会影响 [J]. 中国经济史研究，2011 (4)：162.

[6] 俞安平. 江苏人力资源服务业发展研究报告 2013 [M]. 南京：南京大学出版社，2014：142 - 148.

[7] 王克良. 中国人力资源服务业发展报告 (2014) [M]. 北京：中国人事出版社，2014：153.

第七章
人 才 测 评

中国是人才测评的发源地和故乡，是最早形成完善的人才测评制度体系的国家。人才测评文明是中国古代灿烂文明中的一部分，它不仅对中国社会的发展与进步产生了巨大的推动力，也为全世界的文明进步贡献了重要力量。人才测评是国家治理、社会管理、组织运营的重要工具，也是建立和完善统一规范的人力资源市场的必备要素，更是人力资源服务业中的高端服务产品，在人力资源管理实践中发挥着基础性、引领性的作用。本章共分三节，第一节对人才测评的范畴、功能、原理及其在人力资源管理中的应用，以及人才测评服务的发展趋势进行阐述。第二节重点介绍人才测评标准，论述人才标准的含义、特性及其与人才测评的关系，介绍如何建立有效的人才标准等内容。第三节对当前最常用的、专业的人才测评的工具和技术进行介绍，如考试法、面试法、评价中心法、心理测验法、360 度评估法等方法。

第一节　人才测评概述

一、人才测评的范畴、功能和原理

（一）人才测评的范畴

人才测评是根据一定目的，综合运用定量与定性的多种方法，对人才的德、智、能、绩、勤、体等进行客观、准确评价的一种社会活动。人才测评的本质是对人才的评价。

1. 按性质划分，可以将人才测评分为社会性测评、组织内测评和教育测评三大类。

（1）社会性测评。它是指由国家、行业协会或其他组织实施的、面向全社会的人才测评活动。如公务员考试、职业资质/资格评价、专业技术等级评定等。

（2）组织内测评。它是指组织为了实现组织发展和管理的需要而对其成员或预备进入的人员进行的人才测评活动。如人才招聘测评、内部人才晋升选拔测评、考核评估等。组织内测评与社会性测评的最大区别是目的的指向性和测评对象的范围不同。组织内测评的目的指向于其组织目标，而社会性测评不是为某一个特定组织服务，而是面向全社会的。

（3）教育测评。它是指学校和教育管理机构针对在校学生所进行的考试与测评活动。教育测评主要是根据教育、教学目标来确定测评内容。教育测评的种类细分起来也有很多种，主要分为学业考试、升学考试两大类。随着能力教育和素质教育的推行，目前在学校里教育测评又增加了能力测评、素质测评等。

2. 按测评目的划分，可以将人才测评分为选拔性测评、总结性测评、诊断性测评和发展性测评四大类。

（1）选拔性测评。它是指国家为了选拔社会所需人才，或组织为了选拔新成员而进行的人才测评活动。任何一个组织的发展都需要从外部补充新的人员进入组织。为了保证吸纳的新成员符合组织的要求，在进行录用决策之前，组织就要通过测评的方法对其素质、工作能力、人际关系技巧、求职动机等进行了解与掌握，为录用决策提供依据。组织内部提升所进行的测评，也是一种选拔性测评，只不过其测评对象来源于组织已有的成员。

（2）总结性测评。它是指为了对某特定对象在完成某一阶段的工作、学习、训练及培养之后实施效果检验而进行的测评活动。如职业资格鉴定、专业技术水平考试、毕业结业考试、业绩考评等。总结性测评一方面是为了鉴定和检验测评对象是否达到预设的目标，另一方面也会为进一步的工作、学习、训练及培养规划提供依据。

（3）诊断性测评。它是指为了寻找或确定某特定对象在某方面或领域存在的问题、缺陷及其原因而进行的测评活动。当组织的人力资源效能与组织发展的需求不相适应时，就需要通过人才测评来对组织的人力资源状况进行调查了解。这类测评被称为人才盘点，一般是在组织进行重大变革，如并购重组、战略转型、结构调整等时使用。在正常状态下，组织的人力资源管理部门会对一些工作行为表现不佳、业绩不能达标、不能胜任岗位的人员进行诊断性测评，以了解和确定产生这些问题的原因，以便提出有针对性的解决措施和方案。

（4）发展性测评。它是指为了给某特定对象的培养发展制订针对性的培养发展计划而进行的测评活动。发展性测评关注的是测评对象的素质和潜力。它要判断测评对象是否有发展的潜力，并通过测评了解到怎样能够更有效地对测评对象进行培养和发展。发展性测评的对象是潜在培养对象，其目标是找到真正有发展潜力的人才，以便组织集中资源更好、更快地培养出人才。所以，潜力评价是发展性测评的核心。

3. 按实施主体划分，可以将人才测评分为内部测评和第三方测评两大类。

（1）内部测评。它是指由组织内部的人员来主持实施的人才测评活动。内部测评的优点是内部的人员对组织的战略文化、行业状况、企业实际情况更熟悉和了解。他们的想法更易与组织实际情况相适应，并在实施过程中风险较小。另外，内部测评的直接成本比使用第三方测评要低。这些都是组织容易选择内部测评的因素。但它也有明显的缺陷。首先，由内部人员来主持测评很难排除各种人情利益因素的干扰，测评的客观性和公平性会受到很大的挑战和质疑；其次，内部人员在人才测评方面的专业素养、技能、经验有所欠缺，测评工作的质量和有效性也会受到质疑。所以，一些规模比较大的组织会在组织体系内设立专门的人才测评机构，如中共中央组织部的领导干部考试与测评中心，一些大型企业也会设立自己体系内的人才测评中心。

（2）第三方测评。它是指由独立的、专业的人才测评机构来主持实施的人才测评活动。第三方测评可以规避内部测评的两大弊端。首先，第三方测评是由独立于特定组织之外的专业机构来主持实施的。它与组织内部的人员没有利益上的关系，也没有情感上的干扰，能够以中立的身份主持测评活动，让测评活动按既定流程和规则运行，保证测评结果的客观性和公平性。其次，实施第三方测评的机构应该是专业性的测评机构。作为专业性的测评机构，它们的专业能力、项目经验、工具技术等都比组织内的测评团队或部门要强，测评质量能够得到有效保证。正是因为第三方测评有此两大优势，所以深受很多组织的青睐。

（二）人才测评的功能

如果应用恰当，人才测评可以发挥以下五大功能。

（1）鉴定功能。鉴定功能是指人才测评能够对人才的知识技能、个体素质、能力水平、个性特征、道德品质和工作绩效等做出质与量的区分和认定。与传统人才评价相比，现代人才测评综合采用了多种定量化的方法和技术，它能够对被测评者进行更为客观、精细的评估，并将测评结果以定量化的方式表示出来，使得测评结果更容易被理解、接受和应用。鉴定功能是人才测评最直接、最基本的功能，其他功能都是在此功能上的延伸。

（2）预测功能。预测功能是指人才测评能够对被测评者的未来行为、发展潜力、业绩状况等进行有效的预测。人才测评之所以被广泛采用，正是因为它的预测功能。预测功能的实现取决于评估模型的适合性和测评数据的准确性。

评估模型能够对人才在目标岗位上的适应性、胜任能力及未来的发展趋势进行有效的预测，而测评数据的准确性则为预测奠定了事实基础。人才测评的预测功能主要用于人才选拔等任用决策领域。在公务员录用、企业人员招聘，以及特殊人才选拔如飞行员、军事人才、特种行业人才、现代高级管理人才等方面均有很好的效果。

（3）诊断功能。诊断功能是指人才测评能够发现被测评者个体或团体的优势特征与不足之处或短板，进而为改进、提升提供依据。诊断是为了改善和提升，所以诊断功能在社会、组织和个体层面都有广泛应用。

（4）导向功能。导向功能是指人才测评对人才发展的目标导向作用。“指挥棒”是人才测评的固有功能。人才测评结果总是与被测评者及相关群体的某种利益相关。为了获得优良的测评成绩，被测评者往往会针对测评标准、内容、方法和形式下足功夫，认真准备。从主观上看，被测评者是为了获得好的测评结果而努力学习，注重的是测评结果；但从客观上看，由测评活动所带来的学习发展热潮，确实有助于被测评者及相关群体的素质、能力水平的提高和知识结构的优化，从而提升了人才的质量。

需要注意的是，人才测评的导向功能具有两面性。如果测评所确立的标准是社会所需或符合社会发展的趋势，则会产生正面的导向作用，即这种导向就会有利于社会人才的培养和成长，形成人才辈出的局面。如果测评所确立的标准没有反映社会的实际需求甚至与之相反，则会把人们引入歧途，这对人才的成长造成障碍甚或摧残人才。

（5）激励功能。激励功能是指人才测评能够激发人们积极进取的愿望和动力，并使其自觉自愿地努力学习和工作，从而爆发出澎湃的动力。每个人都有自尊和进步的需要，希望自己在公开、平等的测评竞争中取得好成绩、好结果。这就迫使人们发奋努力，不断进取。因此，人才测评是激发人才提升能力素质的重要手段。但与导向功能一样，如果使用不当，测评也会成为去激励因子，即它不但不能产生正面的激励作用，反而产生消极的负面影响；非但不能激发人们进取向上，反而会压制人们的进取愿望，产生破坏作用。

要达成人才测评的上述五大功能，在具体实施的时候，还必须坚持以下四项基本原则。

（1）科学性原则。科学性原则是指在人才测评活动过程中要以科学思想为指导，运用科学的测评工具与方法，反对伪科学、巫术和迷信。它包括人才标准的设计、测评工具的开发与选择、测评实施的流程管理、测评结果的应用等方面。坚持科学性原则，注意以下几点：

第一，坚持科学性原则，就是要坚信现代人才测评是有科学理论基础的。

人才测评是建立在相关科学理论基础之上的，其基础理论主要包括心理学、社会学、管理学、经济学、测量学、统计学等。

第二，坚持科学性原则，就是要坚持实事求是，坚持实践是检验真理的唯一标准。要用科学的工具和方法收取信息和采集数据，遵循科学的分析方法，使用科学的分析工具，克服随意性和盲目性。

第三，坚持科学性原则，就是要反对伪科学、巫术和迷信。

（2）客观性原则。客观性原则是指要用科学的工具、严格的操作流程获得真实的信息和数据，在形成评价结论时以人才标准为准绳，以事实数据为依据，不掺杂主测者的主观意见，要尊重测评结果。无论是主测者还是被测者，都不能以个人的愿望和主观判断轻易地否定测评结果。测评结果的有效性是在测评标准设计、测评工具方法选择和测评实施流程等过程中进行控制的。因此，测前和测中的掌控最重要，而不能在测评结果出来后简单进行否定。主测者要保持立场的中立性。

（3）权威性原则。权威性原则是指人们对人才测评的接受、认可及信赖程度。无论是社会性测评还是组织内测评，都必须具有权威性。测评的权威性有两种来源，第一种是赋予的权威，即通过政府或法律程序授予某种测评的权威性。第二种是靠质量和服务在社会中赢得声誉而建立起来的权威性。

人才测评活动能否树立起权威性，有以下四个关键点。第一，测评活动本身是否是社会真正需求的反映。第二，测评质量是否经得起实践的检验。第三，测评结果的应用程度。测评结果应用的范围越广，测评的权威性就越高。第四，测评机构的独立性和专业能力。

（4）公平性原则。公平性是指测评应具有公开、平等的特性。现代人才测评的公平性主要表现在四个方面。第一，测评权的开放性和平等性。第二，测评标准和测评活动流程的公开性。第三，测评内容及方式的公平性。这是指测评时所采用的试题以及情景资料等应该考虑对所有测评对象的公平性。以最常用的笔试编制试题为例，编写试题的素材以及试题所涉及的内容，应该使每一个测评对象都有平等的机会去了解与熟悉，不能出现偏题、怪题。第四，测评结果使用上的平等性，即“分数面前人人平等”。

（三）人才测评的原理

原理是指事物运行的机制或机理。任何事物的存在，都有自身运行的机理、法则或规则，即有它的特殊性。因此，对事物运行机理的认识要能够反映该事物运行的特殊属性。匹配性原理、推断性原理、误差性原理这三大原理是人才测评的基本原理。

（1）匹配性原理。匹配性原理是指人才测评要对测量所得到的人才特征与人才需求标准（岗位要求、组织要求或社会要求）之间的适合性做出明确的判断，为人才的使用和培养发展做出明确的肯定或否定的结论，而不是简单地对测量属性的数字化描述。匹配性原理是人才测评的本质性特征，指出了测评与测量的根本性差别。

匹配性原理要求在进行人才测评时，不能只关注人，只关注对人才特征的测量，而要关注社会发展对人才需求的变化，即人才标准的变化，也要关注人才能力的发挥与成长的环境，即各类具体组织以及组织内的岗位，这样才有可能做到准确、合理、有效匹配。匹配的准确性取决于两个方面。

其一是适当的人才标准。人才标准分为宏观的社会人才标准和微观的组织人才标准。宏观的社会人才标准是反映某一特定社会发展阶段对人才在知识、能力、品德、态度、素质等方面的综合性要求。在一个组织内部，人才标准是指在组织既定的环境条件下各个岗位对人才的专业知识、技能、经验、绩效、素质和职业道德等方面的要求，其表达形式常见的有岗位说明书、任职资格和胜任力模型等。

其二是准确测量人才的特征。人是最复杂的且是多变的，因此，对人的特征特别是关于其品德、心理、态度、价值观、能力等进行测量时有相当难度，容易产生误差。所以，必须以科学的测量理论为指导，运用现代科技手段来提高测量的准确性。

匹配性原理提示我们，人才标准问题是人才测评的首要问题。我们应该花时间把人才标准弄清楚，设好目标和靶子，为准确的推断奠定基础。传统的测评花了大量的功夫在工具方法上，而在目标上没有用力或用力很少，这也是其测评的效果一直不能令人满意的主要原因之一。

（2）推断性原理。推断性原理是指人才测评所得出的判断和结论是一种推断性的结论，而不是一个绝对的事实性结论。人才测评的结论是以概率论和统计学为基础进行的科学推断，是一种概率的结论，而不是百分百的因果推论，更不能以个人经验做出主观推断。

首先，对人的潜在特征的测量本身就是一种推断。从人才特征的测量角度来说，多数特征是一种间接测量而不是直接测量，特别是一些潜在特征，如知识、素质、品德、动机等都不可能进行直接测量，而只能是间接测量。间接测量的结果本身就是一种推断。

其次，对人才特征的测量只能通过抽样的方式进行，而不能进行全体的测量。人才测评往往是通过对测评对象行为的观察和测量来进行的。测量过程只能是一个抽取测评对象的行为样本来进行测量的过程，不可能对其全部行为进行观察和测量。因此，对人才特征的测量结果也是一个推断性的结果，即由样本推断出总体。样本的选取和样本量的大小就是影响推断成败的关键因素。

推断性原理表明测评结论的匹配关系判断不是简单的一一对应关系。它是由抽样、测量、匹配、判断等若干个过程组合而成的，测评结果不是精确的结论，而是一种可能性的推断。

推断性原理表明，要用科学的方法来进行推断，而不能凭个人的经验和主观想法来进行推断。概率论和统计学是进行推断的主要科学依据。要好好利用概率论、统计学、离散数学、模糊数学等科学工具。这些科学工具会使我们对测评数据加工得更科学、合理，结论更可靠。

（3）误差性原理。误差性原理是指任何一项人才测评都是有误差的，我们需要通过各种努力将测评的误差控制在可以容忍的范围。测评误差来自三个方面：第一是对人才特征的测量过程中产生的误差；第二是对人才标准认识的误差；第三是对人才特征与人才标准之间进行匹配的决策模型的误差。

首先，在对人才特征的测量方面容易产生误差。人才测评主要测评的是人的社会属性，如人的知识、能力、动机、潜力、态度、道德、价值观、信仰等。这些属性不仅因为它们本身是复杂的，而且其表现形式也是多变的，不容易被观察和测量，所谓“人心难测”是也。对这些社会属性或潜在特征的测量主要是通过对被测评者的行为观察与测定来进行测量，因此它是一种间接性测量。在间接性测量的过程中，测量工具的适合性，测量过程的操作的严密程度，测量结果（数据）的处理与表达方式等都会影响到误差的大小。除了测评工具和过程外，测评过程中被测评者参与度、配合度也会影响到测量结果的准确性。

为了控制和减少测量误差对测量结果的影响，人们总结和探索了很多方法和工具，形成了专门研究测量的科学理论，即测量理论。其中，经典测量理论（Classical Test Theory，CTT）是较好地解决测量误差的控制方法。现代测量理论如项目反应理论（Item Response Theory，IRT）和概化理论（Generalizability Theory，GT）也为减少和控制测量误差、提高测量精度做出了贡献。就目前的科技发展水平来说，我们对人才的测量精度还远不能跟对物的测量精度相比，因此，不要用物的测量精度来要求人才测评的精度。

其次，在人才标准方面的认识误差也会导致人才测评结果的误差。人才标准是社会和组织发展对人才客观要求的反映。就一个组织来说，要确定其人才标准，就要准确理解组织性质、组织目标、组织战略、岗位特性、组织文化，以及组织所在国家或地区、行业、市场环境等。由此可见，人才标准涉及的面很广，稍有疏忽就容易产生偏差。传统的测评操作者多数对人才标准的重要性认识不够，没有专门对其进行科学化、定量化的研究，鲜有其建立的指导思想和科学的技术思路，致使人才标准是模糊的或是与实际相差较大的，从而影响到测评结果的准确性。

误差性原理表明，在测评的任何一个环节都有可能产生误差，这种误差可能使我们的测评结果与实际情况相差很大。因此，我们的任务就是减少误差和控制误差，把误差控制在可接受的范围。误差的种类很多，有系统误差和随机误差之分，也有人为误差和自然误差之分。还有一种叫非工作误差，就是人为主观制造误差，即舞弊。古往今来，在考试测评中作弊者大有人在，也可说是测评的伴生物。但考试测评舞弊不仅影响到测评结果的准确性，而且影响到测评的公平公正性，是不良社会风气的反映，也会促长社会的歪风邪气。因此，在开展人才测评时，需要在工具流程、政策制度、法律法规等不同层面进行规定和制约。

误差性原理并不是否定测评的科学性和有用性，相反，它承认测评的误差性。这才是一种科学的态度，让我们更理性地认识人才测评，采取更为有效的手段和方法控制测评的误差。

二、人才测评在人力资源管理中的应用

（一）人才测评在招聘选拔中的应用

人才测评被广泛应用在人才招聘选拔环节。其原因有如下几点：

（1）外部招聘时，应聘者简历所提供的信息绝大多数都是一些表层的信息，如教育经历、工作经历之类的信息，对个人的特点描述都是自我评价，缺乏客观性。对于人事决策来说，信息量太少，而且真实性还很难保证。因此，我们需要通过人才测评来了解更多、更深层的、更真实的信息。

（2）应聘者数量众多，时间紧，工作量大。人才测评能够帮助企业的人力资源（Human Resource，HR）管理人员提高工作效率，缩短时间，降低成本。

（3）人才标准的细化。现代组织对人才能力素质的要求越来越高，如专业能力、行业经验、动机和态度、价值观、性格、沟通能力、胸怀等软性条件，变得越来越重要了，区分的维度会越来越多，增加了 HR 人员的识别难度。在这种背景下，我们就需要用专业的人才测评来解决问题。

（二）人才测评在绩效考核中的应用

绩效考核领域正在发生着重大的变化，考核的目的和内容都有所扩大。传统的绩效考核，也叫业绩考核，是以目标管理或关键绩效指标 KPI 为核心的考核，主要对一些硬性的、财务性的、经营性的指标进行考核。比如销售额、成

本、利润、市场占有率、优良品率、资产的增值等。其考核的目的主要是对过去的经营管理进行结果性的总结。当前组织内绩效考核的目的也从传统单一的结果考核向结果与发展并重的方向转变，从只注重硬性经营财务指标的考核，向绩效与能力素质并重的考核方向转变，即从单一的 KPI 时代转入到 KPI 和 KCI（关键能力素质指标）并重时代了。KCI 考核概念若要被引入，就必须引入现代人才测评的工具和方法。

（三）人才测评在薪酬激励中的应用

对一个组织来说，激励制度是激发士气、保留人才、提高竞争力的重要制度。设计有效的激励体系，首先在于对激励对象需求的准确把握，其次在于对激励对象能力素质和价值贡献的准确评估，再次是具体激励方式的设计和实施。在这个过程中，人才测评能够在解决前两个问题方面发挥重要作用。

人才测评能够帮助管理者准确把握员工的需求。人的基本需求会通过他的行为表现出来，但有些深层次的重要的需求，却很难通过简单的观察来确定，特别是在组织规模较大的时候，直接观察的局限性很大，这就需要采用人才测评的技术和手段来了解员工的需求。

人才测评能够客观评估员工的能力素质和价值贡献。需求把握只是解决了薪酬激励的形式问题，而激励刺激量的大小则是由员工的能力素质水平、价值大小以及未来发展潜力决定的。过去往往是业绩导向的薪酬激励体系，现在开始慢慢向岗位薪酬、能力薪酬和绩效薪酬并重的方向发展。

在薪酬激励方面用到的测评工具主要有：360 度评估、满意度调查、心理测验，以及某些技术资格和能力水平考试等。针对一些高层次员工，也会用到一些高级的评估技术，比如评价中心技术。

（四）人才测评在培养发展中的应用

近年来，人才培训发展非常快，但同时也暴露出许多问题。例如，在许多组织内部进行的培训活动就存在着培训目标不明、培训需求模糊笼统、培训效果难于评估和显现等问题。人才测评在组织人才培养发展中的作用有：

第一，人才培养发展的首要基础是要有人才标准。而人才标准也是人才测评的基础。人才测评活动中所建立起来的人才标准，以及构建人才标准的方法论、技术思路等都可以为人才的培养发展提供依据和支持。

第二，人才测评能够对人员的知识、能力、素质等进行客观准确的评估和诊断，通过评估数据与人才标准的比较，就会找到他们与目标的差距，了解到他们的优势和短板，从而提出有针对性的人才培养发展方案。

第三，测评结果的运用与反馈也是一种有效的培养发展方式。及时将测评结果反馈给被测评者本人，对于他们客观地认识、了解、定位自己的发展有很大的帮助。同时，测评结果的发展性反馈对他们本身也是一种很大的激励。

（五）人才测评在人力资源规划中的应用

人才测评在人力资源规划中的应用体现在：

（1）运用能力素质模型构建的工具和技术，帮助企业建立战略性人才标准体系，使人力资源的获取和发展有明确的方向。

（2）在搜寻、储备、培养战略性人才的过程中，应用人才测评技术对候选人进行客观准确的评估，提高人力资源规划实施的效率和效果，以使人力资源工作与企业的战略保持一致。

（3）对人力资源的状况进行调查或普查。当组织进行战略转型或是调整的时候，在进行人力资源规划之前，需要对现有的人力资源情况进行盘点摸底。传统的人力资源统计指标像学历、年龄、性别、工作年限这类数据，现在已经不是战略性人力资源决策的重要依据。决策者更想了解在未来的战略布局下，人才综合能力素质状况能否满足企业发展的要求，能否支撑企业战略的实现，因此人才测评是进行人力资源盘点必不可少的工具。

（六）人才测评在建立和谐劳动关系中的应用

人才测评在建立和谐劳动关系中扮演的是评估者、沟通者和调节者的角色。和谐的劳动关系是建立在组织与个人的和谐发展之上的。如果组织发展了，个人得不到发展，那么不会和谐；反之，个人得到发展了，组织没有发展，那么也不可能和谐。作为一个组织，应该有明确的使命、愿景和战略目标。作为一个组织中的个体，应当承认、接受并认可组织的使命、愿景和战略目标，并具备相应的能力素质和意愿为组织做贡献。同时在组织对个人的能力素质和绩效贡献也给予认可时，二者才有可能出现和谐的劳动关系。

人才测评在其中的作用是：

第一，通过建立人才标准模型，确定组织进行人才培养和员工自我发展的目标和方向。

第二，通过评估，让组织确认员工的能力素质、工作意愿及其对组织的价值，对员工进行合理的工作安排和回报制度设计。

第三，让员工了解自己的现状，包括长处和短处，明确组织对人才的要求和自身发展的目标。

人才测评不仅是企业等组织进行人力资源管理的重要工具，同时也是协调社会阶层关系、促进不同阶层人才流动、开发社会人力资源的重要手段，更是实施人才强国战略的重要抓手。每一个社会成员都有获得承认、获得发展的机会，而在组织的成长和发展过程中，不同阶层、不同群体之间在某些利益方面是有冲突的。而人才测评能给全体社会成员提供一个展示才能、公平竞争的舞台，通过测评可以获得发展和上升的通道。测评是一种和平的竞争方式，不需要通过流血牺牲的形式，不会暴发大规模的冲突，不会造成社会财产的巨大损失，而且测评的运行成本很低。

人才测评也是建立统一规范的人力资源市场的必备条件。人力资源市场的良性运行，一方面取决于供需关系的变化，另一方面要有良好的市场秩序来保证交易的正常进行。人才测评在其中扮演两个重要角色：第一，人才测评的鉴定功能为人才的价值认定提供了科学、客观的依据。人才测评在维护人力资源市场秩序方面，有着裁判的功能。第二，人才测评可以帮助市场建立起人才的素质、诚信档案，从而降低交易成本，有利于人力资源市场的发展。

人才测评在人力资源管理中的应用案例

案例 1：

某银行 2013 年校园招聘测评项目

某大型商业银行在 20 多年的发展历程中，经历了从专业银行向商业银行的历史性转变。特别是加入世界贸易组织（WTO）后，中国金融市场全面开放，为了适应这种全球竞争的新局面，该银行开展了大规模的组织变革，旨在建立起相对扁平化的管理结构。又到一年校园招聘，该银行某分行的 HR 部门希望借助第三方人才测评服务机构帮助他们进行大规模、科学的校园招聘，以期在充分展现企业优秀雇主形象的同时，帮助该银行招募到管理培训生、运营、营销岗位合适的应聘生，并建立以校园招聘为基础的优秀人才储备机制。

人才测评服务机构诺姆四达（Norm Star，NS）集团为该银行提供 2013 年校园招聘工作服务，具体工作内容和流程如下：第一步，按照该银行的要求做好招聘前期的准备工作，包括根据该银行的实际需求，建立招聘门户并链接简历和测评系统。第二步，根据该银行的实际情况，完成简历汇集、筛选以及基础能力测验的工作，包括根据前期确认无误的简历评分标准筛选简历。第三步，进行综合素质测评，包括①通知参与此环节的候选人，在事先约定的场地实施测评；②测评内容包含专业题本和在线素质测评。第四步，主持无领导小组讨论（Leaderless Group Discussion，LGD），包括①结合实际，完成题本的开发工作；②根据评分标准完成面试工作。项目工作流程概览如图7—1所示。

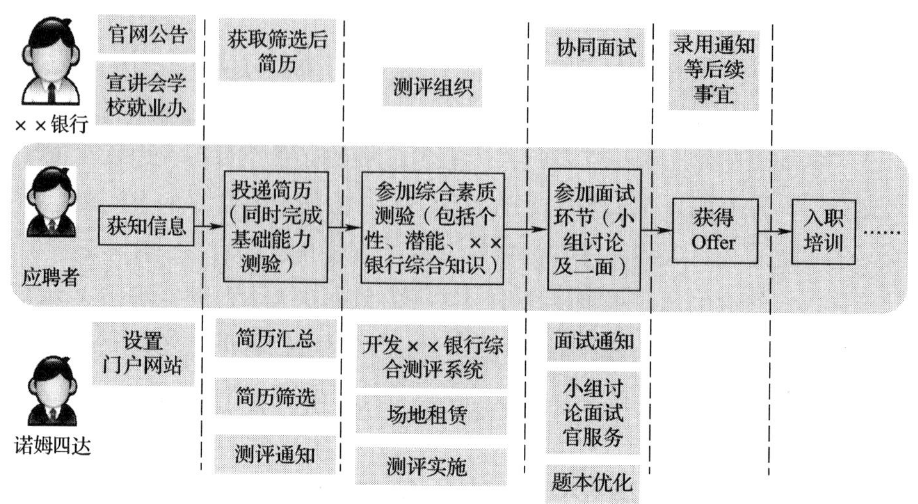

图7—1 项目工作流程概览

专业测评服务机构提供了切实准确的评价标准、科学有效的测评工具、资深专业的测评人员以及较严谨细致的组织实施工作，提高了招聘的质量和效率，很快完成了校园招聘任务，达到了预期目标。项目执行结果如图7—2所示。

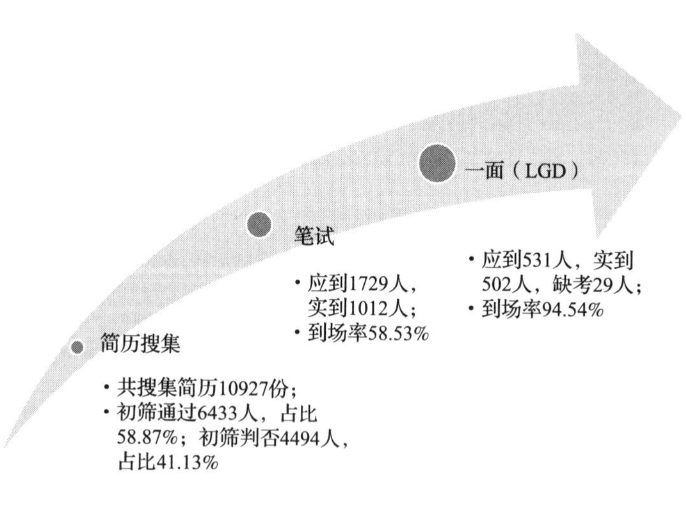

图7—2 项目执行结果概览

案例2：

某大型央企集团公开竞聘测评

如何在企业内外选拔到所需要的人才，对于大型企业来说并不是一件容易的事情。过去，国有企业选人主要采用的是国家行政体系干部和人才选拔模式，以组织考察为主、群众座谈为辅，选人的范围有限，选人的方法和技术也有局限性，制约了企业人才队伍的建设，影响了企业的发展。近年来，国有企业也逐渐改变了过去的仅靠内部组织选拔的方式，而采用组织选拔与公开竞聘相结合的方式来选拔人才。2014年7月，某大型央企综合能源集团公开选拔期货部交易员、数据分析员、副总经理等职位。为了保证本次选拔的公正性、科学性和公平性，该集团人力资源部门经过慎重考虑，最终决定聘请第三方人才测评服务公司、外部专家参与此次公开竞聘活动。具体工作流程与内容如下：

(1) 确定评估模型。通过对访谈所获得的各种信息的分析和编码，参考大量的文献资料，并结合相关的项目经验，项目工作组提出了初步的评估模型。在初步评估模型的基础上，项目工作组又与相关领导、人力资源部门进行沟通，进行了适当的修订，最终确定评估模型。

(2) 确定测评工具与方法。本项目所采用的测评方法主要分为三个部分：第一部分为专业水平测试，主要考察应聘者的基础理论、基本知识、相关专业知识、文字水平及分析解决实际问题的能力。第二部分为心理测验，使用的工具为NS自主开发并已广泛应用于企业内部选拔的“心理测验”产品，目的是了解候选人的人格特征、价值观等心理素质，以及分析思维、学习、人际沟通、团队等核心能力。第三部分为结构化面试，主要测试应聘者分析思维、人际交往、专业及综合管理技能等能力。

(3) 笔试实施及阅卷。为了保障笔试的顺利进行，考场内安排两名顾问进行监督指导。所有候选人禁止使用手机等电子通信设备，笔试后统一进行在线心理测验。在笔试结束后，NS组织咨询顾问负责笔试试卷的评阅，一旦发现有不同意见的试卷，进行综合讨论，在意见一致的情况下给出分数，以此提高评价的一致性。确定分数后，NS对所有试卷的分数进行核算，确保试卷评阅的公平、公正。

(4) 面试实施。将笔试结果报告提交给企业后，NS组织顾问对企业的面试官进行了培训，传授了一些面试技巧，明确评分标准，协调布置考场，并在面试过程中负责现场的组织协调工作。

(5) 提供个人报告和团队报告。为了更好地服务企业，测评结束后，NS为每个参加竞聘的人员撰写了有针对性的评估报告，以及所有参加竞聘的人员的团队评价报告。

该集团的人力资源部门在总结中写道，通过与第三方专业人才测评服务机构合作，取得了以下显著成果：①客观、全面考察竞聘者的知识技能、个性特征和创新能力、团队合作、人际交往、分析思维等能力，了解他们的发展潜力，为最终用人决策提供了准确的参考依据；②提高了内部竞聘选拔效率，降低了竞聘成本，快速为最终用人决策提供参考；③减少了潜在用人风险，规避因用人不当造成的损失，做到人尽其才、人尽其用；④完善了素质测评组织实施流程并对测评系统的使用进行了培训。

案例3：

某大型央企“70工程班”后备干部盘点

某集团是横跨发电、煤炭、工程建设、金融投资等多个领域的大型央企。在这样的业务模式下，集团的干部管理面临着这些现实的问题：如何将来自不同行业的干部进行比较？在管理干部的后备选拔与培养中，又如何做到“泛化岗位针对性、关注管理潜能、区分能力是否可培养”？而这些问题是任职资格、素质模型所无法解决的问题。

在本项目中，由集团组织的来自于集团总部部门、各下属单位44名中层干部组成的“70工程班”，进行了为期3个月的脱产培训。在培训期间，干部处希望能够从个性、能力、潜力、动力四个层面全面了解该批后备干部，同时能够实现横向对比，为在后期的选拔和任用中提供依据。为此，该企业期望借助第三方专业人才测评机构的专业服务达成以下目标：第一，对来自发电、煤炭、工程建设、金融投资等多种业务模块的干部进行统一测评，并实现横向对比。第二，需要从个性、能力、潜力、动力等多个层面进行测评。第三，学员在培训期间，测评要短平快地进行，并且让学员感知比较良好。该测评机构分别在测评内容、测评实施和测评结果等方面进行了创新。

（一）在测评内容上

依据诺姆四达领导力APM（Application Performance Management）模型，对管理能力、管理潜能、领导个性、领导动力四个方面进行了测评。

能力模块。“能不能”解决一个人会不会做管理工作的问题，会不会以一个管理者的角色要求处理管理问题。为了更好地理解和认识管理者的能力，区分表层的现实能力和潜力，我们把管理者的能力分为三个层级，即业务能力、管理能力和管理潜力（见图7—3）。

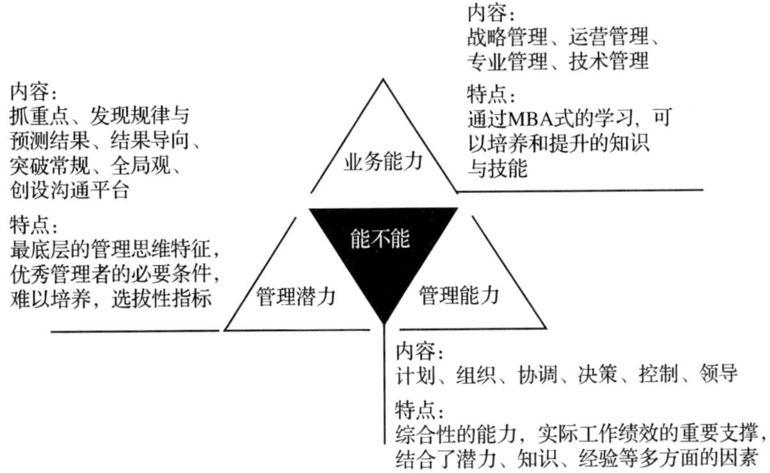

图7—3 管理者的能力层级

个性模块。个性是一个人在其成长过程中受到各种因素影响而逐渐形成的。个性一旦形成，则具有相对的稳定性，不容易改变。个性本身并无优劣高低之分，由于个性是习惯化了的行为方式，因此不同的行为习惯（方式）对不同的工作就有不同的适合性。所以，个性对工作行为的影响是合适不合适的问题，即合不合的问题。领导者个性，是指在管理者身上所表现出来的跟管理工作效能相关的个性特征（见图7—4）。

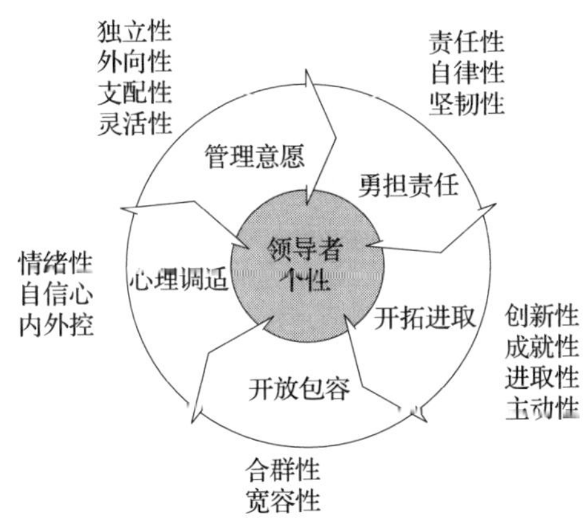

图7—4 领导者个性

动力模块。动力，又称动机，是指一个人从事某项工作的内在动力。外部的因素是短暂的，只有内在动力才是持久和强大的。作为一个领导者，在面临无数的困难和险境时，如果没有强大的内在动力，是很难坚持下去的。因此，对于管理者来说，关注和考察他们的内在动力是判断他们能否承担更大责任的重要依据，同时，也是评估有效激励因素和工作搭配方式的依据。我们根据马斯洛（Maslow）的需求层次理论，把领导者的动力分为五个层次，即物质回报、组织归属、获得尊重、自我实现、理想抱负，如图7—5所示。

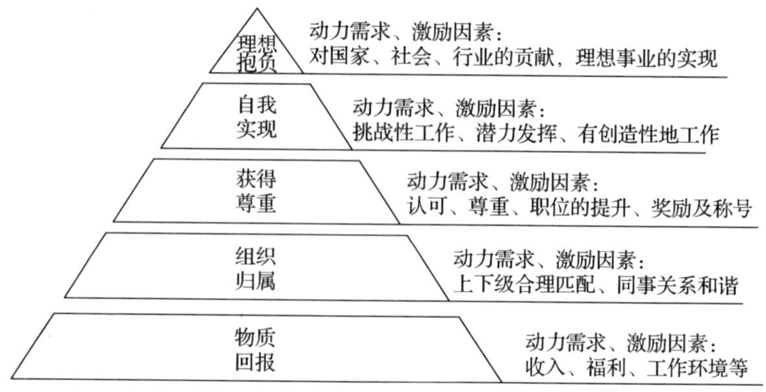

图7—5　领导者动力

（二）在测评实施上

所有的测评均在网上实现。其中，测评实施内容见表7—1。

表7—1　测评实施内容

测评内容	测评工具	持续时间
个性	在线心理测验	30分钟
能力	在线案例分析 领导直接评价	120分钟 10分钟
动力	在线心理测验	15分钟

（三）在测评结果上

根据被评价者在管理能力、潜力方面的表现，测评报告提供能力潜力九宫格，将被评价者分为不同类型进行使用和培养；个性匹配提供被评价者在领导个性方面的优劣势特点，个性不分好坏，关键用于团队搭配；领导动力提供被评价者在物质回报、组织归属、获得尊重、自我实现、理想抱负五个方面的需求强烈程度，以此作为制定激励措施的依据。测评报告的最后一部分是培养发展建议，从公司和个人层面提供了任用建议、培训课程、匹配导师等培养发展措施。

三、人才测评服务的现状和发展趋势

（一）中国人才测评服务的现状

人才测评是人力资源服务业中的重要业务板块，同时又是人力资源服务产品的核心与高端技术支持。作为人力资源服务业的子产业，中国人才测评市场化、产业化比其他板块起步要晚，规模要小。到目前为止，在人力资源服务市场上真正的人才测评专业机构并不太多，按性质可以分为国有、民营、外资三种。

在行业起步初期，外资机构或其代理机构有显著优势。它们有长期技术积累的优势和市场经验，并且有比较成熟的客户，且大多是世界500强企业；有资金优势，可以大规模打市场，招人才；还有品牌优势，能吸引比较高端的客户。但是它们的主要问题是理论和工具技术的本土化适应性不足，以及对中国本土企业的理解度不够。国有企事业单位的测评机构，它们在早期也有一定优势，因为它们有固定业务可以保底，尽管测评业务不盈利，但它们可以用其他的业务来补贴。它们的主要问题是技术和产品的水平比较低，基本上只能提供体系内机构所需要的考试考务类服务，还属于劳动力服务型，不属于知识和技术性服务型。主要原因是无法吸引和留住优秀人才，体制的因素使它们难有突破。相比较而言，独立的民营测评公司起步之初是最艰难的。它们白手起家，从零创业。但它们又是最有活力的，困难和逆境迫使它们只往前冲。信心、吃苦耐劳的精神，以及专业能力在实践中的成长使它们有望成为未来引领中国和世界的测评潮流。

除了专注于测评的专业测评机构外，其他的人力资源服务机构如猎头公司和咨询机构也开始涉足此领域。如光辉国际咨询公司、华信惠悦咨询公司、怡安翰威特咨询公司（以下简称翰威特）、麦肯锡公司，也包括中国的综合性管理咨询公司，如北大纵横、新华信等综合性的咨询公司。

人才测评服务模式可以分为标准化产品服务和顾问式服务两种形式。标准化产品服务是指将一些标准化的工具通过一定方式的组合形成固定的产品形式提供给客户。其优点是经过产品化的测评工具使用起来更方便、成本更低，普通客户更容易接受。顾问式服务则是指需要具有专业知识技能和实践经验的测评顾问参与的面对面的评估服务。这类服务的测评对象一般都是企业中的中高级管理人员，测评方式主要以深度会谈和评价中心为主。

人才测评机构的经营模式分为单一专注式和混业经营式。所谓单一专注式，是指机构的业务全部聚焦在人才测评范围，没有其他的业务。这类机构除了政府事业单位的教育考试院和劳动人事考试机构外，纯市场化的并不多。所谓混业经营式，是指公司的整体业务为人力资源服务，如人力资源管理咨询、人事外包、培训、派遣等，其有一个部门或团队在做人才测评服务。

在人才测评行业的从业人员方面，专业人员数量少，从业人员年轻化是其一大特点。由于人才测评是一个新兴行业，市场规模还比较小，专业性机构不多，所以，相对于人力资源服务业的其他模块，人才测评专业人员的数量是比较少的。从业人员年轻化也是新兴行业的特点，30 岁以下的人员几乎要占到从业人员的 70%，30～40 岁的人员占 20%，40 岁以上的人员只占 10%。第二个特点是，专业测评顾问紧缺。专业的人才测评顾问主要有三个来源，一是心理学专业的硕士、博士毕业生，二是人力资源管理或管理学及相关的学科毕业的学生，三是从 HR 职业中或培训等职业中转换过来的。成熟的专业测评顾问不仅要有较好的心理学、测评学、管理学等学科的专业理论素养，还需要对企业的经营、管理、市场、生产、研发等基本环节有一定的了解与理解，对岗位的性质与功能有较好的把握，还要有一定的人才测评经验。所以，一个成熟的测评顾问是一个综合性的复合型人才。这种人才很难直接从学校中培养产生，也很难通过一个简单的培训来生成，是多种方法并用且经过实践磨炼出来的，故在现阶段，此类人才紧缺。

（二）人才测评服务的发展趋势

第一，测评服务外包趋势越来越明显。随着测评服务的概念越来越得到大家的认同，越来越多的企业将采用服务外包的方式选择战略性的测评供应商。早期像奔驰、诺基亚、欧尚等一些世界 500 强在华企业选择外包更多，而中国本土企业选择买断工具更多。随着国际化和管理层对人才测评理解和认识的加深，越来越多的本土企业，特别是国有企业和大型民营企业也开始选择外包的服务方式。

第二，个性化服务需求越来越多。随着测评外包服务的实施，购买测评服务的企业提出了更多的个性化需求。测评服务的个性化主要表现在：能力素质模型的个性化制定，测评工具的个性化开发，测评实施的个性化设计，测评结果应用的个性化辅导等。个性化服务意味着企业对测评服务商的能力要求越来越高。

第三，在线测评服务已成必然之选。就集团企业而言，其分支机构遍布全国甚至世界各地。如何在人才选拔评价方面有统一的平台与标准，并提升效率则是一个难题。基于互联网的在线测评服务将是一个有效的解决方案。如神龙汽车有限公司在 2008 年就有超过 8 000 人通过在线测评系统进行测试，上海浦发银行对各分行后备干部的测评在同一时间全国 27 个城市同时进行，中国投资有限责任公司面向全球招聘投资经理时，有超过300多人在全球的不同地方同时上线完成了素质测评任务。在线测评系统这一平台带来的效率和成本优势是显而易见的。因此，在线测评服务将是未来企业人才测评活动的必然选择，特别是在招聘筛选和中初级人员的测评方面更受青睐。

第四，测评服务范围逐渐扩大。目前，测评工具或服务主要集中在招聘选拔、个人职业生涯规划两个方面。随着社会的发展变化及测评行业转向服务的深化，人才测评将与组织的人才管理高度融合，如干部选拔与考核、管理团队匹配、潜力人才发掘、后备人才梯队建设、领导力发展、绩效管理、人才激励等服务也将逐渐被企业重视。究其原因，一是由于测评与人力资源管理的各个环节都相关，二是由于测评往往是各项人力资源管理活动开展的基础和前提，三是客户习惯于将相关服务打包给一个可以信赖的供应商，以减少供应商的筛选和管理难度。

第二节　人才测评标准

一、人才标准概述

（一）人才标准的含义

人才标准是社会发展或组织发展对人才在知识、能力、素质、品德、行为等方面要求的客观反映。

（二）人才标准的特性

人才标准具有时代性、相对性、整体性和层次性四大特性。

1. 时代性

人才标准首先是社会发展对人才在知识、能力、素质、品德、行为等方面要求的客观反映。因此，不同时代，人才标准都会有所不同。比如古代女子无才便是德，后来琴棋书画、女工是才女的标准，发展到现代，才女已经是一个更综合性的要求，上得厅堂下得厨房就是一个综合性的比喻。而社会对人才的要求也会反映出一定历史时期的政治诉求，如战争年代，人才的标准更偏重于军事方面的擅长和精通；新中国成立后，百废待兴，国家需要大量的科技人才和经济建设人才，一时间知识分子受到尊重；“文化大革命”时期，阶级斗争为纲，知识分子又变成“右”派和反动的代表；改革开放后，随着国家经济建设走上正轨，社会生产和经济走向繁荣，人民生活水平提高，中国的人才标准也逐步与国际接轨，更多地反映了国家对于快速发展经济、提升社会文明程度和提高人民生活水平的要求。

人才标准的时代性包含了与时代相关的政治因素（如统治阶级的意志、社会阶级矛盾的性质和程度等）、社会发展阶段、社会经济生活的繁荣程度、社会价值观的多元化程度等。综合分析来说，社会繁荣程度越高、社会越稳定、社会价值观越多元化，人才标准就越完备、科学，越能引导人才发展，推动社会进步；反之，人才标准就会出现偏颇和极端化，从而导致人才被埋没，阻碍社会进步。

2. 相对性

人才标准的最终目标是为了全面反映社会发展对人才在知识、能力、素质、品德、行为等方面的要求。但是由于受到社会发展阶段、认知水平和人才水平的限制，人才标准不一定能够界定一个时代所有类别、所有性质的最优秀的人，更多是一种适合于社会大多数人才的相对全面的标准。所以，其全面、客观也是相对的。另外，人才标准也是随着社会发展和人才发展逐步变化的，而不是一成不变的。在上一个时期适用的标准，到了新的时期可能就不适合了。

人才标准的相对性包含了与人才发展现状水平和社会对人才需求方向和需求量这两大因素相互博弈和作用的结果，即社会对某一方面的人才需求量较大，而该类人才发展现状与水平相对不足的时候，人才标准就具有相对的超前性；反之，人才发展现状与水平相对较高的时候，人才标准可能就会相对滞后。所以，人才标准是随着社会发展和人才发展现状的变化而变化的。

3. 整体性

人才标准是对人才在知识、能力、素质、品德、行为等方面的综合性要求，既包含了表现在外的知识技能和行为，也包含了隐含在内的能力、素质和品德等因素，综合各方面因素才能最终得到一个全面、客观、科学的人才标准。因此，单一强调某一方面的特征或者要求都不是完整的人才标准。

4. 层次性

对于同一类人才进行界定的时候，为了区分人才的水平和层级，人才标准会在相关因素中进行程度和种类的区分，最终表现为同一类人员不同层级的人才标准，如基层管理人员、中层管理人员和高层管理人员，初级技工、中级技工、高级技工等。

（三）人才标准在人才测评中的价值和意义

人才标准回答的问题是什么样的人可以叫作人才，或者说人才应该具备哪些特征、达到哪些要求。在人才测评中，人才标准具有重要的价值和意义，具体表现为：

1. 人才标准决定了人才测评的内容

现代人才测评的一个核心特征是围绕既定的人才标准开展各种评价活动，目标是为了判断候选人各项特征与人才标准的符合程度，最终选择最适合的人。从这个意义上说，如果人才标准出现偏颇，则人才测评就失去了方向。因此，人才标准的科学、客观和完整是人才测评的重要前提。

2. 人才标准是人才测评方法和工具不断创新的基础

人才标准的目标是全面、客观、准确地反映社会和组织对人才的要求。因此，人才测评工具就必须围绕人才标准，从效度和信度两个角度出发不断改进创新，以获得对人才标准包括内容的更全面、更科学、更客观和更准确的评价。

3. 人才标准是人才测评能够实现预测、导向和激励功能的重要保证

人才测评在鉴定性、诊断性的基础功能之上，要实现对人才未来业绩的预测、发展的导向以及激励功能，就必须确保其参照的人才标准本身的科学性和权威性，即人才标准是否能够全面反映未来业绩相关因素和特征，将直接影响到人才测评是否能够准确预测候选人未来的业绩；人才标准是否能够准确体现社会和组织对于人才未来发展的要求，将直接影响人才测评是否能够达到引导人才和激励人才发展的目标。

二、人才标准的内容

（一）人才标准的基本内容

1. 知识

知识是指人们在生活、工作、学习等各种实践中所获得的对客观事物认识与经验的总和。

一般来说，我们根据知识来源的不同将其分为经验知识和理论知识。前者来源于个体的亲身体会，是与生活实践密不可分的；后者是对前人经验与认识的总结和概括，是知识的高级形态。

由于知识是个体综合素质的重要组成部分，它的高低直接影响着个体的学习、生活，特别是对其工作绩效具有很强的预测作用。因此，对人们掌握特定知识的数量、结构和水平进行考察是人才测评的一项基础性工作，在测评实践活动中非常普遍。比如大家熟悉的高考、国家公务员考试及各类职业资格考试中有很大一部分都属于知识测评的范畴。

2. 技能

所谓技能，一般认为是通过练习而形成的合乎法则的活动方式。

在技能的形成过程中，各种技能动作之间会相互影响。如果已形成的技能促进了新技能的形成，就叫技能正迁移。如果已形成的技能阻碍了新技能的形成，就叫技能干扰，或技能负迁移。

技能与知识不同，如生活常识、物理知识、化学知识、数学知识等，可以通过语言文字等形式传授，而技能必须亲自学习，并坚持练习才能掌握其中的技巧。而一旦停止练习，技能将很快变得生疏。所以，技能是一种熟能生巧的体力活，对眼手的协调能力要求很高。正如卖油翁的话“无它，唯手熟耳”。技能可以分为很多种，如职业技能、运动技能、管理技能等。

3. 经验

所谓经验，就是从已发生的事件中获取的知识。哲学中将经验分为两种：来源于感官知觉的观念；来源于反思的，即我们由内省而知道的那些观念。通常将经验分为直接经验和间接经验两类。

4. 能力

心理学所指的“能力（Ability）”，是指影响个体执行特定活动或任务的心理特征和行为模式。能力可以是天生的，也可以是后天习得的，具有一定的生理学基础，且在一段时间内基本保持稳定。“能力”这一概念具有两重内涵：一是个体已经表现出来的实际能力；二是个体潜在的、尚未表现出来的，可以预测其成功可能性的心理潜能，也称为能力倾向（Aptitude）或潜力。具体分类如下：

（1）一般能力，是指观察、记忆、思维、想象等能力，通常也叫智力。它是人们在完成任何活动中所不可缺少的，是能力中最主要的、最一般的部分。

（2）特殊能力，是指人们从事特殊职业或专业需要的能力。如音乐中所需要的听觉表象能力。人们从事任何一项专业性活动，既需要一般能力，也需要特殊能力。二者的发展也是相互促进的。

（3）操作能力，指操纵、制作和运动的能力。劳动能力、艺术表现能力、体育运动能力、实验操作能力等都被认为是操作能力。

（4）模仿能力，指通过观察别人的行为、活动来学习各种知识，然后以相同的方式做出反应的能力。

（5）创造力，指产生新思想和新产品的能力。

（6）社交能力，指人们在社会交往活动中所表现出来的能力。

5. 个性

从人才测评的角度，我们将个性理解为“个体所具有的独特的、稳定的对待现实世界的态度及行为模式”。大量研究发现，一方面，成功人士未必具有特定的个性特征，但某些个性特征确实是成功人士的共同特点。另一方面，有些工作更适合具有某种个性特征的人，具有某些个性特征的人组成的团队更为成功，等等。20 世纪 80 年代以后，对员工个性的测评被逐渐引入到人力资源管理实践领域，成为现代人才测评最重要的内容之一。

从心理学的角度，将人的个性分为个性心理特征和个性倾向性两类。

个性心理特征是指一个人身上经常地、稳定地表现出来的心理特点。它是个性结构中比较稳定的成分，主要包括能力、气质和性格。在人才测评领域，一般将个性界定为个性心理特征，并理解为性格，主要指一个人习惯化了的行为方式。

个性倾向性是一个人进行活动的基本动力，是个性结构中最活跃的因素。它决定着人对现实的态度，决定着人对认识活动的对象的趋向和选择。个性倾向性主要包括需要、动机、兴趣。它们较少受生理因素的影响，主要是在后天的社会化过程中形成的。个性倾向性的各个成分并不是彼此孤立的，而是相互联系、相互影响和相互制约的。其中，需要又是个性倾向性乃至整个个性积极性的源泉。

6. 价值观

价值观（Values）是指个体对周围客观事物的意义、重要性的总体评价和看法，它通过人们的行为取向及对事物的评价、态度反映出来，是驱使人们行为的内部动力。它对一个人的生活方式、职业选择和工作行为等方方面面都会产生决定性的影响。价值观一方面表现为价值取向和追求，凝结为一定的价值目标；另一方面表现为价值尺度和准则，成为人们判断事物有无价值及价值大小、是光荣还是可耻的评价标准。

职业价值观（Work Values），具体指一个人对职业的认识和态度，以及他对职业目标的追求和向往。虽然研究者对职业价值观的定义各有不同，但总体来说，我们可以从两个角度理解这一概念：一是对工作目的的表达，二是对工作态度的反映。

7. 品德

品德，即道德品质。根据我国著名心理学家潘菽教授在《教育心理学》一书中的定义，它是指个体依据一定的道德行为准则行动时所表现出来的某些稳固的特征。品德水平的高低决定了一个人在社会情景中会做出何种价值选择（如善、恶），以及能否做出符合社会要求的行为（如诚信、正义）。

品德测评就是运用科学可行的测评技术和方法，收集个人在内在机制调节下展现的一些资料或信息，以此对个人的某种品质做出价值判断的过程。然而，要想准确地考察个体的品德水平却并非易事，因为品德是由动机系统和行为系统组成的复杂统一体，其中，道德动机是深埋在心底的最隐秘的部分，不仅外人难以捉摸，有时连本人都难以摸清。品德测评是人才测评研究中一个历史性的难题。

8. 态度

态度是人们在自身道德观和价值观基础上对事物的评价和行为倾向。态度表现于对外界事物的内在感受（道德观、价值观等）、情感（“喜欢—厌恶”“爱—恨”等）和意向（谋虑、企图等）三个方面的构成要素。激发态度中的任何一个表现要素，都会引发另外两个要素的相应反应，这也就是三个要素的协调一致性。态度不是生来就有的，而是后天习得的，是个体在家庭、学校和社会生活中，通过交往接受别人的示范、指导、劝说而逐渐形成的。

9. 兴趣

心理学认为，兴趣就是人们力求认识某种事物和从事某项活动的意识倾向。它表现为人们对某种事物、某项活动的选择性态度和积极的情绪反应。兴趣以需要为基础，在人的实践活动中具有重要的意义。兴趣可以使人集中注意力，产生愉快或紧张的心理状态。这对人的认识和活动会产生积极的影响，有利于提高工作的质量和效果。

综上所述，人才标准包含了人的外显性和内隐性等多方面的特征。其中，外显性特征如知识、技能、经验等是可以通过学习和培养不断增加和积累提升的，而内隐性特征如素质和动机则相对稳定，不会轻易改变，也对人的工作、学习和生活起着关键作用。研究人才标准，丰富人才标准，是希望最终能够全面、客观地表达一个人的各项特征，继而评价其各项特征的水平，再依据评价结果对其后续培养和发展提供参照依据，指导其进步和成长。

（二）人才素质 APM 模型理论

人才素质的冰山理论是由美国著名心理学家大卫·麦克利兰（David McClelland）提出的。他把人的素质结构比喻为一座冰山，海平面上的部分是一个人的经验、知识和技能，易于观察和习得，在管理实践中往往用任职资格体系来表达。他认为，真正能区分优秀者与一般人才的不是冰山上面的部分，而是冰山下面的自我概念、特质、动机、潜能、价值观、态度等特征。他把这些特征称为鉴别性素质（Differentiation Competencies），并提出了胜任力模型（Competency Model）的概念。关于胜任力模型的概念，在中文里有多种表达方式，如能力模型、素质模型、资质模型等。不管怎么表述，对它的定义都是相同的而且明确的，即能明确区分在特定工作岗位和组织环境中的杰出绩效水平和一般绩效水平的个人特征。

麦克利兰的冰山模型还只是形象地表述了人才素质类别的特点，如显性

（冰山上面）和潜在性（冰山下面）。这个冰山图只是一个示意图，还不能指导实际的人才素质测评工作。为了便于人才测评工作的开展，诺姆四达集团在长期人才测评实践的基础上，提出了人才素质结构新冰山模型，如图7—6所示，并在此基础上提出了人才素质APM模型，明确了素质概念是指个体所具有的基础性、稳定的个人心理、行为特征，如图7—7所示。

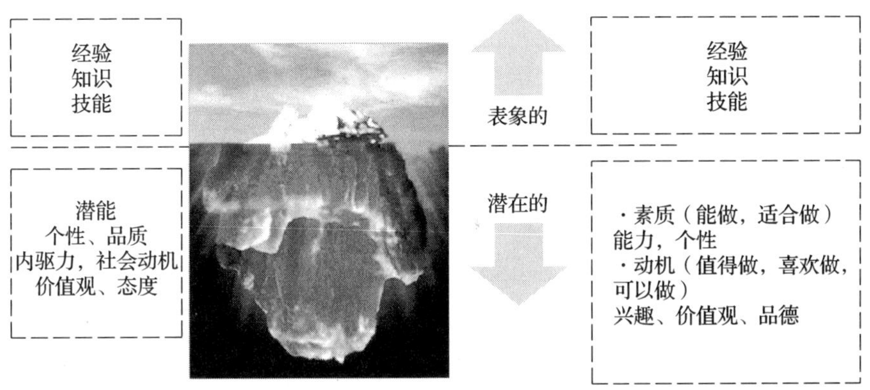

图7—6　人才素质结构新冰山模型

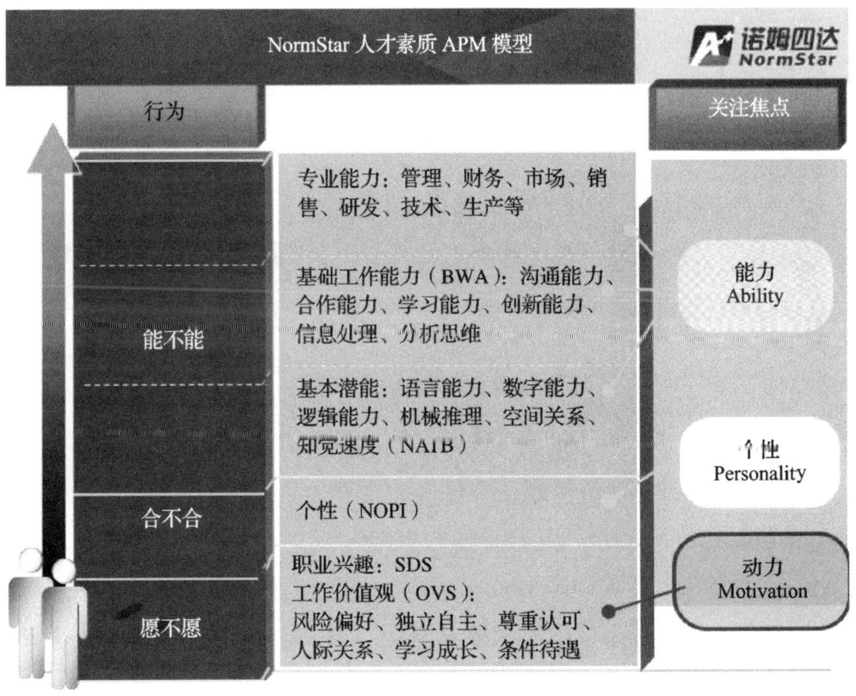

图7—7　人才素质APM模型

（1）通用人才素质 APM 模型。APM 模型理论将人才的素质分为三个部分，第一部分是能力（Ability，A，“能不能”），包括专业能力、基础工作能力和基本潜能三部分。其中，基础工作能力是最有特色的，由我们首次提出，它是判断一个人在现代组织中能否独立工作的基本能力要求。第二部分是个性（Personality，P，“合不合”）。这里的个性是指一个人所具有的习惯化了的行为方式，它不存在优劣和高低之分，只是针对具体的岗位是否合适的问题，即“合不合”。第三部分是动力（Motivation，M，“愿不愿”），主要包括职业兴趣和工作价值观。

（2）管理人员领导力 APM 模型。经过多年对管理人员素质和能力的研究，以及大量的管理干部测评的实践探索，诺姆四达在 2012 年提出了“领导力 APM”模型理论，如图 7—8 所示。

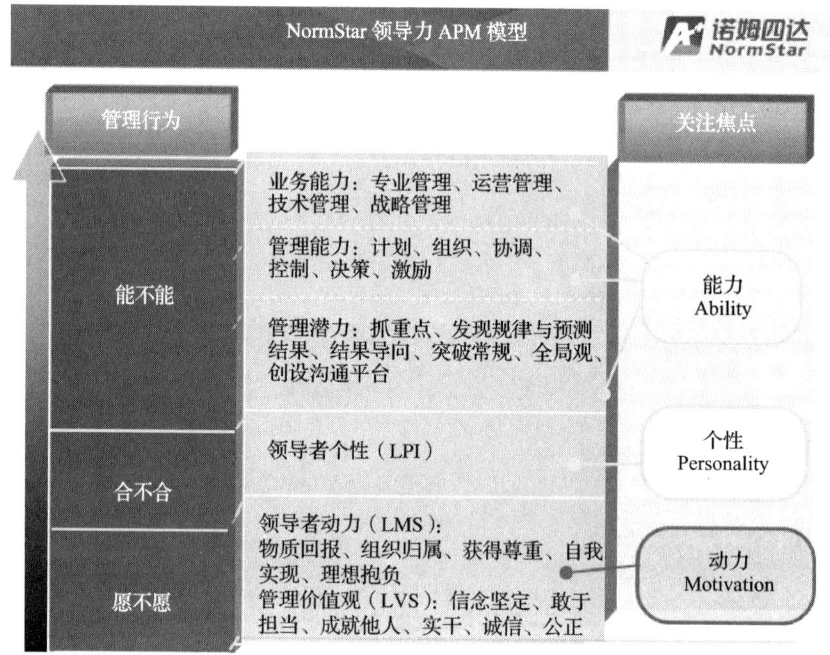

图 7—8　领导力 APM 模型

领导力 APM 模型理论是一个基础的、系统的领导力理论。这一理论开创性地提出了管理潜力和管理价值观两个理论。领导力 APM 模型理论对于管理人员（干部）的选拔、评价和培养具有重要的意义。

需要指出的是，人才素质 APM 模型理论是针对现代组织人才管理的实际需要而提出来的，主要目标是解决人才的选拔、评价和培养发展问题，并不代表人才素质的全部。

（三）人才标准与人才测评的对接

人才标准拟定后，可以为人才的选拔、考核、晋升及培养等各个环节提供实际的指导和参考，而通常最直接应用的就是在测评方面。为了更好地与人才测评对接，我们常将人才标准进行一定的细化，转化为考试大纲、考试标准和评估模型。

（1）在社会性测评中，测评的重点通常是知识和专业技能，因此人才标准就要转化为具体的考试大纲和考点。

（2）在组织内测评中，测评的内容既包括知识、技能、经验这些外显性的，也包括素质和动机这些内隐性的。因此，为了更好地与测评工具匹配，还需要将一些综合性的人才标准拆分成便于与人才测评工具对应的测评指标或测评要素，通常被称为评估模型。

三、人才标准的建立

（一）建立人才标准的基本依据

在社会性人才标准建立和组织内人才标准建立的过程中，有两个最基本的依据：职业名称词典（Dictionary of Occupation Titles，DOT）和工作分析。

1. 职业名称词典

一方面，职业名称词典的建立是为了帮助组织和个人了解工作的特点和性质，了解工作岗位的资质要求，为组织甄选人员提供依据，为个人职业生涯规划提供指南。另一方面，职业名称词典也统一了单个领域内对于职位名称、岗位工作内容、相关岗位资质要求等的描述，这在很大程度上减少了针对单个类似岗位人才标准的重复研究，尤其是为一些基础性和通用性较强的岗位提供了人才标准的参照，更为人才在不同组织之间的流动提供了可能。

美国劳工部对美国社会当前的大部分工作岗位进行了分析和编码，制定了职业名称词典以及O*NET职业信息网，在职业名称词典和O*NET信息网上详细地列出了各种岗位的职位说明书、岗位资质要求，如知识、能力、技能、个性、兴趣、工作价值观等方面的要求。职业名称词典和O*NET信息网因其翔实可靠的资料，从而可以为岗位人才标准的构建提供重要的参考依据。

另外，由劳动和社会保障部、国家质量监督检验检疫总局、国家统计局联合组织编制的1999年版的《中华人民共和国职业分类大典》较为详细地列出了8个大类、66个中类、413个小类、1 838个细类（职业）的岗位说明书。通过对我国的岗位说明书的分析，也可以从中提取出相应岗位的人才标准。但是这一版在相关岗位的资质要求及信息更新的速度方面还有待加强。2015 年 8 月 10 日，由人力资源和社会保障部、国家质量监督检验检疫总局和国家统计局联合牵头修订的 2015 版《中华人民共和国职业分类大典》出炉。与 1999 年第一版相比，新版《中华人民共和国职业分类大典》延续职业分类的大类、中类、小类和细类（职业）结构，仍维持 8 个大类，同时增加 9 个中类、21 个小类，新增 347 个职业、取消 894 个具有鲜明时代烙印的职业，共 1 481 个职业。职业分类增增减减的背后，折射出中国经济社会的巨大变迁，也对新时代的人才标准和相关岗位的资质提出了新的要求。

2. 工作分析

任何岗位人才标准的开发都离不开工作分析。工作分析是指以工作岗位为研究对象，搜集有关工作岗位职责、任务、活动、标准，对任职者的资格要求、工作流程、完成工作的环境等信息进行整理、分析，使之服务于某一特定目的的过程。通过工作分析，可以得到胜任该项工作需要具备的基本任职资格和能力素质要求。由此可见，工作分析是岗位人才标准构建的基础，只有在充分了解工作岗位特点的基础上，才能开发出适用的岗位人才标准。

（二）建立人才标准的基本方法

人才标准是一个综合性的人才需求，因此在建立人才标准的时候需要考虑多方信息和因素，力求得出一个相对全面、准确的标准。进入现代人力资源管理时代以来，人才标准的构建走上了更科学的道路。从方法论的角度，可以分为归纳法和演绎法两个大类共四种。

1. 归纳法

通过多种实证调研方式如访谈、座谈、问卷、研讨、实验等收集优秀人才数据，并对数据进行编码、统计、分析、归纳和整理，最终总结出某类人才的共性特征。

2. 演绎法

通过对人才所处的社会特征、国家特征、区域特征、行业特征、组织特征等进行分析和演绎，推导出各方面因素对某类人才的共性要求。

这两种方法各有优势和不足：

（1）归纳法：注重证据，行为化强，个性化和针对性强。不足就是缺乏未来性和广泛适用性。

（2）演绎法：注重未来和广泛适用性，从宏观考虑较多，具有较强的导向性和系统性，但是证据不足，行为化缺乏。

综合分析，现在人才标准领域的多种方法，目前比较科学的方法是结合了上述两种方法的优点，同时辅助一些其他方法帮助修订和校正，我们称之为综合法。

总体逻辑：演绎 + 归纳 + 对比校正

除了归纳和演绎相互结合外，综合法更注重通过研讨和对标的方式加强人才标准的实用性和系统性。

3. 专家法

通过组织相关领域内的专家（包括优秀人才和优秀人才的管理者）进行研讨和问卷调研的方式，搜集专家对于标准的综合意见，对人才标准进行进一步的校订。同时，还可以通过内部专家的研讨，修订人才标准中相关指标的命名、定义和分级描述方式，以增强其在一定范围内的实用性。

4. 对比校正

将初步成果与人才所属行业的通用人才标准对比，或者与经典的人才标准库的相关标准对比修订。一方面可以借鉴行业内和第三方在人才方面的优秀标准，提升人才要求，为人才全面发展指明方向，提高标准的系统性。另一方面，也可以通过对比突出人才的特点。

（三）社会性人才标准的产生过程

社会性人才标准往往以国家职业标准的形式体现。制定国家职业标准可按照以下工作流程进行：

第一，成立国家职业标准制定专家工作组。专家工作组由 7 ~ 15 名专家组成，包括方法专家、内容专家和实际工作专家。方法专家由熟悉《国家职业标准制定技术规程》和标准制定方法——目标导向项目规划方法的专家担任，要受过项目主持人训练；内容专家由较长时间从事该职业理论研究和教学工作的专家担任；实际工作专家则由较长时间实际从事该职业活动的管理或操作人员担任。为确保标准符合生产和工作的实际，通常要求实际工作专家应占专家工作组总人数的一半以上。

第二，开展职业调查和职业分析。在全国范围内调查了解该职业的活动目标、工作领域、发展状况、从业人群数量、层次、薪酬水平和社会地位，以及从业者必备的能力、知识和技能等。职业调查可以由专家工作组承担，也可以委托专门工作机构承担。在职业调查获得资料的基础上，由专家工作组进行职业分析，为标准的制定做好前期准备。

第三，召开职业标准制定工作研讨会。采用目标导向项目规划方法，实行项目主持人制。与方法专家、内容专家和实际工作专家（必要时还可从专家工作组以外特邀部分专家）进行充分研讨，确定本职业标准制定的具体工作程序和基本框架结构，并编制本标准制定时间进度计划。

第四，编写国家职业标准初稿。按照工作研讨会确定的程序、框架，以及时间进度计划，结合职业调查和职业分析的结果，同时结合专家长期积累的工作经验，编写国家职业标准初稿。

第五，审定和发布。国家职业标准初稿完成后，由中华人民共和国人力资源和社会保障部职业技能鉴定中心进行技术初审，专家工作组将根据初审意见做进一步修订。标准初稿经技术审定后，由中华人民共和国人力资源和社会保障部相关部门召开标准终审会议，组织业内权威人士对标准进行最后审定。专家工作组根据审定意见做好最后修订，然后报中华人民共和国人力资源和社会保障部审批。审批通过后，由中华人民共和国人力资源和社会保障部颁布。

（四）组织内人才标准的产生过程

组织内的人才标准通常分为两大类，即任职资格标准和胜任力标准。胜任力标准通常用胜任力模型表示，管理人员的胜任力通常用领导力模型表达。

1. 任职资格体系构建思路

任职资格体系设计有六大基本步骤：

（1）组织核心业务分析。组织核心业务分析是通过详细了解企业的业务功能模块及其内部的分工情况，来确定核心业务。这需要充分考虑企业的自身特点。比如，生产制造型企业，它的核心业务可能是生产、市场；研发型企业，它的核心业务可能是研发、市场；贸易型企业，它的核心业务则可能就是市场。

确定核心业务之后，要详细分析其内部的分工。比如，研发业务可分为软件、硬件、系统、测试等；市场业务可分为销售、市场、客户服务、物流等；企业的业务支撑功能，也可以分为人力资源开发、企业文化、计划统计、财务管理、审计、IT 等。这种分类的粗细根据企业的实际需要来确定。

（2）组织核心能力分析。组织核心能力分析，重点是要明确公司的战略、核心价值观与外部挑战对组织核心能力的要求。换句话说，就是从市场竞争和公司发展战略角度来看，需要增强的组织核心能力，以确定任职资格标准制定的方向。组织核心能力分析通常采用的方法有战略演绎、文化演绎等。

（3）标杆人物选择、访谈与分析。在确定了级别定义后，接下来的工作就是根据它来选取相应人员作为标杆进行详细的分析，以期归纳确定技能标准的具体内容。

（4）行为标准与贡献标准设计。行为标准就是依据本职位的业务知识、能力、行为等要求，将各职位的任职角色划分为若干级别，并界定其行为标准。

贡献标准是一个人取得资格认证的最重要的条件。因为组织是目标导向的，强调结果，强调员工对企业做出了多大的贡献，做出了什么样的成果。

（5）能力标准设计。能力标准包括三个部分：必备知识、专业技能与潜在素质。这是判断一个人能否上岗的标准。

（6）任职资格标准定稿。任职资格标准建立之后应该进行内部评审，并且进行试评之后才能正式定稿。

2. 胜任力模型构建思路

由于胜任力模型构建思路的最终确定取决于模型构建对象的优秀样本数量、组织结构与战略方向的稳定性、组织内部后续应用等多种条件，因此构建模型的具体思路和方法选择会有差异。通用的胜任力模型构建技术思路如图 7—9 所示。

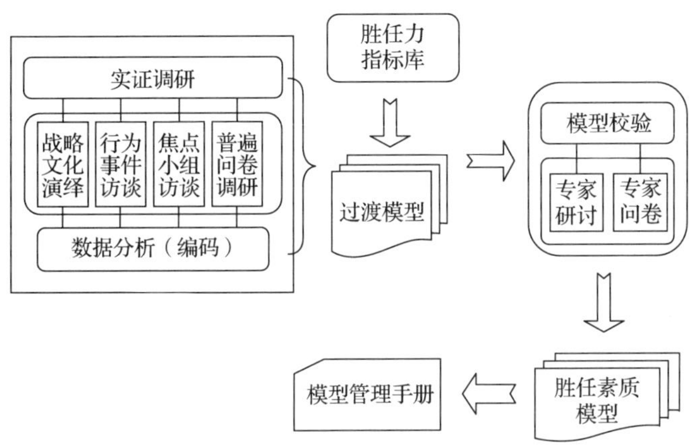

图 7—9 通用的胜任力模型构建技术思路

主要的构建模型方法有：

（1）战略文化演绎。通过对组织战略导向和文化特点的深入研读，辅以不同大类（工种）的特点分析，初步确定反映战略文化的能力素质指标，初步明确大类（工种）之间的能力素质区别与联系。

（2）行为事件访谈。选取绩优员工样本进行深度访谈，每人次访谈时间为 1 ~ 1.5 小时，并对访谈结果进行编码分析，提炼出绩优员工普遍具备的能力素质。同时收集典型行为事例，为后续测评工具的开发提供素材。

（3）胜任力问卷调研。通过扩大样本问卷调研，对前期演绎、访谈编码所得的初步指标进行调研确认。

（4）模型对标。将调研确定的过渡模型与同行业胜任力模型、经典模型数据库中的同类岗位模型进行对比分析，并根据分析结果对模型（指标、行为等级等）做适当调整，从而确保模型与同行业、同类岗位对标。

（5）内部专家研讨。以模型校验和修订为目的，召集组织内部专家对前期调研确定的过渡模型进行研讨，并根据他们提出的意见和建议，对模型做一定的修订和调整，从而使模型（指标名称、指标定义、行为等级等）更具组织的特色，以及更符合组织的实际情况。

（五）人才测评评估模型及其构建

任职资格体系和胜任力模型的构建，从投入时间较长、投入人员数量需求大且人员专业程度要求高，大部分组织都需要成立专门的项目组来开展。其中，任职资格体系的构建常常是一次性完成然后不断修订和完善的，而胜任力模型则通常会根据组织的发展情况不断补充和细化。但是针对到具体的一项人员的招聘选拔工作中，人才测评标准的产生则不一定需要经历上述复杂的过程。换言之，要完成一项有效的人才招聘选拔工作，并不一定以构建完整的任职资格体系和精确的胜任力模型为前提。下面以诺姆四达集团通过大量实践经验总结出来的，一套简易的人才测评标准构建理论——评估模型构建理论为例进行阐述。

在构建评估模型的过程中，所使用的方法包括上文提及的参考胜任素质模型、工作分析、职业名称词典和诺姆四达岗位胜任素质词典库。现以某组织的一次人员招聘评估模型构建为例说明具体的开发过程：

其一，对某组织本次人员招聘岗位进行了分类。尽管单从数量上看，本次人员招聘岗位众多，但仔细分析岗位的特点，并参考《中华人民共和国职业分类大典》中对岗位分类的办法，可以将这些岗位归为5大类，分别是：市场营销岗位、中层管理岗位、行政管理岗位、专业技术岗位和技能岗位。

其二，对上述5大类工作岗位中的典型职业进行了详细的分析，参考了《中华人民共和国职业分类大典》、O*NET职业信息网和职业名称词典，并同熟悉该组织工作岗位特点的相关人员进行了座谈，采用专家讨论、头脑风暴等方法，初步提取出5大类工作岗位应具备的基本任职资格要求和能力素质特征。

其三，参考麦克利兰和史班瑟（Spencer）博士关于上述5大类工作岗位的胜任素质模型的研究，同时参考了O*NET职业信息网相关岗位的素质要求，并结合诺姆四达岗位胜任素质模型库，对通过工作分析提出的岗位素质模型进行修订和补充。

其四，考虑到组织战略发展、业务发展和企业文化特征等对人员的素质要求，增加相应的测评素质和任职条件，再次对上面提出的岗位评估模型进行修正。

其五，在综合上述各方面的基础上，再次通过专家讨论法，确定5大类工作岗位的评估模型。

上述过程中，构建一个岗位的评估模型所需时间在一周左右，而在准确度上能够基本满足人才测评的需要。这与耗费动辄数月甚至一年时间构建任职资格体系和胜任力模型相比，大大节约了单次的时间投入成本。同时由于评估模型直接指向测评，与后续的测评流程和测评工具的对接更方便，因此它成为目前很多组织都青睐的方法。当然，如果组织内部有了较完整的任职资格体系，同时也拥有一些核心岗位的胜任力模型，对于构建评估模型就更加便利，准确度也更高。

第三节　人才测评的工具与方法

古今中外，人类发明了多种人才测评工具和方法。目前最常用的有考试法、面试法、评价中心法、心理测验法，其他的还有 360 度评估法、履历分析法和仪器测量法等。

一、考试法

考试法是最常用的人才测评方法。根据考试的具体形式可以分为笔试法、典型作业法和模拟操作法三种方法。

（一）笔试法

笔试法是指测评前由主试命题制卷，以纸笔为测评形式的测评方法。如我们熟悉的高考、自学考试、专业技术资格考试以及职业技能鉴定中的理论考试等所采用的都是笔试法。

现代笔试法与传统笔试法相比也有了很大的进步。比如，在试卷的设计上，不断创新题型，除传统的主观性论述外，还引入了很多选择题、判断题、赋分题等客观性题型；在测试过程的控制上，也按照标准化的思想对一些干扰因素进行控制，如测试环境、主试行为和时限的统一等。

笔试的类型有很多，但从应用的角度归纳起来主要有三类：基础性笔试、专业性笔试和应用性笔试。

（1）基础性笔试。基础性笔试的内容非常广泛，其目的主要在于考察被试者的知识广度，以及对基本知识的了解程度。

（2）专业性笔试。专业性笔试的内容是与被试者学习或工作有直接关系的某学科知识，目的在于考察其对此类专业知识的理解和掌握程度。比如，我们要领取机动车驾驶证就必须先通过交通规则考试，这就属于典型的专业性笔试。

（3）应用性笔试。与上面两种笔试不同，应用性笔试考察的重点不是知识的掌握程度，而是通过纸笔的方式考察被试者应用某类知识解决实际问题的能力。比如，律师、注册会计师等职业资格考试现在越来越多地被设计成应用性考试。

（二）典型作业法

典型作业法是指在现场考试法的基础上发展而成的一种测试形式。它以典型的作业环境代替实际生产环境、以典型的作业项目代替实际工作任务，要求测评对象在模拟的环境中完成特定的测试项目，从而对其技能结构和水平进行评定。比如，电网配电工的技能考试就可以通过让被试者完成目检变压设备、爬杆、更换变压器等典型作业，并对其完成过程的规范性和结果的准确性进行评定的方法加以考察，因为这些典型作业高度集中了配电工在实际工作中所应掌握的专业技能。

（三）模拟操作法

模拟操作法适用于一些对物质技术条件和工作环境具有很高要求的特殊职业，如飞行员、核电反应堆操纵员等。这些岗位对从业者的专业技能要求非常高，往往需要通过多年的专业训练才有资格考试上岗。而且，在对这些特殊岗位任职人员进行专业技能测评时，考虑到成本和安全生产问题，无法利用实际的高精尖设备或大型仪器进行现场作业，这就需要通过模拟操作的方式进行测试。

二、面试法

面试法是指通过与被试者面对面的沟通和交流，根据现场反应、表现和口头回答情况对其进行测评的一种方法。

（一）结构化面试

按结构化程度，可将面试分为结构化面试（Structured Interview）、半结构化面试（Semi - Structured Interview）和非结构化面试（Non - Structured Interview）三种。所谓结构化面试，是指面试的内容、方式、评委构成、程序、评分标准及结果的分析评价等构成要素，按统一制定的标准和要求进行的面试；半结构化面试是指面试构成要素中有的内容做统一的要求，有的内容则不做统一的规定的面试；非结构化面试则是指对面试的构成要素不做任何具体规定的面试。结构化面试可以减少盲目性和随意性，其特点是客观，有效性高，但对面试设计、组织以及主试的培训程度要求都比较高。半结构化面试和非结构化面试的特点是简单、容易组织，但主考官的随意性较大，效度较低，有的甚至低于0.2。结构化面试在我国公务员考试、干部公开选拔和竞争上岗中应用比较普遍。

（二）行为面试

按面试内容设计的侧重点，可将面试分为行为面试（Behavior Event Interview，BEI）、情境面试（Situational Interview，SI）、综合面试（Comprehensive Structured Interview，CSI）。行为面试的核心是将问题集中在被试者过去的行为方面，意在通过过往推断未来可能的行为表现。情境面试则是通过向被试者提供一种模拟的情境，观察他在给定情境中的行为反应，主要关注他与未来行为相关的意向或倾向。情境面试的最大优点在于可以考察被试者在没有经历过的情境中可能的行为表现，可以更好地模拟实际岗位的工作要求。综合面试则兼具前两种面试的特点，且是结构化的，内容主要集中在与工作岗位有关的知识、技能、素质等方面。

行为面试是迄今为止最为有效的面试方法之一。有研究表明，其预测效度可以达到0.5~0.6的水平，仅次于评价中心法。行为面试的理论基础非常简单，可以用一句话概括：一个人过去的行为可以预测这个人将来的行为。根据这一思路，行为面试的原理就是通过一系列问题（比如，请你谈一下过去工作中遇到的最有挑战性的事情，当时的情况如何，您是如何解决的?）引导测评对象讲述自己过去工作中遇到过的一些典型的、与所测评的胜任力指标高度相关的行为事件，收集其在处理上述事件中的具体行为和心理活动的详细信息，进而推论其今后遇到类似情境时可能的行为表现及其在这一测评维度上的胜任力水平。

行为面试的核心就是行为事件。一个完整的行为事件必须满足STAR模式。①情境（Situation）：关于事件或情境的背景信息。②任务（Task）：当事人面临的具体任务或所要达成的目标。③行动（Action）：当事人针对上述任务或目标所采取的具体行为。④结果（Results）：当事人所采取行动产生的结果。

应用行为面试考察测评对象时，往往以胜任力模型为基础，具有以下优点：

（1）客观性：行为面试的基础是目标岗位的胜任力模型。面试官需基于模型中已有的行为描述对测评对象的回答做出分析和判断，最大限度地保证了其评分时能够遵照相对客观、统一的要求和标准，极大地提高了面试的客观性。

（2）针对性：在行为面试过程中，面试官可以直接针对胜任力模型指标进行提问，要求测评对象讲述自己过去经历的能够说明此项胜任力的典型行为事件，从而大大提高了面试的针对性，避免了传统面试中泛泛而谈的情况。

(3) 准确性：行为面试方法关注测评对象在过去的事件中做出的具体行为，因此受过一定训练的面试官很容易判断测评对象胜任力水平的高低。

(4) 区分性：在行为面试过程中，由于测评对象被要求讲述具体经历及在其中的行为表现，一般很难在短时间内杜撰出完整翔实的行为事件，所以每个测评对象回答的都应该是亲身经历的事情，从而避免了传统面试中经常出现的千篇一律的情况。

三、评价中心法

评价中心（Assessment Center，AC）是最近30多年来人才评价领域最主要的进步之一。工业和组织心理学家对此颇感兴趣，并进行了大量的研究和实验。结果表明，在胜任力评价领域，评价中心是迄今为止最为有效的测评方法。研究表明，其预测效度最高可以达到0.7以上水平。随着人力资源管理在各种形态的组织发展中日益受到重视，评价中心也越来越在人才评价、员工发展、人员培训等领域得到更为广泛的应用。

评价中心的主要方法包括：文件筐作业、无领导小组讨论、角色扮演、管理游戏等。

（一）文件筐作业（In－basket）

文件筐作业又称公文处理测验，是评价中心中应用最为广泛的测评形式。在这种测评方式中，被评价者将扮演企业中某一重要角色（一般是需要选拔的岗位）。然后把这一角色日常工作中常常遇到的各种类型的公文经过编辑加工，设计成若干种公文等待被评价者处理。这些待处理的公文包括各部门送来的各种报告，上级下发的各种文件，与企业相关的部门或业务单位发来的信函等，其内容涉及企业经营管理的方方面面，既有重大决策问题，也有日常琐碎之事。要求被评价者对每一份文件都要做出处理，写出处理或解决问题的意见、批示，或直接与部门的人员联系发布指示等，且需在规定的时间内把公文处理完。评价者待被评价者处理完后，应对其所处理的公文逐一进行检查，并根据事先拟定的标准进行评价。如看被评价者是否分轻重缓急、有条不紊地处理这些公文，是否恰当地授权下属，还是拘泥于细节、杂乱无章地处理。被评价者处理完后，评价者也要对其进行采访，要求其说明是如何处理这些公文的，以及这样处理的理由等。

（二）无领导小组讨论

无领导小组讨论就是指数名被评价者集中在一起就某一问题进行讨论，事前并不指定讨论会的主持人，评价者则在一旁观察被评价者的行为表现并对被评价者做出评价的一种方法。讨论的内容往往是大众化的热门话题，即被评价者都熟悉的话题，避免偏僻或专业化，以使每个被评价者都有开口的机会；讨论的主题呈中性，即没有绝对的对或错，这样就容易形成辩论的形式，以便被评价者有机会更充分地显示自己的才华。讨论的内容也可以是与拟聘岗位工作有关的内容，但要具体和专门化。不管在哪种情况下，讨论的问题最好能给被评价者比较广阔的空间，让其有自由发挥的余地。对于评价者来说，重要的是善于观察。观察可以从以下几个方面进行，如每个被评价者提出了哪些观点，与自己观点不同时是怎么处理的，被评价者是否坚持自己认为正确的提议，他们提出的观点是否有新意，怎样说服别人接受自己的观点以及谁引导讨论的进行并进行阶段性的总结等。在这个过程中，还可以看到每个人的领导能力如何、独立见解如何、能否倾听别人的意见，是否尊重别人，是否侵犯别人的发言权等。

（三）角色扮演（Role Play）

角色扮演是一种主要用以测评被评价者人际关系处理能力的情景模拟活动。在这种活动中，主考官设置一系列尖锐的人际矛盾与人际冲突，要求被评价者扮演某一角色并进入角色情景，去处理各种问题和矛盾。主考官通过对被评价者在不同人员角色的情景中表现出来的行为进行观察和记录，测评其相关素质。在角色扮演中，主考官对被评价者的行为表现一般从以下几个方面进行评价。第一，角色适应性。被评价者是否能迅速地判断形势并进入角色情景，按照角色规范的要求采取相应的对策行为。第二，角色扮演的表现。包括被评价者在角色扮演过程中所表现出来的行为风格、人际交往技巧、对突发事件的应变能力、思维的敏捷性等。第三，其他。包括被评价者在扮演指定的角色处理问题的过程中所表现出来的决策、问题解决、指挥、控制、协调等管理能力。

（四）管理游戏（Game）

管理游戏是一种以完成某项或某些“实际工作任务”为基础的标准化模拟活动，通过活动观察和测评被评价者实际的管理能力。因为模拟的活动大多要求被评价者通过游戏的形式进行，并且侧重评价其管理潜质，管理游戏因此得名。在管理游戏测评中，被评价者置身于一个模拟的工作情境，面临着一些管理中常常遇到的各种现实问题，要求想方设法加以解决。同文件筐作业类似，管理游戏中涉及的管理活动范围也相当广泛，可以是市场营销管理、财务管理，也可以是人事管理、生产管理等。在测评过程中，主考官常常会以各种角色身份参与游戏，给被评价者施加工作压力和难度，使矛盾激化、冲突加剧，目的是全面评价被评价者的应变能力、人际交往能力等素质特征。

在现代大型企业组织中，评价中心方法已经成为管理人员评价的必备方法。

四、心理测验法

心理测验能够对人的智力、潜能、气质、性格、态度、兴趣、动机、价值观等潜在的心理素质进行有效测量，且简便易行、程序规范、结果客观，因而在现代人才测评中被广泛采用。一方面，人的心理特质往往是一些比较稳定的因素，因此通过心理测验预测行为的准确性较高。另一方面，心理测验的方法和技术比较成熟、标准化程度高、客观性强，容易使人产生信任感。

虽然心理测验具有许多优点，但在实际应用中也存在不足之处。主要表现为：①开发成本高、开发周期长。编制一个成熟的测验往往需要花费几年时间，而且在测验内容的确定和测验的标准化方面通常需要耗费大量的人力、物力和财力，一个经典测验的形成往往要十几年甚至几十年的时间。②灵活性较差。心理测验一旦固定便不能随意更改，即无法根据客户的个性化要求灵活调整测验内容。由于不能随意调换或增减题目，所以心理测验一般只对一些共性的、通用的素质进行测评。③专业性强。心理测验的实施过程比较严格，需要遵循标准化的程序，且测验结果往往需要受过专业培训的人员进行解读和应用。

通常，可将心理测验分为能力测验和个性测验两大类，对应 APM 模型中的能力部分、个性部分和动力部分。其中，与动力 M 有关的兴趣、态度、价值观、动机等也属于广义的个性测验范畴。

（一）能力测验

1．智力测验（Intelligence Test）

智力测验主要考察智力水平。其中，最有代表性的是比奈－西蒙量表、斯坦福－比奈量表和韦克斯勒智力量表。智力测验主要应用于教育领域，用于诊断学习困难学生的智力发育水平。

2．基本潜能测验（General Aptitude）

在职业和工作领域，应用最广的是基本潜能测验。基本潜能也称一般能力倾向，是指个体所具有的潜在能力，据此可以预测其未来发展的可能性。基本潜能测验（有的也称一般能力倾向测验或能力性向测验）最著名的包括：美国劳工部编制的“一般能力倾向成套测验（General Aptitude Test Battery, GATB）”，本纳特等人所编制的“区分倾向测验（Differential Aptitude Tests, DAT）”，以及“军队职业能力倾向成套测验（Armed Services Vocational Aptitude Battery, ASVAB）”等。这些测验在北美和欧洲非常流行。

从20世纪90年代起，中国学者开始探索编制适合中国人的基本潜能测验。1992年，苏永华博士参与主持的《国家公务员一般能力倾向测验研究》课题，后续成果应用到公务员考试中成为《行政职业能力测验》。2000年，苏永华博士又主持编制了“一般能力倾向成套测验”。该测验共由239道选择题组成，要求被试者在105分钟内完成，从而对语言能力、数字运算、逻辑推理、机械推理、空间关系、知觉速度这六项基本潜能进行具有针对性的考察。目前，此套测验已在国内企业组织中得到广泛应用，并取得了良好的测评效果。

3. 基础工作能力测验

智力测验和基本潜能测验考察的都是测评对象的能力倾向，只能较为间接地预测其取得职业成功的可能性，并不能直接考察其实际具备的或与工作高度相关的能力和行为。为了解决这一问题，2001年，由苏永华博士带领的研究团队与青岛市委组织部合作开发了一套“基础工作能力成套测验”。该测验重点考察了与个体工作绩效高度相关的六项能力，即沟通能力、合作能力、学习能力、创新能力、问题解决能力和信息处理能力。共294道题，要求被试者在130分钟内完成。2002年，由中共中央组织部领导干部考试与测评中心组织全国的专家对该套测验进行了鉴定，称其为“填补国内空白，处于国内领先水平”。十几年来，该测验被广泛地应用于企业的人才选拔与评价之中，得到了用户的特别肯定和好评，已经成为企业HR必备的测验工具。

（二）个性测验

个性测验分为自陈式测验和投射测验两类。目前最常用的是自陈量表测验。

自陈量表测验（Self - report Inventory）多采用结构化的形式设计一系列陈述句或问题，要求被试者本人按照每个项目的陈述，根据自己的经验、态度做出符合自己情况的回答，以测量和评估个性特点。它所呈现的刺激材料即问卷的项目是明确的、具体的，回答也是具体的。对测验结果的评分是根据数量化的原则，采用标准化常模作为参照体系来进行定量或定性的描述。

个性测验量表有很多，其中在职业和工作领域应用比较广泛的经典量表主要有“卡特尔16种人格因素量表（16PF）”“加利福尼亚心理量表（CPI）”“爱德华个人爱好测验表（EPPS）”“艾森克人格问卷（EPQ）”“迈尔斯 - 布里格斯类型量表（MBTI）”“DISC测验”“Y - G人格测验”等。个性测验最早在美国投入应用，所以目前美国是拥有个性测验量表最多的国家，也是应用最为普遍的国家。

一个人的个性受社会习俗、文化价值观的影响很大，因此，不同国家和文化背景下的个性测验是不能简单照搬套用的。国内的学者从20世纪90年代开始了个性测验的本土化开发，目前比较成熟的有“诺姆四达职业个性测验量表（NOPI），苏永华”“领导个性测验（LPI），苏永华”“中国人个性测验，王登峰”“中国人人格测量表（CPAI），张建新，张妙清”。

关于职业价值观，目前国际上在职业选择领域中广泛使用的是苏伯尔（1970）的“职业价值观调查表”（Work Values Inventory，简称WVI），由3个大类共15个项目组成，同样采用李克特5点量表计分，适用于7年级以上人员。此外，比较常用的还有“职业价值观问卷调查表”（Work Values Questionnaire，简称WVQ）和高登的职业价值观量表（Occupational Values Inventory，简称OVI）。

针对中国国内的现状，诺姆四达集团开发了专门针对员工选拔的职业价值观测验（OVS），测评维度包括“风险偏好、独立自主、尊重认可、人际关系、学习成长、条件待遇”；针对管理人员的评价，开发了管理价值测验（LVS），包括“诚信、实干、公正、信念坚定、敢于担当、成就他人”六个测评指标。

在职业兴趣测评这一领域，真正具有标志性意义的是美国约翰·霍普金斯大学心理学教授约翰·霍兰德（John Holland）于1959年提出的迄今为止最广为接受的职业兴趣理论。他认为，个体的职业兴趣与人格之间存在很高的相关性，可以分为实际型（R）、研究型（I）、艺术型（A）、社会型（S）、企业型（E）和常规型（C）六种类型。每种类型的人格特点代表了不同的职业兴趣倾向，对应于不同的职业类型。在霍兰德的理论中，六种类型之间有着明晰的界限和对应关系，构成著名的“正六边形模型”（见图7—10）。

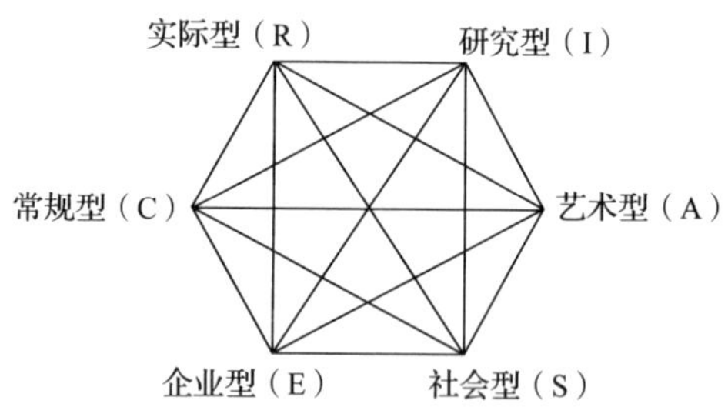

图7—10　霍兰德职业兴趣正六边形模型

针对霍兰德的理论，也开发了配套的测验量表，叫职业兴趣测验（SDS），目前在职业指导和大学生就业市场上广泛应用。

五、其他方法

（一）360 度评估法

360 度评估法的形式多种多样，其中应用最为广泛的是多源反馈评价（Multi－Sources Feedback）技术，也称为 360 度反馈评价（360 Degree Feedback）。该技术由美国学者 Edwards 等人于 20 世纪 80 年代研究发展而成，瞬间风靡全球，为世界 500 强企业所广泛采用。

多源行为反馈是组织内部进行胜任力评估的重要方法。但我们这里所说的多源行为反馈技术跟通常人们所说的 360 评价是不一样的，其主要特点在于融入了胜任力模型，以及行为化评价的思想，由与被评价人有密切工作关系的人（包括被评价人的上级、同级、下级、自己）对被评价人日常工作中表现出来的，与胜任力模型要求相关的实际行为进行判断和评价。在这一过程中，360 度反馈如同一面“镜子”，使个体能够从中发现自我，调整自我，进而不断提高自身的胜任力水平。

在实际测评工作中，考虑到操作性问题，我们有时也将 360 度简化为 270 度或 180 度评估。同时，要充分利用现代的计算机和网络技术，通过在线的方式完成整个评估过程，大大减少了人力、物力以及时间的耗费，而且也很好地解决了 360 评估中最敏感的保密性问题。基于互联网开发的多源行为反馈系统（Behavioral Multi－source Feedback，BMF）可以与企业的内部 E－HR 系统实现无缝对接，完成评价后自动生成员工的胜任力档案，并与历年的评价结果进行对比，对人事决策参考意义很大。

（二）履历分析法

履历分析法又称资历评价技术，是通过对测评对象的个人背景、工作与生活经历进行分析，来判断其对未来岗位适应性的一种人才测评方法。由于一份相对完整的履历包含了测评对象的年龄、家庭情况、受教育情况、培训经历、工作经历、获奖情况等丰富的基本信息，所以我们可以据此了解一个人的成长历程和工作情况，从而对其个性、兴趣、能力和经验等方面加以分析，并结合其他因素对其做出综合评价。

与很多测评方法一样，真正意义上的履历分析法诞生于第二次世界大战期间。著名心理学家吉尔福特及其同事发现有不同个人经历的军人在军事训练中的表现明显不同，于是他们根据这一发现，开始在征兵时利用对个人经历的分析来预测军事训练的成功率，取得了良好的效果。至此以后，这种通过个人经历预测日后工作绩效的方法开始为人们所关注。第二次世界大战以后，履历分析法沿用到民用领域，逐步发展成型。

履历分析法兼具定量和定性分析的优点。国际上通用的履历分析法一般是以选择题的形式要求测评对象填写经历调查表。这其中最有代表性的首推美国人事管理总署研究开发的个人成就信息表（IAR）。该表自 1983 年起沿用至今，从学习经历、工作经历、工作能力和人际关系等方面编制了 148 道选择题，每个选择题有 5 个选项，要求测评对象根据自己的实际情况作答。目前，履历分析已经成为美国公务员选拔的重要测评手段。欧美的一些大公司也开发了适合企业自身需要的履历分析测评系统。其中应用最为广泛的主要有权重申请表（Weighed Application Blank，WAB）和传记式申请表（Biographical Information Blank，BIB）。

履历分析法作为一种新兴的人才测评技术，具有如下优点：①普遍性，几乎所有的部门和岗位都适用，且能从多个维度对被试者进行考察，有助于比较全面地了解评价对象；②客观性，由于履历记录的都是过去发生的客观事实，而且是可以核实的，因此一旦明确了评分规则，就可以做到相对定量化，避免了某些人为因素的影响；③便捷性，虽然履历表的编制比较复杂，需要有专业的人力资源管理和心理学知识，但操作非常简单，可长时间重复使用，大大节省了测评成本，因此非常适用于大规模测评活动中的初筛。

但在实际测评活动中，履历分析法也暴露出了一些问题和缺陷：①履历的真实性问题，由于履历所填写的信息大多采用自我报告的形式，不可避免地会出现某些人为了提高自己入围的可能性而弄虚作假的情况。针对这一问题，就需要在履历表中设置一些真实性监测项目，并尽量减少主观性项目，增加可验证的客观题，必要时也可通过背景调查加以核实。②设计的科学性问题，履历内容的编制会对履历分析的有效性产生重要影响，所以在设计题目时，必须明确岗位任职的标准和胜任力要求，保证题目内容具有针对性，符合基本逻辑，避免产生歧义，且便于测评对象理解和填写。③操作的规范性问题，目前许多企业或部门在缺乏专业指导的情况下通过对候选人简历的简单定性分析就做出判断，缺少规范的流程和客观的评分标准，操作随意性大，从而大大降低了履历分析的信度和效度，在某种程度上造成了测评方法的滥用。对此，我们必须特别加以重视，千万不要把履历分析理解为简单的简历筛选。

（三）仪器测量法

仪器测量法是指运用一定的仪器设备对人的素质、技能与实际工作能力进行测评的方法。仪器测量法主要用于身体素质、体能、实际操作技能等方面的测试。在身体素质测评方面，如身高、体重、脉搏、血压、呼吸、心脏功能、心电图、脑电图、X 光射线透视、CT 扫描、血液化验、体液检查等生理功能测评等。

在体能测评方面，也有许多需要使用仪器进行测评的，如握力、速度、耐力、冲击力、弹跳能力、平衡能力等。对一些精细动作能力也需要使用仪器进行测评，如手指的灵活性、手臂的灵活性、双手协调、四肢协调、手眼协调等都有专门仪器进行测评。对人的反应能力（速度与准确性）也可以通过光、声等刺激来测定反应时进行测评。心理学上就有专门的反应时测量仪。

有些复杂心理的测评往往将一般心理测验的方法和仪器测量方法结合进来使用。如测谎仪就是一个典型的例子。测谎仪所使用的是一台多导生理测试仪，即能够同时对人的多项生理进行同步测量的仪器，如呼吸、脉搏、心跳、皮肤电等。如何判断一个人是否诚实，就是设计若干类似自陈式测验的问题向测评对象提问，并让他立即做出回答，同时记录各项生理反应指标。其假定是，当一个人不诚实、说谎时，他的内部心理反应就会在各项生理指标上有显著的变化。通过对生理指标变化与所提问题的综合分析，就可以判断是否在说谎。这种测谎技术难度比较高，应用不是太普遍。但在美国应用比较多，在我国目前主要在公安部门、检察部门和监狱中有些试用性的报告，还没有正式用于普通人员的测评。

主要参考文献

［1］Weisner，W. H. & Steven，C. A meta – analytic investigation of the impact of interview formatand degree of structure on the validity of the employment interview. Journal of Occupational Psychology，1988，61：275 – 290.

［2］Michael，M. Harris. Reconsidering the employment interview：a review of recent literature and suggestions for future research. Personal Psychology，1989，42（4）：691 – 726.

［3］苏永华. 无领导小组讨论实施技术的信度和效度研究［J］. 人类工效学，1998（2）：29 – 31.

［4］苏永华. 一般能力倾向成套测验编制研究［Z］. 海峡两岸心理与教育测量学术研讨会，2002.

［5］杨鹏，胡月星. 用履历分析法筛选合适人才［J］. 中国人才，2006（7）：58 – 59.

［6］许铎. 履历分析测评技术在选拔招聘人才中的应用［J］. 中国人力资源开发，2002：31 – 34.

第八章
人力资源服务外包

“把不懂的业务全部包出去，我们只做我们熟悉的。”这是20世纪八九十年代风靡一时的管理思潮。管理大师彼得·德鲁克（Peter F. Drucker）显然先知先觉地注意到了这种趋势。他曾指出，“在10~15年之内，任何企业中仅做后台支持而不创造营业额的工作都应该外包出去，任何不提供向高级发展的机会和活动、业务也应该采用外包形式”。于是，人力资源外包公司首先在海外迅速蔓延。后来随着经济的发展，人力资源外包的概念以及人力资源外包服务逐渐被我国的企业接受并认可。本章就人力资源服务外包的基本概念、发展历程、发展趋势以及业务内容等角度展开阐述。

第一节　人力资源服务外包概述

一、人力资源服务外包的内涵及意义

（一）服务外包概述

1. 服务外包的内涵

“外包”一词最早见于1990年加里·哈默尔（Gary Hamel）和普拉哈拉德（C. K. Prahalad）为《哈佛商业评论》写的一篇文章，题为“企业的核心竞争力”。“外包”（Outsourcing）英文直译为“外部滋养”。美国外包协会把“外包”定义为一个企业将其运营活动的一个或几个环节交给其他企业去做。

“外包”的最早应用者是世界最大的IT承包公司——EDS的创始人罗斯·佩罗（Ross Perot）。在20世纪70年代后半期至80年代初，他因外包其他公司的信息系统而使公司迅速崛起。罗斯·佩罗有效地代替客户完成客户原内部职能的经营手法，在信息产业内迅速流行。此后，随着全球经济一体化、竞争日趋激烈、信息技术的发展和传统竞争战略缺陷逐渐显露等因素，职能外包战略

不仅在信息系统，同时也在生产、物流、营销等众多领域内被广泛使用。

近年来，服务外包作为一种新的分工形式迅猛发展。服务外包是指企业将非核心、次要的业务外包出去，利用外部优秀的专业资源，从而使其专注核心业务，以此降低成本、提高效率、增强企业核心竞争力，并能提高对环境应变能力的一种管理模式。

服务外包的本质是以企业价值链管理为基础。在外部竞争激烈及内部资源有限的情况下，为获取更大的核心竞争优势，企业整合外部资源，重新定位内部业务，将不直接创造价值的后台支持功能剥离，专注于直接创造价值的核心目标。它是企业在降低成本、集中强化优势业务、推行新的发展战略的考虑下，将非核心业务转移到更具有成本优势和专有知识的企业以委托接包方承办的一种运作方式。

2. 服务外包的特点

我们通常说的外包行业一般是指从制造业的外包发展起来的。制造业外包最初是为了降低成本，在全球范围内进行资源的优化配置。随着外包行业的发展，这种经营的特殊策略逐渐进入服务行业等各个领域。其发展的动因主要还是成本驱动。发达国家和发展中国家巨大的资源成本差距，尤其是人力资源的成本差距，促使很多发达国家的发包商将很多非核心的业务交给资源价格比较低廉的国家来运作。这是服务外包最原始的特征。但是，随着经济的发展，服务外包也呈现了新的形式和特点。

（1）外包业务专业化，服务的水平更高。服务项目外包，客户的最初始目的是降低成本。但是随着服务外包的快速发展，承接服务外包的服务商的专业水平逐步提高，尤其在业务流程、创新等诸方面逐步完善，质量、效率成为客户的重要关注点。

（2）与传统的制造业外包相比，附加值比较高。与制造业相比，服务外包基本没有原材料的支出，项目成本基本是物业租金、硬件折旧、办公费用、人力成本等，因此成本较低。

（3）低消耗，无污染，属于绿色产业。服务外包不需要原材料，不用进行实物生产，主要利用 IT 技术手段和人力资源。因此它对资源的消耗相对制造业而言非常之少，属于比较环保的产业。

（4）对互联网和通信技术有较大的依赖。大部分的服务外包合作双方可以不受地域限制，以互联网和通信技术作为操作平台。

3. 服务外包的分类

外包的发展过程依次经历了企业的制造业务、信息技术服务、业务流程服务和知识流程服务。服务外包主要是信息技术外包、业务流程外包和知识流程外包。

（1）信息技术外包（Information Technology Outsourcing，ITO）。信息技术外包是最早的服务外包活动，具体是指企业将自身与 IT 相关业务外包给低成本的专业 IT 公司来处理，以此提高开发效率、节约成本。信息技术外包业务内容主要包括系统运营、网络设计、开发和管理、应用系统设计、开发和维护、数据中心托管、安全服务、IT 培训、系统集成、信息技术顾问、业务管理过程、用户支持等。

（2）业务流程外包（Business Process Outsourcing，BPO）。业务流程外包也叫商务流程外包，是企业将一些重复性的业务流程外包给供应商，以达到降低成本、提高服务质量的目的。由于现代商务流程外包需要现代 IT 技术支持，所以它也被称作基于 IT 的服务外包（IT Enabled Service，ITES），即发包商通过投入要素中部分服务要素投入的外包，重新构建商务流程结构。业务流程外包的主要内容为物流、采购、HR、财务会计、客户关系管理（Customer Relationship Management，CRM）或者其他行政及面对顾客的商务功能，目前已经涉及金融、保险、通信、医院、政府、法律、制造业等众多行业领域。

（3）知识流程外包（Knowledge Process Outsourcing，KPO）。知识流程外包是在业务流程外包基础上发展起来的一种服务外包业务模式。其业务重点集中在企业价值链流程的高端，通过把高知识含量的分析、研究等活动外包，以更有效的价值创造来提升客户的绩效。知识流程外包过程涉及要求领域专业技能的知识密集型业务流程。由于知识流程外包不是简单地执行流程标准，所以对其提供外包服务的人员素质要求比较高，必须具有较强的专业分析能力和判断能力，并能够进行一定程度的决策。知识流程外包主要包括股票、金融和保险研究，知识产权研究，人力资源方面的研究，网页设计，动画制作，律师，信息技术咨询等。

在外包发展演变过程中，外包出去的业务从低技术含量走向高技术含量，从价值链的低端走向高端。如今外包的内容已不再仅仅是各种劳动密集型产业，而是诸如信息技术、软件、制药这样的高端服务业。企业从外包简单的制造加工环节，发展到外包集中在价值链高端位置，如设计研发、供应链管理、金融服务等的核心业务环节。

4. 服务外包的动因

服务外包的动因可以从企业外部动因和企业内部动因来理解。企业外部动因主要是指信息技术的发展、经济全球化的发展、市场环境的变迁；企业内部动因主要是指成本和核心竞争力的需要。

（1）企业外部动因。技术动因。技术动因主要是指互联网、信息和通信技术：互联网可以自由灵活地延展，把地域、资源对企业的约束变得模糊，使市场跨越地域和资源的界限；信息和通信技术可以使企业的决策者获得更多的决策信息。这些可以为服务外包管理者准确、快速地决策形成技术支持。

经济动因。经济全球化带动资本、信息、技术、劳动力、资源在全球范围内流动、配置和重组，使生产、投资、金融、贸易在世界各国、各地区之间相互融合、相互依赖、相互竞争和制约，以使整个世界连接成一个巨大的市场。这些使服务外包成为可能，并变得愈加重要。

市场动因。市场环境的变化使企业之间的竞争越来越激烈。通过服务外包策略，企业可以以网络技术和信息技术为平台，把不同优势资源的合作方整合成反应迅速和灵活多变的动态联盟，实现资源共享、优势互补和有效合作。

（2）企业内部动因。企业通过把内部非核心业务转给外部承揽商运作，不仅可以节约各种资源成本，而且能够把主要精力用在提高自身的核心竞争力上，以促使自身能够提高绩效，获得更多收益。

（二）人力资源服务外包概述

1．人力资源服务外包的含义

（1）人力资源服务外包的内涵。人力资源服务外包（HRO）是指发包单位根据本单位的业务发展需要，将几项或全部的人力资源管理工作职能以及对非核心业务板块的人力资源配置发包出去，交由其他企业或组织进行管理，以降低管理成本，获取专业资源，实现效率最大化。[①]

人力资源服务外包是充分利用组织外部的资源，更经济有效地解决组织内部人力资源管理涉及的各项工作。对于我国企业来说，人力资源服务外包发展起步比较晚，但是发展速度很快。从20世纪90年代开始，人力资源服务外包由东南沿海地区的诸多企业发展起来，此项业务的开展增强了企业的灵活性及对市场的反应速度，降低了企业的经营风险。

随着社会分工的深入，本着企业内部降本增效去风险的要求，人力资源服务商可以涉足的外包具体业务形态将会越来越细化，从而渗透到各行各业。

（2）人力资源服务外包的特点。人力资源服务外包的特点主要是基础性、重复性和通用性。基础性是指外包出去的人力资源项目一般是传统的人力资源管理的部分内容。这些业务内容占据了人力资源管理部门大量的时间、精力及人力资源成本。随着经济的发展，企业之间竞争的加剧，人力资源管理部门需要把更多的时间、精力及人力投入到企业的核心业务和战略任务上，所以，非核心业务需要外包出去，以减少压力和成本。重复性是指外包出去的业务一般是招聘、培训、薪酬发放等需要重复性工作的内容。这些业务外包出去，可以使

① 范本鹤. 服务外包是人力资源服务业发展的新天地，http://www.gxrlzy.com/article-11683-1.html.

外包公司能够专业化地运作，形成规模化经营。通用性是指同类外包项目，基本流程一致，在满足需求者差异化需求的同时可以提供普适性的流程。

2. 人力资源服务外包与劳务派遣的区别

（1）劳务派遣的概念。根据《中华人民共和国劳动合同法》的规定，企业的用工形式分为直接招聘的全日制用工、劳务派遣用工和非全日制用工。劳务派遣是指由劳务派遣机构与派遣劳工订立劳动合同，由派遣劳工向要派企业（实际用工单位）给付劳务，劳动合同关系存在于劳务派遣机构与派遣劳工之间，但劳动力给付的事实则发生于派遣劳工与要派企业（实际用工单位）之间。其目的是降低用工成本、规避用工风险，以及便于用工管理。但用工单位只能在临时性、辅助性或者替代性的工作岗位上使用被派遣劳动者。

（2）两者的区别。劳务外包是将本单位的业务报给其他单位完成，属于企业间的商业行为。它不是用工形式，其在法律中的定义叫“承揽”。外包承揽是属法律定义的一种经营形式。劳务派遣仅仅是《中华人民共和国劳动合同法》明确的一种用工形式，两者有着本质上的区别。基于此，两者是不能混在一起去考虑的。

外包和派遣的本质区别①在于对于劳动者劳动过程中指挥管理权的行使。劳务派遣情况下，用工单位对劳动者享有完整的指挥管理权；外包情况下，指挥管理权应转为主要由外包单位行使。指挥管理权主要包含工作安排、考核和规章制度适用（见图8—1）。

如果外包操作不当，很可能就会被看成“假外包、真派遣”（见图8—2）。

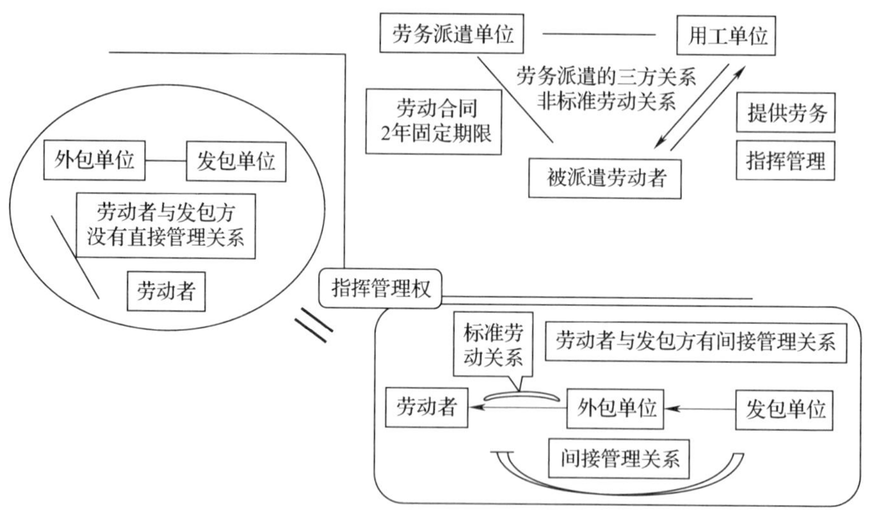

图8—1　劳务派遣和劳务外包的区别

① 此部分主要内容参考万宝盛华集团（中国）张锦荣先生的观点。

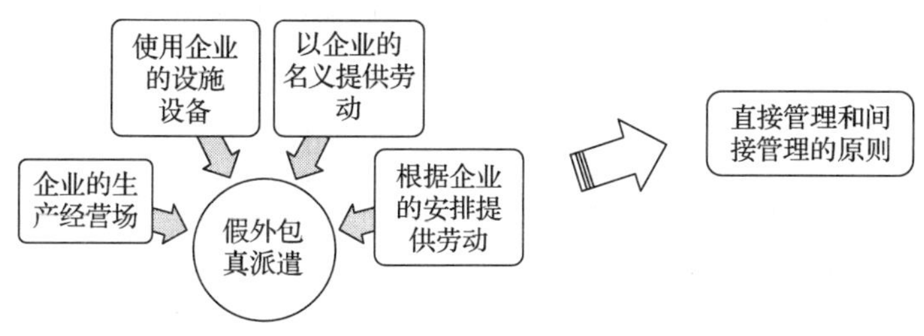

图8—2 假外包、真派遣情形

为有效管理“假外包真派遣”的实际用工状况，各地政府分别制定了相关实施意见进行监管。比如，上海市人力资源和社会保障局于2014年7月颁布了《关于规范本市劳务派遣用工若干问题的意见》。其中，第八条“关于派遣用工转为人力资源服务外包的问题”指出：劳务派遣单位和用工单位将派遣用工转为人力资源服务外包的，应当调整原劳务派遣法律关系所形成对劳动者的管理方式，根据人力资源服务外包的性质，参照直接管理和间接管理的原则合理确定管理界限，防止引发相关纠纷。

3. 人力资源服务外包的意义

随着以全球化和互联网为特征的新经济时代的到来，产品多样化且生命周期加速缩短，面对外部更加激烈的市场竞争环境，企业必须积极进行组织及管理方式的变革与创新。人力资源服务外包便是在这种背景下产生的，它是以帮助企业提高效率、赢得竞争优势的一种新型管理模式。

（1）有助于企业人力资源战略管理实现。企业进行人力资源服务外包本身就是一种战略思想。企业战略思想认为，资源与企业的获利性有密切关系，资源关注的问题是“一种资源怎样才能为企业创造长期的高收益”。企业的竞争优势在于直接或间接控制竞争对手所无法控制的资源，以提高竞争对手的产出成本或降低其使用收益。人力资源在企业竞争中是一种非常重要的资源，但是企业不可能获取其所需要的所有资源，势必要求企业之间进行项目合作的、战略联盟等具有外包性质的经营管理行为。企业根据自己的整体战略规划，确定哪些资源是适合自身经营的，哪些资源是需要向外界寻求合作的，哪些资源可以为自身带来长期的利益，自身获取和控制这些资源的可能性和成本。[①]

（2）帮助人力资源部门减少成本，提高效率。人力资源服务外包减少了分配在行政性、事务性、非经常人力资源活动上的专门的人力资源，可以使人力资源部门从繁重的重复性事务中解脱，专注于核心的战略性工作，从而提高人力资源管理的效率。同时，对企业而言，从专业的人力资源服务提供商那里获

① 魏征．TD公司人力资源服务外包业务研究［D］．天津大学，2010.

取人力资源方面的信息和高质量的服务，远比企业自身拥有庞大繁杂的人事管理队伍更能节约成本和赢得对自身更大的价值，从而降低了人力资源管理的成本。这主要体现在三个方面：一是企业把人力资源的非核心功能外包出去，可以节约人员招聘、内部管理及沟通的时间成本，从而降低企业内部人力资源管理成本；二是人力资源服务外包机构拥有专业的人员，其人岗配置、现场管控能力及高质量的服务，不仅节省企业成本，而且更加高效；三是人力资源服务外包机构专门承接大批量的人力资源服务工作，拥有大规模、低成本的运作模式。

（3）能聚焦主营业务，以提高组织核心竞争力。在市场竞争日益激烈的环境下，企业可以以较少的精力和资源关注其非核心、次要的价值链。比如，员工招聘、新员工培训、工资发放、人事档案管理、员工关系等转交给其他的专业服务提供商，使企业更多地关注核心业务，也能使其把资源集中在与自身核心竞争力有密切关系的活动上，从而有利于提高组织核心竞争力，获取更多的竞争优势。

（4）帮助企业规避用工风险，并实现灵活用工。近年来，随着《中华人民共和国劳动合同法》《中华人民共和国劳动合同法实施细则》等相关法律法规的出台及普及，人事直接、间接费用及外围成本不断提高。人力资源服务外包可以帮助企业规避相关劳动法规带来的用工风险和责任，最终引导企业专心经营核心资源，发展核心竞争优势，以规避大量投资于人才所带来的不确定风险。

（5）有助于简化流程，提高效率。人力资源服务外包各项目制定的管理程序、员工培训和活动体系、员工服务体系、督导改进流程等都是企业项目规范操作的保证。外包的导入能够简化企业生产管理流程并提升企业在上下游供应商之间的效率。①

二、人力资源服务外包的类型和模式

（一）基于职能模块的划分

根据企业人力资源管理的职能模块，人力资源服务外包的种类可以分为招聘职能外包、培训职能外包、绩效职能外包、薪酬职能外包、福利职能外包等。

1. 招聘职能外包

就招聘渠道而言，招聘可以分为内部招聘和外部招聘。这是企业获取人才的最重要的方式，也是企业实现发展目标的前提和基础。科学、高效且能够有

① 庄志. 中国人力资源服务业外包业态观察（2014 版）［M］. 苏州：苏州大学出版社，2014：15.

效控制成本的员工招聘活动，可以确保企业获得发展所需要的人才。

外部招聘职能外包主要是指企业把招聘职能中非核心的流程和内容，如招聘渠道选择、简历筛选、员工面试、心理测评、背景调查等日常事务交由第三方人力资源服务公司运作，使得自身能够从烦琐的非核心业务中脱离出来，将精力和资源集中在优秀关键人才的选、育、用、留方面。同时，专业的人力资源服务公司根据工作分析，确定岗位需求，制定招聘方案，实施招聘，在简化流程、节约成本的基础上提升招聘的高效性和专业性。内部竞聘职能外包是指由第三方人力资源服务公司从内部竞聘渠道、竞聘流程等方面为企业挖掘和培养内部优秀人才，提升员工的满意度和忠诚度。

比如，苏州英格玛服务外包有限公司的招聘流程外包（RPO），是企业将招聘需求外包给第三方专业公司来完成的。RPO 服务供应商管理着企业内部招聘的整个流程，包括雇主品牌管理、内外部招聘渠道的管理、直接寻访中高级管理人才等。企业为什么会选择 RPO？一是使人力资源部门集中力量关注核心业务，在整个招聘过程中提高效率，且降低运营风险，减少开支；二是提高招聘技能，利用先进的信息系统管理招聘流程从而迅速、高效地找到合适的人；三是引进更好的招聘方法和技能，通过招聘流程的优化、绩效考核的加强，大大提升招聘效率与质量，整体提升候选人的素质。其服务内容主要包括猎头、人才中介等。①

2. 培训职能外包

培训职能外包是国内目前比较成熟，也比较容易被企业接受的一种外包形式。专业的培训外包公司有着比较丰富的培训资源，从培训需求界定、培训计划制订、培训计划实施、培训效果评估等方面都有丰富的专业经验。通过培训职能外包，一方面可以提升培训业务的专业化，另一方面也可节省企业的人工成本，并且能促使企业、员工和外部服务商共同承担培训风险。

比如，苏州英格玛服务外包有限公司的员工培训服务外包，主要服务内容包括：①调研测评，含 SHL 岗位匹配度测试、AOP 职场个性测试、“选才”测验、笔迹心理分析服务；②培训课程外包，含职业素养课程、HR 序列课程、管理咨询课程、营销系列课程；③离职率问题解决方案，含人才评鉴、体验式 TBC 培训、技能类的提高课程。

3. 绩效服务职能外包

绩效职能外包主要体现在，以专业的绩效方案设计为重点的管理咨询。对于事务性的绩效管理模块，人力资源服务外包商在实践中涉及的内容较少。

---

① 苏州英格玛人力资源服务外包公司网站，http://www.engma.net/Program_hr01_20.html.

4. 薪酬服务职能外包

随着经济的发展和服务外包行业的快速发展，薪酬职能外包成为众多企业采取的一种服务方式。它将薪酬数据收集、薪酬计算、薪酬发放、薪酬报表生成等内容，以及适应各个国家、地区法律法规规定的一系列流程进行外包，以降低薪酬处理的整体拥有成本，并提高薪酬处理的安全性、及时性和准确性。

作为世界最大的业务外包和人力资本管理解决方案提供商，自动数据处理公司（纳斯达克：ADP）年收入超120亿美金，在全球拥有约637 000家客户。凭借领先技术和最佳实践，ADP将为客户打造精简的自动化薪酬管理流程，及时并准确地支付员工薪酬。从数据的收集、处理和净工资的支付，到个人所得税和其他项目的扣缴，直至报表的制作，都帮助客户实现对薪酬管理的全面控制。其主要服务项目：管理多个薪资账套和薪资周期；计算收入和净收入、个人所得税和社会保险缴纳金额；检查数据的准确性和完整性；递交薪酬报告供客户确认；以电子支付方式将净工资划拨到员工的银行账户；抵扣个人所得税，并将税费缴纳至指定的政府机构；为员工提供书面或电子工资单；根据政府规定，处理个人所得税申报；制作全面的薪酬报表，用于商业分析。①

5. 福利职能外包

有效的福利管理能够使员工形成对企业的归属感和认同感，帮助企业在人才竞争中获得优势。一般来说，企业提供的福利可分为社会福利和员工福利两方面内容。社会福利是由国家专门机构进行统一管理的，如员工的“五险一金”等；而员工福利往往是企业根据自身的实际情况制定的吸引并留住人才的相应措施，如提供住房津贴、定期体检、物资发放等。企业可以将事务性的社会福利外包给专业的服务公司，达到节约时间、降低成本的目的；也可将员工福利方案的设计工作进行外包，以便更好地满足员工的实际需求。

作为中国率先为外商驻华代表机构、外商金融机构和经济组织提供专业化人力资源服务的北京外企人力资源服务公司（简称FESCO），领跑于中国人力资源服务行业，其员工福利产品主要包括以下几个方面：②

法定福利：社会保险和住房公积金代缴及管理服务是FESCO的核心服务产品之一。FESCO依据政府相关规定，为符合条件的客户提供社会保险和住房公积金账户的建立、日常缴纳、基数核定及账户查询等服务。服务内容为社会保险代缴及管理服务、住房公积金代缴及管理服务、外籍员工社会保险代理服务等。

健康体检：包含健康体检、护牙医疗与意外、特色医疗保障、好孕关爱、

---

① 苏州英格玛人力资源服务外包公司网站，http://www.engma.net/Program_hr01_20.html.

② FESCO公司网站，http://www.fesco.com.cn/.

境外旅行保障、其他医疗保障（高额意外、交通意外、住院补贴、大病救助、重疾安康）、健康管理服务（私人医生、辅助就医、健康讲座、企业监控室）等。

综合福利：包含供暖补贴（供暖费报销、煤火费报销）、家财保障（家庭财产综合保障、管道破裂及水渍保障、盗窃抢劫保障、第三方责任保障、家用电器安全保障）、综合福利补助（学习补助、探亲补助、丧葬补助）、子女福利（独生子女托儿补助、独生子女费、儿童节礼品、入托手续的咨询和推荐）等。

弹性福利：包含 FESCO 好生活 - 标准版、FESCO 好生活 - 升级版、福利平台 - 标准定制版、福利平台 - 高级定制版（春节、中秋节、端午节、圣诞节、元旦、儿童节、妇女节等节日，员工生日、结婚、生子、双亲关爱等多种主题，提供种类丰富、价位多样的礼品，以及 FESCO 专属体检卡、签证等服务）等。

另外，还有企业年金、文体活动、家庭服务等。

（二）基于业务服务范围的划分

根据具体选择外包种类时供应商提供的不同实施方案或业务服务范围，人力资源服务外包可以分为专项业务外包、整体业务外包和综合业务外包三种模式。

1. 专项业务外包

专项业务外包是指将某项人力资源模块中的某一部分内容外包给人力资源服务机构去完成，其他部分工作内容仍然由企业人力资源部门完成。比如，企业在选择薪酬外包时，可以从数据的收集、处理和净工资的支付，到个人所得税和其他项目的扣缴，直至报表的制作等事务性和非核心业务等都交给第三方人力资源服务机构去运作，但是薪酬方案的实施和管理还得由企业内部人力资源部门掌控；在选择招聘外包时，招聘信息发布、简历筛选、初步面试等前期工作一般都交由人力资源服务机构完成，其他人员录用决策需要由企业人力资源部门自行完成。

2. 整体业务外包

整体业务外包是指企业将某项人力资源管理职能整体外包给人力资源服务机构，而企业的人力资源管理部门仅承担协调工作，不再履行这项职能。对于这种形式，企业一般选择的是员工福利服务的职能外包。员工福利服务一般情况下事务性工作较多，不会对企业未来战略产生直接影响。选择这种外包形式，可以让人力资源部门从烦琐的事务性工作中解脱出来，在节约人工成本的同时，更以福利的规模效益节约福利成本，并能够享受更加丰富的福利服务，提高员工对企业的满意度。

3．综合业务外包

综合业务外包是指将多项人力资源管理工作外包给第三方专业的人力资源服务机构。外包的内容既可能是某一项管理模块的某一部分，也可能是整体模块；既可能是外包给一家公司，也可能是外包给几家公司。对于这种模式的选择，一般会对第三方人力资源服务机构的专业要求比较高，必须为成熟且职能健全，在行业内有较高的知名度和美誉度，这样才能确保人力资源服务外包的较好效果。

三、人力资源服务外包的整体运作流程

（一）做出外包的决策

在人力资源服务外包的整体运作流程里，首先要确定的是外包决策。在这一环节，管理者所要考虑的是企业进行人力资源服务外包的必要性和可行性，内部管理层须对外包问题达成一致，初步确定外包的内容，对外包决策进行简要的成本分析。一是企业外部决策不是临时性的，而是从企业未来业务发展出发做出的战略性决策；二是选择人力资源服务外包的目的要清晰，要能够真正体现企业绩效；三是测算人力资源服务外包的成本，衡量进行外包的价值；四是企业的内外部管理资源是否能够有效降低外包的风险；五是实施外包有可能对企业的组织架构产生影响，并影响人员的配置，尤其是人力资源部门的人员配置，要考虑人力资源部门的重新定位和人员素质的提高。

对于人力资源服务外包的决策因素，翰威特于 1996 年在 *Outsourcing Survey* 中显示出 16 项决策原因状况，见表 8—1。[①]

表 8—1　　人力资源服务外包决策的影响因素

外包的原因	符合目标的雇主比例（%）		
	符合目标	不符合目标	还不能确定
改进成本效益	82	5	13
降低管理成本	75	8	17
利用技术进步/专门知识	82	7	11
改进客户服务	70	19	11
调整人力资源职能方向，聚焦于战略/规划	66	15	19
使企业聚焦于核心业务	63	21	16

① Outsourcing Survey, Hewitt Associaetes, Lineolnshire, Illinois. 1996.

续表

外包的原因	符合目标的雇主比例（%）		
	符合目标	不符合目标	还不能确定
降低企业日常管理费用	82	9	9
提供更多的服务	47	38	15
职员不够	69	27	4
提高参与者的满意度	54	27	19
缩短对参与者要求的响应时间	59	29	12
控制法律风险/改进遵守法规的情况	53	39	8
提高适应特殊需要的灵活度	51	38	11
提高准确性	49	41	10
使管理成本更明确	45	44	11
执行全面质量管理	17	71	12

（二）确定外包的内容

企业在进行人力资源服务外包决策时，首先要考虑的是外包的内容，即必须界定清楚，某一职能是否真的适宜外包。对于企业来说，首先需要考虑的是安全问题，其次才是效率问题，要把握好不能把关系到企业核心发展能力的工作外包出去的重要原则。哪些业务适宜外包？可以从非核心岗位、技术含量低、质量易控制、单位易核算及劳动密集性几个方面进行考虑。对于人力资源管理而言，工作分析与岗位描述、员工招聘、培训与发展、薪酬、福利、劳动关系、人力资源管理信息系统等工作是可以考虑进行外包的。比如，企业对员工进行的各类在职培训，就企业本身而言一般是没有能力来全部完成的。再如国家法定的福利制度，如养老保险、失业保险、医疗保险、住房公积金等事务性工作完全可以外包出去。

（三）选择外包的服务商

外包服务商的选择非常重要，一般需要从以下两个方面进行考虑：首先，考察外包服务商的质量和信誉如何。这关系到企业选择外包的目的是否能够得以实现，整个外包业务能否有效和高效运作，尤其是对于涉及企业机密、员工满意度及工作流程等比较敏感性的人力资源工作。其次，要考虑外包服务商的价格。相比较而言，服务外包的价格是否具有比较优势，能否节省企业的成本。

（四）选择外包的方式

外包方式的选择可以从两个方面进行考虑：一是从人力资源管理职能模块考虑，即招聘外包、培训外包、绩效服务外包、薪酬服务外包、福利服务外包等；二是从专项业务外包、整体业务外包和综合业务外包方面考虑。

（五）外包的实施

通过以上几个步骤，人力资源服务外包就可以由相应的服务商来负责实施。在实施过程中，企业的人力资源管理部门需要配合着做两项重要工作。一是要和人力资源外包服务商保持良好沟通，注意人力资源外包风险的防范和控制。企业方应与服务商就相应的外包项目签订书面合同，明确双方的权利义务关系。二是企业的人力资源管理部门应积极配合外包服务商的外包项目运作，确保外包项目顺利、安全和高效实施。

总之，对于人力资源服务外包的总体决策流程，可以按照上述步骤进行运作。图 8—3 为某企业人力资源服务外包的运作流程，可作为参考。①

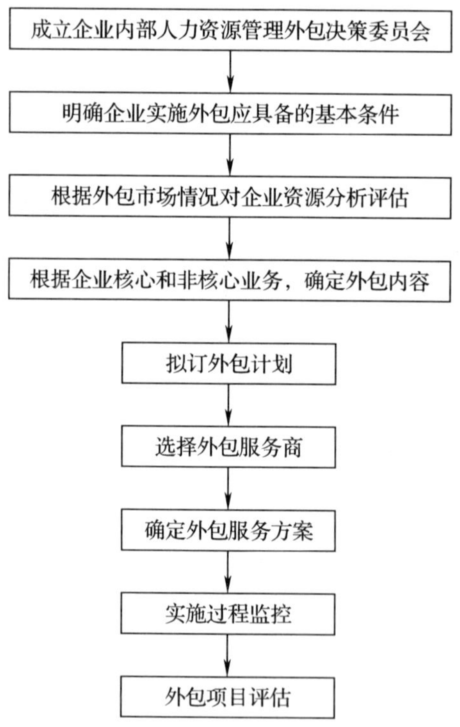

图 8—3　某企业人力资源服务外包的运作流程

① 郭彩云．企业人力资源管理外包策略研究［D］．河北工业大学，2003.

第二节 我国人力资源服务外包的发展现状与趋势

一、我国人力资源服务外包的发展历程

（一）萌芽时期（20 世纪 80 年代）

我国人力资源服务外包的雏形是在国家政策作用下形成的。国家政策扶持从制度层面保证了我国人力资源服务行业的快速发展。

2007 年，党的十七大将“人才强国”战略明确写入党章，并将其确定为贯彻落实科学发展观的三大基础战略之一，要求进一步营造鼓励创新的环境，培养造就世界一流科学家和科技领军人才，使创新和智慧竞相迸发。同年 3 月，国务院发布了《关于加快服务业发展的若干意见》，我国第一次将“人才服务业”正式写入国务院的文件，提出要“发展人才服务业，完善人才资源配置体系，为加快发展服务业提供人才保障”，同时提出要“扶持一批具有国际竞争力的人才服务机构，鼓励各类就业服务机构发展，完善就业服务网络”。这些政策扶持充分显示出国家对人才服务业的高度重视。①

2008 年，国务院出台了《关于管理外国企业常驻代表机构的暂行规定》，强制性规定了外国企业常驻代表机构应当委托政府制定的外事服务单位办理中方工作人员聘用手续。虽然这不是完全意义上的人力资源服务的概念，但是从此拉开了中国人力资源服务外包行业发展的序幕，以 FESCO、中国国际技术智力合作公司、上海市对外服务有限公司（以下称上海外服）为代表的专业人力资源服务外包机构应运而生。②

（二）市场化初期（20 世纪 90 年代）

随着经济的迅速发展，中外企业的发展促进了中国人力资源服务行业的成长壮大，大批民营人力资源服务机构涌向市场，以人事外包为主要内容的人力资源外包服务得到迅速发展。

众多外商在带来资金、技术的同时，也为我国带来了先进的人力资源管理

---

① 北京外企服务集团. 中国人力资源服务行业 30 年发展报告［J］. 中国人才，2009（11）.

② 张宇泉. 北京人力资源服务业蓝皮书［M］. 北京人力资源服务业发展报告（2014）. 北京：中国人事出版社，2015（3）.

理念和方法。在华外资企业的迅速发展，为我国人力资源服务企业提供了国际化专业服务理念和提升人力资源服务企业服务水平的机会。以 FESCO 为例，目前在京投资的 180 多家世界 500 强企业中，90% 以上都是 FESCO 的客户；在京成立地区总部的 35 家跨国公司中，90% 是 FESCO 的客户，其中包括 IBM、GE 等知名跨国巨头。①

（三）市场化发展期（21 世纪前 10 年）

随着国家产业结构调整、区域经济协调发展、组织发展以及个体人力资源对人力资源服务需求的变化，人力资源服务行业迎来了难得的发展机遇。越来越多的企业意识到人力资源服务外包对于企业战略发展的重要性，并且对其提出了新的要求。人力资源服务外包的内容和形式都发生了新的变化，从原来的委托代理基础发展到了招聘、薪酬、福利等较高层级的要求，内容丰富，形式多样。人力资源服务外包市场也呈现出多元化、市场化、规范化、品牌化的发展趋势。

（四）创新推动战略期

近年来，随着移动互联网对各大领域的颠覆式变革，人力资源服务行业也毫不例外。“大云平移”成为各方关注的焦点。人力资源服务机构纷纷在利用互联网技术优化业务流程、改进服务模式、提升运营效率。人力资源服务行业进入了转型升级，以创新推动发展的重要战略时期。

2014 年 12 月，全国最知名的人力资源服务企业之一——上海外服发布了一系列具有行业独创性的“云服务”新产品，将 O2O（Online to Offline）模式、自助服务、云计算等广泛应用于人力资源服务外包领域，让信息交互更加直接、服务流程更加简捷、服务体验更加智能，可帮助企业转变模式、优化流程、降本增效，以移动互联技术推动了传统人力资源外包服务在“云时代”的新变革，也推动了企业人力资源管理向更具战略价值的“业务伙伴”这一角色的转型。人力资源“云服务”系列新产品有：E－FILE（商业文档云管理）、E－TAX（全国税务申报平台）、E－HEALTH（全国体检平台）、E－CASE（HR 管理系统及数据交互解决方案）和 E－CHECK（在线入离职集约化平台）五项品种，全部依托业内先进的云端技术予以实现。②

---

① 北京外企服务集团. 中国人力资源服务行业 30 年发展报告［J］. 中国人才，2009（11）.

② 未来的人力资源外包服务将走向云端，http://news.163.com/14/1211/01/AD59 T91 R00014 Q4 P.html.

二、我国人力资源服务外包的发展现状

（一）外包业务发展迅速

近年来，受外资的影响，我国企业的人力资源管理理念发生了变革，客户需求的日益增长和政府对业务流程外包业务政策性倾向，我国的人力资源外包服务市场也发展迅速，尤其是人力资源外包服务的专业化水平提高，产业化形态逐渐形成。

据悉，国际最权威的研究机构 IDC 对 2011—2015 年的中国人力资源外包服务市场做了预测与分析。在发布的最新报告中，IDC 指出：由于客户需求的日益增长和政府对于业务流程外包（BPO）业务政策的倾向性，中国的人力资源外包（HRO）服务市场在近几十年来不断蓬勃发展，年增长率达到 15% 以上。而伴随着经济的高速发展，中国企业对于人力资源外包服务的需求也将随之增加。IDC 报告显示，2010 年，尽管全球金融危机制约了外资企业和出口企业的扩张，但中国人力资源外包（HRO）服务市场在 2010 年仍保持了较快增长；同年，中国人力资源外包服务市场总规模达到 12.203 亿美元，与 2009 年相比增加了 19.1%。IDC 预计这一数字到 2015 年将达到 28.979 亿美元，2010—2015 年复合年增长率（CAGR）将达到 19.7%。而这一结果远远超过了近几年来复合年增长率为 2.8% 的美国人力资源外包服务市场。①

（二）国有企业服务商继续领跑市场，民营企业迅速成长

改革开放初期，我国人力资源外包服务市场受政府政策影响非常明显。因而，国有企业服务商在政府支持方面获得更多机会，其客户质量占据有利地位。在当地政府获得客户资源和资金支持的同时，它们拥有了长期的合作历史和广泛的地理覆盖优势。但随着市场的逐步开放，国有企业的政策支持优势逐渐变弱，民营企业在市场竞争中逐渐获得有利地位，相当一部分民营企业的竞争能力和增长速度领先于国有企业。②

（三）创新能力不足，同质化竞争严重

虽然人力资源服务外包的内容已经扩展到了中高级人员甄选、员工激励、薪酬管理、员工开发等战略性工作层面，但现阶段，我国人力资源服务外包的

---

①② IDC 发布最新中国人力资源外包服务行业报告，http://stock.eastmoney.com/news/1421，20120213191088594.htm.

创新能力不足、市场竞争力较弱，外包业务主要集中在基础性的工作，如人事社会保险（以下称社保）代理、工资发放、员工档案关系管理等，涉及的服务内容范围比较窄。

（四）高端人才严重缺乏

在人力资源领域，虽然我国拥有丰富的人才储备，但是人力资源服务外包的人才队伍层次不高，专业化水平有待提高，尤其是高端人才严重缺乏。

三、我国人力资源服务外包的发展趋势

目前，我国人力资源服务业已经进入快速发展阶段。尤其是中华人民共和国人力资源和社会保障部、中华人民共和国国家发展和改革委员会、中华人民共和国财政部《关于加快发展人力资源服务业的意见》（人社部发〔2014〕104号文件）的出台，人力资源服务业将会迎来前所未有的发展机遇。但是，我国的人力资源服务外包仍然存在着客户需求的不断提高与人力资源产品服务链结构发展滞后的突出矛盾。因此，未来的中国人力资源服务外包必将以市场需求为导向，以提高服务质量为宗旨，开发多种形式和内容的人力资源服务外包产品，提供更加专业的服务。其发展趋势主要表现在：

（一）发展前景广阔

作为世界上人口最多的国家，我国具备着丰富的人力资源。改革开放30多年来，随着我国经济社会的蓬勃发展，人力资源已经成为国家经济建设的第一资源，人力资源外包服务行业也必然面临着广阔的发展前景。由于多方面原因，我国人力资源外包服务行业具有广阔的市场空间和发展潜力，其原因主要为：

1. 受外资企业的影响

近年来，随着中国社会经济的不断发展，外资企业纷纷来华投资。据统计，中国是吸收外资企业最多的国家，世界500强企业已有480余家来华投资并在全国各地开设分支机构。外资的进入必将带动我国人力资源外包服务产业的跳跃式发展。一方面，外资人力资源服务企业可以为国内企业和求职者带来新的理念和思想，促使国内人力资源外包服务由潜在的需求转化为现实需求，这就为国内人力资源外包服务企业开拓了无限的市场空间。另一方面，外资的进入也为国内同行带来了先进的理论知识、业务模式和管理经验，同时带来了发展资金，培养了专业人才。这些有利之处将直接推动国内人力资源外包服务产业的快速发展。从战略层面上讲，外资的引入对我国人力资源外包服务产业未来的

发展将产生“双赢”的局面。

2. 企业自身转型的需求

据统计，企业人事工作中非核心的事务性工作占到整个 HR 工作的 65% ~ 70%，诸如保险缴纳、工资发放、用退工办理、档案管理等。但是近年来，随着企业战略转型的发展，以及受到全球金融危机的影响，企业更加关注核心竞争力，从而将更多的非核心业务外包出去，以节约开支、降低成本，引进新鲜血液，使人员进行合理分配，能将全部的精力投入到核心业务中去，诸如员工激励、薪酬架构设计等。如何在人才竞争中获取优势，将是企业需要考虑的头等大事。

3. 国家政策法规的支持

近年来，随着《中华人民共和国劳动合同法》《中华人民共和国社会保险法》等相关法律的出台，其中专门对劳务派遣、员工社会保险缴纳等做了进一步的规范。这些政策法规的相继出台，将从制度层面上保证了我国人力资源外包服务行业的顺利发展。

4. 外包服务机构自身的发展

目前，我国优秀的人力资源外包服务机构专业化程度不断提高。以昆明市某人力资源公司为例，目前已在北京、上海、广州、深圳、西安、南京、拉萨等近百个主要城市设立分公司及办事处，业务覆盖全国 300 多个城市，并在香港、美国成立分支机构。公司通过强大的计算机操作平台，能瞬时实现从“委托”到“反馈”的全部流程，并能自动生成账单和报表，不仅大大提高了工作效率，也使工作精准性得以提高。

（二）向着产业化、专业化的方向发展

1. 服务内容的专业化

人力资源服务外包已经不仅仅体现在人事事务外包、工资发放等比较初级的层面，目前已经发展到招聘服务、薪酬管理服务、绩效考核服务、福利管理服务、员工关系服务等诸多领域，并为客户提供更多附加值和综合性服务的解决方案。

2. 服务人员的专业化

由于人力资源外包服务主要是跟人打交道，因此要求从业人员必须对特定的行业有比较深入的了解，用专业的知识和经验为用人单位提供相应的服务，须对人力资源管理、组织架构、薪酬福利等方面有深入细致的了解。并且随着人力资源外包服务的不断发展，未来从业人员必将朝着专业化的方向发展。

3. 服务对象的专业化

我国人力资源外包服务的服务对象将出现一系列新的变化，主导产业发展的利润增长点从初级岗位转向为企业提供符合需求的具有战略性的高层次、专业化

管理和技术人才。从服务对象的行业来看，将来随着企业竞争的加剧，日益攀升的劳动力成本和员工流失率推动着更多行业的企业积极关注并采用人力资源外包服务（如员工派遣服务、招聘流程外包服务等）来保障业务正常运转、实现成本控制并稳定员工队伍。

4. 服务技术水平的专业化

互联网技术将会在人力资源服务外包领域得到空前的重视和应用。上海外服董事长李栋表示，“云服务”所具有的共享性、集成性、移动性、灵活性、便捷性正深刻地改变和影响着人力资源服务业的行业格局。在数字浪潮的推动下，O2O 模式、自助服务和云计算将成为人力资源服务业发展的大势所趋。

2014 年 9 月，网易新闻上的一篇文章“‘云服务’将成为大势所趋”指出，与互联技术融合后，在线上交互信息的同时，线下的专家咨询、落地执行也是紧密并行的，O2O 中两个“O”的融合与平衡是未来人力资源服务的关键点；在高效运作和品质服务的驱动之下，基于移动互联技术的人力资源管理系统平台将越加普及，由此员工可获得更多个性化的自助服务，企业的人力资源管理也将更加人性化和便捷化；而通过对大数据的智能分析、深度挖掘和后续使用，将提升人力资源服务的精准度，并为人力资源管理的科学决策提供有力依据。因此，人力资源外包服务的未来在云端，这可能是行业服务能级优化的必由之路。①

综上所述，未来我国人力资源外包服务的发展前景广阔，将向着产业化、专业化的方向发展。服务商要想在外包中取得竞争优势，就必须在完善自身发展的同时不断克服其制约人力资源外包服务发展的因素，最终使我国人力资源外包服务业得到快速发展。

第三节 人力资源服务外包主要业务

一、人力资源服务外包业务总述

人力资源服务机构关于人力资源服务外包的内容虽有不同，但核心内容基本一致，主要有招聘流程外包、内部竞聘外包、绩效评估外包、员工培训外包、薪酬福利外包、员工关系外包及人事事务外包服务等。由于本书其他部分已经对

① 未来的人力资源外包服务将走向云端，http://news.163.com/14/1211/01/AD59 T91 R00014 Q4 P.html.

有关外包内容进行了论述，本节主要从薪酬福利外包、员工关系外包等方面展开。薪酬福利管理外包主要包括薪酬结构设计、薪酬计算与发放、薪酬查询与表单提供、个税代扣代缴、福利设计、健康计划等；员工关系管理外包主要包括员工调研计划、员工激励计划、员工活动计划、员工关爱计划及员工沟通计划等。

二、薪酬外包业务

（一）薪酬外包业务概述

1．薪酬外包的概念

薪酬外包是指企业与其外部服务供应商之间建立合作关系，由外部专业机构负责该企业薪酬部门的日常事务性工作。薪酬外包是人力资源管理外包的重要组成部分，是一种新的管理方式，强调企业更关注最擅长、最核心的业务，同时从外部获取专业、高效、低成本的服务，保持核心竞争优势。

2．薪酬外包发展的动因

20 世纪 80 年代末，某些企业的人力资源部门开始与第三方服务机构签约，管理人力资源计划中更具操作性的内容，如维护退休计划记录和管理福利计划。据翰威特显示，93% 的公司将一部分人力资源工作进行了外包管理，其中最常见的内容包括保健与集体福利（95%）、既定缴纳计划（91%）和既定福利管理（68%）。[①]

薪酬管理作为人力资源管理的一项重要内容，薪酬激励在对人才的选、育、用、留方面发挥着重要的作用，其职能也在不断发生着变化。薪酬方案日益纷繁复杂，且用于支撑这些方案的管理系统日趋强大烦琐，无论就人力资源还是系统本身而言，维护成本越来越高。一方面，人力资源部门的薪酬管理人员必须严格遵照发薪日期计算并精确地发放员工工资，紧跟国家和当地政府社保部门的政策，按照正确的社保基数，企业还可能根据自身情况提供补充保险等；另一方面，为确保企业着重进行与其经营息息相关的战略性活动，高层管理人员需要从薪酬管理的日常事务中脱离出来去重点关注薪酬的战略方向，确保薪酬部门有足够精力担当企业的战略合作伙伴。

据翰威特咨询公司所进行的人力资源外包管理调研，经理们汇报说他们约花费 5% 的时间来进行战略性经营规划，而合理的做法或许是应投入 20% 以上的时间来进行战略性工作。

因而，对于许多企业而言，上述发展趋势迫切地要求它们根据薪酬管理的价

① http://www.chinahrd.net/article/2005/04－11/25438－1.html.

值链，重申内部薪酬计划的职责、工作重点与职能，确定哪些是核心业务，哪些是次要业务，把企业薪酬管理方面非核心的、次要的业务划分出来，寻求合适的人力资源服务外包商，以减轻成本压力，提高运作效率。

3. 薪酬外包的决策选择

（1）适合选择薪酬外包的企业。尽管企业选择实施薪酬外包可以有降低成本、提高运营效率等诸多益处，但并不是所有企业都适合选择薪酬外包业务。一般情况下，具有以下特征的企业适合选择薪酬外包：一是薪酬管理存在着大量的日常事务管理活动，通常与市场数据息息相关；二是企业承诺妥善地管理薪酬计划；三是期望节省管理工作所消耗的时间，以便以更多的精力和时间设计与薪酬相关的战略性经营管理问题；四是企业愿意或者尝试或体验过外包管理其他人力资源工作。

（2）不适合选择薪酬外包的企业。不适合选择薪酬外包的企业特征主要为：单独对薪酬管理部门而言，将薪酬管理视作一项核心业务；认为薪酬管理涉及企业机密，外部供应商难以提供有效的支持；对于外包服务机构难以有效地管理或者不希望与第三方建立合作伙伴关系；未有尝试过外包服务或者不认可外包服务理念。

（二）薪酬外包的主要内容

一般而言，薪酬外包的工作类型包括职位评估、市场数据管理、协助进行工资规划（结构调整及奖励预算提案）、薪资发放、个税缴纳等。随着企业对薪酬外包业务的个性化需求，不同的薪酬外包服务商会根据企业的具体需求提供相关的个性化服务，内容更加具体和多样化。以下是几家品牌人力资源服务公司的薪酬外包内容①：

成立于1979年的FESCO，是中国率先为外商驻华代表机构、外商金融机构和经济组织提供专业化人力资源服务的公司。其薪酬服务外包的内容主要为：员工主数据管理；薪资核算服务；税务代理；银行交易；薪资和工资单交付；信息沟通；考勤和休假核算；标准化及客户化报表服务。

中国国际技术智力合作公司成立于1987年，是中央管理的国有重点骨干企业。其薪酬外包的内容主要为：薪资计算、薪资发放、个人所得税计算申报缴纳的一站式服务；税务代理；代理记账；其他咨询服务（税收政策、会计制度咨询；代办工资手册；代办外资企业常驻代表机构免税申请，纳税方式核定等）。

HROne是中国专业的人力资源外包服务供应商。公司总部在中国，并同时于香港、加拿大和伦敦设有分支机构，是目前国内为数极少的同时具有国际团

① 备注：几家品牌人力资源服务公司薪酬外包内容资料来源于各自公司网站。

队和本土资质的人力资源外包服务供应商之一。其薪酬外包的主要内容为薪酬/个税处理。具体服务项目为：原始数据收集与整理（客户内部政策的规范，原始数据的收集、整理与规范）；薪资计算与发放（工资、福利和个人所得税计算，新员工银行账户开立，员工工资的银行转账支付，电子工资单发放）；个人所得税申报（工资、年终奖、经济补偿金等个人所得税代扣代缴，员工个人所得税年度申报，提供个人完税证明）；报表制作（根据客户要求的格式制作客户化工资报表）；数据库管理（员工工资数据的管理和维护）。

（三）薪酬外包服务的运作流程

从薪酬服务的内容上看，不同的人力资源服务机构会根据企业的不同需求设计不同的有针对性的薪酬服务内容，不同的薪酬服务内容具体运作流程也不相同，即使相同或类似的薪酬内容，其因人力资源服务机构各自提供服务的特点和方式不同，而薪酬服务的运作流程也有不同。同时，即使是标准流程，随着客户选择的具体服务内容的不同，该流程也会有所调整。

HROne 薪酬外包的主要内容为薪酬/个税处理。图 8—4 是 HROne 薪酬服务的标准流程。通过这个清晰、有效的流程，HROne 已为几百家客户提供了可靠和及时的薪酬服务。

图 8—4 HROne 薪酬服务的标准流程①

① 薪酬个税处理，http://www.hrone.com/article/.

从图 8—4 来看，HRone 为客户提供薪酬发放流程有严格的时间控制，流程从月初，即发薪日的 10 个工作日前开始，每一个工作日都要分别完成相应的工作任务。第一，由客户提供原始数据，包括新进、离职员工，工资调整，考勤记录等；第二，由 HROne 来进行数据整理，以确保原始信息符合法律和数据处理的规范，把数据分类整理；第三，HROne 检查并确认整理的数据是正确的；第四，HROne 开始计算客户员工工资、福利及个人所得税；第五，HROne 检查并确认计算结果；第六，HROne 按照员工工资总额及服务费等发送相应的付款通知给客户；第七，客户方按照付款通知上列明的金额将款项支付给 HROne；第八，HROne 将工资支付给客户员工，并将代扣的个人所得税缴至税务部门。

上海外服从 2004 年正式进入薪酬外包行业。为了能够帮助客户提高人力资源管理效率，将人力资源部门从繁杂的行政性事务中解脱出来，上海外服为客户提供了从薪酬原始数据读取到薪资福利计算发放的相关服务。其服务产品主要包括：

（1）公司薪资福利政策的审核与优化：该服务产品能够帮助客户重新检查其原来使用的薪酬福利政策的合法性以及合理性，并提出薪资福利政策的改进方案。

（2）薪资福利系统的设置：薪资福利的人工计算已经越来越不能满足现代企业，特别是大型企业的需求。为此，上海外服利用强大的计算系统，为每一个客户订制个性化的薪酬计算模块，帮助其计算各类薪资福利数据。

（3）薪资福利计算过程的流程控制：薪资福利计算是在既定流程框架下每月实施的一个有规律的工作。上海外服薪酬中心设计一套切实可行的操作流程，在强大计算系统的支持下实现薪资福利计算的高度精确性和有效性。

为了实现薪酬外包管理的准确、有效，上海外服将整个薪酬外包服务过程分成以下几个阶段，如图 8—5 所示。

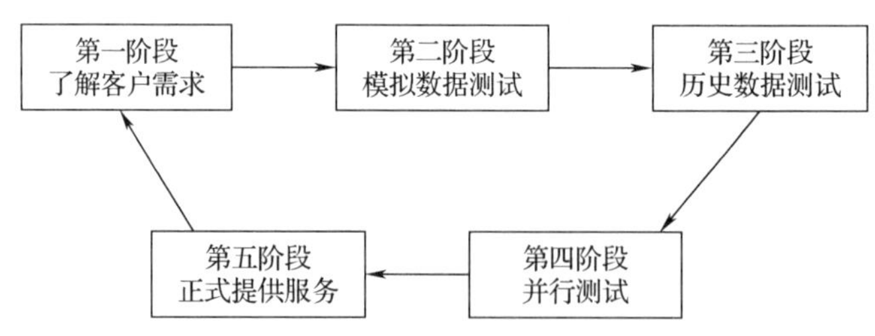

图 8—5　上海外服薪酬外包服务过程

上海外服在过去几年为客户提供薪酬外包服务的过程中，逐步将薪酬外包产品集中在薪酬数据的计算以及薪酬发放这两个主要领域，同时不断完善薪酬产品服务的流程，提高产品在薪酬外包服务行业的竞争力。

三、福利外包业务

（一）福利外包概述

1．福利外包的含义

福利是指员工因为保持与企业之间的雇佣关系而获得的各种间接经济性或非经济性的报酬，是每位员工的薪酬收入中一个非常重要的组成部分。福利一般包括法定福利、带薪休假薪资、储蓄计划以及企业补充保险等。①

当前员工福利已不再是内容和形式上的简单的事务性工作，而是多层次、全方位的员工福利保障体系。随着信息化和经济的全球化，企业面临着日益复杂、竞争激烈的外部环境，企业正在进行一系列的管理变革，相应地，人力资源管理的职能也需要做出变化。员工福利在这种大的趋势中也出现了新的管理模式，即企业把福利外包给外部福利服务商，由其提供多样化的福利项目，“一站式”为企业员工提供法定福利、健康管理、金融保险、员工生活、购物、娱乐、学习、交际等福利服务。这种福利外包模式有利于降低企业在福利方面的各项成本，有利于企业把有限的资源集中在发展自身核心竞争力上。

2．福利外包的作用

员工福利外包是人力资源管理外包的重要内容，因而，人力资源服务外包的基本理论同样适用于福利外包。企业选择与人力资源服务外包商合作实施福利外包业务有重要意义。②

（1）福利外包有利于降低经营成本，改善经营绩效。在企业经营成本中，人力资源成本比例一直居高不下。人力资源成本主要包括招聘、培训、绩效、薪酬、福利、员工关系等各个模块管理的费用，还包括办公费用及人力资源部门本身人员的费用。通过员工福利外包，可以起到规模经济效益，同时还可以精简企业内部人力资源职能人员，以降低经营成本，改善经营业绩。

（2）福利外包可以提升人力资源部门的战略规划能力。人力资源部门成为企业的战略合作部门和业务合作伙伴是人力资源管理的发展趋势。通过福利外包，可以使人力资源部门管理人员从作业性、事务性的工作中解脱出来，把更多的时间和精力思考战略需要，提升人力资源的战略竞争力。

（3）福利外包有利于获取先进技术和整合外部具有高超技能的人力资源专

---

① 加里·德斯勒（Gary Dessler）. 人力资源管理（第12版）［M］. 刘昕，译. 北京：中国人民大学出版社，2012（6）：507.

② http://www.cfe.cn/gongsi/qyrswb13123008.shtml.

家。信息技术发展使人力资源的运行也必须加大电子化人力资源管理程序（E－HR）、相关应用软件和平台的技术投入力度。而通过外包，企业可以充分利用外包服务商所提供的最新的技术和系统。同时，外包服务商也已经培训出能为各种企业提供人力资源外包服务的职员。

（4）福利外包有利于提高员工福利保障水平和范围。外包的形式可以打破员工福利保障单一的内容和形式，使之变得多元化、灵活性，满足员工多种层次的不同需求，从而实现员工福利的真正目的。

3. 福利外包的发展趋势

在企业对人才的“选、育、用、留”各个环节，薪酬激励虽然有着最根本和最直接的作用，但福利政策在吸引和激励人才方面发挥的作用亦越来越大。尤其是随着人才竞争的加剧，企业纷纷通过弹性福利计划的实施来更加有效地吸引和留住优秀员工。然而，弹性福利制度作为企业福利制度的一场大的变革，其管理的复杂性和成本性问题使企业很难将这一概念纳入应用。

此时，福利外包提供了解决问题的新思路，并且具有独特的优势（见表8—2）。①

表8—2　　福利外包的独特优势

人力资源服务外包的共性优势	1. 强化核心业务，构筑企业核心竞争力
	2. 精简结构，使人力资源管理活动更富有弹性
	3. 适应企业并购要求
	4. 精简人力资源部门专职人员，降低人力成本
	5. 降低信息系统的开发和维护成本，实现以花费更少、风险更小的方式推动信息技术的应用
福利外包的独特优势	1. 福利项目的多样性
	2. 福利设计的科学性
	3. 购买福利项目的规模经济
	4. 强大的福利事项管理能力
	5. 有效的福利沟通

（1）福利项目的多样性。弹性福利计划强调福利项目的可选性和灵活性，因而，根据企业员工需求设计多样化和灵活性的福利项目是成功实施弹性福利计划的前提基础。

（2）福利设计的科学性。人力资源服务外包商可以凭借自身的专业化优势，

① 傅宇，黄攸立，姚辰松. 弹性福利外包：企业员工福利管理的发展趋势［J］. 科技管理研究，2007（5）：204.

通过调研分析员工对福利的多样化需求，制订符合企业文化及战略方向的福利计划。

（3）购买福利项目的规模经济

单个企业购买的福利项目很少，尤其是实施弹性福利计划以后，由于员工需求的不同，企业购买的福利项目更加分散，因此对福利供应商的讨价还价能力较弱。如果与人力资源服务外包商合作，众多企业形成的规模经济会使购买成本降低。

（4）强大的福利事项管理能力。一是可以实现员工自主化。人力资源服务外包商采用先进的信息技术为企业构建福利管理系统，并及时更新福利管理软件。员工可以根据需要直接上网读取关键福利数据，获取福利信息，有效管理个人福利账户。二是系统自动化。员工通过在线自助式服务系统直接在 Web 上进行选择。随着员工个人信息的输入，这些数据将被收集到数据库，一方面自动上传到企业的薪酬管理系统，另一方面经过分类整理以电子文档的形式传送给福利供应商。

（5）有效的福利沟通。人力资源服务外包商利用先进的网络技术为企业、员工和福利供应商之间搭建便捷的沟通平台，如图 8—6 所示。①

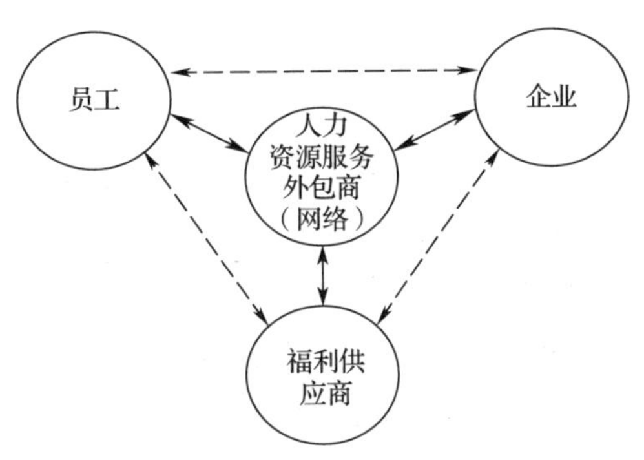

图 8—6　有效的福利沟通示意图

图 8—6 直观地描述了人力资源服务外包商通过网络平台的构建而起到的沟通纽带的作用。企业可以通过便捷的网络渠道与员工沟通，以网上问卷的方式定期跟踪员工需求偏好的变化。员工可以在网络论坛中对现有的福利项目及服务现状进行讨论并提出相应的改进意见。此外，人力资源服务外包商还为员工提供了与合作福利供应商的网站链接服务。员工不仅可以选择满意的供应商，而且可以通过网络渠道将相关服务信息及时反馈给供应商。这种积极有效的沟

① 傅宇，黄攸立，姚辰松．弹性福利外包：企业员工福利管理的发展趋势［J］．科技管理研究，2007（5）：205．

通，提高了员工的满意度和对企业的忠诚度，增强了员工对福利的感知度和福利成本观念。

（二）福利外包的主要内容

1. 福利外包的一般内容

通常情况下，福利外包的主要内容为法定福利外包、弹性福利外包、企业补充福利外包等。但由于福利在吸引和激励人才方面的作用凸显，越来越多的企业更加关注员工的福利计划，以期由此获取对于人才的核心竞争力。因而，福利外包的内容也随企业和员工需求的多样化而变得更加细致和具有个性化。从以下列举的品牌人力资源服务外包商为企业提供的员工福利外包内容，可以看出目前福利外包内容的发展状况和趋势。

2. 品牌人力资源服务公司的福利外包内容

（1）FESCO 的福利外包。作为品牌人力资源服务公司，FESCO 的福利外包业务服务种类较多，主要为法定福利、健康福利、综合福利、弹性福利、企业年金、员工活动等①。

法定福利：社会保险和住房公积金代缴及管理服务是 FESCO 的核心服务产品之一。FESCO 依据政府相关规定，为符合条件的客户提供社会保险和住房公积金账户的建立、日常缴纳、基数核定及账户查询等服务。同时，为外籍员工提供社会保险代理服务。

健康福利：FESCO 为所服务的客户及其员工提供内容全面、丰富且实用的健康补充福利，包括定制化的意外保障方案、补充医疗保障方案、住院补贴、大病救助及重疾安康等保障性福利，以及惠及配偶和子女的补充医疗保障，还可以为外籍员工和大型客户提供高端医疗保险或定制化的医疗保险的保险经纪服务。不仅可以使员工在个人健康方面得到充分保障和额外特定数额的补贴，还因其配偶及子女的保障服务，使员工可以更加安心地投入工作，从而提高员工的工作积极性和对企业的忠诚度及满意度。

综合福利：主要包含供暖补贴、家财保障、综合福利补助、子女福利等。

弹性福利：弹性福利作为一种新型福利解决方案，能够有效解决企业成本控制和员工满意度之间的矛盾，吸引和保留关键人才，改善企业文化，提升雇主品牌。FESCO 弹性福利服务提供先进的网络服务和管理平台，集合众多优质的供应商资源，提供涵盖健康管理、节日慰问礼品、福利卡、培训、旅游、员工关爱等多个方面的福利套餐和产品。以庞大的员工数量发挥集中采购的优势，

---

① FESCO 公司网站，http://www.fesco.com.cn/454/2015_2_12/1_454_62187_0_1423746805919.html.

为员工提供更加丰富、实惠的福利产品，有效地为企业节省成本。

企业年金：企业年金日渐成为客户关注的一项重要福利，为员工所重视。FESCO 不仅为中小客户制订了多套适应不同投资需求的年金集合计划（方案），还为客户设计和实施个性化的年金方案，或协助客户办理年金计划的政府报备事宜，从而全方位帮助客户解决实施企业年金计划中遇到的难题，让员工享受到周到便捷的服务，充分发挥年金福利的激励作用。

员工活动：员工关系及员工活动是企业文化的重要组成部分。做好这两项规划及实施对提高员工的工作积极性有着重要的推动作用，对企业可持续发展有着深远的意义。为使客户能更加专注于自身企业的战略性人力资源管理，满足客户对自身员工的福利规划与制定，同时丰富广大员工的业余生活，舒缓紧张工作所带来的疲劳与压抑，FESCO 推出了丰富多彩的员工活动产品。

（2）ADP 公司的福利外包内容。ADP 公司的福利外包的主要内容为：提供政策检索库，确保遵守本地法律法规设立社保福利账户；为入职和离职员工管理账户的转入和转出；为员工办理社保及住房公积金的抵扣和缴纳，并支付至相应的政府机构；根据政府规定申报社保福利；实现在线追踪社保福利状态；自动获取、保存并生产符合本地规定的标准报表。

（3）HROne 公司的社保/法定福利管理服务内容。招、退工手续办理：为入职、离职员工办理社保和公积金的招、退工手续。

相关政府关系协调：为客户和员工开设社保和公积金账户，缴纳社保、公积金、残疾人就业保障金、补充公积金等法定福利费用。

档案管理：提供有资质的供应商为员工管理档案，协助员工档案转移事宜，代为开具相关的个人证明。

政策跟踪与更新：提供各地最新的社保与公积金政策的更新信息，如果客户同时选择了它的薪酬服务，它会帮助客户及时按最新的政策调整计算和操作规则。

社保、公积金的提取协助：协助员工查询和申请社保和公积金，协助客户处理工伤鉴定等，提供社保、公积金的提取咨询。

（三）福利外包服务的运作流程

从福利服务的内容上看，不同的人力资源服务机构会根据企业的不同需求设计不同的有针对性的福利服务内容，不同的福利服务内容具体运作流程也不相同，即使相同或类似的福利内容，其因人力资源服务公司各自提供服务的特点和方式不同，而福利服务的运作流程也有不同。同时，即使是标准流程，随着客户选择的具体服务内容的不同，该流程也会有所调整。下面以品牌人力资源服务公司的福利流程为例进行说明。

1. 中智关爱通全面弹性福利实施流程

中智关爱通全面弹性福利解决方案主要为全面弹性福利管理系统、单项弹性福利项目、福利项目整合供应商。

其全面弹性福利实施流程如图 8—7 所示。

图 8—7　中智关爱通全面弹性福利实施流程

2. 某外企人力资源服务公司福利流程

人力资源服务外包，福利业务方面有很多内容和形式，下面以某外企人力资源服务公司社保服务工作流程为例进行阐述（见图 8—8）。具体流程为：

第一步，收到社保办理、停办的业务流；

第二步，社保岗位员工将上月新报增减人员进行处理；

第三步，如果上述步骤已经做完，保险处理状态就为已处理，下一步工作就是统计下月新增减名单；如果第二步骤没有做完，需要在备注里填写未做原因，统计应该进行社保办理，但是未进行办理的人员，然后反馈给业务人员和录入人员。

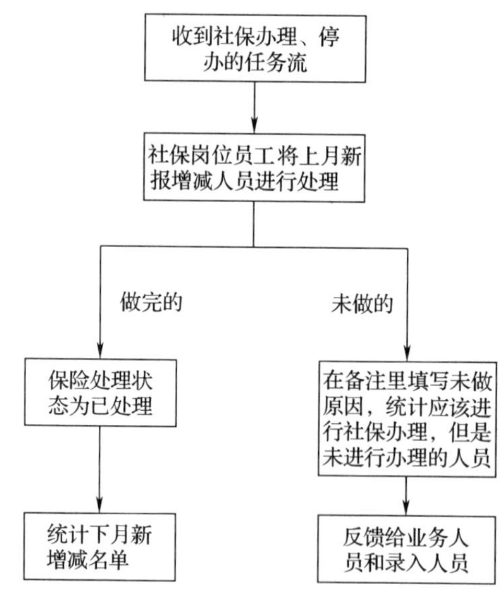

图 8—8　某外企人力资源服务公司社保服务工作流程

四、员工关系服务外包业务

（一）员工关系服务外包的内涵

员工关系服务外包是在劳务派遣、人事代理等操作服务基础上升级的一项人力资源服务解决方案，在新形势下已成为企业劳动合同用工的补充形式。企业将非核心岗位员工或部分人力资源工作职能外包，并借助专业的第三方管理平台与顾问团队支持，最终实现降低成本、控制风险的平衡化运作。

员工关系服务产品通过提供内容丰富、涵盖全面的服务菜单，对企业员工从入职到离职的整个职业生涯进行全程跟踪服务，并对员工在职期间的员工活动、心理咨询、员工内部沟通及职业生涯晋升路径等给予配套的整体解决方案，有效提升员工忠诚度，减少盲目离职事件的发生，降低企业人力成本。

（二）员工关系服务外包的主要内容

1. 员工关系服务内容

员工关系服务产品内容丰富，对企业员工可以从入职到离岗的整个职业生涯进行合理的设计，提供有针对性的整体解决方案。不同的人力资源服务外包商根据企业需求提供不同类型的员工关系服务内容。

2. 典型人力资源服务外包商提供的产品内容

苏州英格玛人力资源外包公司员工关系服务内容主要为：①员工调研计划，包含员工满意度调研、员工离职率调研、员工需求服务调研；②员工福利计划，包含节假日慰问关怀、庆生会、员工旅游、系列讲座等；③员工激励计划，包含优秀员工评选、技能竞赛、入职纪念、员工光荣榜等；④员工活动计划，包含节日晚会、拓展训练游园会、趣味运动会、卡拉 OK、俱乐部等；⑤员工关爱计划，包含心理咨询、健康体检、伤病员工慰问、月度海报、温情贴士等；⑥员工沟通计划，包含圆桌会议、员工接待日、400 员工热线、员工助理等。

劳达集团综合运用中国本土的劳动法规政策，解决企业人力资源管理过程中的员工关系问题，帮助企业降低人力成本，控制法律风险，实现卓越员工关系管理。其员工关系管理岗位外包：组成专业后台服务团队，并选派专业咨询顾问或律师，长期派驻客户，协调处理其有关日常员工关系管理工作，承担客户员工关系管理岗位应当承担的工作职能。[①]

---

① 劳达公司网站，http://www.laboroot.com/laboroot/about/index.html.

人力资源服务外包典型案例

案例1：

IBM与宝洁公司签署价值4亿美元员工服务外包协议

宝洁公司和IBM在2003年9月9日宣布签署了一项为期10年、价值4亿美元的全球协议，IBM业务咨询服务事业部将为宝洁公司提供人力资源业务转型外包服务。

IBM将为近80个国家的近9.8万名宝洁公司员工提供支持。IBM提供的服务包括：工资管理、津贴管理、补偿计划、移居国外和相关的安置服务、差旅和相关费用的管理以及人力资源数据管理。IBM还将利用宝洁公司现有的处于领先地位的全球SAP系统和员工门户网站，为其人力资源系统提供应用开发和管理服务。

大约有800名宝洁公司员工将加入这个IBM人力资源业务转型外包团队，他们将与IBM业务咨询服务事业部的人力资源小组一起，构成世界领先的人力资源专业服务组织。通过这一计划，将有机会在两家公司以及IBM人力资源业务转型外包运营的未来客户员工之中运用人力资源管理方面的各种最佳实践经验。

这一协议将于2004年1月1日生效，届时IBM将负责管理3个人力资源共享服务供应中心（这3个中心分别位于哥斯达黎加的圣何塞、英国的纽卡斯尔和菲律宾的马尼拉），以及超过25个其他国家中的各类专业人员。它们将成为IBM全球业务转型外包服务中心网络中的一个组成部分。

这一协议能够带来很多益处，例如，它将使宝洁公司能够通过流程改造、技术集成和最佳实践来改进服务和减少人力资源成本；通过为高层管理人员提供统一、精确和标准化的实时员工报告，进一步改善决策质量；此外，它还将能够以更加实时、灵活和随需应变的方式提供各种员工服务。

宝洁公司负责全球业务服务的Filippo Passerini说："IBM为宝洁的员工服务带来了丰富的业务流程知识、深入的技术专家知识和一个灵活、快速响应的业务模型。IBM将我们的长处与IBM的长处结合在一起，领导了业务转型外包市场，这将会给宝洁和IBM以及未来的客户带来双赢的效果，很多员工也将能够从更大的未来事业潜力中受益。"

IBM业务咨询服务事业部总经理Ginni Rometty说："像宝洁这样的领先公司正在越来越多地运用业务转型外包服务，来推动企业实现更高的战略价值，这将使它们变得更加灵活和具备更强的适应能力，同时能够使员工将精力集中在公司的核心竞争力上。对 IBM 来说，这一协议显著增强了我们的全球人力资源业务转型外包服务的能力。目前正是很多公司考虑全面采用人力资源外包的时候，此次和宝洁签约，巩固了我们的领先地位。”

宝洁公司是在对多家领先的业务流程外包供应商进行评估以后，选择 IBM 作为自己的员工服务合作伙伴的。

资料来源：

http://www.yesky.com/NetCom/218432278508863488/20030911/1727673.shtml.

案例 2：

索尼电子有限公司以外包转变人力资源职能

索尼电子有限公司（以下简称索尼公司）掌握契机，由追求技术创新转向全面外包，进而转变人力资源职能。

这是一种“角色至上”型的门户，其特征在于可针对新员工、一般员工、经理及人力资源专业人士提供个性化信息。可以直接查询自己所需信息，确保用户制定决策、采取行动并与人力资源服务方案中的其他各方形成有效链接，如就业认证机构、公司内部培训登记系统等。

索尼公司在美国拥有 14 000 名员工，其中人力资源专员主要分布在 7 个地方。尽管投资开发 PEOPLESOFT 软件并以此作为通用平台，但索尼公司仍在不断追求发挥最佳技术功效。

索尼公司人力资源高级副总裁 Ed Cotter 指出：“众所周知，我们亟待更新软件系统。我们的预期状态与现状之间仍相去甚远！”

此外，索尼公司的人力资源机构在软件应用和文本处理方面徘徊不前。所有的人力资源应用软件中，各地统一化的比率仅占 18%，并因此造成低效率。索尼公司电子化人力资源与福利管理副总裁 Patricia Boggi 指出：“我们拥有诸多量身定做的技术，但客户的满意度在不断下降。”

人力资源小组很快意识到，他们需要通过技术方案来解决人力资源问题。与许多供应机构进行协商之后，他们开始审慎地思考人力资源服务方案。除了期待进行技术更新，灵活地适应未来的发展需求之外，索尼公司还希望更有效地管理和降低人力资源服务成本，并以此提升人力资源职能的战略角色。

Boggi 指出：“人力资源日常行政管理有碍于我们成为公司战略决策者。目前，许多其他公司也得出了同样的结论。我们坚信，人力资源职能外包管理将是大势所趋。”

“正是由于索尼品牌久负盛名，我们才能吸引大量的精英加盟。我期望索尼公司的人力资源 WorkWays 门户能够营造一种良好的氛围，进而将人力资源职能与索尼品牌相匹配。这必将是最先进、最精良和最优质的门户！”确定远景是为了拓展现有的外包合作关系，索尼公司与翰威特进行通力合作，转变人力资源职能。

翰威特人力资源管理咨询总监 Esther Laspisa 指出：“上述决策意味着我们将对索尼电子的人力资源机构进行重大改革，其内容不仅限于采用新技术！我们可以借此契机提高人力资源数据的质量、简化管理规程、改善服务质量并改变人力资源部门的工作日程，进而提高企业绩效。”

在新型合作关系中，翰威特将提供人力资源技术管理方案和主机、人力资源 WorkWays 用户门户并进行内容管理。Laspisa 解释说：“索尼为员工和经理提供查询所有的人力资源方案和服务内容的方便之门。”此外，翰威特将提供综合性的客户服务中心、数据管理支持及后台软件服务。2002 年秋天，索尼公司将启动 WorkWays 和人力资源服务中心，提供人力资源数据管理、工资及考勤、薪酬管理及人员分析等服务。包括奖励薪酬及其他分析在内的薪酬管理拓展方案将于 2003 年 4 月 1 日启动，2003 年 10 月还将增加招聘和继任规划等内容。

转变人力资源职能

索尼公司与翰威特合作小组针对转变人力资源部门的工作模式寄予厚望。员工和部门经理期望更迅速、简便地完成工作，而业务经理们则期望降低成本和更加灵活地满足动变的经营需求。

Cotter 指出，最大的潜在节省点在于人力资源管理程序和政策的重新设计和标准化。她说：“项目起步阶段，我们在全美获取了数百项人力资源政策文档，然后，将这些文档总数缩减三分之二！”该简化规程预计将对服务水准、周转时间及成本产生巨大的影响。通过为员工和经理提供全天候的人力资源数据、决策支持和交易查询等服务，新系统还将大大提高效能。

此外，经理们将查询包括绩效评分和人员流动率在内的员工数据，并将之与先进的模式工具进行整合和分析。这些信息将有助于经理们制定更加缜密、及时的人员管理决策。Boggi 指出，经理们可以借此契机提高人员及信息管理质量，进而对企业经营产生巨大的推进作用。

对于人力资源职能及索尼公司的员工而言，这些巨变强化了变革管理要求。索尼公司与翰威特积极解决上述变革管理问题，其中包括转变人力资源职能、人力资源部门与客户之间的关系模式、员工和经理们准备履行的新职责、各项业务及各地程序的标准化。此外，变革管理工作中还涉及网站查询、安全保障及隐私保护问题。

Cotter 指出："翰威特咨询公司能够提供非常全面的人力资源外包管理模式。我们能够透彻了解其对整个企业的影响。"

展望结果

索尼公司在实施外包方案之际，一些结果已经初见端倪。除整合、改善人力资源政策之外，这一变革项目还转变了索尼公司 80% 的工作内容，其中将各地的局域网、数据维护转换到人力资源 WorkWays 系统上，数据接口数量减少了三分之二。新型的汇报和分析能力将取代原有的、数以千计的专项报告。

索尼公司针对上述项目制定了明确的财务目标。索尼公司与翰威特通力合作，通过广泛的调查和分析制定了经营方案，由此评估当前的环境并确定一致的、优质的人力资源服务方案对于索尼公司经营结果的影响。

首先，评估与人力资源服务方案相关的成本，其中包括员工在相关人力资源活动中投入的时间。项目组发现，索尼公司的诸多人力资源专员花费 60% 以上的时间进行人员管理，远远高于同类公司。随后，索尼公司累加了人力、人力资源相关技术与平台、信息技术支持、招聘和工资单打印之类的外包服务成本。

上述结果是否令您大开眼界？截至第二年，索尼公司的人力资源部门将节省 15% 左右的年度成本，而到第五年时，节省幅度将高达 40% 左右。平均而言，5 年期间的平均节资额度可达 25% 左右。

Cotter 说："我始终认为可以按照这种方式开展人力资源工作，因为可以由此形成规模经济效应并降低成本。"此外，人力资源外包管理将人力资源视为索尼公司网络文化的起点。人力资源 Work Ways 门户将是实施索尼公司员工门户方案的首要因素之一。Cotter 指出："我们非常高兴看到通过先行改造人力资源职能来进行电子化转变！"

资料来源：翰威特为索尼提供人力资源技术管理方案，http://outsourcing. nbdl. gov. cn/show/showdetail. php? id = 43260.

主要参考文献

[1] 范本鹤. 服务外包是人力资源服务业发展的新天地，http://www. gxrlzy. com/article - 11683 - 1. html.

[2] 魏征. TD 公司人力资源服务外包业务研究 [D]. 天津大学，2010.

[3] 庄志. 中国人力资源服务业外包业态观察（2014 版）[M]. 苏州：苏

州大学出版社，2014（11），15.

［4］苏州英格玛人力资源服务外包公司网站，http://www.engma.net/Program_hr01_20.html.

［5］ADP 公司网站，http://www.adpchina.com/html/xinchou/.

［6］FESCO 公司网站，http://www.fesco.com.cn/.

［7］Outsourcing Survey，Hewitt Associates，Lineolnshire，Illinois. 1996.

［8］郭彩云．企业人力资源管理外包策略研究［D］．河北工业大学，2003（11）.

［9］北京外企服务集团．中国人力资源服务行业 30 年发展报告［J］．中国人才，2009（11）.

［10］张宇泉．北京人力资源服务业蓝皮书［M］．北京人力资源服务业发展报告（2014）．北京：中国人事出版社，2015（3）.

［11］未来的人力资源外包服务将走向云端，http://news.163.com/14/1211/01/AD59T91R00014Q4P.html.

［12］IDC 发布最新中国人力资源外包服务行业报告，http://stock.eastmoney.com/news/1421,20120213191088594.htm.

［13］加里·德斯勒（Gary Dessler）．人力资源管理（第 12 版）［M］．刘昕，译．北京：中国人民大学出版社，2012（6）：507.

［14］傅宇，黄攸立，姚辰松．弹性福利外包：企业员工福利管理的发展趋势［J］．科技管理研究，2007（5）：204.

［15］劳达公司网站，http://www.laboroot.com/laboroot/about/index.html.

第九章 人力资源管理咨询

在人力资源服务业中，人力资源管理咨询业务因其服务层次高、综合性强、难度大、价值高，而被越来越多的企业重视。本章将对人力资源管理咨询的总体框架以及其中最为核心的人力资源管理诊断业务、薪酬管理咨询业务、绩效管理咨询业务进行重点介绍。

第一节 人力资源管理咨询概述

近年来，人力资源管理咨询业务在我国蓬勃发展。为了让读者对人力资源管理咨询有个总体把握，本节将首先对人力资源管理咨询进行概述。

一、关于人力资源管理咨询

顾名思义，人力资源管理咨询是与“人力资源管理”以及“管理咨询”这两个关键词联系在一起的。从范畴上来讲，人力资源管理咨询是人力资源管理的组成部分，是管理咨询中的一项具体业务。

管理咨询是由独立的外部管理顾问或公司为帮助企业经营管理者解决其经营管理问题、提升其经营管理能力而进行的诊断问题、提出解决方案、指导方案实施等一系列的智力活动①。在全球经济一体化下的市场经济中，企业面临的国际和国内经济社会环境急剧多变，顾客需求越来越个性化、产品竞争越来越加剧、人才竞争也逐步白热化，企业生存和发展的难度越来越大。在此情况下，企业要获取持续的竞争优势，往往难以依靠获取某些资源或者占领某些先机，因此有效地整合其外部竞争商业模式以及内部管理体系成为一种必然。而这种

① 黄美欣，张敏仪，黄坤保，李翠珍．人力资源咨询业发展的历程与国内文献述评［J］．企业导报，2014（3）：7－8.

整合往往难以单独依靠内部人员来完成，这时往往通过管理咨询活动寻求外部专家为企业提供外脑支持，来提升企业的经营管理竞争力。目前，发达国家的管理咨询迅速发展成为兴盛的产业。例如，1996 年全球最大的 20 家咨询公司的总收入达 256 亿美元，1999 年全球管理咨询业的收入已经超过 700 亿美元①。

管理咨询对于我国而言，既不是新生事物，也是新生事物。就管理咨询的本质而言，它是外部顾问为组织管理者进行谋划的活动。因此从这个意义上来说，我国历史上不乏管理咨询活动。如孙膑为田忌赛马提出的“赛马规则”、苏秦游说六国提出的“合纵抗秦”以及《隆中对》中诸葛亮为刘备提出的“联孙伐曹，三分天下”战略等，都是我国古代咨询的经典案例。当然，就现代意义上的管理咨询而言，它对于我国又是新生事物。改革开放以后尤其是进入 20 世纪 90 年代，在外资咨询公司的影响和带动下，我国本土管理咨询业才开始发展起来。2007 年，我国管理咨询业的年营业收入增长率达到 29%，行业毛利率达到 21%，管理咨询的市场渗透率年增长率达到 9% 左右，预计在未来还将保持强劲的增长势头②。

人力资源是一种活资源，是企业生存和发展的主体。随着产业的逐步升级以及企业竞争的越来越激烈，人力资源将成为企业取胜的关键因素。企业囿于自身的各种条件限制，要想建立先进的人力资源管理系统就必须从外部寻求更专业化的帮助，因此对人力资源管理咨询的需求也逐步增大。人力资源管理咨询是针对人力资源管理的一项管理咨询活动，是人力资源管理顾问或者顾问团队帮助企业发现和解决人力资源管理方面问题并提升人力资源管理水平及其有效性的过程。有效的人力资源管理咨询将促使企业正确、有效地开发人力资源，合理、科学地管理人力资源，为企业发展创造持续的竞争力。人力资源管理咨询的业务范围主要包括人力资源规划、工作分析、员工招聘、绩效考评、薪酬体系制定、员工培训和职业生涯规划等方面。

近年来，我国人力资源管理咨询业务发展迅速。在现有的人力资源咨询市场中，其业务提供主体可以分为外资背景的咨询公司及本地人力资源管理咨询公司。外资背景的咨询公司在我国发展迅猛，分支机构也越来越多，比较著名的有韬睿惠悦咨询公司、美世咨询公司、合意咨询公司、怡安翰威特咨询公司等。这些公司目前主要以跨国公司、国有企业等为主要客户对象。本土人力资源管理咨询公司目前也发展迅猛，经营较为成功的有北大纵横、正略钧策、华夏基石等③。根据正略钧策调研数据分析比较，2006 年人力资源管理咨询已经超

① 王璞. 新编人力资源管理咨询实务［M］. 北京：中信出版社，2005.

② 方少华. 人力资源管理咨询［M］. 北京：机械工业出版社，2007.

③ 乔俊. 论我国人力资源管理咨询行业中的问题及对策［J］. 现代经济信息，2013（18）：111.

过了管理咨询市场份额的1/4。由此可见，人力资源管理咨询在我国的迅速崛起已经是不争的事实①。

另外，除了给企业提供人力资源管理咨询服务以外，近年来机关事业单位也开始邀请专业机构提供政府绩效考评、事业单位绩效工资制度改革等人事管理咨询服务。目前，这类专业机构中最具实力和影响力的是人力资源和社会保障部直属的中国人事科学研究院。

二、人力资源管理咨询的作用

在我国现阶段，关于人力资源管理咨询是否真的有价值的争论还很热烈。为此，我们有必要在此先探讨一下人力资源管理咨询的价值和作用。

第一，人力资源管理咨询能够为企业管理者更新管理理念。企业的经营管理，尤其是对人的管理，与管理者的管理理念有高度的相关性。纵观我国企业，不少经营管理者都被企业经营管理的压力奴役和驱使，整天都忙于日常事务或是充当救火队员处理紧急问题，视野相对比较狭窄，获取和更新管理理念的渠道非常有限。而人力资源管理咨询活动，对于企业管理者更新管理理念很有效：一是对企业管理者实施人力资源管理咨询项目的影响过程，是对各级管理者尤其是高层管理者的管理理念更新的过程；二是人力资源管理咨询活动的诊断、内容设计以及实施环节，都有助于企业管理者更新管理理念；三是人力资源管理咨询过程的各种讨论活动，能够很好地实现对各级管理者的管理理念更新。

第二，人力资源管理咨询能够为企业提供人力资源管理决策支持。一般企业尤其是大企业或者高速成长的企业往往都面临着许多人力资源管理问题，需要进行决策，如组织模式决策、人事任免决策、绩效考评决策、薪酬决策等。人力资源管理咨询能够在企业进行人力资源管理决策时提供有力的支持：一是人力资源管理咨询可以帮助企业降低人力资源管理决策风险；二是人力资源管理咨询可以帮助企业提升人力资源管理决策的系统性和科学性；三是人力资源管理咨询可以帮助企业更好地统一中高层思想，推动人力资源管理决策的实施。

第三，人力资源管理咨询能够为企业解决存在的各种人力资源管理问题。人力资源管理咨询机构就像企业的医生，能够更好地为企业解决各种人力资源管理问题：一是人力资源管理咨询顾问走过的企业较多、见识较广，且具有较强的理论功底，掌握了各种管理诊断工具，能够更好地发现企业存在的问题以及未来可能出现的问题；二是人力资源管理咨询顾问具有为多家其他企业解决

① 耿庆利. 我国人力资源咨询发展现状及趋势研究［J］. 商业经济，2012，407（10）：60－61.

管理问题的经验，且具有系统化的管理方法，能够更好地为企业提出解决问题的办法和方案；三是人力资源管理方案往往涉及个人利益，人力资源管理咨询顾问作为独立的第三方，没有利益纠葛，更加有利于人力资源管理解决方案的推行和实施。

第四，人力资源管理咨询有利于提升企业管理者的人力资源管理水平。现代管理理论强调企业管理者是人力资源管理的第一责任人，管理者的人力资源管理水平成为提升企业绩效的关键成功因素之一。人力资源管理咨询提升企业管理者的人力资源管理水平体现在以下方面：一是人力资源管理咨询有利于管理者掌握各种管理思路和管理工具，从而提升管理技能；二是人力资源管理咨询能够帮助企业构建科学、系统的战略性人力资源管理体系，进而系统地提升企业管理者的人力资源管理水平。

三、人力资源管理咨询的主要业务

人力资源管理咨询从业务内容上看，主要包括人力资源管理诊断、人力资源规划咨询、工作分析咨询业务、绩效管理咨询、薪酬管理咨询业务。

1. 人力资源管理诊断业务

人力资源管理诊断就是运用各种科学的方法和工具，对企业人力资源管理体系的制度建设、运行情况、实际效果、特点等方面进行综合调查评估，发现并确定企业人力资源管理中存在的各种问题，并在此基础上提出解决问题的有效思路。人力资源管理诊断的核心工作目标是在发现企业人力资源管理问题的基础上，提出解决问题的有效办法。其关键过程是对企业人力资源管理体系进行综合调查评估。其关键保证是具有各种科学的人力资源管理诊断的方法和工具。人力资源管理诊断往往需要采用全方位、深层次、多角度的立体式方法，查找企业人力资源管理中存在的现实问题和薄弱环节，研究解决问题的对策，破解企业的难题，改革创新，加快构建规划科学、标准先进、配置高效、管控有力的企业人力资源管理体系。

2. 人力资源规划咨询业务

人力资源规划是基于对企业未来业务发展的预测和对企业经营环境变化的认识，前瞻性地谋划如何满足未来企业发展所需要的人力资源及其相关策略的过程。它是为推进企业整体战略得以实现而进行的人力资源招募、甄选、配置、使用、开发与管理等方面的系统规划，是企业人力资源管理制度建设和具体工作开展的起点。

人力资源规划咨询业务的重点是通过对企业战略与核心竞争力的梳理与构

建，完成企业人才引进政策与机制、人才竞争策略、核心人才规划、员工能力结构规划与提升规划、调配规划、人工成本规划等在内的各项人力资源管理政策和活动的系统思考，并为企业合理储备人力资源以及构建适合自身发展需要的人力资源管理制度体系提供有效的策略。通过人力资源规划咨询活动，我们能够从总体上统筹协调、综合运用各项人力资源管理职能，实现人力资源职能战略，进而有力地保障企业整体经营战略的实现。

具体而言，人力资源规划咨询业务可以划分为三项内容：评价现有人力资源状况、预测未来人力资源需求、制定满足未来需要的人力资源战略和行动方案。

第一，评价现有人力资源状况。它是开展人力资源规划工作的开端，通常以开展人力资源调查的方式进行。人力资源调查主要是去了解企业现有多少人力资源，员工的专业方向、能力层次及潜能如何，员工的工作状态如何，当前的人力资源管理政策是否能够有效吸引、激励、保留员工等。

第二，预测未来人力资源需求。未来人力资源需求是由企业的战略目标和规划决定的，是企业的产品或服务需求状况的一种反映。预测未来人力资源需求，要基于对总规模以及业务结构的估计，要为达到这一规模和结构配备相应规模和结构的人力资源。在对现有能力和未来需要做出全面评估以后，可以测算出人力资源的余缺程度（在数量和结构两方面），并指出组织中将会出现供需严重失衡的领域。

第三，制定满足未来需要的人力资源战略和行动方案。根据现有人力资源评估、未来人力资源需求预测，结合未来外部人力资源环境，可以通过调整组织政策，利用各种退出机制，减少未来不需要的人员；同时吸纳、培养合适的人才，满足未来的需要。此外，还应在科学的人力资源规划方案的基础上，提出合理的薪酬体系和绩效管理体系的核心思路，进而对相应的员工职业生涯和培训进行规划，才能真正为企业的持续性发展提供一个优秀的人力资源开发与管理系统。

3．工作分析咨询业务

工作分析是通过系统全面的工作信息收集手段，采用科学的手段和工具，通过统一的框架对工作本身进行详细的分析和描述，以便组织进行改善管理效率。工作分析是人力资源管理工作的基础，其分析质量对其他人力资源管理模块具有举足轻重的影响。通常而言，工作分析管理咨询是通过对工作职责、工作流程、工作权限、工作产出、工作特征、工作资源、工作环境、胜任工作的能力素质要求等因素的分析，形成工作分析的结果——职位说明书。职位说明书包括工作识别信息、职责概要、工作职责，以及任职资格标准等信息，为其他人力资源管理职能的使用提供方便。

工作分析咨询一般分为五个阶段：①筹划准备阶段。具体包括确定工作分析的目的、制订工作分析的计划、组建工作分析的小组、选择工作分析的对象等。②信息收集阶段。具体包括选择各类信息的收集方法、收集公司组织架构和职位设置等背景资料、收集职位工作相关的各种信息、收集当前任职者的能力素质相关信息等。③资料分析阶段。具体包括审查工作信息、筛选过滤工作信息、分析工作信息、总结提炼工作信息。④结果完成阶段。具体包括编写工作说明书、进行总结。⑤应用反馈阶段。具体包括宣传、贯彻、应用、改革、完善职位说明书。

4. 绩效管理咨询业务

所谓绩效管理，是指企业为了实现整体的绩效目标，而将目标和责任落实到各级管理者以及全体员工身上，并通过过程的监控辅导、绩效的考核评价、针对绩效达成的激励机制以及消除绩效障碍进一步提升绩效等回环往复的活动，最终实现个人绩效、部门绩效以及组织绩效的持续提升。一般而言，绩效管理包括绩效计划制订、绩效辅导沟通、绩效考核评价、绩效结果应用、绩效目标提升等环节。

绩效管理体系非常重要，它是开展绩效管理活动的基础平台，也是企业实施战略管理的重要载体，更是企业人力资源管理系统的核心中枢。绩效管理发挥效果的机制为：一是目标管理机制，即对组织或个人设定一系列的合理目标，使员工向着组织期望实现结果的方向努力，从而提高个人并达成组织绩效；二是绩效反馈机制，即通过绩效评估并向员工反馈，肯定成绩与正确方向、指出不足与错误行为；三是激励约束机制，即对组织目标达成有贡献的行为和结果进行奖励，对不符合组织发展目标的行为和结果进行一定的约束；四是自我开发机制，即促使员工自我开发提高能力素质，改进工作方法，从而达到更高的个人和组织绩效水平。

绩效管理咨询业务就是根据绩效管理的环节和作用机制，由咨询顾问从企业战略出发，针对企业不同的发展阶段、战略定位、组织与人员个人知识、技能等工作动力等特征，选择适当的方法、工具与流程，建立适合企业需要的绩效管理制度、分层分类的绩效指标体系、绩效考评方式、绩效结果控制办法等。绩效管理咨询最为重要的是，为企业提供可以实操的方案，并指导其具体开展绩效管理活动。

5. 薪酬管理咨询业务

薪酬管理，是企业基于战略发展以及适应劳动力市场竞争态势的需要，为吸引、激励、保留优秀员工，对薪酬战略、薪酬政策、薪酬水平、薪酬结构、薪酬计算办法等内容进行确定、分配和调整的动态管理过程。

薪酬管理体系对于企业而言至关重要。由于薪酬牵涉到所有员工的切身利益，薪酬体系设计得合理与否，会直接影响到企业能够招聘到人才的质量，直接影响到各级各类员工的工作积极性，从而影响到企业运营的效率。因此，管理者必须慎重对待和仔细操作薪酬设计，争取在各个利益群体的需求之间取得最大程度的平衡。但薪酬体系设计往往专业性极高，故企业最初往往因为需要设计一套科学的薪酬管理体系而聘请人力资源管理顾问。

薪酬管理咨询主要包括薪酬激励机制设置、薪酬结构设计和薪酬水平设计。一般而言包括以下内容：①明确企业薪酬战略定位。对于不同成长阶段、不同类型的企业选择不同的薪酬战略，通常可以选择的有领先型、竞争型、跟随型三种。②选择薪酬制度体系。对于不同特点的企业尤其是不同特点的职位，采取不同的薪酬制度体系，通常可以选择基于岗位价值、人力资源价值、工作业绩的薪酬制度体系。③设计薪酬结构。对于不同类型职位，设置不同固定收入与浮动收入的比例，增强薪酬的激励效应，促进企业薪酬制度与市场接轨。④建立多元化的激励模式。充分利用薪酬杠杆调节，根据不同类型人员的工作业绩产生特点，建立不同的激励模式，充分调动员工的潜能与工作热情。⑤创新福利制度。深入研究福利制度，避免福利制度成为“大锅饭”，在保证福利制度的普惠前提下，建立在适度集中的基础上的自助式福利体系，提升福利制度的激励效能，将福利制度引导到增强员工归属感和忠诚度、促进其个人成长的道路上来。⑥建立薪酬水平动态调整机制。依据企业战略发展需要、支付能力以及市场薪资水平变化等因素适时对薪酬水平进行调整，促使薪酬水平与劳动市场接轨。

除了上述介绍的几个主要的人力资源管理咨询模块之外，还有一些诸如招聘甄选咨询业务、员工培养发展咨询业务等在实际人力资源管理咨询业务中并不常开展。

四、人力资源管理咨询的一般流程

人力资源管理咨询项目已经有一套相对成熟的流程。一般而言，人力资源管理咨询项目的具体流程如下：

1. 决定是否寻求咨询服务

企业对于人力资源管理咨询的需求源于其自身存在的问题以及提升人力资源管理水平的期望。也就是说，企业往往是认识到人力资源管理工作中存在某些问题或者有提升改进的空间，而且这部分工作是自己没有能力做，或者不适合自己来亲自操作的。

这就是对人力资源管理咨询的需求。管理者在对企业人力资源管理状况进行审视之后往往会提出很多需要解决的问题，但真正对人力资源管理咨询提出需求的，通常是企业经过自身努力采取措施仍然解决不了的问题。这时候，往往就应该考虑寻求人力资源管理咨询机构的帮助。

2. 选择咨询公司和团队

企业有了请人力资源管理咨询公司的意向之后，接下来的就是选择一家合适的人力资源管理咨询公司。那么如何来判断人力资源管理咨询服务能否适合自己企业的需要呢？一是选择合适的咨询公司，二是选择合适的咨询团队。

首先是选择合适的咨询公司。一般而言，要从公司背景、人员规模、咨询顾问的层次、成功案例和客户口碑五个方面来评价一家人力资源管理咨询公司，从保证管理咨询项目效果的角度。通常事先确定选择人力资源管理咨询公司的标准，然后通过公开招标或者要约议标的方式来进行筛选。

然而更为关键的是选择咨询团队。一般而言，在选择咨询团队时，最为关注的因素是团队成员的咨询行业经验和工作经历背景，其次是面谈印象和教育经历。而其中至关重要的是选择项目经理，往往选择了一个合格的项目经理等于成功了一半。

3. 召开项目动员会

项目动员会具有比较重要的意义。由于涉及人的问题，个性化比较强，所以好的人力资源管理咨询项目通常是由咨询顾问以及企业共同完成的。因此，项目动员会的意义就在于让企业各级人员能够理解人力资源管理咨询的意义，并更好地配合咨询团队的工作。

一般而言，咨询公司与企业的高层领导均需要参加项目动员会，并就项目的必要性及重要性进行动员讲话。在动员会上，咨询公司项目经理需要详细介绍项目情况、流程、方法以及对企业各级人员的要求。

4. 调研与诊断

调研与诊断也是极为重要的环节，是成功设计的基石。调研与诊断阶段是咨询项目团队对公司情况进行详细摸底，并形成基本结论以及提出解决问题思路的过程。调研与诊断的产出是人力资源管理诊断报告。

人力资源管理诊断报告一般需要回答公司人力资源管理存在着什么问题，什么原因导致这些问题的产生，怎么解决这些问题等。人力资源管理诊断报告的内容通常都会涉及组织管理、业务流程、人力资源规划、岗位设计、招聘甄选、培训发展、薪酬激励、绩效管理等方面。

5．方案设计

方案设计最重要的就是能够将方案的科学性与企业的实际情况有机地结合起来，既要解决问题，还要有适当的前瞻性。最忌讳的就是咨询团队直接使用模板适当修改一下就作为成果交付给客户。

另外，企业应该学会通过积极参与达到学习的目的。企业管理者一定不要认为自己花钱请了人力资源咨询公司来，再给咨询项目组干活就吃亏了。实际上，如果各级管理者端正学习配合的态度，就可以从咨询顾问那里收获到很多。

6．成果验收

人力资源管理咨询的所谓成果就是方案和报告，一般都会细化到各项制度和管理办法。一般而言，企业会组织一个成果验收会，咨询项目组在会上汇报各项成果。需要注意的是，实际上最有价值的成果，是在人力资源管理咨询的过程中，企业各级人员学会了人力资源管理的理念、工具和方法。成果验收，通常也标志着人力资源管理咨询项目的结束。

7．辅导实施

方案的意义和价值在于实施，否则就成为一堆废纸。越来越多的人力资源管理咨询公司会为企业提供辅导实施的管理咨询后续服务，即通过持续跟踪，支持解决企业执行方案中的难题。需要指出的是，无论如何，咨询团队都是无法替代企业的各级管理者，最终还是要靠各级管理者真正掌握了人力资源管理的理念、方法和工具。

第二节 人力资源管理诊断业务

人力资源管理诊断是人力资源管理咨询业务开展的前提和基础。从某种意义上讲，人力资源管理诊断准确与否决定了整个人力资源管理咨询活动的成败。本节将具体对人力资源管理诊断业务进行介绍。

一、人力资源管理诊断概述

（一）关于人力资源管理诊断

人力资源管理诊断有三个重要的方面：

第一，人力资源管理诊断的核心工作目标是在发现企业人力资源管理问题的基础上，提出解决问题的有效办法。人力资源管理诊断就是要通过开展各种调研工作，摸清企业人力资源管理的实际情况，梳理并分析企业人力资源管理中存在的种种问题，找出其中可能存在的问题点、风险点、盲点以及难点。更重要的是，必须在寻找到问题的基础上，提出解决企业问题的有效办法。这个办法一定是结合企业实际情况提出来的系统思路，可能是推进企业人事体制机制改革创新、建立完善企业组织结构和管理体系、改变人才管理方式、调整薪酬激励办法或绩效考核办法等。最终是要优化人力资源管理体系，吸引更加优秀的人才加盟企业，更好地激励和培养人才，更有效地发挥人才的作用，促进企业目标的实现。

第二，人力资源管理诊断的关键过程是对企业人力资源管理体系进行综合调查评估。人力资源管理诊断之所以能够发现问题，关键在于对企业人力资源管理体系的方方面面，如制度建设、运行情况、实际效果、特点等进行评估。在评估的时候主要应该基于以下几个角度：一是企业人力资源管理体系对于达成企业战略目标的匹配性；二是企业人力资源管理体系与企业的所在行业、发展阶段、组织规模等方面之间的匹配性；三是企业人力资源管理体系对于吸引人才、激励人才、保留人才实际发挥的作用。

第三，人力资源管理诊断的关键保证是具有各种科学的人力资源管理诊断的方法和工具。优秀的人力资源管理诊断是一个系统工程，而不是凭借给企业“把把脉”就能够实现的。一般而言，人力资源管理咨询公司往往会在人力资源管理诊断的过程中运用公司历史文献研究、问卷调查、深度访谈、工作跟踪、实地调研等方法。另外，人力资源管理咨询公司都会基于自身的理论模型，开发“人力资源管理诊断调查问卷”“人力资源管理诊断访谈提纲”等工具。

总之，人力资源管理诊断往往需要采用全方位、深层次、多角度的立体式方法，查找企业人力资源管理中存在的现实问题和薄弱环节，研究解决问题的对策，破解企业的难题，改革创新，加快构建规划科学、标准先进、配置高效、管控有力的企业人力资源管理体系。

（二）人力资源管理诊断的作用

人力资源管理诊断在人力资源管理咨询中发挥着重要的，这种作用主要体现在以下三个方面：第一，人力资源管理诊断所发现的问题是人力资源管理咨询中具体模块设计的前提和出发点。问题发现的越深入、越具体，那么人力资源管理咨询的设计就能够越贴合企业的实际，满足企业的需要，解决企业的问题。第二，人力资源管理诊断所提出的解决办法是人力资源管理咨询中具体模块设计的思路指南。人力资源管理诊断可以站在企业全局，从企业实际情况出发，从达成企业战略的角度出发，系统性地提出解决问题的总体思路。人力资源管理咨询中模块的设计紧扣着总体思路来开展，就能够保证薪酬激励、绩效管理等具体模块能够协调起来。第三，人力资源管理诊断是咨询团队与企业达成共识的载体，是双方共同合作的基础。人力资源管理咨询团队在进入企业之前对企业的了解是十分有限的，必须经过人力资源管理诊断调研之后才能全面掌握企业的情况。只有通过人力资源管理诊断阶段，让企业感受到咨询团队确实发现了存在的问题，也提出好了的解决思路，企业才能真正信任咨询团队，更好地配合咨询团队完成咨询内容的设计和实施。

总之，人力资源管理诊断是人力资源管理咨询的重要开端，也是人力资源管理咨询内容设计的重要前提和基础。

二、人力资源管理诊断的内容

人力资源管理诊断的内容既包括人力资源管理体系的全部内容，又要考虑人力资源管理体系作为一个整体对企业战略体系、组织管理体系的支撑作用和匹配度，因此人力资源管理诊断的内容涵盖面比较广。

（一）人力资源管理对战略支撑的诊断

人力资源管理活动发挥对战略目标达成的支撑作用是企业人力资源管理体系的重要价值，也是战略性人力资源管理体系的重要方面。因此，人力资源管理诊断首先需要诊断的是人力资源管理对战略的支撑情况。在诊断人力资源管理对战略支撑方面，可能涉及以下问题：

（1）公司领导层普遍最关注的是什么？利润/质量/安全/……

（2）公司的顾客是如何划分的？现有顾客的结构如何？公司期望的顾客结构是什么样的？

（3）不同顾客群的需求各是什么？最近几年顾客的需求发生了什么样的变化？公司为应对这些变化做了哪些工作？有什么样的困难？

（4）公司的优势、劣势、机会、威胁各是什么？

（5）公司现在的主要竞争对手有哪些？潜在的竞争对手有哪些？

（6）与它们中的先进企业相比，在哪些方面存在差距？（如成本、风险、收入、效率、客户满意等）

（7）从现有资源看，你认为公司的核心能力是什么？

（8）从竞争的需要看，你认为应该建立什么样的核心竞争力？

（9）人力资源管理与企业战略的达成之间存在哪些障碍？

（二）人力资源管理与组织管理相匹配的诊断

人力资源管理体系与组织管理体系是相互影响和相互促进的。良好的组织架构、业务流程、部门职责划分将有力地促进人力资源管理体系效果的发挥。同样，良好的人力资源管理能够促进员工做正确的事情并正确地做事情，以此推动组织管理的规范性，提升组织的效率。因此，人力资源管理体系的设计必须考虑与组织管理体系之间的匹配。在诊断人力资源管理与组织管理相匹配方面，可能涉及以下问题：

（1）公司目前的组织架构是否与未来发展战略相匹配？各部门的职责分工是否清晰合理，是否存在责、权、利不对等的现象？

（2）公司中最重要的业务流程（战略流程/经营流程/支持保障流程）有哪些？对其中的关键环节是怎么考核的？

（3）在现有流程中哪些流程或环节效率最低/成本最大/风险最大/收益最大？公司采取了什么样的措施？取得了什么样的效果？你认为还可采取什么措施？困难何在？

（4）现有的部门、职位之间是否存在职能上的重叠、交叉、多余或者空缺？你认为应怎样解决？

（5）现有员工的素质、能力、敬业精神能否保证流程的顺畅履行？

（6）各级管理者是否对工作的繁简做出必要的调整？

（7）各级管理者是否经常研究事务性工作手续如何进行优化？

（8）公司是否经常性更正错误工作？

（9）各级管理者是否为减少简单重复性工作的工作量而推行了标准化？①

（三）人力资源管理体系自身的诊断

人力资源管理体系由若干个模块构成，因此对于人力资源管理体系自身的诊断既包括每个模块的诊断，还包括模块之间相互关系的诊断。在诊断人力资源管理体系自身方面，可能涉及以下问题：

（1）公司人员数量、人员结构（年龄、学历、工作经历、技术层次）等方面情况如何？人员素质是否满足公司经营发展的需要？

（2）公司人员的出勤率、工时利用率、劳动生产率变动趋势、员工流动率、员工流失率等方面的情况，是否存在明显问题？

（3）公司在员工内外部培训的经费投入、人均次数多少？培训效果如何？

① 葛海良，刘磊．企业人力资源管理系统诊断研究［J］．中国人才，2001（8）：36－38.

培训需求是否得到满足?

(4) 高层管理者、中层管理者是否重视培训?有无培训计划?是否按照计划实施?培训的方法、设施和时间是否合适?

(5) 公司是否有成文的绩效考核办法?绩效考核的方法是否适当?考核事实记录是否完整?考核者的安排是否合理?考核周期是否合理?考核者是否接受考核方法培训?

(6) 绩效考核理念是否端正?指标提炼是否合理?是否有绩效沟通反馈?绩效考核是否能够促进提高绩效水平?员工对绩效考核的普遍看法是什么?

(7) 现行工资制度发挥的作用如何?与企业的经营方针是否一致?是否有利于提高生产效率?是否有利于调动从业人员的积极性?企业人员对现行工资制度有哪些意见?

(8) 工资总额是否受到上级管理部门的管控?如有,工资总额管控政策是什么?决定工资总额时是否与工会协商?工资总额是否与公司的支付能力相匹配?工资总额是否根据公司经营盈利情况动态变化?

(9) 工资水平是否具有竞争力?工资水平与竞争对手相比处于什么样的状态?工资水平能否吸引到想要的核心骨干?哪部分人员难以招聘到?不同人群工资水平与市场相比的情况如何?

(10) 固定工资主要考虑哪些因素?固定工资占总工资的比重如何?不同类型人员基本工资如何考虑?考虑是否合理?固定工资水平是依据什么因素进行调整的?固定工资的设置方法与企业性质是否相符合?

(11) 浮动工资主要考虑哪些因素?浮动工资占总工资的比重如何?不同类型人员浮动工资如何考虑?考虑是否合理?浮动工资水平是依据什么因素进行调整的?浮动工资的设置方法与企业性质是否相符合?

(12) 企业设置了哪些奖励?这些奖励的发放主要考虑哪些因素?对于采纳的可行性建议是否发给奖金?如有,奖金数目是否有助于促进其积极性?

(13) 企业有哪些津贴?考虑什么因素?普惠式的还是条件式的?

(14) 员工是否有职业发展的多条通道?是否能够获得较快速的成长?

(15) 企业人际关系氛围如何?部门之间沟通协作状况如何?员工对企业的认同度如何?企业管理者的管理风格如何?

(16) 岗位设置、职责分工、招聘甄选、薪酬管理模块与绩效管理模块之间是否存在冲突?

三、人力资源管理诊断使用的相关技术方法与工具

为了更全面、更准确、更快地获得企业的信息,在人力资源管理诊断中通

常需要运用一些技术。常用的技术包括文献研究、问卷调查、深度访谈等。

（一）问卷调查的方法与工具

问卷调查法是人力资源管理诊断最常用的方法之一。所谓问卷调查法，就是通过让员工填写书面问卷的形式，了解企业人力资源管理方方面面的情况，以及员工对企业人力资源管理各方面的看法。因此，问卷调查既可以是了解客观情况，也可以是了解企业员工的意愿。

问卷调查法具有明显的优点：第一，调查面非常宽，甚至可以对全员进行调查，又不至于占用过多的时间，再大的调查面一般都不会影响人力资源管理咨询项目的进度；第二，问卷调查，尤其是无记名的问卷调查，往往能够让员工真实地反映问题，表达自己的看法和不满；第三，从问卷调查中得到的数据和观点，往往能够更加容易地被企业高层管理者接受，所提出的改革措施也更加易于被员工接受。

问卷调查法也具有明显的缺点：第一，问题的针对性太强，无法获得问卷所问问题之外的内容，故对问题内容设计要求很高；第二，往往需要问卷设计技术和统计分析技术作为支撑，同时可能耗费大量的时间；第三，如果控制不好，就容易造成低回收率，在得到的答案中容易产生夸大性回答、无关性回答以及不适当回答等问题；第四，往往难以获得问题产生原因以及问题解决办法等信息。

一般而言，在设计问卷以及问卷调查时需要注意以下问题：第一，要根据调查目的编制结构化的调查问卷，所设计的问卷要做到问句贴切、所问问题与调查目的相一致、问句排列合乎逻辑、便于员工回答问题；第二，具体问题设计需要做到用词准确、语义明确，不能含糊其词、不用威胁性的语句、一问不能两答；第三，由员工在不受干扰的条件下独立填写，在规定时间内收回，最后由调查人员汇总整理；第四，问卷发放必须达到一定比例，回收率也必须达到一定比例；要做问卷信度分析。

根据不同的诊断目的，可以设计出针对不同调查对象的结构不同、调查内容不同的问卷。一般而言，不同的咨询公司都会基于其理论基础开发不同的诊断问卷工具。常见的调查问卷诊断工具有“组织与人力资源管理诊断问卷”“组织气氛调查问卷”等。

（二）深度访谈的方法与工具

深度访谈法是人力资源管理诊断的一个常用的且行之有效的方法。深度访谈主要是通过与企业各级管理人员以及普通员工进行面对面的交流，深入了解企业人力资源管理及相关方面运行的现状以及存在的问题，并听取他们对于问题的分析以及对解决问题的建议。因此，通过深度访谈往往能够对企业有深入、透彻的了解，能够比较快地完成对一个企业情况的全面掌握，并形成对一个企业问题的判断。事实上，优秀的、经验丰富的人力资源管理咨询顾问往往只需与少数具有代表性的人员进行面谈，便可以对这家企业人力资源管理乃至整个企业状况都有较为准确的概念。因此，面谈是人力资源管理诊断人员获取第一手资料的一个有效的方法。

深度访谈法的优点是：第一，有利于更加深入地发现企业存在的人力资源管理相关具体问题及这些问题产生的原因和解决办法；第二，能够为被访谈对象提供最多的自由表达意见的机会，发泄他们的不满情绪；第三，能够赢得被访谈对象的信任，在未来方案的执行过程中，将变得更加容易。

深度访谈法的缺点是：第一，由于每个人的访谈时间往往都不少，因此总共需要耗费的时间较多；第二，由于访谈的内容多为定性内容，所以访谈记录资料整理的工作量非常繁重，分析的工作量和难度也非常大；第三，深度访谈对人力资源顾问个人的要求比较高，需要水平较高的访问者，并运用大量的访谈技巧，否则容易引起被访谈对象的紧张或警惕心理，反而引起信息失真。

一般而言，深度访谈需要事先做好访谈内容的设计。即往往会需要借助一些访谈提纲，然后根据不同的访谈对象做适度调整，在访谈的过程中再根据实际情况追加一些访谈问题。一般而言，不同的咨询公司都会基于其理论基础开发不同的深度访谈工具。常见的调查问卷诊断工具有“组织与人力资源管理访谈提纲”等。

举例：

一份典型的组织与人力资源管理访谈提纲

说　明

本次访谈主要目的是了解企业的现状、问题及建议，涉及企业战略、组织管理、人力资源管理以及企业文化等方面。为了让咨询工作更加有效，我们希望了解到客观情况和您的真实想法。作为第三方，我们会对您的谈话具体内容绝对保密，不会反馈给任何个人。请您畅所欲言。

主要问题

1. 请您从所负责的业务或工作角度，介绍公司（业务板块）近年来的发展情况，并分析公司当前面临的机会和威胁，以及与竞争对手相比的优势和劣势。

2. 您怎么看待公司现在的市场地位及行业前景？您对公司未来发展有何建议？

3. 您所在部门的职责分工是否清晰合理？是否存在与其他部门职责重叠或冲突的地方？是否存在责、权、利不对等的现象？

4. 您所负责工作的相关业务流程有哪些方面或环节过于烦琐？有哪些方面因缺乏有效的控制导致风险过大？

5. 您所在部门设置了哪些职位？人员和职责分工情况如何？这些人员在数量、结构、素质等方面能否满足未来发展需要？

6. 您认为在选人、育人、留人、用人方面应该遵循什么理念？有什么具体建议？对于公司近年来引进大学生有何看法和建议？

7. 您对现行的薪酬体系、考核体系、招聘体系、培训体系有何看法？您有什么改进建议？

8. 您对本次咨询有何期望和要求？

四、实施人力资源管理诊断的业务流程

在掌握了企业人力资源管理诊断的理论、方法和工具之后，最关键的问题就是如何具体去实施人力资源管理诊断。实施人力资源管理诊断的业务流程图如图 9—1 所示。

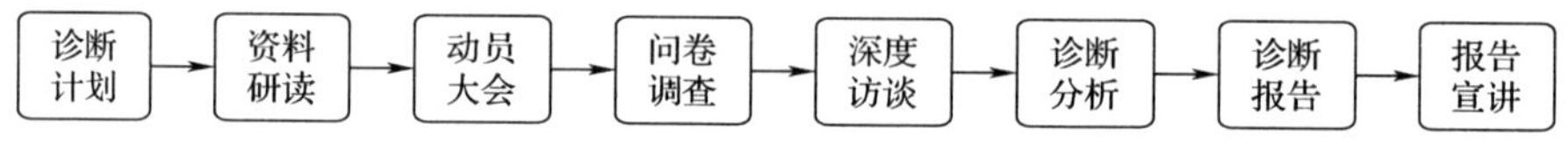

图 9—1 实施人力资源管理诊断的业务流程图

（一）诊断计划

为保证在规定时间内能够很好地完成对企业的诊断，咨询团队必须在工作开展之前制订人力资源管理诊断工作的全程计划。这个计划应该详细地界定人力资源管理诊断的各项工作内容、时间进度、问卷调查范围、深度访谈范围、人员投入等内容。

（二）资料研读

一般而言，在正式开展诊断调研工作之前，咨询团队需要事先阅读企业的各类文本资料，以对其情况有个大致的了解，便于调研诊断工作的深入开展。需要收集的资料往往会以一个资料清单的方式提供给企业。所需收集的资料包括多方面，如企业发展历史、组织架构图、岗位设置、现有制度文件、领导发

言稿、年度总结等。

（三）动员大会

为了让企业各级员工更好地配合人力资源管理咨询项目的开展，往往在问卷调查和访谈之前要召开动员大会。动员大会上，企业高层以及咨询公司都要讲明咨询项目的内容、意义以及要求各级管理者及员工需要配合的事项。其目的是让各级管理者能够放下思想包袱、明确工作意义，在调研中尽可能多地反映真实情况和问题。动员大会的时间一般以 1～2 个小时为宜。

（四）问卷调查

问卷调查一般在动员大会结束后就开始，一者人员相对集中便于发放，二者动员大会刚开过去填写的真实性能够更强。一般而言，问卷调查采取集中填写的方式，在规定的时间内完成问卷填写，不宜发给个人带回填写。问卷回收之后，一定要剔除无效问卷之后再进行统计分析。

（五）深度访谈

深度访谈一般安排在动员大会之后进行。访谈时间以高管 2～3 小时、中层 1 小时左右、普通员工 0.5 小时左右为宜。访谈计划要事先与被访谈人沟通好时间，同时提供访谈提纲来给被访谈人做事先准备。访谈一般以一名顾问主谈，另一名助理全程记录为宜。访谈开始前应该承诺访谈内容不向任何人透露。

（六）诊断分析

在完成问卷调查和深度访谈之后，就要对企业的问题进行系统、全面的诊断。通常诊断分析过程会以课题组会议讨论来进行，重点是全面梳理企业的问题，挖掘问题产生的根源，提出问题的解决方案。

（七）诊断报告

诊断报告是将诊断分析发现的问题、根源、解决方案进行系统表述的文本。诊断报告既可以是 Word 文档形式，也可以是 PPT 文档形式。诊断报告切忌脱离企业实际谈理论或者谈问题。如何将企业的问题说明白，并说清楚解决问题的办法是诊断报告的关键。

（八）报告宣讲

诊断报告的宣讲是人力资源管理诊断最后也是最需要注意的环节。它是完成企业人员与咨询顾问在观点上进行对接的过程。一般而言，诊断报告的宣讲会分几个环节进行：首先与企业的一把手进行交流，然后与企业的领导班子进行交流，最后与企业的全体管理人员乃至全体人员进行系统讲解。宣讲过程也是一个交流互动的过程，目的在于取得对问题和解决办法的共识，以指导后面的具体设计工作。

五、人力资源管理诊断的工作准则

在人力资源管理诊断的过程中，我们除了要以相关管理理论作为指导，掌握并运用合适的方法与工具之外，还要遵循以下的工作准则：

第一，要打消员工的种种顾虑，争取使他们支持人力资源管理诊断工作。要明确告诉员工，人力资源管理诊断的目的在于发现企业问题，提出解决方案。从根本上来讲是为了帮助企业提高人力资源管理水平，充分调动员工工作积极性和创造力，达成企业的战略目标，提升企业的业绩。另外，人力资源管理诊断不仅不会损害员工的根本利益，相反有利于各级管理人员和全体员工的长远利益。人力资源管理诊断只有获得了各级员工的支持，工作才能顺利、有效地开展，所提供的解决方案才能有广泛的群众基础。

第二，要站在企业经营战略和系统化管理的高度，来开展人力资源管理诊断工作。人力资源管理不只是人力资源部门一个部门的事情，因此进行人力资源诊断也不能把目光仅局限于人力资源部门内部的工作。人力资源管理诊断要站在如何支撑企业实现经营战略的高度，了解目标达成、组织运行、员工动力、员工士气、价值取向等方面的状况，分析企业员工投入、转换、产出的各项基础活动。人力资源管理诊断还要站在系统化管理的高度，不仅分析人力资源管理体系，还要分析企业财务管理体系、生产管理体系、研发管理体系、物资管理体系、信息管理体系等其他相关活动的问题。只有牢固树立了全面、全过程的系统人力资源管理思想，才能正确认识企业人力资源管理存在的实质问题，才能提出有效的解决方案，与企业经营战略达成衔接起来，与企业各方面的管理形成一个有机系统。

第三，不可否认历史，要基于企业发展阶段的变化，从面向未来的角度，进行人力资源管理诊断。一个企业能够生存发展，过去的做法从历史的角度看，必然有其存在的理由，其人力资源管理的种种做法也必然有其合理性，不可以全盘否定。因此，人力资源管理诊断要从历史的角度承认其人力资源管理做法的合理性，这能够找到一个企业人力资源管理的特点和血脉。但是，人力资源管理诊断不能停留于此，而要给予企业发展阶段的变化，从面向未来的角度，看到这种做法在未来可能遇到的问题。只有这样，才能把握住分寸，既要克服阻力、大胆改革，又要稳妥判断、循序渐进，人力资源管理诊断才会取得满意的效果。

另外，人力资源管理诊断的过程要尽量吸纳人力资源部门的人员参与，以此提高该部门工作人员的素质。人力资源管理诊断是由咨询顾问完成的，是短期的，但人力资源管理具体工作是企业自身需要做的，是长期的。只有使人力资源管理者掌握科学的人力资源管理方法，才能保证所设计的人力资源体系能够得到推行，企业人力资源工作才能长久高效运作。

第三节　薪酬管理咨询业务

薪酬管理咨询业务是人力资源管理咨询业务中最核心的部分之一，也是企业客户需求量最大的人力资源管理咨询业务。企业客户寻求咨询公司帮助，最开始往往都是从薪酬管理开始的。本节将详细介绍薪酬管理咨询业务。

一、薪酬管理咨询概述

（一）关于薪酬管理咨询

薪酬管理咨询是人力资源管理咨询顾问针对企业薪酬激励要实现的目标以及存在的问题，对企业薪酬结构、薪酬决定机制、薪酬水平定位、薪酬内部差距、薪酬激励机制、薪酬计算办法、薪酬晋升方式、薪酬发放方式、薪酬水平调整模式等内容进行设计的管理咨询活动。

薪酬管理咨询必须符合公司战略需要，促进公司成长。在人力资源管理咨询领域，薪酬管理咨询是最为困难的管理任务之一。它的困难性在于：

第一，员工对薪酬的极大关注和挑剔。对多数员工而言，他们会非常关心自己的薪酬水平，因为这不仅直接关系到他们的生存质量，而且关系到他们自身的比较价值。因此，薪酬管理咨询很难让所有人员都满意。

第二，员工往往倾向于夸大自己的贡献和价值，贬低他人的贡献和价值。要设计一套让全体员工都觉得公平的薪酬体系难度很大。因此，薪酬管理咨询不能人云亦云，必须有自己独立的判断。

第三，薪酬设计必须根据实际情况的不同，没有一个统一的模式。不同行业、不同企业成长阶段、不同规模、不同企业家和管理团队、不同企业文化的不同企业，其薪酬设计都是不同的。因此，薪酬管理咨询绝不可以闭门造车，更不能生搬硬套。

（二）薪酬管理咨询的主要方面

一般而言，薪酬管理咨询围绕着三个主要方面进行[①]：

1. 内部公平性和薪酬内部差距

内部公平性，又称内部一致性，是指在同一企业内部将不同岗位员工之间或不同专业技能员工水平之间的薪酬进行比较，其薪酬的高低与各自对企业目标所做贡献大小是相匹配的。内部公平性决定了员工的内部公平感觉，因此在开展企业薪酬管理咨询活动中必须首先考虑实现内部公平性。实现内部公平性就是要处理好几组内部薪酬差距，包括不同层级薪酬差距、同一层级不同岗位薪酬差距、同一岗位不同任职者薪酬差距等。

第一，不同层级薪酬差距是企业从总经理到中层经理再到普通员工之间的差距，也被称为“垂直压缩比”。不同层级之间应该有合理的薪酬差距，若差距过小则难以调动管理者的工作积极性。一般而言，体制内单位的不同层级薪酬差距较小，而体制外单位的不同层级薪酬差距较大。

第二，同一层级不同岗位薪酬差距是企业为区别于同一层级内部的不同岗位因其责任大小、工作难度大小、能力要求高低的差异而设置的薪酬差距。体制内单位过去因为习惯于“官本位”，往往在同一层级内部不设置薪酬差距。但是市场化的企业越来越发现，如果不考虑这种差距，那些责任大、工作难度大、能力要求高的岗位将无法留住优秀的人才。因此，设计同一层级不同岗位的薪酬差距越来越成为一种趋势。

第三，同一岗位不同任职者薪酬差距是企业为区别于同一岗位不同任职者工作经验、胜任程度等因素的差异而设置的薪酬差距。现代薪酬体系通常会通过“薪酬宽带化”的方式给一个岗位的薪酬设计若干个档次。

企业必须正视和关注薪酬的内部公平问题，对员工薪酬差异的有效调节，可以稳定员工的情绪，提高工作效率。薪酬内部公平的激励作用属于保健型激励。也就是说，当内部公平适当时，员工可以达到正常的工作效率；当内部公平不适当时，会降低员工的工作效率。

2. 外部公平性和薪酬水平

外部公平性，又称外部竞争性，是指将一个企业岗位与外部同等条件下的岗位进行薪酬比较时，薪酬水平相对公平合理，能够吸引到合适人才。在为本

---

① http：//www. bjsmzx. com/page/mx/169. php.

企业确定薪酬水平时，通常需要用劳动力市场中竞争对手的薪酬水平来进行薪酬水平定位，一般有“领先型”“跟随型”“滞后型”三种策略可供考虑。

外部公平性决定了薪酬目标的两个方面“公平和效率”，是薪酬策略最核心的内容。企业在确定薪酬水平时，应该有一定的市场竞争力，能让员工感觉和外部性比是公平的，否则就不能吸引和保留到优秀的人才。企业通常是通过外部薪酬调查的办法，来解决薪酬外部公平性问题的。

3. 个体公平性和薪酬构成

个体公平性，又称员工激励性，是指将员工在不同绩效表现下所获得的薪酬进行比较时，薪酬支付额度是相对公平的，能够调动员工的工作积极性。通常，企业通过设置与绩效相关的工资模块来实现个体公平性。

薪酬构成是指薪酬由哪些模块构成，各模块之间的比例关系等。实行不同的基本工资制度可以设置不同的薪酬模块。但无论实行何种工资制度，货币薪酬都可分为固定薪酬和浮动薪酬两个部分。并且固定薪酬占主体还是浮动薪酬占主体是薪酬设计中很关键的问题。

一般而言，不同类型的岗位在工资模块的比例上的考虑也是不同的。通常越接近市场前端的人员，浮动工资比例越大（见图9—2）。

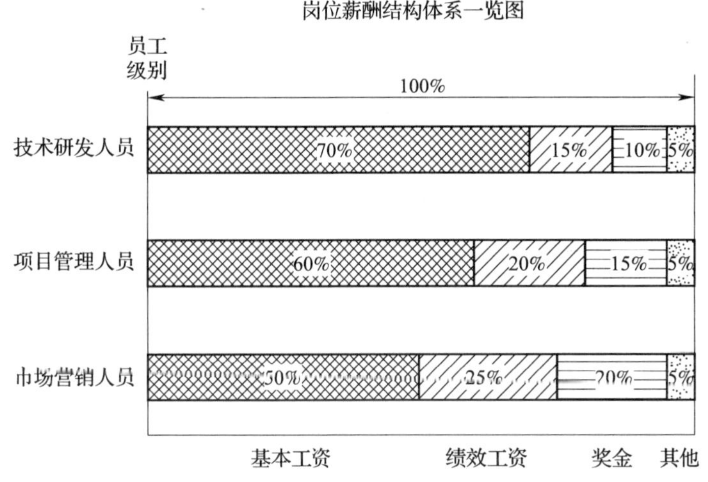

图9—2 不同类型人员薪酬模块比例的一般考虑

（三）薪酬管理咨询的目的

就薪酬管理咨询而言，其目的决不能仅仅是“发工资”。薪酬管理咨询至少需要实现以下目的：

第一，通过将员工和企业的利益一致起来，使员工和企业的目标统一。薪酬对于员工而言是一种收入，而对于企业而言是一种成本，因此，从某种意义上来讲这是一对矛盾。薪酬管理咨询，就是要通过良好的薪酬设计，将员工和企业的利益捆绑到一起，一荣俱荣、一损俱损，促使员工关注企业的未来。

第二，通过对员工的公正回报，提高员工的满意度。企业无不追求员工的工作满意度，而满意度的实现除了来自于工作的挑战性和征服感、工作的趣味性、工作的有意义和成就感、工作中获得能力的提升、称职的领导与和谐的人际关系等外，公平合理的薪酬体系是一个重要的基础。薪酬管理咨询，就是要让员工感到被合理回报和激励，而产生更高的员工满意度。

第三，将薪酬作为一种杠杆，激励员工实现企业的目标。薪酬对于员工的工作行为、工作态度以及工作业绩具有直接的影响。因此，薪酬不仅决定了企业能够吸引和保留的人力资源存量，而且还决定了现有员工受到激励的状况。薪酬管理咨询，就是要更好地提升员工工作效率、对组织的归属感以及组织承诺度，同时将他们的行为引导到实现企业目标上，从而实现企业的战略目标。

第四，通过薪酬牵引机制，塑造能力和业绩导向型文化。合理的和富有激励性的薪酬制度会有助于企业塑造良好的企业文化，或者对已经存在的企业文化起到积极的强化作用。薪酬管理咨询，需要在薪酬制度设计中考虑塑造优秀企业文化的因素，设置良好的体制机制，通过作用于员工个人、工作团队和企业整体来创造出与未来发展相适应的企业文化。

二、企业薪酬管理咨询要解决的核心问题

企业薪酬管理如此重要，但现实中企业薪酬管理存在着许多问题。企业薪酬管理咨询首先要准确发现企业薪酬存在的问题，通过合理的制度设计，端正企业在理念上对薪酬的认识，帮助企业更好地发挥薪酬的功能①。

（一）薪酬本质的问题

薪酬的本质是什么？这是必须首先搞清楚的问题。不少企业错误地认为，薪酬的本质就是发钱，只要给钱员工就一定会满意。

在这种理念的指引下，企业关注的是给员工发放薪酬的绝对额，眼中只看到薪酬是多少钱。因此，许多持有这种理念的企业并不关注设计一个科学的薪酬体系，而在薪酬行为上往往表现出短期性和应激性，当员工提出不满或者要离职时，才给员工加薪以挽留员工。当企业眼中的薪酬只剩下钱时，员工眼中的薪酬也变成了钱，致使企业和员工之间容易变成零和博弈，难以形成共赢格

① 熊通成. 薪酬管理理念的八大误区［J］. 中国劳动，2014（3）：33－35.

局。同时，在这种理念指导下，容易形成一种怪圈，员工不是安心为企业创造价值，而是琢磨着获得更多薪酬的技巧。

应该强调的是，薪酬发的是钱，但也不是钱，关键在于怎么发钱。薪酬从根本上讲是价值分配，核心在于处理公平问题。因此，薪酬管理咨询需要关注的重点不是每个员工得到钱的绝对额，更重要的是关注员工价值创造和薪酬回报之间的个体公平问题、关注不同职位员工之间薪酬关系的内部公平问题、关注员工与外部劳动力市场薪酬关系的外部公平问题。

（二）薪酬定位的问题

薪酬到底应该怎么定位？这是事关企业长远发展的问题。不少企业错误地认为，薪酬仅仅是不得不花的人工成本，压缩薪酬成本是保证企业效益的重要手段。

在这种理念的指引下，企业往往关注如何节省人工成本，想方设法压低员工的薪酬水平，只要员工不提出离职，就不给加薪。有些企业还采取一些欺骗手段，比如通过声称高薪水的办法吸引员工，待员工进入企业后则采取各种严苛的考核办法，使得员工根本无法获得预期的薪水。视薪酬仅为成本的理念，通常导致员工对企业的低认同度和忠诚度，员工在这种企业获得一定的技能提升之后往往就会考虑跳槽，企业也就因此成为一所培训学校。人员的不断更迭，使得企业要投入更大的精力进行招聘以及新员工培养，而员工的业务技能不成熟导致对企业经营业绩的影响更是会给企业带来更大的代价。即便员工没有离开企业，当他所获得的薪酬远低于所预期的回报时，他也会想方设法在经营过程中采取怠工、浪费、内盗、贪腐等办法弥补回来。当这种行为成为大多数时，企业根本防不胜防，最终带来更大的经营成本和不利影响。

事实上，对于薪酬的定位，不应该仅从短期成本角度来考虑，更应该从长远的角度以投资的眼光来看待员工的薪酬。企业薪酬管理咨询需要深入思考的是，如何将经营战略落实到人才战略上，如何将员工薪酬模式与人才战略匹配起来，如何使薪酬投入最大限度地推进人才培养和促进企业经营发展。

（三）薪酬功能的问题

薪酬究竟有多大功能？不少企业误认为，薪酬是万能的，更高的薪酬自然而然地会带来员工的忠诚度和工作积极性。

在这种理念的指引下，企业只关注给员工发放的薪酬，而对影响员工感受的其他方面并不关注。在这种企业里，往往不会给员工提供好的成长和发展机会，不关注员工自身的成就感，也不关心员工要获得适当的休息。更有些企业觉得自己财大气粗，对员工颐指气使，甚至认为员工拿的高工资里有“挨骂的钱”，认为员工应该看在高薪酬的份上忍受企业的粗暴。现实中，不少企业虽然给员工发放了高薪酬，却并没有获得员工的认同，也没能让员工积极主动地工作，反而仍然出现优秀员工的大量流失。

问题的关键在于对薪酬的功能要有个理性的认识。薪酬是非常有价值的，但它绝对不是万能的。员工在企业中不仅追求更高的薪酬，还关注企业事业的前途、个人职业的成长、工作生活的平衡。如果其他条件都很糟糕，再高的薪酬，也难以真正解决问题。因此，好的薪酬管理咨询在给员工提供有竞争力薪酬的同时，一定要建议企业关注员工能够在能力上获得成长、在职业上获得发展、在工作中拥有良好的氛围，要让员工在企业事业发展的同时获得自身的前途、适度的休息、必要的社会交际等。

（四）薪酬公平的问题

什么才叫薪酬公平？如何才能实现薪酬公平？不少企业误将“平等”当成“公平”，认为“平等发放”就是“公平发放”。

在这种理念的指引下，企业往往按照职务级别来确定员工的薪酬水平，同一个职务级别内部的员工无论从事什么工作，无论能力强弱，都享有接近的薪酬水平。看起来，似乎这种薪酬非常平等，同一职务层级内部差距非常小，可以减少员工的不满。事实上，这种理念指导之下设计的薪酬往往带来许多不利的影响。一方面，容易导致员工纷纷追求在企业内部级别的提升，因为只有提升了级别才能使得薪酬有个较大的增长幅度，致使员工更加关注如何亲近上级，而不是工作业绩本身；而那些不擅长讨好上级的员工则很可能考虑离开企业。另一方面，容易导致越重要岗位的员工越容易离职。因为即便同一层级中的岗位，其工作要求、工作难度、所需人才的水平也是不一样的，同样的薪酬水平将使得那些对能力素质要求较高的岗位上工作人员反而感到不公平。而由于这种岗位往往具有较高的市场薪酬，平等发放下的薪酬往往使得这部分员工更容易离开企业。

企业薪酬管理咨询需要明确的是，“薪酬平等”往往并不代表“薪酬公平”，应该以职位本身的价值来衡量薪酬的回报，使得按同一级别里那些承担难度更大工作的、具有更高能力的、具有更强外部稀缺性的职位工作人员获得更高的薪酬水平，这样才是真正的公平。

（五）薪酬调整的问题

应该如何调整薪酬水平？不少企业误认为，只要员工没有想要离开公司就说明给员工提供了合理的薪酬水平。

在这种理念指导下，企业往往构建一种应激式的薪酬水平调整模式，关注哪些员工提出离职意向，同时衡量自身对这些员工的实际需要，通过调整薪酬水平来防止员工离职。而对于那些并没有提出离职的员工，企业认为他们是满意的，并不关注更不主动去调整他们的薪酬水平。这种做法往往容易导致员工处于一种焦虑而且不满的状态，尽管他们或许也会对薪酬水平不满，但大多数碍于面子，并不愿意主动向企业提出加薪要求，只有等到确实难以忍受时，才会提出离职。而这时候，员工在心里已经跟企业有芥蒂和距离了，虽然企业可提出给员工加薪，也可能让不少员工留下来，但这种感觉已经不同于主动加薪的效果。更麻烦的是，久而久之，员工将发现“会哭的孩子有奶吃”，以离职相要挟，向企业提出加薪，将使企业无法分辨薪酬水平究竟合理与否。

薪酬调整应该成为企业的主动行为。一方面，企业薪酬管理咨询必须关注劳动力市场工资水平，尤其是竞争对手主要岗位的薪酬变化情况，以此调整本企业的总体薪酬水平以及重点岗位的薪酬水平；另一方面，企业薪酬管理咨询必须建议企业要根据员工的能力成长情况和业绩贡献情况，主动调整员工个人的薪酬水平，以提升他们的满意度和忠诚度，进一步激发他们的工作热情和积极性。

（六）薪酬模式的问题

企业应该选择什么样的薪酬模式？不少企业误认为，应该以结果论英雄，以员工业绩结果来确定薪酬，是最具激励效果、最能够提升企业业绩的薪酬模式。

在这种理念指引下，不少企业把全体管理人员和员工的薪酬均与企业或者各部门的经营业绩目标完成情况挂钩，同时更有很多企业强势地将企业经营业绩目标以及各级人员的经营业绩目标定得非常高，并寄希望于通过这种挂钩方式，实现更高的经营业绩。事实上，很多企业却适得其反。一方面，有些管理人员尤其是职能部门的人员工作本身不能直接影响经营业绩，他们只能被动地接受由经营业绩带来的薪酬变化，一旦经营业绩目标没有达成，则会影响他们的薪酬收入，反而使得他们容易产生不满情绪；另一方面，过于强调经营业绩目标使得企业上下容易急功近利，随之而来的是短期行为，虽可能带来一时的业绩提升，但对长远发展并无益处。

薪酬与业绩贡献挂钩是一种激励办法，但是过分强调绩效对薪酬的影响，反而容易泯灭员工在心理上对企业的认同和主动承担义务的动机。以绩效影响薪酬，必须分清楚这种绩效达成是否与员工的努力有直接关系，必须区分不同工作性质挂钩的强度不同，必须在薪酬中加入其他长远影响因素，以规避可能给员工带来的短期行为。

（七）薪酬决策的问题

员工的薪酬水平到底应该由谁来决策？不少企业误认为，员工薪酬事关企业和员工利益，应该完全由企业老板或者总经理决策，其他人员没有权力过问。

在这种理念下，企业老板或者总经理负有对员工确定薪酬的责任，直接决定员工的薪酬水平。当企业还处于小规模创业阶段时，企业老板或者总经理对员工的了解程度较高，这种方式或许还能够取得较好的效果。但是当企业规模逐步壮大时，企业老板或者总经理对员工的了解程度越来越低，对员工做出的薪酬决策科学性也随之大打折扣。事实上，当企业达到一定规模时，继续坚持由企业老板或者总经理对员工薪酬进行集中决策，往往导致员工的不认可、积极性的下降等负面效应。

一般情况下，薪酬决策应该由企业领导、直接上级以及人力资源部门共同来完成。具体而言，企业领导决策的是企业的薪酬战略和薪酬导向；人力资源部门决策的是建立与员工特点的薪酬激励方式，以及从整体上如何满足薪酬的内部公平和外部公平；人力资源部门和直接上级共同决定员工的胜任程度以及具体的薪酬额度。需要强调的是，员工薪酬要成为直接上级管理员工的一种手段，人力资源部门可以统筹薪酬事宜，但绝不能“一言堂”，确定员工薪酬应该注重很好地听取直接上级意见。

（八）薪酬发放的问题

员工薪酬应该公开发放还是保密发放？不少企业误认为，薪酬保密能够有效地避免员工相互攀比，减少员工在薪酬上的矛盾，能够让员工更加专心工作。

在这种理念指导下，企业往往颁布正式的规定，不允许员工之间相互打听薪酬，一旦发现，则会被惩罚。薪酬保密的做法试图引导员工只关注自身的能力成长、个人业绩贡献和薪酬回报之间的关系，而不去与其他员工随意攀比。薪酬保密固然有保密的好处，但是也有其问题。一方面，设计良好的薪酬激励办法往往贯彻了奖勤罚懒原则，但一经保密后，优秀员工获得的薪酬激励被掩盖了，落后员工遭遇的薪酬惩罚也被掩盖了，保密薪酬做法使得薪酬本可发挥的激励功能被弱化；另一方面，薪酬激励办法通常也有设计得不够合理之处，而保密的薪酬往往容易掩盖事实上存在的薪酬不公正问题，这使得企业很难持续地改进薪酬激励办法。

因此，在薪酬制度设计比较精良、员工普遍认可的情况下，薪酬公开将获得更好的激励效果。当然，如果薪酬公开的条件尚不完全具备，也不能采取完全保密的做法，企业应该仔细斟酌公开什么薪酬内容以及在什么范围公开相关员工的薪酬，如可以考虑应该让上级知道下级的薪酬状况、员工应该非常清楚自己薪酬如何计算、绩效薪资应该予以公布、加薪情况应该予以公布等。

三、薪酬管理咨询的核心技术

要解决以上薪酬管理问题，薪酬管理咨询过程中往往需要用到一些咨询技术，通过这些技术能够给企业提供更好的解决方案。

（一）薪酬调查技术

薪酬调查是对企业各职位在外部劳动力市场或者竞争对手中相应职位的薪酬额度进行调查的过程。其目的是解决外部不公平问题，包括两种情况的外部不公平：内部薪酬过度高于外部水平、内部薪酬过度低于外部平均水平。企业必须非常敏感地掌握薪酬管理中的外部公平情况，并利用外部公平数据对其薪酬水平进行有目的的调节，以达到管理目的。如果企业急需大量的人才，就可以调高薪酬水平，吸引人才；如果企业已经稳定，并且有很高的知名度，就可以将薪酬水平调整至与外部水平持平。

薪酬调查的内容包括两个方面：①薪酬水平调查。主要收集行业和地区的薪资增长状况、不同薪酬结构对比、不同职位和不同级别的职位薪酬数据、奖金和福利状况、长期激励措施以及未来薪酬走势分析等信息。②影响因素调查。即宏观经济、通货膨胀、行业特点和竞争、人才供应影响因素等。

通常薪酬调查的渠道有：①企业之间的相互调查。②委托专业机构进行调查。③从公开的信息中了解。在实施薪酬调查的时候需要注意：①在被调查企业自愿的情况下获取薪酬数据。②调查的资料要准确。③调查的资料要随时更新。④与外部职位的匹配是关键。

实施薪酬调查一般来讲应该分为四个步骤：确定调查目的、确定调查范围、选择调查方式、整理和分析调查数据。

第一，确定调查目的。通常薪酬调查有四个目的：①整体薪酬水平的调整。②薪酬结果的调整。③薪酬晋升政策的调整。④某具体岗位薪酬水平的调整。通常目的不同，调查范围和调查对象都会有所不同。

第二，确定调查范围。根据调查的目的，可以确定调查的范围。调查的范围主要是确定以下问题：需要对哪些企业进行调查？需要对哪些岗位进行调查？需要调查该岗位的哪些内容？调查的起止时间是什么？

第三，选择调查方式。根据实际情况，可以考虑企业的人力资源部门与相关企业的人力资源部门进行联系，或者通过行业协会等机构进行联系，促成薪酬调查的开展。如果无法获得相关企业的支持，可以考虑委托专业机构进行调查。通常咨询顾问可以考虑与专业的薪酬调查公司进行合作，获取外部薪酬数据。

第四，整理和分析调查数据。在进行完调查之后，要对收集到的数据进行整理和分析。在整理中要注意将不同岗位和不同调查内容的信息进行分类，并且要注意识别是否有错误的信息。最后，根据调查的目的，有针对性地对数据进行分析，形成最终的调查结果。

（二）职位评价技术

职位评价是指通过一些方法来确定企业内部职位（工作）与职位（工作）之间的相对价值。职位评价的结果为企业薪酬的内部公平提供了调节的依据。

职位评价的作用和目的是：①排列组织内部各个职位的主次序列，明确各个职位在整个组织中的相对位置，也即相对重要度。②使企业内部建立一些连续性的等级，这些等级可以引导员工朝更高的工作效率发展。③企业内部的岗位与岗位之间建立起一种联系，这种联系组成企业整个的薪酬支付系统。④为薪酬体系的建立提供参考依据，决定职位在薪资等级中的位置，以此作为薪资发放的依据。⑤使薪资等级的制定公平化，使员工与员工之间、管理者和员工之间对报酬的看法趋于一致和满意，各类工作与其对应的报酬相适应。⑥当有新的岗位设置时，可以找到该岗位较为恰当的薪酬标准。

职位评价通过比较企业内部各个职位的相对重要性，得出职位等级序列。要注意职位评价的是：①评估职位职责及对企业的价值。②考虑的是职位所需要的专业知识、领导才能、解决问题能力、影响性质及程度、内外联系等因素，系统、客观地决定职位的等级。③用来衡量职位之间的相对价值。同时要注意职位评价的几个“不是”：①不是评估个人表现、年资或薪酬水平。②不是要考虑谁担任这个职位，具体个人应该做什么，需要多少人做，现在人员做得如何，何时做的，在哪儿做的。③不能用个人感情支配来衡量职位的绝对价值。

在进行职位评价时，应注意以下原则：①职位评价的是岗位而不是岗位中的员工。②让员工积极地参与到职位评价工作中来，容易让他们对职位评价的结果产生认同。③职位评价的结果应该公开。

职位评价以岗位说明书为依据，方法有许多种，可根据自身的具体情况和特点，采用不同的方法来进行。常用的方法有：①工作排序法，即依据调查资料或岗位说明书，确定评定标准，对各个岗位打分；评定结果汇总，计算平均得分，进而得出各个岗位的综合相对次序。②岗位分类法，即将所有岗位根据工作内容、工作职责、任职资格等不同要求，分为不同类别（管理类、事务工作类、技术类及营销类等），然后给每一类确定一个岗位价值的范围，并且对同一类的岗位进行排列，从而确定每个岗位不同的岗位价值。③因素比较法，即根据岗位所需要的智力、技能、体力、责任及工作条件，将各因素区分成多个不同的等级，然后再根据岗位的内容将不同因素和不同等级对应起来，等级数值的总和就为该岗位的岗位价值。④要素计点法，这是最常用的方法，即确定影响所有岗位的共有因素，并将这些因素分级、定义和配点（分），以建立评价标准。依据评价标准，对所有的岗位进行评价并汇总每一岗位的总点数（分数）。目前咨询公司通常使用要素计点法，如海氏（HAY）三要素评估法、美世国际职位评估法、惠悦全球职等系统、翰威特 FlexPoint 等。

实施职位评价的流程：①确定职位评价的方法。②确定职位评价的工具。③选取参与职位评价的人员。④选取参与评价的标杆职位。⑤进行正式的测评。⑥对测评结果进行统计与修正。⑦以企业评价的排序为主要依据，以专家组的评价作为修正依据，得出了“标杆职位等级表”。⑧对于没有参与评价的职位，仔细地分析职位说明书，通过与标杆的比较，采取比较插空入位的方式，把其他职位列入职位等级表中，形成了最终的“公司职位等级表”。

四、薪酬管理咨询业务流程

薪酬管理咨询业务在具体开展时，需要遵循一些基本业务流程。分为以下十四个步骤：

（一）诊断薪酬管理问题

薪酬管理诊断的目的是深入而细致地了解并发现企业在薪酬管理方面存在的问题，甄别产生这些问题的深层次原因，并根据企业希望达到的预期目标，结合企业的实际情况，提出薪酬设计的思路和框架。

正如上一节人力资源管理诊断所描述的，薪酬管理诊断的方法也主要是文献研究、问卷调查以及深度访谈。根据项目时间进度和工作要求，咨询顾问可自主确定适合工作要求的调研方式。

（二）建立薪酬激励策略

薪酬管理咨询的一项重要指引性工作就是以企业竞争战略和核心价值观为方向指南，建立薪酬激励策略，为薪酬具体设计提供指导。在薪酬策略的指导下，在进行薪酬方案的设计、薪酬的发放及沟通中，均应体现对企业竞争战略和核心价值观对人力资源尤其是对激励机制的要求。对于符合企业战略和价值取向的行为和有助于提高企业核心竞争优势的行动在薪酬体系设计中都应该予以倾斜，以引导员工正确的工作行为。

（三）确定薪酬制度模式

人力资源管理咨询顾问必须根据企业实际情况和问题，选择合适的薪酬制度模式。一般而言，薪酬制度模式主要有计件工资制、计时工资制、职位工资制、能力工资制、职能工资制、绩效工资制、提成工资制、薪点工资制、谈判工资制以及年薪制等。在具体选择时，既要考虑不同类型人员工作特点，还要考虑外部竞争对手采取的薪酬制度模式。咨询顾问还可以根据实际需要，将不同薪酬制度模式进行组合，形成适合企业需要的薪酬制度。一般而言，高层可采用年薪制，管理序列人员和技术序列人员可采用岗位技能工资制，营销序列人员可采用提成工资制等。

（四）确定薪酬结构

所谓薪酬结构，是指薪酬的构成模块及其相对比例。在实际设计时包括两个部分：一是选择薪酬构成模块，二是设计不同模块的比例。

薪酬构成模块考虑的因素主要是：职位的工作性质、职位的业绩特点、职位所需人才的市场稀缺程度、对职位进行激励的特点等。通常考虑设置基本工资、职位工资、绩效工资、奖励工资、津贴和补贴、福利等薪酬模块。

薪酬结构的另一个方面是薪酬中各个模块所占比重的构成。尤其是对于固定部分薪酬（主要指基本工资或职位工资）和浮动部分薪酬（主要指奖金和绩效工资）所占的比例。一般可以有三种选择：①高风险薪酬结构，即绩效工资等浮动部分为主要组成部分，固定工资等处于非常次要的地位，所占的比例非常低（甚至为零）。②高稳定薪酬结构，即固定工资为主要组成部分，浮动薪酬处于非常次要的地位，所占的比例非常低（甚至为零）。③调和型薪酬结构，即浮动工资和固定工资各占一定的比例，根据不同职位的特点进行选择。

（五）确定岗位相对价值

企业的专业岗位繁多，为了给各岗位确定合理的工资额度，必须先确定各个岗位的相对价值，明确各个岗位的薪酬等级，使各岗位之间薪酬差距具有合理性。确定岗位相对价值的方法是职位评价。而通常职位评价的前置工作是工作分析，即对工作的职责权限和任职资格进行详细描述，撰写职位说明书。

（六）进行外部薪酬调查

进行外部薪酬调查的主要目的是体现薪酬管理的外部公平性。通过薪酬调查，可以让企业的薪酬水平更富有市场竞争力，让企业更容易吸引到优秀的人才，同时也为确定内部差距提供一个依据。

（七）决定企业薪酬水平

咨询顾问应该会同企业高层管理人员根据企业业务发展状态以及人才竞争的需要，选择合适的薪酬水平定位，再结合市场薪酬调查情况，确定企业的薪酬水平。一般而言，企业薪酬水平定位有三种：①市场领先策略，即薪酬水平在同行业的竞争对手中处于领先地位。如果企业市场处于扩张期，对高素质人才需求迫切，薪酬的支付能力比较强，则可以考虑。②市场跟随策略，即根据市场平均水平确定本企业的薪酬定位。这种定位经营风险比较小，但是在吸引优秀人才方面缺乏优势。中小型企业普遍采用这个策略。③市场滞后策略，即薪酬水平低于竞争对手。如果企业处于萎缩期，或者有其他不可替代的优势时，则可以考虑。当然，咨询顾问还可以针对不同的部门、不同的岗位、不同的人才，采用不同的薪酬策略。

（八）进行薪酬总额预算控制

咨询顾问需要对企业的薪酬总额进行预算，以使其在不超出企业支付能力。确定薪酬总额预算的方法有两种。第一种方法：企业总体薪酬预算 = 薪酬占主营业务收入比率 × 主营业务收入。其中：主营业务收入是企业在计划期内的预定目标；薪酬占主营业务收入比率 = 薪酬总额 ÷ 主营业务收入。该指标可参照同行业水平。第二种方法：企业总体薪酬预算 = 企业总体基薪 + 企业总体目标奖金。其中：企业总体基薪为日前全体员工薪酬结构中基薪合计；企业总体日标奖金为预算期内企业目标奖金总额。

（九）确定各岗位薪酬水平与内部差距

咨询顾问需要帮助企业确定各岗位薪酬水平，同时处理好内部差距问题，即不同层级的薪酬差距、同一层级不同岗位的薪酬差距、同一岗位不同任职者的薪酬差距等。一般而言，不同层级的薪酬差距，要有效激励员工通过努力工作获得晋升的积极性；同一层级不同岗位的薪酬差距，要反映岗位的相对价值差别；同一岗位不同任职者的薪酬差距，要反映任职者经验能力的差别以及历史贡献的差别。此外，确定某些重要岗位的薪酬水平，还要参考同行业企业相同岗位的薪酬水平。

（十）设计薪酬升降规则

企业薪酬只有能够动态地进行升降，才能具有激励效果。员工的薪酬应该考虑根据工作绩效、职位变更和能力发展等因素的变化，做出相应的调整，以充分发挥薪酬体系的激励作用。咨询顾问要据此设计相应的薪酬升降规则。

（十一）设计初次套改办法

咨询顾问不能只是设计出薪酬制度，还需要帮助企业进行初次套改。要把目前所有员工根据新的薪酬体系进行套改，并根据个人的条件确定他们的薪酬数值。一般而言，薪酬等级初次套改，应该在薪酬档次额度上就近就高不就低，让大多数人的薪酬不降低。

（十二）薪酬方案测算和平衡

岗位薪酬水平套入后，要进行反复测算，确定各岗位薪酬增减幅度和薪酬总额增减幅度，检查其是否在薪酬总额预算控制范围内。超出总额预算范围的，要反复进行平衡。对于岗位薪酬下降的，咨询顾问要与企业的管理者充分沟通，尽量减小方案的实施难度。

（十三）薪酬方案培训与宣讲

薪酬管理咨询的内容涉及企业员工的切身利益。员工对于薪酬的调整关注程度非常之高，因此需要小心谨慎地进行操作。实施新的薪酬管理方案之前，咨询顾问必须对新的薪酬方案进行广泛、深入的培训和宣讲，要取得各级管理者和员工在理念上的认同，才能够实施。

（十四）定期进行薪酬调整

薪酬体系运营一段时间后，由于企业经营战略、人员状况、业务重心都可能发生变化，很可能会不再适应企业的发展需要，这是正常的。通常需要定期地对薪酬制度进行重新审视，并适当地对薪酬体系进行调整。

第四节　绩效管理咨询业务

作为一种风靡全球的促进企业经营管理的方法，绩效管理曾经见证过许多企业的辉煌，也曾被无数企业奉若真经。然而2007年索尼公司前常务董事天外伺郎的一篇名为《绩效主义毁了索尼[①]》的文章却犹如一枚重磅炸弹，引发了人们对绩效考核的再思考。

天外伺郎认为，从1995年左右索尼公司实施绩效主义开始，索尼公司激情团队、团队精神和挑战精神正在消失。由于绩效主义是业务成果和金钱报酬直接挂钩，员工是为了拿到更多报酬而努力工作。而外在的动机增强，那么自发的动机就会受到抑制。索尼公司因实行绩效主义，员工逐渐失去工作热情。因为要考核业绩，几乎所有人都提出容易实现的低目标，索尼公司精神的核心即“挑战精神”消失了。索尼公司对业务部门进行经济考核，由此决定整个业务部门的报酬，导致的结果是业务部门相互拆台。

的确，许多企业没有正确地运用绩效管理工具，反而容易带来负面效果。绩效管理被称为人力资源管理的高科技，因此企业往往都会借助人力资源管理咨询顾问来帮助它们设计并实施绩效管理体系。

一、绩效管理咨询概述

（一）关于绩效管理咨询

绩效管理咨询，是指外部人力资源管理顾问基于公司的问题以及公司的战略目标，通过设计绩效管理制度、绩效指标体系、绩效目标值、绩效考核办法、绩效沟通反馈、绩效结果应用等模块，将组织目标和个人目标有机结合起来，推动公司战略目标落地并解决相关问题的咨询过程。

许多企业对绩效管理咨询存在误区，它们感到绩效管理工作重要，而又感到非常有难度，就希望咨询团队代劳替它们进行绩效管理，把咨询公司当成“保姆”，但往往是行不通的。因为严格而言，绩效管理是一项内生性很强的工作，它是企业自身的一项管理工作，是嵌入在业务工作中的一项管理活动。从绩效管理循环的四个环节来看：第一个环节，绩效计划制订是绩效管理的基础环节，没有合理的绩效计划就没有好的绩效管理，而绩效计划是公司经营发展战略目标在绩效管理中的层层分解而成的，与业务工作是完全一体的；第二个环节，绩效辅导沟通是绩效管理的重要环节，沟通是在上下级之间就达成既定目标、解决具体问题而进行的；第三个环节，绩效考核评价是绩效管理的核心环节，是考核者根据被考核者达成目标的实际情况进行评价的，这是基于考核

① 参见天外伺郎. 绩效主义毁了索尼［J］. 中国企业家，2007（3）：38－40. 原文刊登于日本《文艺春秋》2007年1月刊，作者为索尼公司前常务董事、作家。

者对被考核者工作结果和过程比较了解的基础上进行的；第四个环节，绩效结果应用环节是绩效管理取得成效的动力机制，这既有赖于内部其他关联制度的建立以及上级对下级在做出绩效评价之后的判断。

因此，绩效管理是企业的一项重要管理手段，而且这一工作通常需要企业自行完成，一般无法由他人代劳。绩效管理咨询主要是帮助企业设计绩效管理的体系、解决其中的技术难点问题、指导和辅导各级管理者和员工能够理解其中的方法，并教会他们按照这个方法实施绩效管理的具体工作。绩效管理咨询既是一个体系设计过程，又是一个绩效管理体系辅导实施的过程。绩效管理咨询要根据企业的实际情况为企业设计一套适合其特点的绩效管理体系，还需要教会各级管理者与员工如何开展绩效管理工作，最终促使企业实现在绩效管理上的共赢。

（二）绩效管理咨询的作用

虽然绩效管理工作无法完全由咨询公司代劳，还是需要企业学习掌握绩效管理的工具和方法，最终靠企业自己来实施。但绩效管理咨询仍然发挥着很大的作用，其具体作用主要体现在以下三个方面：第一，通过绩效管理咨询服务，能够为企业提供更加专业、更加系统、更具可操作性的绩效管理全套方案。第二，通过绩效管理咨询服务，能够帮助管理人员更好地掌握绩效管理的工具和方法，避免走弯路。第三，绩效管理咨询有利于平衡多方利益关系，并更好地推动绩效管理实施落地并产生实际效果。

（三）绩效管理咨询的内容

根据客户的需求不同，绩效管理咨询内容可能有所不同。但一般而言，绩效管理咨询包括以下四个方面内容：

第一，设计绩效管理制度。绩效管理咨询需要根据企业的实际情况，进行绩效管理制度的设计。要明确企业进行绩效管理的目的、原则，绩效管理的组织机构，绩效管理周期、主体、程序，绩效目标设定方法、绩效考核指标设定方法、绩效考核方式、绩效考核结果评定办法、绩效结果应用办法等。

第二，建立绩效指标库。绩效管理咨询还要针对公司的情况，为公司层面、部门层面、团队层面、员工层面建立相应的绩效指标库。绩效指标库是从理论和实践角度，对可能用的绩效指标都进行梳理和定义。在实际使用时，公司可以根据当期目标任务情况进行选择。

第三，编制当期考核量表。具体需要完成当期考核公司、部门、团队、员工应该使用哪些指标进行考核，具体形成考核表时，要明确不同指标的权重，考核周期内考核指标的具体目标值以及评分细则。

第四，辅导实施一次考核。绩效管理咨询不能仅仅停留于方案层面，一般还需要具体帮助完成一次当期考核。在具体进行考核的时候，咨询顾问还要指导各级管理人员进行绩效考核，并指导人力资源部门完成绩效考核的全部流程。

二、绩效管理咨询的核心技术

由于绩效管理本身的技术型较强，因此绩效管理咨询过程中使用的相关技术也比较多。下面介绍几种常用的技术：

（一）关键绩效指标（KPI）技术

关键绩效指标（Key Performance Indicators，KPI）技术是通过一些衡量组织或个人工作绩效的提纲挈领性的指标，来对部门或个人的业绩进行测量的技术。这些指标不是业绩的全部，但是通过对这些指标的衡量，可以相对准确地判断组织或个人的绩效表现。

一般而言，以 KPI 为基础制定绩效目标或衡量标准，内容包括结果和行为两个方面。KPI 的来源有三个渠道：

第一，从公司战略和部门目标提取 KPI。公司战略的实现以及部门目标的达成是绩效管理的目的，因此，KPI 首先要研究公司战略和部门目标对于相关责任部门和员工个人提出什么要求，以此来作为考核指标。

第二，从部门或岗位所承担职责中提取 KPI。部门或岗位所承担职责描述的是一个部门或岗位在组织中所扮演的角色，即部门或岗位对组织有什么样的贡献、产出。应负责任依附于岗位，相对比较稳定，除非部门或岗位职责本身从根本上发生了变化。绩效目标是对在一定条件下、一定时间范围内所达到的结果的描述。也就是说，绩效目标是有一定的时间性和阶段性。

第三，从内、外部客户需求提取 KPI。满足内、外部客户需求是部门或岗位存在的重要价值，因此还应该仔细研究内、外部客户需求，并从中提取相应的 KPI。

选取 KPI 时，要遵守 SMART 原则。S 代表 Specific，就是说所选择的指标必须是具体的，不是虚幻的，即考核者和被考核者都应该明确具体要做什么或者完成什么工作。M 代表 Measurable，就是说所选择的指标必须是可度量的，要么是可以测量的，要么是可以衡量的。考核者和被考核者都应该知道如何衡量自己这项工作做得好还是不好。A 代表 Attainable，就是说所选择指标的目标值是可实现的，没有超出员工可能实现结果的范围。R 代表 Relevant，就是说所选择的指标与员工实际工作内容是具有相关性的，不能给员工选择那些与实际工作无关联的指标。T 代表 Time - bound，就是说所选择的指标及其目标实现是有时间限制的，考核者和被考核者都应该清楚在什么时间完成工作。

在实际选择指标的过程中，高层、中层和基层在 KPI 体系中结果和行为指标所占的权重也有所不同，越高层结果在 KPI 体系中所占的比重越大，基层反之亦然（见图 9—3）。

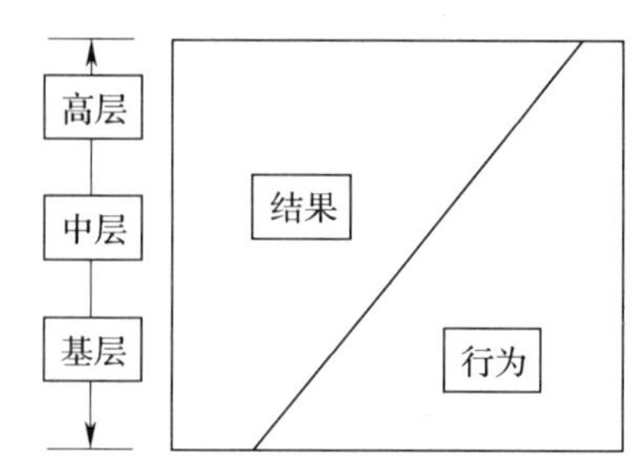

图 9—3　不同层级在 KPI 体系中结果和行为指标所占的权重

KPI 的建立要点在于流程性、计划性和系统性。企业级 KPI、部门级 KPI 和每个岗位的 KPI，共同构成 KPI 体系。各部门管理者给下属订立工作目标的依据来自部门的 KPI，部门的 KPI 来自企业的 KPI，这样就能够保证企业每位人员的努力方向都是围绕着企业的目标。

在表述 KPI 时，应该精确、易懂、完整，遣词造句只能有一种解释，不能带有歧义。KPI 定义要包括测量频率（每月、每季或每年），具体测量最好使用分子和分母，百分比比具体的数字信息含量更高。

（二）关键成功因素（CSF）分析技术

关键成功因素（Core Success Factors，CSF）分析是提炼绩效指标的方法之一，它是通过因果关系对达成战略目标的关键因素进行层层分析，并据此将驱动因素提炼为 KPI 的过程。CSF 分析的过程是：首先对公司擅长的、对成功起决定作用的某个战略要素的定性描述，再由 KPI 进行定量（即使其可以计算和测量）。使用 CSF 和 KPI，能够使战略目标得以分解，压力逐层传递，同时使战略目标的实现过程得以监控。

具体而言，CSF 分析有三个环节：

第一，战略目标分析。在战略目标分析中，所得出的目标必须标明达到最终期望结果的活动。所界定的目标必须表述行动，并且使用表示主动行为的动词（如“提高……”等）来进行界定。同时对于目标的描述必须是具体的。每个经理承担的目标数量有限制（5 ~ 7 个）。

第二，CSF 分析。在 CSF 分析中，通过因果关系得出要实现战略目标的若干因素，即要达成各个战略目标，应该把哪些成功因素做好。CSF 是定性概念，通常用语句描述做好哪些成功因素才能实现预期战略目标。在实际分析时，CSF 要做到清晰而精确。在具体分析中不仅要包含财务信息，还要包含非财务信息，确保每个目标视线平衡。必须注意的是，CSF 是需要做的具体的东西，而不是叙述某价值结果的方向，如不能说“高员工质量”，只能说“员工质量”。

第三，确定 KPI。一般而言，为每个 CSF 开发的 KPI 不超过三个。在具体开发 KPI 时，需要注意其与 CSF 之间的紧密联系，还要考虑它本身的合理性。

（三）平衡计分卡（BSC）技术

平衡计分卡（Balance Score Card，BSC）是由美国学者罗伯特·S. 卡普兰（Robert S. Kaplan）和大卫·P. 诺顿（David P. Norton）提出的一整套用于衡量与评价企业经营业绩的指标体系①。BSC 的考核角度包括四个部分内容：①财务指标；②客户指标；③内部流程指标；④学习与发展指标。BSC 的四个角度从不同视角出发，代表了不同利益相关者的观点，是对劳动的四种形态的全面表述与衡量。BSC 的指标体系不但具有很强的操作指导意义，同时又通过对这四个方面深层的内在关系的表述阐明了该体系的深层哲学含义。

财务指标，即我们应怎样满足股东？财务指标具有双重含义：一方面是从短期的视角对组织已采取行动所产生结果的评价；另一方面是从长期来看，它又是其他三方面指标相互驱动、共同指向的结果，因此也是评价个人与组织绩效，进行绩效改进与组织战略变革的出发点。从财务的角度评价企业产出，可以选择诸如资本报酬率、现金流、项目盈利性等指标。

客户指标，即客户对我们的要求是什么？客户指标的选择应该来自于组织参与竞争的客户群体与市场部分，并且包括客户满意度、客户忠诚度、回头率、购买率等在内的客户指标都应该是组织战略对应于客户与市场的具体目标。客户指标既是形成未来财务绩效的动因，又是组织内部的业务经营过程因素驱动的结果。从客户的角度评价企业运营状况，可以考虑选择诸如客户获得率、客户保持率、客户满意度指数、市场份额、价格指数、客户排名调查等指标。

内部流程指标，即我们必须擅长什么？内部流程指标来自于对客户满意度、客户忠诚度等有直接联系的业务流程，包括组织拥有的关键技术、核心能力以及影响产品与服务质量、生产效率的因素等。内部流程指标既是影响客户满意的动因，又是组织通过学习与创新推动的结果。从内部流程角度评价企业运营状况，可以选择诸如与顾客讨论新工作的小时数、投标成功率、返工、安全事件指数、项目业绩指数等指标。

学习与发展指标，即我们如何持续提高能力并创造价值？组织的创新与学

① 刘丰收．平衡计分卡在企业绩效管理中的应用［D］．首都经济贸易大学硕士学位论文，2004.

习能力和组织的价值创造是直接相关的。前三方面指标已经为组织达成战略目标提供了关键要领，而学习与发展指标即成为组织实现前三方面指标的最有效的推动力量。从学习与发展角度评价企业创新能力与未来潜力，可以选择诸如新服务收入所占比例、提高指数、员工建议数、员工人均收益等指标。

BSC 通过四个指标层面的内在因果联系，实现了短期与长期目标之间、财务和非财务角度之间、外部衡量和内部衡量之间、结果和结果的动因之间、有形资产和无形资产之间、客观性测量和主观性测量之间的平衡。BSC 之所以可以平衡，是因为它建立在一个较为完整而明确的价值链基础上，并通过价值链各个部分的影响传递来实现其功效。企业之间的竞争就是各自的价值链的竞争，而正是企业的竞争战略决定了 BSC 各方面之间的平衡。某软件公司使用平衡计分卡技术分解指标示例见表 9—1。

表 9—1　　某软件公司使用平衡计分卡技术分解指标示例

公司及其发展思路：软件公司，新产品、新客户	财务指标	客户指标	内部流程指标	学习与发展指标
策略目标	收入的增长与收入结构的改善，促进新产品诞生	取得客户对公司和产品的认可	新软件产品成功研发、对外加工与系统集成服务质量的提高	人才队伍的形成与人才培养
指标 1	新产品销售额在总销售额所占比例	新客户数量	软件模块（控件）研发完成率 = 实际完成数/计划完成数	核心骨干流动率
指标 2	现有产品在本省市场外的销售额所占比例	（软件）对新客户销售额在总销售额中（软件）所占比例	客户平均故障率 = 客户反映故障的次数/客户数量（新、老客户可区分计算）	人才总体成长指数
指标 3	软件产品、对外加工服务、系统集成各自的营业额	—	—	组织整体学习氛围指数
指标 4	基本利润水平（资产回报率和资金周转率）	—	—	—

（四）标杆基准法（Benchmarking）技术

Benchmark 是标杆、基准的意思；Benchmarking，即基准化，就是在组织中不断学习、变革与应用这种最佳标杆的过程。标杆基准法就是企业将自身的关键业绩行为与最强的竞争企业或那些在行业中领先的、最有名望的企业的关键业绩行为作为基准进行评价与比较，分析这些基准企业的绩效形成原因，在此基础上建立企业可持续发展的关键业绩标准及绩效改进的最优策略的程序与方法。

标杆基准法的两个关键点：一是寻找最佳业绩标准作为参照的基准数据（如客户满意度、劳动生产率、资金周转速度等）；二是以企业的最优业绩标准为牵引，确定企业成功的关键领域，通过各部门及员工持续不断的学习与绩效改进，缩小与最优基准之间的差距。

标杆基准按照特性分为三类：第一，战略与战术的标杆系统（总体战略标准、职能战略标准；产品标准、职能标准、最佳实践标准等）；第二，管理职能的标杆系统（市场营销、人力资源、生产作业等）；第三，跨职能的标杆系统（客户标准、成本标准等）。按照标杆参照的对象分为四类：个体行为标杆、职能标杆、流程标杆、系统标杆。

标杆基准法操作的基本程序是：

第一，详细了解企业关键业务流程与管理策略，从构成这些流程的关键节点切入，找出企业运营的瓶颈；

第二，选择与研究行业中几家领先企业的业绩，剖析行业领先者的共性特征，构建行业标杆的基本框架；

第三，深入分析标杆企业的经营模式，从系统的角度剖析与归纳其竞争优势的来源（包括个体行为标杆、职能标杆、流程标杆与系统标杆），总结其成功的关键要领；

第四，将标杆企业的业绩与本企业的业绩进行比较与分析，找出存在的差异，借鉴其成功经验，确定适合本企业的，能够赶上甚至超越标杆企业的关键业绩标准。

（五）SCOR：流程导向的绩效考核体系①

供应链运作参考模型（“SCOR”模型）（Supply – Chain Operations Reference – model）是近年来提出的一种新的绩效考核体系建构思想，是一种基于业务流程

① 熊通成，刘松博，王琦．SCOR：流程导向的绩效考核体系［J］．中国劳动，2008（11）：46 – 48.

的新型考核思想。“SCOR”模型，即流程导向的供应链运作参考模型考核体系，简称为“SCOR”考核体系，是由国际供应链协会（SCC）开发支持，适合于不同工业领域的供应链运作参考模型。1996 年春，两个位于美国波士顿的咨询公司——PRTM 公司（Pittiglio Rabin Todd & McGrath）和 AMR 公司（AMR Research）为了帮助企业更好地实施有效的供应链，实现从基于职能管理到基于流程管理的转变，牵头成立了国际供应链协会，并于当年年底发布了“SCOR”模型。

从其本质思想来看，“SCOR”考核体系首先构建的是一个企业业务流程最为理想的方式，然后将这个理想的方式中若干个核心流程点作为考核指标加以提炼，并树立相应的标杆。其考核的目的就是使得这个企业中所有的流程环节中员工的行为符合这个标杆的要求。

“SCOR”考核体系提供了一种基于设计供应链流程的参考性模型。此种模型对于企业来说，具有很好的基于流程导向的分析思路，并在流程分析中充分考虑以客户需求交付为核心的价值增值。基于此，指标体系也可按照流程，从计划开始，完成对供应链的交付、制造、采购以及售后等作业的完整前驱绩效体系的建立，不但实现了部门指标的优化，也能够保证指标 SMART 特征的满足，并在层次上，按照“SCOR”模型“流程、作业、任务、子任务”的分解层次不断得到细化。

第一方面，库存绩效指标。可以包括以下内容：其一，可以从供应链库存分析（包含销售中渠道积压、产成品、库存品、采购品）角度找指标。例如，“库存的最高和最低天数”“警惕高库存金额和高库存天数的库存”“呆滞物品”“现有周期库存与往年周期库存比对”“供应链全库存的控制”等。其二，可以选择与库存相关的 KPI 指标。例如，“销售预测误差率”“订单产品线完成率”“订单的及时到货率”“库存准确度”“库存天数”“到货稳定性”等。

第二方面，采购绩效指标。可以包括以下内容：其一，可以从采购分析角度找指标。例如，“采购与销售比率”“采购费用与销售收入比”“采购费用与销售成本比”“合同采购占总采购费用的比重”。其二，可以从供应商分析角度选择指标。例如，“供应商单位成本比率”等。其三，可以从供应商表现分析角度选择指标。例如，“关键部件的核心供应商和候补供应商关系”。

第三方面，销售绩效指标。可以包括以下内容：其一，从销售管理角度找指标。例如，“销售效率”“销售收入”“毛利率”等。其二，从产品分析的角度找指标。例如，“分类产品积压/缺货”“往来账单、账目分析”“渠道积压/缺货”“渠道库存”等。

第四方面，客户管理指标。可以包括以下内容：其一，从客户获得分析角度找指标。例如，“一段时期内获得新客户的数量、来源、产品分类”等。其二，从客户保持分析角度找指标。例如，“老客户的保持数量趋势、客户遗失原因分析”等。其三，从客户产品毛利率分析角度找指标。例如，“20/80 原则进行分析相关客户给整个企业销售带来的毛利、收益和已售产品的成本”等。其四，从客户满意分析角度找指标。例如，“服务质量”“发货质量”“价格以及合同履行情况”等。

第五方面，合作伙伴指标。可以包括以下内容：其一，伙伴（客户）获利分析，如“获利指数分析”“年增长率以及利润”“销售量”等；其二，合作伙伴获利与往来分析，如“应收应付绩效”等；其三，合作伙伴的变动分析，如“获得、保持以及相关销售指标的关联分析”等。

第六方面，制造绩效指标。可以包括以下内容：其一，从产品质量分析角度找指标，如“次品率”等；其二，车间库存（领用未用、WIP、完工未入库）分析；其三，产品成本指标。

第七方面，财务绩效指标。如“现金流分析”“利润率的分析”“净流动资产利润率”“人力资源效率”“现金的流转率”等。

第八方面，计划/预测绩效指标。如“预测、计划、实际的对比”等，可以包括总的经营、销售、采购等在数量和金额上的分析。

在这里对指标选取原则做一下补充。“SCOR”考核体系的核心在于从流程的角度选取供应链绩效的考核指标。它将流程分为若干个层次：第一层 5 个基本流程，构成供应链的标准参考模型的基础；第二层即配置层，由 24 种核心流程类型组成，企业可以选择该层中定义的标准流程单元构建自己的供应链。每个流程的绩效考核指标属性可以按顾客界面和内部界面分为可靠性、有效性、灵活性、成本和收益。

三、绩效管理咨询业务流程

绩效管理咨询的活动开展过程既是咨询顾问基于企业实际情况和问题进行设计绩效管理方案的过程，也是企业各级管理者了解并掌握绩效管理工具和方法的过程。一般而言，绩效管理咨询按照下面的业务流程开展咨询活动：

第一，了解企业绩效管理现状，诊断存在的问题。绩效管理咨询的首要工作是深入、系统地了解和诊断企业的绩效管理现状，摸清企业当前的做法，找出绩效管理的问题，并提出解决办法。在这个过程中，咨询顾问要积极与企业各层级进行互动，既要了解更多的企业信息，同时也需要通过交流让企业认可咨询公司的诊断结论和解决办法，这样才有利于开展下一步的设计工作。

第二，明确企业的战略目标、年度经营计划、年度预算以及组织架构、岗位设置、工作分析（职位说明书）等前置条件。绩效管理是为达成企业战略服务的，因此绩效管理咨询必须在设计之前明确企业战略目标及其相应的年度经营计划、年度预算。如果企业没有清晰的目标、没有明确的经营计划，也就谈不上绩效管理。另外，组织架构、岗位设置、工作分析（职位说明书）既决定了绩效管理的主体、客体关系，又决定了绩效考核的任务分解对象。这些都是绩效管理咨询设计的前置内容，应该事先做好。

第三，根据实际情况，确定考核主体，在多个考核主体中，明确不同考核主体所占的权重。考核主体的设置非常关键，是重要的制度安排。咨询顾问根据企业实际情况提出后，还需要与企业高层进行确认。一般原则是直接上级为考核者，间接上级为复核者。但也有些企业适合多个考核主体，这时候必须明确不同考核主体考核的内容和权重，如考核某个部门的主体中，分管副总占70%，总经理占30%。有时候考核主体中可能会有下级或者平级评价，但注意权重不能超过10%，否则容易发生不好的导向。

第四，根据职位的特点，明确考核分类，确定考核周期。职位的工作性质不一样，其考核的方式和薪酬激励的手段都可能不一样。为了便于考核和薪酬的管理，应该把职位分为不同的类别。例如，决策类，即承担经营责任的职位；管理行政类，即在管理范畴里，既管人又管事，负有管理下属的责任的职位；研发类，即专职从事研究开发工作的科学技术职位；生产类，即直接从事产品生产的职位；销售类，即直接从事产品和服务销售工作的职位；事务类，即在各部门中从事事务性工作的职位。

考核周期的确定需要考虑企业的管理现状。不同性质工作的绩效周期可能不一样，因此应该设立不同的考核周期。例如，对于一个部门的工作，其绩效周期较长，很难在一两个月衡量，因此对于管理行政类的员工，其考核周期为一个季度；而对于销售员来说，其绩效周期很短，可能几天就有结果，因此其考核周期可定为一个月。一般而言，销售类职位绩效考核周期为“月”，即每月进行一次月度考核；管理行政类职位绩效考核周期为“季”，即每季进行一次季度考核；决策类职位绩效考核周期为“年”，即每年进行一次年度考核；一般人能力的变化比较缓慢，所以能力的考核周期一般为一年。

第五，提炼考核指标体系，并具体设计近期考核量表。提炼考核指标体系，是绩效管理咨询中工作量最大，也是最核心的、难度最大的工作内容。绩效考核的成败往往取决于考核指标提取的有效性和合理性。通常需要将企业战略目标和被考核者工作职责结合起来，运用诸如KPI、CSF、BSC等方法对绩效考核指标进行提炼。提炼指标的过程，一定要与企业高层、中层、员工反复交流，充分听取他们的意见，在必要时也需要说服他们，并帮助他们掌握提炼指标的方法。最后，一般需要帮助企业，将提炼好的绩效考核指标转化为近期的考核量表。考核量表中要明确指标的目标以及考核评价标准，以避免在实际考核时扯皮。

第六，设计并确定考核结果的运用。考核结果运用的设计非常关键，为绩效考核工作提供了动力。考核结果可以与奖金、薪资等级调整、晋升、培训等人事手段挂钩。一般而言，季度绩效考核结果作为绩效奖金发放的依据；年度综合考核结果作为员工薪资等级升降、职务升降、辞退等的依据。例如，可以考虑年度综合考核获得一次 S 级者可晋升一级基薪；一次年度综合考核评分为 D 级者辞退或调换合适的工作，降低一档工资；考核结果为 E 者，降低两档工资，并末位淘汰。

第七，撰写绩效管理制度文件。绩效管理制度文件是实施绩效管理的制度依据。一般而言，咨询顾问需要把绩效管理的各种规定和办法进行整理，变成一份管理制度。同时，这份管理制度一般需要由职代会通过。

第八，开展绩效管理培训，辅导绩效管理运行。在绩效管理制度和绩效考核量表设计完成之后，咨询顾问需要就绩效管理对全员进行培训。宣贯和试运行阶段非常重要，必须通过开展全员培训工作，让每个员工都深刻理解绩效管理的意义并掌握其操作办法。在辅导实施过程中，非常关键的环节是辅导各级管理者对下属绩效进行评价，对考核结果进行分析，并进行相应的绩效面谈，以不断提升绩效。

第九，完善绩效管理制度和绩效指标体系，保障绩效管理体系的有效运行。根据试运行的状况，收集企业各层级对绩效管理的看法，咨询顾问要适当地对绩效管理制度和绩效指标体系做出调整，其目的在于与企业的实际能够更加匹配。某些企业还会与咨询公司签署 1 年左右跟踪辅导的协议，动态地关注绩效管理的情况，深入指导企业的绩效管理工作，及时解决问题，保障绩效管理体系的有效运行。

主要参考文献

［1］黄美欣，张敏仪，黄坤保，李翠珍．人力资源咨询业发展的历程与国内文献述评［J］．企业导报，2014（3）：7－8.

［2］王璞．新编人力资源管理咨询实务［M］．北京：中信出版社，2005.

［3］方少华．人力资源管理咨询［M］．北京：机械工业出版社，2007.

［4］乔俊．论我国人力资源管理咨询行业中的问题及对策［J］．现代经济

信息，2013（18）：111.

［5］耿庆利. 我国人力资源咨询发展现状及趋势研究［J］. 商业经济，2012，407（10）：60-61.

［6］葛海良，刘磊. 企业人力资源管理系统诊断研究［J］. 中国人才，2001（8）：36-38.

［7］熊通成. 薪酬管理理念的八大误区［J］. 中国劳动，2014（3）：33-35.

［8］天外伺郎. 绩效主义毁了索尼［J］. 中国企业家，2007（3）：38-40.

［9］刘丰收. 平衡计分卡在企业绩效管理中的应用［D］. 首都经济贸易大学硕士学位论文，2004.

［10］熊通成，刘松博，王琦. SCOR：流程导向的绩效考核体系［J］. 中国劳动，2008（11）：46-48.

第十章
流动人员人事档案管理

流动人员人事档案是人事档案的重要组成部分，也是国家档案的组成部分。流动人员人事档案管理工作是党管人才原则在组织人事工作中的具体体现，是党和政府联系非公经济组织和社会组织中各类人才的纽带，是基本公共就业和人才服务的重要内容，是促进人力资源流动配置、促进社会就业创业的重要措施，是加强和创新社会管理的重要抓手，是大力实施人才强国战略和就业优先战略的重要组成部分。

目前，我国县级及以上政府人力资源社会保障部门所属公共就业和人才服务机构中普遍设立了流动人员人事档案管理部门，配备了专门的人员和设施，形成了一套较为完整的流动人员人事档案管理体系。流动人员人事档案管理工作的不断发展，推动了人事制度改革的深化，促进了人才资源的市场化配置，对经济社会发展产生了深远的影响。

本章共分为三节。第一节为人事档案工作概述，第二节为流动人员人事档案基本公共服务，第三节为流动人员人事档案信息化建设。

第一节　人事档案的工作概述

一、人事档案的概念、范围和管理机构

（一）概念

人事档案是在组织人事管理活动中形成，并经组织审查或认可的，记述和反映人员经历、政治思想、品德作风、业务能力、工作表现、工作实绩的，以个人为单位立卷集中保存备查的各种方式和载体的历史记录。①

本章提到的“人事档案”或“档案”，除特别说明外，均特指流动人员人事档案。

① 邓绍兴. 人事档案教程［M］. 北京：中国传媒大学出版社，2008.

（二）范围

随着社会的不断发展变化，流动人员人事档案的范围也在不断扩展。中共中央组织部、人力资源和社会保障部等五部门于 2014 年 12 月发布的《关于进一步加强流动人员人事档案管理服务工作的通知》（人社部发〔2014〕90 号），将流动人员人事档案的范围明确为以下几类：

（1）非公有制企业和社会组织聘用人员的档案。

（2）辞职辞退、取消录（聘）用或被开除的机关事业单位工作人员的档案。

（3）与企事业单位解除或终止劳动（聘用）关系人员的档案。

（4）未就业的高校毕业生及中专毕业生的档案。

（5）自费出国留学及其他因私出国（境）人员的档案。

（6）外国企业常驻代表机构的中方雇员的档案。

（7）自由职业或灵活就业人员的档案。

（8）其他实行社会管理人员的档案。

（三）管理机构

流动人员人事档案管理实行集中统一、归口管理的管理体制，主管部门为政府人力资源社会保障部门，接受同级党委组织部门的监督和指导。

流动人员人事档案具体由县级以上（含县级）公共就业和人才服务机构以及经人力资源社会保障部门授权的单位管理，其他单位未经授权不得管理流动人员人事档案。严禁个人保管本人或他人档案。跨地区流动人员的人事档案，可由其户籍所在地或现工作单位所在地的公共就业和人才服务机构管理。

二、人事档案的内容和作用

人事档案由历史地、全面地反映流动人员情况的材料构成。流动人员人事档案中具体包括履历材料，自传材料，考察、考核、鉴定材料，学历、学位及相关认证材料，培训材料，职业（任职）资格考试材料，评（聘）专业技术职称（职务）材料，反映科研学术水平的材料，录（聘）用材料和其他有参考价值的材料。

流动人员人事档案是伴随着我国改革开放以来人事制度改革的不断深化发展而来的，流动人员人事档案管理推进了人才资源市场化配置进程，拓展了人事管理与服务的空间，在促进人才流动和科学、合理配置方面，起到了重要的保障作用。

在流动人员的实际工作、生活中，人事档案在升学考试、求职就业、政治审查、职称评审、学历入户、计划生育、办理社保、退休审批以及依据档案出具各种相关证明时，都起到了重要的凭证、依据和参考作用。

三、流动人员人事档案管理工作的起源和发展

30 多年来，流动人员人事档案管理工作大致经历了两个发展阶段。[①]

1983 年至 1995 年为起步探索阶段。改革开放之初，随着中外合资机构的相继建立和乡镇企业的蓬勃发展，一部分国有单位的人员流向非国有单位。为适应人才流动的需要，人才流动服务机构应运而生，主要针对流动人员提供以人事档案管理为主要内容的人事关系托管服务。1983 年，沈阳市成立了我国第一家人才流动服务机构。1988 年 12 月，中共中央组织部、劳动人事部出台了《关于加强流动人员人事档案管理工作的通知》。1991 年 4 月，中共中央组织部制定出台了《干部档案工作条例》，进一步明确了流动人员人事档案管理的机构和内容。

1996 年至今为发展规范阶段。1996 年 12 月，中共中央组织部、人事部颁布了《流动人员人事档案管理暂行规定》，确立了流动人员人事档案管理的基本制度，标志着这项工作开始迈上规范化、法制化的轨道。2001 年 9 月，人事部、国家工商行政管理总局颁布了《人才市场管理规定》，以部门规章的形式对流动人员人事档案管理做出了进一步规范。2014 年 12 月，中共中央组织部、人力资源和社会保障部、国家发展和改革委员会、财政部、国家档案局等五部门出台了《关于进一步加强流动人员人事档案管理服务工作的通知》，确立了流动人员人事档案管理服务工作的公益属性，明确了新形势下流动人员人事档案管理工作发展的方向和思路。

第二节　流动人员人事档案基本公共服务

一、人事档案的转递

（一）转入

因大中专学生毕业、工作单位变更、辞职辞退、军人复员转业等原因，流动人员人事档案需要从原存档机构转入其户籍所在地或现工作单位所在地公共就业和人才服务机构。各级公共就业和人才服务机构不得拒收符合存放政策以

① 部分内容援引自 2006 年 8 月 12 日“全国流动人员人事档案管理研讨会”上时任人事部副部长陈存根同志题为《规范管理　创新服务　推动流动人员人事档案管理工作新发展》的讲话材料。

及按照有关政策规定转来的流动人员人事档案。

（1）转入申请受理。应单位或个人申请，档案接收机构应对拟存档人员的身份证件和户籍地或工作单位性质进行审查，受理符合本机构接收范围的流动人员人事档案的转入申请。

（2）开调档函。转入的档案，原则上应由档案接收机构向原存档机构开具调档函。调档函上应注明流动人员的姓名、身份证号、转档原因及其他注意事项等内容（见表10—1）。

（3）清点核对。档案接收机构只能签收通过机要交通或原存档单位派专人转来的档案，不得接收流动人员本人自带转来的档案。档案转来时，应根据档案转递通知单或交接清单核对档案姓名，清点转入档案的数量和密封情况。

（4）审核。档案接收机构还应对签收档案的真实、准确、完整、规范情况进行审核。不符合要求的，应退回原存档机构。

表10—1　　　　流动人员人事档案调函模板

流动人员人事档案调函存根

第　　号

发往____________关于____同志（身份证号：____________）档案调往/调入____________单位。

经办人：　　　　　　　　　　　　年　　月　　日

流动人员人事档案调函

第　　号

________：

______同志（身份证号：____________）因____________原因要求流动。请在收到此函后，按下列第____项办理。

一、因工作需要，拟将其档案调入我单位管理。如同意调出，请将其人事档案及______材料于15日内通过机要交通或派专人转至我单位。如在规定时间内无法转出，请告知具体原因。

二、经审核，因________原因，不同意档案调入我单位，现将其档案退回你处。

三、你处来函已收悉，同意档案调往你处。

四、你处来函已收悉，因工作需要，暂不同意档案调往你处。

五、____________________________________。

经办人：

联系电话：

联系地址：

单位（盖章）

年　　月　　日

（5）登记与签收。符合要求的档案，应进行接收登记，注明接收日期、存档人员姓名、身份证号、档案号、转递方式、原档案管理单位名称、送档人姓名、签收人姓名等信息，并在原档案管理单位开具的档案转递通知单回执或交接清单上签名并加盖公章，转交或邮寄至原存档机构（见表10—2）。

表10—2　接收流动人员人事档案登记表（簿）模板

接收流动人员人事档案登记表（簿）

接收日期	序号	转递方式	姓名	原档案管理单位	档案号	入库情况	备注

（6）档案入库。登记与签收完毕的档案，应及时入库、上架排放。

（二）转出

因工作单位变更、公招录用、升学、入伍等原因，流动人员人事档案需要从公共就业和人才服务机构转出至新的档案管理机构。

（1）转出申请受理。应单位或个人申请，档案转出机构应审核调档单位的资质、调档函及调档人身份证件，受理将档案转往具备人事档案管理资质的单位的转出申请。调档单位派专人前来办理转档手续的还应审查调档单位出具的工作介绍信。

（2）出库审核。将档案从库房中取出，确认是否为应转出的档案，根据档案目录对档案材料进行清点与审核。确认无误的，应进行转出登记，注明转出日期、存档人员姓名、身份证号、档案号、转递原因、转递方式、转至单位名称、转递人姓名、调档人联系方式等信息，并请调档人在转出登记表上签字确认（见表10—3）。

表10—3　转递流动人员人事档案登记表（簿）模板

转递流动人员人事档案登记表（簿）

转出日期	序号	姓名	档案号	转至单位	单位电话	转递人	备注

（3）开转递通知单。根据转出登记信息，制作《转递通知单》，由经办人签字后盖发件单位（即档案转出机构）业务专用章，装入档案袋并进行严密封包（见表10—4）。

表 10—4　　流动人员人事档案转递通知单模板

流动人员人事档案转递通知单存根

第　　号

已将________同志的档案共_____卷，材料共_____份，转往________________。 经办人（签名）　　　　发件单位（盖章） 年　月　日

流动人员人事档案转递通知单

第　　号

______： 兹将________同志的档案材料转去，请按档案内所列目录清点查收，并将回执退回。 经办人（签名）　　　　发件单位（盖章） 年　月　日						
姓名	原工作单位	转递原因	正本（卷）	副本（卷）	档案材料（份）	备注

回执	________： 你处于____年____月____日转来第_____号存档人员人事档案转递通知单中所开列的________同志的档案共___卷，材料共___份，已全部收到，现将回执退回，请查收。 收件人（签名）　　　　收件单位（盖章） 年　月　日

回执邮寄地址及邮编：________________________

（4）投递档案。流动人员人事档案的转递，应通过机要交通或派专人送取，不得邮寄或交流动人员本人自带。

通过机要交通投递的档案，应在严密封包的档案袋外侧书写或粘贴邮寄地址信息，并制作一式两份的《机要文件交寄单》，在办结档案投递手续后留存作为转出凭证。

专人成批移交档案时，可制作一式两份的《档案批量移交名册》（见表

10—5)，注明存档人员姓名、身份证号、档案号等信息，由交接双方签字盖章后各执一份作为转出凭证。

表 10—5　　流动人员人事档案批量移交名册模板

档案批量移交名册

批次号：　　交接日期：

转递事由：　　移交卷数：

转出单位（盖章）：　　经办人（签字）：

序号	档案号	姓名	身份证号	存档类型	备注

接收单位（盖章）：　　接收人（签字）：

（5）收取回执。档案转出机构收到调档单位寄回的转递通知单回执应登记收件时间和收件人等信息。超过一个月未收到档案转递通知单回执的，应发函或电话催要回执。调档单位的调档函、转递通知单存根及回执等资料应及时整理，由档案转出机构作为业务文书材料留存。

二、人事档案材料的收集、鉴别和归档

（一）收集

人事档案材料的收集工作处于人事档案管理的前端，是保障人事档案全面完整地反映一个人的历史面貌的重要基础性、经常性工作。

公共就业和人才服务机构应参照《干部人事档案材料收集归档规定》（中组发〔2009〕12 号），遵循真实、全面、及时、规范的原则，加强与存档人员本人、工作单位及教育、民政、人力资源社会保障等其他人事档案材料形成部门的联系，采取定时、定向、定点、跟踪、上门等多种手段和形式，及时收集符合归档范围的档案材料，不断充实和完善人事档案的内容，为档案的日后利用打下坚实基础。

对收集到的人事档案材料应履行交接登记手续，注明材料的名称、份数、形成单位、接收日期和递送人等信息（见表 10—6）。

表 10—6　　流动人员人事档案归档材料登记表（簿）模板

流动人员人事档案归档材料登记表（簿）

接收日期	档案号	姓名	材料名称	形成单位	份数	递送人	归档情况	备注

（二）鉴别

人事档案材料的鉴别是指依照一定的原则与规定，对收集起来的人事档案材料进行甄别和价值鉴定，再根据它们的真伪和价值进行取舍，最后将具有保存价值的材料归入档案，把不应当归档的材料剔出或转送其他部门予以处理的一项业务工作。

做好人事档案材料的鉴别工作，就是要把好人事档案管理的“入口关”。鉴别时应注意：收集归档材料应为办理完毕的正式材料，完整齐全、文字清楚、内容真实、填写规范、手续完备；材料和目录应采用国际标准 A4 型纸张（297 mm×210 mm），材料左边应留有 25 mm 的装订边；材料上的文字应符合档案保护要求，一般应是铅印、胶印、油印或用蓝黑墨水、黑色墨水、墨汁书写，不得使用圆珠笔、铅笔、红色墨水及纯蓝墨水和复写纸书写；材料一般应为原件，证书、证件等特殊情况需用复印件归档的，应由材料制作单位注明复制时间并加盖公章。

对于鉴别时发现不符合归档范围或鉴别要求的材料，应进行登记，能够整改的应移交材料形成部门进行整改后再归档，不能整改的应退回材料形成部门。

（三）归档

公共就业和人才服务机构应在收到档案材料后及时将材料归入本人档案，不得以任何理由积压、滞留档案材料。

根据归档材料显示存档人员基本情况、联系方式、学习经历和工作经历等关键信息有变化的，应同时更新公共就业和人才服务机构记录的存档人员基础信息表。

已完成电子化的档案若有补充材料，还需对材料进行补充电子化后再归档，以保持纸质档案与电子档案内容的同步更新。

集中处理应归档材料时，可先根据档案在库房中的位置和索引编号进行整理和排序，制作材料清单，再根据清单顺序依次将材料放入对应的档案中。为避免材料误入其他人的档案，在材料装入档案前必须先对档案和补充材料对应的姓名进行核对，确认为同一人。

三、人事档案的整理

（一）材料分类

材料分类就是将通过各种渠道收集起来经过审核必须归档的材料进行两级分类。

1．一级分类

根据材料的主要内容或用途不同，把所有的归档材料按现行的类别分成十类，分别是：

第一类：履历材料。

第二类：自传材料，报告个人有关事项的材料。

第三类：考察、考核、鉴定材料，审计工作中形成的材料。

第四类：学历、学位材料；职业（任职）资格考试材料，评（聘）专业技术职称（职务）材料；反映个人科研学术水平的材料；培训材料。

第五类：审查工作中形成的材料，认定或更改姓名、民族、籍贯、国籍、出生日期、入团入党时间、参加工作时间等工作中形成的材料。

第六类：党、团组织建设工作中形成的材料。

第七类：表彰奖励材料。

第八类：执纪执法部门形成的涉及个人的材料。

第九类：办理工资、待遇等工作中形成的材料；招录、聘用、公开选拔和竞争上岗等工作中形成的材料，任免、调动、退（离）休、军人转业（复员）安置工作中形成的材料，辞职、辞退、罢免材料；出国（境）材料；党代会、人代会、政协会议、人民团体和群众团体代表会议形成的材料，民主党派代表会议形成的材料。

第十类：健康检查和处理工伤事故工作中形成的材料，办理丧事形成的材料，其他可供参考有保存价值的材料。

对内容存在交叉的材料，可根据材料的主要内容或用途来确定类别。如以自传为主的履历表或简历表归第二类，学生登记表、学习（培训）鉴定表、学习（培训）考核表归第四类，任免审批表及相应的考察材料或表现材料归第九类。

2. 二级分类

在一级分类的基础上再对第四类和第九类的档案材料进行二级分类。

第四类材料的二级分类为：①学历、学位材料；②职业（任职）资格考试材料和评（聘）专业技术职称（职务）材料；③反映个人科研学术水平的材料；④培训材料。

第九类材料的二级分类为：①工资材料；②任免材料；③出国、出境材料；④参加会议形成的材料。

（二）排序编号

材料排序就是根据档案材料形成时间或材料内容的主次关系进行排序。

1. 排序

（1）按材料形成的时间排序。按材料形成的时间先后依次排序的方法适用于第一、第二、第三、第四、第七、第九、第十类。

（2）按材料的内容以及材料之间的内在联系排序。按材料的内容及材料之间的内在联系排序的方法适用于第五、第六、第八类。

第五类、第八类材料的排列顺序为：先按时间先后顺序依次排列每一个问题，然后再对一个问题内的材料进行排列，依次为：上级批复、结论或处分决定、本人对结论或处分决定的意见、调查报告、证明材料、本人检讨或交代材料等。

第六类材料的排列顺序为：先按时间先后顺序依次排列团员、党员材料，然后将入团志愿书排列在团员的其他材料之前，将入党志愿书排列在党员的其他材料之前。

2. 编号

编号工作包括档案材料的类号、序号和页码号。

每个类别中的材料排序后，应用铅笔在每份材料首页的右上角编上类号和序号，在每页材料正面的右下角和反面的左下角逐页编写页码号。页数的计算方法为：凡有图文的页面，每面计为一页，有封面的材料从封面开始计算；空白纸和托裱用的衬纸不计页数。

（三）登记编目

档案材料排序编号完成后，应根据档案材料类别及排列顺序逐份逐项登记编写档案材料的目录。为便于日后目录数据的管理和更新，一般都是用电子文档或专门的信息系统进行登记编目。登记的内容应包括材料类号和序号、材料名称、材料形成时间、页数、备注等信息，同时应做到：

（1）每份材料编写录入一条目录，复制件与原件应视为一份材料，附件与正文应视为一份材料。

（2）“材料类号”包括一级分类和二级分类，“材料序号”用阿拉伯数字表示，每类从“1”开始。

（3）“材料名称”应根据材料题目填写。无题目的材料，应拟定题目。材料的题目过长，可适当简化。拟定或简化题目，必须确切反映材料的主要内容或性质特点。凡原材料题目不符合实际内容的，须另行拟定题目或在目录上加以注明。

（4）“材料形成时间”一般采用材料落款标明的最后时间。复制的档案材料，采用原材料形成时间；如遇没有时间的，则应根据前后材料的时间和其形成阶段进行推算。

（5）“页数”按材料编写的实际页数填写。

（6）“备注”填写需要说明的情况。

（四）复制与技术加工

1. 复制

档案整理过程中，遇纸张破损或字迹不符合要求的材料，应采用复印、打印、手描、抄写等方式进行复制。复制应保证文件原貌，不能任意扩大或缩小，不能对原件内容进行修改。复制件应附在原件后面作为一份材料。凡打印、抄写的材料，必须认真细致、核对无误，注明复制人和复制日期，盖复制单位公章或档案业务专用章。

2. 技术加工

为便于装订、保管和利用，延长档案材料的寿命，对一些纸张不规则、破损、卷角、折皱的材料，应进行技术加工。其主要方法：

（1）对纸张幅面大于A4的档案材料，须进行折叠。折叠时，要根据材料的具体情况，采用横折叠、竖折叠、横竖交叉或梯形折叠等方法。折叠后的档案材料，要保持整个案卷的平整，文字、照片不得损坏，便于展开阅读。

（2）对破损、卷角、折皱或幅面过小的档案材料，应进行修裱。修裱件应舒展平整，无皱纹、无起泡，拼对裂缝应准确无误，无变形走样、无损坏原载体和字迹。

（3）装订边过窄或装订线内有文字的材料应加边，以保证打眼装订时不压字或损伤材料内容。

（4）应拆除档案材料上的订书钉、曲别针、大头针等金属装订物，以防止氧化锈毁材料。

(5) 每份材料必须保持各自独立，严禁将多份材料以缝纫、裱糊等形式粘连在一起，也不允许将单份材料人为拆分。

(五) 装订成册

为便于日后的档案管理和利用，档案在整理完成时应装订成卷。装订后的档案要做到：档案目录置于卷首，卷内材料排列顺序与目录相符；卷面整洁，全卷整齐、平坦，装订牢固实用。应保证材料的左边、下边整齐，在材料的左侧竖直打上统一的装订孔，装订后装入标准人事档案卷盒或档案袋中。档案卷盒应制作包含档案人的姓名、档案号等内容的背脊，档案袋应制作包含相应内容的标签。

需要注意的是，中共中央组织部《关于做好文件改版涉及干部人事档案有关工作的通知》(组通字〔2012〕28号) 规定，自2012年7月1日起，新整理的档案均按最新标准进行装订。流动人员人事档案也应参照执行，具体规格如下：

1. 装订孔

A4纸型的档案材料和目录按照靠左下对齐的方式打3孔装订，中间孔距上、下孔 (从孔中心算起) 83 mm，下孔距材料底边54 mm，孔中心距左边沿12 mm，孔直径为5 mm。

档案中原有小于A4纸型且已按照要求装订的档案材料，不需要重新打孔和裱糊。

2. 档案卷盒

档案卷盒规格按照A4纸型相应调整，分为310 mm×225 mm×25 mm、310 mm×225 mm×35 mm和310 mm×225 mm×45 mm三种。卷盒设3个装订立柱，装订立柱中心距左边内沿15 mm，下装订立柱距卷盒底边54 mm，中间装订立柱距上、下装订立柱 (从装订立柱中心算起) 83 mm，装订立柱直径为4 mm。卷盒背脊标签规格相应调整为310 mm×22 mm、310 mm×32 mm和310 mm×42 mm三种。

3. 档案袋

档案袋规格按照A4纸型相应调整为320 mm×235 mm×30 mm、320 mm×235 mm×40 mm和320 mm×235 mm×50 mm三种。

(六) 验收入库

对装订成卷的档案应进行认真细致的检查，验收合格后入库保存。

对分别采用档案卷盒和档案袋作为装具的档案，建议在库房内进行区分存放，以便于存放和取用。

四、人事档案的利用

（一）查（借）阅

1. 工作要求

（1）公共就业和人才服务机构应采取安全保密措施，确保档案材料不被涂改、圈画、抽取、撤换，档案内容不被泄露或擅自向外公布。

（2）档案管理机构应确保档案内容不被擅自复制、拍摄。查阅单位确因工作需要从档案中取证的，应说明理由，经公共就业和人才服务机构审核同意后复制或拍摄。

（3）档案一般不外借。如必须外借的，应由借阅单位以书面形式说明理由，经公共就业和人才服务机构负责人批准后办理登记手续，并限期归还。

2. 工作程序

（1）公共就业和人才服务机构应审核查阅单位、查阅事由、查阅人身份及单位介绍信等有关证明材料。

（2）应根据需要确定提供的档案材料，并在《查阅流动人员人事档案登记表（簿）》上登记。

（3）应将档案交查阅人在阅档室查阅。

（4）应审核摘录档案内容，与原文核对无误后，写明出处及日期，并加盖公章。

（5）应检查核对归还档案，核对无误后入库保存。

（二）出具相关证明

1. 工作要求

公共就业和人才服务机构应确保出具证明的内容与档案实际记载相关内容一致。

2. 工作程序

（1）公共就业和人才服务机构应审核出具事由、经办人身份及单位介绍信等有关证明材料。

（2）应根据档案记载相关内容出具证明。档案中无记载的，应在材料形成单位补齐相关材料后出具。

（3）确需复印档案材料作为旁证的，应在复印件上注明用途及复印日期，并加盖公章。

（三）提供政审（考察）服务

1. 工作要求

公共就业和人才服务机构应确保政审（考察）结论与档案实际记载相关内容一致。

2. 工作程序

（1）经办人员应审核政审（考察）单位、政审（考察）事由、需审查信息项目、经办人身份及单位介绍信等有关证明材料。

（2）应根据档案记载相关内容，对存档人员需要政审（考察）的信息进行核对确认。档案中无记载的，应在材料形成单位补齐相关材料后进行政审（考察）。

（3）根据对存档人员信息的核对确认情况，提出审查意见并加盖公章。

（四）其他档案利用服务

公共就业和人才服务机构还应提供存档人员党组织关系的转移等其他档案利用服务，以及以档案为依托或基于档案而开展的职称评审、集体户籍办理、计划生育服务等人事代理服务。

公共就业和人才服务机构应对存档人员基本信息进行统计，研究分析流动人员数量、结构等基本情况，为政府有关部门提供人力资源决策数据支持；并对档案管理服务各项业务进行统计，掌握档案接收、转出、利用、收集归档、保管保护、服务满意度等方面情况，进一步改进和拓展流动人员人事档案的管理和服务工作。

五、人事档案的保管保护

（一）库房管理

公共就业和人才服务机构应建立坚固的专用档案库房，配置铁质的档案柜、密集架或回转柜等档案存放设备。档案库房应与阅档室和档案管理人员办公室分开，配备必要的监控、报警、灭火、空调和去湿等设施设备，采取防虫、防霉、防鼠措施，以符合防火、防潮、防蛀、防盗、防光、防高温的要求。档案库房温度应控制在14～24℃，相对湿度应控制在45%～65%。

档案在库房中应建立索引编号，按照编号进行排序存放和出入库管理。档案利用出库时应登记，利用完毕当天入库保存。

公共就业和人才服务机构应建立库房安全核查制度，开展经常性的安全检查，定期检修、保养库房设施设备，定期将档案实物与档案名册、档案信息数据库进行盘点核对，及时发现问题、排除隐患，防止失密、失窃、遗失、损毁等档案安全事故发生。

（二）队伍建设

公共就业和人才服务机构应选配政治可靠、作风正派、责任心强、业务素质好的中共党员从事档案管理工作。要开展党性教育、理论学习、业务培训、工作交流和纪律约束等多种形式的教育培训活动，提高流动人员人事档案工作人员的政治素质、政策水平和业务能力。要开展流动人员人事档案服务窗口作风建设活动，建立作风建设长效机制，不断提升服务水平和质量。

（三）纪律要求

各级公共就业和人才服务机构要严格按照《档案管理违法违纪行为处分规定》和《中共中央组织部关于进一步从严管理干部档案的通知》的有关要求，承担起业务把关责任，在档案和材料接收、查（借）阅、转递、保管等环节，严格制度、全程把关、不留死角。严禁任何单位和个人涂改流动人员人事档案，严禁在年龄、工龄、党龄、学历、经历和身份等方面弄虚作假，严禁为不符合政策规定的人员新建、重建档案，不得无故推诿拒收档案，不得出具虚假证明，不得擅自向外公布或泄露流动人员人事档案内容。对违反上述规定的，应由党委组织部门和政府人力资源社会保障部门严肃查处，视情节轻重给予当事人和相关责任人批评教育或党纪、政纪处分；触犯《中华人民共和国档案法》《中华人民共和国保守秘密法》及相关法律的，要依法追究责任。

六、人事档案工作创新

（一）体制创新

20 世纪 80 年代开始，为适应改革开放政策下社会主义市场经济发展与人才流动的需要，我国各地陆续建立了政府人事部门所属的人事档案管理机构——人才流动服务机构。人才流动服务机构的建立，解决了流动人员人事档案管理及服务的问题，有利于促进人才摆脱旧的体制与制度的束缚，适应了人才由“单位人”向“社会人”的转变趋势，促进了人才的合理流动。

30 多年来，流动人员人事档案管理工作取得了长足的进步和发展，但在新的形势下也面临着诸如多头管理现象突出、“死档”“弃档”现象严重、档案内容陈旧失真、档案功能弱化等新情况和新问题。近年来，关于人事档案的所有权、知情权、隐私权，以及公共就业和人才服务机构档案管理体制等也成为社会关注的热点问题。

随着我国社会主义市场经济体制的建立和国家人事制度的改革，传统的人事档案管理体制已经不能完全适应现代化社会发展的需要。如何结合流动人员的特点，适应社会发展需要，健全和创新流动人员人事档案管理体制，加强档案工作的公益属性，促进流动人员人事档案的规范、科学管理，是当前人力资源社会保障部门及档案学界亟待研究的重要课题。

（二）制度创新

早在 1988 年，中共中央组织部、劳动人事部印发了《关于加强流动人员人事档案管理工作的通知》，1996 年，中共中央组织部、劳动人事部印发了《流动人员人事档案管理暂行规定》，2001 年人事部、国家工商行政管理总局印发了《人才市场管理规定》，确立了流动人员人事档案管理的基本制度。2014 年出台的《关于进一步加强流动人员人事档案管理服务工作的通知》，更是进一步明确了流动人员人事档案的范围和基本公共服务项目，对促进新形势下流动人员人事档案工作的健康发展起到了一定作用。

但是在实际工作中，特别是在流动人员人事档案库房建设、档案转递、档案整理、材料收集和分类等业务开展过程中，还缺少全国统一的工作标准和制度，只能参照干部档案制度进行操作，难以适应流动人员数量多、流动快的特点和多元化的服务需要。因此，当前将流动人员人事档案法制建设工作作为公共就业和人才服务机构工作的重点内容加以讨论，有着重要的实际意义。

（三）技术创新

传统的人事档案管理工作，往往注重于纸质的管理，现代化的管理技术和手段尚未得到有效的应用。随着社会经济的发展和人才流动速度的加快，档案的库存量、查询量、流转量都将持续增长，通过使用条码、二维码、RFID 射频标签、数字缩微等技术和扫描仪、数据采集器、文件检验仪等设备可以提高档案管理工作的效率和质量，实现档案管理的自动化、专业化、智能化已成为现代人事档案管理工作的发展方向。

第三节　流动人员人事档案信息化建设

一、人事档案信息化建设内容、目的意义和指导思想

（一）建设内容

人事档案是人才信息的重要载体，是综合反映一个人的基本情况、发展过

程和组织评价的重要信息资源。人事档案信息化是指在人事档案的管理活动中全面应用现代信息技术对档案信息资源进行管理、利用、整合和共享的过程。人事档案信息化建设工作是把最初静态的档案管理工作转化为动态的信息管理工作的过程。

人事档案信息化是人事档案管理工作的革命，不只是形式上的革新，更是工作方式和管理理念的根本转变，是未来人事档案管理工作的发展趋势。

我们可以从四个不同时代的有关文件、制度对人事档案信息化工作的描述中看出不同时期人事档案信息化建设工作的要求。

1996 年 12 月，中共中央组织部、人事部发布《流动人员人事档案管理暂行规定》（人发〔1996〕118 号），第五章第十五、十六条要求：要不断研究和改进档案的保管方法和保护技术，逐步实现档案管理的现代化；不断提高流动人员人事档案管理的效率和质量。

2006 年 10 月，人事部《关于加强和发展政府人事部门人才服务机构人事人才公共服务的意见》中明确：（政府人才服务机构）主要职责是负责帮助和促进各类人才群体、大中专毕业生创业就业；负责流动人员档案管理及相关人事管理工作；负责承担公共人事人才信息化建设工作。

2010 年 6 月，我国第一个中长期人才发展规划《国家中长期人才发展规划纲要（2010—2020 年）》指出：要加强人才工作基础性建设，“深入开展人才理论研究，积极探索人才资源开发规律。……建立健全人才资源统计和定期发布制度。推进人才工作信息化建设，建立人才信息网络和数据库”。

2014 年 12 月，中共中央组织部、人力资源和社会保障部、国家发展和改革委员会、财政部、国家档案局等五部门印发的《关于进一步加强流动人员人事档案管理服务工作的通知》则进一步明确提出：“提高流动人员人事档案管理服务信息化水平。信息化是流动人员人事档案管理服务的重要手段和发展方向。各地要大力推进流动人员人事档案信息化建设，全面掌握流动人员的数量、结构、分布、流向等情况，更好地服务于高校毕业生及中专毕业生就业、流动人才党员管理等工作。研究制定流动人员人事档案信息化建设标准，推进档案数字化，实现数据向上集中，完善资源共享、异地查阅、统计分析等功能，为全国跨地区档案信息的共享和管理服务水平的提升奠定基础。”

随着我国社会经济的快速发展和人才强国战略的部署实施，人才信息化建设工作得到了前所未有的重视。作为人才信息化建设工作的重要组成部分，人事档案的信息化建设工作也有了新的要求和目标。

（二）目的意义

目前，我国政府所属公共就业和人才服务机构流动人员人事档案管理工作普遍存在基数大、增长多、流转快等特点。随着管理档案数量的持续增加，当前工作中存在的一些问题日渐突出。

首先，统计手段滞后，档案管理动态信息及库存人才信息时效性不强。随着库存档案数量快速增长，档案管理工作面临档案数据不完整和更新、统计不及时等诸多问题，亟须通过档案信息化工作的深入开展推动相关工作的顺利进行，以满足档案数量不断增长的需求。

其次，工作方式滞后，服务功能尤其是社会化应用不足。一方面表现在信息利用不充分，工作方式滞后。许多公共就业和人才服务机构由于档案信息化程度不高，即使有相应的业务软件系统，也只能实现案卷级的检索和出入库管理功能，绝大多数档案管理相关服务仍需从档案库房中取出实物档案进行查阅后方可办理。有些机构甚至仍在使用 Excel 表格加手工统计的方式对档案进行日常管理及数据分析，信息化管理情况相当不乐观。另一方面表现在服务手段单一，档案应用层次低。目前公共就业和人才服务机构流动人员人事档案管理的应用主要体现在为用人单位和个人提供信息查询，出具相关证明，协助办理职称评审、户籍、计划生育等人事代理服务方面，而研究分析流动人员基本情况，分类统计流动人才数量、专业、层次、分布、流向，为党和政府制定人才政策提供决策参考方面还有待加强。

再次，管理体系滞后，存在“孤岛”现象，信息整合度不高。因缺乏有效的资源整合，各级公共就业和人才服务机构档案信息化建设仍滞留在无数个“信息孤岛”并存的初级阶段。由于各级机构分别采用相对独立的档案信息管理系统或工具，导致档案在机构间进行转递后仍需重新建立档案信息，造成重复劳动和信息资源的重复和浪费。即使在同一公共就业和人才服务机构，也往往存在信息不能联动，同一数据需要多处输入的情况。

因此，各级公共就业和人才服务机构加快推进流动人员人事档案的信息化工作就显得颇为紧迫和必要。

第一，为全口径人才基础信息库的建立提供主要数据源。经济的发展关键在于人才，而人才管理的基础是信息。人事档案信息化建设工作是建立流动人员基础信息库、搭建人才公共服务平台的重要数据基础，是党和政府掌握流动人员的数量、层次、结构、流向、分布等重要信息的渠道，为提高人才宏观管理水平、促进人力资源市场配置起到重要的保障和推动作用。

第二，为档案管理效率的提升提供服务手段。档案信息化工作有利于做好流动人员人事档案管理和服务工作，改进管理手段、创新服务方式、丰富服务内容，提升综合管理能力；有利于降低作业成本，提高服务效率，提升服务水平。

第三，为公共就业和人才服务机构公益性服务与市场化业务提供信息支撑。

档案管理是公共就业和人才服务机构开展、提供公益性服务与市场化业务的基础。30 多年来，流动人员人事档案管理与服务工作一直是政府人力资源社会保障部门所属人才服务中心的一项重要职能，公共就业和人才服务机构目前开展的高校毕业生、流动党员的管理服务工作以及代理、派遣、招聘等很多业务仍然直接或间接地离不开档案。因此，加强和深化档案的信息化管理工作，将推动人事档案信息更快更全面地实现整合和共享，为相关公益性服务与市场化业务的开展带来便利。

第四，为人事档案管理的系统整合及档案社会化应用做准备。档案信息化工作的开展，有利于建立科学、统一、规范的标准工作流程，有利于区域性人才服务机构人才资源的整合与共享。而整合与共享的人才信息资源，更是开展各项档案社会化应用的必要前提和重要基础。

（三）指导思想

随着人事人才管理体制改革的不断深入和现代信息技术在档案管理领域的广泛应用，人事档案信息化成为档案管理的一项重要工作。作为政府所属的人才服务机构，加强流动人员人事档案信息化建设，是时代的要求，也是社会发展的必然结果。

公共就业和人才服务机构开展档案信息化工作，应当做到：

（1）统一集中，分级管理。落实人力资源和社会保障部提出的“数据逐步向上集中，服务向下延伸”的信息化规划目标。

（2）业务整合，资源共享。以统一规范的档案管理信息平台和基础数据库建设带动公共就业和人才服务机构的业务整合和管理创新，在业务数据整合的基础上实现信息资源的共享。

（3）统筹规划，分步实施。以流动人员人事档案管理工作为切入点，推进档案管理的标准化、数字化、网络化建设，逐步构建全国统一的流动人员人事档案公共服务网络体系。

（4）应用导向，务求实效。以服务为中心、以应用促发展，力求创新管理理念、改造服务模式、重组服务流程、整合业务资源，提高档案管理服务水平和工作效率。

二、人事档案数字化工作流程和注意事项

档案数字化是开展档案信息化建设工作的抓手。一方面将档案基本信息和日常管理信息通过网络系统进行采集，便于档案信息的联网检索和统计分析；

另一方面将传统纸质人事档案通过扫描等方式转化为全真电子影像档案，便于档案远程查阅。通过档案数据采集和影像扫描，最终形成与实物档案库相对应的数字档案库。①

（一）档案数据采集

档案数据采集是指将人事档案中记载的个人基本信息和日常业务管理、服务过程中产生的信息，按流动人员人事档案管理系统要求输入并转换为计算机能够识别和处理的二进制编码数据，使用数据库存储，系统程序记录、检索、修改和更新的过程（见图10—1）。

（1）数据采集项目应包括基本信息、履历信息和档案管理过程数据信息。档案管理过程数据信息的采集是指将档案接收、查阅、借阅、出具证明、转递等管理过程中的重要信息，由不同岗位按权限在人事档案管理系统中登记相关业务数据，并自动生成操作日志，以便对此类工作进行统计、分析和监管。

（2）采集信息中涉及的个人的姓名、身份证号、民族、性别、出生日期、参加工作时间、入党时间、籍贯是客观存在的基本情况，不得随意更改。个别档案中的记载确实有误或情况的确发生了变化需要更改的，必须遵照组织、人事和公安部门的有关规定，提交变更手续后方可修改。

（3）毕业院校、专业、学历、毕业时间均以学籍材料为依据，政治面貌、入党（入团）时间、转正时间均以入党（入团）志愿书为准。个人填写信息与学籍材料不一致的，应在缺失材料中登记缺“××学历学籍材料”。

（4）提供档案查（借）阅、出具证明时，应根据档案查（借）阅相关制度审核其是否属于查（借）阅范围，相关手续是否齐全。对提供查（借）阅服务或相关证明的，要如实记录查（借）阅事由、查（借）阅人、查（借）阅时间、查（借）阅人所在单位及其联系方式等信息。

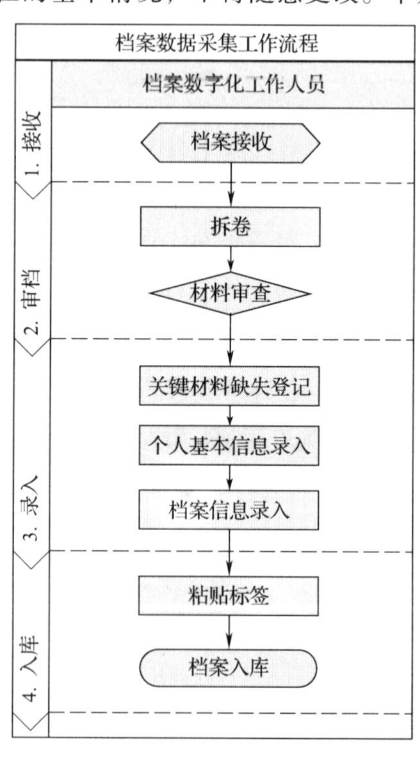

图10—1 档案数据采集工作流程

① 刘璐，陈维昭. 档案数字化带来服务大提升——成都市探索流动人员人事档案信息化建设［J］. 中国人才，2013（8）：36－37.

（5）原存档单位名称、转入事由、原存档单位所在地、原存档单位性质、转递号、转入方式等档案转递信息按最近一次档案转入的情况登记。

（6）档案转递时，应对转递时间、转往单位名称、转递事由、转往单位所在地、转往单位性质、转递方式、转递号等信息如实记录。

（二）档案影像扫描

档案影像扫描是指在档案整理的基础上，通过扫描、拍摄等方式，将传统的纸质人事档案全卷材料转化为以计算机磁盘等设备为存储介质的全真电子档案，形成与实物档案库相对应的可通过信息系统进行远程调用、更新的电子档案库的过程（见图10—2）。

（1）纸质档案扫描采用连续色调图像方式。扫描分辨率应不低于200 dpi，推荐300 dpi，如原件质量较差且尺寸较小，或文字偏小、密集、清晰度较差时可适当提高分辨率。扫描文件统一保存为JPG格式。

（2）扫描图像必须完整、清晰且与原件一致，不得漏扫、重扫。纸张状况较差，以及过薄、过软的档案，应在背面加垫一页或多页白纸后扫描，以降低背透。

（3）对扫描过程中出现的偏斜图像进行整体纠正，数字图像整体的偏斜度不得超过0.5度，不得出现图像部分倾斜或扭曲而影响阅读的现象，如原始材料存在部分倾斜，以页面中的标题纠正为准。

（4）如需对数字图像进行去污处理，以去除在扫描过程中产生的污点、污线、黑边等影响图像质量的杂质，处理过程中应严格遵循展现档案原貌的原则，不得去除档案页面原有的纸张褪变斑点、水渍、污点、装订孔等。

（5）图像尺寸应以实际档案材料

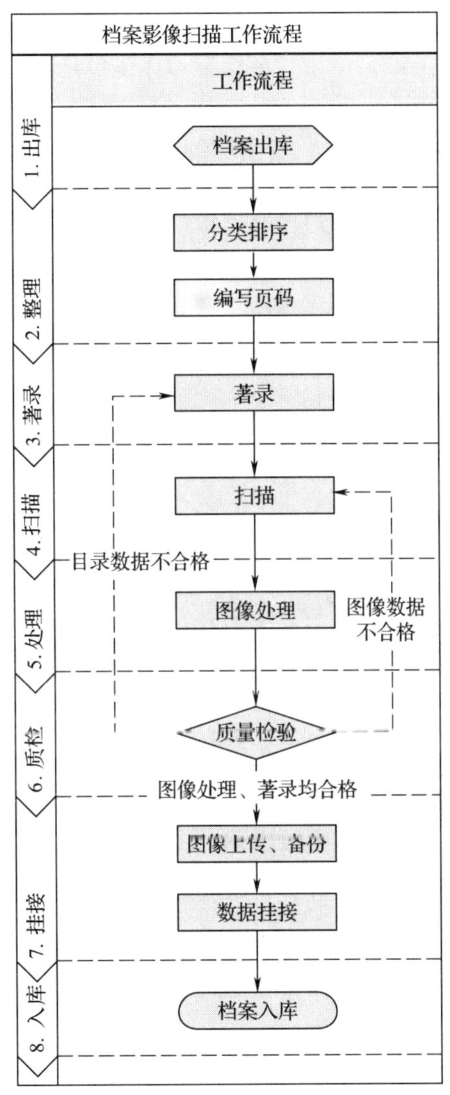

图10—2 档案影像扫描工作流程

为参照，图像长宽比例应与纸质档案长宽比例一致。

（6）在保持图像内容清晰的前提下，可对扫描的图像背景底色进行处理。

（7）处理后的图像内容必须完整，与纸质档案一致，图像居中、整洁、美观。

（8）档案影像数据的挂接应以纸质档案整理时著录的目录数据库为依据。将图像文件存储到相应的文件夹时，每一份图像文件的名称与档案目录数据库中该份文件所在的档案编号和顺序号必须一致，图像文件的页数与档案目录数据库中该份文件的名称、页数也必须一致，图像文件的总数与目录数据库中挂接记录的总数必须相同。

（9）通过每一份图像文件的文件名与档案目录数据库中该份文件的档案编号和顺序号的一致性和唯一性，建立起一一对应的关联关系，为实现档案目录数据库与图像文件的批量挂接提供条件。

（10）完成影像扫描的档案数据应进行验收。目录数据库图像文件挂接错误，或目录数据库、图像文件之一出现不完整、不清晰、有错误等质量问题时，应进行重新扫描或调整。

（11）经验收合格的档案电子影像数据应及时进行备份。为保证数据安全，备份载体的选择应多样化，可采用在线、离线相结合的方式实现多套备份，并注意异地保存。对备份数据也应进行检验。备份数据的检验内容主要包括备份数据能否打开、数据信息是否完整、文件数量是否准确等。数据备份后应在相应的备份介质上做好标记，以便查找和管理。

三、人事档案管理服务信息系统建设开发与应用

流动人员人事档案管理服务信息系统是指公共就业和人才服务机构运用计算机技术对流动人员人事档案管理和服务的各个工作环节实施有效控制、综合协调，以实现对档案信息数据进行收集、传输、加工、储存、更新、拓展和维护的计算机软件系统。

人事档案数字化的实现，必须要有相应的信息系统。纸质的人事档案只有使用信息系统进行采集和加工后，才能以数字信息的形式通过软件或网站等服务平台向社会提供准确、高效、快捷的服务，从而真正实现档案信息资源的合理分配和全面整合与共享。

（一）设计原则

（1）安全性原则。流动人员人事档案管理服务信息系统中存储着流动人员

人事档案中的各类数字化信息，数据安全的重要性不言而喻。应充分利用网络身份验证、数字签名证书和软硬件加密等技术，为人事档案的管理和服务提供安全可靠的保障。

（2）规范性原则。遵循统一的软件开发原则和交换接口标准，结合国家、行业档案管理相关制度规范进行程序的开发和设计，便于以后实现与全国范围档案信息数据的交换和与其他相关政府部门业务数据的共享。

（3）扩展性原则。系统应充分考虑以后可能出现的功能添加、整合和优化需求，尽量通过模块化形式进行开发，以便于系统的升级和维护。同时还应考虑与其他业务系统的接口开发，以实现对其他相关业务系统和平台的兼容。

（4）易用性原则。系统程序的功能设计和开发应尽量采用流程可视化的操作，界面美观友好、操作简便。

（二）功能架构

（1）用户及权限管理模块。提供用户账号、角色和操作权限后台维护功能。

（2）档案库房管理模块。提供库存档案的盘点核对、柜架管理和物理位置分配等功能。

（3）档案出入库管理模块。提供档案日常和批量出入库的申请、确认功能。

（4）档案应用模块。提供档案查（借）阅、出具证明、政审考察业务的审批登记功能。

（5）档案数字化加工模块。提供档案及材料数据采集和影像加工流程管理、电子档案查阅功能。

（6）统计分析模块。提供库存档案基本情况和业务办理情况的数据统计，以及基于档案信息进行的流动人员数量、结构、分布、流向情况分析功能。

（7）数据维护模块。实现日常业务数据的备份和日志查看功能。

四、流动人员人事档案管理服务信息系统实例

“成都市社会人才人事档案管理服务系统”由成都市人才流动服务中心牵头研发设计，于2012年7月1日正式在全市范围内联网启用，搭建起全市统一的流动人员人事档案管理网络信息平台（见图10—3）。“成都市社会人才人事档案管理服务系统”在设计之初就确定了“创新服务理念、改造服务模式、重组服务流程、整合业务资源”和“以服务为中心，以应用促发展”的指导思想，

通过流动人才人事档案管理服务信息系统的建设，推进档案管理工作的创新，构建流动人才基础数据库，为下一步公共服务网络平台的建设奠定基础。

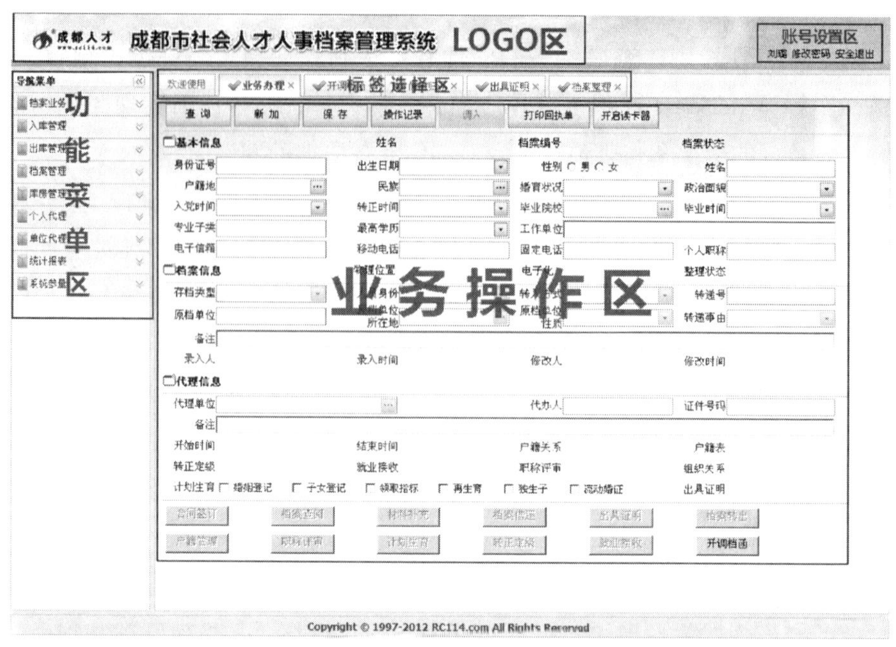

图 10—3 “成都市社会人才人事档案管理服务系统”主界面截图

（一）系统概述

1. 目的意义

（1）建立全市统一的社会人才人事档案管理工作体系，实现全市政府所属人才服务机构社会人才人事档案信息资源的整合与共享。

（2）构建和完善全市的社会人才人事档案公共管理服务体系，推进全市社会人才人事档案管理的规范化、标准化和信息化建设，提高社会人才人事档案的管理水平和服务效率。

（3）为全口径人才基础信息库的建立提供主要数据源，有利于对全市人才队伍情况进行综合分析，为政府提供信息和决策依据。

（4）加强区域间协作，为全市社会事业发展、经济建设特别是重点项目的人才需求提供信息支撑。

2. 使用环境

（1）硬件配置。推荐使用奔腾Ⅳ代处理器，内存 512 MB 以上，显示器 17 寸以上，配备相应的条码打印机、条码扫描枪和身份证读卡器等设备。

（2）软件环境。推荐使用 Windows XP 及以上版本操作系统，IE 7.0 及以上版本 IE 浏览器，Silverlight 3.0 及以上版本浏览器插件。

3. 系统特点

(1) 基于“. NET”的 B/S（浏览器/服务器）系统架构，用户可在任意位置使用授权账号登录系统，客户端无须单独安装软件，程序维护与升级统一在服务器端进行，具有良好的稳定性、开放性和可扩展性。

(2) 整合全市社会人才人事档案信息数据资源，实现统一标准、规范操作、各中心档案独立分区管理。

(3) 整合毕业生报到入户等基于社会人才人事档案的相关业务功能和数据，可扩展为人事人才公共服务的综合平台。

(4) 功能丰富、界面友好，具有一定的实用性和易用性。

(5) 灵活的权限管理，可定义不同角色，根据用户特点设置相应操作权限，重要业务操作和数据变更均有操作历史记录，便于追溯和分析，确保数据安全。

（二）系统使用成效

“成都市社会人才人事档案管理服务系统”启用以来，已经实现了系统应用覆盖率 100%、库存档案基本信息采集率 100%、业务网上办理率 100% 的预期目标，现已成为拥有 17 类功能、120 个模块，覆盖档案管理、人事代理、流动党员管理、财务管理等社会人才人事档案各类相关业务的综合性管理服务信息平台。①

档案管理服务系统的启用，使得社会人才人事档案管理服务水平和工作效率明显提升，形成了传统纸质档案属地化分级管理，数字档案信息集中整合、实时共享的全市人社系统流动人才人事档案管理工作新格局。

在对外服务方面，通过“成都市社会人才人事档案管理服务系统”，整合了与档案相关的人事代理、毕业生就业服务、流动党员管理等服务功能，实现了流动人才对自身档案流转状态的网上实时查询和存档代理单位对员工档案影像内容的网上远程查阅，提高了服务效率。

在档案管理方面，全市各级人才服务机构统一了网上经办规程，各项服务均采用统一的制式模板并通过系统记录，既避免了档案信息在每个人才机构的重复录入，减少了自身工作量，又通过网上调取档案信息服务极大地提高了工作效率。

在档案转递方面，一方面实现了纸质档案与数字档案的“分级授权、分级管理”和“同步操作、同步转递”，另一方面，成都市各级人才服务机构之间以档案接转手续在线操作取代了原先纸质调档函的开具，不再需要个人往返于人

① 刘璐，陈维昭. 成都：人事档案信息化助力人才流动 [J]. 中国人才，2014 (6)：40-41.

才中心间办理提档，极大地方便了办事群众。

目前，成都市人才流动服务中心计划在“成都市社会人才人事档案管理服务系统”的基础上，启动流动人员公共服务网上办事大厅项目建设。项目建成后，将会把原来在政府人才服务机构间使用的“成都市社会人才人事档案管理服务系统”等人才服务业务前置，实现网上查询、网上审批、业务申报、预约取（寄）件等一条龙网络功能。通过业务数据整合和流程再造，真正实现流动人才人事档案管理服务和其他人才服务工作的全面网络信息化办理，建立健全全市统一的流动人才管理服务体系，为广大人才和各类单位提供更加方便、快捷、优质的人事人才公共服务。

五、规划和展望

在信息技术飞速发展的今天，我们的社会生活环境已经发生了深刻的变化。流动人员人事档案管理工作不仅仅局限于人事信息的录入和存储，更关键的是通过信息的整合共享和开发利用，充分发挥和提升档案的凭证、依据和参考作用，更好地为经济社会发展服务。

未来的人事档案管理工作，应该在国家有关部门统一部署下，以标准化建设为基础、以数字化档案为抓手、以信息化联网为保障，构建全国统一的流动人员人事档案管理应用体系，在全国范围内做到“一点受理、多点服务”，提供更加便捷、高效的档案管理公共服务。

此外，公共就业和人才服务机构还应在流动人员人事档案信息化建设的基础上，主动探索加强人事档案信息与公安、民政、金融、税务等个人信息资讯的整合，构建起覆盖全域的公民信息管理系统，为各级各部门行政审批、公共服务和社会管理提供跨部门公共数据支撑，为宏观决策提供有力的数据支持，为公民办事提供便捷服务，推动社会管理创新和公共服务的均衡覆盖。

主要参考文献

[1] 邓绍兴. 人事档案教程［M］. 北京：中国传媒大学出版社，2008.

[2] 朱玉媛，周耀林. 人事档案管理原理与方法［M］. 武汉：武汉大学出版社，2011.

[3] 陈潭. 单位身份的松动［M］. 南京：南京大学出版社，2007.

[4] 郭莉珠. 档案保护技术学教程［M］. 北京：中国人民大学出版社，2008.

［5］朱小怡. 数字档案馆建设理论与实践［M］. 上海：华东师范大学出版社，2007.

［6］刘璐，陈维昭. 档案数字化带来服务大提升——成都市探索流动人员人事档案信息化建设［J］. 中国人才，2013（8）：36－37.

［7］刘璐，陈维昭. 成都：人事档案信息化助力人才流动［J］. 中国人才，2014（6）：40－41.

第十一章 就 业 服 务

就业服务是指为了帮助劳动者求职就业、职业发展和用人单位招用人员以及由此延伸的提高劳动者素质和用人单位人力资源管理水平等各类服务行为。从服务的性质来分，就业服务可以分为公共就业服务和经营性就业服务。公共就业服务作为一项由政府出资的公益性服务事业，其最重要的功能是为劳动者提供公益性的就业服务。本章主要侧重于对公共就业服务机构的业务内容和业务流程进行梳理，包括职业介绍、就业援助、职业培训等业务。第一节从总体上介绍了就业服务的含义、体系构成及就业服务的作用，第二节详细介绍了职业介绍的基本理论、相关政策法规以及业务流程，第三节详细介绍了就业援助的基本埋论、相关政策法规以及业务流程，第四节详细介绍了职业培训的基本理论、相关政策法规以及业务流程，第五节针对就业服务相关的管理事务进行了详细介绍。

第一节 就业服务概述

一、就业服务的含义

就业服务主要是指为了帮助劳动者求职就业、职业发展和用人单位招用人员以及由此延伸的提高劳动者素质和用人单位人力资源管理水平等各类服务行为，例如职业介绍、职业指导、劳务派遣、人力资源培训、创业指导、人事代理、人员测评、企业人力资源管理咨询等服务。国际劳工组织把就业服务看作是以最佳方式组织劳动力，实现和维持充分就业，开发利用生产资源的重要手段。

我国的就业服务体系根据服务提供者性质的不同，可以分为两大类：公共就业服务体系和经营性就业服务体系。本章重点介绍公共就业服务机构的业务内容和业务流程。

二、我国的公共就业服务体系

公共就业服务是以促进就业为目的，由政府出资，向劳动者和用人单位提供的公益性就业服务。

根据《国际劳工公约》规定，各国应建立一个公共的、无偿的就业服务体系。公共就业服务机构应具备四个特征：一是由国家建立，在国家领导或监督下开展业务活动，国家应给予充分的资金保障；二是公共就业服务机构应当形成体系，主要由中央主管部门、地区性就业服务机构和地方就业服务机构组成，上下形成网络，有足够的数量，在一定程度上覆盖全国；三是公共就业服务机构的职员应是政府公务人员身份，并保证其职业稳定；四是公共就业服务机构应向求职者和雇主提供免费的就业服务。

我国的公共就业服务体系的载体主要是县级以上人民政府设立的公共就业服务机构（包括原劳动、人事部门设立的劳动就业服务机构和人才交流服务机构）。它有两个特点：第一，以政府服务公众的职能作为定位，以提供公益服务来定性，由公共政策、公共财政给予保障和支持。第二，对城乡所有劳动者提供基本、均等的就业服务，实施就业政策和人才政策，对就业困难群体提供援助性就业服务，对不同时期重点群体提供专门的就业服务，对用人单位用人提供通用性服务，并承担落实就业和人才政策以及对就业与失业进行社会化管理等工作职能，对用人单位和劳动者提供基本人力资源社会保障事务代理等。

我国的公共就业服务机构按照职能可以分为三类：一是公共就业服务管理机构，承担本地区公共就业服务规划、公共就业服务机构管理和人力资源市场管理工作。二是公共就业服务工作机构，以职业介绍服务为主，按照统一服务窗口的要求，设立专门的服务场所，作为直接面向求职者和用人单位提供服务的综合性服务窗口，承担政策咨询、人力资源市场信息的收集与发布、职业介绍、职业指导、职业培训、职业咨询、失业人员管理、创业服务和人力资源社会保障事务代理等多项就业服务职能。三是以街道（乡镇）社区人力资源社会保障工作平台为主的基层公共就业服务机构，承担面向基层群众提供公共就业服务、对就业困难群体提供就业援助等基础性工作。

按照服务机构的主管部门划分，我国的公共就业服务体系包括两大类：一是各级政府人力资源社会保障部门举办的公共就业服务机构，这是我国公共就业服务体系的主体部分，承担着为各类劳动者提供公益性服务的基本职责。二是其他部门、行业或社会团体举办的公共就业服务机构，例如：各级残疾人联合会举办的残疾人就业服务机构，承担着为残疾人就业提供专门服务，受人力资源社会保障部门委托为残疾人办理就业登记、失业登记等事务的职责。

三、就业服务的作用

就业服务的主要目的是为用人单位在招聘、培训和人力资源管理方面降低成本，帮助劳动者提升就业能力，实现就业和职业发展。因此，促进就业、提高供求匹配效率、提升就业能力、推进人力资源开发，是就业服务的主要功能。具体来讲，就业服务主要有以下几个方面的作用：

第一，促进人力资源市场的健康发展和运行。就业服务能够有效地调节人力资源市场供求关系，使劳动力和生产资料实现有机结合，进而促进人力资源在人力资源市场上实现合理配置，达到人力资源的供求平衡。

第二，促进人力资源的自由合理流动。科技进步和激烈的市场竞争，使产业结构调整周期缩短，劳动者技能转换速度加快。为了适应产业发展要求，就要调整不适应新产业要求的富余人员，补充吸纳新的劳动力，这在客观上要求人力资源能够自由合理地流动。就业服务在人力资源流动过程中发挥着重要作用，一方面，通过便捷、高效的服务，可以使企业加快人力资源结构调整速度，从而适应产业发展要求，进一步促进产业结构调整；另一方面，通过有针对性的就业服务，可以避免人力资源流动的盲目性，减少流动就业的障碍性，提高劳动者职业转换的效率。

第三，优化配置人力资源。在市场条件下，劳动者求职就业和用人单位招用人员是通过相互之间的双向选择完成的，就业服务在这种双向选择的过程中起到了桥梁和纽带的作用。一方面，通过收集和提供空岗、求职信息，开展职业介绍等就业服务，为供需双方建立了互相联系和沟通的渠道，搭建了良性互动的平台；另一方面，通过开展职业指导、职业咨询等就业服务，既能使求职者掌握求职方法和求职技巧以应聘适合自己的工作岗位，也能指导用人单位运用适当的招聘方式招用到合适的人员，从而提高了双向选择的成功率，节约了求职、招聘的时间和成本，实现了人力资源与生产资料的优化配置。

第四，帮助就业困难群体实现就业，维护社会稳定。就业困难群体由于受到自身就业素质、就业技能等方面因素的限制，在就业过程中面临着许多困难，他们的就业需求十分迫切，是就业服务特别是公共就业服务对象中的主要群体。政府通过建立公共就业服务体系，重点为就业困难群体提供有针对性的服务，可以有效帮助就业困难人员实现就业，这也是各国普遍采取的办法。解决就业困难群体的就业，关系到这部分群体的民生问题，对于维护社会稳定具有重要意义。

四、我国公共就业服务的主要内容

公共就业服务作为一项由政府出资的公益性服务事业，其最重要的功能应当是为劳动者提供公益性就业服务。《中华人民共和国就业促进法》（以下简称《就业促进法》）和《就业服务与就业管理规定》同时规定公共就业服务机构应当免费为劳动者提供六项基本服务：

（1）就业政策法规咨询。

（2）职业供求信息、市场工资指导价位信息和职业培训信息发布。

（3）职业指导和职业介绍。

（4）对就业困难人员实施就业援助。

（5）办理就业登记、失业登记等事务。

（6）其他公共就业服务。

这六项免费服务内容，基本涵盖了求职者在求职就业过程中应当享有的主要服务内容，既包括一般就业服务所具备的政策法规咨询、职业供求等方面的信息发布，以及职业指导和职业介绍等服务，也包括公共就业服务的重要职责，即对就业困难人员实施就业援助，以及办理就业登记、失业登记等事务。鉴于政府提供的就业服务具有公益性，政府服务的重点是针对人力资源市场上相对弱势的求职者群体提供免费的公益性服务。

同时，公共就业服务机构应当积极拓展服务功能，根据用人单位需求提供以下服务：

（1）招聘用人指导服务。

（2）代理招聘服务。

（3）跨地区人员招聘服务。

（4）企业人力资源管理咨询等专业性服务。

（5）人力资源社会保障事务代理服务。

（6）为满足用人单位需求开发的其他就业服务项目。

公共就业服务机构从事人力资源社会保障事务代理业务，须经县级以上人力资源社会保障行政部门批准。

为了便于理解公共就业服务业务内容，本章内容的设计主要围绕下面的案例进行：

李某，男，51岁，原是一家机械制造厂的职工，三年前因为企业不景气下岗，失业后李某在户籍所属的基层人力资源社会保障公共就业服务机构办理了失业登记手续；而后，为了能够使李某顺利实现就业，人力资源社会保障公共就业服务机构需要为李某提供职业介绍、就业援助（包括政策援助、岗位援助、技能援助等）、职业培训等一系列公共就业服务；最终，李某成功就业。

就业后，李某需要到相应人力资源社会保障公共就业服务机构办理就业手续。而后，李某相继得到区县职介/人才服务中心提供的人事档案存放、社会保险缴纳等人力资源社会保障事务代理服务。

根据上述案例，本章设计了职业介绍、就业援助、职业培训的内容和业务流程，即从李某开始失业，到最终帮助其就业，中间为其进行的相关服务性业务；最后，介绍就业服务相关的管理事务（就业登记、失业登记等）。

第二节　职业介绍业务

一、职业介绍基本理论

（一）职业介绍的概念

职业介绍是指一定的主体为劳动者求职和用人单位招聘用人提供中介服务以促进就业的活动，是人力资源市场服务中的传统服务项目。此处的主体包括从事职业介绍活动的机构，也包括从事职业介绍活动的媒体或个人。

（二）职业介绍的作用

职业介绍业务的开展对于促进人力资源市场的发展有着重要作用。

1. 宏观角度

通过职业介绍，可以有效地调节人力资源市场上的供求关系，促进人力资源在人力资源市场上的合理配置，促进人力资源的供需平衡。

2. 微观角度

职业介绍业务的开展可以有效促进用人单位和求职者的相互选择，促进人力资源与生产资料尽快结合，同时，职业介绍业务的开展可以很大程度上减少人力资源流动的盲目性，促进人力资源的合理流动，提高劳动者职业流动的效率。

（三）职业介绍业务的内容

无论是公共职业介绍机构、社会团体或行业举办的职业介绍机构，还是民营职业介绍机构，提供的职业介绍业务内容主要有：

（1）为劳动者求职和用人单位招聘进行登记。

（2）收集和发布职业供求信息。

（3）为求职的失业人员、需要转换职业的在职职工、农村剩余劳动力和其他人员提供职业需求信息，推荐用人单位。

（4）为用人单位提供人力资源信息，为其推荐求职者。

（5）根据国家有关规定从事互联网职业信息服务。

（6）对劳动者求职和用人单位招聘提供职业指导和人力资源管理咨询服务。

（7）向职业培训机构提供职业需求信息，推荐需要培训的人员。

（8）为特殊群体人员和长期失业者提供专门的职业介绍服务。

（9）通过组织劳务输出、不定期举办招聘洽谈会，提供劳务承包、劳务协作等活动，以及根据需要开展推荐临时用工、家庭服务员等服务，为求职者提供直接的就业服务。

（10）建立人力资源市场信息资源库，开展人力资源供求情况预测、预报，进行人力资源供求信息咨询服务，收集、整理和发布人力资源市场信息。

（11）经人力资源社会保障行政部门核准的其他服务项目。

二、职业介绍相关政策法规

（一）国家层面政策法规

1. 公共职业介绍的“免费”原则

针对公共就业服务机构提供的职业介绍业务，2008 年实施的《就业促进法》明确了免费原则。

根据《就业促进法》第 35 条规定，县级以上人民政府建立健全公共就业服务体系，设立公共就业服务机构，为劳动者免费提供下列服务：

（1）就业政策法规咨询。

（2）职业供求信息、市场工资指导价位信息和职业培训信息发布。

（3）职业指导和职业介绍。

（4）对就业困难人员实施就业援助。

（5）办理就业登记、失业登记等事务。

（6）其他公共就业服务。

公共就业服务机构应当不断提高服务的质量和效率，不得从事经营性活动。公共就业服务经费纳入同级财政预算。

第 36 条规定，县级以上地方人民政府对职业中介机构提供公益性就业服务的，按照规定给予补贴。

国家鼓励社会各界为公益性就业服务提供捐赠、资助。

第37条规定，地方各级人民政府和有关部门不得举办或者与他人联合举办经营性的职业中介机构。

地方各级人民政府和有关部门、公共就业服务机构举办的招聘会，不得向劳动者收取费用。

2. 职业介绍服务规程

为了规范职业介绍行业的发展，早在1998年，劳动和社会保障部发布了《职业介绍服务规程》。职业介绍服务规程包括以下内容：

（1）职业介绍服务标准。文明服务、公平服务、优先服务、高效服务、灵活服务、公开服务等。

（2）职业介绍服务范围。信息服务、咨询服务、指导服务、介绍服务、委托服务、管理服务等。

（3）职业介绍服务程序。求职人员和用人单位进入职业介绍机构以后，职业介绍机构按以下基本程序提供服务：接待登记、提供信息、求职和用人面谈、职业指导等。

（4）对就业困难求职人员的服务程序。在求职人员登记求职1个月内，应向他们提供登记和咨询、人力资源市场信息服务、求职面谈、介绍与推荐、职业指导、其他就业服务建议等。

对登记求职1个月内没有实现就业的求职人员，应要求其自登记之日起3个月内，每隔30日到职业介绍机构确认登记一次。职业介绍机构可与求职人员一起研究改进求职方法。对制订就业计划的求职人员，应检查计划的执行情况。

对登记求职3个月后仍未找到工作的求职人员，应与他们共同研究求职经过，并提供进一步的职业指导服务，帮助他们制订就业计划。对已经制订就业计划的人员，要帮助其修改或重新制订就业计划，寻求最佳求职效果。

对登记求职6个月以上的人员，应提供以下专项服务，帮助其进一步修改并实施就业计划：再就业培训班、职业培训、求职交流、职业设计培训班、社区服务、自谋职业服务、生产自救，等等。

对登记求职一年以上的人员，需利用一周的时间帮助其开发新的再就业计划，重新安排服务项目和求职活动，并逐步实施。这是要求求职人员必须参加的服务项目。

对于接受相应职业介绍服务后仍未实现就业的就业困难的求职人员，应根据不同情况和要求，指导他们再进入相应的服务程序。

3. 个人求职相关政策法规

2008年，劳动和社会保障部发布了《就业服务与就业管理规定》（以下简称《规定》），对个人求职和用人招聘进行了详细规定。

《规定》第二章对个人在求职时应遵循的政策法规有详细规定。《规定》指出，劳动者依法享有平等就业和自主择业的权利。劳动者年满 16 周岁，有劳动能力且有就业愿望的，可凭本人身份证件，通过公共就业服务机构、职业中介机构介绍或直接联系用人单位等渠道求职。

同时，《规定》明确，劳动者求职时，应当如实向公共就业服务机构、职业中介机构或用人单位提供个人基本情况以及与应聘岗位直接相关的知识技能、工作经历、就业现状等情况，并出示相关证明。国家鼓励劳动者在就业前接受必要的职业教育或职业培训，鼓励城镇初高中毕业生在就业前参加劳动预备制培训。

4．用人招聘相关政策法规

《规定》第三章对用人单位在招聘时应遵循的政策法规有详细规定。《规定》指出，用人单位依法享有自主用人权；用人单位可以通过委托公共就业服务机构或职业中介机构，参加职业招聘洽谈会，委托报纸、广播、电视、互联网等大众传播媒介发布招聘信息，利用本企业场所、企业网站等自有途径发布招聘信息或采用其他合法途径招用人员；用人单位委托公共就业服务机构或职业中介机构招用人员，或者参加招聘洽谈会时，应当提供招用人员简章，并出示营业执照（副本）或者有关部门批准其设立的文件、经办人的身份证件和受用人单位委托的证明。招用人员简章应当包括用人单位基本情况、招用人数、工作内容、招录条件、劳动报酬、福利待遇、社会保险等内容，以及法律、法规规定的其他内容。用人单位招用人员时，应当依法如实告知劳动者有关工作内容、工作条件、工作地点、职业危害、安全生产状况、劳动报酬以及劳动者要求了解的其他情况。用人单位应当根据劳动者的要求，及时向其反馈是否录用的情况；同时，用人单位应当对劳动者的个人资料予以保密。公开劳动者的个人资料信息和使用劳动者的技术、智力成果，须经劳动者本人书面同意。

《规定》明令禁止用人单位提供虚假招聘信息，发布虚假招聘广告，扣押被录用人员的居民身份证和其他证件，以担保或者其他名义向劳动者收取财物，招用未满 16 周岁的未成年人以及国家法律、行政法规规定不得招用的其他人员，招用无合法身份证件的人员，以招用人员为名牟取不正当利益或进行其他违法活动。用人单位不得以诋毁其他用人单位信誉、商业贿赂等不正当手段招聘人员。同时，《规定》禁止招工过程中的歧视行为，特别规定了不得对女性、少数民族、残疾人、传染病病原携带者等特殊就业人群有歧视行为。对于招用国家规定的特殊工种工作人员，《规定》要求用人单位应按有关规定从取得相应工种职业资格证书的人员中录用。同时，对于用人单位招用台港澳人员和外国人的情况，要求用人单位及时为录用人员办理台港澳人员就业证和外国人就业证。

（二）地方层面政策法规

1．地方层面有关职业介绍的政策法规

各省、自治区、直辖市政府在执行国家层面职业介绍相关政策法规的同时，也出台了相关规定。北京市早在 1997 年就发布了《北京市劳动力市场管理条例》，1998 年发布了《北京市人才市场管理条例》，2000 年发布了《北京市职业介绍管理规定》，对在北京市行政区域内开办职业介绍机构以及开展职业介绍活动进行了规范，明确了批准成立职业介绍机构的行政许可制度、职业介绍机构中从事职业介绍工作人员的资格考核制度以及职业介绍机构的业务范畴。

上海市早在 1994 年就发布了《上海市职业介绍管理暂行规定》，并于 1997 年、2010 年进行了修正并重新发布。该规定提出了政府发展职业介绍事业的原则，鼓励、扶持为求职人员提供无偿服务的职业介绍机构，适度发展非营利性的收费职业介绍机构，有限制地开办营利性的收费职业介绍机构；明确了市人力资源社会保障行政部门对职业介绍活动的管理职责，规定了开办职业介绍机构须经人力资源社会保障行政部门批准并实施年检制度，规定了职业介绍机构的服务内容等。

浙江省于 2002 年发布了《浙江省劳动力市场管理条例》，并于 2007 年发布了《浙江省人才市场管理条例》，分别对职业中介机构和人才市场中介组织的设立条件、申请程序、经营从事的业务内容、用人单位在招用人员中的禁止行为等进行了明确规定。

综上所述，目前各地方政府均已制定了相关的职业介绍政策法规，但是通过对地方层面职业介绍政策法规的解读后发现，各地方政策法规的制定在大方向上符合国家政策，但缺少针对本地区人力资源市场特点的个性化规定，而且部分地方政府制定的职业介绍政策法规时间已久，未根据目前的人力资源市场的新变化进行及时更新。

2．地方层面有关职业介绍的行业标准

随着国家标准化技术委员会对人力资源服务业几项国家行业标准的陆续推出，部分地方政府也推出了自己的地方行业标准。例如，北京市于 2013 年 10 月正式实施了《人力资源服务规范》和《人力资源服务机构等级划分与评定》，适应了建设统一规范灵活人力资源市场的新形势。《人力资源服务规范》对一般性求职招聘服务、招聘洽谈会、高级人才寻访等服务标准进行了规范。对于一般性求职招聘服务，明确了从业人员应具有的能力、服务场所的要求、招聘登记与推荐业务流程、求职登记与推荐业务流程及服务评价与改进等方面内容；对于招聘洽谈会服务，明确了招聘会工作人员的配备、招聘洽谈会场地要求、招聘洽谈会策划流程、申报工作、会前组织工作、举办期间工作要求、会后工作、善后工作以及服务评价与改进等方面内容。

广东省也于2012年正式出台了省人力资源服务行业首个地方标准《现场招聘会服务规范》，对现场招聘会举办条件、工作方案、服务质量监督与改进等多项内容做出了明确指导和规范，这对于推动广东省人力资源服务行业标准体系建设具有积极意义。按照该规范要求，举办单位如组织1 000人以上的大型招聘会，应具备相应经营资质及人力资源服务许可证，招聘会现场工作人员的数量与招聘展位的数量比例应不低于1∶7，并且为招聘会现场配备医务和安保人员。同时对现场招聘会场地面积、安全设施、消防条件等多项内容做出了明确要求；对现场投诉处理、突发事件处理、消防安全、招聘规则等做出了明确要求，如参会企业不得以任何名义向求职者收取费用或抵押求职者财产和证件；同时加强了对企业资质审查的要求，对所有参会企业须进行严格的资质审查，加强监督和管理有诈骗性质或不良记录的违规企业，凡进入“黑名单”的违规企业，将不纳入服务范围或启用法律手段制裁。

三、职业介绍业务流程

（一）业务概述

虽然各地开展职业介绍的内容略有不同，但总体来说，主要有接待登记、提供信息、人职匹配、职业指导、跟踪服务等。以下就关键业务流程进行介绍。

（二）业务案例导入

办理了失业登记手续的李某经过政策咨询后，对失业人员再就业的优惠政策有了进一步了解。接下来，李某开始找工作。社区服务站工作人员告诉他，可以到区职业介绍服务中心寻求帮助。

北京某4S店刚刚成立不久，由于业务需求，该公司需要紧急招聘数名汽车销售及技术人员，该4S店已经在网站及公告栏发布了招聘启事，但收效甚微。与此同时，在人力资源市场上也有不少符合条件者，但不少求职者看不到该公司的招聘启事，一直找不到合适的工作。如何改变这种局面呢?

（三）个人求职登记

对年满十六周岁、有求职意愿的人员办理求职登记手续。包括：查验求职者身份证明材料，了解其求职意愿，指导其填写《个人求职登记表》，办理个人求职信息登记。

1. 业务流程（见图 11—1）

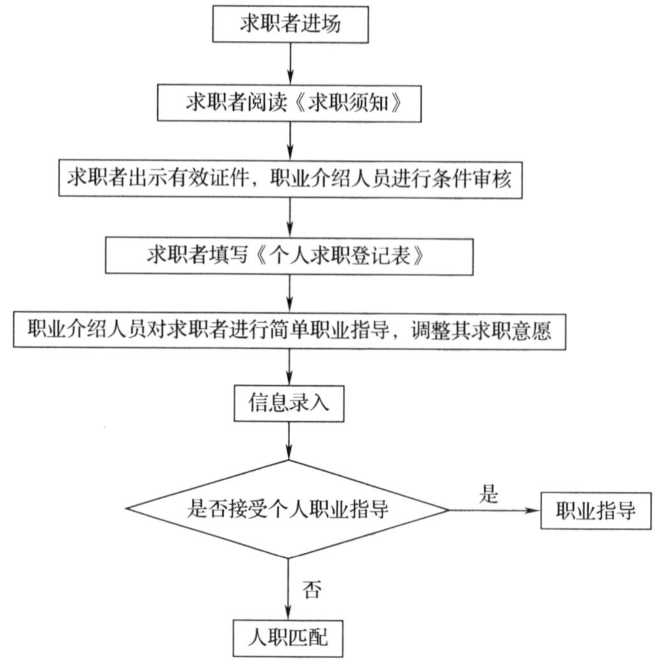

图 11—1　个人求职登记业务流程

2. 具体操作

（1）求职者进场。

（2）求职者阅读《求职须知》。求职者进入职业介绍服务区域后，应先寻找宣传资料架获取自己所需资料，仔细阅读，如有疑问，可去总服务台进行咨询。

（3）求职者出示有效证件，职业介绍人员进行条件审核。求职者应随身携带的证件包括有效身份证件、学历证书、专业技术等级证书、职业资格证书等，其中有效身份证件是必带证件。

（4）求职者填写《个人求职登记表》。包括身份证号、姓名、年龄、性别、人员类别、工作简历、学历情况、职业技能、择业信息等关键内容。

（5）职业介绍人员对求职者进行简单职业指导，调整其求职意愿。职业介绍人员要仔细阅读求职者的个人简历，根据个人条件和人力资源市场当前供求状况，指导求职者调整求职意愿，增加其求职成功率。

（6）信息录入。职业介绍人员在录入信息之前一定要再次仔细阅读求职者填好的《个人求职登记表》，查看“必填项”是否均已填好且清楚可辨，避免因某必填项没有填写清楚而导致求职信息无法录入；同时，要熟练掌握录入操作。

（7）确定求职者是否接受个人职业指导服务。如果接受，则进入职业指导业务流程；如果不接受，则进入人职匹配业务流程。

（四）用人单位招聘登记

为自愿到人力资源市场服务机构招聘人员的用人单位办理登记手续。包括：审核用人单位资质，了解招聘需求，对用人单位进行简单用人指导，把握确切的招聘信息并进行登记、发布和归档。

1. 业务流程（见图11—2）

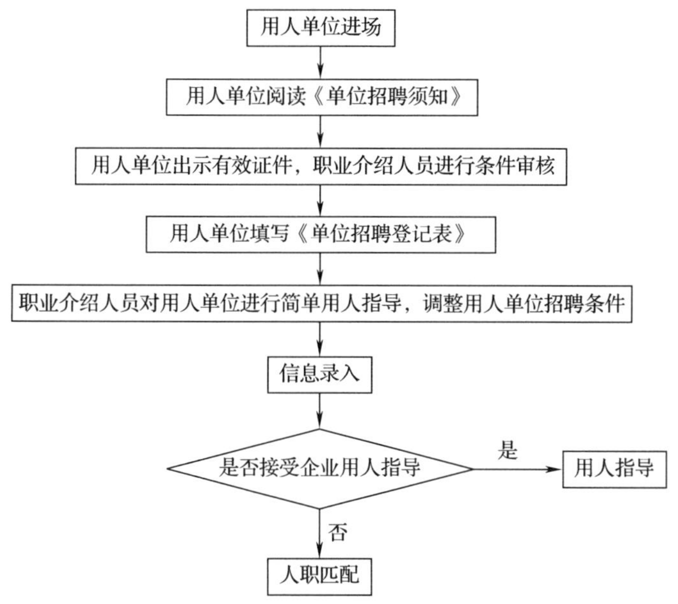

图11—2　用人单位招聘登记业务流程

2. 具体操作

（1）用人单位进场。

（2）用人单位阅读《单位招聘须知》。经办人进入职业介绍服务区域后，应先寻找宣传资料架获取自己所需资料，仔细阅读，如有疑问，可去总服务台进行咨询。

（3）用人单位出示有效证件，职业介绍人员进行条件审核。经办人应携带的证件包括：①企业须持法人营业执照（副本）及其复印件，事业单位须持法人代码证书原件及复印件，特殊行业还须持特殊行业许可证或资质证书；其他证明单位招聘资质的材料。②单位介绍信。③招用人员简章。④经办人身份证件原件及复印件。

（4）用人单位填写《单位招聘登记表》。包括单位法人代码、单位全称、单位性质、单位注册地址、单位经营地址、单位所属行业、空岗信息等关键内容。

（5）职业介绍人员对用人单位进行简单用人指导，调整用人单位招聘条件。职业介绍人员要仔细阅读《单位招聘登记表》，根据招聘岗位的条件和人力资源市场当前供求状况，指导用人单位调整招聘条件，增加招聘成功率。

（6）信息录入。职业介绍人员在录入信息之前一定要再次仔细阅读用人单位填好的《单位招聘登记表》，查看“必填项”是否均已填好且清楚可辨，避免因某必填项没有填写清楚而导致招聘信息无法录入；同时，要熟练掌握录入操作。

（7）确定用人单位是否接受企业用人指导服务。如果接受，则进入用人指导业务流程；如果不接受，则进入人职匹配业务流程。

（五）人职匹配

匹配推荐是职业介绍的核心环节。人职匹配具有多种形式，例如“职业介绍机构人职匹配”“求职者自主匹配”“用人单位自主匹配”，其中职业介绍机构人职匹配包括的具体业务有推荐岗位、用人推荐、委托招聘，求职者或用人单位自主匹配包括的具体业务有现场或专场招聘服务。以下介绍组织现场或专场招聘洽谈会的业务流程。

1．业务流程（见图11—3）

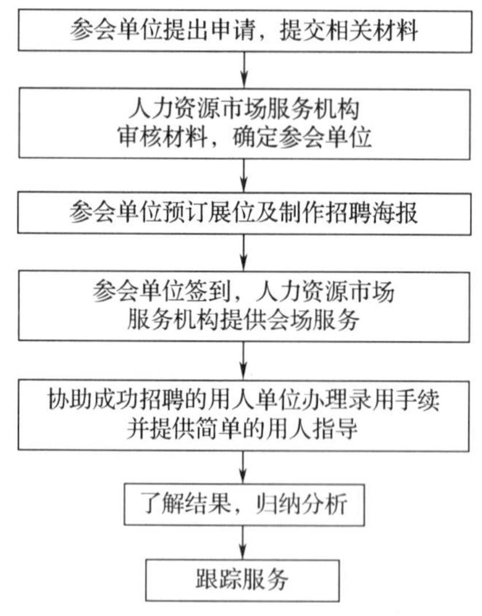

图11—3　现场或专场招聘服务业务流程

2．具体操作

（1）参会单位提出申请，并提交相关材料。初次提交的材料包括：①营业执照（副本）或其他法人登记文件原件及复印件。②经办人身份证及复印件。③招聘简章。如实注明单位基本情况、招用人数、招录条件、劳动报酬、福利待遇、社会保险、岗位要求、用工期限、劳动保护等基本情况。④展位预订申请表。

（2）人力资源市场服务机构审核材料，确定参会单位。要保证参会单位具有合法的招聘主体资格，同时保证参会单位的招聘信息具有真实性和合法性。

（3）参会单位预订展位及制作招聘海报。预订展位的方式包括现场预订展位、电话预订展位、网上预订展位等多种形式，一般采取现场预订展位。如果采取电话预订展位或网上预订展位，要及时确认预订展位结果。招聘海报应具有合法性，并要突出特色。

（4）参会单位签到，人力资源市场服务机构提供会场服务。在场所内，要提供专门场地、设施、人员等配套服务。

（5）协助成功招聘的用人单位办理录用手续并提供简单的用人指导。

（6）及时了解招聘洽谈结果，汇总归纳，做相应统计分析。

（7）进入跟踪服务业务流程。

（六）跟踪服务

根据服务对象的不同，跟踪服务可分为用人推荐跟踪服务和个体推荐跟踪服务。

用人推荐跟踪服务业务是指在用人单位招聘新员工后，为了及时掌握用人单位用工情况、规范用工行为、促进新员工稳定就业、了解新的用工需求，在确定的用人范围内进行的跟踪、回访服务。跟踪回访内容一般包括了解推荐人员录用人数、上岗情况，办理招聘备案的手续情况，缴纳社会保险和发放工资情况等。跟踪服务的形式有电话、传真、邮件、上门回访等，一般以电话为主。主要分为以下几个步骤：制作用人推荐跟踪服务调查表，制定用人推荐跟踪服务调查方案，进行跟踪调查，记录跟踪服务的内容和结果，信息反馈和改进，实施跟踪结果的整理归档。

个体推荐跟踪服务业务是指为求职者实行跟踪服务。包括在试用期内保持和求职者、用人单位的联系，持续了解求职者的就业情况，发现问题及时协调解决；对不适应工作的求职者，及时进行指导或重新推荐工作，以促进求职者稳定就业。主要分为以下几个步骤：制作个体推荐跟踪服务调查表，制定个体推荐跟踪服务调查方案，进行跟踪调查，记录跟踪服务的内容和结果，信息反馈和改进，实施跟踪结果的整理归档。

个体推荐跟踪服务业务在流程上与用人推荐跟踪服务业务流程大致相同（见图11—4），但由于服务对象发生了改变，即由对单位的跟踪转变为对个体的跟踪，因此在制作个体推荐跟踪服务调查表、制定跟踪服务调查方案时应与用人推荐跟踪服务有所不同。

1. 业务流程（见图11—4）

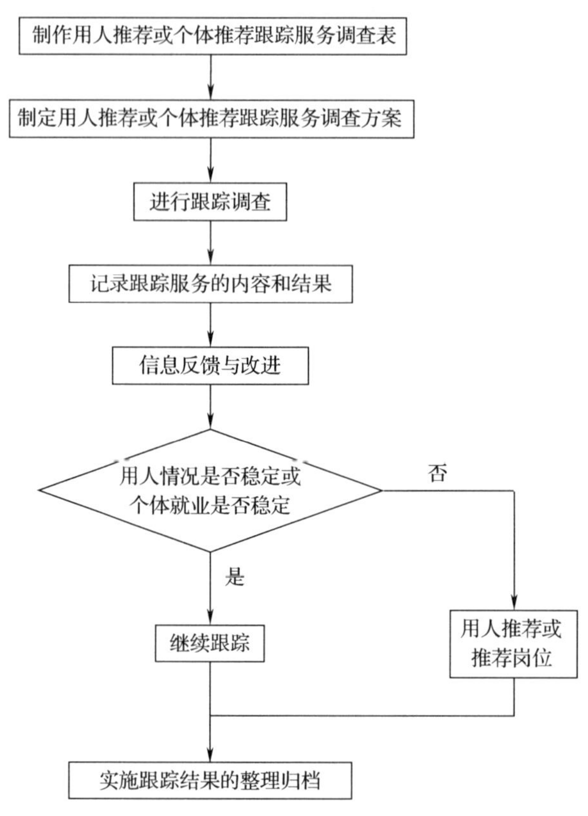

图11—4 用人推荐或个体推荐跟踪服务业务流程

2. 具体操作

（1）制作用人推荐跟踪服务调查表或个体推荐跟踪服务调查表。用人推荐跟踪服务调查表应包括跟踪的服务对象（单位名称、性质等）、提供服务的内容（推荐人数、录用人数、上岗情况、办理招聘备案的手续情况等）、提供服务的部门、提供服务的时间等；个体推荐跟踪服务调查表包括跟踪的服务对象（姓名、年龄、性别等）、提供服务的内容（推荐次数、工作情况、对用人单位的评价等）、提供服务的部门、提供服务的时间等。

（2）制定跟踪服务调查方案。主要包括确定跟踪服务的途径、时间、服务方式、责任人、效果评估等。

（3）进行跟踪调查。即按照事先设定的跟踪途径、时间、方式，指派专人对服务对象进行跟踪回访，以获得推荐后的上岗情况、手续办理情况等信息。

（4）记录跟踪服务的内容和结果。将跟踪服务的内容和结果记录在跟踪服务调查表中，以备查询。

（5）信息反馈和改进。对跟踪服务的效果进行追踪反馈，不管结果好坏，都要把结果通报给负责人，并提出改进跟踪服务的建议和措施。

（6）确认用人单位的用人情况满意程度或被录用员工的就业稳定状况。如果被推荐人员适应工作环境良好，则继续跟踪。如果被推荐人员在试用期内确实不适应工作环境，并有严重影响的，可重新进行推荐业务流程。

（7）实施跟踪结果的整理归档。即对跟踪服务结果的记录进行整理，然后按照建立跟踪服务档案的要求，统一归档。

第三节　就业援助业务

一、就业援助基本理论

（一）就业援助的概念

就业援助是政府针对就业困难人员所采取的一种特殊的服务措施，是指政府为了保障就业困难人员的就业权，由政府制定特殊扶持政策，实施政策咨询、多渠道开发公益性就业岗位、提供技能培训等有针对性的援助措施，扩大就业机会，帮助就业困难人员尽快实现就业的活动。

（二）就业援助的特征

（1）就业援助的实施主体应当是政府。近年来，人力资源市场发展迅速，市场机制对人力资源配置起着决定性作用。但是，市场机制也具有局限性。就业困难人员由于普遍缺乏技能，导致他们很难在人力资源市场竞争中顺利实现就业，因此，政府必须积极运用扶持政策进行调整，通过岗位开发、技能培训等措施，创造条件，帮助就业困难人员实现就业。当然，就业援助涉及政府及社会组织等多方配合，因此，就业援助的主体不限于政府，还包括社会组织等非政府组织。

（2）就业援助是从根本上解决就业困难人员就业难问题。就业援助与失业保险、最低生活保障制度不同，它是一项从根本上解决就业困难人员就业难的援助措施，是帮助其融入社会、创造价值、主动获取生活来源的重要渠道；而失业保险、最低生活保障制度是保障生活、维系生活的第二道防线，是被动的。

（3）就业援助的目的是保障就业困难群体实现就业权。从宏观角度讲，就业援助是为了实现充分就业，促进经济发展；从微观角度讲，就业援助的目的是为了保障就业困难人员的就业权，通过援助措施，帮助其实现就业，增加个人及家庭收入，以保障劳动者本人及其家庭成员的基本生活需要。

（4）就业援助对象的确定必须通过一定的认定程序。就业援助服务是针对就业困难人员的，对于就业困难人员的认定必须经过当地的人力资源社会保障行政部门。我国《就业促进法》第52条对于就业困难人员进行了界定（详见就业援助相关政策法规部分）。《就业服务与就业管理规定》第41条规定，就业困难人员和零就业家庭可以向所在地街道、社区公共就业服务机构申请就业援助。经街道、社区公共就业服务机构确认属实的，纳入就业援助范围。因此，个人申请和政府认定是享受就业援助服务的前提条件。

二、就业援助相关政策法规

（一）国家层面政策法规

我国政府十分重视发挥就业援助在促进就业工作中的作用。2002年，中共中央、国务院发布的《关于进一步做好下岗失业人员再就业工作的通知》（中发〔2002〕12号）中，首次明确了对就业困难对象的援助政策；2005年，国务院下发《关于进一步加强就业再就业工作的通知》（国发〔2005〕36号），对接受就业援助对象范围、延长补贴期限、增加保险项目等措施做出了进一步规定；2008年实施的《就业促进法》将就业援助这一积极的就业政策上升为法律规定，对就业援助对象、援助的方法和措施、援助的领域和行业等方面做出了较完善的规定。2010年，人力资源和社会保障部颁布了《关于加强就业援助工作的指导意见》（人社部发〔2010〕29号）。自2011年开始，人力资源和社会保障部、中国残疾人联合会先后开展了2011年、2012年、2013年、2014年和2015年就业援助月专项活动，在每年的专项活动通知中对援助对象、工作目标、援助内容等都有明确规定。

综合我国就业援助的各项政策法规，主要政策有以下内容：

1. 就业援助对象

《就业促进法》第52条规定，就业援助的主要对象是指有劳动能力和就业愿望的就业困难人员，主要包括因身体状况、技能水平、家庭因素、失去土地等原因难以实现就业，以及连续失业一定时间仍未能实现就业的人员。就业困难人员的具体范围，由省、自治区、直辖市人民政府根据本行政区域的实际情况规定。

2. 就业援助的主要政策

就业困难人员竞争就业的能力较弱，是政府促进就业的重点。为了帮助就业困难群体尽快实现就业再就业，国家针对其特点，努力完善援助政策体系，帮扶就业困难人员通过不同渠道尽快实现就业。

《就业促进法》针对就业援助服务提出了多种扶持政策。具体有：

（1）政府开发公益性岗位。政府投资开发的公益性岗位是指由政府作为出资主体，扶持或通过社会筹集资金开发的，以安置就业困难人员为主，符合社会公共利益需要的服务性岗位和协助管理岗位。政府投资开发的公益性岗位优先安排就业困难人员再就业，是帮扶就业困难人员再就业的主要渠道，也是就业援助制度的重要基础，属于“兜底”安置。

《就业促进法》第 53 条规定，政府投资开发的公益性岗位，应当优先安排符合岗位要求的就业困难人员。被安排在公益性岗位工作的，按照国家规定给予岗位补贴。第 54 条规定，地方各级人民政府加强基层就业援助服务工作，对就业困难人员实施重点帮助，提供有针对性的就业服务和公益性岗位援助。地方各级人民政府鼓励和支持社会各方面为就业困难人员提供技能培训、岗位信息等服务。

（2）优先安排服务。优先安排服务是指各级公共就业服务机构要在同等条件下，优先为就业困难人员提供岗位信息、职业介绍、职业指导等就业服务。同时，政府投资开发的公益性岗位，在同等条件下，应当优先录用和安排就业困难人员。这是就业援助制度的重要举措，也是帮扶就业困难人员再就业的主要渠道。

《就业服务与就业管理规定》第 42 条规定，公共就业服务机构应当建立就业困难人员帮扶制度，通过落实各项就业扶持政策、提供就业岗位信息、组织技能培训等有针对性的就业服务和公益性岗位援助，对就业困难人员实施优先扶持和重点帮助。

（3）免费就业服务。就业援助的实施主体是政府和其他社会组织。我国《就业促进法》明确规定，公共就业服务机构应当免费为劳动者提供以下服务：就业政策法规咨询；职业供求信息、市场工资指导价位信息和职业培训信息发布；职业指导和职业介绍；对就业困难人员实施就业援助；办理就业登记、失业登记等事务；其他公共就业服务。其中，对就业困难人员实施就业援助是政府促进就业的重要工作，应当实施免费的就业服务。

（4）提供有针对性的即时服务。《就业服务与就业管理规定》第 40 条规定，公共就业服务机构应当制订专门的就业援助计划，对就业援助对象实施优先扶持和重点帮助。同时，《就业促进法》第54条规定，地方各级人民政府加强基层就业援助服务工作，对就业困难人员实施重点帮助，提供有针对性的就业服务和公益性岗位援助。《就业服务与就业管理规定》第43条明确规定，公共就业服务机构应当建立零就业家庭即时岗位援助制度，通过拓宽公益性岗位范围，开发各类就业岗位等措施，及时向零就业家庭中的失业人员提供适当的就业岗位，确保零就业家庭至少有一人实现就业。通过上述政策不难看出，对就业援助政策的实施，要保证能够对就业困难人员提供及时的专门的针对性服务。

（5）享受多项就业优惠政策。我国多年来已经形成了较为完善的积极就业政策体系，对促进失业人员尤其是就业困难人员再就业起到了至关重要的作用。主要措施有：通过税费减免、贷款贴息、社会保险补贴、岗位补贴等措施鼓励就业困难人员自谋职业、自主创业；对吸纳就业困难人员就业的企业，给予税收优惠、社会保险补贴、小额担保贷款等鼓励吸纳措施；对就业困难人员实施免费的职业技能培训和技能鉴定，使其有一技之长。《就业促进法》第54条规定，地方各级人民政府鼓励和支持社会各方面为就业困难人员提供技能培训、岗位信息等服务。同时，立法还规定为就业困难人员提供政策咨询、职业介绍、职业指导等服务，这些都是促进就业困难人员顺利就业的行之有效的措施。

综上所述，我国的就业援助政策体系可以用图11—5表示。

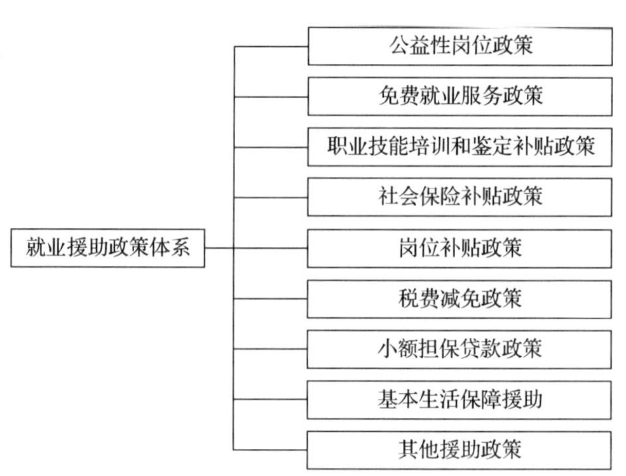

图11—5 就业援助政策体系

（二）地方层面政策法规

目前，各省、自治区、直辖市以及地市级行政区域根据自身人力资源市场就业困难群体的情况设计了就业援助政策。例如，江苏省规定，农村困难家庭人员享受优先援助和重点帮扶，对困难家庭中的大龄劳动者，相关部门将通过公益性岗位进行托底安置，有创业意愿的，给予小额担保贷款等政策扶持。

黑龙江省于2010年9月实施《黑龙江省城镇就业困难人员就业援助实施办法》，规定十类就业困难人群可享受一系列就业优惠政策。援助范围为经各级就业服务机构认定的，具有一定劳动能力和求职愿望的十类就业困难人群，即大龄失业人员、城镇零就业家庭失业人员、残疾失业人员、享受城市居民最低生活保障失业人员、连续失业1年以上的人员、因失去土地等原因难以实现就业的人员、曾荣获县级以上（含县级）劳动模范的失业人员、军人配偶失业人员、烈属失业人员、单亲家庭抚养未成年子女失业人员。就业服务机构将根据就业困难人员的就业愿望、求职意向、培训要求及家庭生活状况及每一位援助对象的需求和特点，研究制定个性化的援助方案，采取“一人一策”的方式为援助对象提供主动的就业服务，并建立就业困难人员就业后的跟踪回访制度，健全就业援助工作制度，同时建立就业援助应急机制。

广东省湛江市于2014年12月出台了《湛江市就业困难人员认定管理办法》，进一步扩大就业困难人员认定和就业援助范围，其中首次将刑满释放和戒毒康复人员纳入就业援助体系，经认定的就业困难人员可按规定享受相关就业扶持优惠政策。就业困难人员灵活就业、申报就业登记并按时足额缴纳社会保险费的，可按市最低社保缴费基数下限的个人缴费额2/3给予灵活就业社保补贴（补贴期3年）。接受就业技能培训的，每人每年可享受一次就业技能培训补贴。自主创业并依法纳税及按规定缴纳社会保险费的，可申领一次性5 000元左右的创业资助；符合相关条件的，还可申请最高不超过10万元的小额担保贷款。同时，职业介绍机构和用人单位还可按规定申请享受职业介绍补贴和社保补贴、岗位补贴等。

北京市于2012年5月1日正式实施《北京市就业援助规定》，第一次将就业援助政策长期化、正式化。该规定所涉及的就业援助政策包括：

（1）政府开发公益性岗位。第9条规定：“各级人民政府及有关部门应当根据经济社会发展状况和就业援助需要，通过投资、购买等方式开发适合就业困难人员的公益性岗位，定向安排就业困难人员就业。”

（2）实行优先安排。第13条规定：“本市鼓励用人单位向公共就业服务机构提供岗位空缺信息，用人单位提供的岗位空缺信息应当真实准确。公共就业服务机构应当优先为提供岗位空缺信息的用人单位提供服务，对符合该用人单位需求并适合就业困难人员就业的岗位，优先推荐就业困难人员。”

（3）免费的就业服务。第14条规定：“本市鼓励公共就业服务机构以外的职业中介机构、职业技能培训机构和职业技能鉴定机构免费为就业困难人员提供服务。免费为就业困难人员提供职业介绍、职业指导等服务的职业中介机构，按照国家和本市有关规定享受职业介绍补贴。免费为就业困难人员提供职业技能培训、创业培训、技能鉴定的职业技能培训机构、职业技能鉴定机构，按照国家和本市有关规定享受培训补贴、鉴定补贴。”

（4）享受促进就业优惠政策。第 15 条规定：“用人单位招用就业困难人员的，按照国家和本市有关规定享受营业税、企业所得税等税费减免，贷款贴息，养老、医疗、失业等社会保险补贴和岗位补贴。就业困难人员自主创业、自谋职业的，按照国家和本市有关规定享受营业税、个人所得税等税费减免，贷款贴息，养老、医疗、失业等社会保险补贴，各级人民政府及有关部门应当在经营场地等方面给予照顾。就业困难人员灵活就业的，按照国家和本市有关规定享受养老、医疗、失业等社会保险补贴。”

三、就业援助业务流程

（一）业务概述

具体实施就业援助服务工作的机构一般是基层人力资源和社会保障公共就业服务机构，如人力资源和社会保障事务所、就业服务站等。基层公共就业服务机构工作人员在了解辖区内有劳动能力和就业愿望的就业困难人员和零就业家庭成员的具体情况后，制定有针对性的专业化、个性化援助方案，实施就业援助。就业援助工作的重点实施流程包括入户摸底调查、建立基础信息数据库和个人档案、分类提供援助、制定援助方案并跟踪回访等环节。

（二）业务案例导入

在区职业介绍服务中心工作人员的帮助下，李某相继面试了 3 家用人单位，并参加了 2 次招聘洽谈会，遗憾的是，由于李某缺乏相应技能，而且年龄偏大，多次面试均未成功。社区服务站工作人员对李某进行入户调查后发现，其爱人身体略有残疾，虽然有工作，但收入微薄，而且三年前其女儿考上一所民办大学，学费十分昂贵，李某家庭经济十分困难。社区服务站发现李某的情况后，决定对李某启动就业援助程序。

（三）入户摸底调查

摸清辖区内就业困难人员的情况是做好就业援助工作的基础。就业困难人员的调查摸底工作应以社区为基础单位，在个人申请的基础上，采取入户调查的方法，对辖区内就业困难对象进行全面细致的调查，了解就业困难人员的性别、年龄、职业技能、就业愿望、社会保障、享受就业扶持政策、家庭生活等情况，并做好记录，记录需要征得对方的签字认可；调查工作完成后，对于就业困难人员的基本情况需要在其户口所在社区进行公示，公示期限不宜太长。公示既可以增加援助工作的透明度，接受群众监督，也可以体现出关爱就业困难人员的良好氛围。入户摸底调查工作流程如图 11—6 所示。

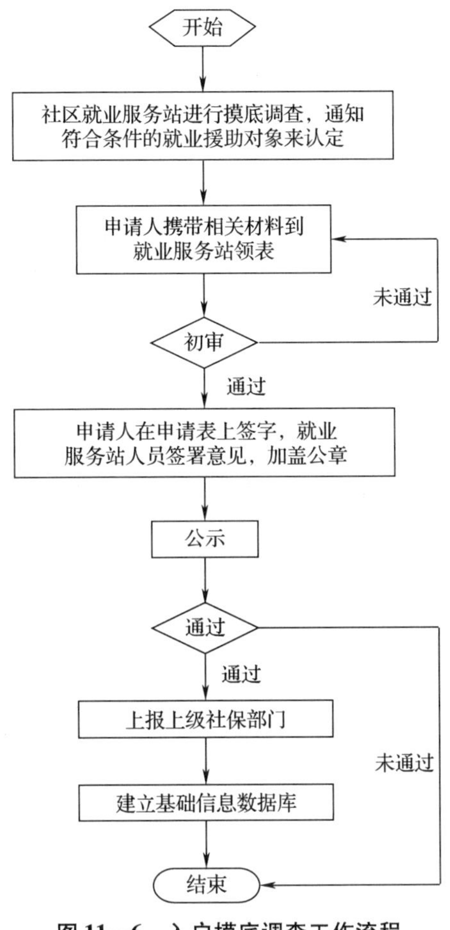

图 11—6　入户摸底调查工作流程

（四）建立基础信息数据库和个人档案

通过基层公共就业服务机构工作人员对辖区内就业困难人员和零就业家庭人员的年龄、性别、职业技能、家庭状况、就业愿望等情况的摸底调查，建立实名制基础台账和信息数据库。为确保就业援助对象不漏一户一人，基层公共就业服务机构要为每名就业困难人员或每户零就业家庭建立详细的个人档案或家庭档案，档案内容包括认定登记表和就业援助卡，同时要及时更新相关资料，随时掌握就业困难对象的变动和援助工作的进展情况。对新产生的就业困难对象，应及时列入就业困难人员数据库。该业务流程如图 11—7 所示。就业困难人员帮扶台账见表 11—1，就业困难人员认定表见表 11—2。

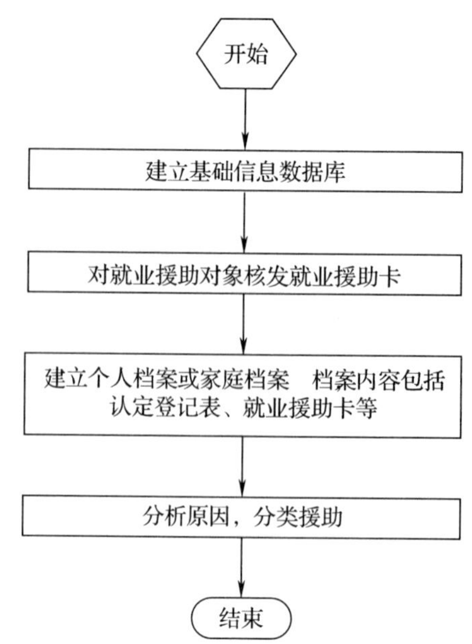

图 11—7　建立基础信息数据库和个人档案业务流程

表 11—1　　就业困难人员帮扶台账

社区名称：　　　填表时间：　　　填表人：　　　联系电话：

序号	帮扶时间	帮扶对象	人员类别	提供就业服务情况				享受政策情况					帮扶结果		备注
				职业介绍	技能培训	创业培训	其他	社保补贴	岗位补贴	税费减免	小额贷款	其他	就业时间	就业去向	
1															
2															
3															
4															
5															
6															
7															

人员类别：①城镇“4050”人员；②转移进城的“4050”人员；③城镇零就业家庭成员；④失业一年的“女 35 周岁、男 45 周岁”以上人员；⑤享受低保期间的“女 35 周岁、男 45 周岁”以上人员；⑥劳动能力达到 5～10 级的城乡残疾人。

表 11—2　　　　就业困难人员认定表

登记日期：　　　　　　　　登记表编号：

<table>
<tr><td>身份证号</td><td colspan="5"></td><td rowspan="3"></td></tr>
<tr><td>姓　名</td><td></td><td>性别</td><td></td><td>出生年月</td><td></td></tr>
<tr><td>文化程度</td><td></td><td>民族</td><td></td><td>婚姻状况</td><td></td></tr>
<tr><td>户口所在地</td><td colspan="4">区（市）　　街道（乡镇）</td><td>政治面貌</td><td></td></tr>
<tr><td>家庭住址</td><td colspan="4">区（市）　　街道（镇）　　居委会（村）</td><td>联系电话</td><td></td></tr>
<tr><td>人员类别</td><td colspan="4"></td><td>失业时间</td><td>年　月　日</td></tr>
<tr><td>原工作单位</td><td colspan="4"></td><td>参加工作时间</td><td>年　月　日</td></tr>
<tr><td>原用工形式</td><td colspan="4"></td><td>失业原因</td><td></td></tr>
<tr><td>有无就业要求</td><td></td><td>就业意向</td><td colspan="2"></td><td>职业资格名称</td><td></td></tr>
<tr><td>有无培训要求</td><td></td><td>培训意向</td><td colspan="2"></td><td>人员状态</td><td></td></tr>
<tr><td rowspan="4">家庭状况</td><td>姓名</td><td>与本人关系</td><td colspan="2">工作或学习单位</td><td>月收入</td><td>备注</td></tr>
<tr><td></td><td></td><td colspan="2"></td><td></td><td></td></tr>
<tr><td></td><td></td><td colspan="2"></td><td></td><td></td></tr>
<tr><td></td><td></td><td colspan="2"></td><td></td><td></td></tr>
<tr><td colspan="3">就业困难人员类型</td><td colspan="4"></td></tr>
<tr><td colspan="2">社区意见：
（签章）
年　月　日</td><td colspan="3">街道（乡镇）意见：
（签章）
年　月　日</td><td colspan="2">区（市）人力资源社会保障部门意见：
（签章）
年　月　日</td></tr>
</table>

注：1. 此表由失业人员填写，一式三份。街道（乡镇）、社区和人力资源社会保障部门各留一份。2. 就业困难人员类型：①“4050”人员；②零就业家庭；③单亲家庭；④残疾人；⑤退役军人、劳动模范、军烈属。

（五）分析困难原因，分类提供援助

了解就业困难人员的特点和需求，分类提供援助，是就业援助工作的重要环节。就业援助对象就业困难的原因有共性原因，如年龄偏大、技能偏少等，也有个性化原因，如就业观念、心理因素、社会认知、就业预期等。工作人员应认真分析每一名就业援助对象就业困难的原因，准确掌握他们的实际需求，对其选择适当的援助方式。就业援助方式有多种，如政策援助、服务援助、技能援助、岗位援助等，就业援助方式可以选择一种，也可以多种并用。

1. 政策援助

（1）宣传政策。从上述的政策法规可以看出，政府对于就业困难人员有着完善的就业援助政策体系，如税费减免、贷款贴息、社会保险补贴、岗位补贴、公

益性岗位优先安排，对吸纳就业困难人员就业的企业给予税收优惠、小额担保贷款等，对就业困难人员实施免费的职业技能培训和技能鉴定等政策。工作人员应对就业困难人员宣传并详细解释政策的内容和享受办法。

（2）帮助落实政策。帮助创业人员办理相关证照、小额担保贷款等手续，协调落实税费减免等就业优惠政策，帮助顺利就业人员落实岗位补贴、社会保险补贴等政策。

（3）对在公益性岗位上就业人员，协助其办理岗位补贴、社会保险补贴和社会保险接续手续，并协助办理其他人力资源社会保障事务。

2. 服务援助

对就业困难人员进行一对一的援助服务和后续跟踪服务，为每一位就业困难人员制订求职就业计划，按时组织实施，掌握进展情况，及时提供职业介绍、职业指导和政策落实等服务。

3. 技能援助

人力资源社会保障服务机构工作人员通过开展培训需求调查，根据援助对象的需求，为其提供适合自身特点的技能培训信息，推荐或组织他们参加培训。通过培训，提高其就业竞争能力，尽快实现再就业。就业困难人员可以在基层人力资源社会保障服务机构报名参加免费技能培训，获得一技之长。

4. 岗位援助

优先安排公益性岗位是针对就业困难人员实施的重要援助措施。基层人力资源社会保障服务机构工作人员可以为就业困难人员提供社区公益性岗位，实施对口帮扶；此外，可以协助上级部门举办针对就业困难人员的专场招聘会，推荐就业困难人员参加其他招聘求职活动。

（六）制定援助方案并跟踪回访

在上述工作的基础上，针对就业援助对象的不同特点，实施“一人一方案”的援助措施，制定个性化、人本化的就业援助方案。方案要包括个人基本情况、援助时间和方式、帮扶人、跟踪回访方式等内容。同时，对就业援助对象应实施动态管理，即在援助方案实施过程中及实施后及时进行跟踪回访服务。

跟踪回访的对象可以是就业困难人员，也可以是用工单位。如果回访就业困难人员，回访内容包括工作时间、工作性质、工资状况、工作环境、生活状况等，了解他们的就业稳定性和工作满意度，对不能适应工作要求或本人不满意工作的，要做好记录；如果回访用人单位，可以从工作时间、劳动强度、劳动合同签订情况、参加社会保险情况、工资福利等方面了解就业困难人员的就业状态，及时发现就业不稳定、劳动者权益受损害或工资收入不理想等问题。

跟踪回访要做好记录，记载情况翔实。

分类提供援助及制定援助方案的业务流程如图 11—8 所示。

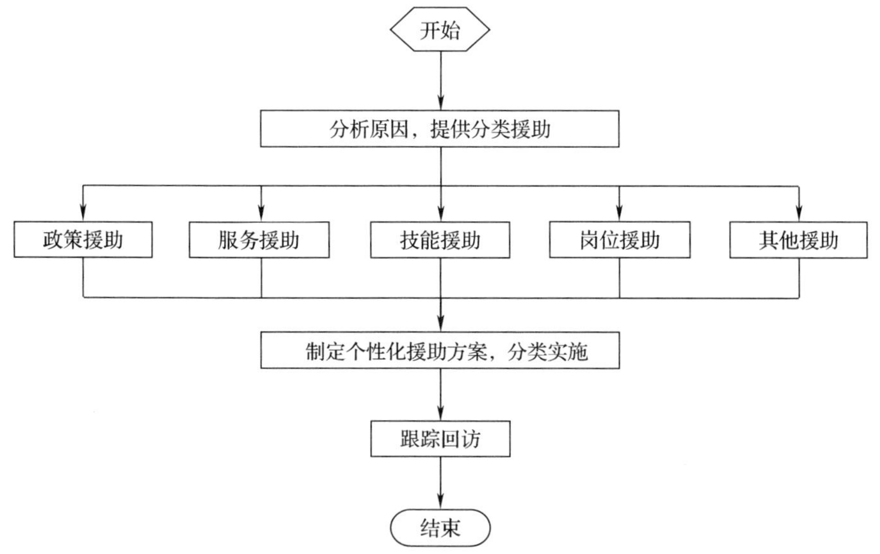

图 11—8 分类提供援助及制定援助方案业务流程

就业援助方案实例：

对就业困难人员李某的就业援助方案

1. 基本情况

李某，男，出生于 1964 年 3 月，原在××机械制造厂工作，2012 年因企业不景气下岗，失业在家，多次找工作未果。其爱人身体略有残疾，虽有工作，但收入微薄。三年前其女儿考上一所民办大学，学费十分昂贵。李某家庭经济困难。

社区服务站工作人员在入户调查时发现李某的情况，立即启动了就业困难人员援助程序。

2. 援助方案

根据李某家庭的具体情况，社区服务站对其实施四步帮扶措施。

(1) 入户随访，了解情况

社区服务站工作人员通过对李某家的走访，进一步了解了他的家庭情况。李某夫妻年龄偏大，李某缺乏相应求职技能，就业信心不足，女儿上大学，花销较大。通过与其谈心，李某本人想找一份离家近一些并且能有双休日的工作，希望能有正规社保；同时，工作人员还向他宣传了促进就业的各项优惠政策。通过前期沟通，初步了解了李某的情况，为制定援助方案打下了良好基础。

(2) 职业指导，有的放矢

针对李某缺乏求职技能、就业信心不足的特点，工作人员首先从帮助他重拾信心、树立正确就业观入手进行职业指导，在征得本人同意的情况下，决定先为其进行职业素质测评，对其职业兴趣、性格、适应职业等方面进行较为科学的评估，之后为其寻找相对简单又比较好上手的工作；同时，让李某参加区人力资源社会保障部门举办的免费职业技能培训，使他初步掌握一技之长。

(3) 指定专人，个性化帮扶

按照××市对就业困难人员分类帮扶的具体要求，街道、社区人力资源社会保障公共就业服务机构为李某制定了个性化的援助方案；同时，街道、社区人力资源社会保障公共就业服务机构和李某本人签订援助三方协议，确定×××为李某家庭的承诺帮扶人，组建"三帮一"帮扶小组，并组织召开帮扶见面会。

(4) 根据特点，推荐岗位

李某虽然年龄偏大、技能单一，但是通过职业素质测评后发现，李某自主创业的评估项分数偏中上，头脑灵活，而且吃苦耐劳、踏实本分、责任心较强。

拟推荐岗位要求：技术要求一般，劳动强度中等，有责任心。

拟推荐岗位：可以考虑自主创业，或者企事业单位的一般事务性岗位、社区公益性岗位。

第四节　职业培训业务

一、职业培训基本理论

（一）职业培训的概念

职业培训是一种按照不同职业岗位要求，对接受培训的人员进行职业道德教育、传授职业知识、培养职业技能、开展职业指导的教育培训活动，目的是使培训对象成为具有一定文化知识和技术技能素质的合格的劳动者。职业培训是提高劳动者素质，增强其就业能力、工作能力、职业转换能力和创业能力的重要手段，是人力资源开发的重要组成部分，是就业服务工作的重要基础。

（二）职业培训的类型

依据职业技能标准不同，职业培训可分为初级、中级、高级职业培训。根据培训对象和培训内容的不同，职业培训分为就业技能培训、岗位技能提升培训和创业培训。其中就业技能培训又可分为就业前培训和再就业培训。

《就业促进法》第46条规定："县级以上人民政府加强统筹协调，鼓励和支持各类职业院校、职业技能培训机构和用人单位依法开展就业前培训、在职培训、再就业培训和创业培训；鼓励劳动者参加各种形式的培训。"

（三）职业培训的特点

职业培训不同于学历教育，具有以下几个特点：

1. 针对性和实用性

职业培训的培训目标、专业设置、教学内容等，均根据经济和社会发展对人力资源市场的需求、用人单位实际需要和职业技能标准确定。经过职业培训的毕（结）业生可以直接上岗就业。

2. 灵活性和多样性

在培训形式上，可采取联合办学、委托培训、定向培训等形式；在培训时限上，可采取弹性学制、长短结合的方式；在培养对象上，依据岗位的实际需要灵活确定，没有入学条件限制；在教学形式上不受某种固定模式的限制，根据职业标准要求采取多种教学手段。

3. 技术性和技能性

这是职业培训的本质要求。强调理论知识教育与实际操作训练相结合，突出技能操作训练，强化培训者运用技术能力和技术分析能力培训。

（四）职业培训的实施主体

职业培训不同于基础教育和高等教育，其实施主体包括政府部门、行业企业和各类职业培训机构。

1. 政府部门

各级政府负责对职业培训发展规划、资源配置、条件保障、政策措施的统筹管理，为职业培训发展提供强有力的公共服务和良好的发展环境。按照《劳动法》《职业教育法》和《就业促进法》有关规定，政府部门在职业培训工作方面的职能主要有加强组织领导，制定发展规划，完善政策体系，开展表彰宣传。

2. 行业企业

行业企业在发展我国职业培训事业过程中具有重要作用，既是技能劳动者的使用主体，又是技能劳动者的培养主体。

行业主管部门和行业组织主要是结合本行业生产、技术发展趋势以及技能人才队伍现状，做出需求预测和培养规划，提出本行业技能人才的合理配置标准，指导开展职业培训和技能人才培养工作。

3．职业培训机构

（1）技工学校。技工学校是以培养中高级技术工人为目标，集职业学校教育和职业培训为一体的综合性职业培训基地，是职业培训工作的重要力量，是与就业联系最紧密的办学实体。

（2）就业训练中心。就业训练中心是主要为新生劳动力和失业人员提供就业技能培训的职业培训基地。

（3）民办职业培训机构。民办职业培训机构是指国家机构以外的社会组织或者个人，利用非国家财政性经费，面向社会举办的学校或其他职业培训机构。

（4）中外合作办职业培训机构。中外合作办职业培训机构是外国职业培训机构同中国职业培训机构在中国境内合作举办的，以中国公民为主要招生对象的职业培训机构。

（5）企业培训机构。企业要根据实际需要举办职业学校和职业培训机构，强化自主培训功能，加强对职工特别是一线职工、转岗职工的教育和培训，形成职工在岗和轮岗培训的制度。

4．校企合作

发展职业培训，培养合格的技能人才，关键是要加强校企合作。要健全和完善以行业企业为主体、职业院校为基础、学校教育与企业培养紧密联系、政府推动与社会支持相互结合的技能人才培养体系。

（五）公共就业服务机构承办职业培训业务的特点

本章主要侧重于介绍公共就业服务机构承办的职业培训业务，也称为政策性职业培训。政策性职业培训的组织机构为人力资源社会保障行政部门所属的公共就业服务机构，如职业介绍服务中心、人才服务中心等；培训对象多为符合相关条件的失业人员、就业困难人员以及失业大学生等；实施机构可以是人力资源社会保障行政部门所属的职业培训学校、技工学校等公办职业培训机构，也可以是受组织机构委托的有资质承办政策性职业培训的民办职业培训机构、高校等。实施机构在培训结束后可以根据相关政策向组织机构申领职业培训补贴，组织机构对实施机构的培训资质、师资、课程、培训绩效等进行过程性监管。

二、职业培训相关政策法规

（一）国家层面政策法规

《就业促进法》第 44 条规定："国家依法发展职业教育，鼓励开展职业培训，促进劳动者提高职业技能，增强就业能力和创业能力。"

第 45 条规定："县级以上人民政府根据经济社会发展和市场需求，制订并实施职业能力开发计划。"

第 46 条规定："县级以上人民政府加强统筹协调，鼓励和支持各类职业院校、职业技能培训机构和用人单位依法开展就业前培训、在职培训、再就业培训和创业培训；鼓励劳动者参加各种形式的培训。"

第 48 条规定："国家采取措施建立健全劳动预备制度，县级以上地方人民政府对有就业要求的初高中毕业生实行一定期限的职业教育和培训，使其取得相应的职业资格或者掌握一定的职业技能。"

第 49 条规定："地方各级人民政府鼓励和支持开展就业培训，帮助失业人员提高职业技能，增强其就业能力和创业能力。失业人员参加就业培训的，按照有关规定享受政府培训补贴。"

第 50 条规定："地方各级人民政府采取有效措施，组织和引导进城就业的农村劳动者参加技能培训，鼓励各类培训机构为进城就业的农村劳动者提供技能培训，增强其就业能力和创业能力。"

第 51 条规定："国家对从事涉及公共安全、人身健康、生命财产安全等特殊工种的劳动者，实行职业资格证书制度，具体办法由国务院规定。"

此外，我国职业教育法还规定国家实行劳动者在就业前或者上岗前接受必要的职业教育的制度。

（二）地方层面政策法规

各省、自治区、直辖市以及地市级行政区域针对职业培训和创业服务出台了各种政策。如上海市于 2012 年和 2013 年相继出台了《关于进一步完善本市创业扶持政策的若干意见》以及《关于进一步完善本市创业扶持政策的操作实施意见》，进一步完善该市小额担保贷款、利息补贴以及创业场地房租补贴政策。浙江省金华市规定，有培训需求和意愿的各类企业职工、失业下岗人员、已转移和准备转移的农村劳动者、初高中及大中专毕业生、退役士兵等各类人群，都可通过人力资源社会保障部门找到适合自己的由政府补助的职业技能培训或创业培训。根据各职业（工种）的技术含量、培训成本等，将培训工种划分为A、B、C、D四类，政府分别给予600元、500元、400元、100元的培训补助，培训机构则实行统一定点管理。下面对北京市的职业培训补贴政策和创业培训政策进行简单介绍。

1. 创业培训相关政策

2009年，北京市人力资源和社会保障局发布了《关于印发〈北京市创业培训工作实施细则〉的通知》（京人社办发〔2009〕61号），对创业培训机构、创业培训技术标准、创业培训教师资格认定及管理、创业培训机构管理、创业培训档案管理等方面进行了详细规定。

2012年，北京市人力资源和社会保障局发布了《关于开展创业培训工作有关问题的通知》（京人社能发〔2012〕34号），进一步扩大创业培训补贴范围，将本市创业培训补贴对象由本市城镇登记失业人员和农村转移就业劳动力，扩大到本市户籍应届毕业生及毕业两年内未就业的高校毕业生和复员转业军人。创业培训补贴由创业培训定点机构按属地向区县人力资源和社会保障局申请，区县人力资源和社会保障局按照有关规定和程序审核、拨付。

2012年，北京市人力资源和社会保障局发布了《关于印发〈北京市创业培训教学管理实施办法〉的通知》（京人社服发〔2012〕98号），规定本市创业培训实行培训方案认证制度。培训机构应根据不同创业群体的需求，以“实用、适用、够用”的培训理念，于每年12月10日前，向市人才服务中心上报次年培训方案，培训方案经市人才服务中心组织专家进行认证后方可实施；同时，对于师资认定及管理、培训机构的管理、教学组织实施及培训档案管理进行了更为详细的规定。

2. 职业培训补贴政策

《北京市职业培训补贴资金管理办法（试行）》第2条规定，本办法所称职业培训补贴是指对符合条件的本市城镇失业人员、农村转移就业劳动力和外来农民工，开展职业技能培训、职业技能鉴定和创业培训的补贴。本市城镇失业人员、农村转移就业劳动力培训所需资金由失业保险基金负担，外来农民工培训所需资金由财政就业专项资金负担。

第3条规定，本市城镇失业人员凭身份证、北京市城镇失业人员求职证，本市农村转移就业劳动力凭身份证、北京市农村劳动力转移就业证，每年可以结合自身条件和就业需求，选择参加一次职业技能培训或创业培训。同一职业（工种）的同一等级不能重复参加。

第4条规定，在本市从事家政服务员、护理员（护工）、养老护理员职业的外来农民工，可由所在用人单位统一组织到定点培训机构参加一次职业技能培训；其他可以享受职业培训补贴的职业（工种），由市人力资源和社会保障局定期发布。

由上述政策规定可以看出，北京市城镇失业人员和农村转移就业劳动力就业技能培训较多，培训工作已经实现城乡统筹，待遇基本相同，每年可享受一次免费职业培训；而外来农民工就业技能培训相对较少，免费职业培训工种仅限于家政服务员、护理员（护工）、养老护理员。

三、就业技能培训业务

（一）业务概述

就业技能培训是指为城乡各类有就业要求和培训愿望的劳动者提高就业能力而进行的必备的职业知识、职业技能的培养和训练活动。具体见表11—3。

表11—3　　就业技能培训概况

类型	子类型	任务	对象	形式	时间
就业技能培训	就业前培训	帮助初次求职人员或其他劳动者提高就业能力而进行的必备职业知识、职业技能的培养和训练活动	城乡初次求职的劳动者、新成长劳动力、向非农产业或城镇转移就业的农村劳动者、其他劳动者	灵活多样，应届初、高中毕业生参加就业前培训以全日制为主，其他人员可采取非全日制、学分制和学时制相结合或参加远程培训等形式	短期：1~6个月 中长期：1~3年
	再就业培训	职工下岗或失业后，对其进行有针对性的职业技能培训，并开展职业指导和就业服务	城镇就业转失业人员、企业下岗职工、参加失业登记的其他人员	理论培训与实际操作训练相结合	短期：3个月 中期：3个月至1年

（二）业务案例导入

在区职业介绍服务中心工作人员对李某进行就业援助的过程中，工作人员发现李某的学习能力还是较强的，古人云“授人以鱼，不如授人以渔”，在如今竞争激烈的人力资源市场中求职，有一项技能是求职的关键。于是，工作人员准备建议李某参加职业培训，若取得相应的国家职业资格证书，可以增加求职成功的砝码。可是，以他的条件可以报名参加职业培训吗？去哪里报名呢？需要交纳培训费吗？

（三）业务流程

1. 业务流程（见图11—9）

各地的公共就业服务机构对失业人员进行职业培训的业务流程有所差异，此处以北京市为例，介绍北京市失业人员参加职业培训的一系列流程。

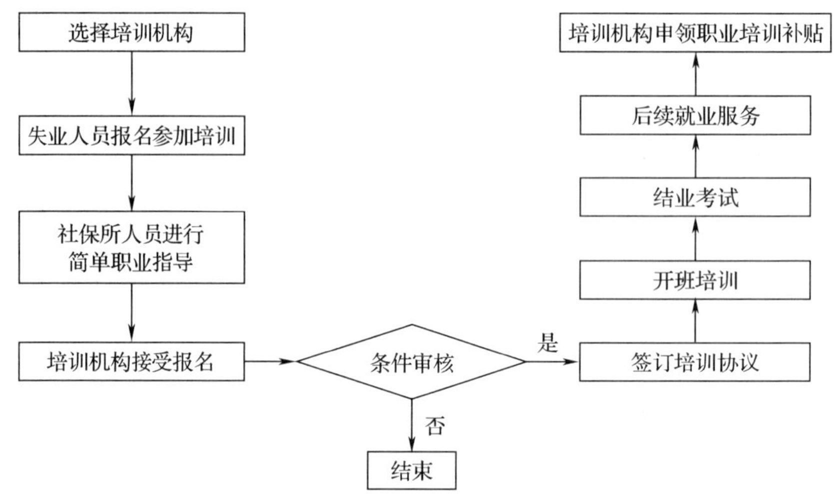

图11—9 失业人员参加职业培训业务流程

2. 具体操作

（1）选择培训机构。目前北京市的培训机构实行社会培训机构办学许可证制度，人力资源社会保障部门对举办职业资格培训的民办职业技能培训学校的条件、权限，学校的设立、变更、延续、终止、教学组织与管理等进行管理。

（2）报名。北京市城镇失业人员凭身份证、北京市就业失业登记证，北京市农村转移就业劳动力凭身份证、北京市农村劳动力转移就业证，到定点培训机构报名，或在户口所在地街道人力资源和社会保障事务所以集体形式报名，填写《失业人员参加培训报名表》（见表11—4）。

表11—4　　失业人员参加培训报名表

<table>
<tr><td>姓名</td><td></td><td>性别</td><td></td><td>身份证号</td><td></td></tr>
<tr><td colspan="2">文化程度</td><td colspan="2"></td><td>所属街道</td><td></td></tr>
<tr><td colspan="2">参加工作时间</td><td colspan="2"></td><td>原工作单位</td><td></td></tr>
<tr><td colspan="2">联系电话</td><td colspan="2"></td><td>求职证号码</td><td></td></tr>
<tr><td colspan="2">人员类别</td><td colspan="3">□就业转失业人员</td><td>□其他城镇登记失业人员</td></tr>
<tr><td colspan="2">家庭住址</td><td colspan="4"></td></tr>
</table>

续表

培训工种：（请在选择培训工种前打“√”）	
1. 低压电工取证	2. 电气焊工取证
3. 中式烹调师	4. 中式面点师
5. 家政服务员	6. 保健按摩师
7. 计算机仓库保管员	8. 商品营业员
9. 电梯司机	10. 插花员
11. 美容师	12. 美发师
13. 汽车驾驶员	14. 汽车修理工
15. 餐厅服务员	16. 客房服务员
17. 管工	
实培学校（培训机构统一填写）	
本人签字：	报名时间：　　年　　月　　日

（3）进行简单职业指导。若以集体形式报名，街道人力资源和社会保障事务所工作人员组织实施职业指导培训后，将取得北京市就业失业登记证或北京市农村劳动力转移就业证人员的基础信息、职业指导信息等录入“人力资源市场信息系统职业指导子系统”（以下简称职业指导子系统）。

（4）培训机构接受报名。培训机构接受北京市城镇失业人员和农村转移就业劳动力培训报名时，应验明有效证件，并将身份证、北京市就业失业登记证或北京市农村劳动力转移就业证等信息录入“人力资源市场信息系统职业技能培训子系统”（以下简称培训子系统）进行核查，验明人员身份和参加培训的资格。对符合参加培训条件的，应留存参培人员身份证复印件，并与其签订《培训协议书》。

（5）签订《培训协议书》。报名审核结束后，培训机构应与培训对象签订《培训协议书》，确定双方的权利与义务。

（6）培训机构开班培训。培训机构工作人员应根据培训工种制订开课计划，区县人力资源社会保障部门对其开课计划进行网上审核，并对其教学计划、到课率等进行监督检查。

（7）结业考试。职业技能培训结束后，培训机构应对完成培训学业的学员进行考试。合格的颁发北京市职业技能培训结业证书；对符合参加职业技能鉴定条件的学员，培训机构应按照职业技能鉴定要求统一组织参加鉴定。

职业技能培训考核、鉴定后，定点培训机构应及时将考核鉴定成绩、结业证书、国家职业资格证书、操作证信息编号录入培训子系统。

（8）后续就业服务。培训合格后，应加强对学员的个性化指导，提高就业成功率。

（9）培训机构申领职业培训补贴。培训机构职业培训补贴资金的申请与拨付程序见图11—10。

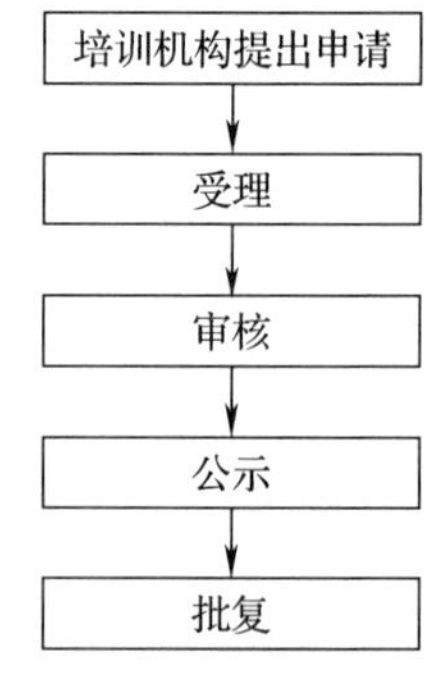

图11—10　培训机构申领职业培训补贴审批流程

第一步，培训机构提出申请。培训机构按季度向区县人力资源和社会保障局提出职业技能培训、职业技能鉴定补贴书面申请，同时使用培训子系统进行网上申请。

培训机构申请城镇失业人员、农村转移就业劳动力职业技能培训、职业技能鉴定补贴的，应向区县人力资源和社会保障局提交下列材料：①职业培训补贴申请；②北京市职业培训补贴申请表；③北京市职业技能培训、鉴定（考核）花名册；④就业证明；⑤培训机构在银行开立的基本账户凭证复印件；⑥承诺报告。

第二步，受理。区县人力资源和社会保障局业务主管部门受理人员（业务部门工作人员），按照政策文件规定，对培训机构上报的职业培训补贴申请材料的完整性、规范性、有效性进行审查，并对培训机构网上上报材料进行审查。符合条件的当即受理；材料不齐全或不符合申请培训补贴条件的不予受理，退回申请材料，并说明不予受理的理由及申请材料补充时限。材料补充时限一般不超过3个工作日，一次性告知申请单位。申请单位未能在规定时限内完成材料补充上报的，取消本次申请资格。

第三步，审核。审核分为业务部门工作人员初审和复审、业务部门负责人审核、局领导审批。区县人力资源和社会保障局对培训机构提交的书面材料进行审核。

区县人力资源和社会保障局工作人员审核时应重点审核培训机构的培训合格率和就业率。

第四步，公示。对拟批复职业培训补贴的培训机构名单、培训职业（工种）、参加培训人员名单、补贴资金情况等在区县人力资源和社会保障局网站上进行公示，公示期为7天。公示结束后，对无异议的培训机构下达批复；对公示期提出异议的，终止此次申请，查明情况，退回申请材料，并告知申请单位。

【政策链接】

北京市职业技能培训补贴和职业技能鉴定补贴标准

《北京市职业培训补贴资金管理办法（试行）》第19条规定，职业技能培训补贴根据每个班级的实际培训人数，按照《补贴标准目录》及下列考核标准进行补助。

本市城镇失业人员和农村转移就业劳动力：培训合格率达到90%（非等级培训以取得结业证书为准，其他培训以取得国家职业资格证书或特种设备作业证为准），就业率达到60%的，按补贴标准给予全额补助；培训合格率未达到90%或就业率未达到60%的，按补贴标准的60%给予补助。

外来农民工：培训合格率达到90%的（职业资格培训以取得国家职业资格证书为准，岗前培训以取得结业证书为准），按补贴标准予以全额补助；培训合格率未达到90%的，按补贴标准的60%给予补助。

第20条规定，职业技能鉴定补贴按照市人力资源社会保障部门、价格管理部门规定的收费标准，根据参加职业技能鉴定的实际人数给予全额补助。职业技能鉴定补贴由培训机构先垫付后申报。

第五步，批复。申请本市城镇失业人员、农村转移就业劳动力职业培训补贴的，经公示无异议后，下达批复并抄送区县社保中心，由社保中心将补贴资金拨付到培训机构，同时，区县人力资源和社会保障局在网上进行审批。培训机构申请外来农民工职业培训补贴经公示无异议的，区县人力资源和社会保障局向区县财政局申请补贴资金，区县财政局复核同意后，区县人力资源和社会保障局下达批复及在网上进行审批，区县财政局将补贴资金拨付到定点培训机构；区县财政局复核不同意的，应与区县人力资源和社会保障局沟通情况并说明理由，区县人力资源和社会保障局将申请材料退回申请单位并告知理由。

在业务办理过程中，应注意以下事项：①街道人力资源和社会保障事务所工作人员或培训机构工作人员接收失业人员参加培训报名材料时，一定要审核材料的规范性和完整性。②要求工作人员对职业培训政策有很好的理解与应用能力，并会熟练使用和操作培训子系统。③区县人力资源和社会保障局工作人员，应本着认真负责和实事求是的态度，对培训机构申请补贴材料的规范性、完整性和真实性进行审核。④培训机构应将申请职业技能培训补贴、技能鉴定补贴的全部材料，按照申请经费的批次进行存档。

四、创业培训业务

（一）业务概述

创业培训（Entrepreneurship Training）是对具有创办小企业意向的人员和小企业经营管理者进行企业创办能力、市场经营素质等方面的培训，并对他们在企业开办和经营过程中给予一定的政策指导，使小企业创办者在成功创办企业解决自身就业问题的同时，创造和增加社会就业岗位，帮助更多的人实现就业或再就业。创业培训概况具体见表11—5。

表11—5 创业培训概况

类型	任务	对象	形式	时间
创业培训	对有创业愿望和具备一定创业条件的人员开展的创业必备知识和能力的培训	城乡各类创业者，包括失业人员、农民工、青年学生、残疾人、刑满释放人员等	（1）采用国际劳工组织SIYB培训模式 （2）三段式培训模式 （3）地方自创的培训模式等 采取课堂培训与模拟演练相结合、教师讲授与创业者现身说法以及创业案例分析相结合的方式进行培训	（1）SIYB培训模式总学时为80学时 （2）三段式培训模式：前两个阶段一般为3~6个月，后续阶段可长可短 （3）地方自创模式可视具体情况而定

知识链接

什么是“SIYB”

SIYB（Start & Improve Your Business，创办和改善你的企业）项目培训模式是国际劳工组织针对微（小）型企业创办者的需要而专门开发的一个培训项目，目前已在世界80多个国家推广。

SIYB培训包含四个模块（如下图）：“产生你的企业想法”（Generate Your Business Idea，GYB）、“创办你的企业”（Start Your Business，SYB）、“改善你的企业”（Improve Your Business，IYB）和“扩大你的企业”（Expand Your Business，EYB）（见图11—11）。

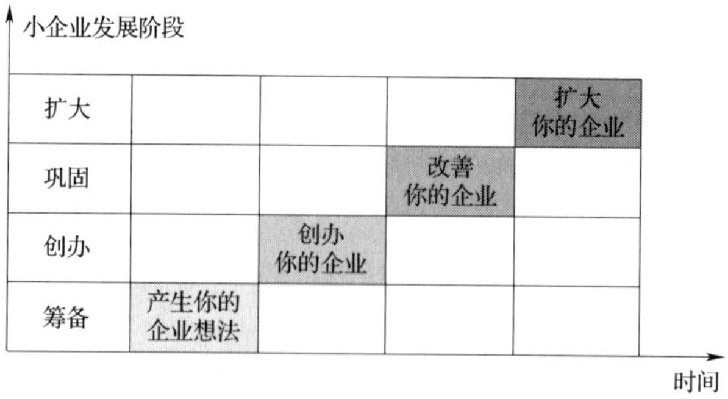

小企业发展阶段				
扩大				扩大你的企业
巩固			改善你的企业	
创办		创办你的企业		
筹备	产生你的企业想法			

时间

图11—11 SIYB培训的四个模块

（二）业务案例导入

在李某的心中一直有一个创业的梦想，但是对自己适合就业还是创业，心里也有点迷茫。李某在职业介绍服务中心职业指导部门做完职业素质测评后，高级职业指导师张老师告诉他，他的创业资源评估项得分偏中上，可以考虑一下小型项目的创业。可是李某对创业一无所知。张老师建议李某可以参加创业培训，通过努力获取创业培训合格证。

（三）业务流程

1．业务流程

通过公共就业服务部门参加创业培训的业务流程与参加就业技能培训的业务流程（见图 11—9）相似，在此不一一赘述。应该注意的不同之处是，培训机构申请创业培训补贴的，依申请需要，应向区县人力资源和社会保障局提交下列材料：

（1）创业培训补贴申请。

（2）创业培训花名册。

（3）创业培训开业情况表。

（4）营业执照复印件。

（5）培训机构在银行开立的基本账户凭证复印件。

（6）承诺报告。

2．创业一般操作流程

（1）企业的概念。企业（Enterprise）是从事生产、流通、服务等经济活动，以生产或服务满足社会需要，实行自主经营、独立核算、依法设立的一种营利性的经济组织。企业主要指独立的营利性组织，并可进一步分为公司制和非公司制企业，后者如合伙制企业、个人独资企业等。在 20 世纪后期改革开放与现代化建设以及信息技术领域新概念大量涌入的背景下，“企业”一词的用法有所变化，不再限于商业性或营利组织。随着社会发展，真正有发展潜力的企业肯定是公司类型的企业。

（2）如何成为创业者

1）成功创办小企业的关键因素（见图 11—12）。关键因素可以总结为 MAIR 模式，是动力（Motivation）、能力（Abilities）、想法（Idea）和资源（Resource）四个英文单词开头字母的缩写。

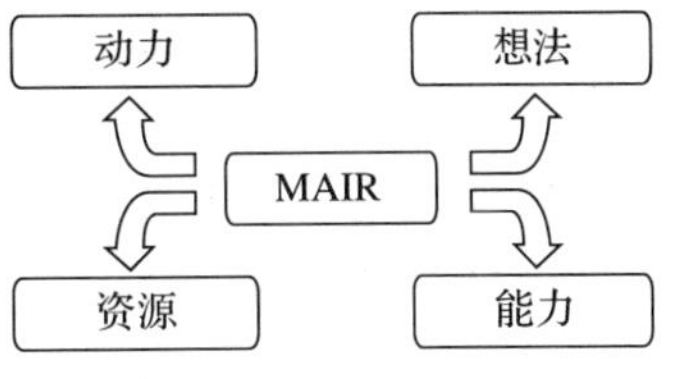

图 11—12　成功创办小企业的四个关键因素

2）创业决定。促使创业者做出创业决定的因素主要包括改变现状的契机、榜样的影响、具备创业者的能力以及有利的外部环境（见图 11—13）。

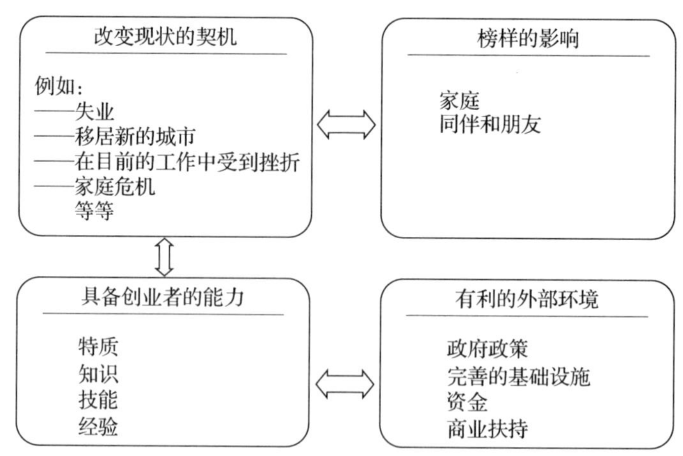

图 11—13　促使人们创业的影响因素

（3）如何找到一个好的企业想法

1）产生企业的想法。一个企业想法就是对一个人或者组织识别机会或在环境中发展需求（市场、团体等）的回应。发现一个好的企业想法是实现创业者愿望和创造商业机会的第一步。企业想法的来源可以是爱好和兴趣、个人的技能和经验、特许经营、大众传媒（报纸、杂志、电视、互联网）、展览会、市场调查、抱怨、头脑风暴、创造力等。

2）识别商业机会。一个商业机会可以简单定义为一个有吸引力的能够使投资者收回投资的想法或主张。这样的机会表现为消费者的需求导致了可以给顾客提供更多价值的产品和服务。一个好的商业机会的特征有：真实的需求、能够收回投资、具有竞争力、实现目标、有效的资源和技能。

（4）如何组建一家企业

1）选择合适的市场。市场的 5 个“W”是一个研究框架，创业者运用这个框架，可以收集有关潜在市场的信息，以便更好地把握和预测消费者的购买行为。即：①谁是我们的客户（who）；②他们需要什么（what）；③他们何时购买（when）；④他们在哪里购买（where）；⑤他们为什么购买（why）。

2）企业选址方法。企业选址关系到企业的成败，尤其是服务型企业，因此在创业之前，要熟悉下列选址方法：①列出“必需的”和“希望的”选址条件；②对照选址条件确定被选地点；③造访被选地点，挑选三处较好的位置；④按照“必需的”和“希望的”选址条件，对选中的几个地点进行比较；⑤在每天白天、晚上的各个时段到各个地点进行实地观察，计算客流量；⑥咨询有经验人士，获得帮助；⑦综合分析各种信息和意见；⑧做出选址决策。

3）选择企业存在法律形式。企业存在法律形式包括有限责任公司、合伙制企业、个人独资企业等。不同的企业存在法律形式，对于保障企业所有者权益和具体的经营管理方式有不同要求，而且对于经营管理者的要求也不同。这就要求创业者熟悉不同的企业存在法律形式的优缺点，从而选择适合自己的企业存在法律形式。

（5）如何经营一家企业

1）新员工招聘与管理

①熟悉新员工招聘程序。首先是员工的来源，即确定哪些人成为自己企业的员工；其次是选择程序，如果有比较多的选择对象，可以适当做一些遴选，遴选的原则是认同新创立的企业，能够和新成立的企业一起克服困难，具有比较强的乐观精神。

②考虑新员工的未来发展。只有员工发展了，企业才可能留住员工。需要考虑的因素主要有薪酬计划、额外福利、人际关系、工作条件等。

③激励与留住新员工的技巧措施。要保持对待员工始终如一的态度，不因为企业的一时成败而变化；要做到对员工公正、诚实，要激发员工的热情；要鼓励员工提出问题，独立思考等。

2）财务管理。在任何一家企业中，财务管理都是一项重要的工作。所有的商业交易都应该完整地记录在企业的账簿上。许多小型企业由于财务方面的欠缺而导致经营上的失败，其教训相当深刻。有的企业生产的产品质量很好，市场占有率也在稳步上升，在一定时间内还获得了相当可观的利润，然而，账簿记录不全或记录错误，财务管理制度松弛，埋下了严重的隐患。不少小企业的企业主认为小企业中并不需要什么财务管理，这种态度是不正确的。创业者每天都会碰到各种问题，而规范的财务管理制度能够及时地为创业者提供所需要的财务信息，这有助于问题的解决，也有利于创业者做出正确的经营决策。

3）财务报表。通过财务报表可以判断一个企业的财务状况和经营成果，对企业自身而言，可以通过财务报表将当前的经营情况加以对比。种种比较不仅对于制订未来的发展计划有帮助，而且有助于认清企业经营中的优势与劣势。所以，创业者要学会制作并能读懂简单的财务报表。

（6）预测启动资金需求

1）启动资金的含义。启动资金用来支付场地（土地和建筑）、办公家具和设备、机器、原材料和商品库存、营业执照和许可证、开业前广告和促销、工资以及水电费和电话费等费用。

这些支出可以归为两类：一是投资（固定资产），是指为企业购买的价值较高、使用寿命长的东西。有的企业用少量投资就能开办，而有的却需要大量的投资才能启动。明智的做法是把必要的投资降到最低限度，让企业少担些风险。然而，每个企业开办时总会需要一些投资。二是流动资金，指企业日常运转所需要支出的资金。

2）投资（固定资产）预测。即预测需要的资金。开办企业时，必须有这笔钱，而且说不定要等好几年后企业才能挣足钱收回这笔投资。因此在开办企业之前，有必要预算一下企业到底需要多少投资。

3）流动资金预测。企业开张后要运转一段时间才能有销售收入。制造商在销售之前必须先把产品生产出来，服务企业在开始提供服务之前要买材料和用品，零售商和批发商在卖货之前必须先买货。所有企业在揽来顾客之前必须先花时间和费用进行促销。总之，需要流动资金支付以下开销：①购买并储存原材料和成品；②促销；③工资；④租金；⑤保险和其他费用。

有的企业需要足够的流动资金来支付 6 个月的全部费用，也有的企业只需要支付 3 个月的费用。所以必须预测，在获得销售收入之前，企业能够支撑多久。一般而言，刚开始的时候销售并不顺利，因此，流动资金计划要充裕。

（7）制订利润计划。制订利润计划需要对下列主要问题做出决策：

制定销售价格——卖出的东西要顾客付多少钱。

预测销售收入——能从前 12 个月的销售中挣到多少钱。

制订销售和成本计划——看看是挣钱还是赔钱。

制订现金流量计划——是否有足够的资金保证企业正常运转。

1）制定销售价格。在确定产品价格之前，要计算出为顾客提供产品或服务所产生的成本。每个企业都会有成本，作为企业主，必须详细了解经营企业的成本。制定价格主要有两种方法，即：

①成本加价法。将制作产品或提供服务的全部费用加起来就是成本价格。在成本价格上加一个利润百分比得出的是销售价格。

②竞争价格法。在定价时，除了考虑成本外，还要了解一下当地同类商品或服务的价格，以保证自己的定价具有竞争力。如果定的价格比竞争者的高，要保证自己的产品能更好地满足顾客的需要。这是确定价格的另一种方法。参照竞争对手的价格，看看自己定的价格与他们相比是不是有竞争力。

2）预测销售收入。在做市场调查时已经对销售额做了预测，现在可能需要再核实一遍，看看提出的数字是否切合实际。在计划新企业时，知道一定量的销售能带来多少收入，叫作销售收入预测。预测销售情况和销售收入是准备创业计划中最重要和最困难的部分。大多数人都会过高估计自己的销售情况，因此，在预测销售时不要太乐观，要讲求实际。千万要记住，在开办企业的头几个月里，销售收入有可能不会太高。

3）制订销售和成本计划。仅仅知道自己的销售收入是不够的。为了掌握企业实际运转的情况，一定要计算企业是不是有了利润，只有这样，才能准确知道企业是否在挣钱。利润来自销售收入减去企业经营成本。

销售和成本计划可以既看到销售收入也看到成本，并知道是否赢利。当计划开办一家新企业时，应该预测第一年中每个月的利润。

4）制订现金流量计划。现金就像是使企业这台发动机运转的燃料，有些企业主由于缺乏管理现金流量的能力，导致企业经营“中途抛锚”。现金流量计划是显示每个月会有多少现金流入和流出企业。现金流量计划将帮助企业保持充足的动力，使企业在任何时候都不会受到现金短缺的威胁。在大多数企业中，每天都要收取和支付现金，所以成功的企业主要制订现金流量计划。

5）资金来源。确定了企业所需的启动资金额后要考虑从哪里筹措到这笔资金。对于大多数微（小）型企业来说，启动资金来自企业主自己的积蓄。不过也可以试试以下渠道：①从朋友或亲戚处借钱；②从供货商处赊购；③从银行或其他金融机构贷款。

从朋友或亲戚处借钱，要向他们说明借钱具有一定的风险。为了让他们了解自己的企业，要给他们一份创业计划副本，并定期向他们报告企业的进展情况。

从供货商处赊购通常是在制造业中，可以从供货商那里赊一部分账。不过，这也不容易，因为大多数供货商只有在弄清楚企业确实运转良好以后才会同意赊账。

第五节　就业服务相关管理事务

就业与失业管理工作是就业服务的重要组成内容，公共就业服务机构作为承担政府公共就业服务职能的主体，有必要协助政府做好就业和失业管理的相关工作。就业与失业管理工作主要包括失业预警制度、失业登记制度、就业登记制度等相关事务。就业登记和失业登记的主要作用是掌握各类劳动者就业与失业情况，为有关政府职能部门组织管理劳动力、调节配置劳动力资源、制定和执行就业政策提供依据。本节主要介绍就业登记和失业登记制度。

一、就业登记制度

（一）就业登记相关政策法规

1. 国家层面政策法规

就业登记制度是我国就业管理制度的重要内容，是指在法定劳动年龄内，通过单位招用、自主创业、自谋职业或灵活就业等形式实现就业的人员，公共就业服务机构应当办理就业登记手续，包括个人基本信息以及就业时间、单位岗位等。

《就业促进法》和《就业服务与就业管理规定》对就业登记制度有详细规定，主要有以下几方面内容：

（1）就业登记制度总原则。《就业服务与就业管理规定》第 61 条规定，劳动保障行政部门应当建立健全就业登记制度和失业登记制度，完善就业管理和失业管理。

公共就业服务机构负责就业登记与失业登记工作，建立专门台账，及时、准确地记录劳动者就业与失业变动情况，并做好相应统计工作。

就业登记和失业登记在各省、自治区、直辖市范围内实行统一的就业失业登记证（以下简称登记证），向劳动者免费发放，并注明可享受的相应扶持政策。

就业登记、失业登记的具体程序和登记证的样式，由省级劳动保障行政部门规定。

（2）就业登记办理情形。《就业服务与就业管理规定》第 62 条规定，劳动者被用人单位招用的，由用人单位为劳动者办理就业登记。用人单位招用劳动者和与劳动者终止或者解除劳动关系，应当到当地公共就业服务机构备案，为劳动者办理就业（失业）登记手续。用人单位招用人员后，应当于录用之日起 30 日内办理登记手续；用人单位与职工终止或者解除劳动关系后，应当于 15 日内办理登记手续。

劳动者从事个体经营或灵活就业的，由本人在街道、乡镇公共就业服务机构办理就业登记。

就业（失业）登记的内容主要包括劳动者个人信息、就业类型、就业时间、就业单位以及订立、终止或者解除劳动合同情况等。就业登记的具体内容和所需材料由省级劳动保障行政部门规定。

公共就业服务机构应当为用人单位办理就业登记及相关手续设立专门服务窗口，简化程序，方便用人单位办理。

2．地方层面政策法规

就业登记制度一般和失业登记制度同步制定。目前，各省、自治区、直辖市政府均已建立就业失业登记制度。例如，山东省明确，劳动者被用人单位吸纳或通过自谋职业、自主创业等方式实现就业的，应及时到公共就业服务机构办理就业登记手续；河南省规定，用人单位新招人员，应自录用之日起30日内为其办理就业登记。

北京市于2011年开始实施《北京市就业失业登记管理暂行办法》，该办法规定，北京市需要办理就业登记的人员包括：①在本市进行失业登记的人员。②年满16周岁，从各类学校毕（结、肄）业未继续升学或经教育行政部门批准退学的本市非农业户籍劳动力。③初次在本市就业的进京落户劳动力。④取得本市非农业户籍的复员转业军人。⑤刑满释放、假释、监外执行、社区矫正或解除劳动教养的本市非农业户籍劳动力。⑥常住外地或移居境外后回京的本市非农业户籍劳动力。⑦上述②至⑥项规定的城市化建设地区农业户籍劳动力。⑧本市农转非劳动力。⑨在本市实现创业的毕业年度内高校毕业生（仅适用于个人就业登记）。⑩应办理就业登记的其他实现就业人员。

以上人员如果已经实现就业，则需要办理就业登记手续。

就业登记制度分为单位就业登记和个人就业登记。

单位就业登记指实现就业人员被用人单位（含个体工商户）招用，由用人单位于招用之日起30日内，持有关材料到注册或经营所在地街道（乡镇）社保所办理就业登记手续。单位就业登记的主要内容包括用人单位信息、实现就业人员个人信息、就业时间、订立劳动合同等情况。

个人就业登记是指自主创业、自谋职业的实现就业人员，及灵活就业的北京市户籍实现就业人员，应持相关材料于取得相关工商行政许可或实现就业的30日内，到户籍或常住所在地街道（乡镇）社保所办理就业登记手续。个人就业登记的主要内容包括实现就业人员个人信息、就业类型、就业地点、就业时间等情况。

该办法还规定，用人单位为所招用登记失业人员或登记失业人员个人实现就业后，应及时办理就业登记手续。街道（乡镇）社保所应于每月5日前，利用社会保险缴费数据库对登记失业人员缴纳社会保险情况进行核查。对于核查月前两个月已有连续社会保险缴费记录的，由街道（乡镇）社保所在每月10日前，向用人单位或登记失业人员下达就业登记催告书，敦促其在当月办理就业登记手续。

对下达就业登记催告书当月仍未办理就业登记手续，且在社会保险缴费数据库中继续产生缴费记录的，街道（乡镇）社保所可向区县人力资源和社会保障局提交《登记失业人员就业认定申请表》，并附个人社会保险缴费明细材料。区县人力资源和社会保障局审核批准后，街道（乡镇）社保所为其办理就业登记手续并通知本人。

（二）个人就业登记业务流程

1．业务概述

自主创业、自谋职业、灵活就业的实现就业人员，应办理个人就业登记手续。由实现就业的劳动者个人提出申请，由户籍或常住所在地街道（乡镇）社会保障事务所受理。办理就业登记后，实现就业人员的档案应按相关规定从户籍所在地街道（乡镇）社保所提取到职业介绍服务中心进行管理。

2．个人就业登记业务

业务流程如图 11—14 所示。具体操作如下：

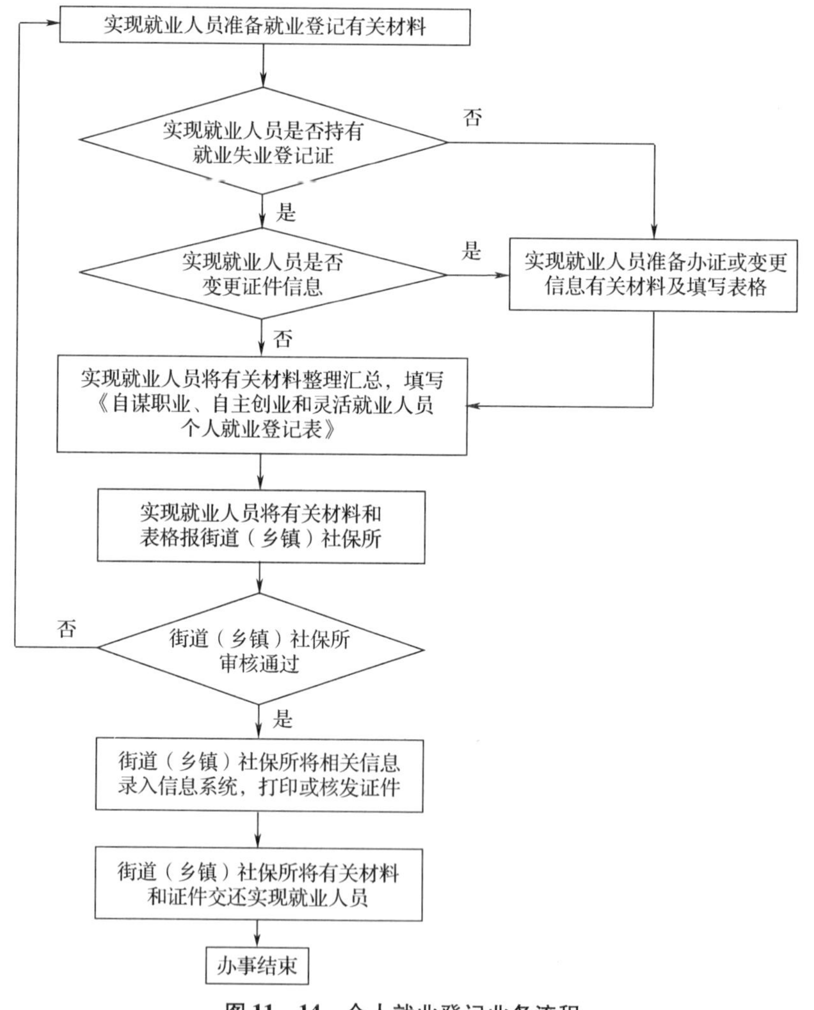

图 11—14　个人就业登记业务流程

第一步：实现就业人员准备材料。实现就业人员按照规定应准备就业登记所需的材料，个人就业的基本材料包括本人的居民身份证及复印件、持有的就业失业登记证、自主创业的单位营业执照副本、自谋职业的个体工商户营业执照副本、社区（村）出具的灵活就业证明材料等，以及个人身份材料（根据就业前个人身份提交相应材料）。

第二步：提供办理就业失业登记证或信息变更的材料。如果个人未持有就业失业登记证或者其就业失业登记证中记载的个人基本信息发生变化的，还需填写《就业失业登记个人信息采集（变更）表》，并提供办证或变更信息所需材料。

第三步：填表并签署个人意见。个人将上述材料准备齐全，审核无误后，需填写《自谋职业、自主创业和灵活就业人员个人就业登记表》（一式两份），并签署个人意见。

第四步：个人提交申请材料。个人将所提交的材料和填写的表格整理汇集后，按照规定时限报户籍或常住所在地街道（乡镇）社保所。

第五步：社保所工作人员审核材料。街道（乡镇）社保所受理并审核实现就业人员提交的就业登记材料。材料齐全且信息无误的，在《自谋职业、自主创业和灵活就业人员个人就业登记表》上签署意见，加盖就业失业登记专用章。实现就业人员提交材料不齐的，要求实现就业人员补充材料；表格填写信息有误的，以有效证明材料为准。街道（乡镇）社保所受理并审核实现就业人员提交的办理就业失业登记证或变更就业失业登记证材料。材料齐全且信息无误的，在《就业失业登记个人信息采集（变更）表》上签署意见，加盖就业失业登记专用章。实现就业人员提交材料不齐的，要求实现就业人员补充材料；表格填写信息有误的，以有效证明材料为准。

第六步：录入系统。街道（乡镇）社保所将《自谋职业、自主创业和灵活就业人员个人就业登记表》的相关信息录入“人力资源市场信息系统就业失业管理子系统”（以下简称就业失业管理子系统），在就业失业登记证上打印就业登记信息。街道（乡镇）社保所将《就业失业登记个人信息采集（变更）表》的相关信息录入就业失业管理子系统，为申领就业失业登记证的人员制作证件，或为变更就业失业登记证的人员打印变更内容。

第七步：材料整理留存。街道（乡镇）社保所将相关材料整理留存。将自主创业的单位营业执照（自谋职业的个体工商户营业执照）副本、《自谋职业、自主创业和灵活就业人员个人就业登记表》和就业失业登记证等交还实现就业人员。

第八步：提取实现就业人员档案。实现就业人员办理个人就业登记手续后，街道（乡镇）社保所为其打印《提档通知单》。个人持《提档通知单》，按照档案转移的有关规定办理档案提取手续。

（三）单位就业登记业务流程

1．业务概述

用人单位招用登记失业人员及初次进入人力资源市场实现就业的人员，应为其办理单位就业登记手续。由用人单位提出申请，用人单位注册或经营所在地街道（乡镇）社保所受理。办理就业登记后，实现就业人员的档案应按相关规定从户籍所在地街道社保所提取到用人单位或职业介绍服务中心进行管理。

2．单位就业登记业务

业务流程如图 11—15 所示。具体操作如下：

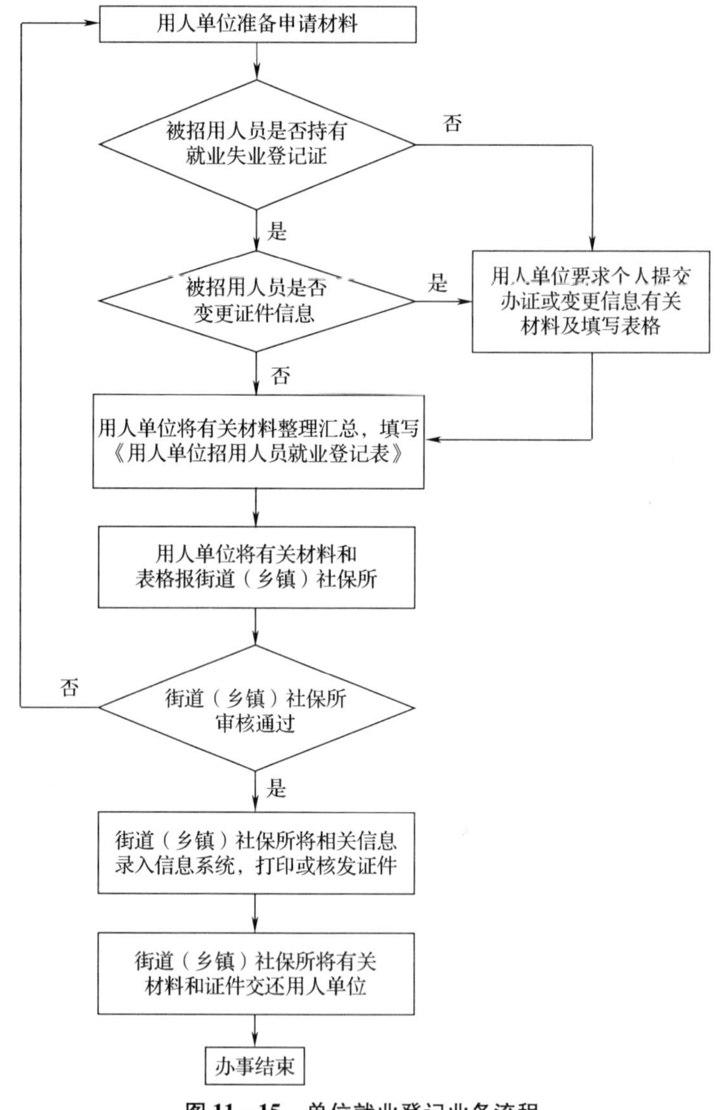

图 11—15　单位就业登记业务流程

第一步：单位准备申请材料。

用人单位按照规定应准备就业登记所需材料，单位基本材料包括单位营业执照（个体工商户营业执照）副本或单位法人证书副本原件及复印件、与实现就业人员签订的劳动合同等，以及被招用人员的身份材料（根据被招用人员实现就业前的身份准备相应材料）。

第二步：提供办理就业失业登记证或信息变更材料。

如果单位所招用的人员未持有就业失业登记证或者其就业失业登记证中记载的个人基本信息发生变化的，用人单位还应要求所招用人员填写《就业失业登记个人信息采集（变更）表》，并提供办证或变更信息所需材料。

就业失业登记证是记载劳动者基本情况、就业和失业状况、享受相关就业扶持政策等信息的载体，是劳动者按规定享受相关就业扶持政策和接受公共就业人才服务的有效凭证。

第三步：单位填表并加盖公章。

用人单位将上述材料准备齐全，审核无误后，需填写《用人单位招用人员就业登记表》，并在《用人单位招用人员就业登记表》和个人填写的《就业失业登记个人信息采集（变更）表》上签署意见，加盖公章。

第四步：单位提交申请材料。

用人单位将所提交的材料和填写的表格整理汇集后，按照规定时限报注册或经营所在地街道（乡镇）社保所。

第五步：社保所工作人员审核材料。

街道（乡镇）社保所受理并审核用人单位提交的就业登记材料。材料齐全且信息无误的，在《用人单位招用人员就业登记表》中签署意见，加盖就业失业登记专用章。用人单位提交材料不齐的，责成用人单位补充材料；表格填写信息有误的，以有效证明材料为准。

街道（乡镇）社保所受理并审核用人单位提交的办理就业失业登记证或变更就业失业登记证材料。材料齐全且信息无误的，在《就业失业登记个人信息采集（变更）表》上签署意见，加盖就业失业登记专用章。用人单位提交材料不齐的，责成用人单位补充材料；表格填写信息有误的，以有效证明材料为准。

第六步：录入系统。

街道（乡镇）社保所将《用人单位招用人员就业登记表》的相关信息录入就业失业管理子系统，在就业失业登记证上打印就业登记信息。

街道（乡镇）社保所将《就业失业登记个人信息采集（变更）表》的相关信息录入就业失业管理子系统，为申领就业失业登记证的人员制作证件，或为变更就业失业登记证的人员打印变更内容。

第七步：材料整理留存。

街道（乡镇）社保所将相关材料整理留存。将单位营业执照（个体工商户营业执照）副本或单位法人证书副本、与实现就业人员签订的劳动合同、就业失业登记证等交还用人单位。

第八步：提取被录用人员档案。

用人单位招用本市登记失业人员的，办理就业登记手续后，街道（乡镇）社保所为其打印《提档通知单》。

用人单位持《提档通知单》，按照档案转移的有关规定到登记失业人员所属街道（乡镇）社保所，办理档案提取手续。无档案保管权限的用人单位，应在相关存档机构开立集体户，保存个人档案。

在业务办理过程中，应注意以下事项：

（1）在材料审核过程中，社保所工作人员应注意材料的完整性。如在单位就业登记业务中，社保所经办人员在受理时要认真查验用人单位经办人员的单位介绍信和本人身份证。

（2）办理就业登记手续后，应提醒用人单位及时为所招用的登记失业人员办理档案转移手续。用人单位招用登记失业人员，未按有关规定及时转移档案关系，将会给登记失业人员造成损失。

（3）社保所工作人员应提示用人单位或个人到人力资源社会保障部门网站下载相应表格及填表说明，以保证提交材料的规范性和完整性。

二、失业登记制度

（一）失业登记相关政策法规

1. 国家层面政策法规

失业登记制度是指在法定劳动年龄内，有劳动能力，处于无业状态且有就业要求的失业人员，应办理失业登记手续。

我国的《就业服务与就业管理规定》对于失业登记制度有详细规定，2014年12月1日《人力资源社会保障部关于修改〈就业服务与就业管理规定〉的决定》已经人力资源社会保障部第52次部务会讨论通过，自2015年2月1日起施行。修改内容主要涉及失业登记制度。修改后的《就业服务与就业管理规定》关于失业登记制度有以下几方面政策：

（1）失业登记制度总原则。《就业服务与就业管理规定》第61条规定，劳动保障行政部门应当建立健全就业登记制度和失业登记制度，完善就业管理和失业管理。

公共就业服务机构负责就业登记与失业登记工作，建立专门台账，及时、准确地记录劳动者就业与失业变动情况，并做好相应统计工作。

就业登记和失业登记在各省、自治区、直辖市范围内实行统一的就业失业登记证（以下简称登记证），向劳动者免费发放，并注明可享受的相应扶持政策。

就业登记、失业登记的具体程序和登记证的样式，由省级劳动保障行政部门规定。

（2）失业登记的对象及地点。《就业服务与就业管理规定》第 63 条规定，在法定劳动年龄内，有劳动能力，有就业要求，处于无业状态的城镇常住人员，可以到常住地的公共就业服务机构进行失业登记。

第 65 条规定，失业登记的范围包括下列失业人员：年满 16 周岁，从各类学校毕业、肄业的；从企业、机关、事业单位等各类用人单位失业的；个体工商户业主或私营企业业主停业、破产停止经营的；承包土地被征用，符合当地规定条件的；军人退出现役且未纳入国家统一安置的；刑满释放、假释、监外执行的；各地确定的其他失业人员。

（3）失业登记的办理。《就业服务与就业管理规定》第 64 条规定，劳动者进行失业登记时，须持本人身份证件和证明原身份的有关证明；有单位就业经历的，还须持与原单位终止、解除劳动关系或者解聘的证明。

登记失业人员凭登记证享受公共就业服务和就业扶持政策；其中符合条件的，按规定申领失业保险金。

登记失业人员应当定期向公共就业服务机构报告就业失业状况，积极求职，参加公共就业服务机构安排的就业培训。

（4）失业登记的注销。《就业服务与就业管理规定》第 66 条规定，登记失业人员出现下列情形之一的，由公共就业服务机构注销其失业登记：被用人单位录用的；从事个体经营或创办企业，并领取工商营业执照的；已从事有稳定收入的劳动，并且月收入不低于当地最低工资标准的；已享受基本养老保险待遇的；完全丧失劳动能力的；入学、服兵役、移居境外的；被判刑收监执行的；终止就业要求或拒绝接受公共就业服务的；连续 6 个月未与公共就业服务机构联系的；已进行就业登记的其他人员或各地规定的其他情形。

2. 地方层面政策法规

目前，各省、自治区、直辖市政府均已建立了就业失业登记制度，就失业登记的对象、地点、办理流程、享受政策等方面制定了与国家层面相对应的政策。如山东省政府于 2008 年下发通知，明确在该省内实行统一的就业失业登记制度，劳动者凭就业失业登记证，可以在全省范围内享受公共就业服务和相应的就业扶持政策。山东省规定，公共就业服务机构负责为劳动者免费办理就业失业登记，属于就业困难人员的要在登记证上予以注明。同时，就业失业登记证还是缴纳社会保险费的依据。登记失业人员应当积极参加公共就业服务机构安排的就业服务活动，定期向公共就业服务机构报告就业失业状况。山东省各有关部门将积极加强沟通协调，建立失业人员信息交换和协查制度；严格登记证发放程序，加强证件管理，确保对失业人员的就业扶持政策落到实处。

河南省于2011年出台了《河南省就业和失业登记暂行办法》，规定在全省施行统一的就业、失业登记制度。失业登记除城镇失业人员外，农村进城务工人员和其他非本地户籍人员办理就业登记并稳定就业满6个月的，失业后可在常住地办理失业登记，但不纳入城镇失业统计和城镇失业率计算。用人单位与劳动者终止、解除劳动关系或办理退休手续，应于15日内为劳动者办理有关登记、备案手续。

江苏省于2010年首推农民就业失业登记制度。可以登记失业的农民包括：年龄在16周岁以上，从各类学校毕业、肄业的；与用人单位终止或者解除劳动关系的；个体工商业主、私营企业和民办非企业业主停产、破产停止经营的；农村退役士兵；刑满释放或者解除劳动教养的；无承包土地或者承包土地低于当地平均水平，有就业愿望的适龄人员。失业农民可到乡镇（街道）或者村（社区）公共就业服务机构登记，享受免费职业介绍、职业指导、政策咨询、职业培训、技能鉴定等服务。

北京市于2011年开始实施《北京市就业失业登记管理暂行办法》，规定应办理失业登记的人员包括：①与各类用人单位终止解除劳动关系或聘用关系的本市非农业户籍劳动力。②停止自主创业、自谋职业和灵活就业的本市非农业户籍劳动力。③年满16周岁，从各类学校毕（结、肄）业未继续升学或经教育行政部门批准退学的本市非农业户籍劳动力。④刑满释放、假释、监外执行、社区矫正或解除劳动教养的本市非农业户籍劳动力。⑤进京落户的非农业户籍劳动力。⑥常住外地或移居境外后回京的本市非农业户籍劳动力。⑦上述①至⑥项规定的城市化建设地区农业户籍劳动力。⑧本市农转非劳动力。⑨应办理失业登记的其他本市户籍劳动力。

登记失业后，登记失业人员还应按照规定履行以下义务：①积极主动参加公共就业人才服务机构组织的职业介绍、职业指导、职业技能培训等活动；认定为就业困难人员的，积极接受就业援助服务。②每月向失业登记地街道（乡镇）人力资源和社会保障事务所如实报告本人的求职经历和就业状态。③按要求提交相关材料，及时变更失业登记信息。④实现就业的按规定办理就业登记手续。⑤法律法规规定应履行的其他义务。

登记失业人员出现下列情形之一的，由登记地街道（乡镇）人力资源和社会保障事务所为其办理失业注销手续：①通过各种形式实现就业办理了就业登记手续的。②参军、入学、户口迁往外地或移居境外的。③被判刑收监执行或被劳动教养的。④终止就业要求或无正当理由拒绝接受公共就业服务连续达到3次的。⑤连续6个月未与登记地街道（乡镇）社保所联系的。⑥符合就业失业登记证注销条件的。⑦符合国家及本市人力资源和社会保障局规定的其他失业登记注销情形的。

其中，以上述②至④项原因办理失业登记注销的，须提交相应的证明材料。

（二）失业登记业务流程

1. 业务概述

失业登记手续是人力资源社会保障部门对失业人员身份的一种认定，同时也是反映劳动者失业状态的手段，是政府促进就业的主要依据。

失业登记业务由失业人员个人提出申请，由失业人员档案所在地街道（乡镇）社保所受理。

登记失业后，登记失业人员可凭就业失业登记证享受职业介绍、职业指导、职业技能培训等公共就业服务，符合条件的可享受失业保险待遇和国家及本地区的促进就业政策。若申请享受区县或街道（乡镇）促进就业政策的，按照各地区有关规定执行。

2. 业务办理流程

个人失业登记业务办理流程如图11—16所示。具体操作如下：

第一步：明确失业登记地点及档案转移地。

失业人员填写《转移个人档案地点确认表》，选择将个人档案转往户籍地或常住地街道（乡镇），明确失业登记地点。如选择转往常住地街道（乡镇），须经常住地社区（村）签字确认并加盖公章。失业人员将表格填写齐全后，与用人单位终止解除劳动或聘用关系的，将《转移个人档案地点确认表》交用人单位。在办理档案转移之前，应提醒失业人员先办理社会保险关系转移手续，即应按照社会保险关系转移→档案转移→失业登记的程序办理。

第二步：办理退档手续。

失业人员持《转移个人档案地点确认表》等，到失业人员所选择的区县级人力资源社会保障部门办理退档手续。

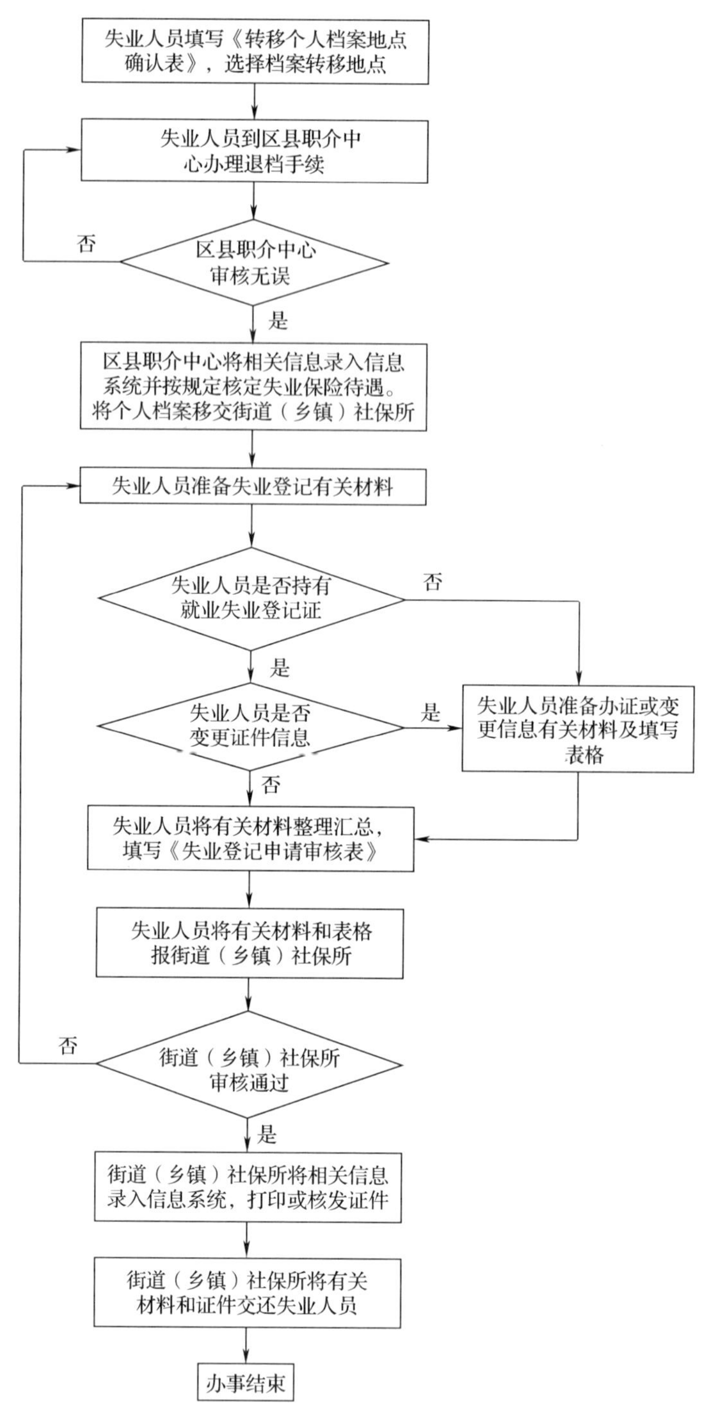

图 11—16　个人失业登记业务流程

第三步：档案转移街道。

区县级人力资源社会保障部门审核接收个人档案后，将相关信息录入信息系统，按照规定核定失业保险待遇。根据失业人员的选择，将个人档案移交街道（乡镇）社保所。

第四步：失业人员准备失业登记申请材料。

失业人员到所选择的街道（乡镇）社保所办理失业登记，应准备个人基本材料，包括居民身份证及复印件、持有的就业失业登记证[①]、与用人单位终止解除劳动关系（聘用关系）的书面证明、个体工商户或企业的注销证明、社区（村）出具的中止灵活就业的书面证明等；此外，还需根据失业人员失业前的身份准备相应的身份材料。

第五步：提供办理就业失业登记证或信息变更材料。

如果失业人员未持有就业失业登记证或者其就业失业登记证中记载的个人基本信息发生变化的，失业人员还需填写《就业失业登记个人信息采集（变更）表》，并提供办证或变更信息所需的材料。

第六步：填表并签署个人意见。

失业人员将上述材料准备齐全，需填写《失业登记申请审核表》，并在《失业登记申请审核表》和《就业失业登记个人信息采集（变更）表》上签署个人意见。

第七步：失业人员提交申请材料。

失业人员将所提交的材料和填写的表格整理汇集后，向个人档案所在地街道（乡镇）社保所提出失业登记申请。

第八步：社保所工作人员审核材料。

街道（乡镇）社保所受理并审核失业人员提交的失业登记材料。材料齐全且信息无误的，在《失业登记申请审核表》中签署意见，加盖就业失业登记专用章。提交材料不齐的，要求失业人员补充材料；表格填写信息有误的，以有效证明材料为准。

街道（乡镇）社保所受理并审核失业人员提交的办理就业失业登记证或变更就业失业登记证材料。材料齐全且信息无误的，在《就业失业登记个人信息采集（变更）表》中签署意见，加盖就业失业登记专用章。提交材料不齐的，要求失业人员补充材料；表格填写信息有误的，以有效证明材料为准。

第九步：录入系统。

街道（乡镇）社保所将《失业登记申请审核表》的相关信息录入就业失业管理子系统，在就业失业登记证上打印失业登记信息。

街道（乡镇）社保所将《就业失业登记个人信息采集（变更）表》的相关

① 根据《人力资源社会保障部关于进一步完善就业失业登记管理办法的通知》（人社部发〔2014〕97号）规定，将就业失业登记证更名为就业创业证，各地已发放的就业失业登记证继续有效，不再统一更换。

信息录入就业失业管理子系统，为申领就业失业登记证的人员制作证件，或为变更就业失业登记证的人员打印变更内容。

第十步：失业保险的核定。

个人档案转移后，符合领取失业保险金条件的登记失业人员，按照失业保险相关规定执行失业保险金核定程序。同时，工作人员应主动告知登记失业人员应该履行的义务。

第十一步：材料整理留存。

街道（乡镇）社保所将相关材料整理留存，将居民身份证、就业失业登记证等交还失业人员。

第十二步：失业登记地的变迁。

登记失业人员户籍或常住地发生变化，需要办理失业登记地变迁的，应向原登记街道（乡镇）社保所提交《失业登记地点变更申请表》、户口变迁证明或常住地居住证明材料。原登记街道（乡镇）社保所为其办理迁出手续，新登记街道（乡镇）社保所为其办理迁入手续。

第十三步：失业登记的注销。

根据国家政策及地方性政策，登记失业人员需要注销其失业人员身份时，由登记地街道（乡镇）社保所为其办理失业注销手续（需要注销的情形见失业登记政策法规部分）。

主要参考文献

［1］李强，林勇．劳动力市场学［M］．北京：中国劳动社会保障出版社，2010.

［2］郜风涛，张小建．中国就业制度［M］．北京：中国法制出版社，2009.

［3］王晓初，信长星．就业促进与职业能力建设［M］．北京：中国劳动社会保障出版社，2012.

［4］张彦，陈晓强．劳动与就业［M］．北京：社会科学文献出版社，2009.

［5］劳动和社会保障部培训就业司，中国就业促进会．社区劳动保障工作者能力建设与操作指南［M］．北京：中国劳动社会保障出版社，2006.

［6］中国就业培训技术指导中心．劳动保障协理员国家职业资格三级（第3版）［M］．北京：中国劳动社会保障出版社，2012.

［7］杨德敏．就业援助法律机制研究［M］．北京：中国法制出版社，

2012.

［8］朱莉莉. 人力资源市场业务经办实务［M］. 上海：复旦大学出版社，2014.

［9］李琦，朱莉莉. 人力资源市场服务理论与实训［M］. 北京：中国劳动社会保障出版社，2013.

［10］共青团中央，中华全国青年联合会，国际劳工组织组. 大学生 KAB 创业基础［M］. 北京：高等教育出版社，2007.

第十二章 人力资源和社会保障公共事务代理

人力资源和社会保障公共事务代理是社会主义市场经济的产物，是新形势下人力资源服务工作的一个创新，是经主管部门授权或批准，人力资源服务机构接受用人单位或个人委托，提供流动人员人事档案管理、专业技术职务任职资格考评及初次确认代理、社会保险代理、流动党员管理、集体户口管理、跨地区人才引进及调动代理等方面的服务。其核心是由人力资源服务机构代理用人单位的人力资源和社会保障公共事务，将人才的使用权和管理权分离，实现“单位人”向“社会人”转变。此举简化了单位烦琐而又费财、费力、耗物的人事管理，减轻了用人单位的负担，同时也实现了单位自主择人、人才自主择业的双赢局面。本书所指的人力资源和社会保障公共事务主要是公共人力资源服务机构（即公共职业介绍服务机构和人才服务机构）所代理的事务。本章围绕人力资源和社会保障公共事务代理概述、人力资源公共事务代理业务和社会保障公共事务代理业务三个方面展开。第一节介绍了人力资源和社会保障公共事务代理的相关理论、产生与发展、意义、主要内容、特点以及相关政策法规及行业标准，第二节介绍了人力资源公共事务代理的定义、内容和主要业务流程，第三节介绍了社会保障公共事务代理的定义、内容和社会保障待遇的申报、征缴及待遇支付业务。

第一节 人力资源和社会保障公共事务代理概述

一、人力资源和社会保障公共事务代理的相关理论

（一）代理理论

迈克尔·詹森（Michael Jensen）和威廉·麦克林（William Meckling）在1976年发表的论文《企业理论：管理行为、代理成本与所有权结构》中首次提

出代理关系理论。代理是指代理人在代理权限内，以被代理人的名义与第三人实施法律行为，由此产生的法律后果直接由被代理人承担的一种法律制度。代理关系的主体包括代理人、被代理人（本人）和第三人（相对人）。代理人是代替被代理人实施法律行为的人，被代理人是授权代理人替自己实施法律行为的人，第三人是与代理人实施法律行为的人。改善和提升公共管理职能，促进行政效率，增进社会福利，是政府管理研究的永恒主题。特别是随着公共管理运动的兴起，政府的管理模式更趋多元化、复杂化，企业管理、社会管理的经验和知识也在公共管理中得到借鉴和应用。

（二）委托—代理理论

“委托—代理”是指一个人或一些人（即委托人）委托其他人（即代理人）根据委托人的利益来履行一些服务活动，并相应授予代理人某些决策权的契约关系。在这个契约关系中，设计契约形式的人被称为委托人，而接受契约形式的人被称为代理人。20 世纪 80 年代以来，随着传统官僚制弊端的日益暴露，西方发达国家掀起了声势浩大的新公共管理运动，在世界范围内形成政府改革的浪潮。新公共管理运动的重要内容是借鉴企业管理、私人管理的理念与方法，打破传统官僚制模式下以控制、监管为主要手段的公共管理模式，采取更为灵活、多元的管理模式。委托—代理关系作为市场经济模式下最重要的合约制度之一，也被广泛应用于政府管理活动当中，成为公共管理运动最主要的改革内容之一。

（三）代理成本理论

代理成本理论产生于委托—代理理论。委托—代理理论是以代理人忠实服务于委托人为前提，但是，由于代理人是一个具有独立利益和行为目标的“经济人”，其行为目标与委托人的目标不可能完全一致，另外，委托人与代理人之间可能存在严重的信息不对称和契约的不完全性，因此，在经济生活中“代理人忠实服务于委托人”这一假定前提很难满足。因此，由委托—代理关系产生的代理成本由三部分构成：委托人支付的监督成本、代理人支付的保证成本以及剩余损失。

（四）我国民法学中的代理

我国民法学关于代理的概念是这样表述的：代理是代理人于代理权限内，以本人名义向第三人为意思表示或受领意思表示，该意思表示直接对本人生效的民事法律行为。代理制度其实是一种与民事法律行为紧密结合在一起的制度，是为了辅助民事法律行为的实现。代理制度具有以下三个特征：一是被代理人和代理人之间是一种法律关系；二是代理是一种涉及被代理人、代理人和第三人的三方关系；三是被代理人与代理人之间是一种信任关系。

二、人力资源和社会保障公共事务代理的产生与发展

人力资源和社会保障公共事务代理最早称为人事代理。随着我国社会主义市场经济的逐步发展，各项行政改革不断深化，各类所有制市场经济主体，如外资、民营、个体企业迅速涌现和崛起，人才流动日益活跃，人才资源配置日趋市场化。如何使人才合理流动成为当时急需解决的课题，加速对人力资源管理方式的变革以及提高人才服务的社会化和专业化，成为急迫之需。此时，人事代理作为一种新型的人力资源管理方式应运而生。梳理和总结其发展历程，大致可以分为三个发展阶段。

第一阶段为产生阶段（1983—1992 年）。20 世纪 80 年代初，人才流动开始日趋活跃。1983 年，沈阳市成立了我国第一家人才流动服务机构。此时，一方面为了满足流动人员的人事人才公共服务需求，另一方面，城市经济体制改革的发展不断推进，促进各级人事部门从实际出发，各地相继建立起人才服务机构，积极尝试开展人事代理服务。但此时的代理机构还比较单一，主要是围绕为国有企事业单位的流动人员托管人事关系等服务，很少出现民营、私营、外资等其他所有制的人才服务机构，主要还是以各级政府人事部门开办人才服务机构为主导，人才服务的官办色彩、行政色彩甚为浓厚，社会对人事代理的认可程度和了解范围很有限。

第二阶段为发展阶段（1993—2002 年）。在党的十四大提出建立社会主义市场经济体制的背景下，人事制度改革进入了一个新阶段。当时的人事部提出要培育和发展人才市场。这时发展的是由政府提供的以市场供求主体需求为导向的服务，呈现出空前活跃的人才交流局面。原人事部于 1995 年正式提出了“人事代理”的概念，在调研和总结各地开展人事代理业务经验和教训的基础上，明确提出在全国范围内要建立和推行人事代理制。1995 年 12 月，省级人事部门在全国范围内出台首个人事代理规范性文件《江苏省人事厅关于委托人事代理服务工作的意见》（苏人才〔1995〕27 号），对人事代理的相关行为进行了指导和规范。1997 年，安徽省出台了《安徽省人事代理暂行办法》（皖人发〔1997〕76 号）。1998 年，江西省颁布《江西省人事代理暂行办法》（赣人发〔1998〕25 号）。2000 年，北京市出台《北京市人事代理暂行办法》（京人发〔2000〕

81号）。原人事部、国家工商行政管理总局于2001年颁布实施的《人才市场管理规定》中明确规定："人才中介服务机构可在规定业务范围内接受用人单位和个人委托，从事各类人事代理服务。"

第三阶段为改革阶段（2003年至今）。《中共中央国务院关于进一步做好人才工作的决定》（中发〔2003〕16号）要求，为更好地建立和完善人才市场体系，促进人才合理流动，要发展人事代理业务，改革户籍、人事档案管理制度。自2003年以来，原人事部着力推动政府人事部门所属人才服务机构体制改革，探索在坚持更优配置人才资源、更加市场化的同时，如何更好地发挥政府人事部门所属人才服务机构的公共服务职能，各地纷纷出台相关的人事代理法规，为人事代理制度的规范和完善打下了较为坚实的基础。2008年8月，全国人才流动中心在中国国家人才网上开通了人事代理网上服务平台，人事代理工作在产业化、专业化、信息化、国际化方面不断取得新的跨越。2010年颁布的《国家中长期人才发展规划纲要（2010—2020）》，进一步为人事代理的有序发展提供了政策依据和指南。

三、人力资源和社会保障公共事务代理的意义

人力资源和社会保障公共事务代理是社会主义市场经济改革和发展的产物，是一种新型的人力资源管理方式，具有重要的意义。

（一）促进了人们对人才社会化的认识

当前，我国存在公有制实现形式多样化、经济成分多元化、人才需求个性化、人才流动多元化等各种趋势，这些趋势形成了各个不同的市场主体，每一个主体的价值取向和价值目标都不尽相同。人力资源和社会保障公共事务代理较妥善地解决了人才雇佣权和管理权的分离问题，通过人事关系代理，使得单位人转变为社会人，实现人才的社会化所有，促进人才资源的合理优化配置，解决人才因为流动而产生的后顾之忧，并提供专业化、社会化的人力资源和社会保障公共事务代理服务。具体而言，对于个人来说，与用人单位签订合同后，如果觉得不满意或不合适，完全可以辞职另谋高就，而不再担心用人单位以编制、扣留个人档案等方式来威胁或阻碍个人的正常流动；对于用人单位来说，也可以从繁杂琐碎的人力资源管理职能中解放出来，从而把更多的精力用于人力资源开发与利用之中。人力资源和社会保障公共事务代理虽然宣告了个人"单位属性"的终结，但仍可享有诸如社会福利、医疗保险、职称评定等社会化的权利，只不过以前这些单位的事以后将成为代

理机构的事。因此，人才不属于哪个单位或部门，而是属于全社会，人才使用权和所有权分离，所有权在社会，使用权在单位，人才解脱对单位的依附关系，人才的档案及人事、社会保障关系在代理机构，可以完全在市场机制下自由流动，用人单位可以根据需要聘用、解聘人才，有完全的用人自主权。可以说，人力资源和社会保障公共事务代理是社会主义市场经济体制下人才社会化的重要构建基础。

（二）适应了企事业单位人事制度改革的需要

随着国家各项改革的深入，国有企业转制，政府机关事业单位逐步改革，人员面临分流，解决再就业问题成为经济发展和改革的关键。而现有企事业普遍存在的“人才流失”与单位难进更难出，需要的人进不来、富余的人流不出去，严重阻碍了用人单位的发展。人事代理打破了人事编制束缚，为企事业单位引进人才实行“聘用制”创造了条件。律师事务所、会计师事务所、公证处、审计事务所等社会中介机构和其他一些因体制改革与主管部门脱钩，实行社会化管理的事业单位，开展人事代理后，单位员工保留原性质，解除了员工的后顾之忧。

（三）与全员聘用合同制相配套的人力资源管理方式

全员聘用合同制旨在通过聘用合同的约定，确定用人单位与受聘人员的权利义务，明确职责，激发劳动者的积极性。实行聘用合同制是从劳动关系层面上解决人才能进能出的问题。但必须看到，由于受过去计划经济体制的影响，许多单位特别是国有企事业单位在人员的出口上还存在许多具体问题，特别是出口不畅的问题。档案的衔接、社会保险费的缴纳等方面的问题未能得到很好的解决，而实行人事代理正是解决在实行聘用合同制后人员出口不畅的有效途径。

四、人力资源和社会保障公共事务代理的服务对象、主要内容及特点

（一）服务对象

人力资源和社会保障公共事务代理的服务对象包括用人单位和个人两大类。单位既包括国有企事业单位，也包括外商投资企业、民营企业、乡镇企业、私营企业等单位，个人则包括各类流动人员和毕业生等。具体来说，主要包括如下几类：一是国有企事业单位的专业技术人员和管理人员；二是三资企业、乡

镇企业、民营企业、股份制企业、私营企业等非国有企业的专业技术人员和管理人员；三是自谋职业的军队转业军官、毕业没有正式就业或自谋职业的大中专毕业生；四是外地驻市机构需要人事代理的专业技术人员和管理人员；五是辞职、辞退，解除聘用合同或受聘到外地的专业技术人员和管理人员；六是因私出国或自费留学人员。

（二）主要内容

1．流动人员人事档案管理服务

服务机构受客户委托，为其提供流动人员人事档案的保管、收集、整理、甄别和利用等方面的管理服务。主要包括：①流动人员人事档案的接收；②流动人员人事档案的收集归档；③流动人员人事档案的整理；④流动人员人事档案的保管和保护；⑤流动人员人事档案的利用服务；⑥流动人员人事档案的转出。

2．专业技术职务任职资格考评及初次确认代理服务

服务机构受个人委托，为其提供专业技术职务的考试报名、评审申报及初次确认等代理服务。主要包括：①业务受理及材料初审；②材料汇总和申报；③初次确认及考评结果反馈。

3．社会保险代理服务

服务机构受客户委托，为其提供社会保险代收代缴、待遇申报、费用报销等方面的代理服务。主要包括：①代收代缴城镇职工养老保险、医疗保险、失业保险、生育保险和工伤保险；②代办医疗保险费用报销；③代办生育医疗费用报销和生育津贴申领；④代办工伤认定、劳动能力鉴定及工伤待遇申报；⑤代办视同缴费年限确认；⑥代办退休审批手续。

4．流动党员管理服务

服务机构受个人委托，为其提供组织关系接转、党费收缴、预备期满转正等方面的管理服务。主要包括：①办理流动党员的组织关系接转；②组建流动党员的基层党组织；③发展新党员；④办理预备党员转正；⑤负责流动党员的党费收缴、组织生活等日常管理。

5．集体户口管理服务

服务机构受个人委托，为其提供户籍挂靠、信息管理、转入转出等方面的户籍管理服务。主要包括：①集体户口迁入；②集体户口迁出；③集体户籍信息管理、户口卡借阅等日常管理。

6．跨地区人才引进及调动代理服务

服务机构受客户委托，为其提供代办跨地区人才引进或调动等审批手续的

代理服务。主要包括：①业务受理及材料初审；②材料汇总和申报；③办理结果反馈。

（三）主要特点

1. 社会化

人力资源和社会保障公共事务代理是为单位和个人提供的一种社会化人力资源管理服务，由公共人力资源服务机构专门承担人事档案、社会保险等方面的工作，从而减轻用人单位处理烦琐事务的负担，专门从事人力资源的开发与利用，合理配置人才资源，充分发挥人力资源管理部门的作用和科学配置人力资源这一主要职能。

2. 契约化

人力资源和社会保障公共事务代理主要涉及三方当事人：一方是用人单位，另一方是被代理人员，第三方是人力资源服务机构。这三方通过签订书面协议来确定各自的权利与义务。具体而言，主要涉及三个法律关系，一是用人单位与人力资源服务机构之间存在委托代理关系；二是被代理人员与人才服务机构签订代理协议，在用人单位与被代理人员解除合同或合同终止后，由人力资源服务机构接收被代理人员的人事关系；三是用人单位与被代理人员通过签订聘用合同来确定双方在劳动时间、福利、劳动条件和合同的解除条件等方面的权利和义务。由于人才服务机构的介入，使用人单位与被代理人建立聘用关系时更加规范，当事各方的权利义务更加明确。

3. 专业化

人力资源和社会保障公共事务代理不是简单意义上的中介服务，要求中介服务机构具备相关专业技术设备，从业人员具有较强的代理业务能力，能提供具有较高专业水准的服务，从而使服务对象满意。

4. 系统化

人力资源和社会保障公共事务代理扩展到人力资源管理的每个环节，从宏观的人力资源规划、人力资源方案、人力资源诊断到具体的人力资源管理业务和政策咨询，代理业务向制度化、系统化方向发展，使人力资源和社会保障代理业务提升到一个全新的阶段。

五、人力资源和社会保障公共事务代理的相关政策法规及行业标准

（一）国家层面

2014 年，国家对人力资源和社会保障事务代理服务规范征求意见，准备出台我国关于人力资源和社会保障公共事务代理的国家标准。《流动人员人事档案管理暂行规定》（人发〔1996〕118 号）、《关于进一步加强流动人员人事档案管理服务工作的通知》（人社部发〔2014〕90 号），对流动人员人事档案的管理机构、服务内容、服务流程等做出了规定。详见表 12—1。

表 12—1　　国家层面的相关政策法规及行业标准

相关政策	发布时间	主要内容
人力资源和社会保障事务代理服务规范（征求意见稿）	2014 年	规定了人力资源和社会保障事务代理的服务规范，包括术语定义、机构资质、基本要求、服务项目和要求及服务流程等内容
关于进一步加强流动人员人事档案管理服务工作的通知（人社部发〔2014〕90 号）	2014 年	就健全管理体制、明确管理范围、加强公共服务、规范管理流程、提高信息化及安全管理等方面提出了要求
流动人员人事档案管理暂行规定（人发〔1996〕118 号）	1996 年	规定了流动人员人事档案的定义、管理机构、管理流程及监督与处罚措施

（二）地方层面

从地方层面来看，目前北京市出台了《北京市人力资源服务规范》，其他省市自治区根据国家政策要求，出台了有关人事代理、劳动保障事务代理、流动人员档案管理规定。详见表 12—2。

表 12—2　　地方层面的相关政策法规及行业标准

地区	相关政策	发布时间	主要内容
北京	北京市人力资源服务规范（DB11/T 494. 1—2013）	2013 年	规定了人力资源服务机构的服务条件、服务内容、服务流程以及服务评价与改进

续表

地区	相关政策	发布时间	主要内容
北京	北京市流动人员人事档案管理暂行办法（京人发〔1997〕60号）	1997年	规范人才服务机构保存人事档案的行为
北京	北京市人事代理暂行办法（京人发〔2000〕81号）	2000年	规范人事代理行为，规定了开展业务的要求和条件、人事代理的项目等
北京	北京市流动就业人员档案管理规定（京劳社就发〔2001〕263号）	2001年	规范职业介绍服务机构保存职工档案的行为
北京	关于存档机构代办社会保险工作暂行规定（京劳社就发〔2003〕8号）	2003年	针对个人委托存档人员参加社会保险工作，维护存档人员合法权益，规范社会保险代办行为
广东	广东省劳动保障事务代理暂行办法（粤劳社〔2000〕256号）	2000年	规定了劳动保障事务代理和机构设置、代理机构的服务对象和服务内容、代理的申请、代理关系的建立、代理关系的解除等内容
江苏	江苏省劳动保障事务代理暂行办法（苏劳社就管〔2002〕37号）	2002年	规定了劳动保障事务代理的含义、服务对象、服务业务、代理程序等内容
江苏	江苏省人事厅关于委托人事代理服务工作的意见（苏人才〔1995〕27号）	1995年	规定了人事代理服务工作的内容、类别、需提交的材料、实行有偿服务等内容
江苏	江苏省人事代理暂行办法（苏政发〔1999〕99号）	1999年	规定了人事代理业务的含义、从事人事代理工作人员的要求、服务对象、程序等内容
浙江	浙江省劳动和社会保障事务代理暂行办法（浙劳社就〔2000〕2号）	2000年	规定了劳动和社会保障事务代理的主要内容及流程
湖北	湖北省劳动保障业务代理暂行办法（鄂劳力〔1999〕139号）	1999年	规定了劳动保障业务代理的内容、服务对象、代理机构条件及服务流程
辽宁	辽宁省劳动保障业务代理暂行办法（辽劳社发〔2000〕4号）	2000年	规定了劳动保障业务代理的内容、服务对象、代理机构条件及服务流程

第二节　人力资源公共事务代理业务

一、人力资源公共事务代理概述

（一）人力资源公共事务代理的定义

人力资源公共事务代理俗称人事代理，是指经政府人事部门许可，面向社会各类企业、事业单位和个人开展的，以人事档案管理为核心的社会化人事管理服务。在此所称的人力资源公共事务代理是指职业介绍服务机构或人才服务机构代理的人力资源事务。

（二）人力资源公共事务代理的内容

人力资源公共事务代理是指为在职业介绍服务机构或人才服务机构存档人员代理人事政策咨询与人事规划，代理人才招聘、人才素质测评和组织人才培训，代办人才招聘启事的审批事宜，代理人事档案管理，代理用人单位办理接收高校应届毕业生有关人事手续，代理当事人参加人才流动劳动争议仲裁事宜等业务。

二、人力资源公共事务代理的主要业务流程

此处以北京市公共职介（或人才）服务机构为例，介绍人力资源公共事务代理的主要业务流程。

（一）流动人员人事档案管理服务

人事档案是记录一个人的主要经历、政治面貌、品德作风等个人情况的文件材料，具有凭证、依据和参考的作用。个人转正定级、职称申报、办理养老保险以及开具考研证明等，都需要提供档案中一些相关材料。人事档案包括下列内容：履历材料，自传材料，鉴定材料，考核材料，政治历史问题的审查材料及甄别、复查材料，参加党、团组织的材料，奖励及模范先进事迹材料，处分、取消处分和甄别复查材料及其他犯错误的材料，任免呈报表，晋升技术职务、学位、学衔审批表，出国人员审查表，调整工资审批表，工资登记表，离休、退休、退职审批表等材料。人事档案按身份不同可分为干部档案和职工档

案，职业介绍服务机构主要管理职工档案，人才服务机构主要管理干部档案；按档案转入的渠道不同可分为机关、事业单位（自收自支、全额拨款）、企业、街道（社会招工）、部队（复转军人）、外埠进京档案等。

流动人员人事档案基本公共服务包括：档案的接收和转递；档案材料的收集、鉴别和归档；档案的整理和保管；为符合相关规定的单位提供档案查（借）阅服务；依据档案记载出具存档、经历、亲属关系等相关证明；为相关单位提供入党、参军、录用、出国（境）等政审（考察）服务。

此部分内容专门在流动人员人事档案管理章节中涉及，此处不再详述。

（二）专业技术职务任职资格考评及初次确认代理服务

专业技术职务任职资格考评及初次确认代理服务是服务机构受个人委托，为其提供专业技术职务的考试报名、评审申报及初次确认等代理服务。

根据 2005 年原北京市人事局职称工作意见及安排，从 2005 年起取消国家统一分配的大中专毕业生专业技术职务认定工作。符合认定条件的大中专毕业生，用人单位可以根据岗位需要直接聘任相应的专业技术职务。没有初级职称，只要符合学历和专业工作年限要求，可以直接申报中级。实行专业技术资格制度的 16 个系列的高、中、初级评审全部为个人网上申报，直接报送北京市人力资源和社会保障局指定的评委会。由评委会组织专家评审，发放专业技术资格证书。

1. 申请参加专业技术职务、职业（执业）资格考试

依据当年北京市人力资源和社会保障局或人事考试中心的该专业技术职务、职业（执业）资格考试通知的文件要求和本人档案的记载，为参加专业技术职务、职业（执业）资格考试的存档人员的考试报名表进行审核盖章。报名者需如实填写表格，贴好相片，经工作单位加盖公章后到该中心审核盖章，同时交验存档卡、身份证、学历证书、职称证书及其他相关证件。

2. 申请参加专业技术资格评审

依据北京市人力资源和社会保障局有关文件及专业评委会要求和本人档案的记载，为参加专业技术资格评审的存档人员的专业技术资格申报表及相关证件进行审核盖章。申报人员需如实填写表格，贴好相片，并由工作单位盖章后到该中心审核盖章，同时交验存档卡、身份证、学历证书、职称证书，以及职称计算机、外语成绩单和其他相关证件。

（三）流动党员管理服务

流动党员管理服务是为存档人员提供组织关系接转、党费收缴、预备期满

转正等方面的管理服务。

1. 办理党员组织关系调入程序

（1）持本中心存档合同书和原所在单位开具的组织关系介绍信到中心党委办公室报到。

（2）交一寸免冠照片一张。

（3）填写流动党员登记卡和流动党员活动证。

2. 办理党员组织关系转出程序

对已登记的党组织关系做转出操作。检查是否拖欠党费，拖欠必须补齐；填写党员转出花名册，转出党组织关系，开具党组织关系介绍信，收回党员证。

3. 预备党员转正程序

（1）提交预备党员转正申请一份。

（2）预备党员所在单位鉴定书一份。

（3）由预备党员所在支部讨论提出转正意见。

（4）提交人才中心党委研究。

（5）将人才中心党委的批复通知党员所在支部。

（6）由党员所在支部书记与本人谈话。

（7）将党员的转正材料装入本人档案。

（四）集体户口管理服务

集体户口管理服务是为存档人员或单位提供户籍挂靠、信息管理、转入转出等方面的户籍管理服务。

1. 集体户口迁入

（1）办理条件。办理了进京手续的应届非北京生源毕业生。

（2）工作流程

1）网上申报。用人单位使用非北京生源毕业生进京审批阶段注册的用户名和密码，登录“北京市毕业生就业管理系统”，进入“××年毕业生落户报到”事项，对系统中录入的已接收毕业生姓名、性别、身份证号、民族、拟落户地派出所名称等重要户籍信息进行认真复核，并将追加信息填写完整。如发现错误，及时上报人才中心进行修改。

2）材料申报。用人单位保存毕业生户籍信息后，持相关材料报送人才中心，经初审后报至区人力资源和社会保障局流动调配科。

3）流动调配科对相关材料进行审核，审核无误后报市人力资源和社会保障局审批。

4）市人力资源和社会保障局审批通过后，人才中心持相关材料前往区公安分局及落户派出所办理落户手续。

（3）所需材料。包括：就业报到证；常住人口登记卡或户口迁移证；毕业证书、学位证书；劳动合同书；由社保机构出具的企业为毕业生缴纳社保的证明；身份证正反面复印件2张；集体户口迁入登记表；集体户口存放登记表；集体户口管理协议及两张一寸白底免冠彩色照片。

（4）特殊说明。对于上学期间户口未迁至学校的毕业生，可暂不提供户口迁移证。按照市公安局有关要求，须由其学校教务部门、学校集体户口所属派出所分别出具其户口未迁至学校的证明，原户籍派出所出具上学期间户口未迁至学校证明。用人单位将以上证明及毕业生的就业报到证、毕业证书、学位证书、户口簿（城镇居民户）、身份证正反面复印件两份、集体户口迁入登记表、集体户口存放登记表、集体户口管理协议、两张一寸白底免冠彩色照片报人才中心办理相关手续。

2. 集体户口迁出

持所需材料前往人才中心办理，包括单位同意户口迁出的介绍信、集体户口迁出登记表、本人身份证。

3. 集体户口借出

持所需材料前往人才中心办理，包括单位同意户口借出的介绍信、本人身份证。

（五）跨地区人才引进及调动代理服务

跨地区人才引进及调动代理服务是提供代办跨地区人才引进或调动等审批手续的代理服务。

1. 跨地区人才引进及调动

（1）办理条件

1）申报单位为高新技术企业、软件和集成电路企业、金融企业、文化创意企业、跨国公司地区总部、驻京研发机构、来京投资企业。

2）申请个人须45周岁以下且身体健康，符合北京市年度人才开发目录要求，且符合下列条件之一，可申请办理人才引进手续：①前学历为本科及以上学历且取得高级专业技术职称的专业技术人员和管理人员。②获得硕士及以上学位的专业技术人员和管理人员。

（2）工作程序

1）持材料到中心审核。

2）报区、市人力资源和社会保障局。

3）批复发调函。

4）办理户口及人事关系转入。

（3）所需材料

1）《引进人才审批表》一式一份，《调动人员情况登记表》一式四份。

2）申请单位出具的《关于引进×××的申请》及其电子版。

3）高新技术企业、软件和集成电路企业、跨国公司地区总部、驻京研发机构等相关认定证书。

4）企业法人营业执照。

5）主迁及随迁人员学历、学位证书及学历、学位认证报告。

6）专业技术职称证书。

7）专业技术职务任职通知。

8）工作业绩及相关证明材料。

9）主迁及随迁人员原籍存档单位出具的同意调出函。

10）主迁及随迁人员北京单位接收函和聘用（劳动）合同。

11）地税部门出具的主迁及随迁人员在京内外工作期间申报单位连续代扣代缴的个人所得税完税证明。

12）社保主管部门出具的主迁及随迁人员缴纳社会保险至申请之日的证明。

13）在京固定住所证明。

14）户口簿。

15）主迁及随迁人员《调京人员政审情况调查表》。

16）双方结婚证（再婚者需出具离婚证书或丧偶证明）。

17）独生子女证或二胎准生证。

18）子女出生医学证明。

19）随迁子女超过16周岁的，需学校出具在校证明。

20）三级及以上医院出具的近期体检表。

21）主迁及随迁人员完整齐全的个人档案。

22）主迁及随迁人员诚信声明。

23）其他需要提供的材料。

2. 解决夫妻两地分居

（1）工作程序

1）持材料到中心审核。

2）报区、市人力资源和社会保障局。

3）批复发调函。

4）办理户口及人事关系转入。

（2）所需材料

1）《干部调京审批表》一式一份，《调动人员情况登记表》一式三份。

2）申报单位出具的《关于解决×××夫妻两地分居的申请》及其电子版。

3）个人申请。

4）高新技术企业、软件和集成电路企业、跨国公司地区总部、驻京研发机构等相关认定证书。

5）企业法人营业执照。

6）在京方存档单位填写的《存档人员情况登记表》一式一份。

7）夫妻双方学历学位证书、专业技术职称证书、专业技术职务任职通知，并提供学历学位认证报告。

8）在京一方若系调京人员，需提供办理进京部门的审批件。

9）夫妻双方户口簿、身份证。

10）地税部门出具的夫妻双方在京内外工作存档期间个人所得税完税证明。

11）在京方聘用（劳动）合同及京外方北京单位接收函和聘用（劳动）合同。

12）社保主管部门出具的夫妻双方在京内外工作存档期间缴纳社会保险至申请之日的证明。

13）在京固定住所证明。

14）夫妻双方签字的诚信声明。

15）调京人员原籍存档单位出具的同意调出函。

16）夫妻双方结婚证。

17）独生子女证、出生医学证明。随迁子女超过16周岁的，需有在校证明，无工作的需当地劳动部门出具待业证明。

18）调京人员户口所在地街道开具的生育证明。

19）《调京人员政审情况调查表》。

20）调京人员三级及以上医院出具的近期体检表。

21）夫妻双方完整齐全的个人档案。

22）其他需要提供的材料。

3. 外地应届毕业生接收

（1）办理条件

1）列入国家统一招生计划的全日制普通高等学校并能参加当年正常就业派遣的应届毕业生。培养方式为定向或委培的毕业生，成人教育、自学考试、远程教育、在职进修班、函授班及其他各类同等学力毕业生均不在接收范围。

2）非北京生源毕业生除上述要求外，还须具有硕士研究生及以上学历，所学专业与接收单位主营业务一致，所学成绩全部合格，无补考记录，并能按时取得相应学位。

（2）办理程序

1）接收单位资质审核。单位持企业关于申请进京指标的申请一份、营业执照副本复印件一份、由税务局出具的企业上一年纳税金额证明、由社保部门出具的企业参保情况证明（证明企业参保人数等）办理。高新技术企业还需提供企业高新证书，于资质审核规定时间内到人才中心进行接收资质审核。

2）网上审核。通过接收资质审核的用人单位与毕业生达成就业意向后，登录“北京市毕业生就业管理系统网络版”（网址为 http：//www. bjrbj. gov. cn/bys)，注册单位信息，选择申报渠道，设置主管单位，如实填写毕业生信息（所有项目均不得为空），提交人才服务中心，人才服务中心审核网上信息报区人力资源和社会保障局审核；区人力资源和社会保障局审核网上信息，报市人力资源和社会保障局审批。

3）材料申报。用人单位网上提交毕业生信息审批通过后，打印《非北京生源进京审批表》（一式三份），与所需其他申报材料一并提交并将所需材料报人才中心人事代理服务科初审。材料初审通过后，人才中心将有关进京材料报区人力资源和社会保障局审核。区人力资源和社会保障局审核通过后，上报市人力资源和社会保障局。经市人力资源和社会保障局审批通过后，开具接收函（一式两份）。用人单位与毕业生签订就业协议书（一式三份），加盖公章后，到人才服务中心审核备案。待档案转至人才中心后办理存档手续。

（3）所需材料

1）《非北京生源毕业生进京审批表》一式三份。

2）毕业生就业推荐表一份。

3）毕业生已修全部课程成绩单一份。

4）毕业生外语水平证明。

5）《非北京生源高校毕业生引进协议书》复印件一份（需注明“与原件一致”），经办人签字，加盖用人单位或主管单位人事部门公章。

6）毕业生身份证（正反面）复印件一份（需注明“与原件一致”），经办人签字，加盖用人单位或主管单位人事部门公章。

7）有关补充说明材料。

第三节　社会保障公共事务代理业务

一、社会保障公共事务代理概述

（一）社会保障公共事务代理的定义

社会保障公共事务代理主要指社会保险代办，是指根据国家有关规定，由政府开办的公共职介存档机构代办个人委托存档人员参加社会保险事务的业务。

（二）社会保障公共事务代理的内容

职介（人才）中心代办的社会保险业务主要是为在职介（人才）中心的存档人员办理五大险种中基本养老、失业、基本医疗保险三个险种，另外两个险种个人存档人员不涉及。具体业务内容包括社会保险信息的采集、申报，基本医疗保险手册或保险卡的发放、费用支付，以及社会保险经办机构委托的其他相关事项。

二、社会保障待遇申报业务

（一）业务基础

职介（人才）中心为存档人员代办社会保险业务是为了适应社会主义市场经济体制的需要，是为了建立统一、开放、竞争、有序的劳动力市场，是为了完善社会保障体系，促进多种形式就业。依据我国社会保险法的规定和存档人员的职业特征，存档人员可以参加社会养老保险、失业保险、医疗保险。全国目前没有统一的政策规定，但各地均有相应的具体政策。下面以北京市为例进行具体的论述。

1．登记范围

（1）基本养老保险的覆盖范围。国家规定：无雇工的个体工商户、未在用人单位参加基本养老保险的非全日制从业人员以及其他灵活就业人员。

地方规定：北京地区为城镇个体工商户和灵活就业人员。

（2）失业保险费的征缴范围。国家没有明确规定。

地方规定：北京地区为自由职业者、委托存档人员。

（3）医疗保险费的征缴范围。国家规定：无雇工的个体工商户、未在用人单位参加职工基本医疗保险的非全日制从业人员以及其他灵活就业人员。

地方规定：北京地区为具有本市城镇户籍，在法定劳动年龄内从事个体劳动或者自由职业，并在市、区（县）人力资源社会保障部门开办的职介（人才）中心以个人名义存档的人员。

2. 登记信息的基本要求

（1）对职介（人才）中心的登记要求。依据《社会保险登记管理暂行办法》的规定，职介（人才）中心若要代办社会保险，应当自成立之日起 30 日内，持营业执照或者登记证书等有关证件，到当地（注册地或经营地）的社会保险经办机构申请办理社会保险登记。办理登记时需要提供相关的证明材料，如批准成立的证件、国家质量技术监督部门颁发的组织机构统一代码证书、社会保险经办机构规定的其他有关证件、资料等。

（2）对参保的存档人员的登记要求。存档人员须向职介（人才）中心出示相关的证明材料，如个人委托存档协议书、居民身份证或户口簿、照片等，同时填写相应的个人基本情况表。

（二）业务流程

1. 职介（人才）中心信息登记

职介（人才）中心作为代办单位，到本区的社会保险经办机构办理信息登记。具体的办理流程如下：

（1）准备材料，填写表格。具体包括：

1）银行委托书及其复印件。

2）先与本单位开户银行签订无合同号的《北京同城特约委托收款付款授权书》。收款人全称：北京市 × × 区社会保险基金管理中心。简称：× × 社保中心。

3）国家质量技术监督部门颁发的组织机构代码证（副本）原件及复印件一份。

4）事业单位法人证书等批准成立证书原件及复印件一份。

5）填写或通过网上信息系统填写《北京市社会保险单位信息登记表》。

（2）接受审核，办理登记。社保经办机构对职介（人才）中心所提供的材料进行审核，符合要求的给予办理社保登记，打印《北京市社会保险单位信息登记表》取得社会保险登记证号，并颁发相应的社会保险登记证。

2. 存档人员信息登记

（1）存档。与单位职工缴纳社会保险不同的是，存档人员若要参加社会保险，需要首先把档案放在各大区的职介（人才）中心，只有如此，职介（人才）中心才会为其代办社会保险的相关业务。

（2）准备材料，填写表格。具体包括：

1）存档人员的身份证或户口簿及复印件。

2）两张一寸近期免冠彩色照片。

3）存档证。

4）在银行或邮政储蓄银行办理的借记卡或邮政储蓄存折，并存入一定的用于缴纳养老、失业和医疗保险费的资金。

5）填写《北京市社会保险个人信息登记表》。

6）签订代扣协议书。

需要注意的是，首次参保并有工龄的人员需先到档案室核定工龄，外地转入人员则应提供转移单和相应的社会养老保险明细。

（3）职介（人才）中心代办。职介（人才）的社会保险业务负责人对存档人员的相关资料进行审核后，持与参保相关的证明材料到社会保险经办机构为存档人员办理信息登记和增员。

3. 特殊业务

（1）信息变更。若职介（人才）中心发生登记信息的变更，则需要持变更的证明材料到社保中心填写信息变更表申请变更。存档人员容易出现的信息变更，如定点医疗机构的变更、银行账户的变更、保险缴费标准的变更等。存档人员需要对参保登记的一些信息进行变更时，可持存档卡、各项保险协议书（养老、失业和医疗）、医疗保险手册和社保卡、身份证或户口簿、银行的对账单等证明材料，到职介（人才）中心的社保代办处填写变更表。社保业务负责人在收到相关的证明材料后到社保经办机构为其办理相应的变更业务。

（2）转入和转出。存档人员与职介（人才）中心终止存档协议，需要办理转出。职介（人才）中心需到社保中心为存档人员办理减员。如果存档人员要把自己的社会保险转往外地，社保经办机构的业务经办人将为其打印转移证明和转移单明细，办理相应的费用转移手续。若有存档人员转入，职介（人才）中心的社保业务经办人需到社保经办机构为其办理信息登记、增员。假如该存档人员在本市内进行转入，则不需要进行相应的信息登记，只办理增员即可。基本业务流程如图 12—1 所示。

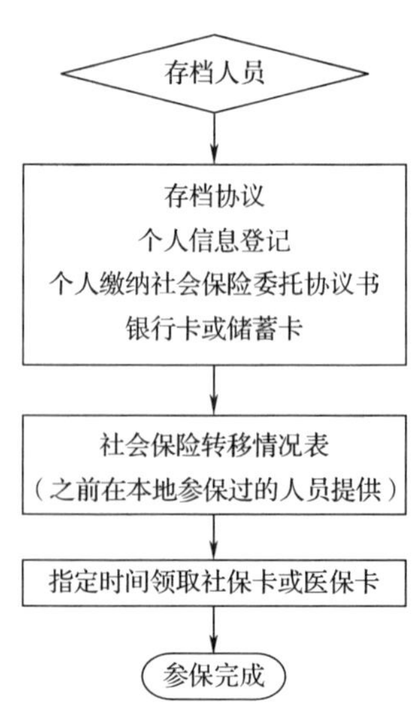

图 12—1 参保业务流程

业务示例 12—1：北京市社会保险个人信息登记表（样表）

北京市社会保险个人信息登记表

表　　号：×××
制表机关：北京市人力资源和社会保障局
批准机关：北京市统计局
批准文号：××号
有效期至：××年×月×日止

填报单位（公章）：
组织机构代码：□□□□□□□□□
社会保险登记证编码：□□□□□□□□□□□□□□

＊参加险种：	养老（ ）　失业（ ）　医疗（ ）				
＊姓名		＊居民身份证号码			
＊性别		＊出生日期			
＊民族		婚姻状况			
＊文化程度		＊户口性质			
户口所在区县街乡					
＊户口所在地地址				＊户口所在地邮政编码	
＊居住地（联系）地址				＊居住地（联系）邮政编码	
＊选择邮寄社会保险对账单地址				＊邮政编码	
＊参保人电话		联系人姓名		联系人电话	
＊参加工作日期		＊个人身份		养老缴费基数档次	
＊缴费人员类别			＊医疗参保人员类别		

离退休类别		离退休日期	
农转非类别		批准征地日期	
农转工补缴单位名称		＊是否患有特殊病	
＊代扣个人缴费银行		＊代扣卡号或账号	
委托代发基金银行名称			
委托代发基金银行行号		委托代发基金银行账号	
社会保险补助开始时间		社会保险补助截止时间	
特殊标识		残疾证编号	
养老保险视同缴费年限		定点医疗机构 1	
定点医疗机构 2		定点医疗机构 3	
定点医疗机构 4		定点医疗机构 5	
本人目前确属社会保险参保对象，现申请参加社会保险，按照社会保险登记的要求本人已如实填写了上述相关信息，并对所填写内容的真实有效性负责。			
＊参保人签字：		签字日期：	年　月　日

单位负责人：　　　　社保经（代）办机构经办人员（签章）：

单位经办人：　　　　社保经（代）办机构（盖章）：

填报日期：　年　月　日　　　　办理日期：　年　月　日

注：此表为灵活就业人员专用。表格中带＊号的项目为必录项，其他有前提条件的必录项请参考指标解释。

业务示例 12—2：北京市社会保险个人信息变更登记表（样表）

北京市社会保险个人信息变更登记表

表　　号：×××
制表机关：北京市人力资源和社会保障局
批准机关：北京市统计局
批准文号：××号
有效期至：××年×月×日止

填报单位（公章）：
组织机构代码：□□□□□□□□□
社会保险登记证编码：□□□□□□□□□□□□□

序号	*姓名	性别	*居民身份证号码	*变更项目	*变更前内容	*变更后内容
甲	乙	丙	丁	戊	己	庚

单位负责人：
单位经办人：
填报日期：　　年　月　日

社保经（代）办机构经办人员（签章）：
社保经（代）办机构（盖章）：
办理日期：　　年　月　日

三、社会保障待遇征缴业务

（一）业务基础

1. 业务关系

个体存档人员一般没有固定的工作单位，但他们对社会保险有需求，我国社会保险法对他们参保实行自愿化原则。存档人员愿意或有能力的可以申请加入社会保险体系。由于目前政府下属的社会保险经办机构的业务主要针对单位，不直接对个人办理业务，因此这批人参保需要社会保险代办机构办理。存档人员把自身的基本信息提供给代办机构，如职介（人才）中心或户口所在地的街道。代办机构类同于工作单位，代存档人员把基本信息提供给社会保险经办机构，并作为媒介建立二者收支关系的渠道。但参保人的收支费用并不经由代办机构，一般是社保经办机构直接从参保人的账户上收支保险费。

随着社会就业形式的变化，弹性就业形式越来越普遍，用工形式越来越灵活，通过代办机构直接缴费将会越来越多。

2. 缴费标准

存档人员的社会保险费一般是社保基金管理中心每月直接从存档人员账户中扣款，存档单位即职介（人才）中心一般不履行代扣代缴，但可代社保基金管理中心监管存档人员的缴费行为，如帮助确定参保的险种和缴费基数、补缴、断缴、缴费不成功的申诉等。

（1）基本要求

1）缴费主体。存档人员。

2）缴费要求。自愿行为：与单位职工强制性缴费不同的是，存档人员的缴费行为是自愿、非强制性的。存档人员可根据自己的经济情况决定参保、自愿中断或接续，但到退休前不能退出，特殊情况除外。

缴费标准一旦确定要按时足额缴纳，否则将影响缴费记录。

缴纳方式是存档人员以“货币”形式全额缴纳社会保险费。

（2）征缴规定。我国社会保险法只规定存档人员的社会保险费全部由参保人缴纳，但并没有对存档人员的社会养老保险缴费基数与缴费比例进行统一的规定。下面以北京市的规定来举例说明。

1）缴费基数。以北京市最新的政策规定，个体工商户和灵活就业人员以本市上一年度职工月平均工资作为缴费基数。养老保险与失业保险缴费基数的下限为本市上一年度职工月平均工资60%的，上限为上一年度职工月平均工资300%的部分。

为增加存档人员的参保率，目前在实际操作中，养老保险与失业保险的缴费基数被分为三档，分别为本市上一年度职工月平均工资的40%、60%和100%。存档人员可在这三档中选择一档作为缴费基数。医疗保险的缴费基数为本市上一年度职工月平均工资的70%。

2）缴费比例。养老保险的缴费比例为养老保险缴费基数的20%，其中12%被划为统筹基金，8%被划为个人账户基金。

失业保险的缴费比例为失业保险缴费基数的1.2%。

医疗保险的缴费比例为医疗保险缴费基数的7%，其中6.5%作为基本医疗保险基金，0.5%作为大病统筹基金。与职工基本医疗保险不同的是，存档人员不建立医疗保险的个人账户基金。

3. 补缴

依据北京市政策规定，存档人员因各种原因未缴纳基本养老保险费或有缴费中断情况的（国家及本市规定的不缴费情况除外），其在国家规定的劳动年龄内可以向现存档机构提出书面补缴申请，并附本人签字确认的补缴工资基数以及本人的身份证明等材料。经存档机构初审并将相关材料报请社会保险经办机构同意后，由本人到存档机构按照当时的有关政策及历年缴费规定补缴。

被保险人以前在国有、集体、外资及港澳台资企业工作过，1992年10月以后由于原企业没有参加养老保险，可补缴1992年10月以后企业和个人应缴纳的基本养老保险费。补缴后，1992年10月以前符合国家和北京市有关规定计算的连续工龄视同为缴费年限。

（二）业务流程

1. 正常缴费

社会保险的基数核定发生在北京市社会平均工资数出来以后，在北京地区一般是四月。本地区的社会月平均工资是确定社会保险缴费基数的依据。

确定社会保险费的缴费基数，存档人员需要提交本人书面申请，选择养老与失业保险缴费基数的档次，其中上一年度职工月平均工资40%为低档、60%为中档、100%为高档，在三档中选择一档。同时，应于每月25日前将当月应缴纳的社会保险费足额存入所确定的银行卡或邮政储蓄存折账户。确定缴费基数后，职介（人才）中心将把存档人员的缴费基数提供给社保中心。银行于次月3日开始按存档人员确定的缴费金额从存档人员确定的账户中一次性扣除，职介（人才）中心不能查询存档人员的银行账户情况，需要存档人员自己查询每月缴费情况。基本的业务流程如图12—2所示。

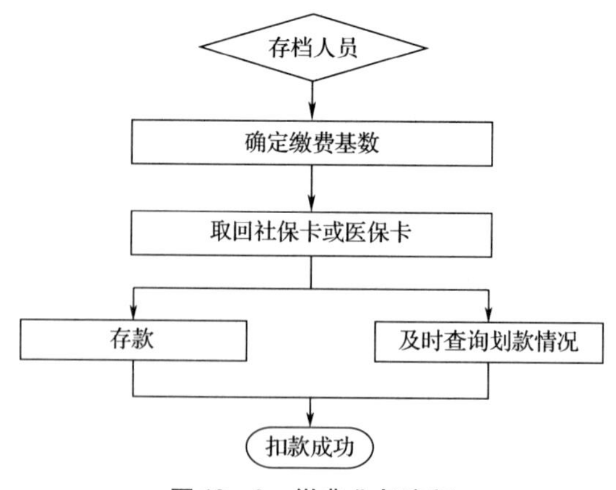

图 12—2　缴费业务流程

2. 补缴

在政策规定的范围内，存档人员可向存档机构提出自愿继续缴费的书面申请，然后可以继续缴费。

3. 人员减少

存档人员因各种原因不再在职介（人才）中心存档或达到退休年龄需要办理退休时，职介（人才）中心要到社保中心填写人员减少表，为其办理人员减少手续。

四、社会保障待遇支付业务

存档人员的待遇支付业务主要涉及基本养老保险、失业保险和医疗保险。待遇支付业务除存档人员外，还涉及职介（人才）中心、街道社保所、社会保险经办机构等。此处主要论述牵涉到职介（人才）中心的业务内容。

（一）养老保险

1. 业务基础

（1）退休管理。在职介（人才）中心存档的被保险人，符合国家规定的退休条件时，本人应提前一个月提出退休申请。职介（人才）中心应及时为其办理相应的退休手续。

人力资源和社会保障行政部门按存档人员符合规定的退休条件的当月予以审核批准，社会保险经办机构按人力资源和社会保障行政部门批准的退休日期的次月开始支付基本养老金。

通过审批和申报后，职介（人才）中心再把退休人员的档案和支付关系转移到社区的社保所，退休人员的退休关系就由社保所代表退休人员进行处理。

业务示例 12—3：北京市社会保险参保人员增加表（样表）

北京市社会保险参保人员增加表

表　号：　×××
制表机关：北京市人力资源和社会保障局
批准机关：北京市统计局
批准文号：××号
有效期至：××年×月×日止

填报单位（公章）：
组织机构代码：□□□□□□□□□
社会保险登记证编码：□□□□□□□□□□□□□□□

序号	*姓名	性别	*居民身份证号码	*参加险种					*个人缴费/支付（恢复）原因		申报月工资收入（档次）（元）	*增加日期
				养老	失业	工伤	生育	医疗	四险	医疗		
甲	乙	丙	丁	1	2	3	4	5	6	7	8	9

单位负责人：
单位经办人：
填报日期：　　年　月　日

社保经（代）办机构经办人员（签章）：
社保经（代）办机构（盖章）：
办理日期：　　年　月　　日

备注：1. 表格中带*号的项目为必录项，其他有前提条件的必录项请参考指标解释。
2. 四险按收缴业务、支付业务分别填报。
3. 请依照表格背面的增加原因按规定填写。
4. 主要指标解释

（1）参加险种：根据职工应参加的险种选择画“√”，为必录项。

灵活就业人员按政策规定应参加养老、失业和医疗保险。

（2）个人缴费/支付（恢复）原因（代码项）：按照四险和医疗的增加原因分开填写，为必录项。

四险：

代码	指标名称	代码	指标名称	代码	指标名称	代码	指标名称
110	新参加工作	130	险种登记	155	转业恢复缴费	191	失业后转入
111	其他新参统	141	外区转入	156	假释、缓刑、监外执行	192	转统筹外增加
112	外省（行业统筹、军队）调入	151	本区转入	162	失业转就业		
114	机关事业转入	152	刑满释放、劳教期满	167	个人缴费恢复缴费		
115	复员军人	153	非带薪上学恢复	168	其他原因恢复缴费		
116	转业军人	154	复员恢复缴费	169	其他原因恢复支付		

医疗：

代码	名称	代码	名称
12	新参统	4	失业转就业
19	其他	7	本区调入
		8	外区调入

（3）申报月工资收入（档次）：档次指在职介、人才存档的灵活就业人员按北京市社会平均工资或社会平均工资的固定比例选择的当年缴纳基本养老保险费用的档次。在职人员为必录项。

（4）增加日期：指参保人员缴费（支付）起始（恢复）的具体年月，为必录项。

业务示例 12—4：北京市职工上年月均工资收入申报表（样表）

北京市职工上年月均工资收入申报表

年度（　　　）

表　号：×××
制表机关：北京市人力资源和社会保障局
批准机关：北京市统计局
批准文号：××号
有效期至：××年×月×日止

填报单位（公章）：
组织机构代码：□□□□□□□□□
社会保险登记证编码：□□□□□□□□□□□□

序号	*姓名	性别	*居民身份证号码	*缴费人员类别	*参加险种					*申报月均工资收入\档次（元）
					养老	失业	工伤	生育	医疗	
甲	乙	丙	丁	戊	1	2	3	4	5	6

补充资料：（仅限集中核定时填报）
上年职工年工资与生活费总额______（万元）
上年在岗职工工资总额________（万元）
在岗职工年平均工资______________（元）
上年不在岗职工生活费总额________（万元）
不在岗职工年平均生活费__________（元）

单位负责人：
单位经办人：
填报日期：　　年　月　日

社保经（代）办机构经办人员（签章）：
社保经（代）办机构（盖章）：
核定日期：　　年　月　日

备注：表格中带*号的项目为必录项。

业务示例 12—5：北京市社会保险参保人员减少表（样表）

北京市社会保险参保人员减少表

表　　号：×××
制表机关：北京市人力资源和社会保障局
批准机关：北京市统计局
批准文号：××号
有效期至：××年×月×日止

填报单位（公章）：
组织机构代码：□□□□□□□□□
社会保险登记证编码：□□□□□□□□□□□□□□

序号	*姓名	性别	*居民身份证号码	*停止缴费（支付）险种					*个人停止缴费（支付）原因		是否清算	*缴费（支付）截止日期
				养老	失业	工伤	生育	医疗	四险	医疗		
甲	乙	丙	丁	1	2	3	4	5	6	7	8	9

单位负责人：
单位经办人：
填报日期：　　年　月　日

社保经（代）办机构经办人员（签章）：
社保经（代）办机构（盖章）：
办理日期：　　年　月　日

备注：1. 表格中带＊号的项目为必录项，其他有前提条件的必录项请参考指标解释。
2. 四险按收缴业务、支付业务分别填报。
3. 请依照表格背面的减少原因按规定填写。
4. 主要指标注释

（1）停止缴费（支付）险种：根据职工需减少的险种选择画“√”，为必录项。参加三险的，在做缴费减少时必须所有缴费险种同时减少，不能单险种减少。

（2）个人停止缴费（支付）原因：按照四险和医疗的减少原因分开填写，为必录项。

四险：

代码	指标名称	代码	指标名称	代码	指标名称
011	转往外省市	026	假释期满	069	其他原因中断支付
012	转统筹外	041	转往他区	071	办理退休
013	农民工解除合同	051	转往本区	072	工伤（1～4级）减少
014	转外国籍	052	判刑劳教	073	停工留薪期内死亡
015	死亡	053	非带薪上学	081	享受工伤保险基金工亡人员供养直系亲属抚恤金
016	外地农民工一次性领取长期待遇	054	参军	082	享受建设征地超转人员生活补贴
020	转城乡居民养老保险	061	出国	083	其他原因终止支付
021	工伤（5～10级/未达等级/未鉴定）支付减少	062	失业转街道		
022	工伤终止支付	068	其他原因中断缴费		
023	转街道支付				

医疗：

代码	名称	代码	名称
19	参军	80	判刑
20	上学	90	劳教
30	本区调出	100	出国定居
40	转往外区	110	转外国籍
50	转往外埠	120	死亡
60	失业转街道（镇）	130	失踪
61	失业转职介人才存档	140	其他
63	农民工失业		

（3）是否清算：发生参保人员在职死亡、退休死亡、转外国籍、农民工解除劳动合同、农民工达到退休年龄或参加工作缴费年限（含视同缴费年限）不满 15 年的人员达到退休年龄，个人提出申请后需清算个人账户时，在“是否清算”栏画“√”，不清算的为空。

（4）缴费（支付）截止日期：填写参保人员停止缴费（支付）前最后一次缴费（支付）的具体年月，为必录项。

因被保险人个人原因（不可抗力的原因除外）延误审批的，由此产生的损失由个人承担。相关规定参考《关于对间断缴纳基本养老保险费等有关问题的处理办法》（京劳社养发〔2002〕206 号）。

（2）退休条件

1）正常退休。依据《国务院关于工人、职员退休处理的暂行规定》，对退休资格的一般要求：男性年满 60 周岁，女工人年满 50 周岁、女干部年满 55 周岁，缴费年限（包括视同缴费年限）15 年。

2）提前退休。提前退休一般可分为特殊工种提前退休和因病、因残退休。

特殊工种一般是指从事井下、高空、高温、特别繁重体力劳动或者其他有损身体健康工作的工人或干部，男性年满 55 周岁、女性年满 45 周岁；身体衰弱丧失劳动能力，经过劳动鉴定委员会确定或者医生证明不能继续工作的，一般要求男性年满 50 周岁、女性年满 45 周岁的工人，连续工龄满 5 年，一般工龄满 15 年。

（3）退休待遇

1）正常退休的待遇

①1998 年 7 月 1 日前退休的待遇。待遇标准：

月基本养老金 = 退休前档案工资 × 计发比例 + 综合补贴 + 历年调整

②1998 年 7 月 1 日以前工作，1998 年 7 月 1 日以后 2006 年 1 月 1 日以前退休的待遇。待遇标准：

月基本养老金 = 基础养老金 + 个人账户养老金 + 过渡性养老金 + 综合补贴

③1998 年 7 月 1 日以前工作，2006 年 1 月 1 日以后退休的待遇。待遇标准：

月基本养老金 = 基础养老金 + 个人账户养老金 + 过渡性养老金

④1998 年 7 月 1 日以后工作，2006 年 1 月 1 日以后退休的待遇。待遇标准：

月基本养老金 = 基础养老金 + 个人账户养老金

2）若达不到国家政策规定的退休条件，参保人将在退休时获得个人缴费额（包括个人账户利息）再加上一次性养老补偿金。补偿标准为缴费年限每满 1 年，发给两个月本人指数化月平均工资。

2. 业务流程

（1）存档人员申请退休时，职介（人才）中心在其退休前一个月做参保人员的减少业务，填写《社会保险参保人员减少表》报送各区县的社保经（代）办机构。

（2）社保经（代）办机构依据《社会保险参保人员减少表》打印出《养老保险个人账户退休清算单》交职介（人才）中心。

（3）职介（人才）中心依据《养老保险个人账户退休清算单》填报《退休

人员审批表》。

（4）职介（人才）中心持职工档案、《养老保险个人账户退休清算单》和填报的《退休人员审批表》到人力资源和社会保障行政部门养老保险科进行退休人员的审批。人力资源和社会保障行政部门在审核过程中，对于职工出生的时间难以确定的，以居民身份证与档案相结合的办法进行认定，当本人身份证与档案记载的出生时间不一致时，以本人档案最先记载的出生时间为准。

（5）养老保险科批准参保职工退休后，职介（人才）中心凭《养老保险个人账户退休清算单》和《退休人员审批表》填写《按月领取养老金人员登记表》。

（6）职介（人才）中心将存档人员的基本养老金支付关系转往街道。职介（人才）中心填写《北京市____转往街道管理退休人员养老金转移单》，另附上《按月领取养老金人员登记表》《退休人员审批表》和《养老保险个人账户退休清算单》，报职介（人才）中心所属的社保经办机构确认。职介（人才）中心所属的社保经办机构将转移的相关资料转至该退休人员户籍所在地社保经办机构。退休人员户籍所在地的社保经办机构将相关资料转至该退休人员户籍所在街道社保所，由街道社保所填写《社会保险参保人员增加表》报送转入地社保经办机构。转入地社保经办机构依据《社会保险参保人员增加表》做退休人员基本养老金支付的增加。

基本的业务流程如图 12—3 所示。

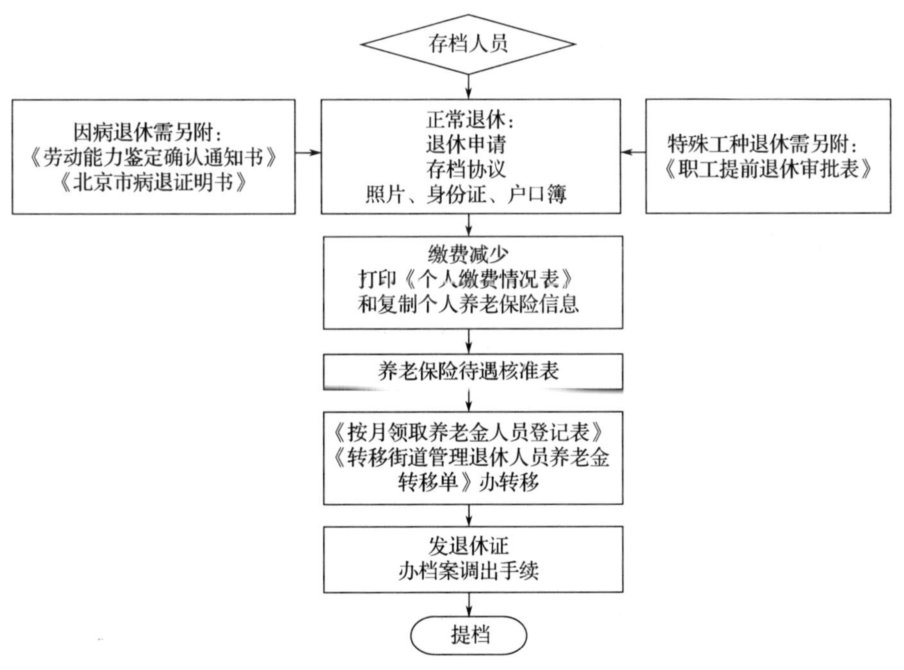

图 12—3　养老保险待遇支付申报流程

业务示例 12—6：北京市养老保险个人账户退休清算单（样表）

北京市养老保险个人账户退休清算单

组织机构代码：　　　　　　　　　　　　单位名称：

<table>
<tr><td>居民身份证号码</td><td>电脑序号</td><td>姓名</td><td>职工身份</td><td>缴费人员类别</td><td>缴费截止日期</td><td>清算原因</td><td>清算日期</td></tr>
<tr><td></td><td></td><td></td><td></td><td></td><td></td><td></td><td></td></tr>
<tr><td>视同缴费年限</td><td></td><td>实际缴费年限</td><td></td><td>趸缴年限</td><td></td><td>N 值</td><td></td></tr>
<tr><td rowspan="6">个人账户存储情况</td><td colspan="7">至上年末个人账户储存额</td></tr>
<tr><td>合计</td><td>个人缴费</td><td colspan="2">累计个人利息</td><td colspan="2">单位划转</td><td>累计划转利息</td></tr>
<tr><td></td><td></td><td colspan="2"></td><td colspan="2"></td><td></td></tr>
<tr><td colspan="7">当年个人账户</td></tr>
<tr><td>合计</td><td>个人缴费</td><td colspan="2">个人利息</td><td colspan="2">单位划转</td><td>划转利息</td></tr>
<tr><td></td><td></td><td colspan="2"></td><td colspan="2"></td><td></td></tr>
<tr><td>补缴原因</td><td>补缴年限</td><td>补缴基数</td><td>补缴金额</td><td>单位缴费</td><td>个人缴费</td><td>单位划转</td><td>个人比例</td></tr>
<tr><td></td><td></td><td></td><td></td><td></td><td></td><td></td><td></td></tr>
<tr><td>个人账户总计</td><td colspan="3"></td><td colspan="2">个人账户养老金（1/国家规定的月数）</td><td colspan="2"></td></tr>
</table>

社保经办机构：　　　　　　　　　　　　　　　　　　经办人：　　　年　月　日

（二）失业保险

1. 业务基础

（1）享受待遇的条件

1）享受人员。依据《失业保险条例》的规定，具备下列条件的失业人员，可以领取失业保险金：

①按照规定参加失业保险，所在单位和本人已按照规定履行缴费义务满 1 年的。

②非因本人意愿中断就业的。包括：终止劳动合同的；被用人单位解除劳动合同的；被用人单位开除、除名或辞退的；用人单位以暴力、威胁或者非法限制人身自由的手段强迫劳动的；用人单位未按照劳动合同约定支付劳动报酬或者提供劳动条件的。

业务示例12—7：北京市基本养老保险待遇核准表（样表）

北京市基本养老保险待遇核准表

单位名称：　　　　　　　　　　　　　　　　　　　　　　编号：

姓名		社会保障号			
年龄		参保年月		退休类别	
性别		参保原因		特殊工种名称	
民族		参加工作时间		从事年限	
出生年月		退休时间		因病退休鉴定级别	
户口性质		应缴费年限		劳动能力鉴定号	
职工身份		视同缴费年限		N实98值	
专业技术职务		实际缴费年限		Z实指数	
是否为高级技师		趸缴年限		N值（至1998年6月缴费年限）	
个人账户储存额		全部缴费年限			
上年职工平均工资					
现办法			原2号令办法		
基础养老金	计发基数		基础养老金	计发基数	—
	计发比例（%）			计发比例（%）	—
	计发金额			计发金额	—
个人账户养老金	计发月数		个人账户养老金	计发金额	—
	计发金额		过渡性养老金	G＝（S×N×1%）×2.98	—

<table>
<tr><td rowspan="3">过渡性养老金</td><td>G 视同</td><td></td><td>综合补贴</td><td>计发金额</td><td>—</td></tr>
<tr><td>G 实际</td><td></td><td rowspan="2">因病退休</td><td>减发比例</td><td>—</td></tr>
<tr><td>计发金额</td><td></td><td>减发金额</td><td>—</td></tr>
<tr><td colspan="2">养老金合计</td><td></td><td colspan="2">养老金合计</td><td>—</td></tr>
<tr><td>过渡比例（%）</td><td colspan="2"></td><td>统筹支付金额</td><td colspan="2"></td></tr>
<tr><td colspan="2">参统单位申报意见</td><td colspan="2">主管部门意见</td><td colspan="2">人力资源社会保障行政部门核准意见</td></tr>
<tr><td colspan="2">签字（章）：　　　　年　月　日</td><td colspan="2">签字（章）：　　　　年　月　日</td><td colspan="2">起始支付年月
签字（章）：　　　　年　月　日</td></tr>
<tr><td>备注</td><td colspan="5"></td></tr>
</table>

业务示例 12—8：北京市 183 号令按月领取养老金人员登记表（样表）

北京市 183 号令按月领取养老金人员登记表

组织机构代码：　　　　单位名称（章）：　　　　退休核准表编号：□社会化发放代发机构　□破产企业　□转制企业　□原行业　□个人存档　□超龄人员

<table>
<tr><td>电脑序号</td><td colspan="2">居民身份证号码</td><td>姓　名</td><td>性　别</td><td>民　族</td><td>出生年月</td><td>户口性质</td><td>外埠标志</td><td>现居住地址</td><td>街道编码</td><td>邮政编码</td></tr>
<tr><td></td><td colspan="2"></td><td></td><td></td><td></td><td></td><td></td><td></td><td></td><td></td><td></td></tr>
<tr><td rowspan="2">用工形式</td><td rowspan="2">职工身份</td><td rowspan="2">专业技术职务</td><td rowspan="2">工人技术等级</td><td rowspan="2">行政职务</td><td rowspan="2">参加工作年月日</td><td colspan="4">缴费年限</td><td rowspan="2">个人账户金额</td><td rowspan="2">个人缴费</td></tr>
<tr><td>合计</td><td>视同缴费年限</td><td>实际缴费年限</td><td>趸缴年限</td></tr>
<tr><td></td><td></td><td></td><td></td><td></td><td></td><td></td><td></td><td></td><td></td><td></td><td></td></tr>
<tr><td>增加日期</td><td>退休分类</td><td>退休前所在单位代码</td><td colspan="2">退休前所在单位名称</td><td>经济类型</td><td>隶属关系</td><td>发放地点</td><td>邮政汇款账号</td><td>户口所在地址</td><td>街道编码</td><td>邮政编码</td></tr>
<tr><td></td><td></td><td></td><td colspan="2"></td><td></td><td></td><td></td><td></td><td></td><td></td><td></td></tr>
<tr><td rowspan="2">参保时间</td><td rowspan="2">参保原因</td><td rowspan="2">应缴费年限</td><td colspan="3">特殊工种</td><td colspan="2" rowspan="2">因病退休鉴定级别</td><td colspan="2" rowspan="2">劳动能力鉴定表号</td><td rowspan="2">批准退休时年龄</td><td rowspan="2">批准支付日期</td></tr>
<tr><td colspan="2">名称</td><td>从事年限</td></tr>
<tr><td></td><td></td><td></td><td colspan="2"></td><td></td><td colspan="2"></td><td colspan="2"></td><td></td><td></td></tr>
<tr><td>N实98值</td><td>Z实指数</td><td>N值（至1998年6月缴费年限）</td><td>上年职工月平均工资</td><td>Z平</td><td>T值</td><td colspan="2">G平＝（730×N×1%）×2.98</td><td colspan="2">183号统筹支付金额</td><td colspan="2">183号统筹养老金差额</td></tr>
</table>

183 号令计发办法

基础养老金			个人账户养老金			过渡性养老金			过渡比例%	养老金合计
计发基数	计发比例%	计发金额	计发月数	个人账户补贴（机、事用）	计发金额	G 视同	G 实际	计发金额		

原 2 号令计发办法

基础养老金			个人账户养老金计发金额	过渡性养老金 G =（S × N × 1%）× 2.98	综合补贴计发金额	因病退休		中断缴费核减（206 号）		2 号令养老金合计
计发基数（元）	计发比例%	计发金额				减发比例（%）	减发金额	中断缴费月数（206 号）	核减金额	
2734										

原 2 号令计发办法（117 号和 60 号）

基础养老金			个人账户养老金计发金额	过渡性养老金 G =（G 平 + Z 平）× T	综合补贴计发金额	因病退休		中断缴费核减		养老金合计	原机关事业办法纳入统筹项目的养老金合计
计发基数（元）	计发比例%	计发金额				减发比例（%）	减发金额	中断缴费月数（206 号）	核减金额		
2734											

养老金补贴明细表

代码	名称	金额
01	待遇补差	
02	最低保障补差	
03		
04		

正常调整明细表

代码	年度	金额
01		
02		
03		

统筹外金额明细表

代码	名称	金额
01		
02		
03		
04		

统筹内其他补贴明细表

代码	名称	金额
01	护理费	
02	临时工医疗补贴	
03	取暖费	—
04	［99］专家生活补贴	
05	书报费	
06	洗理费	—
07	京国工改〔1994〕10号	
08	用车包干费	

单位负责人：

填报人：

业务示例 12—9：转往街道管理退休人员养老金转移单（样表）

北京市＿＿＿＿＿转往街道管理退休人员养老金转移单

组织机构代码：　　　　　　　　　　单位名称：　　　　　　　　　　编号：

<table>
<tr><td>姓名</td><td></td><td>性　别</td><td></td><td>出生年月</td><td></td><td>民　族</td><td></td></tr>
<tr><td>退休前职务（称）</td><td></td><td>参加工作时间</td><td></td><td>视同缴费年限</td><td></td><td>缴费年限</td><td></td></tr>
<tr><td>批准退休时间</td><td></td><td>是否因工致残</td><td colspan="2"></td><td colspan="2">享受优异待遇%</td><td></td></tr>
<tr><td colspan="2">户口所在地地址</td><td colspan="4"></td><td>邮政编码</td><td></td></tr>
<tr><td colspan="2">户口所属街道</td><td colspan="4"></td><td>街道编码</td><td></td></tr>
<tr><td colspan="2">基本养老金计发办法</td><td></td><td colspan="3">基本养老金金额</td><td colspan="2"></td></tr>
<tr><td>转出单位</td><td>（公章）
劳资负责人：
经办人：
年　月　日</td><td>单位所在区县社保机构</td><td colspan="2">（公章）
经办人：
年　月　日</td><td>转入区县社保机构</td><td colspan="2">（公章）
经办人：
年　月　日</td></tr>
<tr><td colspan="8">自　　年　　月起由转入单位发放基本养老金</td></tr>
</table>

若职工个人主动提出申请与单位解除劳动合同，是辞职行为，属于本人意愿中断就业，不享受失业保险待遇。

③已办理失业登记，并有求职要求的。失业人员在领取失业保险金期间，按照规定同时享受其他失业保险待遇。

2）中止享受。失业人员在领取失业保险金期间有下列情形之一的，停止领取失业保险金，并同时停止享受其他失业保险待遇：①重新就业的；②应征服兵役的；③移居境外的；④享受基本养老保险待遇的；⑤被判刑收监执行或者被劳动教养的；⑥无正当理由，拒不接受当地人民政府指定的部门或者机构介绍的工作的；⑦有法律、行政法规规定的其他情形的。

（2）待遇标准。依据《失业保险条例》的规定，对城镇失业人员失业前所在单位和本人按照规定累计缴费时间满 1 年不足 5 年的，领取失业保险金的期限最长为 12 个月；累计缴费时间满 5 年不足 10 年的，领取失业保险金的期限最长为 18 个月；累计缴费时间 10 年以上的，领取失业保险金的期限最长为 24 个月。

失业保险待遇主要由失业保险金、医疗补助金、丧葬补助金、抚恤金、社会保险补贴、职业培训和职业介绍补贴、其他待遇等构成。

失业保险待遇的标准按照各省、自治区、直辖市人民政府的有关规定执行。

（3）转移。依据有关规定，若失业人员失业保险关系跨省、自治区、直辖市转迁的，失业保险费用应随失业保险关系相应划转。需划转的失业保险费用包括失业保险金、医疗补助金、职业培训和职业介绍补贴。其中，医疗补助金、职业培训和职业介绍补贴按失业人员应享受的失业保险金总额的一半计算。

若失业人员跨统筹地区转移的，凭失业保险关系迁出地经办机构出具的证明材料到迁入地经办机构领取失业保险金。

2．业务流程

在职介中心个人存档的人员，如果失业，职介中心应为其出具终止存档的证明，并自终止存档之日起 7 日内，将终止存档人员名单报其户口所在地的区、县失业保险经办机构备案；在 20 日内，将存档人员档案转移到其户口所在地的区、县失业保险经办机构。基本业务流程如图 12—4 所示。

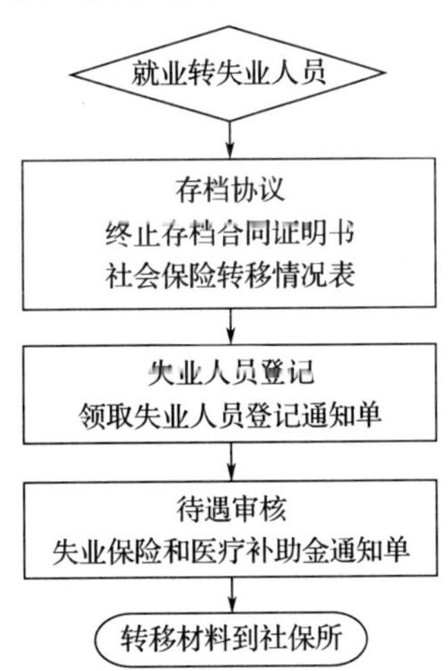

图 12—4 失业保险待遇支付业务流程

业务示例12—10：北京市失业人员领取失业保险金和医疗补助金通知单（样表）

北京市失业人员领取失业保险金和医疗补助金通知单

________街道（镇）人力资源和社会保障部门：

________同志，男性（女性），______年____月____日因________________原因与原用工单位终止劳动（工作）关系（第__次失业）。现为失业人员。经核审，其视同缴费年限____年____月，正式缴费年限____年____月，累计缴费时间为______年，另前次失业后尚未领完的失业保险金期限为____个月。按照规定，应领取失业保险金期限为______个月。自失业人员登记之月起：

第______个月至______个月按第（　　）档标准发放；

第______个月至______ 个月按第（　　）档标准发放。

该失业人员就诊指定医院是____________________，其医疗补助比例为______。

经办人：　　　　　　　　　　　　　　　　　　年　月　日

（三）医疗保险

1．业务基础

（1）享受条件。对于存档人员，只要按时足额缴纳了医疗保险费，即可享受规定范围内的医疗保险待遇。

（2）待遇标准。若存档人员发生费用，其待遇标准同在职职工的医疗保险待遇一样。

依据北京市基本医疗保险待遇支付的规定，门诊、急诊的医疗费用与到定点零售药店购药的费用，首先用“个人账户”的资金进行支付，过了起付线后，才由大额医疗统筹基金来支付。针对参保人员类别的不同，起付线的标准也不一样。对于住院费用，也首先用“个人账户”的资金进行支付，然后再用基本统筹基金来支付，也因参保人员类别的不同而有不同的起付线。具体标准见表12—3。

表12—3　　门诊与住院费用的起付线标准　　单位：元

	起付线	
	门诊急诊	住院费用
在职职工	1 800	1 300
退休人员	1 300	1 300

起付线是指在统筹基金支付前按规定必须由个人负担的医疗费用额度，也就是通常所说的进入统筹基金支付的“门槛”。在职和退休医保、老年人、无业居民的起付线均为1 300元，在一个年度内第二次及以后住院起付线为650元。

学生、儿童大病医疗保险的起付标准第一次及以后均为650元。

最高支付限额又被称为封顶线，指参保者超过起付线部分用统筹基金支付的最高限额。最高支付限额国家要求原则上控制在当地职工年平均工资的4倍左右。超过最高支付限额的部分，统筹基金不再支付，应寻找其他途径分担。

再以北京市为例说明最高支付限额，具体标准见表12—4。

表12—4　　门急诊与住院费用的最高支付额　　单位：元

	最高支付限额	
	门急诊	住院费用
大额统筹	20 000	100 000
基本统筹	0	70 000

参保人员在一个年度内累计超过起付线的门诊、急诊医疗费用和超过基本医疗保险统筹基金最高支付限额（不含起付标准以下以及个人负担部分）的医疗费用，一般由大额医疗统筹基金按一定比例进行支付。若大额医疗统筹基金不足以支付时，由市财政给予适当补贴。大额医疗费用互助资金在一个年度内累计支付职工和退休人员门诊、急诊医疗费用的最高数额为2万元。职工和退休人员在一个年度内超过基本医疗保险统筹基金最高支付限额（不含起付标准以下以及个人负担部分）的住院医疗费用，恶性肿瘤放射治疗和化学治疗、肾透析、肾移植后服抗排异药的门诊医疗费用，大额医疗费用互助资金支付70%，个人支付30%。但大额医疗费用互助资金在一个年度内累计支付最高数额为10万元。

基本统筹基金支付在起付线以上和最高支付限额之间，基本医疗保险统筹基金最高支付限额为7万元。若是老年人、无业居民，一个医疗保险年度累计支付最高数额均为7万元。学生、儿童参保人员一个医疗保险年度累计支付最高数额为17万元。

统筹支付指参保人员在发生医疗费用时，依据医疗保险规定的药品、诊疗项目、诊疗设施等费用，可由统筹基金按照一定比例支付。

以北京市为例，存档在职职工的报销比例见表12—5。

表12—5　　在职职工报销比例

	一级医院（%）		二级医院（%）		三级医院（%）	
比例 医疗费用金额段	统筹支付	个人负担	统筹支付	个人负担	统筹支付	个人负担
起付标准－3万元	90	10	87	13	85	15
3万元以上－4万元	95	5	92	8	90	10
4万元－支付10万元	97	3	97	3	95	5

自费指在实际发生的住院医疗费用中，按照有关规定不属于城镇居民基本医疗保险支付范围而全部由个人支付的费用。具体是指参保人员使用不属于基本医疗保险范围的药品、检查治疗项目及服务项目，由个人支付的费用。

特殊病通常指慢性肾功能衰竭（尿毒症期），白血病，各种恶性肿瘤，肾脏移植、器官移植后排异反应等疾病。重病确认需凭本人申请和医院的疾病诊断证明，经医院医保办初审，由医保中心确认后可享受特殊病支付办法；未经重新确认的将停止享受重病人群待遇。

（3）费用发生的相关管理。医疗保险费用的支付方式可分为后付制和预付制。前者是指按服务项目付费，后者是指总额预算包干、按人头付费、工资制等。具体可分为：

1）按服务项目付费。医疗保险机构以医疗服务发生的服务项目和服务量向其支付费用，属于事后付费。

2）按人头付费。医疗保险机构按合同规定的时间，根据接受医疗服务的被保险人人数和规定的收费标准，预先支付医疗服务费用的支付方式。在此期间，医疗机构负责提供合同规定范围内的一切医疗服务，不再另行收费，属于包干制。

3）总额预算制。医疗保险机构根据服务地区的人口密度、人口死亡率、医院的规模、服务数量和质量、设备设施情况等因素进行综合考察与测算后，按照与医院协商确定的年度预算总额支付医疗费用的方式，又被称为总额预算包干制。

4）按病种付费。亦称按疾病诊断分类定额支付。这种方式是根据国际疾病分类法，将住院病人分为若干组，同时将病人的疾病按诊断、年龄、性别等分为若干组，对每一组的不同级别分别制定价格标准，按照这种价格对该组某级疾病治疗的全过程进行一次性支付。

5）工资制（薪金支付制）。医疗保险机构根据全国医疗服务机构医务人员所提供的服务向他们发放工资，以补偿医疗机构的人力资源消耗。目前北京市主要采用第一种和第四种，参照第二种和第三种强化对医院的管理和监督。

2. 业务流程

一般医疗费用的报销由社会保险经办机构与定点医疗机构和定点零售药店直接结算，定点医疗机构和定点零售药店与参保人直接结算，不存在费用报销过程中职介（人才）中心的参与。但目前有些地方不具备各处直接结算的条件，只能先由参保人员垫付，然后由社会保险经办机构与职介（人才）中心结算。

职介（人才）中心需要组织存档人员选择和登记定点医疗机构，代替存档的参保人员进行信息登记，并发放基本医疗保险手册（卡）；存档的参保人员因急诊、经批准的转诊转院等特殊情况而发生的费用申报，职介（人才）中心可按有关规定代替存档人员进行待遇和资料的审核。

（1）具体业务流程。职介（人才）中心的社保业务经办人代理存档参保人去社保经（代）办机构办理门急诊费用或特殊情况下医疗费用的报销。即：

1）职介（人才）中心的社保业务经办人应随时汇总存档参保人员年度内发生医疗保险费用的相关材料（其中，累计的门急诊、未收入院的急诊留观医疗费用必须超过大额医疗费用互助资金起付标准），以个人医疗费用的发生时间为序排列。

2）职介（人才）中心的社保业务经办人在申报跨区、县转移医疗保险关系的参保人员医疗费用时，应将存档参保人员在原区县、原单位年度内未申报的医疗费用一同申报。

3）职介（人才）中心的社保业务经办人在申报存档参保人员急诊留观并收入院前七天费用（含入院当天急诊费用）、家庭病床费用、异地安置医疗费用、全额现金垫付的住院及三种特殊病费用时，必须填写《医疗保险手工报销费用审批表》，同时附参保人员的医疗保险手册或医保卡、社保卡。

（2）具体业务内容

1）填写《手工报销医疗费用申报结算汇总表》和《手工报销费用审批表》，并加盖单位公章。

2）搜集整理参保人医疗费用发生的原始收据、医疗保险专用处方底方、检查化验治疗明细单、医学诊断证明书等材料，并按照要求进行分类整理。

3）到社保经（代）办机构的医保支付部进行报销申报。

4）若报销成功，社保经（代）办机构的医保支付部把所报销的费用转到缴费单位的账户上，职介（人才）中心的社保业务经办人负责把此费用转付给存档参保人。

基本业务流程如图12—5所示。

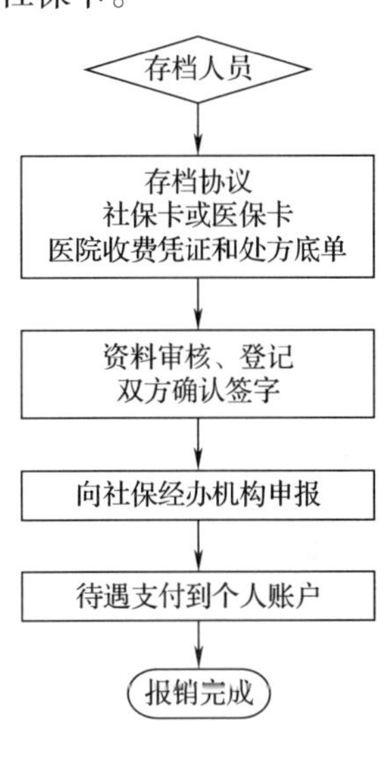

图12—5 医疗费用报销业务流程

主要参考文献

［1］李得良. 济宁市人事代理工作现状及发展研究［D］. 山东大学，2008.

［2］许欣. 合肥市人事代理现状与发展研究［D］. 安徽大学，2011.

[3] 李鹏. 完善人事代理制度研究 [D]. 安徽财经大学，2011.

[4] 刘义. 再谈人事代理制度的意义 [J]. 人才开发，1998 (7): 16-17.

[5] 栾建刚. 我国人事代理的产生与发展 [J]. 人才瞭望，2002 (4): 25.

[6] 邱秀芳. 浅析人事代理的意义 [J]. 广东青年干部学院学报，2003 (3).

[7] 李琦，朱莉莉. 人力资源市场服务理论与实训 [M]. 北京：中国劳动社会保障出版社，2013.

[8] 朱莉莉. 人力资源市场服务业务经办实务 [M]. 上海：复旦大学出版社，2014.

[9] 陈诗达. 人力资源服务业理论与实践 [M]. 杭州：浙江人民出版社，2014.

第十三章
职 业 指 导

从 1908 年帕森斯第一次提出“职业指导”这一概念至今，职业指导已经成为一个相对完整的专业领域。在我国，职业指导是为个人选择恰当职业，保持个人可持续发展，为单位合理用人提供咨询、指导和帮助服务。本章第一节对职业指导的相关概念、发展历程等进行了介绍，第二节是对职业规划设计路径、方法等的系统阐述，第三节全面介绍了职业素质提升的方法，第四节是对各种职业能力提升的探讨。

第一节　职业指导概述

一、职业指导的起源与发展

尽管不同国家对职业指导的称谓不一，理解也各不相同，学术界仍把帕森斯第一次工作报告中使用的“Vocational Guidance”即“职业引导”一词作为职业指导正式诞生的标志，帕森斯也被誉为“职业指导之父”。

与职业指导产生与发展密切相关的背景因素有两个：一是日益加剧的工业化与城市化进程正威胁着传统的就业结构，普及义务教育后的青少年需要被合理地定向与分流，并分别给予他们更恰当的就业教育；二是应用心理学在欧美兴起并广泛地运用到社会生活的各个领域。前者对职业指导提出现实的需要，后者则为职业指导提供了更多的理论基础与方法论依据。

纵观中国职业指导的发展历史，改革开放后，职业指导更是越来越受到政府和社会的广泛关注。职业指导的发展，大体分为三个阶段：1979 年到 1989 年，为我国职业指导恢复与实验阶段；1990 年到 1993 年，为职业指导适应社会主义市场经济体制的需求深化发展的阶段；从 1994 年至今，为职业指导向现代化、法制化、规范化方向发展的阶段。结合我国的具体情况，我们主张将职业指导表述为：为求职者就业、就业稳定、职业发展和用人单位合理用人提供咨询、指导和帮助的过程。

二、职业指导的内涵

随着职业指导实践的深入，职业指导理论也随之产生、发展和实施，帕森斯提出的特性—因素理论开辟了职业指导理论之先河。

目前我国对职业指导概念的理解，主要表现在把职业指导看作是择业指导，将职业指导理解为：职业指导是为个人选择恰当职业，保持个人可持续发展，为单位合理用人提供咨询、指导和帮助服务。

三、职业指导的对象

职业指导的对象包括两部分：一是成年人，他们也有择业或转业的问题，其中包含了少数特殊人员，包括智力超常、有特殊才能、生理或心理有某种缺陷的人，属于社会职业指导的范畴。二是青年学生，这是职业指导的主要对象，属于学校职业指导的范畴。

（一）社会职业指导

社会职业指导是依据劳动力市场供求状况，为社会各阶层求职择业者提供咨询、指导和帮助，同时也为用人部门提供劳动力市场信息和协助人员招聘，通过运用各种有效手段，引导就业、促进就业和帮助就业，实现社会人岗匹配的过程。

社会职业指导的对象主要是社会广大求职者、失业人员、再就业人员、在岗而意欲转行转岗的人员，以及残疾人等就业困难群体，智力超常、有特殊才能、生理或心理有某种缺陷的特殊群体等。社会职业指导由各级职业介绍机构设置的职业指导部门具体实施。

人力资源和社会保障部将颁布职业指导人员的国家职业标准。职业指导人员的职业等级分为职业指导员、助理职业指导师、职业指导师和高级职业指导师四级。除了对职业指导人员文化程度有具体要求以外，还必须在指定部门经过300学时的培训，通过技能鉴定与考核合格后持证上岗。

（二）学校职业指导

学校职业指导是根据学生培养目标和学校教学特点，传授职业知识，使学生了解国家就业政策和社会就业形势，帮助学生结合自己的身心特点与具体条件选择升学或就业途径，引导学生以社会实际需求调整就业期望值，努力提高全面素质，主动增强综合能力，适应社会的发展。

学校职业指导对象是各级各类学校的在校生和毕业生，学校职业指导重在育人。但目前我国正处于毕业生就业制度改革的进程之中，学校职业指导仍需兼顾毕业生就业服务的职能。学校职业指导功能的二重性表明，学校职业指导既是教育活动，又是帮助就业的实施过程。

图 13—1 总结概括了职业指导的对象及内容。由此图可见，职业指导覆盖的面较广，通过职业指导可以连接学校与社会、培训与就业、职前与职后，根据不同对象与任务体现职业指导的功能。

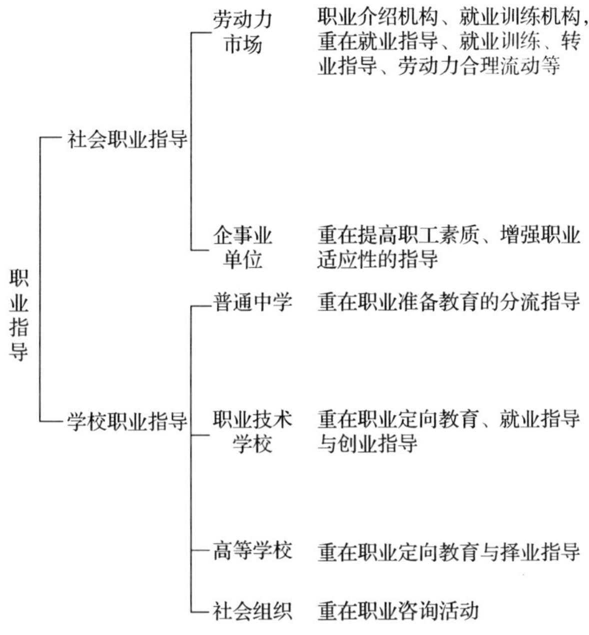

图 13—1　职业指导的主要内容

四、职业指导的作用与方法

（一）职业指导的作用

1. 帮助就业者实现自我价值

职业指导是对就业者进行职业观教育、心理分析、生涯设计的过程，也是提供职业信息和进行培训的过程。

2. 增加就业适应度

就业适应度是指劳动力在就业时所表现的适应能力。在帮助就业者时，除了要让就业者了解职业信息、掌握求职方法、增强就业能力外，还要帮助其能够客观地分析自己，确定求职方向，尽快走上新的工作岗位。

3. 预测就业者的潜能，确定未来的发展方向

通过对就业者的综合测评，挖掘就业者的潜能，通过相关技能的培训，提高就业者的综合素质，使之更快适应岗位需要、胜任新的工作岗位。

4. 帮助用人单位合理配置人力资源

职业指导的另一重要功能是帮助用人单位合理配置人力资源。一方面指导用人单位确定用人及招聘标准，获得适合的劳动力；另一方面，在企业内部通过岗位分析，科学地选拔人员，做到事得其人、人尽其才、才尽其用。这样可以减少由于人员使用不当所带来的一系列社会问题。

5. 指导用人单位确定用人标准，获得适合的劳动力

用人单位在招聘大量人员时，仅靠及熟人介绍或招聘等方法，想得到满意的劳动力还是相当困难的。但是，通过与职业指导机构配合，情况就大不相同了，职业指导可以从众多就业者中，通过面试、考核、测评等技术手段，选择出优秀的、高素质的劳动力。另外，职业指导机构还可以帮助用人单位根据单位实际要求制定和调整招聘标准，向他们推荐及分流一部分劳动力。

（二）职业指导的方法

1. 心理模拟教学方法

这种方法可以通过以下环节来进行。首先，创设情境。先通过叙述的方法描述出一个类似真实的环境，让指导对象感到有趣、紧张、兴奋，并乐于投入其中。其次，讲解示范，即根据情境进行知识教育和示例演练。再次，群体交往。以讨论为主开展各项活动，独立思考感到困惑的问题并做出判断解释。最后，职业指导人员根据反馈情况进行解疑和辅导，对于礼仪和人际关系的学习及法律法规、职业纪律方面的学习，这种方法尤为有效。

2. 比较分析法

这是促使指导对象进一步理解和掌握所学内容的方法。此法常用于指导被指导者分析比较自己的职业人格、学识水平与职业要求的差距，也常用于指导被指导者筛选职业信息的活动中。许多的内容通过比较分析，往往能迅速达成共识，提高职业指导课程教学效果。

3. 榜样法

“榜样的力量是无穷的。”在对树立正确职业观的指导中，如果榜样法运用得当，往往能够激励指导对象好学上进，树立正确的劳动态度，形成正确的职

业观念。这是因为对榜样的分析，能使抽象的理论具体化，使指导对象感到鲜明、生动、亲切，并乐于模仿和学习，可以收到事半功倍的效果。这种方法还常用于指导指导对象形成良好的职业道德品质。

4. 目标法

目标法是把教学、评价、反馈矫正三种教学手段结合起来的教学方法。它可以运用于一般知识的掌握和学习上，也可以运用在职业能力的培养和训练上。如指导被指导者提高职业适应能力时，就可以按照以下步骤进行：把缩小自己的现状和职业要求的差距定为一个目标；围绕目标定出实施计划，进行实践活动并及时做出评价；反馈情况，根据反馈情况进行矫正和补救，再评价。这个过程要不断反复，直到接近或达到目标。

5. 测验法

测验法主要指运用一系列心理测验，使指导对象能够比较客观地认识自己，分析自己的职业理想、职业能力、性格，给自己做出评价。运用此法时，职业指导人员除了让指导对象掌握测验、评价方法外，还应该通过作品分析、个别调查来给指导对象做出全面的评价。实施测验法，既要重视让指导对象学会自测，又要重视指导人员的评价过程。

6. 因材施教法

每个指导对象的性格、才能、志趣和特长各有不同，每个人在求职之路上面临的问题也各有不同。这就需要职业指导人员针对不同的人、不同的问题给予不同的指导，也就是要应用因材施教法。因材施教法的目标是使每位指导对象都能在原有的基础上得到提高和发展。因此，在施用此法时，要求职业指导人员耐心、细致地做好每一位指导对象的指导工作。

职业指导中常用的教学方法还有很多。如实践法可以培养职业兴趣和能力，用思维训练法来培养指导对象的创新能力，还可以应用电化教学法、挫折教学法等，这里就不赘述了。

五、职业指导的相关政策

下面主要介绍针对 OECD 国家和我国的职业指导相关政策。

我国政府一直致力于运用多种手段引导和鼓励高校毕业生就业，诸如大力推动经济发展，积极扶持具有较强的高校毕业生吸收力的第三产业发展。这些政策手段所具备的直接性、针对性、迅速性的优势，成为促进就业的有效推动力。

（一）OECD 国家职业指导政策体系

OECD（经济合作与发展组织）成员国普遍认为，职业指导有助于人们反思自己的抱负、兴趣、资格和能力；有助于人们理解劳动力市场与教育体制，从而更加了解自己，对工作和学习做出更好的计划和决策。职业指导将劳动力市场信息和教育信息有机地结合起来，当人们需要的时候，能够随时提供。与此同时，OECD 成员国更是十分重视职业指导政策，其以较为成熟的职业指导理论为依据，发展比较丰富多样的职业指导方式，构建完善的职业指导政策体系，其政策目标旨在完善劳动力市场体制。他们认为：职业指导政策必须促进从终身学习到社会公正目标的实现，并致力于实现公民的人力资本构建。

OECD 国家职业指导政策体系主要包括三个方面：基础学校的职业指导政策、高等院校的职业指导政策和服务于成人的职业指导政策。

1. 基础学校的职业指导政策

OECD 国家十分重视基础学校的职业指导政策，一般做法是在学校中开设职业指导课程，或者在心理指导服务中渗透职业指导服务，学校为学生提供基本的信息和建议。

OECD 国家基础学校的职业指导政策的主要特点在于：

第一，职业指导以学生为目标。OECD 国家强调，学校应当采取彻底的以学生为中心的方法，包括学生经验的反思学习，自我定向的学习方法以及从学生的重要相关人处的学习，如雇主、父母、校友和年长的学生等。

第二，职业指导以发展为方向。学校必须采取发展的方法，整合职业教育和指导的内容使学生达到发展的阶段：学生发现他们的职业教育指导和经验贯穿于整个学校教育，而不是仅仅在某个方面得到了发展。职业指导以综合为方式。

第三，职业指导以学习为中心。OECD 国家在基础教育阶段尝试将职业指导课程融入其中。在不同的 OECD 国家，职业指导课程的范围是不同的。在爱尔兰和卢森堡，职业指导既不是必修课程，也没有被包括在课程框架之中。另一些国家，职业指导以选修课程的形式开展。

第四，职业指导以整合为主。OECD 国家在基础教育阶段将职业训练和指导纳入学生教育计划，而不仅仅是学校或科目的教育内容。解决的方法之一是将职业训练整合在其他学校科目之中。如捷克等国整合的方法是制定详细的课程目标，课程内容渗透其中。

2. 高等院校的职业指导政策

随着高等教育的日益开放和竞争的激烈化，OECD 国家高等教育中出现了职业指导需求。随着高等学校里职业指导需求的攀升，学校越来越注重学生的就业技能。OECD 国家认为，高等教育领域的职业指导政策非常重要。

一些 OECD 国家的职业指导具有悠久的传统，如英国和美国。现在许多国家职业指导发展迅速，如西班牙的一些大学的就业服务为学生提供就业介绍，安排学生到公司里去实习，组织就业交易会，邀请雇主到学校为学生提供信息。

除此之外，大学还提供职业设计项目，面向全体学生，并以学生自愿为基础，为学生提供个人发展的指导服务。OECD 国家高校职业指导一般从大学二年级开始，形式多样，包括了基于网络的自我评价手段、个人的就业技能训练活动，以及学生和指导老师的会谈活动。如爱尔兰都柏林大学（Trinity College Dublin）的职业指导服务，通过资源中心以信息技术的基础手段和个别会谈来提供帮助。职业指导服务还在大学本科课程里开设个人和社会技能发展项目。此外，高校职业指导还渗透在学科教学之中进行，由受过职业指导的教学助理协助进行。

3. 服务于成人的职业指导政策

OECD 国家职业指导政策不仅集中在基础教育阶段和高等教育阶段，而且进一步拓展到个体的整个人生，特别关注成人阶段的职业指导。例如，英国专门成立了“技术热线”服务中心，为成年人提供教育和职业服务。技术专家一般具有职业服务资格，为服务对象提供就业、培训课程信息。电话帮助热线工作时间为 8：00 至 22：00，全年开放。1998 年成立以来，电话热线共为 400 万求助者提供了服务。芬兰就业部聘请了 280 多名专门研究职业指导的心理学者，每个学者都具有心理学硕士学位，全部完成短期上岗训练，其中许多学者还具有博士学位。职业指导服务的对象包括中学毕业者、失业人员以及期望更换职业的成年人。专家和这些人员约定，一般经过 6 个星期的时间，进行几次面谈和专门咨询。

另外一些国家，如澳大利亚、爱尔兰等国，发起了许多活动发展新的成人职业指导服务。尽管这些职业指导服务项目还不成熟，而且，与年轻人和失业者服务的就业机构相比还不能吸收更多的资金，但是这些职业指导服务政策具有很强的创新性，能加强社区和弱势群体的联系，进一步增强了职业指导的有效性。

（二）我国职业指导相关政策的历史沿革与推进

1. 近代时期的职业指导

我国早期职业指导的产生与欧美国家的影响密切相关。20 世纪初，大批的留学生回国后积极宣传职业指导。1916 年，时任清华大学校长周治春先生开始有意识地开展职业指导活动，指导学生就业。黄炎培先生创立的中华职业教育社以杂志的形式介绍职业指导，是我国最早倡导职业指导的社会团体。1927 年之后，政府开始真正关注职业指导问题并制定相应的政策。这一时期，制定职业指导政策的主要是教育行政部门。

2. 新中国成立后我国的职业指导和就业政策

（1）改革开放前我国的职业指导和就业政策。新中国成立之初，全国各行各业百废待兴，城镇失业人员较多，达 472.2 万人，失业率高达 23.6%。当时的劳动部于 1950 年 5 月 20 日颁发了《市劳动介绍所组织通则》，并公布了《失业技术员工登记介绍办法》，促成了多形式、多渠道的就业格局的形成。

（2）改革开放后我国的职业指导和就业政策。20 世纪 70 年代末，我国开始进行改革开放，职业指导和就业政策不断调整和完善。职业指导和就业政策经历了三个发展阶段：①由全员就业向双轨制就业转变，实现就业政策的重大突破（1978—1991 年）。“文化大革命”结束后，政府对城镇和农村实施不同的就业政策，这一方面有利于国家的调控和管理，但也极大地限制了劳动力从农村向城镇的流动和转移。②实施劳动合同制和再就业工程，构建新型劳动就业政策和机制（1992—2001 年）。这一阶段，我国政府的就业政策继续稳步推进，重点着眼于实施劳动合同制和再就业工程，以构建新型的市场导向的就业机制。③将社会就业与经济发展、社会保障结合起来，形成具有中国特色的积极就业政策和机制（2002 年以来）。

目前，我国形成了国企下岗职工、城镇新增劳动力、农民工和高校毕业生在内的“四位一体”的积极就业政策体系的基本框架，其中高校毕业生就业是重点。

自 1999 年高校扩招以来，高校毕业生人数骤增，就业形势严峻，高校毕业生就业与社会需求之间的矛盾日渐凸显，政府对此颁布了大量专门针对高校毕业生的政策制度。

2003 年 6 月 10 日，国家工商行政管理总局颁布了《关于 2003 年普通高等学校毕业生从事个体经营有关收费优惠政策的通知》，对大学生创业进行积极扶持。2003 年 7 月 11 日，中共中央组织部、人事部、共青团中央、中央机构编制委员会办公室、教育部等 5 部门联合颁布了《关于选拔高校毕业生到西部基层工作的通知》，为西部建设输送了大批高质量的人才。2005 年 6 月 29 日，中共中央办公厅、国务院办公厅发布《关于引导和鼓励高校毕业生面向基层就业的意见》，积极引导和鼓励高校毕业生面向基层就业。2006 年 2 月 25 日，中共中央组织部、人事部、教育部、财政部、农业部、卫生部、国务院扶贫开发领导小组办公室、共青团中央等 8 部门联合发布

《关于组织开展高校毕业生到农村基层从事支教、支农、支医和扶贫工作的通知》。2006 年 6 月，中共中央组织部、教育部等 14 部门联合下发《关于切实做好 2006 年普通高等学校毕业生就业工作的通知》，为鼓励大学生到基层就业，出台了前所未有的倾斜政策。而且，国家自 2006 年起连续三年（2006 年、2007 年、2008 年）发出通知，要求各地各部门把高校毕业生的就业工作当成大事来抓。

2008 年，经济危机波及我国。受此影响，高校毕业生就业难的问题更是雪上加霜。2008 年年底至 2009 年 3 月底，国家出台了大量的政策文件来鼓励、促进高校毕业生就业，累计有 11 部，这三个月成为新中国成立以来高校毕业生职业指导和就业政策制定数量最多、密度最大的一个时期。2009 年 1 月 19 日，国务院办公厅发布《国务院办公厅关于加强普通高等学校毕业生就业工作的通知》。2009 年 1 月 23 日，人力资源和社会保障部、中华全国总工会等联合发布《关于应对当前经济形势稳定劳动关系的指导意见》。2009 年 2 月 27 日，科学技术部、教育部等联合发布《关于鼓励科研项目单位吸纳和稳定高校毕业生就业的若干意见》。2009 年 4 月 18 日，中共中央组织部、人力资源和社会保障部、教育部、共青团中央等发布《关于做好 2009 年高校毕业生三支一扶计划实施工作的通知》，详细规定了高校毕业生在基层工作的服务、保障等方面的政策，解决了毕业生的后顾之忧。2009 年 4 月 20 日，中共中央组织部、人力资源和社会保障部、教育部等发布《关于统筹实施引导高校毕业生到农村基层服务项目工作的通知》。2009 年 6 月 18 日，教育部发布《关于当前做好高校困难毕业生就业帮扶工作的通知》，要求各地政府对家庭经济困难和就业困难的高校毕业生进行政策帮扶。2009 年 11 月，教育部颁布《关于做好 2010 年普通高等学校毕业生就业工作的通知》，继续把高校毕业生就业工作摆在突出重要位置。这一系列政策对于高校毕业生应对经济危机和就业政策体系的完善都具有积极意义。

2010 年至今，高校毕业生的职业指导和就业政策在前期政策的大框架下继续毫不放松地平稳推进。2010 年 3 月 24 日，科学技术部办公厅、教育部办公厅、财政部办公厅联合发布《关于进一步加强科研项目吸纳高校毕业生就业有关工作的通知》，鼓励科研项目承担单位吸纳高校毕业生。2010 年 4 月 7 日，人力资源和社会保障部、教育部、财政部等共同发布《关于实施 2010 年高校毕业生就业推进行动大力促进高校毕业生就业的通知》。4 月 17 日，人力资源和社会保障部发布《关于做好 2010 年高校毕业生“三支一扶”计划实施的通知》，推进“三支一扶”工作的稳步实施。11 月 26 日，教育部颁布《关于做好 2011 年全国普通高等学校毕业生就业工作的通知》。2012 年 3 月 26 日，人力资源和社会保障部发布《关于加强高校毕业生职业培训促进就业的通知》，旨在加强高校毕业生就业能力。

（三）我国职业指导政策的反思

第一，我国的职业指导和就业政策反应迅速，根据社会和经济的发展而不断变化。

1999 年高校扩招后，毕业生数量骤增。面对就业人数与就业岗位的巨大差距，国家审时度势并及时颁布了一批鼓励高校毕业生就业的政策文件。2008 年金融危机影响我国，中央和地方政府在充分预计危机对高校毕业生就业所造成的影响的前提下，联合各部委及时发布多项政策，为高校毕业生就业提供了全方位的政策保障。2010 年至今，社会经济平稳运行，职业指导和就业政策继续向前推进，并以政策为先导鼓励高校毕业生到科研、基层领域发展，服务整个社会发展大方向。

第二，职业指导和就业政策已步入制度化和法制化的轨道。

新中国成立尤其是改革开放以来，我国颁布了大量的职业指导和就业政策，就业工作在一步一步向纵深稳步推进。特别是 2008 年 1 月 1 日正式施行《中华人民共和国就业促进法》，标志着当前的职业指导和就业政策已经逐步步入制度化、法制化的轨道。

第三，国家多个部门、机构共同制定职业指导和就业政策。

职业指导和就业政策涉及的面极广，不仅需要教育部门，也需要人力资源、税务、金融、工商、科技等多个部门的通力协助。近年来，越来越多的政策开始由多个政府部门共同制定，多部门的参与对于就业工作顺利推进具有积极意义。

第四，职业指导和就业政策彰显“以人为本”的理念。

“以人为本”的理念随着就业制度的不断发展而逐渐彰显。制定就业政策的过程中，一方面，政府积极为毕业生扩充就业渠道和途径，科研院所、基层单位、中小企业等都成为吸引大批毕业生就业的机构；另一方面，高校残疾和家庭困难毕业生的就业问题也时时牵动着政府，国家专门颁布政策要求各级政府和各部门高度重视他们的就业问题，通过对毕业生弱势群体的政策倾斜实现帮扶，保障他们能够顺利就业。

第二节　职业规划设计

一、职业认知

（一）职业及其特征

根据中国职业规划师协会的定义：职业是性质相近的工作的总称，通常指个人服务社会并作为主要生活来源的工作。在特定的组织内，它表现为职位（即岗位），我们在谈某一具体的工作（职业）时，其实也就是在谈某一类职位。每一个职位都会对应着一组任务，作为任职者的岗位职责。要完成这些任务，就需要这个岗位上的人，即从事这个工作的人具备相应的知识、技能、态度等。职业定位是职业规划过程中必不可少的重要确定因素。根据职业的产生发展历史及其对人类社会发展的影响，职业具有以下特征：

1．产业性

一个国家，一个社会，就大的方面可以分为三类产业。第一产业和第二产业都是物质生产部门，第三产业虽然并不生产物质财富，但却是社会物质生产和人民生活必不可少的部门。

2．行业性

行业是根据生产工作单位所生产的物品或提供服务的人的不同来划分，是按企业、事业单位、机关团体和个体从业人员所从事的生产或其他社会经济活动性质的同一性来分类。

3．职位性

所谓职位，是一定的职权和相应责任的集合体。职权和责任是组成职位的两个基本要素。在职业分类中，每一种职业都含有职位的特性。

4．组群性

无论以何种依据来划分职业都带有组群特点。

5．时空性

随着社会的发展和进步，职业变化迅速，除了弃旧更新外，同一种职业的活动内容和方式也会发生变化，所以职业的划分带有明显的时代性，不同时代有不同的热门职业。

（二）职业的分类

职业分类是指按一定的规则和标准，把一般特征和本质特征相同或相似的社会职业，分开并归纳到一定类别系统中的过程。

同一性质的工作，往往具有共同的特点和规律。把性质相同的职业归为一类，有助于国家对职工队伍进行分类管理，根据不同的职业特点和工作要求，采取相应的录用、调配、考核、培训、奖惩等管理方法，使管理更具针对性。

职业分类是对职工进行考核和智力开发的重要依据。考核就是要考查职工能否胜任所承担的职业工作，考查其是否完成了应完成的工作任务。这就需要制定出考查标准，对各个职业岗位工作任务的质量、数量提出要求，而这些都是在职业分类的基础上才能加以规定的。职业分类中规定的各个职业岗位的责任和工作人员的从业条件，不仅是考核的基础，同时也是进行培训的重要依据。职业分类给各个职业分别确定了工作责任，以及履行职责及完成工作所需要的职业素质，这就为岗位责任制提供了依据。

（三）职业的发展趋势

比尔·盖茨总结了“机会”的四大标准论：最大的趋势、最大的市场、最少的竞争、最小的风险。什么是趋势？趋势是现在没有将来会有，现在少将来会多，现在多将来会普及。那么未来的职业发展趋势是怎样的呢？

1. 金融分析师

金融分析师（CFA）是一些接受良好教育，具有优秀金融理论素养，经过专业认证的高级金融人才。随着经济的高速发展，商业银行、保险公司、证券公司、基金管理公司等金融机构的不断涌现，金融分析师这一类人才十分抢手。

2. 律师

伴随经济的迅速发展，相关的各种经济纠纷及贸易摩擦也越来越多。而随着社会法律体系的完善，人们也越来越意识到通过法律途径来保障自己合法权益的重要性。所以，社会对律师的需求越来越旺盛，预计到 2020 年，我国律师人数将达到 300 万，会成为未来最有前途的职业。

3. 健康管理师

健康管理师的准确定义为：从事个体或群体健康的监测、分析、评估以及健康咨询、指导和危险因素干预等工作的专业人员。国家正在推广实行的“全民健康管理工程”，是一项系列化、数字化的庞大工程，必须由国家、集体、个人共同完成，其具体工作须由健康管理师来完成。保守估计至少需要 200 万名专业的健康管理师，而目前我国专业健康管理方面的从业人员只有 10 万人左右，人才缺口非常大。

4. 心理咨询师

心理咨询师是指运用心理学以及相关学科的专业知识，遵循心理学原则，通过心理咨询的技术和方法，帮助解决心理问题的专业人员。在这个领域，人数增长最快的三类人才分别是心理健康顾问、心理健康及药物滥用类社工和婚姻及家庭治疗师。随着社会竞争的激烈和人们工作节奏的加快，心理健康问题已经成为影响人们身心健康和社会稳定的因素之一。随着生活水平的提高，人们对自我健康越来越重视，心理健康师这一职业的前景被普遍看好。

5. 职业规划师

就业问题已越来越成为社会关注的焦点。一方面就业难，一方面招工难，突出反映着人们在求职应聘、职业选择及职场发展面前越来越无所适从。因此，职业咨询已成为社会的迫切需求，而现有的职业规划师却远远不能满足社会需求。

6. 传媒人士

伴随互联网的勃兴，新媒体不断涌现，目前传媒行业人才需求呈现出多样化和市场化趋势。专题编导、演艺经纪、制片人、录音师等职位也呈现出多媒体发展的特色。而中国作为全球传媒业受众最多的国家，占世界受众的20%，电视观众超过9亿人，预计每年还会以一千万户的速度增加。

7. 网商

网商是指运用电子商务工具，在互联网上进行商业活动的个人，包括企业家、商人和个人店主。从2004年有此概念以来，“网商”已经成为一个新的商人群体的代名词。这一群体不断壮大，也缔造了无数商业奇迹。

8. 直销商

风险低、投入低，做直销是个人创业的良机，也是扩大就业及拉动内需的必然选择。直销虽然是新兴行业，但其所蕴含的潜能是巨大的。

二、职业与性格

心理学研究表明：性格能影响一个人对职业的适应性。在做职业规划的时候，要考虑自身性格的职业品质，尽量选择适合自己性格特点的工作，这样才能尽可能发挥出自己在职场的最大潜能。

（一）职业选择与性格

那么，性格与职业选择有什么关系呢？研究发现，人们不同的行为习惯首先取决于人对现实的态度，而人对现实的态度则包括对劳动的态度和对职业的态度。所以，人们在职业劳动过程中可以表现出截然不同的性格特征。

所以，在进行职业规划的时候，要先学会如何正确认识自我，再根据自己的性格特点来进行职业的选择。在根据性格选择行业的时候，可以根据心理过程中情感、意志和认识对行为方式的影响程度，将性格区分为情绪型、意志型和理智型三大类。情绪型性格通常表现为情感反应比较强烈与丰富，行为方式带有浓厚的情绪色彩，比较适合艺术性、服务性行业；意志型性格通常表现为行为目标明确，行动方式积极主动、坚决果断，比较适合经营性或决策性的行业；理智型性格喜欢周密思考，善于权衡利弊得失，所以比较适合管理性、教育性和研究性的行业。

至于如何正确认识自我，可以多听取熟悉自己的亲戚朋友的客观意见，再结合自己平时的行为习惯及爱好来确定。

总的来说，根据自己的性格来选择职业，才能让自己的行为方式与职业性质相吻合，更好地发挥潜能，从而得心应手地驾驭好本职工作。当找到理想的工作时应该：

（1）期盼着去工作。

（2）因工作而感到兴奋充实（绝大多数时间如此）。

（3）感到自己的付出被尊重和赏识。

（4）当向别人描述自己的工作时感到自豪。

（5）喜欢并且尊重自己的同事。

（6）对未来充满信心。

（二）正确认识自己的性格

要知道自己想做什么，就要先了解自己。正如上文所说，对工作满意的秘诀就在于做你想做的工作，就是在做出影响深远的职业决策之前最大限度地了解、认识自己。今天，我们对人类行为的了解已经上升到一个非常高的阶段，我们现在可以准确地界定出 16 种不同的性格类型。类型不能决定一个人的智慧或者预测他的成功，但是，它可以帮助我们发现什么因素最能激励我们，最能使我们兴奋，而且会使我们渴望在我们所选择的工作中去寻找这些因素。

三、职业与兴趣

（一）职业选择与兴趣

兴趣对职业选择的重要性可能是人们始料不及的。一开始影响人选择的往往是薪水高低等因素，但如果长期干自己所不喜欢的工作，就会备感厌倦。如果喜欢自己的工作，那么每一天都是假日。

（二）职业兴趣的内涵与分类

1. 职业兴趣的内涵

兴趣是人们力求认识某种事物和从事某种活动的心理倾向。兴趣是引起和维持注意的一个重要内部因素，对感兴趣的事物，人们总是会主动愉快地探究它，认识过程或活动过程不再是一种负担。当兴趣直接指向与职业相关的活动时，就称之为职业兴趣。职业兴趣在人的职业活动中起着重要作用。第一，职业兴趣会影响人的职业定向和职业选择。第二，在职业活动中，兴趣能发挥个体的主动性和创造性，开发个体的潜能，使个体获得新的发现、新的成果，在职场中有出色表现。第三，兴趣还可以使人更快地熟悉并适应职业环境和职业角色，增强人的职业适应性和稳定性。

2. 职业兴趣的分类

根据美国职业心理学家霍兰德（Holland）的职业兴趣理论，大多数人的职业兴趣可归为六种类型。

（1）现实型（Realistic）。这种类型的人往往表现出看重具体事物的倾向，喜欢技术性和体力性的工作，喜欢摆弄和操作工具、机械、电子设备等具体有形的实物，爱好各种修理工作，不善于交际，不喜欢从事和人打交道的活动。

（2）研究型（Investigation）。这种类型的人有明显的科学倾向，多表现出看重科学研究的倾向，喜欢对各种现象进行观察、分析和推理，进行系统的和创造性的探究，以求能发现新的事实或提出新的理论。他们倾向于独立工作而不喜欢组织、领导方面的活动，厌恶要求劝说和缺乏挑战性的活动。

（3）艺术型（Artistic）。这种类型的人想象力丰富，看重美的品质，对审美情有独钟，喜欢模糊、自由和非系统化的活动，并在这些活动中创造艺术作品，满足自我表现的需要。他们富有创造性，但情绪多半不稳定。

（4）社会型（Social）。这种类型的人主要表现出重视社会和伦理道德问题的倾向，喜欢对他人进行传授、培训、教导、治疗和咨询等方面的社会服务活动，善解人意，人际交往水平高超，但不喜欢与材料、工具、机械等实物打交道。

（5）企业型（Enterprising）。这种类型的人非常看重政治和经济方面的成就，对扮演领导角色和从事冒险活动具有强烈的兴趣，喜欢从事领导他人实现组织目标或获取经济利益的活动。

（6）常规型（Conventional）。这种类型的人比较看重商业和经济方面的具体成就，喜欢对数据资料进行明确、有序和系统化的整理工作，力图回避模糊、不正规、非程序化的情境或探究性的活动。

（三）职业兴趣与职业发展设计

1. 职业兴趣与所学专业不一致

在我国，对学生择业技能的培养和教育，在高中阶段以前几乎是空白，所以，在填报高考志愿时，很少有同学真正意识到专业选择必须考虑多种因素，特别是自己的兴趣。大学生应认识到兴趣不是天生的，是后天形成的，不能过分强调专业与职业兴趣相符合。

2. 职业与专业不一致

计划经济体制下，大学的专业设置内涵太窄、口径太小，专业之间互相封闭。随着科学技术综合化、整体化以及人文学科间相互渗透、融合趋势的加速，社会对人才需求的多样性、适应性的增强，对拓宽专业口径的要求十分迫切。

3. 职业兴趣与职业不一致

我国的人口基数大，每年都有大批的大学毕业生准备就业，但种种原因造成了一些毕业生一时难以找到一份与自己职业兴趣相符合的工作。一些同学在苦闷中等待，一些同学为了解决经济问题不得不选择与自己兴趣不相符合的工作，心情很不愉快。如何应对这样的状况呢？首先，从心理上不要过度烦躁和焦虑，应认识到职业兴趣不是天生的，是在一定的学习和教育影响下形成和发展起来的，职业兴趣也不是一成不变和唯一的。其次，即使目前的工作完全不合自己的兴趣，一时又不能改变这样的状况，可以先就业，因为只要在工作，就可以使自己得到锻炼和提高。

4. 霍兰德职业兴趣测验

霍兰德职业倾向理论认为只有同一类型的人与同一类型的职业互相结合，才能达到适应状态。根据霍兰德的理论：一个人的职业兴趣会影响到职业的适宜度。当某人从事的职业与其兴趣相吻合时，就可能发挥出能力，容易出成就；反之可能导致其原有才能的浪费，或者必须付出更大的努力才能成功。职业兴趣有六种类型，每个人都归属于职业兴趣中的一种或几种类型。

社会型（S）：其特征为喜欢与人交往，善言谈，关心社会问题。典型职业要求必须能与人打交道，能够结交新朋友，如教师、教育行政人员、咨询人员、公关人员等。

企业型（E）：其特征为追求权威、物质财富，喜欢竞争。典型职业要求具备经营、管理等领导才能，如项目经理、销售人员、政府官员、法官、律师等。

常规型（C）：其特点为尊重权威和规章制度，细心有条理，谨慎而保守。

典型职业要求注重细节，有系统有条理，如秘书、记录员、会计、行政助理、图书馆管理员等。

现实型（R）：其特点为喜欢使用工具从事操作性工作，动手能力强。典型职业要求使用工具、机器进行基本操作，如计算机硬件人员、摄影师、机械装配工、木匠、技工等。

调研型（I）：其特征为抽象思维能力强，善思考，知识渊博。典型职业要求具有抽象的、分析的定向任务，如科学研究人员、教师、工程师、电脑程序员、系统分析员等。

艺术型（A）：其特点为乐于创造新颖的成果，展现个性，具有一定的艺术才能。典型职业要求具备艺术修养、创造力，如艺术方面的演员、设计师、雕刻家等，音乐方面的歌唱家、作曲家、乐队指挥等，文学方面的小说家、诗人等。

霍兰德职业倾向测验是根据霍兰德的职业倾向理论发展起来的，它通过三个部分的测验题目以及最后对自己能力类型的自评，对被试者的兴趣与职业倾向进行确定。首先是选择喜欢的活动，分别对社会型、企业型等六种类型的活动进行选择、打分。其次是选择擅长或胜任的活动，也包括六种类型。再次是选择喜欢的职业，分别对六种职业类型进行评分。最后，则是分别对六种能力类型进行自评。四部分的分数相加求和，即可得出自己倾向的职业类型与兴趣类型。

前三部分的测验题目都是二维选择题，以“是”或“否”作答。符合自己情况答“是”，计 1 分；若选择“否”，则不计分。第四部分需要进行自我评定（见表 13—1），在符合自己能力情况的分数上打钩，最后将所得分数相加求和。霍兰德职业倾向测验实施起来非常简单，容易理解，能广泛地被大学生接受。

表 13—1　　自我评定表

	机械操作能力	科学研究能力	艺术创作能力	解释表达能力	商业洽谈能力	事务执行能力
高	7	7	7	7	7	7
	6	6	6	6	6	6
中	5	5	5	5	5	5
	4	4	4	4	4	4
	3	3	3	3	3	3
低	2	2	2	2	2	2
	1	1	1	1	1	1

四、职业与价值观

（一）职业选择与价值观

价值观在所从事的职业上的体现就是职业价值观（Vocational Value），也叫工作价值观（Work Value）。这是人们对待职业的一种信念和态度，或是人们在职业生活中表现出来的一种价值取向。

（二）职业价值观分类

根据不同的划分标准，人们对职业价值观的种类划分也不同。我国学者阚雅玲将职业价值观分为如下 12 类①。

（1）收入与财富。工作能够明显有效地改变自己的财务状况，将薪酬作为选择工作的重要依据。

（2）兴趣特长。以自己的兴趣和特长作为选择职业最重要的因素，能够扬长避短、趋利避害，择我所爱、爱我所选，可以从工作中得到乐趣，获得成就感。在很多时候会拒绝做自己不喜欢、不擅长的工作。

（3）权力地位。有较高的权力欲望，希望能够影响或控制他人，使他人照着自己的意思去行动；认为有较高的权力地位会受到他人尊重，从中可以获到较强的成就感和满足感。

（4）自由独立。希望工作有弹性，不想受太多的约束，可以充分掌握自己的时间和行动，自由度高，不想与太多人发生工作关系，既不想治人也不想治于人。

（5）自我成长。工作能够给予受培训和锻炼的机会，使自己的经验与阅历能够在一定的时间内得以丰富和提高。

（6）自我实现。工作能够提供平台和机会，使自己的专业和能力得以全面运用和施展，实现自身价值。

（7）人际关系。将工作单位的人际关系看得非常重要，渴望能够在一个和谐、友好甚至被关爱的环境中工作。

（8）身心健康。工作能够免于危险、过度劳累，免于焦虑、紧张和恐惧，使自己的身心健康不受影响。

（9）环境舒适。工作环境舒适宜人。

（10）工作稳定。工作相对稳定，不必担心经常出现裁员和辞退现象，免于

---

① 吴强．人力资源管理基础与实务［M］．北京：中国人民大学出版社，2015．

经常奔波找工作。

（11）社会需要。能够根据组织和社会的需要响应某一号召，为集体和社会做出贡献。

（12）追求新意。希望工作的内容经常变换，使工作和生活显得丰富多彩，不单调枯燥。

（三）职业价值观要素

首先，处理好职业价值观与金钱的关系。

金钱是一种成就的报酬，它是在确定职业价值观时首先要面对的问题。面对严峻的就业形势，更应理性地降低对金钱的期望值，把眼光放远一些，应尽可能地将自我成长和自我实现作为在毕业求职时的首选价值观。

其次，处理好职业价值观与个人兴趣和特长的关系。

职业价值观、个人兴趣和特长是人们在择业时需要考虑的最重要的三个因素。在确定价值观时，一定要考虑它是否与自己的兴趣和特长相适应。

再次，处理好职业价值观的排序与取舍的问题。

职业价值观的特性决定了人们不会只有唯一的职业价值观，人性的本能也会驱使人们希望什么都能得到，但在现实生活中“鱼和熊掌是不可兼得的”。然而在职业选择中，人们却不能理性对待。

最后，处理好职业价值观中个人与社会的关系。

人不能离开社会而独立存在，个人只有在工作中为社会做贡献才能实现自己的职业价值。当然，我们并不是说要忽略择业中的个人因素，只要求承担社会责任，这样不但不利于个人，也是社会的损失。

（四）职业价值观的影响因素

1. 年龄

职业价值观受年龄因素的影响，因为不同年龄的人具有其独特的社会经历，这对其思想观念会产生不同的影响，从而表现出职业价值观的差异。研究表明，职业价值观中的职业价值维度在年龄上表现出了显著差异，且体现出一个共同点：年龄越小，越重视职业价值。

2. 性别

职业价值观受性别因素的影响，在企业职工中表现比较明显[①]。性别因素的影响在大学生职业价值观的内容上表现不明显。研究表明，男女大学生认为职

① 蒋爱先. 人力资源开发与管理［M］. 大连：大连理工大学出版社，2009.

业价值观中最重要的前5项不仅内容一致且重要性的排序也完全一致，认为最不重要的5个项目在内容上也都一样，只是在排序上略有差异。但是在大学生职业价值观的职业选择上，男女大学生心目中的理想职业存在较大的差异。

3. 文化程度

文化程度影响职业价值观，表现为文化程度越高的人越重视“内在价值”。很多研究均证实了这一点，即文化程度越高的人，职业需求也越高，他们一般都有较大的职业抱负，希望在工作中能充分施展自身才能，实现自身价值。

4. 职业兴趣

职业兴趣分为六种类型（艺术型、常规型、企业型、研究型、现实型、社会型），六种职业兴趣类型的人，其职业价值观并不相同，说明其职业兴趣是影响职业价值观的一个因素。

五、职业的选择规划与设计流程

（一）职业的选择规划

1. 地域

第一个选择因素是要考虑地域。这也是不少人容易忽略的。建议可以先在比较发达的地方学习，将来成为真正的职业人士再返回家乡或者到家乡投资，都是很好的方式。

2. 行业选择须有内在连续性

第二个选择因素是要考虑行业。要尽可能在一个行业深入做下去，尽可能不要轻易改行，因为这会让你损失掉很多的积累。但行业不是不可以改，如果一定要改行的话，一个建议就是行业发展要有一定的内在连续性。所谓内在连续性，就是你以前积累的资源，如经验、技能、人脉等能够不断地得到延续和强化，有一条清晰的连续的轨迹，而不是天马行空的跳跃式发展。

3. 合适的企业

企业是个人职业的承载平台，是个人职业生涯不断得以拓展、得以精彩展现的舞台。一个好的平台往往能够让人得到成长和锻炼，不断获得职业能力的提升，增强个人对于职业的信心和兴趣，不断促进个人职业生涯的发展；一个不好的平台往往不能够促进个人职业生涯的发展，甚至会让一个人慢慢丧失职业发展的竞争力，让个人的职业生涯出现停滞甚至倒退。

4. 职业选定主战场

这里先解释一下，所谓的职业就是个人所从事的具体职务，比如营销、财务、行政、管理或者业务。我们也许选择了一个非常有发展前途的行业，也加入了一个非常优秀的公司，但如果不能进入主战场而是在一些无关紧要的辅助性部门工作，那么即使付出了很多努力，也很难取得职业上的长足发展。

但是，如果下属企业的规模本身足够大，能够给你的职业生涯很大的发展空间，那也是可以接受的。

（二）职业的设计流程（见图13—2）

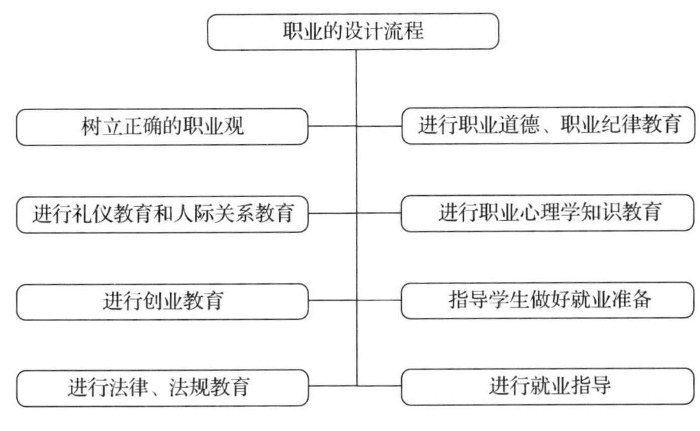

图13—2　职业设计流程

第三节　职业素质提升

一、职业意识

（一）职业意识的内涵

职业意识是职业道德、职业操守、职业行为等职业要素的总和。职业意识是约定俗成、师承父传的。职业意识是通过法律、法规、规章行业规范、企业条文来体现的。职业意识是有社会共性的，也是有行业或企业相似性的。所谓职业意识，是指人们对职业的认识、意向以及对职业所持有的主要观点。职业意识不是突然形成的，而是经历了一个由幻想到现实、由模糊到清晰、由摇摆到稳定、由远至近的产生和发展过程。

职业意识包括诚信意识、顾客意识、团队意识、自律意识和学习意识。

（二）职业意识的作用

马克思主义哲学告诉我们，存在决定意识，意识对存在具有反作用。职业意识对于大学生的职业社会化起着重要作用，具体表现如下：

（1）及时、全方位的职业意识的引导，有助于职业兴趣的产生、职业选择的顺利进行。

（2）一定的职业价值观影响制约人的职业方向、职业岗位的选择以及职业活动中的情感、态度、意志与品质（包括职业中的义利取舍和人际关系）。

（3）合理、恰当的职业期望有助于职业选择的成功，也有助于职业满意度的提高。

（4）积极健康的从业意识有助于个人职业选择的顺利实现、职业生涯的顺利发展、个人事业的成功。

二、职业道德

职业道德是从事一定职业的人在工作或劳动过程中所应遵循的与其特定职业活动相适应的行为规范。要理解职业道德，需要掌握以下四点：首先，在内容方面，职业道德总是要鲜明地表达职业义务、职业责任以及职业行为上的道德准则。其次，在表现形式方面，职业道德往往比较具体、灵活、多样。再次，从调节的范围来看，职业道德一方面是用来调节从业人员内部关系，加强职业、行业内部人员的凝聚力；另一方面，它也是用来调节从业人员与其服务对象之间的关系，用来塑造本职业从业人员的形象。最后，从产生的效果来看，职业道德与各种职业要求和职业生活结合，具有较强的稳定性和连续性。

（一）职业道德的特点

（1）稳定性和连续性。像医生要救死扶伤，军人要服从命令，商人则要诚信无欺，教师要为人师表等，这些均已是约定俗成的社会共识。

（2）职业道德的专业性和有限性。职业道德调节的范围则主要限于本职业的成员，而对于从事其他职业的人就不一定适用。

（3）职业道德的多样性和适用性。有多少种职业就有多少种职业道德，但是，每种职业道德又必须具有具体、灵活、多样、明确的特点。

（4）职业道德兼有强烈的纪律性。纪律也是一种行为规范，但它是介于法律和道德之间的一种特殊的规范。它既要求人们能自觉遵守，又带有一定的强制性。

（二）职业道德的作用

（1）调节职业交往中从业人员内部以及从业人员与服务对象间的关系。职业道德一方面可以调节从业人员内部的关系，另一方面，又可以调节从业人员和服务对象之间的关系。

（2）有助于维护和提高本行业的信誉。一个行业、一个企业的信誉，也就是其形象、信用和声誉。若从业人员职业道德水平不高，就很难生产出优质的产品和提供优质的服务。

（3）促进本行业的发展。行业、企业的发展有赖于高的经济效益，而高的经济效益源于高的员工素质。员工素质主要包含知识、能力、责任心三个方面，其中责任心是最重要的。

（4）有助于提高全社会的道德水平。职业道德一方面涉及每个从业者如何对待职业，如何对待工作，同时也是一个从业人员的生活态度、价值观念的表现。

（三）职业道德基本规范

职业道德基本规范是职业道德原则的具体化，是各行各业从业人员都应当遵循的职业道德基本规范。

（1）在岗爱岗，敬业乐业。这是指热爱自己所从事的职业，忠实地履行岗位责任，人们把这种道德现象所体现出来的精神称为敬业精神。

（2）诚实守信，平等竞争。诚实守信，就是言行一致、遵守诺言。平等竞争是指参与市场活动的人无论其社会地位如何，在市场面前一律平等，即面对同等的条件，享有同等的权利，履行同等的义务，处于同一个竞争起点。

（3）办事公道，廉洁自律。这是指从业人员在行使职业职权时要公平公正、公私分明，约束好自己的行为。

（4）顾全大局，团结协作。所谓顾全大局，是指从业者在处理各单位、各部门之间的关系时，首先要树立集体主义观念。团结协作是指从业人员之间以及单位之间，在共同利益和共同目标下要相互支持、相互帮助。

（5）注重效益，奉献社会。注重效益是指从业人员在日常工作中要合理地利用劳动时间，以较少的消耗取得较大的经济和社会效益。奉献社会，指的是个人在具有奉献意识和奉献能力的条件下，当社会需要的时候，自愿将自己的体力、智力、财力甚至生命奉献给社会。

（四）如何加强职业道德修养

（1）自信、自觉、自主地提升自我修养。在职业道德修养上，自觉是非常重要的，人一旦有了自觉性，就能在道德活动中处处留心，时时提醒自己，严格要求自己，完善自己的职业道德品格。大学生处在人生的十字路口，自我管理和约束能力相对较差，但具有很强的可塑性，要从内心培植职业道德意识，建立长效自我约束机制。

（2）学习职业道德理论与参加社会实践活动相结合。学习职业道德理论与参加社会实践活动相结合是提高职业道德修养的根本方法。

（3）向新时期涌现的职业模范人物和身边的榜样学习。新时期，社会主义精神文明建设呈现出积极健康向上的良好态势，为人民服务精神日益发扬光大。社会职业道德风尚发生了可喜变化。大学生不但要向模范人物学习，还要向身边的老师、同学、工厂的师傅学习，学习他们的长处，克服自己的缺点，把职业道德境界提高到一个新的高度。

（4）从小事做起、从现在做起，循序渐进。大学生正处在培养良好职业道德和练就技能本领的大好时期，只有在平凡的日常学习生活中从点滴小事做起，通过长期积累，才能逐步培养、形成优秀的道德品质。

三、职业知识

知识是人对外界事物、经验的概括与总结，它既包括认识的结果，又包括认识的过程与方法。根据不同的标准，可将知识划分为不同的类型。按照知识的对象与性质，可将知识划分为普通知识与职业知识。普通知识又称科学文化知识，是指关于自然、社会、人类自身的一般性知识，它往往表现为一系列事实、概念、原理、公式；职业知识是从职业实践中总结出来的生产经验、劳动技能、操作技艺，它直接与某一专门职业相联系，主要体现为种种特殊的行动性知识。

职业知识由于其明显的外在实用功能，它的价值容易为人们所肯定，恰如人们所言“薄技在身，终身受用”[①]。而普通知识与职业生活、行业生涯无直接而显见的关系，其价值常常受到质疑、责难甚至否定。总之，普通知识与职业知识均有存在的价值，不能彼此否定。

（一）SCANS 分类理论

美国基本技能开发委员会（SCANS）区分了在工作中获得成功需要的能力和技能，它们包括资源、信息、交往技能和技术。资源指分配时间、金钱、材料、空间和人员的能力。信息指获得、组织、维持和评估资料，并使用计算机处理信息的能力。

---

① 张再生．职业生涯管理［M］．北京：经济管理出版社，2009.

（二）德国的分类理论

德国学者把职业能力划分成专业能力、方法能力和社会能力。专业能力是在专业知识和技能的基础上，有目的、符合专业要求、按照一定方法独立完成任务、解决问题和评价结果的热情和能力。方法能力是个人对在家庭、职业和公共生活中的发展机遇、要求和限制做出解释、思考和评判，并开发自己的智力、设计发展道路的能力和愿望。社会能力是处理社会关系，理解奉献与矛盾，与他人负责任地最佳相处和相互理解的能力。它包括人际交流、公共关系处理、劳动组织能力、群体意识和社会责任心等。

（三）维金斯和迈克泰格的分类理论

维金斯和迈克泰格建立了一个基础理论，该理论强调要对学习内容进行仔细选择，密切联系知识在现实世界中的应用，并真实地评价理解。他们认为，为了显示真正有能力，学生应当展示以下六个方面的理解，即说明、解释、应用、观点、移情以及自我认识。

（四）德维瑞斯的分类理论

德维瑞斯是美国技术教育专家，他重点研究了技术知识的分类。在实证研究的基础上，他把技术知识区分为功能性知识（材料能实现的功能）、物理性知识（材料的物理特性）、目的—手段知识、行动知识（如何建立一个程序以生产某种物品的知识）四类。

以上四种职业知识分类理论各有侧重。美国 SCANS 和德国的分类理论力图涵盖职教课程的所有内容。而前者的范围更广泛，除了方法能力外，它基本上涵盖了德国学者所主张的专业能力和社会能力。更为重要的是，它还提出了资源、信息、系统这些对现代工人来说非常重要的知识。

四、职业能力

职业能力（Occupational Ability）是人们从事某种职业的多种能力的综合。职业能力是为了胜任一种具体职业而必须具备的能力，表现为任职资格。由于职业能力是多种能力的综合，因此，我们可以把职业能力分为一般职业能力、专业能力和综合能力。一般职业能力主要是指一般的学习能力、文字和语言运用能力、数学运用能力、空间判断能力、形体知觉能力、颜色分辨能力、手的灵巧度、手眼协调能力等。此外，任何职业岗位的工作都需要与人打交道，因此，人际交往能力、团队协作能力、对环境的适应能力，以及遇到挫折时良好的心理承受能力，都是我们在职业活动中不可缺少的能力。专业能力主要是指从事某一职业的能力。

（一）职业生涯规划：提升职业能力的基础

职业生涯规划起着至关重要的作用。首先，要树立正确的职业理想。其次，正确进行自我分析和职业分析。自我分析即通过科学认知的方法和手段，对自己的兴趣、气质、性格和能力等进行全面分析，认识自己的优势与特长、劣势与不足。再次，构建合理的知识结构。要根据职业和社会发展的具体要求，将已有知识科学地重组，构建合理的知识结构，最大限度地发挥知识的整体效能。最后，培养职业需要的能力。除了构建合理的知识结构外，还需具备从事本行业岗位的基本能力和专业能力。

（二）社会适应能力：提升就业能力的关键

求联者在就业前注重培养自身适应社会、融入社会的能力。

（三）良好的心理素质：提升就业能力的根本

在现实生活中，面对个人和家庭的期望，一些求职者承受着巨大的心理压力。因此，求职者应注意提高心理素质，尤其是在日常生活中锻炼自己坚韧不拔的性格；在求职中，充分了解就业信息，沉着、冷静应对所遇到的困难，用积极的心态扫除成功路上的障碍，直至到达胜利的彼岸。

（四）正确的择业心态：提升就业能力的保证

为了提高就业率，应当培养其良好的择业心态，树立与市场经济相适应的现代就业观。

首先，要积极、主动寻求就业，而不能被动地“等、靠、要”。事实上，在市场经济条件下，我国已经实现用工制度的双向选择，求职者主动“推销”自己是一个非常重要的实现就业的途径，因为能否胜任工作还是要靠自己的能力说话。

其次，要破除传统的就业观念，实现多元化就业。其实，很多岗位需求量还是很大的。只要求职者能转变观念、面对现实，就不难找到能够发挥自己特长的工作。

最后，避免盲目追求，正确认识自我。一些求职者缺乏应有的危机意识，“眼高手低”，盲目追求就业中的高层次、高薪酬，在择业类型和择业区域上出现“扎堆”现象，造成了供求脱节。

第四节 职业能力实务训练

一、求职简历的制作

求职与招聘对应的是求职者与招聘方互相了解、互相匹配的过程。对于求职者来说，写简历的目的就是要在有限的空间、时间中将自己与招聘方职位需求最相关的个人特质展示给招聘方，吸引招聘方的关注，从而获得笔试、面试的机会。

（一）简历类型

简历类型的划分标准很多，可以按求职领域、是否有工作经验或者简历的语言等来划分，一般可分为三种类型：时序型、功能型、混合型。

1. 时序型

时序型简历是指从最近的经历开始，逆着时间顺序逐条列举包括工作实习经历、教育经历等个人信息。这种简历清晰、简洁，便于阅读。这种简历关注的焦点是时间、工作实践持续期、成长与进步及成就。

按时间顺序写的简历一般适用于以下情况：

（1）本人的教育背景和实习实践经历非常符合申请的职位。

（2）有在知名公司实习的经历。

（3）实习实践经历具有连续性，且能很好地反映出相关工作技能的不断提高。

2. 功能型

功能型简历又称为技术型简历，在简历的一开始就强调技能、资质、能力及成就，但是并不把这些内容与某个特定的雇主联系在一起。一份功能型简历一般包括求职目的、成绩、能力、工作经历以及学历等几部分。可根据自己的实际情况选择使用功能型简历。

（1）跨专业求职，但具有申请职位所需的相关技能和素质。

（2）想综合各种实习经历、活动以及教育背景，以突出本人在管理、沟通等方面的能力。

（3）缺乏在著名公司实习的经历或者缺少荣誉奖励。

（4）应聘技术型职位，对专业技能有特定要求。

功能型简历最大的不足就是会使招聘方怀疑你是否想通过删除时间等细节来隐瞒些什么。

3. 混合型

混合型简历是时序型简历和功能型简历的结合运用。其主要内容一般包括：在开头处写明求职目标；之后，列明个人的基本情况；下面写明自己对所应聘职位所具备的能力、技能、资质和潜力等。在之后的工作或实习经历中，按照从现在到过去的时间顺序，列明自己所实习的单位、从事的工作岗位、工作内容、取得的业绩等。

混合型简历的主要优点是：既按照时间顺序列明自己的实习经历、项目经历等，显得脉络清晰，又把自身所具备的优势、能力和应聘职位的主要要求结合起来，让招聘方印象深刻，抓住要点，锁定目标。

（二）个人简历的撰写

简历是面试的敲门砖，在参加工作面试之前，首先要把简历提交给面试官，由他们来决定是否继续接下来的面试。由于不同的公司要求不同，有些要求求职者自己设计简历，有的要求求职者填写公司设计好的简历，所以下文只针对其中一些普遍涉及的问题进行讨论。

1. 分析工作要求

不看工作要求直接写简历是非常危险的。工作要求就是你的作文要求，不看要求就去写作文，你不可能得到高分。工作要求告诉你要向人事部门展现你哪方面的特点。

2. 选取重点

人事部门拿到简历以后，他们希望迅速了解你这个人是不是适合这项工作。所以在简历中不要尝试强调所有的优点，选取其中与你申请的工作有关的内容进行重点叙述即可。

3. 不要夸大优点

许多人写简历往往罗列并夸大自己的优点，使简历显得不真实。

4. 简历不要复杂化

有些人的简历就是一本书，几十页的内容拿在手里就让人感觉烦。人事部门的工作人员还要一页一页地翻找自己需要的信息。简历最好保持在1～2页。

5. 最重要的是写好简历的首尾

任何一篇文章、任何一个段落的首尾是最能给人留下深刻印象的，这是心理学中所研究的短时记忆的特点。最能代表个人能力的经历一定要放在开始的位置，末尾更加注重自己的态度和语气。并且可以表达出自己希望得到面试机会的愿望。

6. 用事实说话

简历的每一个字必须是有用的，用事实来代替你的描述。为了使你所说的事实更加可信，需要在这些事实前面加上具体的时间地点。

二、面试技巧

（一）面试种类及面试出现的问题

1. 面试种类

（1）结构化面试与非结构化面试。根据面试的结构化（标准化）程度，面试可以分为结构化面试、半结构化面试和非结构化面试三种。结构化面试是指面试题目、面试实施程序、面试评价、考官构成等方面都有统一明确的规范的面试。半结构化面试是指只对面试的部分因素有统一要求的面试，如规定有统一的程序和评价标准，但面试题目可以根据面试对象而随意变化。非结构化面试是对与面试有关的因素不做任何限定的面试，也就是没有任何规范的随意性面试。

正规的面试一般都为结构化面试。所谓结构化，包括三个方面的含义：一是面试过程把握（面试程序）的结构化，二是面试试题的结构化，三是面试结果评判的结构化。

（2）单独面试与集体面试。根据面试对象的多少，可以将面试分为单独面试和集体面试。

单独面试是指主考官个别地与应试者单独面谈。这是最普遍、最基本的一种面试方式。单独面试的优点是能提供一个面对面的机会，让面试双方能较深入地交流。单独面试又有两种类型。一是只有一个主考官负责整个面试过程。这种面试大多在较小规模的单位录用较低职位人员时采用。二是由多位主考官参加整个面试过程，但每次均只与一位应试者交谈。公务员面试大多属于这种形式。

集体面试又叫小组面试，指多位应试者同时面对面试考官的情况。在集体面试中，通常要求应试者做小组讨论，相互协作解决某一问题，或者让应试者轮流担任领导主持会议、发表演说等。这种面试方法主要用于考察应试者的人际沟通能力、洞察与把握环境的能力、领导能力等。

无领导小组讨论是最常见的一种集体面试法。在不指定召集人、主考官也不直接参与的情况下，应试者自由讨论主考官给定的讨论题目，题目一般取自于拟任工作岗位的专业需要，或是现实生活中的热点问题，具有很强的岗位特殊性、情景逼真性和典型性。讨论中，众考官坐于离应试者一定距离的地方，不参加提问或讨论，通过观察、倾听给应试者评分。

（3）压力性面试与非压力性面试。根据面试目的的不同，可以将面试区分为压力性面试和非压力性面试。

压力性面试是将应考者置于一种人为的紧张气氛中，让应考者接受诸如挑衅性的、非议性的、刁难性的刺激，以考察其应变能力、压力承受能力、情绪稳定性等。非压力性面试是在没有压力的情景下考察应考者有关方面的素质。

（4）一次性面试与分阶段面试。根据面试的进程来分，可以将面试分为一次性面试和分阶段面试。

一次性面试是指用人单位对应试者的面试集中于一次进行。在一次面试情况下，应试者是否能面试过关，甚至是否被最终录用，就取决于这一次面试表现。面对这类面试，应试者必须集中所长，认真准备，全力以赴。

分阶段面试又可分为两种类型，一种叫“依序面试”，一种叫“逐步面试”。

依序面试一般分为初试、复试与综合评定三步。初试的目的在于从众多应试者中筛选出较好的人选。初试一般由用人单位的人力资源部门主持，主要考察应试者的仪表风度、工作态度、上进心、进取精神等，将明显不合格者淘汰。初试合格者则进入复试，复试一般由用人部门主管主持，以考察应试者的专业知识和业务技能为主，衡量应试者是否适合拟任工作岗位。复试结束后再由人力资源部门会同用人部门综合评定每位应试者的成绩，确定最终合格人选。

逐步面试一般是由用人单位的主管领导、处（科）长以及一般工作人员组成面试小组，按照小组成员的层次，按由低到高的顺序，依次对应试者进行面试。面试的内容依层次各有侧重，低层一般以考察专业及业务知识为主，中层以考察能力为主，高层则实施全面考察与最终把关。面试过程实行逐层淘汰筛选，越来越严。应试者要对各层面试的要求做到心中有数，力争每个层次均给面试官留下好印象。在低层次面试时，不可轻视大意，不可骄傲马虎，在高层次面试时，也不必胆怯拘谨。

（5）常规面试、情景面试与综合性面试。根据面试内容设计的重点不同，可将面试分为常规面试、情景面试和综合性面试三类。

常规面试就是我们日常见到的主考官和应试者面对面以问答形式为主的面试。在这种面试条件下，主考官处于积极主动的位置，应试者一般是被动应答的姿态。

情景面试突破了常规面试中考官和应试者一问一答的模式，引入了无领导小组讨论、公文处理、角色扮演、演讲、答辩、案例分析等人员甄选中的情景模拟方法。情景面试是面试形式发展的新趋势。在这种面试形式下，面试的具体方法灵活多样，面试的模拟性、逼真性强，应试者的才华能得到更充分、更全面的展现，主考官对应试者的素质也能做出更全面、更深入、更准确的评价。

综合性面试兼有前两种面试的特点，而且是结构化的，内容主要集中在与工作职位相关的知识技能和其他素质上。

（6）鉴别性面试、评价性面试和预测性面试。依据面试的功能，可以将面试分为鉴别性面试、评价性面试和预测性面试。

鉴别性面试就是依据面试结果对应考者按相关素质水平进行区分的面试。评价性面试则是对应考者的素质做出客观评价的面试。预测性面试是指对应考者的发展潜力和未来成就等方面进行预测的面试。

（7）目标参照性面试和常模参照性面试。依据面试结果的使用方式，可以将面试区分为目标参照性面试和常模参照性面试。

目标参照性面试就是面试结果须明确应考者的素质水平是否达到某一既定的目标水平，通常分为合格与不合格两种。常模参照性面试则是根据面试结果对应考者按素质水平高低进行排序，从而进行优胜劣汰决策的面试，结果往往分为若干档次。

2. 面试中出现的问题

面试是通过供需双方正式交谈，使用人单位能够客观了解应聘者的业务知识水平、外貌风度、工作经验、求职动机等信息，同时应聘者也能够借此对组织的情况有更全面的了解。进一步的面试还可以帮助用人单位（特别是用人部门）了解应聘者的语言表达能力、反应能力、个人修养、逻辑思维能力等，而应聘者则可了解自己在用人单位中的发展前途，将个人期望与现实情况进行比较，分析用人单位提供的职位是否与个人情况相符等。

随着就业人数的日益增多，求职者就业压力越来越大。有限的工作岗位出现无数的应聘者，用人单位在面试中越来越严格，对应聘者的要求也越来越高。面对这种严格的面试，一些求职者往往通过了笔试却在面试中出现了很多问题，主要表现在以下几个方面：

（1）忽视面试前的准备。一些求职者在思想上对面试没有足够重视，准备不够充分细致，只是抱着侥幸心理去面试，从而导致了面试中的失利。

（2）礼仪修养方面的问题。参加面试也是一次重要的人际交往，由于许多一些求职者不够注重礼仪，使不少岗位眼睁睁从自己身边溜走。

（3）语言表达方面的问题。在面试中，语言表达方面的欠缺是一个较为普遍的问题。语言表达的能力标志着一个人的成熟程度和综合素养。求职者在面试时往往不注意语言、语调和语气的运用，或者说话声音太小，或者遇到不知道的问题就结结巴巴，在语言表达的时候没有配合适当的肢体语言等。

(4) 自我能力的展示欠缺。面试中，当被问及自己的专长、业余爱好等问题时，有人喜欢自我吹嘘，过分炫耀自己。有人则恰恰相反，被问到这些问题时特别谦虚，回答问题没有自信心，不相信自己的能力，害怕自己胜任不了这份工作，从而失去了展示自我能力的时机。

（二）面试的准备和面试中应掌握的技巧

1. 面试准备

求职者在面试前应该做好充分的准备，这是面试成功的前提。首先是求职者对应聘材料的准备。应聘材料包括推荐信、求职信、个人简历、成绩单、各种奖励证书等。应聘材料要进行恰当的“包装”，在内容和形式方面都必须认真筛选、优化组合，材料要打印整齐、编辑美观。其次是心理准备，努力克服恐惧和紧张心理。再次是自我形象设计。自我形象设计是一个人对自己的外在形象，主要是头发、面部、着装等进行的整体设计。最后是对招聘单位有关信息的准备。事先对目标单位和目标工作进行深入细致的了解非常重要，这将有助于求职者得到这份工作。

2. 面试技巧

面试技巧是求职者在面试中充分展示能力以获得单位好评的手段，它是面试成功的法宝。在面试中运用一定的面试技巧可以使应聘者放松心情，缓解紧张情绪，沉着冷静地面对每一个环节。

(1) 倾听的技巧。倾听是面试过程中一种最重要的交流技巧。面试的实质是面试官与应试者之间进行信息交流从而获得全面评价的过程。它充分体现在两者之间的“听”和“说”上。应试者耐心倾听，不仅显示了对面试官的礼貌、尊重，更是应试者自信的表现。

(2) 回答问题的技巧。面试官主要以应试者回答问题的能力来考察其整体素质。回答问题时，要紧扣主考官的提问作答，先谈自己的看法，再用资料证明。要中心突出、有理有据、层次分明，切忌答非所问。回答问题要全面、客观。对面试官故意“刁难”或设置“陷阱”的问题要谨慎。有的面试官在提问中会故意提出一些难以作答的问题来考察应试者的应变能力。

(3) 语言表达的技巧。简洁、准确、灵活的口语表达是应试者的制胜法宝。如果“说”的能力差，就很难在众多应试者中脱颖而出。只有善于表达自己，才有可能使用人单位全面地了解你。

(4) 行为举止表现技巧。行为举止能显示一个人的教养，显现一个人的风度。面试时，行为举止要得体。得体是要求应试者的举止动作要符合身份、适合场合，并能恰如其分地传达出个人的意思。

三、求职礼仪与技巧

（一）求职基本礼仪

1．求职面试前的礼仪

（1）头发干净自然，染发颜色和发型不可太标新立异。

（2）服饰大方，整齐合身。男女皆以时尚大方的套装为宜。

（3）面试前一天修剪指甲，忌涂指甲油。

（4）不要佩戴标新立异的装饰物。

（5）选择平时习惯穿的皮鞋，并擦拭干净。

2．求职面试过程中的礼仪

（1）任何情况下都要注意进房间前先敲门。

（2）待人态度从容，有礼貌。

（3）眼睛平视，面带微笑。

（4）说话清晰，音量适中。

（5）神情专注，切忌边说话边整理头发。

（6）手势不宜过多，需要时适度配合。

（7）进入办公室前，可以嚼一片口香糖消除口气，缓和紧张的情绪。

3．求职面试结束时的礼仪

（1）礼貌地与主考官握手并致谢。

（2）轻声起立，并将座椅轻推回原位置。

（3）出公司大门时对接待人员表示感谢。

（4）24 小时之内发出书面感谢信。

（二）面试仪表

衣着对于求职成功与否起着十分关键的作用。主考官往往会通过仪表来判断求职者的身份、学识、个性等，并形成一种特殊的心理定式和情绪定式，即“第一印象”。这个“第一印象”在无形中左右着主考官的判断。

1．求职者的妆容礼仪

发型以庄重、简约、典雅、大方为主导风格。头发必须保持干净、清爽、整齐的状态。化妆应当选择淡妆，不过分引人注目。

2．仪态礼仪

在面试时，有的求职者不拘小节，傲慢不羁，表现出一副无所谓的样子。

或许你的学历高，或许你有经验和能力，或许这是你展示独特个性的一种方式，但给考官的印象有可能适得其反。这恰恰体现的是你的礼仪缺失，是不可取的，有可能会因此失去一次机会。

（三）面试技能训练

1. 简单寒暄

（1）您怎么过来的？交通还方便吧？

（2）从××到××要多长时间？路途辛苦吗？

（3）您来自哪里？（简单与面试者聊聊家乡的情况）

2. 观或听

（1）衣着整齐度。

（2）精神面貌。

（3）行、坐、立动作。

（4）口头禅、礼貌用语等。

3. 口头表达能力

注意语言逻辑性、语气语调等。

（1）请您先用 3 至 5 分钟的时间介绍一下自己。

（2）您先说说您最近服务的这家公司（由简历而定）的基本情况（规模、产品、市场）。

（3）请您简要介绍一下自己的成长历程、求学经历。

4. 灵活应变能力（也涉及工作态度）

（1）您为何要离开目前服务的这家公司？

（2）除了简历上的工作经历，您还关注哪些领域？（或有没有其他潜在的兴趣，或是否想过去尝试从事其他职业）

（3）您在选择工作时更看重的是什么？

（4）您觉得您在以前类似于我公司提供的岗位的工作经历中有哪些方面有所欠缺？

5. 兴趣爱好（知识广博度）

（1）您在工作之余有哪些兴趣爱好？兴趣中有没有比较拿手的？

（2）您在大学所设的专业课中最感兴趣的是哪一门？

（3）谈谈您目前想去学习或补充的知识。

（4）如果让您重新选择一次，您会改变目前的专业领域吗？

6. 情绪控制力（压力承受力）

（1）我们的工作与生活历程并不是一帆风顺的，您在工作、生活或求学经历中遇到的挫折或低潮期是如何克服的？

（2）请举一个亲身经历的事例来说明您对困难或挫折有一定的承受力。

（3）假如您的上司是一个非常严厉、领导手腕强硬、时常给您巨大压力的人，您觉得这种领导方式对您有何利弊？

（4）您的领导给您布置了一项以前从未接触过的任务，您打算如何去完成？（如果有类似的经历说说完成的过程）

（5）您有没有过失业或暂时待业经历？谈谈那时的生活态度和心理状态。

7. 上进心与自信心

（1）谈谈您求学经历中令您感到成功的事例及成功的因素。

（2）说说您对成功的看法。

（3）您认为自己有什么资质来胜任这份工作？

（4）说说您未来3至5年的职业定位计划。

（5）您如何看待学校的学习与工作中的学习的区别？

8. 责任感与归属意识

（1）请描述一下您以往所就职公司中您认为最适合您自己的企业文化的特点。

（2）您的下属未按期完成您布置的任务，如果您的上司责怪下来，您认为这是谁的责任？为什么？

（3）描述一下您对上司所布置任务的完成思路与过程。

（4）当您所在的集体处于竞争劣势时，您有什么想法和行动？

（5）在跨组织的任务中，由于涉及过多成员，最后易形成“责任者缺位”现象，您如果身处其境，会是什么心态？

（6）您每一次离职时有没有过失落感？您跟过去就职过的公司的一两位上司或同事还有联系吗？说说他们目前的处境。

9. 管理能力

（1）请问您在求学经历中参加过哪些社团组织或参加过哪些公益活动？您在其中扮演什么角色？

（2）课堂上您对老师的讲解有所疑惑，您是采取何种方式去消除这种疑惑的？

（3）在长途旅行的火车或飞机上，您不认识周围的人，大家都保持沉默，您是如何去适应这种陌生环境的？

（4）工作中您发现上司的管理方式有些不妥，并有了自己的想法，您此时会如何去做？

（5）您在以往的工作中是如何约束下属的？如何调动他们的积极性？

（6）您的下属在一个专业问题上跟您发生争议，您如何对待这种事件？

我们可以多练习这些题目，再结合之前所述的面试技巧以及仪表仪态方面的知识来增加自己面试的成功概率。

四、创业实务

（一）创业概述

1. 创业的含义

通常意义上，创业是人类社会生活中一项最能体现人的主体性的社会实践活动。广义的创业是指社会生活各个领域里，人们为开创新的事业所从事的社会实践活动。狭义的创业是一个经济学的范畴，是指主体以创造价值和就业机会为目的，通过组建一定的企业组织形式，为社会提供产品或服务的经济活动。

2. 创业的分类

创业主要有独立型创业、复制型创业和创新型创业。创新型创业是指企业主通过提供有创造性的产品或服务，填补了市场需求的空白。

3. 创业的意义

对社会而言，创业可以促进国家经济发展与科技创新，创造巨大的经济效益和物质财富，同时还增加了社会就业率、丰富了就业渠道，特别是对于缓解我国目前存在的就业压力更是具有重要的作用和深远的意义。

对个人而言，创业过程中会遇到各种各样的困难与风险，在解决这些问题的同时，创业者增强了自身的综合能力，使自己不断成熟。

（二）创业能力培养

1. 理解创业的含义

创业是指创造新的职业，创办新的企业。创业就是改变就业观念，利用所学的知识、才能和技术，以自筹资金、技术入股、寻求合作等方式创立新的就业岗位。

2. 增强创业意识教育

长期以来，去机关事业单位就业的传统观念根深蒂固。一些人不愿承担创业的艰辛和风险，有的人非常羡慕创业者，自己却没有信心和勇气去尝试。在给指导对象上就业指导课时，要教育和引导指导对象创业意识的培养，帮助指导对象打破安于现状的就业观念，树立开拓进取、自主创业的新观念。

3. 创业知识教育

实践表明，创业除了要具备深厚的专业知识外，还必须具备全面合理的知识结构与智能结构。因此，必须对指导对象进行必要的创业知识教育，提升创业能力。

4. 创业能力训练

成功的创业者应具备多方面的综合能力，包括创新能力、市场开拓能力、组织管理能力、经营能力、决策能力、社会活动能力等，创业能力的培养，是创业教育的关键所在。

5. 创业实践教育

创业实践教育既包括专业知识、专业技能的实习实践，也包括创业经营性的实习实践。在实习地，让指导对象参与专业生产经营的全过程，从原材料的购进到成品出售，以及核算、预算、经营管理等，以主人翁的姿态参与其中。通过这些活动，让指导对象在将专业知识应用于专业生产的同时，领略到市场经营的风险，学会预测市场变化、掌握市场信息，为日后成为市场竞争的强者奠定坚实的基础。

（三）创业实践训练

以完善实践教学基地为抓手，为创业型人才成长造平台。实践教学基地是完成实践教学、培养创业型人才的重要条件。通过创业知识学习、创业计划设计、创业实践等环节，使指导对象能够掌握最基本的创业知识和初步的创业技能，培养指导对象的创业意识和精神。

（四）案例分析

创业需要激情，更需要理性。创业需要资金，更需要清晰的目标、明确的方向，以及心理、知识、技能和资源的准备。

案例一：

陈生毕业于北京大学，十多年前放弃了自己在政府中让人羡慕的公务员工作毅然下海，折腾过白酒和房地产生意，打造了“天地壹号”苹果醋。在悄悄进入养猪行业后，不到两年的时间，在广州开设了近百家猪肉连锁店，营业额达到2个亿，被人称为广州千万富翁级的“猪肉大王”。①

实际上，之所以在养猪行业里用很短时间就能取得骄人成绩，成为拥有数千名员工的集团董事长，还在于陈生经历的几次创业“实战经验”。陈生卖过菜，卖过白酒，卖过房子，卖过饮料，这使得陈生有这样的独到见解：很多事

① 湖南商学院就业信息网，http：//job. hnuc. edu. cn/content/？428. html.

情不是具备了条件，做好了调查才去做就能做好，而是在条件不充分的时候就要开始做，这样才能抓住机会。

然而，“条件不充分”时到底怎样才能“抓住机会”呢？我们来看一下陈生的做法：他卖白酒时，根本没有能力投资数千万设立厂房，可是他直接从农户那里收购散装米酒，不需要在固定设施上投入一分钱便可以通过广大的农民帮他生产，产量却可以达到投资数千万设立的工厂的数倍。此后，他才利用积累起来的资金开始租用厂房和设施，打造自己的品牌。迅速进入和占领市场，让他在白酒市场上打了个漂亮仗。在许多人“跟风”学习某领导人用陈醋兑雪碧当饮料的饮用方法时，善于“抓住机会”的陈生想到如何将这种饮料生产出来。经过多次尝试，著名的“天地壹号”苹果醋就此诞生。

当然，资金积累到一定程度时，陈生成功的秘诀更让人难忘：在经济飞速发展的年代，无数企业“抓破脑袋”寻求发展良机，在这样的情况下，只有技高一筹者才能够取得成功。一些企业运用精细化营销，就是一种技高一筹的做法。于是，从传统的中国养猪行业里，陈生分析到其中的巨大商机。中国每年的猪肉消费约500亿千克，按每千克20元算，年销售额就高达上万亿元。而与其他行业相比，养猪这个行业一直没有得到很好的整合，基本上没有形成产业化，竞争不强，档次不高，机会很多。更重要的是，进入这一行业的陈生，机智地率先推出了绿色环保猪肉“壹号土猪”，开始经营自己的品牌猪肉。

虽然走的还是“公司 + 农户合作”的路子，但针对学生、部队等不同消费人群，他选择不同的农户，提出不同的饲养要求。比如，为部队定制的猪可肥一点，学生吃的可瘦一点，为精英人士定制的肉猪，据传每天让猪吃中草药甚至冬虫夏草。在这样的“精细化营销”战略下，陈生终于在很短的时间内打响了“壹号土猪”品牌，成为广州知名的“猪肉大王”。

案例二：

小胡是武汉科技学院电子信息工程专业应届本科毕业生，红安农村人。他借债上大学，在大学期间，他打工、创业，不仅还清了债务，为家里盖起了两层洋楼，自己还在武汉购房买车，拥有了自己的培训学校。[①]

收购土特产品

小胡1982年出生在红安县华河镇石咀村一个普通农家，父亲在当地矿上打

① 湖南商学院就业信息网，http：//job. hnuc. edu. cn/content/？428. html.

工，母亲在田里忙活。

小胡3岁那年，父亲在矿上出事了，腿部严重骨折瘫痪在床，四处求医问药。三年后，父亲总算能下地走路，可再也不能干重活累活。为给父亲看病，几乎家徒四壁。

小胡的父亲不能下地干活，只得开了家小卖部卖些日用品。小胡小小年纪就经常跑进跑出“添乱又帮忙”，也正是因为这个原因，他从小就接触到了买和卖。

慢慢长大了，小胡在商业方面开始显露才能。全村20多个同龄小孩，他的年龄和个头都不是最大的，但却是“领袖”，他经常带着同伴们挨家挨户收购蜈蚣、桔梗、鳝鱼等，卖给小贩挣些零花钱。

2002年，小胡读高中，学习成绩还不错，正在读高一的弟弟辍学外出打工，给哥哥赚学费。小胡心里不是滋味，心中暗暗发誓，一定要考上大学，让家里人过上好日子。

小胡说，他从那时就开始规划自己的大学生活：大一好好学习，尽量多去学点东西，从大二开始寻找机会挣钱，力争大学毕业的时候自己能当上老板。

高考时，他本打算报考一所商学院，却遭到家人的反对，好在他对电子也有兴趣，最后选择了武汉科技学院电子信息工程专业。

贴海报发现校园商机

2002年9月，小胡带着对大学生活的憧憬和从姑姑那里借来的4 000元学费，到武汉科技学院报到。

进校后，小胡感觉大学生活比高中生活轻松多了，空闲时间也多。他利用这些空闲时间逛遍了武汉所有高校，也熟悉了武汉的环境，这为他的下一步创业打下了基础。

大学时间相对充裕，稍不注意就会养成懒散的习惯，小胡是个闲不住的人，他决定提前走入社会，从大一下学期就开始了自己的创业之路，比原定计划提前了半学期。

2003年春季一开学，小胡开始给一所中介机构贴招生海报，这是他找到的第一份兼职工作，并且交了10元钱会费。

“贴一份0.20元，贴完了来结账。”中介递给他一沓海报和一瓶糨糊，小胡美滋滋地开始往各大校园里跑。

“贴海报，看起来容易，其实很难做的。”小胡没想到贴份海报还要受人管，一些学校的保安轻则驱赶一下，严重的会辱骂甚至动手。

3天后，小胡按规定将海报贴在了各个校园，结账时获得25元报酬。同行的几人嫌挣钱少，都退出了，而小胡却又领了一些海报，继续干起来。不过，他心里也开始在想别的门道了。

一次，他在某大学附近贴海报时看到一家更大的中介公司，在那里遇到一位姓王的年轻人。

王某是附近一所大学的大四学生，在学校网络中心搞勤工俭学。几个学生商量，能不能利用网络中心的电脑和师资面向大学生搞电脑培训。网络中心同意了，但要求学生们自己去招生。

“只要你能找到生源，我们就把整个网络中心的招生代理权交给你。”王某慷慨地说。小胡想，发动自己在武汉的同学帮忙，招几个人应该没问题，就满口应承下来。

做招生宣传要活动经费，小胡没有经验，找几个要好的同学商量，结果大家都不知道要多少钱。有的说要 5 000 元，有的说要 2 000 元，最后小胡向王某提出要 1 800 元活动经费，没想到王某二话没说就把钱给了他。

小胡印海报、买糨糊，邀请几个同学去各个高校张贴，结果只花了 600 元钱，净落 1 200 元。这是他挣到的第一笔钱。

尽管只花了 600 元钱，但招生效果还不错，一下子就招到了几十个人。然而，这些学生去学电脑时却遇到了麻烦，学校知道了此事，叫停了网络中心的电脑培训班。小胡几次跑到网络中心协商，都没办法解决问题。他无意间发现网络中心楼下有个培训班，也是搞电脑培训的，心想：能不能把这些学生送到那里去呢？

对方一听说有几十个学生要来学电脑，十分高兴，提出给小胡按人头提成，每人 200 元。就这样非常意外地，小胡一下子拿到了数千元钱。

办培训学校圆了老板梦

2005 年，“小胡会招生”的传闻开始在关山一带业内传开了。一家大型电脑培训机构的负责人找小胡商谈后，当即将整个招生权交给他。

随着这家培训机构一步步壮大，小胡被吸纳成公司股东。但小胡并不满足，他注册成立了自己的第一家公司——一家专门做校园商务的公司。

小胡谈起成立第一家公司的目的：“校园是一个市场，很多人盯着这个市场，但他们不知道怎么进入。成立公司，就是想做这一块的业务，我叫它校园商务。”

同时，小胡发现很多大学生通过中介公司找兼职上当受骗的较多，就成立了一家勤工俭学中心，为大学生会员提供实实在在的岗位。他的勤工俭学中心影响越来越大，后来发展到 7 家连锁店。“高峰时，每个中心能有一万元左右的纯收入。”

在给一些培训学校招生的过程中，小胡结识了一家篮球培训学校的负责人，开始萌生涉足体育培训业务的念头。经过多次考察比较，2006年年底，小胡整体租赁汉阳一所中专校园，正式进军体育培训。当年招生百余人，来年的招生规模预计是300人。“以前都是为别人招生，这次总算是为自己招了。”

如今，小胡已涉足多个类型办学，为自己创业先后投入200万元。

师生眼里的怪才

尽管现在成了校园里的创富明星，但小胡一点也不张扬。

虽然在外面买了房子，但小胡还和以前一样住在学生宿舍、吃食堂，而且他看上去和大多数同学差不多，只不过稍显得老成一些。

只是在学校很难见到他本人，用同学们的玩笑话来说：“谁要想见他，都要提前一个月预约。”他和同学的关系都比较好，虽然经常不在学校，但如果有消息的话，一般不出半天就会通知到他。

“他是个怪才，我们都很佩服他。”小胡的同学说。其实，班里对小胡的看法分成两派：一部分人十分羡慕他，大学还没毕业就能自己赚钱买车买房；另一部分人认为他虽然创业成功了，但学习没跟上，而且他现在从事的工作和专业没什么关系，等于放弃了自己的专业，怪可惜的。

小胡在大学期间，学校也为他的创业提供了帮助，从院长到老师，都为其创业和学习付出了很多心血。由于忙于创业，耽误了一些课程，学校了解他的特殊情况后，特事特办，允许他部分课程缓考。

班主任老师谈起自己的这个特殊学生时说道：“我带过很多学生，但小胡是其中最特别的，创业取得的成绩也较大。”他认为在大学生就业形势整体不太好的情况下，大学生自主创业，不仅解决了自己的就业问题，做得好的话还可以为别人提供岗位。“但要是能兼顾学业就更好了。”

主要参考文献

［1］吴强．人力资源管理基础与实务［M］．北京：中国人民大学出版社，2015.

［2］蒋爱先．人力资源开发与管理［M］．大连：大连理工大学出版社，2009.

［3］张再生．职业生涯管理［M］．北京：经济管理出版社，2009.

［4］湖南商学院就业信息，http：//job. hnuc. edu. cn/content/？428. html.

第十四章
人力资源服务信息技术

信息技术革命在社会生活和经济生活的各个方面都产生了不同程度的影响。信息技术在人力资源服务业中的应用，加速了人力资源服务业信息化进程，在改变传统人力资源管理模式的同时，也使得人力资源服务业的边界不断被打破，新的商业模式和竞争态势正在改变着人力资源服务业的格局。本章共分三节，第一节主要介绍信息技术的基本概念、主要特征以及未来走势，第二节主要介绍信息技术对人力资源服务产生的影响，以及信息技术在人力资源服务中的应用现状，第三节主要介绍信息技术在人力资源服务中的发展趋势和应用领域。

第一节　信息技术概述

信息技术的蓬勃发展与广泛应用，对人类社会生活和经济生活产生了根本性的、普遍性的影响，使人类社会进入了“信息经济”时代。信息技术在社会经济各个方面的应用，在不同层次上促使原有的运作机制发生了改变，有效促进了效率提升和效果改善。正是由于信息技术应用具有普遍性的特点，所以几乎没有任何行业能够避免参与到这一革命性进程中。

一、信息技术相关概念

（一）信息技术

信息技术（Information Technology，IT）主要是指用于管理和处理信息所采用的各种技术的总称。信息技术涉及信息的一切自然技术和社会技术，包括信息劳动者的技能，也包括信息劳动工具和信息劳动对象，同时还包括涉及信息技术的管理制度、方法体系、信息技术解决方案、系统集成和信息技术服务等。信息技术代表着当今先进生产力的发展方向，其应用主要包括计算机硬件和软件、网络和通信技术、应用软件开发工具等。正是由于信息技术的广泛应用，使得信息作为重要生产要素和战略资源的作用得以发挥，使人们能更高效地进行资源优化配置，从而推动传统产业不断升级，提高社会劳动生产率和社会运行效率。

（二）现代信息技术

现代信息技术（Modern Information Technology）是一种区别于农业技术、工业技术、能源技术、商业技术等的技术门类，主要指从20世纪60年代以来，借助以微电子学为基础的计算机技术和电信技术的结合而形成的手段，对声音的、图像的、文字的、数字的和各种传感信号的信息进行获取、加工、处理、储存、传播和使用的能动技术。信息学是现代信息技术的核心，半导体技术、微电子技术、集成电路技术、通信技术和计算机技术是现代信息技术的典型代表。现代信息技术突飞猛进的发展，对社会经济活动的影响越来越大，对管理领域的影响也越来越显著。

（三）信息化

信息化（Informatization）的概念起源于20世纪60年代的日本，首先是由日本学者梅棹忠夫（Tadao Umesao）提出，而后被译成英文传播到西方，西方社会从20世纪70年代后期开始普遍使用“信息社会”和“信息化”的概念。在我国，关于信息化的表述，学术界和政府内部做过较长时间的研讨。一般而言，信息化通常是指现代信息技术应用，尤其是信息技术促进应用对象或领域（比如企业或社会）发生转变的过程。1997年召开的首届全国信息化工作会议，对信息化定义为：“信息化是指培育、发展以智能化工具为代表的新的生产力并使之造福于社会的历史过程。”《2006—2020年国家信息化发展战略》中的表述：“信息化是充分利用信息技术，开发利用信息资源，促进信息交流和知识共享，提高经济增长质量，推动经济社会发展转型的历史进程。”

信息化代表了信息技术的高度应用、信息资源的高度共享，从而达到人的智能潜力以及社会物质资源潜力被充分发挥，个人行为、组织决策和社会运行趋于合理化的理想状态。同时，信息化也是建立在IT产业发展与IT在社会经济各部门扩散的基础之上的，不断运用IT改造传统的经济、社会结构从而通往如前所述的理想状态是一段持续的过程。

二、信息技术的主要特征

信息技术作为现代知识经济的主要支柱之一，融合了众多行业的专业知识，并结合硬件和软件，呈现出了诸多新特点。关于信息技术的主要特征，可以从技术性和信息性两方面来理解。

（一）技术性

广义而言，信息技术是指能充分利用与扩展人类信息器官功能的各种方法、工具与技能的总和。因此，信息技术具有技术的一般特征，即技术性，具体表现为方法的科学性、工具设备的先进性、技能的熟练性、经验的丰富性、作用过程的快捷性、功能的高效性等方面。

（二）信息性

信息技术具有区别于其他技术的特征，即信息性，具体表现为信息技术的服务主体是信息，核心功能是提高信息处理与利用的效率、效益。正是由于信息技术的信息秉性，在一定程度上决定了其还具有普遍性、客观性、相对性、动态性、共享性、可变换性等特性。

三、信息技术的未来走势

以维基经济学（Wikinomics）而著名的唐·塔普斯科特（Don Tapscott）在他所著的《数字经济时代》中指出："信息技术的革新将掀起新时代的数字革命，将彻底改变经济增长方式以及世界经济格局，带领企业进入数字经济时代。"他提出数字经济时代具有以下 12 个发展趋势：一是数字经济时代是以知识为基础的时代，应用知识、添加创意是经济活动的新核心；二是数字时代使得一切信息都数字化；三是信息数字化使得一切都可以虚拟化；四是网络的诞生将企业组织分子化；五是企业可以依循互联网的发展模式，建立网际化的组织；六是现代消费者和生产者可以通过网络直接接触，使得两者之间的中间商作用弱化；七是产业间相互结合发展新产业将是一个趋势；八是在数字经济时代，创新对企业的重要性远远大于原料和厂房；九是生产者和消费者可以由网络直接接触，使生产者和消费者之间的界限变得模糊；十是在信息以光速传输的新时代，意志坚决、行动迅速就是获得成功的新的关键所在；十一是知识经济必定是全球化的经济；十二是在上述新发展的冲击下，工作环境和工作内容都将彻底改变。

随着科技的进步，日常工作生活中的数据海量增长，人类社会正在进入大数据时代。麦肯锡全球研究院发布的《大数据：下一个创新、竞争和生产力的前沿》中指出："大数据时代已经到来。"数据正成为与物质资产和人力资本相提并论的重要生产要素，大数据的使用将成为未来提高竞争力的关键要素。正如哈佛大学社会学教授加里·金（Gary King）所说："这是一场革命，庞大的数据资源使得各个领域开始了量化进程，无论学术界、商界还是政府，所有领域都将开始这种进程。"

第二节 信息技术对人力资源服务的影响及其应用现状

一、信息技术对人力资源服务产生的影响

信息是人力资源服务业的生命线，人力资源服务业的发展必须深度融合现代信息技术。信息技术在人力资源服务中的广泛应用将对原有的业态结构产生影响，同时也将促使现有的商业模式发生相应的改变。

（一）人力资源服务信息化乃大势所趋

现代管理学之父彼得·德鲁克（Peter F. Durcker）指出："我们对未来最大的确定就是它的不确定性。"在"变化"成为唯一不变主题的年代，面对瞬息万变的环境，传统的人力资源管理正面临着许多新的挑战。促成这种改变的主要力量，除了劳动人口结构的改变，以及经济需求导致的变革外，信息技术的快速发展也是巨大的推动力之一。在科技革命的引领下，人力资源服务业正在以计算机取代传统手工操作模式，逐步实现数据标准化、信息共享平台化、系统及其各功能模块化的目标。由于传统的人力资源服务信息系统难以适应企业业务发展的需要，未来要借助于信息技术使服务价值突破时空限制，实现人力资源服务数字化与网络化，为终端用户提供精准的信息与个性化服务。为此，人力资源服务企业为进一步提升人力资源服务水平，必须基于现代信息技术来开发先进的操作技术平台。

随着网络化、信息化的发展，西方发达国家人力资源服务体系中广泛应用信息技术，通过信息化和现代化手段有效降低了交易成本。譬如，它们利用信息网络建立起人力资源的信息库、求职库和数据库等，可以为客户提供更为专业化的人力资源服务，从而提高了服务质量和服务水平。未来，我国要进一步完善人力资源服务体系，必须加大信息技术在人力资源服务领域中的应用，加快建立与国际接轨的人力资源服务体系，促进人力资源服务方式由粗放型向集约型转变。

（二）信息技术对人力资源服务将产生诸多影响

一般而言，信息技术在人力资源服务中的应用主要源于三个前提条件：第一，信息技术在社会生活和经济生活各方面的广泛应用，使人力资源服务业也同样面对技术升级的问题；第二，信息是人力资源服务业的生命线，信息技术的广泛应用已引起人力资源服务行业的普遍重视；第三，信息技术的应用必将对人力资源服务业的现有格局产生影响，使得人力资源服务业的边界不断被打破，产业结构面临升级换代。这三个前提条件主要表现为，人力资源服务企业在内部管理和服务创新中纷纷采用信息技术手段以提高市场竞争能力。可以看出，信息技术在人力资源服务业中的应用，起源于技术应用层面，而最终将归结为技术应用对人力资源服务业的影响。一般而言，信息技术对人力资源服务业的影响，主要包括对企业的影响和对行业的影响两个方面。

1. 对人力资源服务企业的影响

对于企业的影响，在运作层面上表现为企业采用基于信息技术的新生产运作方式、新管理工具和新营销工具，在管理层面上表现为组织结构的变化、管理过程的变化和经营理念的变化，在战略层面上表现为采用基于信息技术的新手段获得竞争优势。一般来看，最先引进信息技术的是操作层面，操作层面的技术升级产生了新的管理问题，要求管理层面做出相应的调整，当管理层面调整到适合新技术的应用时，企业就具备了制定新战略的基础。在信息技术飞速发展的今天，企业在制定战略的过程中不可能忽略对信息技术的应用，而为了保证信息技术应用的顺利实现，要相应地对组织结构等管理层面进行调整。

现代企业人力资源管理正在逐步从注重控制的人事管理发展到聚焦人力资源开发的战略人力资源管理，在专业化、信息化、标准化、流程化等方面提出了更高要求，在一定程度上促进了人力资源服务企业的发展。目前，人力资源服务企业以人力资源专业服务为核心，开展职业介绍、人员招聘、人员测评、人力资源专业软件等多元化业务，如人力资源外包公司（北京外服、上海外服等）、网络招聘（前程无忧、智联招聘等）、人力资源软件公司（金蝶、用友等），在优化配置人力资源、促进社会就业、提升劳动力素质等方面发挥了重要的纽带作用。在当代信息技术融入企业人力资源服务的过程中，服务信息化已成为人力资源服务企业提高人力资源服务水平的必由之路。

2. 对人力资源服务行业的影响

信息技术对人力资源服务行业的影响一般表现为行业内企业之间网络化关系的加强，并有可能形成的竞争合作关系。从目前情况看，我国人力资源服务业的技术革新还相对滞后。随着互联网、信息化的高速发展，使得用人单位对于一个覆盖面广、现代化、高效化的人力资源服务平台产生了前所未有的需求。人力资源服务业作为信息密集型行业，其价值链主要是通过信息的传递来实现服务（见图 14—1）。由此可见，科学合理地应用信息技术将显著提高人力资源服务的效率和质量。

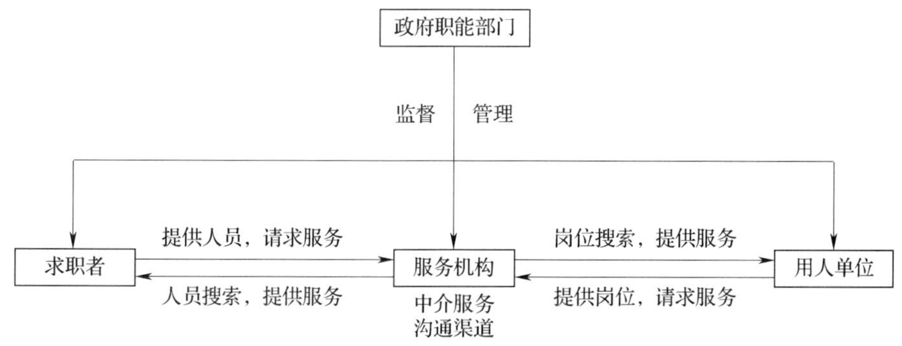

图 14—1　基于信息化的人力资源服务行业价值链

（三）人力资源服务信息化面临新的需求与挑战

随着信息技术的快速发展，在传统人力资源服务信息系统的开发模式下，人力资源服务提供商面临着诸多新的需求和挑战。

首先，分公司、跨国公司、连锁机构等的发展对人力资源服务多地域性支持提出了新要求，希望人力资源服务提供商可以为跨地域的集团公司或者连锁公司提供一致性的服务。而现有的人力资源服务信息系统通常会根据地域性特点，将事务处理流程以及保险福利限额等固化在代码中，这在一定程度上导致了系统的可重用性和可维护性不高，不仅增加了人力资源服务信息平台的开发维护成本，也为各公司不同地域间人力资源管理信息的共享带来不便。

其次，快速的市场变化对人力资源服务信息系统的可扩展性提出了更高要求。随着企业规模的扩大，员工数量会不断增加，员工的流动性也不断增强。而且，随着人力资源服务供应商之间竞争的日趋激烈，其客户的流动性也会增强。新客户的加入以及老客户的离开，都会给整个人力资源服务信息系统规模带来巨大的变化。为了更好地提高人力资源服务信息平台的可用性，需要一种更加灵活的规模变化模式，以适应市场快速变化的需求。

最后，人力资源服务信息系统巨大的开发和维护成本，使很多规模较小的人力资源服务企业望而却步，无法通过信息化技术的支持来提高人力资源服务的效率和质量。这种现象不仅导致了该行业的服务水平参差不齐，还很容易形成大企业的垄断，影响人力资源服务整体水平的提高。

二、信息技术在人力资源服务中的应用现状

加大服务信息化力度是未来我国人力资源服务业发展的重要方向。从我国人力资源服务信息化的实践来看，信息技术在人力资源服务业中的应用经历了以信息系统改进替代传统操作的技术发展阶段，目前已进入运用互联网思维、刷新传统技术手段的技术发展阶段。

（一）基于信息系统的人力资源管理软件

进入 21 世纪以来，我国人力资源服务行业经历了一场以计算机信息系统为核心的技术改进，逐步代替传统操作模式，研制开发了多种专业高效的人力资源管理软件，进一步推进了人力资源服务业务管理的科学化、信息化水平，提高了服务效率，实现了主要业务的整合贯通和管理的整体信息化。一些人力资源管理软件开发公司开始致力于对 IT 系统的开发和投入，以确保用最强大、最先进的信息技术为客户企业提供人力资源外包服务的支持。2011 年，FESCO Adecco 推出了员工自助查询系统，让其服务的员工可迅速、便捷地查询有关薪资、社保和公积金、补充医疗保险赔付进度、各项证件办理的实时状态等相关信息和数据。员工只需通过身份证认证即可快速登录，及时便捷地进行信息数据的查询。随着企业科学化管理和数字化管理要求的提高，企业越来越需要对人才这种重要的资产进行科学量化分析，并以此分析为基础开展人才的管理工作。在人力资源规划、绩效、薪酬、劳动关系等各个环节的设计上强调与人才特点相融合，一些符合企业本身特点的人才管理系统应运而生。

（二）基于信息系统的人力资源公共服务平台

近年来，各地为规范公共就业和人才服务业务流程、提高公共就业和人才服务效率，按照人力资源和社会保障部、财政部《关于进一步完善公共就业服务体系有关问题的通知》（人社部发〔2012〕103 号）的要求，以“数据向上集中、服务向下延伸、网络到边到底、信息全国共享”为目标，基本形成了覆盖城乡的公共就业和人才服务信息网络平台。北京市于 2003 年起开始建设“北京市劳动力市场信息系统”（现已更名为“北京市人力资源市场信息系统”），该系统于 2008 年 12 月正式竣工验收并投入使用，在提高公共就业和人才服务效率方面发挥了重要作用。目前，该系统共有 14 个子系统，为失业人员、就业困难群体、外地来京务工人员等城乡劳动者和各类企事业单位提供失业保险待遇发

放、促进就业经费审核发放、求职招聘服务、培训鉴定考核、人事档案管理和社会保险经办等服务工作。同时，北京市针对不同群体建立了招聘服务网站，内容涵盖了招聘信息发布、求职登记服务、就业指导、招聘会信息发布更新、政策解读等多个内容，为促进劳动者就业和流动提供了有力的支撑。

（三）基于互联网思维的人力资源服务系统

随着“大云平移”（大数据、云计算、平台、移动互联网）的互联网思维不断颠覆传统产品，一些人力资源服务企业通过有效整合各种服务产品和渠道，根据客户的不同需求为其制定专门的解决方案，提高服务的附加值。典型的应用包括 ERP 系统、SSC 系统和人才搜索系统等。

ERP（Enterprise Resource Planning）系统横跨公司业务的各个方面，是一款针对传统人事外包、专项事务外包、福利外包等业务的集成一体化企业软件。从新客户建立、报价单建立到管理层审批、客服和后台运行的配合、质量的管控等环节都发挥着巨大作用，在各部门的流程衔接、及时反馈等方面具有卓越优势。

SSC（Staffing Service Center）系统将公司所有面向员工的服务内容进行统一整合，提高服务质量和员工满意度。员工可以通过客服热线、公共咨询邮箱、公司官网留言板、手机 App 等多种方式随时随地进行咨询。所涉及的内容涵盖薪资、福利、社保和公积金、补充医疗保险、入离职办理、各项证件办理、员工俱乐部活动、员工满意度调研和员工投诉处理等。

人才搜索（Talent Searching）系统能够实现候选人简历批量录入和批量查询筛选，使海量人才库的建立变得更加高效、快捷，并能在招聘过程中更迅速地从海量信息中第一时间锁定符合要求的候选人。同时，该系统能够实现招聘项目的系统化管理和调配，从客户开发、人才管理、资源分配、数据分析、财务管理等多个方面整体优化项目进程。

（四）基于互联网思维的人力资源服务

近年来，一些线上招聘网站利用互联网科技手段开发中低端的招聘市场，解决了企业的用人难题，代表了人才招聘行业细分化的趋势。但是，对于高端人才的招聘以及企业整体的招聘流程外包（RPO）需求，则很难完全通过现代化的信息技术手段来突破和解决。人才招聘行业的未来趋势将以线上线下相结合的方式为主，借鉴“大云平移”的互联网思维以及移植这些技术优势，来帮助人力资源服务客户优化流程，提高客户体验度。目前，我国一些人力资源服务企业在结合互联网思维方面进行了有益探索，以中华英才网、前程无忧

(51Job)、智联招聘为代表的网络招聘企业已经成为人力资源服务业信息化发展的新推动力。

第三节 信息技术在人力资源服务中的应用趋势

随着互联网、移动终端、大数据、云计算、O2O（Online to Offline，线上到线下）等信息技术和网络技术的发展，互联网在生产要素配置中的优化和集成作用将更加充分发挥，人力资源服务将进入到“互联网+”时代。“互联网+”行动计划的实施，为新一代信息技术与现代制造业、生产性服务业等的融合创新添加了新动力，也使得人力资源服务水平的提高和业务的拓展更多地依赖于其与信息技术的有效融合。未来，我国人力资源服务企业必将与新一代信息技术深度融合，不断创新人力资源服务工具和商业模式。

一、基于移动互联网的人力资源移动服务

（一）趋势分析

中国互联网信息中心（CNNIC）中国互联网络发展状况统计调查显示，2013年，上网设备中，手机占比的上升速度最快，由2011年的60%上涨至85%；同时，在各类手机应用中，即时通信类应用使用量占据首位，超过80%的手机用户会使用微信等即时通信应用。Facebook联合创始人兼首席执行官马克·扎克伯格（Mark Zukerberg）认为，未来的五至十年中，全球智能手机用户将升至50亿。可见，抢占移动端的战略意义非同一般。移动用户的快速发展，为人力资源服务带来了新的机遇、商业模式与服务形式。

根据Forrester的研究，2016年，在科技行业中将会有1/3的花费发生在移动领域。2016年，10亿用户将拥有智能手机，3.5亿的雇员将使用智能手机，可以预期，社交化将挑战众多产业的现有模式。信息技术带来的沟通方式、生活方式的剧变，也将引领人力资源服务的创新，移动技术和社交化为人力资源服务业创造了新的商机。移动互联时代，企业员工的工作方式在发生改变，越来越多的人移动办公，这也推动着移动应用的发展。随着个人移动设备的普及，企业员工希望不仅在生活中，在工作中也能享受移动应用的便利，在任何时间、任何地方都能工作，提供更大的灵活性，甚至可以借此来选择雇主。事实证明，移动设备已经成为人力资源从业者及人力资源部门获取供应商信息的主要入口。

（二）应用领域

未来，人力资源移动网络业务将逐步增加，主要应用领域涵盖弹性福利选择平台、微招聘猎头平台、基于社交网络的在线招聘、移动视频招聘平台等。

1. 弹性福利选择平台

弹性福利是一种有别于传统固定式福利的新型员工福利制度，员工可以从该平台的福利菜单上任意选择自己所需，其更加强调“员工参与”的过程，让每一个员工都有自己“专属”的福利组合。对于提供弹性福利管理的平台来说，移动化也是企业发展与创新服务的又一契机。借助移动端的布局以及承接第三方即时通信应用，能够进一步拓展弹性福利选择平台，使选择最优化。这不仅能够帮助企业有效控制福利成本，更照顾到员工对福利项目的个性化需求，成为实现双赢的管理模式。

2. 微招聘猎头平台

移动化已成为当今社会发展的趋势，线下的对于招聘的实际利益需求也具备了在这个互联网平台得到满足的可能性，更具备了从 PC 端向移动端转移的可行性。雇主建立移动版本和微信版 Career Site 将成为大势所趋，这给招聘管理软件公司带来重大机遇。无论是职位搜索、职位推送还是微简历，都已成为用户最基本的生活形态。对于在线招聘网站来说，要想在移动化的时代里谋得生存，不仅需要让自己的产品线更适应移动化趋势，更需要将终端移动化。

全球职业社交巨头 LinkedIn（领英）称其用户通过手机注册的占整体注册量近 50%，移动端的流量也几乎占到了整体流量的一半，并逐步强化移动端的应用体验。在移动终端上，每天有超过 1 500 万次档案浏览和 145 万个工作岗位浏览，有 200 多个国家的 44 000 份求职申请。而 LinkedIn 入华在本土化方面也与微信、微博等即时通信应用进行了深度整合，LinkedIn 与微信在账号互通等合作的基础上进一步实现了双向绑定等。

中国核心职业社交网站月度覆盖人数位居第一位的职业社交网站大街网也重点着力布局移动端，2014 年先后推出基于移动端的招聘产品吐司、勾搭招聘以及小推鸡等。

总之，人力资源服务业与互联网技术的结合日益密切，人力资源服务企业不仅可依托互联网等技术优势建立新的人力资源服务商业模式，更拥有很高的竞争壁垒和利润率。互联网行业的创新方向正在转向移动互联，而人力资源服务业与移动互联的结合将会诞生全新的业务形态与商业机会。

3. 基于社交网络的在线招聘

艾瑞咨询资料显示，社交网络自 2009 年以来呈现较快发展趋势，社交网络用户在使用社交网络的过程中逐渐培养出对社交网络价值的体验和使用习惯，这为社交介入与撼动在线招聘孕育着良好的市场商机。

SNS 与 BSNS 的关系如图 14—2 所示。

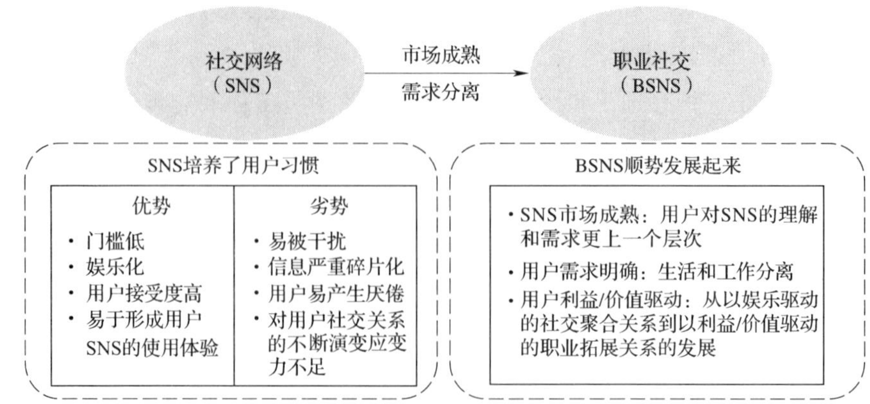

资料来源：艾瑞咨询。

图 14—2　SNS 与 BSNS 的关系

与此同时，1.0 版本的在线招聘网站及模式业已历经数十载，面对互联网的冲击低迷尽显。最早最大的传统招聘网站 Monster 逐步低迷，而垂直招聘网站 Dice、高端人才招聘 LinkedIn 日益火爆；国内传统招聘网站，如前程无忧等，面临业务量下降的压力，猎聘、拉勾网、大街网强势介入。自 2013 年以来，资本市场对在线招聘行业企业的融资热却再一次触动了整个行业的神经，整个在线招聘行业呈现出多样化、多元化发展态势。LinkedIn 选择入华就是最好的证明，而这也进一步强化了当前在线招聘市场不可忽视的特征符号：社交化。

图 14—3 列举了在线招聘行业几家具有代表性的企业近年的发展态势。

时间	公司	融资金额	投资方
2013年4月	人人猎头	2 000万元人民币	天使投资
2013年7月	人人猎头	数百万美元	凯鹏华盈（KPCB）
2013年10月	内推网	250万元人民币	创新工场
2014年3月	拉勾网	500万美元	贝塔斯曼亚洲投资基金
2014年4月	猎上网	千万美元级别	IDG和华创资本
2014年4月	猎聘网	7 000万美元	华平投资领投、经纬中国跟投
2014年8月	脉脉	2 000万美元	IDG资本与晨兴创投联投
2014年8月	拉勾网	2 500万美元	启明创投领投、贝塔斯曼跟投

注：除此之外，智联招聘于2014 年6 月赴美 IPO 在纳斯达克成功上市。

图 14—3　在线招聘行业的发展态势

LinkedIn在企业社交招聘中占据绝对优势，2002年之初其率先将社交与招聘相结合，创建了社交招聘的新模式；2009年开始步入快速发展轨道，并在2014年年初与红杉中国、宽带资本在中国成立合资公司，2014年2月25日推出中文测试版，宣布中文名为“领英”。2014年3月6日，LinkedIn中文网站“领英”正式开放注册，其用户数不断呈现爆发性的增长。截至2014年4月，LinkedIn全球用户突破3亿，截至2014年5月，LinkedIn在中国用户数就已突破500万，而且2014年8月，每周的用户增长量与6月的每周用户增长量相比提高了200%，8月每周用户增长量是6月每周用户增长量的3倍。从财务数据来看，LinkedIn在2013财年收入为15.29亿美元，其中招聘收入约为8.4亿美元，同期全球最大的传统工作公告板模式网站Monster仅为8.07亿美元。而相关数据也显示，Monster的股价现已下跌80%，LinkedIn的市值已是Monster的30倍，就连前程无忧的市值也是Monster的3倍。

优势上的凸显使得不少企业将目光投向了社交招聘领域，一系列的职业社交平台风起云涌：新浪“微招聘”横空出世。2014年5月，新浪微博宣布推出一款全新产品——“微招聘”，计划利用微博用户庞大的社交关系网络进军在线招聘市场。新浪微博作为国内最具影响力的SNS平台，旨在运用大数据技术，根据职位要求自动匹配、推荐候选人。而微博平台因为有着每天6 000万以上的活跃度，可以承载微招聘的落地，这再次印证了在线招聘领域的社交化形态。

不仅如此，各大传统招聘网站也开始纷纷试水社交招聘模式，以期为自己的网站添加社交因素：智联招聘宣布与千橡互动集团联合推出商务社交网站——经纬网，中华英才网与智联招聘联手腾讯推出招聘组件“腾讯朋友”，前程无忧也推出了名为“机会敲门”的有社交色彩的功能频道。

图14—4列举了国内一些知名招聘网站推出的社交招聘模式。

4. 移动视频招聘平台

（1）欧孚视聘。欧孚视聘是国内第一家专注现代服务业的移动垂直招聘平台，隶属于博尔捷人力资源集团。它跨越了传统1.0的招聘会、2.0的互联网、3.0的APP到4.0的移动互联网时代视频招聘平台，为客户提供了一个更加广阔的招聘渠道。欧孚视聘整合了视频简历、移动互联网、云计算等技术，致力于为企业和个人提供更高效的招聘服务和更精准的职业机会。

欧孚视聘的服务内容包括视频招聘（视频面试+视频简历）、网络人才市场、人才市场ERP、人才测评等。它的服务特点包括：一是理念的创新——“SoLoMo+Video”。欧孚视聘以“Social”（社交化）、“Local”（本地化）、“Mobile”（移动化）、“Video”（可视化）的招聘理念帮助人才市场为客户优化人才招聘服务。二是模式的创新——“人才招聘O2O服务”。欧孚视聘专注打造人

公司	简介
领英	中高端职场人士的商务社交平台，主推商务社交
新浪微招聘	面向微博用户的招聘产品，旨在为求职者提供个性化推荐、职位订阅等功能
拉勾网	互联网行业招聘平台，垂直于IT行业，重视用户体验
猎聘网	针对年薪10万以上中高端人群的招聘平台，旨在搭建一个求职者、猎头与企业的三方参与平台
猎上网	中高端职场人群招聘平台，大众面向猎头与企业的平台，采取众包模式，企业向猎头分发任务
内推网	互联网行业招聘平台，旨在去中介化，目标是实现求职者和用人部门主管直接对接
大街网	中国职业社交缔造者，重点布局移动端
人人猎头	中高端职场人士招聘平台，采用众包悬赏模式，普通人亦可参与
智联卓聘	中高端职场人士招聘平台，号称用电商的思维做招聘，面向求职者与猎头

图 14—4 各大招聘网站社交招聘模式

才招聘会运营平台，平台重新定义了企业—人才市场—求职者三者之间的关系，打通招聘会承办机构线下与线上双线业务运营的 O2O 模式。三是产品的创新。第一，简历形式从“一维”到“三维”的创新。欧孚视聘通过信息技术手段将个人简历的表现方式从“一维”发展到“三维”，即从传统标准化简历（文字维度）过渡到“标准化简历（文字维度）+视频简历（声音和影像维度）”，让用人单位可通过“三维”全面、真实地了解候选人。第二，简历内容的创新。欧孚视聘支持候选人随时随地拿起手机向自己属意的公司发送视频简历。第三，简历筛选的创新。企业可以随时随地给求职者打分，发送安排面试、决定录用等信息。

欧孚视聘的社会效益主要包括：一是它以移动互联网及三维视频作为技术核心，帮助建立线上人才市场，使人才市场利用平台更好地黏合招聘单位和个人，拓展了服务区域，提高了可服务的企业客户数量。二是它的移动化、视频化简历录制方式更符合新生代求职者的需求，便于人才市场更方便地整合区域人才信息，拓展了区域人才云数据库。三是它的“人岗匹配系统”能够帮助企业在任何地方都可以通过定制化的视频简历更加快速、直观地筛选最佳求职者，节约了招聘时间和招聘成本，大幅提升人才市场的服务质量和服务效率。四是它可以为人才市场提供实时用户大数据分析，以便掌握市场供求动态并给予政策指导，为市场分析提供强大的数据基础。五是它可以为人才市场打造区域用人单位与求职者的诚信体系，帮助其更好地履行行政职能，打造区域和谐环境。

（2）乐聘科技。潍坊乐聘信息科技有限公司是一家领先的移动互联网服务提供商，主营项目“职通天下”是中国领先的视频招聘云平台，以移动视频招聘为核心应用，综合提供功能创新型的人力资源服务产品。“职通天下”产品布局从 WEB 终端到移动终端，提供多媒介、全方位的视频求职体验，大大提高了求职招聘效率，是国内领先的新一代网络招聘平台，同时也正在成为全新的移动招聘时代的领军者。

移动视频招聘模式是“职通天下”首创的新一代招聘产品，产品核心包括个人端（APP）、企业端（同步部署到 APP、PC 端）。用户核心应用模式为：企业用户通过生成在移动终端的品牌招聘门户，以二维码的方式发布到线上与线下的营销渠道，个人用户扫描二维码即可查看品牌招聘门户，同时能够依据职位进行简历投递与视频面试，使求职效率大幅提升。企业可以即时接收到同时包含文字与视频的简历，从而大幅提升了招聘效率。并且，企业能够通过后台管理系统完成简历的管理、候选人的管理，实现视频面试、招聘任务的协同化操作以及招聘报表的生成与应用，从而大大规范了招聘管理流程。

“职通天下”为各个区域、各种规模、各种行业的企业提供移动视频招聘解决方案，几乎涵盖所有有招聘需求的企业。“职通天下”产品在中国的 100 多个城市推广使用，越来越多的企业通过与“职通天下”合作来拓展招聘渠道，使招聘迅速升级。

二、基于云计算的人力资源平台服务

（一）趋势分析

云计算作为信息技术产业革命性的商业模式，这一理论最早可以追溯到 1959 年，在 2008 年迎来发展高潮。根据 Forrester Research 公司预测，2014 年全球公有云市场规模为 720 亿美元，预计 2020 年将达到 1 910 亿美元，年复合增长率为 18%，这一增速是一般 IT 技术市场的 4 ~5 倍。从全球云计算市场来看，美国所占的份额最大（60%），欧洲次之（25%），中国市场占比不足 3%，但发展速度惊人。根据 IDC 统计，2010 年中国云计算市场规模为 350 亿元，2013 年达到 900 亿元，年均复合增长率达到 37%。

目前人力资源服务行业的发展特点是以信息化帮助企业提高服务效率与降低人力资源交易成本，体现服务个性化，同时为多家客户提供标准化服务，实现规模经济效应。而服务客户中涌现的分公司、跨国公司、连锁机构等形式，要求人力资源服务企业在不同地域提供一致性服务，原有针对不同地域开发的信息系统已难以满足多地域多层次的客户需求。人力资源服务企业多为中小型企业，在开发经营多种人力资源服务系统时往往难以承受较高的系统维护和开发成本。现有人力资源服务企业信息平台较为简单，难以整合内外部资源（人力资源、政府资源、合作伙伴等），人力资源服务企业信息系统的可扩展性对扩大服务规模形成一定的瓶颈。因此，从本质上说，现有信息技术所支持的人力资源服务企业经营模式在现代市场环境中难以有效表现，服务效率与质量不能较好契合客户的需求，急需云计算这种更加灵活的信息技术优化人力资源服务企业的信息系统及经营模式，提升人力资源服务企业的内部管理与客户价值。

云计算作为一种新型信息技术，通过广泛互联、弹性数据部署，有效支持企业的产品经营和服务经营，实现从简单服务向大规模个性化服务的转变。德勤咨询发布的《人力资源趋势》报告指出："云计算和软件即服务（SaaS）是人力资源管理的一个必然趋势。"早在2011年，中国人力资源外包服务业就已开始涉足"云计算"，目前越来越多的人力资源服务企业尝试以云计算为技术基础，为客户提供人力资源服务的共享平台、人力资源服务交易平台和人力资源服务支付平台，其未来的应用价值潜力巨大。

（二）应用领域

1. 基于云计算的SaaS服务平台

SaaS（Software－as－a－Service，软件即服务）由于其投入低、应用灵活、易于实施和管理等特点，正在对中小企业的信息化产生深远影响。与传统的应用软件相比，SaaS应用的最大特点在于它部署在软件供应商或第三方的数据中心服务器上，客户只需要通过因特网即可访问到该应用，并实现按需使用、按需付费。将SaaS技术引入到人力资源服务中，不仅可以增强信息系统的可配置性和可扩展性，满足信息系统在人力资源服务中对多地域性的支持，提高系统对市场变化的适应能力，还可以降低服务信息化成本，提高行业的服务质量和效率。

基于云计算的SaaS模式的软件多用户租赁模式，让用户如使用水电煤一般，按使用量逐月支付服务费。与传统的以许可证为中心的"买断式"软件相比，更具成本优势。在这个千亿级市场中，几乎所有的IT企业都希望能够进入云计算领域，SaaS模式的人力资源软件打入人力资源软件市场，而越来越多的人力资源管理软件企业也在进入云计算领域。

目前，SaaS技术已在管理信息系统中应用，但在人力资源服务领域的应用还不多见。最有名的是美国SuccessFactors公司，它是全球领先的员工绩效和人才管理解决方案供应商。它为不同行业和规模的公司提供整套价格经济、可按需选用的绩效与人才管理套件，涵盖了从招聘到绩效考核、从薪酬制定到确定继任者等所有工作的方方面面。SuccessFactors拥有世界上最大最复杂的SaaS平台，为超过800万的用户提供服务。其平台在多租户数据库结构、对象模型、分层数据算法、Web2.0平台无关性技术等技术方面具有其鲜明的特色。但SuccessFactors的HR平台是针对一般企业的人力资源管理，不是针对人力资源外包管理。

成立于2004年的Workday作为最早采用此模式的人力资源软件供应商，以其先发优势迅速累积客户资源，实现营业收入持续双位数增长，2015财年第二季度总营业收入达1.868亿美元。在不断扩大市场份额的同时，Workday也得到资本市场的热捧，自IPO之日起，市值一度超过100亿美元。

目前，传统软件巨头如Oracle、SAP也纷纷加快云端人力资源软件的发展速度。2011年，SAP以34亿美元收购人才管理软件公司SuccessFactors；2012年，Oracle以19亿美元收购了Workday的合作伙伴Taleo；同年，IBM也花费13亿美元收购Kenexa，进军人力资源软件行业。现有业务的“云转型”成绩斐然，如Oracle在2014财年SaaS领域的年度营业收入超过10亿美元。

1990—2000年，许可证式传统企业软件的购买达到高潮，而传统软件的使用寿命通常在10~20年，这也就意味着如今有大量的企业将会更换已有的管理软件，而这些企业极有可能选择基于云计算的模式。

2. 基于云计算的SaaS服务终端

Oracle创始人拉里·埃里森（Larry Ellison）认为，完整的云计算服务离不开IT基础架构的服务化。从2004年开始，Oracle加快布局云计算三个层面的产品：并购PeopleSoft、Siebel、BEA、Hyperion、Retek等各专门领域顶尖的企业级软件公司，并将CRM、人力资源和ERP等传统应用软件基于云的架构重写，以提供SaaS服务；整合全球广泛应用的中间件、数据库和编程语言（JAVA）基础构建PaaS平台（Platform - as - a - Service，平台即服务）；与此同时，持续发力构建IaaS（Infrastructure - as - a - Service，基础设施即服务），集硬件、服务器、存储和基础软件为一体。

图14—5描述了Oracle云计算服务解决方案。

成立于1977年的Kronos公司是全球最大的劳动力管理解决方案和第三大人力资本管理软件厂商，占有37%的美国市场份额，25%的世界市场份额，为客户提供劳动力管理解决方案。公司从生产打卡钟起家，以为企业提供考勤和时间管理的软硬件出名，到如今提供在云端的劳动力管理解决方案，其近两年的平均增长率一直保持在双位数。其最新财报显示，Kronos的营业额已经突破10亿美金。只有控制终端，服务才能落地。通过从“云”到“端”的一体化解决方案——劳动力管理应用软件（Kronos Workforce Central、Kronos Workforce Ready等）和考勤终端（Kronos InTouch），运用商业智能，Kronos解决了大型

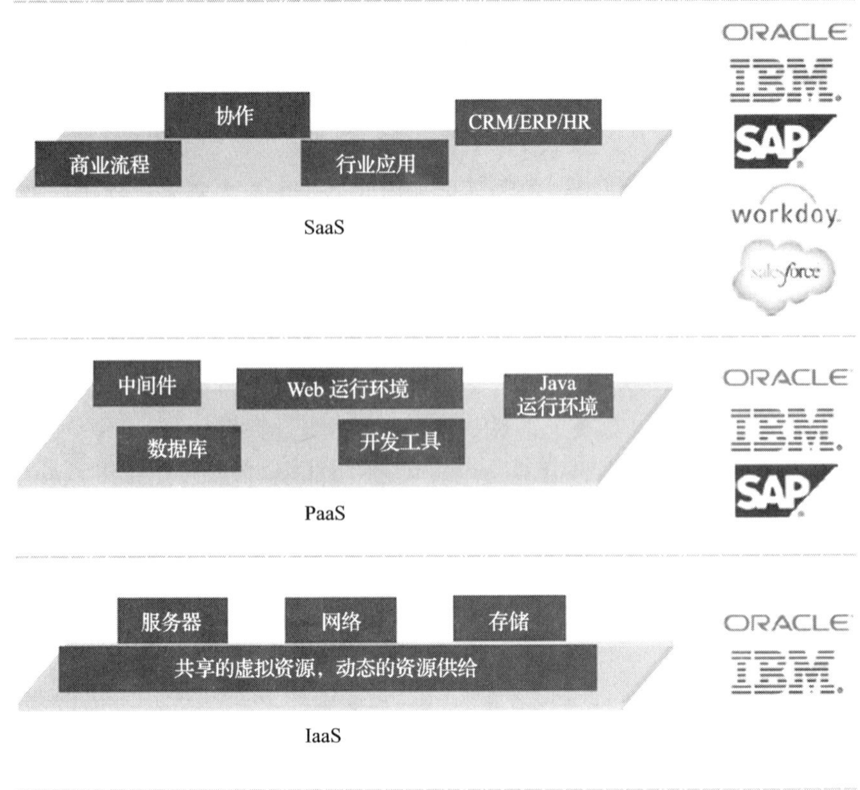

图 14—5　Oracle 云计算服务解决方案

跨地区企业人力资源数据采集、分析、呈现、预测、规划等需求。如今，数万客户——包括超过半数的 1000 强企业使用 Kronos 应用系统的集成套件来帮助企业优化排班，加强考勤、缺勤和时间管理，并分析人力资源，以获得最佳效果。这些客户分布在全球 100 多个国家和地区。

三、基于大数据的人力资源应用服务

（一）趋势分析

根据市场研究机构 Gartner 的预测，2015 年大数据分析产品和服务的市场规模将高达 3.7 万亿美元，并产生 440 万个新的就业机会。目前企业界讨论最多的依然是大数据在市场营销和消费市场研究方面的应用。但是根据德勤人才管理顾问 Bersin 的分析，大数据在人力资源领域的市场潜力更大，也就是所谓人才分析（Talent Analytics）。人力资源服务行业既是对管理新趋势、新理念最为敏感的行业，又是推动人力资源管理实践不断前行的重要力量。

《中国人力资源服务业白皮书（2013）》指出，大数据分析将成为人力资源服务行业的发展趋势之一。我国人力资源服务机构的服务与世界其他国家同行相比还比较低端，处于低端的劳务派遣占较大比例，服务方式还是手工操作的传统方式较多，在大数据的技术支持方面提供服务的能力比较弱。比如，在招聘这一块，智联招聘、前程无忧等在网络招聘中处于领先地位的企业，在分析网络求职市场数据方面的能力相对较强，但从整体上看，目前的招聘服务与市场需求之间尚有一些差距。随着网络技术的发展，如何通过分析网络大数据捕捉人力资源供求双方的实际需要，进而提供合理、高效、便捷的服务，将是招聘服务行业需要依托大数据技术获得提升的方向。

（二）应用领域

1. 大数据公共服务平台建设

在从粗放式管理向精细化管理的转变中，数据发挥着重要作用。同样，如何更好地为企业提供人力资源服务，进一步提升企业人力资源的绩效和功用，大数据理念同样适用。如何从企业视角出发，通过搜集数据、分析指标，从人力资源服务使用效能方面进一步了解人力资源需求，最终得出“企业看重什么服务，未来期望得到什么服务”。未来的人力资源服务借助大数据，如同软件的升级，通过对软件功能的使用数据进行收集和分析，那些几乎无人使用的服务将会在下次版本升级中被去除，而频繁使用的功能则需要进一步强化。此外，从整体上来说，大数据这种提升技术在未来人力资源服务应用上应该没有太大障碍，但是在不同服务的应用上可能会有差异。因此，可以先从政府在人力资源方面的公共服务平台切入，或者以高校或科研机构为依托，建立一个大数据集成、分析、共享的先行案例，然后通过分享机制把这种大数据的分析技术和理念输入其他机构。

2. 智能数据分析系统建设

互联网行业比较注重用户体验，要尽一切可能带给用户更轻松便捷的“经历”，而这种关注点是当前人力资源行业所欠缺的。进入大数据时代之后，随着现代通信技术、计算机网络技术以及“智能数据分析”技术的推广和飞速发展，人力资源服务也将进入一个精准服务的新时代。大数据有所谓的“3V”特征，即“大量化”（Volume）、“多样化”（Variety）和“快速化”（Velocity）。然而，光是大量的数据采集是不够的，这些数据本身还需要具有较高价值，即增加第四个“V”：Value（价值），成为“4V”。而经过“大数据”技术的处理（数据采集、数据分析、数据处理、数据显示等）之后更会产生较高的价值。服务终端通过连接实现管道化，给用户带来了极大的便利，大大提高了生产率，但是这些还不够，还需要体现“智能化”。智能数据分析有助于实现这种智能化，它以数据分析为主线，旨在利用模糊集、粗糙集、遗传算法和机器学习等不确定人工智能方法分析数据间的依赖关系、概率因果关系、数据分类与聚类，并用于人力资源决策、对策及融合分析，从而有助于实现从“大数据”到“智能数据”的转变。

3. 企业数据库开发

对于企业而言，可以从自身管理实践出发来梳理最迫切的大数据需求，或者与科研机构、咨询机构开展合作。其中，最基础的工作就是要在日常的管理中注重数据积累和整理，养成注重数据分析的管理习惯，没有这一基础，不仅谈不上大数据化的管理，连传统的管理需求也难以满足。在此基础上，再通过自我提升或借助外部咨询机构的协助，筹划建设自己的数据库系统，进而逐渐步入大数据化的管理。很多企业在进行绩效考评、人员素质测评、岗位管理的时候，就是因为平时不注意数据的积累，到了考评测评时临时整理、临时分析，导致非常被动，费时费力，效果也不好。目前，LinkedIn 已建成的最重要数据库是 Espresso，与 Voldemort 不同，这个数据库是继亚马逊 Dynamo 数据库之后的一个最终一致性关键值存储，用于高速存储某些确定数据。Espresso 作为一个事务一致性文件存储，通过对整个公司的网络操作将取代遗留的 Oracle 数据库。

4. 区域人才招引模式创新

当今社会，各地人才招引频出新招，竞争日趋激烈。如何在竞争中吸引和保留最适合本地区的人才？各地政府在加大人才投入、改善人才发展环境之外，更需要思考如何运用科学化的新手段来分析和选择真正适合本地区的人才。运用大数据技术，可以避免粗放式引才模式。相关数据的搜集、分析和应用，可以为人才引进和使用提供决策参考。首先是当地产业数据的分析，哪些产业有哪些企业，哪些企业有哪些人才需求，哪些新兴产业或技术需要引进人才。通过采集数据，加以汇总分析，从而形成点（企业）、线（产业链）、面（城市或地区）的完整分析，再用这份数据报告去按图索骥。其次是人才端分析，哪些高校聚集哪些人才，特定产业人才来自哪些科研院所，这些都可以通过数据搜集和分享来实现。大数据时代带来的商务智能，与以往相比，联机分析（多维分析）能力将大大提高。

主要参考文献

[1] Frederick Chong，GianpaoloCarraro，Architecture strategies for catching the long tail，http：//msdn. microsoft. com/en - us/library/aa 479069. aspx，2006.

[2] Successfactors，Distinctive Cloud Technology Platform，http：//www. suc-

cessfactors. com/cloud/architecture/, 2011.

［3］石卉. SaaS技术在人力资源服务平台中的应用研究［D］. 上海交通大学，2011：63－64.

［4］付超. 人力资源服务公司信息管理系统的设计与实现［D］. 成都：电子科技大学，2013：1－3.

第十五章 人力资源服务业发展政策

人力资源服务业的发展离不开政策的支持和规制。近年来，各地围绕经济和社会转型发展的任务，通过不断创新思路理念、体制机制和载体方法，持续推进人力资源服务业发展。2014 年年底，人力资源和社会保障部、国家发展和改革委员会、财政部联合印发《关于加快发展人力资源服务业的意见》。这是我国首个关于人力资源服务业的政策文件，明确了行业发展的基本定位、指导思想、目标任务和政策措施。本章将基于公共政策的基本理论，对中央以及北京、上海、江苏、浙江、辽宁、天津、山东等地人力资源服务业发展的相关政策进行梳理。

第一节 人力资源服务业发展政策体系概述

一、人力资源服务业发展政策的定位与特点

当前我国正处于从过去的投资驱动、要素驱动向创新驱动的转变过程，产业结构正逐渐由以制造业拉动经济为主向第三产业和制造业共同拉动转变，服务业在整个国民经济发展中的作用将日益凸显。2013 年，服务业对我国 GDP 增长贡献首次超过工业，占比近半。① 这不仅是我国消费结构升级不断加快的客观反映，也是产业结构政策调整不断推进的结果。

伴随着知识经济的发展以及市场化配置资源进程的加深，我国人力资源服务业从无到有，在整个服务业中的作用日益增加，尤其是在生产性服务业领域的重要性日益提升。人力资源服务业已经成为现代服务业的重要增长点，对于推动经济发展方式向主要依靠科技进步、劳动者素质提高、管理创新转变具有

① 国家统计局公布的《2013 年统计公报》显示，2013 年我国第一产业增加值比重为 10.0%，而第三产业比重则明显提高，达到 46.1%，比上年提高 1.5 个百分点，比第二产业比重高 2.2 个百分点。

重要意义。据人力资源和社会保障部公布的数据，截至2014年年末，全国各类人力资源服务机构2.5万家，从业人员40.7万人，行业年营业收入达到8 058亿元。[①] 从产业位阶看，人力资源服务业与服务业及生产性服务业的关系如图15—1所示。

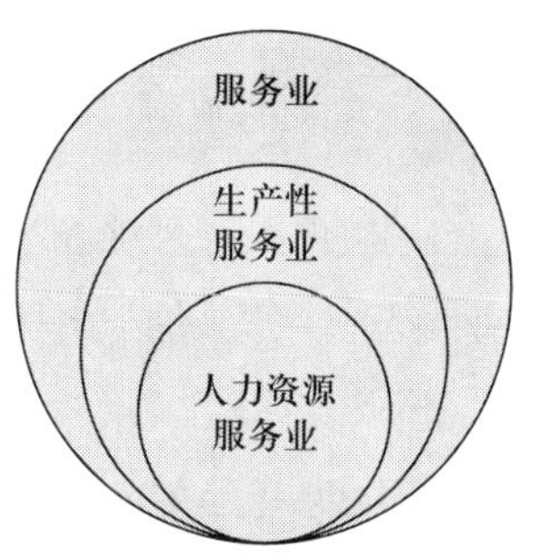

图15—1 人力资源服务业的产业位阶

人力资源服务业的发展离不开相关政策的支持、引导和规制。根据卡尔·弗里德里奇的定义，公共政策是在某一特定的环境下，个人、团体或政府有计划的活动过程，提出政策的用意就是利用时机，克服障碍，以实现某个既定的目标，或达到某一既定的目的。戴维·伊斯顿将公共政策定义为"是对全社会的价值作有权威的分配"。北京大学陈庆云在伊斯顿的基础上发展了公共政策的概念：公共政策是政府依据特定时期的目标，对社会公共利益进行选择、综合、分配和落实的过程中所制定的行为准则。虽然学者们对公共政策概念的界定略有差异，但达成共识的是公共政策对于某一公共议题具有促进或管制的作用。就人力资源服务业而言，根据政策发挥作用的不同，其产业政策可分为两大类：一类是鼓励和支持行业发展的产业发展性政策，包括税收优惠、财政支持、放宽准入政策以及土地、金融、人才等产业要素支持政策；另一类是对人力资源服务业进行市场监管的规制性政策，涉及市场秩序整顿、行业诚信体系建设以及标准化建设等。

人力资源服务业发展政策作为推动产业发展的"油门"和"加速器"，要发挥好几方面的作用：

一是推动各类人力资源服务机构的发展，增加人力资源服务供给。一方面，通过兼并、收购、重组、联盟、融资等方式，重点培育一批有核心产品、成长性好、竞争力强的人力资源服务企业集团；另一方面，鼓励发展有市场、有特色、有潜力的中小型专业人力资源服务机构，构建多层次、多元化的人力资源服务机构集群。

二是增强人力资源服务创新能力，推进人力资源服务领域的管理创新、服务创新和产品创新。鼓励人力资源服务企业设立研发机构，加强人力资源服务理论、商业模式、关键技术等方面的研发和应用，丰富服务渠道和服务模式；鼓励用人单位通过人力资源服务企业引进高端急需紧缺人才和购买专业化的人力资源服务；引导人力资源服务企业向价值链高端延伸，重点鼓励

① 人力资源和社会保障部. 人力资源服务已成现代服务业新增长点，http://news.xinhuanet.com/fortune/2015-05/08/c_1115225251.htm.

人力资源外包、高级人才寻访、人才测评、人力资源管理咨询等新兴业态快速发展。

三是加强人力资源服务产业园的统筹规划和政策引导，推进人力资源服务业集聚发展。加强园区建设，完善和落实产业园扶持政策，加大招商力度，充分发挥园区培育、孵化、展示、交易功能，促进人力资源服务业集聚发展和产业链延伸；加强园区管理，制定完善园区管理办法。

四是通过引进、培养等手段，加强人力资源服务业人才队伍建设。通过政策引导和支持，在加大人力资源服务业高层次人才引进力度的同时，完善人力资源服务业从业人员和相关服务领域的职业水平评价制度，依托著名高校、跨国公司，多层次、多渠道地培养人力资源服务业急需的各类人才，提高从业人员专业化、职业化水平。

二、人力资源服务业发展政策体系

加快发展人力资源服务业，使之形成较为完备的人力资源服务业体系，提供满足人力资源市场供需双方需要的丰富产品，不仅是服务地方经济和社会发展的内在要求，同时也是地方经济发展的重要增长点。近年来，服务业在我国国民经济中的比重有了很大提升，发展人力资源服务业被越来越多的地方政府作为一项重大而长期的战略任务来抓。人力资源服务业的发展，与政府的税收政策、市场准入政策关系紧密，同时，政府的财政支持以及金融、人才、土地等要素支持政策等，也会对其发展起到直接影响。从助推产业发展的角度看，人力资源服务业发展政策体系包括以下几方面（见图 15—2、图 15—3）：

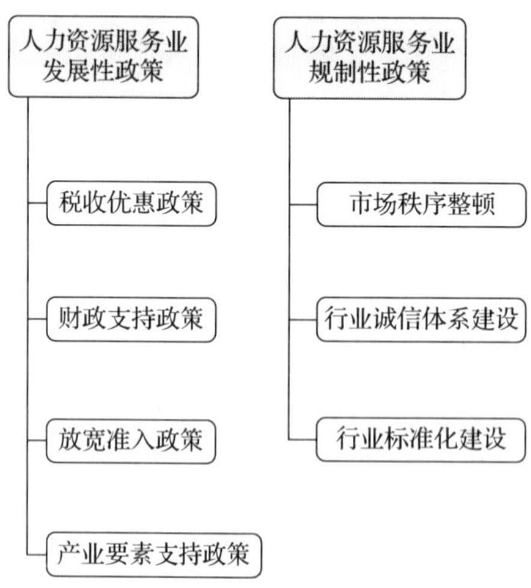

图 15—2　人力资源服务产业政策体系

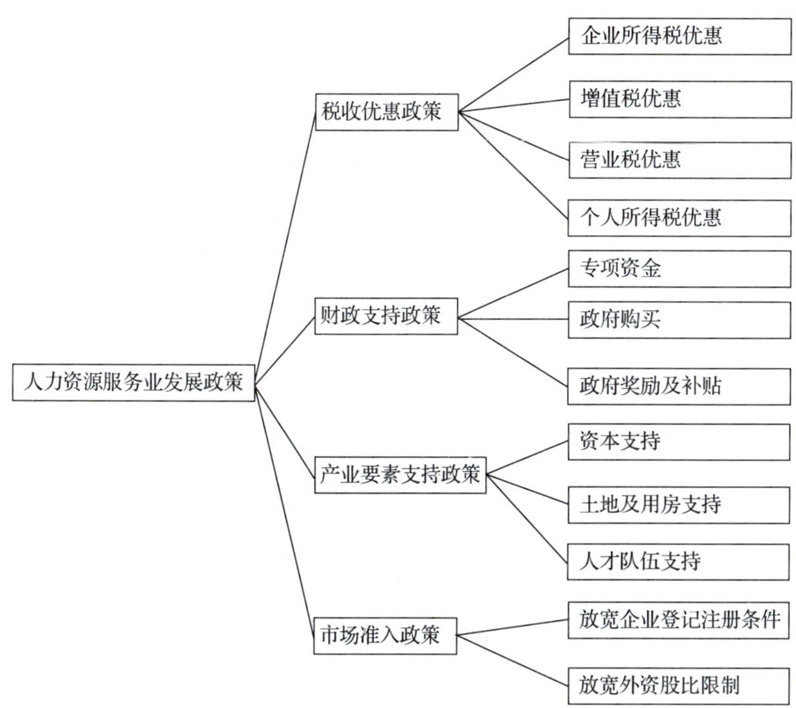

图 15—3 人力资源服务业发展政策体系

（一）税收优惠政策

人力资源服务业的发展受税收政策的影响较大，营业税、增值税以及企业所得税方面的优惠对于推动各类人力资源服务机构的发展有着重要且直接的影响，同时，对于人力资源服务机构相关从业人员的个人所得税优惠政策，也将对行业人才队伍建设起到重要的引导作用。早在 2008 年，《国务院办公厅关于加快发展服务业若干政策措施的实施意见》（国办发〔2008〕11 号）就曾提出要求：支持服务企业产品研发，企业实际发生的研究开发费用可按有关政策规定享受所得税抵扣优惠。……在服务业领域开展实行综合与分类相结合的个人所得税制度试点。对吸收就业多、资源消耗和污染排放低的服务类企业，按照其吸收就业人员数量给予补贴或所得税优惠。2014 年，《国务院关于加快发展生产性服务业促进产业结构调整升级的指导意见》（国发〔2014〕26 号）规定，尽快将营业税改征增值税试点扩大到服务业全领域。对符合条件的中小企业信用担保机构提供担保服务实行免征营业税政策。研发设计、检验检测认证、节能环保等科技型、创新型生产性服务业企业，可申请认定为高新技术企业，享受 15% 的企业所得税优惠税率。

人力资源和社会保障部联合财政部等最新出台的《关于加快发展人力资源服务业的意见》（人社部发〔2014〕104 号）进一步明确提出：加快推进营业税

改征增值税改革，消除人力资源服务中间环节的重复征税问题。人力资源服务企业的总、分机构不在同一县（市），但在同一省（区、市）范围内的，经省财政、税务部门批准，可由总机构汇总申报缴纳增值税。符合离岸服务外包业务免税条件的人力资源服务企业，提供离岸服务外包业务免征增值税。在国务院批准的21个中国服务外包示范城市内的人力资源服务企业，符合现行税收政策规定的技术先进型服务企业条件的，经认定后，可按规定享受税收优惠政策。

（二）财政支持政策

作为一个新兴的服务行业，人力资源服务业的发展除了通过市场自身的力量之外，同样也需要政府财政资金的引导、补贴和奖励等，在市场的扩容、服务产品的开发以及行业链条的拓展等方面给予支持。近年来，无论是国家还是地方，对人力资源服务业的专项经费投入日益增加，同时，具体的资金管理办法也有所细化。《关于加快发展人力资源服务业的意见》（人社部发〔2014〕104号）明确提出：研究通过中央财政服务业发展专项资金、国家服务业发展引导资金对人力资源服务业发展重点领域、薄弱环节和生产性服务业创新团队给予支持。有条件的地方也应通过现有资金渠道，加大对人力资源服务业发展的支持力度，并探索采取政府股权投入、建立产业基金等市场化方式，切实提高资金使用效率。

随着我国政府行政管理体制改革的不断深化，政府购买的范围和领域不断扩大，其对人力资源服务业发展的支持作用也日益突出。《国务院关于加快发展生产性服务业促进产业结构调整升级的指导意见》（国发〔2014〕26号）提出：完善政府采购办法，逐步加大政府向社会力量购买服务的力度，凡适合社会力量承担的，都可以通过委托、承包、采购等方式交给社会力量承担。研究制定政府向社会力量购买服务的指导性目录，明确政府购买的服务种类、性质和内容。《关于加快发展人力资源服务业的意见》（人社部发〔2014〕104号）进一步提出：各地要从实际出发，逐步将适合社会力量承担的人力资源服务交给社会力量。要稳步推进政府向社会力量购买人力资源服务，研究将人力资源服务纳入政府购买服务的指导目录，明确政府购买人力资源服务种类、性质和内容，并在总结经验的基础上及时进行动态调整。通过竞争择优的方式选择承接政府购买人力资源服务的社会力量，确保具备条件的社会力量平等参与竞争。要建立健全政府向社会力量购买人力资源服务各项制度，切实提高财政资金使用效率，加强监督检查和科学评估。

（三）产业要素支持政策

从产业经济学的角度看，一个产业的发展，通常要有五方面的条件支持：

一是要有市场，二是要有资本，三是要有产业技术，四是要有人才支持，五是要有行业规范。目前来看，我国人才资源服务业虽然总体发展势头迅猛，但从行业内部来看，企业规模总体偏小、实力不强、专业化程度也有待提高，为鼓励并扶持企业做大做强做精，需要政府在产业发展要素方面给予一些支持。

1. 资本支持

《国务院关于加快发展生产性服务业促进产业结构调整升级的指导意见》（国发〔2014〕26号）提出：一是鼓励商业银行按照风险可控、商业可持续原则，开发适合生产性服务业特点的各类金融产品和服务，积极发展商圈融资、供应链融资等融资方式。二是研究制定利用知识产权质押、仓单质押、信用保险保单质押、股权质押、商业保理等多种方式融资的可行措施。三是建立生产性服务业重点领域企业信贷风险补偿机制。四是支持符合条件的生产性服务业企业通过银行间债券市场发行非金融企业债券融资工具融资，拓宽企业融资渠道。五是支持商业银行发行专项金融债券，服务小微企业。六是搭建方便快捷的融资平台，支持符合条件的生产性服务业企业上市融资、发行债券。七是鼓励融资性担保机构扩大生产性服务业企业担保业务规模。《关于加快发展人力资源服务业的意见》（人社部发〔2014〕104号）进一步提出：鼓励符合条件的人力资源服务企业进入资本市场融资，支持符合条件的人力资源服务企业上市或发行集合信托以及公司债、企业债、集合债、中小企业私募债等公司信用类债券融资。

2. 土地和用房支持

相比其他行业，虽然人力资源服务业企业对土地的需要不是那么突出，但对于初创企业而言，土地或办公用房方面的政策支持同样起着不可替代的推动作用。《国务院办公厅关于加快发展服务业若干政策措施的实施意见》（国办发〔2008〕11号）明确提出，要实行有利于服务业发展的土地管理政策。各地区制定城市总体规划要充分考虑服务业发展的需要，中心城市要逐步迁出或关闭市区污染大、占地多等不适应城市功能定位的工业企业，退出的土地优先用于发展服务业。国土资源管理部门要加强和改进土地规划计划调控，年度土地供应要适当增加服务业发展用地。加强对服务业用地出让合同或划拨决定书的履约管理，保证政府供应的土地能够及时转化为服务业项目供地。要积极支持以划拨方式取得土地的单位利用工业厂房、仓储用房、传统商业街等存量房产、土地资源兴办信息服务、研发设计、创意产业等现代服务业，土地用途和使用权人可暂不变更。

3. 人才队伍支持

随着人力资源服务业的不断发展，行业人才规模不足、素质不高日益成为阻碍发展的重要瓶颈，无论是中央还是地方均在人力资源服务行业人才开发方面给予了一系列政策支持。《国务院办公厅关于加快发展服务业若干政策措施的实施意见》（国办发〔2008〕11 号）提出，要大力培养服务业人才。文件要求，一是教育、科技、人事和劳动保障等部门要积极引导高等院校完善并加强与现代服务业发展相适应的学科专业建设，支持高等院校、职业院校、科研院所与有条件的服务业企业建立实习实训基地，鼓励建立服务人才培养基地，对国内外相关外包服务培训机构以独资或与高校、企业合作的形式成立培训机构给予审批便利。二是人事和劳动保障等部门要按照服务业发展需要，不断调整完善和规范职业资格和职称制度，尽快设置相应的服务业职业资格和职称。三是人事和劳动保障部门要鼓励各类就业服务机构发展，加快建设覆盖城乡的公共就业服务体系。四是加强服务业从业人员社会保障工作。针对服务行业就业形式多样、流动性较强、农民工居多等特点，加快推进服务业企业参加医疗、工伤保险工作，切实维护服务业企业从业人员的社会保障权益。

在人才培养和引进方面，《国务院关于加快发展生产性服务业促进产业结构调整升级的指导意见》（国发〔2014〕26 号）提出，一是加大人力资源服务业高层次人才的培养引进力度，将其纳入相关人才计划和人才引进项目，享受相关优惠政策。二是实施人力资源服务业领军人才培养计划，加强人力资源服务机构经营管理人员研修培训，依托著名高校、跨国公司，建立人力资源服务培训基地和实训基地，多层次、多渠道培养和引进人力资源服务业急需的高层次人才。三是开展人力资源服务业专业技术人员继续教育，纳入专业技术人才知识更新工程。完善人力资源服务业从业人员和相关服务领域的职业水平评价制度，加大职业培训力度，提高从业人员专业化、职业化水平，打造一支素质优良、结构合理的人力资源服务业人才队伍。四是支持生产性服务业创新团队培养，建立创新发展服务平台。文件还要求各地及有关部门研究促进设计、创意人才队伍建设的措施办法，鼓励创新型人才发展；建设大型专业人才服务平台，增强人才供需衔接。

（四）市场准入政策

人力资源服务业作为生产性服务业的重要组成，为保证市场的合规有序，过去有关政策对于人力资源服务机构有着较为严格的工商登记注册条件限制以及外商投资的股比限制。我国过去长期实行的商事登记政策受计划经济体制的影响，带有浓厚的计划经济色彩，一定程度上阻碍了人力资源服务业的发展。近年来，随着市场经济的深化，中央日益重视商事制度改革，逐步探索放宽对服务业的登记注册条件。2015 年 3 月 15 日，李克强总理在 2015 年“两会”答中外记者问时提到，市场活力的激发需要政府去清障搭台，今年我们要继续在这方面做更多的事。要进一步放宽市场准入，实行证照合一，让服务业领域的一些企业注册登记别再那么费劲了。

2008 年，《国务院办公厅关于加快发展服务业若干政策措施的实施意见》（国办发〔2008〕11 号）中提出：工商行政管理部门对一般性服务业企业降低注册资本最低限额，除法律、行政法规和依法设立的行政许可另有规定的外，一律降低到 3 万元人民币，并研究在营业场所、投资人资格、业务范围等方面适当放宽条件。对法律、行政法规和国务院决定未做规定的服务企业登记前置许可项目，各级工商行政管理机关一律停止执行。

十八届三中全会，中央决定对商事登记制度进行改革，由注册登记制度改为认缴登记制度，取消原有对公司注册资本、出资方式、出资额、出资时间等硬性规定，取消了经营范围的登记和审批，从以往的“重审批轻监管”转变为“轻审批重监管”。在生产性服务业方面，《国务院关于加快发展生产性服务业促进产业结构调整升级的指导意见》（国发〔2014〕26 号）提出：一是进一步放开生产性服务业领域市场准入，营造公平竞争环境，不得对社会资本设置歧视性障碍，鼓励社会资本以多种方式发展生产性服务业。进一步减少生产性服务业重点领域前置审批和资质认定项目，由先证后照改为先照后证，加快落实注册资本认缴登记制。允许社会资本参与应用型技术研发机构市场化改革。鼓励社会资本参与国家服务业综合改革试点。二是引导外资企业来华设立生产性服务业企业、各类功能性总部和分支机构、研发中心、营运基地等。统一内外资法律法规，推进生产性服务业领域有序开放，放开建筑设计、会计审计、商贸物流、电子商务等服务业领域外资准入限制。加快研究制定服务业进一步扩大开放的政策措施，对已经明确的扩大开放要求，要抓紧落实配套措施。探索对外商投资实行准入前国民待遇加负面清单的管理模式。发挥中国（上海）自由贸易试验区在服务业领域先行先试的作用。加强与香港、澳门、台湾地区的服务业合作，加快推进深圳前海、珠海横琴、广州南沙与港澳地区，福建厦门、平潭和江苏昆山与台湾地区的服务业合作试点。

此外，提高市场准入政策的开放度是影响我国人力资源服务产业国际化水平提升的重要方面。现行的政策对人力资源服务企业设立分支机构等方面的市场准入管制过于严格。人力资源企业要开展跨区域业务，需多次办理许可手续，不利于企业的规模化发展。过去，我国不允许设立外商独资人才中介机构，也不允许外资控股国内人才中介机构，这在一定程度上影响了我国人力资源企业产品创新和管理水平的提升。《关于加快发展人力资源服务业的意见》（人社部发〔2014〕104号）特别指出：加强国际交流合作，稳步推进人力资源市场对外开放，积极构建公平稳定、透明高效、监管有力、与国际接轨的人力资源服务业外商投资管理体制。深入推进与香港、澳门、台湾地区的人力资源服务合作。鼓励有条件的本土人力资源服务机构“走出去”，与国际知名人力资源服务机构开展合作，在境外设立分支机构，大力开拓国际市场，积极参与国际人才竞争与合作。目前在人力资源服务机构外资股比方面的主要政策依据是《中外合资人才中介机构管理暂行规定》，这一外资股比限制一直被业界视为阻碍我国人力资源服务业国际化、专业化、规模化发展的重要政策瓶颈。近年来，一些地方在放宽外资股比限制方面进行了诸多探索。江苏、北京、浙江、山东、河北等地均已将人力资源服务机构外资控股比例放宽到70%。

三、人力资源服务业发展政策走向

产业政策的发展受经济结构调整变化以及行政管理体制改革的影响，始终处于动态调整的过程。对于人力资源服务业发展政策而言，面对行业规模不断扩大、服务领域和服务内容日益多元、服务经济社会发展能力逐步提升的新形势，面对当前我国各领域全面深化改革的新要求，在完善政策体系的同时，政策的着力点也需要进行相应的调整。

2014年年底，财政部下发了《关于贯彻落实国务院清理规范税收等优惠政策决策部署若干事项的通知》，要求规范市场秩序，维护市场统一，对各地的税收等优惠政策进行清理规范，减少政府对市场行为的过度干预。依据通知要求，各地从2014年12月1日起停止违法违规优惠政策的执行，各地区也将不再自行制定税收优惠政策。可以预见，未来税收优惠的空间将越来越有限。

当前，我国人力资源行业总体面临服务水平不高、产品同质化严重、国际竞争力弱的局面，亟须各级政府加强产业要素政策方面的支持，推出促进人力资源服务业发展的具体政策措施，增强人力资源服务业发展的动力和活力。

一是加大投融资支持力度，推动人力资源服务企业做大做强。相比其他行业，人力资源服务业具有轻资产的典型特点，投融资一直是制约服务机构发展壮大的一个重要瓶颈。在目前的产业要素支持政策中，有关资本支持的内容虽然得到了越来越多的重视，但是我们也看到，以政府为主导的资本支持，无论在手段方式还是资金规模上都有很大限制。未来，与人力资源服务业快速发展相适应，我们需要在政策上更多地利用“杠杆原理”，真正发挥政府资源的引导和撬动作用。在这点上，可以学习借鉴在其他领域已经比较成熟的“产业基金”做法，在政策上研究制定规范人力资源服务产业基金投资和管理办法，形成以市场化为主导的开放式资本支持生态体系。此外，政府也应积极着手研究人力资源服务领域技术抵押、信贷抵押等方面的实施细则，支持人力资源服务企业利用资本市场进行直接融资，提高融资能力，多渠道筹措发展资金。鼓励各类创业风险投资机构进入人力资源服务业，促进中小人力资源服务机构的发展。

二是推动服务产品的开发和产业链条的延伸，促进人力资源服务业市场扩容。总体上看，当前我国人力资源服务业仍处于粗放式发展阶段，大部分人力资源服务企业的中高端服务和产品开发能力弱，服务细分度不高，产品结构不合理，尤其是高质量的教育培训项目、高级人才搜寻、人力资源管理外包等高端服务缺乏。很多承接外包业务的人力资源企业是规模较小的中小企业，创新意识很强，但服务的层次和技术含量偏低，提供个性化服务、复合型服务的能力不足。而在实施创新驱动发展战略的大背景下，企业购买专业化生产性服务的需求日益扩大，服务内容也日益多元，提供初、中、高级的一揽子解决方案成为越来越多客户的需求。一些企业在购买人力资源服务中往往附带有法务咨询、财务审计、知识产权代理、会展策划等多种需求，局限于传统的人力资源服务业态已很难适应新的发展要求。延伸人力资源服务价值链，整合科技、人力、管理等多方面的生产性服务，将是未来人力资源服务业发展面临的一大挑战。要引导企业调整服务项目结构，积极发展薪资福利管理、社会保障管理、人力资源培训开发、员工服务、管理咨询及职能外包等中高端服务项目，侧重客户导向，更加突出细致的专业分工，提供“专、精、深”的服务产品，增加服务的技术含量和附加价值。

三是加强从业人员的培养和培训，提高人力资源服务企业的专业化水平和自主创新能力。人力资源服务业在为各类机构和组织提供人力资源解决方案的同时，其自身也面临人才支撑的问题。从业人员素质不高、专业化水平不足，已经成为当前人力资源服务业面临的重要发展瓶颈。造成这一局面的原因有高等教育专业设置的问题，有行业自身对人才吸引力的问题，也有人才队伍的开发和再教育、再培训的问题。因此，要拓宽人才培养途径，多层次、多渠道培养和引进人力资源服务业所需人才。可针对人力资源服务业从业人员的特点，依托行业协会等机构开展多层次、多形式的岗位职业培训，提高从业人员职业道德素质、理论水平、服务意识和实际操作能力。要研究推行统一的人力资源服务业从业人员职业资格制度，并逐步探索建立人力资源管理咨询、人才培训、人才测评等人力资源服务专业领域的职业资格水平认证制度，不断提升人力资源服务业从业人员的专业化水平。

四是做好产业园建设相关政策的配套落实，引导人力资源服务业集群化发展。产业集聚是区域产业发展的形式，是现代产业发展的重要特征，集群化发展已成为推进人力资源服务业发展的重要路径。自2010年11月第一家国家级人力资源服务业产业园区落户上海以来，人力资源服务产业园区建设呈现出蓬勃发展的势头。据不完全统计，截至2014年12月，已建和在建的人力资源服务产业园区36家，其中国家级人力资源服务产业园6家（分别为上海、河南、重庆、苏州、福建和杭州），省级人力资源产业园15家。《关于加快发展人力资源服务业的意见》（人社部发〔2014〕104号）提出，各地要重视做好人力资源服务产业园的统筹规划和政策引导，以集约化为原则，布局人力资源服务产业园建设，杜绝“为了集聚而集聚”情况的出现。人力资源产业集聚与制造业等的集聚在规律上存在着本质上的差异，人力资源产业的集聚遵循的是需求导向的原则，即围绕服务的需求而产生机构的集群和产业的集聚。在政策导向上，要转向以引导和服务为主，从传统的“政府主导”转向“政策引导”，将政策的着力点放在公共服务平台建设和市场监管方面。

五是适应经济新常态的要求，实施更加开放的市场准入政策。作为向其他产业提供人才和智力支撑的服务性行业，相对于经济中高速增长以及产业快速转型的需要，当前我国人力资源服务机构大多规模小、实力弱，行业整体的国际竞争力不强。在我国经济新常态下，面对“高水平引进来，大规模走出去”的新形势、新要求，要在政策上为行业的国际化发展提供支持。一方面要进一步加大引进国外知名人力资源服务机构的力度，提升与国外人力资源服务供应商的合资合作水平，引进国际先进的人力资源服务理念、服务项目、服务技术、服务标准和管理模式，带动我国人力资源服务行业整体水平的提高；另一方面要积极引导和支持本土人力资源服务机构拓展和优化涉外服务，支持有条件的人力资源服务企业跨国经营，为我国企业大规模走出去做好人才和智力服务支撑。此外，要积极领会落实新一轮改革关于放宽企业登记要求的最新政策，尽快制定出台人力资源服务业领域放宽企业登记要求的细化意见，对企业登记住所要求、入股条件等放宽限制，同时简化办理流程，缩短创办企业所需时间，为人力资源服务业吸纳大众创业提供有利条件。

第二节　税收优惠政策

税收优惠政策是过去一段时期各地人力资源服务业发展支持政策的重要内

容，通过免除人力资源服务机构应缴的部分税款，或者按照其缴纳税款的一定比例给予返还等，从而减轻其税收负担。从地方来看，除了国家层面的统一政策之外，各地也在不违背税法规定的前提下对人力资源服务企业所得税、增值税、营业税以及企业经营管理人员的个人所得税等制定了一些具体细化的税收优惠政策。

一、企业所得税优惠

北京市规定，一是对经认定为技术先进型服务企业的从事人力资源外包服务的服务机构，按照国家服务外包示范城市有关政策，按15%减征企业所得税，其职工教育经费按不超过企业工资总额8%的比例据实在企业所得税税前扣除。二是在落实国家和本市已出台的各项税收优惠政策的同时，进一步加大对人力资源服务小型微利企业的税收优惠，对应纳税所得额低于10万元（含）且符合税法规定条件的小型微利企业，其所得减按50%计入应纳税所得额，按20%的税率征收企业所得税。三是人力资源服务企业为开发新技术、新产品发生的可纳入企业所得税税前加计扣除的研究开发费用，未形成无形资产计入当期损益的，在按照规定据实扣除的基础上，按研究开发费用的50%加计扣除；形成无形资产的，按无形资产成本的150%摊销。

天津市规定，对在本市新设立且符合有关认定条件的人力资源服务企业总部、地区总部和国内外知名人力资源服务机构，自获利年度起，前两年按其缴纳企业所得税地方分享部分的100%标准给予补助，后三年按其缴纳企业所得税地方分享部分的50%标准给予补助。

浙江省规定，支持人力资源服务企业设立实训基地，对企业支付给见习学生的报酬，按规定在企业所得税前扣除。此外，自2012年1月1日至2015年12月31日，对年应纳税所得额低于30万元（含）的小型微利企业，超出国家规定的应纳税所得额6万元以上部分的地方税收贡献，可部分或全部奖励给企业用于转型升级；对应纳税所得额低于6万元（含）且符合税法规定条件的小型微利企业，其所得减按50%计入应纳税所得额，按20%的税率征收企业所得税。

江苏省提出，对国家服务外包示范城市的人力资源服务企业，经认定为技术先进型服务企业的，减按15%征收企业所得税。

辽宁省规定，持有人力资源服务许可证，从事高级人才寻访、人力资源管理咨询、人力资源外包、职业中介业务且诚信经营的人力资源服务企业，年度应纳税所得额不超过30万元，从业人数不超过80人，资产总额不超过1 000万元的，按20%的税率征收企业所得税。自2012年1月1日至2015年12月31

日，对年应纳税所得额低于6万元（含6万元）的小型微利人力资源服务企业，其所得减按50%计入应纳税所得额，按20%的税率缴纳企业所得税。

二、增值税优惠

北京市规定，针对人力资源服务业特点完善增值税政策，增加应纳税所得额的抵扣项目。对符合条件的企业从事离岸外包业务取得的收入按规定享受增值税免税政策。

江苏省提出，对在本省开展连锁经营统一核算的人力资源服务企业，经省财税部门批准，允许其可由总部机构统一缴纳增值税。

河北省规定，对在河北省开展连锁经营统一核算的人力资源服务企业，符合《河北省国家税务局、河北省财政厅跨地区经营总分支机构增值税征收管理办法》的，可申请实行总分支机构按预征率纳税。

山东省规定，对在省内开展连锁经营统一核算的人力资源服务企业，经省财税部门批准，可由总部机构统一缴纳增值税或营业税。

三、营业税优惠

天津市规定，对在本市新设立且符合有关认定条件的人力资源服务企业总部、地区总部和国内外知名人力资源服务机构，自开业年度起，前两年按其缴纳营业税的100%标准给予补助，后三年按其缴纳营业税的50%标准给予补助。

浙江省规定，对人力资源服务企业通过兼并重组做大做强的，在合并、分立、兼并等企业重组过程中发生转让企业产权涉及的不动产、土地使用权转移行为，不征收营业税。

江苏省提出消除人力资源服务中间环节重复征税问题，符合条件的企业从事离岸外包业务取得的收入按规定享受营业税免税政策，符合条件的公共人力资源服务机构可按规定申请非营利组织免税资格的认定，享受相关税收优惠政策。

河北省规定，从事人事代理的人力资源服务企业以从委托方收取的全部价款减去代收转付给劳动者工资福利及缴纳的社会保险、住房公积金后的余额为营业额，符合条件的企业从事离岸外包业务取得的收入按规定享受免税政策。

辽宁省规定，从事人才派遣（劳务派遣）业务的人力资源服务企业接受用工单位的委托，为其安排劳动力，凡用工单位将其应支付给劳动力的工资和为劳动力上交的社会保险（包括养老保险、医疗保险、失业保险、工伤保险等，下同）以及住房公积金统一交给人力资源服务企业代为发放或办理的，以人力资源服务企业从用工单位收取的全部价款减去代收转付给劳动力的工资和为劳动力办理社会保险及住房公积金后的余额为营业额。人力资源服务企业在新增加的就业岗位中，当年新招用持《就业失业登记证》（注明“企业吸纳税收政策”）人员，与其签订 1 年以上期限劳动合同并依法缴纳社会保险费的，在 3 年内按实际招用人数予以定额依次扣减营业税、城市维护建设税、教育费附加和企业所得税，定额标准为每人每年 4 800 元。

四、个人所得税优惠

天津市规定，在本市新设立且符合有关认定条件的人力资源服务企业总部、地区总部从外省市引进且连续聘任两年以上的总部副职级以上高级管理人员，以及聘任的外籍及港澳台地区部门副职级以上高级管理人员，在本市第一次购买商品房、汽车或参加专业培训的，五年内按其缴纳个人工薪收入所得税地方分享部分予以奖励，累计最高奖励限额为购买商品房、汽车或参加专业培训实际支付的金额。

杭州市规定，列入市政府以纳税贡献和企业成长性为依据确定的人力资源服务业企业，其高层次管理人才和科技人才的工资性收入个人所得税地方留存部分，3 年内予以全额返还。

五、其他税收优惠

浙江省规定，全面落实国家和省有关高校毕业生创业扶持政策，鼓励高校毕业生创办人力资源服务企业。江苏省的政策也强调，落实国家和省有关就业补贴各项政策，确保经营性人力资源服务机构平等享受。北京市还规定，高校毕业生创办人力资源服务企业的，纳入国家和本市高校毕业生创业政策扶持范围。山东省规定，对符合条件的公共人力资源服务机构可按规定申请非营利组织免税资格的认定，经认定后，享受相关税收优惠政策。辽宁省规定，人力资源服务企业属于国家需要重点扶持且依据相关规定认定的高新技术企业可以享受相应的税收优惠政策。浙江省规定，企业为开发新技术、新产品发生的研究开发费用，未形成无形资产计入当期损益的，在按照规定据实扣除的基础上，按研究开发费用的 50% 加计扣除；形成无形资产的，按无形资产成本的 150% 摊销。对入选省服务业重点企业的，报经地税部门批准，2 年内对其新增加的房产和用地给予减免房产税和城镇土地使用税的优惠。《青海省加快发展人力资源服务业的实施意见》（青人社厅发〔2015〕93 号）提出：人力资源服务企业从事职业中介、职业指导的可按经其推荐就业服务后实际就业人数，向发放其人力资源服务许可证的人力资源社会保障部门申请就业创业服务补贴。人力资源服务企业新增就业岗位吸纳高校毕业生就业并签订 1 年以上劳动合同的，可申请享受 4 年基本养老、基本医疗、失业保险和工伤保险补贴及一次性奖励；安排高校毕业生就业见习的，可申请享受见习生活补贴。

第三节　财政支持政策

对于一个发展中的行业而言，政府有效的财政支持非常必要。从中央以及各地的政策来看，政府财政支持的力度总体呈现稳中有进的态势，而支持的方式则日益多元，从过去直接“给钱”的支持越来越多地向通过政府公共服务购买等间接性的财政支持转变。

一、关于专项资金

江苏省在《关于加快人力资源服务业发展的意见》（苏办发〔2012〕22 号）中提出设立省级人力资源服务业发展专项资金，同时规定这一专项资金占省人才发展专项资金的 10%。河北省在《关于加快我省人力资源服务业发展的意见》（冀办字〔2014〕49 号）中提出：整合公共就业机构和人才交流服务机构建设专项资金，支持县级以上公共就业（人才）综合服务机构和乡镇（街道）公共就业服务平台建设，提高综合性公共就业（人才）服务水平。加强资金监管，提高资金使用效益。《浙江省人民政府办公厅关于加快发展人力资源服务业的意见》（浙政办发〔2012〕130 号）规定，省服务业发展引导资金中每年安排不少于 5% 的资金用于支持人力资源服务业发展，各市、县（市、区）也要安排一定的财力予以积极支持。主要用于人力资源服务业标准研究制定，高端人才的培养和引进，人力资源服务网站、人力资源服务数据库等服务平台建设，知名人力资源服务机构引进，人力资源服务企业的扶持和奖励，全省性人力资源服务业重大活动的举办。山东省在《关于促进人力资源服务业发展的指导意见》（鲁人社发〔2014〕4 号）中明确提出：2014 年至 2018 年，每年从省创业带动就业扶持资金中安排 2 000 万元，用于扶持人力资源服务业发展，各市、县（市、区）也要予以积极支持。《青海省加快发展人力资源服务业的实施意见》（青人社厅发〔2015〕93 号）提出：积极争取中央财政服务业发展专项资金、国家服务业发展引导资金、省级服务业发展引导资金对人力资源服务业发展的支持，扶持中小微人力资源服务企业发展。探索采取政府股权投入、建立产业基金等市场化方式，切实提高资金使用效率。

二、关于政府购买

从地方来看，北京市在鼓励政府购买人力资源服务方面的政策目前在全国范围尚属领先。《北京市人民政府关于加快发展人力资源服务业的意见》（京政发〔2014〕31 号）中提出：加大政府购买人力资源市场基本公共服务力度，支持经营性人力资源服务机构参与公共就业服务活动、实施公共就业和人才服务项目，按照有关政策规定给予相应补贴。完善人力资源市场基本公共服务政府购买制度和评估考核办法。同时，北京市还提出加强对人力资源服务企业自主品牌建设的支持，在同等条件下优先向品牌企业购买公共服务。

三、关于政府奖励及补贴

地方对人力资源服务业发展的财政支持政策的一个重要方面是政府奖励。目前各地的有关奖励主要针对几大方面，一是对人力资源服务机构开展自主品牌建设给予奖励；二是对国际国内知名人力资源服务机构入驻给予奖励；三是对人力资源服务企业兼并、收购、重组等给予财政补贴；四是对人力资源服务企业提供特定服务给予补贴或奖励。

在对人力资源服务机构开展自主品牌建设给予奖励方面，江苏省提出，大力支持人力资源服务机构开展自主品牌建设，鼓励企业注册和使用自主人力资源服务商标，带动人力资源服务品牌推广。加大品牌宣传推介力度，举办、参加人力资源服务业推介说明会、博览会、交易会，着力打造一批国际化、全国化、区域化、专业化的服务品牌。加大品牌创建工作奖励力度，对新获得驰名商标的，由省级现代服务业发展引导资金给予 100 万元一次性奖励。浙江省规定，对新获得国家级知名品牌或驰名商标称号的人力资源服务业企业，按照《浙江省工业转型升级财政专项资金管理办法》中的品牌奖励政策给予奖励。山东省在《关于促进人力资源服务业发展的指导意见》（鲁人社发〔2014〕4 号）中强调：引导人力资源服务机构申请商标注册，建设自主品牌，支持申报驰名商标、省著名商标和省服务品牌，建立品牌创建工作奖励制度，对新获得驰名商标的，由省创业带动就业扶持资金给予一次性奖励。同时，组织开展人力资源服务机构服务水平等级认证工作，每两年考核命名一批“全省人力资源服务业十强机构”“全省人力资源服务业十大品牌”，由创业带动就业扶持资金给予适当奖励。江苏省还开展了“全省十大人力资源交流活动品牌”评选，每年一次，每个获奖品牌给予一次性奖金 5 万元。

在对国际国内知名人力资源服务机构入驻给予奖励方面，江苏省《关于加快人力资源服务业发展的意见》（苏办发〔2012〕22 号）中提出：对新引进我省的世界 500 强企业中人力资源服务企业总部或地区总部和全国 100 强企业中人力资源服务企业的总部或其研发中心，由省级现代服务业发展引导资金分别给予 1 000 万和 500 万元的一次性奖励。北京市提出，鼓励企业注册和使用自主商标，培育一批国内著名、国际知名的人力资源服务北京品牌，对获得“中国驰名商标”“北京市著名商标”荣誉称号或通过人力资源服务机构等级评定的企业，研究制定相关奖励政策。山东省规定，对新引进的和省内新入围的世界 500 强、国内综合 100 强和服务业 100 强企业总部、区域和功能性总部，给予一次性奖励。

在对人力资源服务企业兼并、收购、重组等给予财政补贴方面，江苏省提出，鼓励和支持人力资源服务企业通过兼并、收购、重组、联盟等方式，打造一批实力雄厚、影响力大、核心竞争力强的人力资源服务企业集团。对人力资源服务企业通过改制上市或买壳上市等方式直接融资的，由省级现代服务业金融类发展专项引导资金给予上市费用一次性补贴。

在对人力资源服务企业提供特定服务给予补贴或奖励方面，辽宁省规定：一是人力资源服务企业每组织输出 1 名城乡劳动者到省外就业，并签订 1 年期限以上劳动合同的，可享受 100 元至 200 元的劳务输出补贴，具体标准由各市政府确定。二是从事职业中介、职业指导的人力资源服务企业，可按经其推荐就业服务后实际就业的登记失业人员、应届大中专毕业生人数，向发放其人力资源服务许可证的人力资源社会保障部门申请职业介绍补贴。三是 2015 年 12 月 31 日前，凡是设立了企业博士后工作站、博士后创新实践基地的企业与省内猎头公司签订合作协议，通过猎头服务从省外引进 50 周岁以下、具有博士学位、5 年以上工作经历、年薪收入 12 万元以上的专业技术和经营管理人才，且引进人才签订 1 年以上劳动合同并在该岗位持续工作 1 年以上的，给予企业 10 000 元的猎头服务费补助。北京市规定，通过人力资源服务机构选聘的高端人才入选“海外高层次人才引进计划”“北京市海外人才聚集工程”等国家和本市高层次人才引进项目的，给予选聘单位和人力资源服务机构奖励。浙江省规定，人力资源服务机构为浙江引进的人才，2 年内入选国家“千人计划”、国家高层次人才特殊支持计划、省“千人计划”、省“151 人才工程”第一层次的，3 年内获得“中华技能大奖”“全国技术能手”“钱江技能大奖”的，所在市、县（市、区）政府可给予引才机构适当奖励。山东省规定，在确定省服务业重点项目时，向人力资源服务业项目倾斜，对入选项目，由当地政府根据财力情况予以适当奖励。

此外，浙江省还规定对入选省服务业重点企业的，以上一年实交地方税收为基数，每年上交的地方税收增速超过10%部分，由当地政府给予奖励。山东省规定，对个体工商户转为小微企业税负增加的，所在地政府给予相应的补助。

随着人力资源服务需求的扩大，服务产品外延不断延伸，业态不断丰富。但是，相比其他领域的技术创新，当前我国人力资源服务行业普遍面临服务层次不高、产品同质竞争的问题。对此，下一步各地应加大对人力资源服务机构产品研发的鼓励和支持力度。

第四节　市场准入政策

随着我国整体经济对外开放程度的加深，提高人力资源市场对外开放水平、推进人力资源服务业国际化，越来越成为行业发展的重要发力点。近年来，无论是中央还是地方，在实施更加开放的市场准入制度、放宽外资股比限制等方面均有了一些政策探索和突破。

一、关于放宽企业登记注册条件

在中央大力改革商事制度的背景下，地方政府也不断加大人力资源服务业企业的登记注册政策调整。以辽宁、河北、天津、浙江、北京等省市为例，2012年，辽宁省在《辽宁省人力资源服务业倍增计划》（辽人社发〔2012〕35号）中提出：一是人力资源服务企业注册资本（金）在100万元以上的（含100万元），可在名称前冠以“辽宁”行政区划名称。同时，冠以“辽宁”名称的人力资源服务企业在省辖市设立分支机构，其人力资源服务许可证可由省人力资源和社会保障厅审批和年检。二是凡母公司注册资本达到1 000万元以上，有3个以上子公司，集团母公司注册资金总额达到2 000万元，支持设立企业集团。

天津市在《关于加快我市人力资源服务业发展的若干意见》（津政办发〔2013〕95号）中规定：对在本市设立综合性地区总部的人力资源服务机构，

允许在名称中使用“总部”“地区总部”字样；对功能性总部企业，允许在名称中使用“研发中心”“管理中心”“营运中心”等字样。放宽企业集团准入条件，申请组建人力资源服务企业集团的，母公司注册资本达到1 000万元人民币，并有不少于3家子公司，母子公司注册资本总额达到2 000万元人民币即可注册登记。

河北省在《关于加快我省人力资源服务业发展的意见》(冀办字〔2014〕49号）中提出，设立3个以上分支机构的人力资源服务机构，允许其在名称中使用“总”字样。放宽企业集团准入条件，对母公司注册资本达到1 000万元人民币、子公司数量达到3个、母子公司注册资本总额达到2 000万元人民币的，可设立冠以“河北”字样的人力资源服务业企业集团。

山东省《关于促进人力资源服务业发展的指导意见》（鲁人社发〔2014〕4号）规定，对母公司注册资本达到1 000万元人民币、子公司数量达到3个、母子公司注册资本总额达到2 000万元人民币，可申请设立冠以“山东”行政区划的人力资源服务业企业集团。凡注册资本300万元以上的人力资源服务业企业，均可冠以“山东”行政区划名称。

浙江省规定，除法律、行政法规另有规定外，允许新设立的人力资源服务业小微企业全体股本缴纳不低于注册资本20%的资金额后，其余部分在2年内缴足。

《北京市人民政府关于加快发展人力资源服务业的意见》（京政发〔2014〕31号）提出：在制定人力资源市场负面清单基础上，保障各类市场主体依法平等进入负面清单之外领域。同时提出，支持人力资源服务企业办理集团登记，支持连锁企业总部集中办理分支机构登记注册。

二、关于放宽外资股比限制

江苏省在《关于加快人力资源服务业发展的意见》(苏办发〔2012〕22号）中提出：瞄准欧美等发达国家和港澳台人力资源服务机构，重点引进一批具有国际先进水平的人力资源服务高端企业和高端项目，鼓励与省内企业合资合作，外资控股比例可放宽至70%，允许已在国内落户的合资企业在省内独资经营。《北京市人民政府关于加快发展人力资源服务业的意见》（京政发〔2014〕31号）中提出：引进一批具有国际先进水平的人力资源跨国机构，在中关村国家自主创新示范区设立中外合资人才中介机构，外方合资者可以拥有不超过70%的股权，最低注册资本金由30万美元降低至12.5万美元。浙江省在《关于加快发展人力资源服务业的意见》(浙政办发〔2012〕130号）中提出：大力引进国际国内知名人力资源服务企业，鼓励其与省内企业合资合作，外资控股比例可放宽至70%，允许已在国内落户的合资企业在省内独资经营。山东省在《关于促进人力资源服务业发展的指导意见》（鲁人社发〔2014〕4号）中也提出：鼓励境外人力资源服务企业在省内与中国开展人力资源服务的公司、企业和其他经济组织设立合资合作企业，合资企业的外资持股比例可放宽至70%。已在国内投资设立人力资源服务企业的境外投资者可在省内设立独资人力资源服务企业。香港、澳门服务提供者可按有关规定在省内设立独资人力资源服务企业。河北省在《关于加快我省人力资源服务业发展的意见》（冀办字〔2014〕49号）中提出：合资企业的外资持股比例可放宽到70%，香港、澳门服务提供者可按有关规定在省内设立独资人力资源服务企业。

第五节　产业要素支持政策

近年来，无论是中央还是地方，都在资金、土地及用房以及行业人才开发等方面给予了不同程度、不同形式的政策支持。这些支持从产业发展要素方面较好地支撑了人力资源服务业的发展和壮大，有效提升了产业的内生性。

一、关于资本支持

北京市《关于加快发展人力资源服务业的意见》（京政发〔2014〕31号）规定：一是将人力资源服务业纳入本市现代服务业产业发展政策和资金的支持范围。二是加大对人力资源服务企业及其建设项目的信贷投入，积极鼓励和引导金融机构创新金融产品和服务方式，拓宽信贷抵押担保范围，探索信用担保等方式，拓展市场化融资渠道，鼓励支持人力资源服务企业上市融资。三是搭建政府引导、市场运作、企业和社会组织参与的人力资源服务产业发展资本支持平台，增强人力资源服务机构自身的造血功能。河北省提出，鼓励金融机构面向品牌企业开展商标等无形资产质押贷款。对自主创办人力资源服务机构且符合小额担保贷款政策的，可申请相应数额的小额担保贴息贷款；鼓励和引导金融机构加大对人力资源服务机构和重点服务项目的信贷投入，并在国家允许的贷款利率浮动幅度内给予一定的利率优惠。浙江省提出，鼓励发展猎头、人力资源服务外包、薪酬管理、人力资源管理咨询等新兴业态和产品，引导创业风险投资机构和信用担保机构予以扶持。天津市规定，对自主创办人力资源服务机构且符合天津市小额担保贷款政策的，可申请小额担保贷款，最高不超过30万元；对带动就业5人以上、经营稳定的，可给予贷款再扶持，贷款总额最高不超过50万元。鼓励和引导银行业金融机构加大对人力资源服务机构和重点人力资源服务项目的信贷资金投入，并在国家允许的贷款利率浮动幅度内给予一定的利率优惠。山东省在《关于促进人力资源服务业发展的指导意见》（鲁人社发〔2014〕4号）中也提出：对各类创业风险投资机构和信用担保机构积极扶持，支持符合条件的人力资源服务业企业通过发行企业债券、短期融资券和中期票据等进行融资。《青海省加快发展人力资源服务业的实施意见》（青人社厅发〔2015〕93号）提出：鼓励符合条件的人力资源服务企业进入资本市场融资，支持符合条件的人力资源服务企业上市或发行集合信托以及公司债、企业债、集合债、中小企业私募债等公司信用类债券融资。自主创办的人力资源服务机构，可申请创业担保贷款并享受财政贴息政策；成功经营1年以上的可申请一次性创业奖励。

二、关于土地及用房支持

从地方的政策来看，天津市从三方面制定了优惠和补贴支持政策：一是对在本市新设立且符合有关认定条件的人力资源服务企业总部或地区总部，新购建的自用办公用房，按每平方米1 000元的标准给予一次性资金补助，最高补助金额不超过1 000万元；租赁的自用办公用房，三年内每年按房屋租金的30%给予补贴（若实际租赁价格高于房屋租金市场指导价的，则按市场指导价计算租房补贴）。二是对兴建人力资源服务聚集区和人才培训中心、测评基地、孵化中心、人才公寓等配套设施的，在土地方面给予保障。三是对在天津市新设立且符合有关认定条件的国内外知名人力资源服务机构，新购建的自用办公用房，按每平方米1 000元的标准给予一次性资金补助，最高补助金额不超过1 000万元；租赁的自用办公用房，三年内每年按房屋租金的10%给予补贴（若实际租赁价格高于房屋租金市场指导价的，则按市场指导价计算租房补贴）。

杭州市的政策是对新引进人力资源总部企业购建或租赁办公用房给予资金补助。其中，新购建的自用办公用房（不包括附属和配套用房），对属办公用途部分的建筑按每平方米1 000元的标准给予补助，最高补助不超过1 000万元，自开业之日起3年内分期补助完毕；本部租赁的自用办公用房，3年内每年按照房屋租金的30%给予补助，实际租赁价格高于房屋租赁市场指导价的，按市场指导价计算租房补助，每年最高补助不超过200万元。享受补助政策的总部企业应承诺办公用房投入使用后5年内不改变房屋用途，不转让或转租；如因特殊原因必须改变房屋用途，转让、转租的，应退还已领取的补助金。

三、关于行业人才开发

为鼓励和支持国内外优秀人才加入到人力资源服务行业，提高行业人才的国际化、专业化水平，北京市制定了“人力资源服务业领军人才培养计划”，同时提出加强从业人员资格培训和高级管理人员研修培训，组织人力资源服务机构高级管理人员赴国（境）外培训或聘请外国专家来京开展培训。开展人力资源服务业优秀调研成果和理论研究成果评比活动。河北省规定，符合条件的可享受相关优惠政策，纳入河北省“三三三人才工程”，推荐申报河北省“百人计划”“巨人计划”及国家“千人计划”“万人计划”“创新人才推进计划”等项目，参与职称评审的人力资源服务从业人员享受国有企事业单位同类人员政策。山东省规定，高层次人力资源服务人才来山东创业发展，可由当地政府以企业成长性和经济贡献为依据，对其高层次管理人才和科技人才予以适当奖励。江苏省提出，加快引进一批具有国际背景、国际视野、通晓国际规则的行业人才，深入推进“333 工程”“科技企业家培育工程”，实施“江苏省人力资源服务业高端人才培育工程”，择优选拔培养对象，科学制定培训课程，大力提升人才服务队伍国际化素质。每年选派 100 名人力资源服务业人才赴北大、清华等国内知名高校培训，每年选派 100 名人力资源服务业人才赴国外培训。依托国外著名高校、跨国公司建立人力资源服务海外培训基地和实训基地，规范境外培训工作，提高境外培训水平。此外，江苏省还开展了“全省人力资源服务业十大领军人才”评选表彰，每两年评选一次，给予每人一次性奖金 10 万元，并免征个人所得税。浙江省提出健全从业人员职业资格制度，加大职业技能培训，提高从业人员素质。同时，浙江省还创新实行特殊人才政策，即鼓励离退休人员，高职院校、科研院所、团体的专业人才，通过兼职方式从事人力资源服务业，并获取薪酬；对到人力资源服务企业工作的高层次人才，经本单位同意，报人力社保部门备案，其人事关系 5 年内可保留在原单位，由原单位继续为其缴纳单位部分的养老、失业、医疗等社会保险，同时允许其回原单位评审专业技术资格，其在企业从事本专业工作期间的业绩，可作为评审相应专业技术资格的依据；允许事业单位为距法定退休年龄不足 5 年（含 5 年）且工作年限满 20 年或工作年限满 30 年的人员提前办理退休手续到人力资源服务企业工作。对规模较大或创新能力较强、能引领行业发展的人力资源服务企业副总经理职务以上的人员，经有关部门批准，可不受学历、资历、任职资格等限制，破格直接申报高级经济师资格；对经资格认定的留学回国人员，可根据其学历、资历，直接申报相应专业技术资格。

此外，浙江省还制定实施了“人力资源服务业领军人才培养引进计划”，每年选派 100 名左右人力资源服务企业的中高级人才到国内、国(境) 外著名专业院校、知名人力资源服务企业学习培训。畅通海外培训渠道，在欧美国家建立海外人力资源服务业人才培训基地。山东省提出加大对高层次人力资源服务人才及其团队的培养引进力度，对具有高端人力资源服务业从业经验的海外高层次人才，来鲁工作或创办企业的，可按规定申报，经评审符合条件的纳入“泰山学者建设工程”予以支持，并积极向国家推荐申报“千人计划”等工程项目。对被认定的省级创新团队，由省级服务业发展引导资金给予一次性奖励；对国家和省创新团队实施的项目给予资助。加强人力资源服务机构高级管理人员研修培训，将其纳入山东省“服务业人才赴美攻读 MBA 项目”和服务业系统千人培训工程。在各级政府公派出国留学项目中，优先安排服务业企业留学项目。开展人力资源服务业专业技术人员继续教育，优先纳入全省专业技术人才知识更新工程。依托国内外著名高校、跨国公司，建立人力资源服务培训基地和实训基地，开展人力资源服务从业人员岗位培训。鼓励高等院校设置人力资源服务等相关专业，培养行业发展所需专业人才。积极培育海外人才市场，继续定期举办“中国山东海内外高端人才交流暨技术项目洽谈会”。杭州市提出，充分利用人才中介协会等行业协会开展人力资源服务业人才的再培训、再教育以及相关行业资质培训；选拔人才中介机构高层管理人员参加“杭州市服务业高级人才培养工程”培训，不断提升从业人员素质。允许市级以上人力资源服务产业园在市政府批准后自建公租房性质的公寓，用于解决符合条件的引进专业人才和具有一定技能员工的住房问题。

四、关于推动产业集聚

推进人力资源服务业集聚发展、加快建设产业园，是促进人力资源服务产业发展的重要举措。上海、苏州等地的实践业已证明，人力资源服务产业园的建设极大地推动了产业的集聚、服务的拓展、企业的孵化以及市场的培育。

从中央的统一部署来看，《国务院关于加快发展生产性服务业促进产业结构调整升级的指导意见》（国发〔2014〕26 号）提出，鼓励开发区、产业集群、现代农业产业基地、服务业集聚区和发展示范区积极建设重大服务平台。合理安排生产性服务业用地，促进节约集约发展。《关于加快发展人力资源服务业的意见》（人社部发〔2014〕104 号）进一步提出，加强人力资源服务产业园的统筹规划和政策引导，依托重大项目和龙头企业，培育创新发展、符合市场需求的人力资源服务产业园，形成人力资源公共服务枢纽型基地和产业创新发展平台。加强园区建设，完善和落实产业园扶持政策，加大招商力度，充分发挥园区培育、孵化、展示、交易功能，促进人力资源服务业集聚发展和产业链延伸。加强园区管理，制定完善园区管理办法。重点在全国范围内建设一批有规模有影响，布局合理、功能完善的人力资源服务产业园。

就地方的政策实践而言，早在2012年，江苏省就提出在符合条件的中心城市建立省级人力资源服务业产业园，打造省级现代服务业集聚区。《关于加快人力资源服务业发展的意见》（苏办发〔2012〕22号）提出：一是通过租金减免、贷款贴息、政府优先购买公共服务等优惠政策吸引机构入驻，促进行业集聚发展、创新发展。二是鼓励有条件的经济开发区、高新区、出口加工区，通过功能叠加，建立人力资源服务产业园。三是鼓励人力资源服务街区、基地等集聚区建设。四是鼓励人力资源服务企业在省级现代服务业集聚区内建设专业化人才培养等公共服务平台，符合条件的，由省级现代服务业发展引导资金给予一次性补助。

山东省在《关于促进人力资源服务业发展的指导意见》（鲁人社发〔2014〕4号）中提出，支持有条件的城市建立省级人力资源服务业产业园，对省政府认定的省级现代服务业集聚示范区，由省级服务业发展引导资金给予一次性奖励。

北京市在《关于加快发展人力资源服务业的意见》（京政发〔2014〕31号）中明确提出：推进集约化发展。依托已形成的产业发展优势，提高产业集聚发展效益。争取国家相关部门支持，推进建设中国北京人力资源服务产业园区，形成全市人力资源市场公共服务枢纽型基地和人力资源服务产业创新发展平台。鼓励有条件的区县加快建设人力资源服务产业集聚区，增强产业关联性，促进产业融合，形成布局合理、投资主体多元、有利于企业良性竞争的产业发展格局。鼓励中关村国家自主创新示范区、北京经济技术开发区和其他各类产业园区，通过功能叠加，建立人力资源服务产业园区或人力资源服务支撑体系。通过实施减免租金、贷款贴息、政府优先购买服务等优惠政策，吸引各类人力资源服务机构入驻园区。在人力资源服务产业园区进行人力资源服务业发展综合改革试点，在财政、金融、土地、税费、人力社保及服务模式等方面探索创新，先行先试，完善体制机制和政策措施，促进人力资源服务业创新发展。

辽宁省在《促进我省人力资源服务业快速发展若干政策措施》（辽人社发〔2012〕22号）中要求拟订人力资源服务业集聚区发展规划。积极推动人力资源服务业集聚区建设，创建1至3个定位科学、特色鲜明、功能完善、示范引领全省人力资源服务业科学发展的人力资源服务企业集聚区。

浙江省提出实施“基地建设推进工程”，鼓励和引导市、县（市、区）设立人力资源服务业发展基地或服务街区，集聚一批知名人力资源服务企业，把基地打造成人力资源服务业发展平台。要求设立基地的市、县（市、区），要制定人力资源服务业基地优惠政策，对入驻人力资源服务业基地的企业进行重点扶持。

杭州市规定，经市人力资源和社会保障局认定、市财政局审核的人力资源服务业产业园，可参照《杭州市现代服务业重点集聚区认定管理暂行办法》给予一次性补助50万元；对获得国家级人力资源产业园称号的，可给予一次性补助100万元，补助资金可用于产业园区编制规划、打造公共平台、建设基础设施等方面的支出。具体按照《杭州市人民政府办公厅关于规范财政扶持企业专项资金管理有关工作的通知》（杭政办函〔2010〕244号）规定执行。此外，杭州市还提出鼓励人力资源服务业产业园公共服务平台建设。经市人力社保局、财政局等相关部门审核认定，对服务业产业园公共服务平台建设给予一次性补助，补助总金额为平台建设期内实际投入的20%～30%，最高不超过100万元。

近年出台的有关人力资源服务业的相关政策，详见表15—1、表15—2。

表15—1　　国家层面出台的有关人力资源服务业的相关政策

序号	文件名	发文字号
1	《国务院关于加快发展服务业的若干意见》	国发〔2007〕7号
2	《促进就业规划（2011—2015年）》	国发〔2012〕6号
3	《国务院关于印发服务业发展“十二五”规划的通知》	国发〔2012〕62号
4	《国务院关于加快发展生产性服务业促进产业结构调整升级的指导意见》	国发〔2014〕26号
5	《国务院办公厅关于加快发展服务业若干政策措施的实施意见》	国办发〔2008〕11号
6	《人力资源和社会保障事业发展“十二五”规划纲要》	人社部发〔2011〕71号
7	《关于加快发展人力资源服务业的意见》	人社部发〔2014〕104号
8	《人力资源社会保障部关于加强人力资源服务机构诚信体系建设的通知》	人社部发〔2012〕46号
9	《劳务派遣暂行规定》	人力资源和社会保障部令第22号
10	《关于继续实施支持和促进重点群体创业就业有关税收政策的通知》	财税〔2014〕39号

表 15—2　　部分省市出台的有关人力资源服务业的相关政策

	文件名	发文字号
北京	《北京市人民政府关于加快发展人力资源服务业的意见》	京政发〔2014〕31 号
江苏	《关于加快人力资源服务业发展的意见》	苏办发〔2012〕22 号
辽宁	《促进我省人力资源服务业快速发展若干政策措施》	辽人社发〔2012〕22 号
辽宁	《辽宁省人力资源服务业倍增计划》	辽人社发〔2012〕35 号
浙江	《浙江省人民政府办公厅关于加快发展人力资源服务业的意见》	浙政办发〔2012〕130 号
天津	《天津市人民政府办公厅关于加快我市人力资源服务业发展的若干意见》	津政办发〔2013〕95 号
山东	《关于促进人力资源服务业发展的指导意见》	鲁人社发〔2014〕4 号
河北	《关于加快我省人力资源服务业发展的意见》	冀办字〔2014〕49 号
杭州	《关于加快发展人力资源服务业的实施意见》	杭政办函〔2014〕71 号
青海	《青海省加快发展人力资源服务业的实施意见的通知》	青人社厅发〔2015〕93 号

主要参考文献

[1] 陈庆云. 公共政策分析 [M]. 北京：北京大学出版社，2006.

[2] 陈力，等. 我国人力资源服务业政策法规建设研究 [M]. 北京：中国人事出版社，2012.

[3] 莫荣，侯增艳. 中外人力资源服务业比较研究 [M]. 北京：中国劳动社会保障出版社，2013.

[4] 陈诗达，王凯，应建民. 人力资源服务业理论与实践 [M]. 杭州：浙江人民出版社，2014.

[5] 陈玉萍. 国外人力资源服务业的发展：历史、现状和启示 [M]. 北京：法律出版社，2013.

[6] 王克良. 中国人力资源服务业发展报告（2014）[M]. 北京：中国人事出版社，2014.

[7] 来有为. 加快人力资源服务业发展的政策选择 [J]. 中国发展观察，2012（3）：26－30.

第十六章 人力资源服务行业规范建设

作为现代经济社会发展不可或缺的新兴服务业，人力资源服务业对于有效开发和优化配置人力资源起到重要作用。无论是从理论还是国外发展经验来看，对人力资源服务业进行合理监管都是必要的。而有效的行业监管是由政府监管、行业自律共同构成的。对于现阶段全面深化改革、全面依法治国的我国来讲，人力资源服务行业监管有着不同于以往的新内涵。不仅要处理好政府和市场的关系，创新政府监管方式，运用法治思维履行监管职能，还要有效发挥行业协会等在社会治理中的作用，让市场与政府的作用相得益彰。

本章共分四节：第一节概述行业监管的内涵、必要性和重要意义；第二节论述政府监管，包括监管机构及职责、事前准入、事中事后监管、行业诚信建设；第三节是行业自律，包括行业协会发展、行业自律公约和行业服务承诺；第四节是行业标准化，包括国家及地方层面标准化建设情况等。

第一节　行业监管概述

一、人力资源服务行业监管的内涵

人力资源服务行业监管是指为促进充分就业和人力资源优化配置，满足经济社会发展的人力资源需求，相关机构综合运用法律、行政、经济手段和自律方式，对人力资源服务业中各市场主体及其经营行为进行的监督和管理。

通常来讲，行业监管是政府监管与行业自律的有机整体。政府监管是指具有法律地位并相对独立的行政机关依法对人力资源服务业参与主体实行监督和管理的行政行为。行业自律是指人力资源服务业各市场主体通过制定自律章程、公约和守则等，对自身经营行为进行的自我约束、自我规范和自我管理。

政府监管与行业自律之间是相互依赖、相互影响的关系，两者共同致力于建立规范有序、公平竞争的市场环境，促进人力资源服务业的健康发展。其中，政府监管是人力资源服务行业监管的核心；行业自律是行业监管的主要支撑，是政府与被监管主体间的桥梁。

二、人力资源服务行业监管的必要性

无论从理论还是实践来看，对人力资源服务业进行合理监管是必要的。

（一）理论必要性

市场决定资源配置是市场经济的一般规律。然而，由于存在垄断、外部效应、公共物品、不完全信息等问题，仅仅依靠市场机制还无法实现资源配置的帕累托最优。为此，弥补市场失灵、提高资源配置效率就成为政府的重要职责。

垄断指的是少数大企业为获取高额利润而对一个或几个部门的生产、销售、价格进行联合操纵和控制。垄断最基本的特性是排他性。垄断的存在扭曲了市场结构，使得竞争机制难以发挥作用，由此产生低效率的问题。同时，与完全竞争相比，垄断条件下的企业生产产品数量少、价格高，导致社会福利净损失，还会诱发寻租等问题。

外部效应是指某一市场主体在生产和消费活动中对其他主体造成的有利或不利影响。这种有利影响增加的收益或不利影响带来的成本，都不是生产者或消费者本人所获得或承担的。外部效应的存在，限制了市场机制作用的发挥，造成整个经济的资源配置难以优化。

公共物品是指供社会成员共同享用的物品，一般具有明显的非竞争性和非排他性。所谓非竞争性，是指某人对公共物品的消费不会影响他人同时消费该产品并从中获得效用。所谓非排他性，是指某人在消费公共物品时，无法排除他人也消费同一物品（无论是否付费），或者排除的成本很高。由于公共物品的特殊性，在自利原则驱使下，消费者总是希望不断地扩大公共物品的范围，以便免费或少付费来享受更多的社会福利，这导致了“搭便车”现象，使市场机制决定的公共物品供给远小于帕累托最优状态。

现实中供求双方掌握的信息通常具有不完全性。在这种情况下，拥有信息优势的一方，在交易中总是趋向于作出尽可能有利于自己而不利于对方的选择，即产生“逆向选择”；或是出现享有自己行为的收益，而将成本转嫁给对方，从而造成他人损失的可能性，即产生“道德风险”。此外，在委托方和代理方之间，委托方往往不知道代理方要采取什么行动，或者即使知道代理方采取某种行动，也无法观察和测度代理方采取这一行动时的努力程度，这通常会使得代理方不完全按照委托方的意图行事，即产生“委托—代理问题”。这些问题的出现，都会导致效率损失，造成市场失灵。

随着经济和社会的发展，人们越来越意识到市场失灵产生了对政府干预的需求，但政府干预同样存在着失灵的可能性。政府失灵与市场失灵一样都是社会福利的损失。政府失灵包括行政低效率、以权谋私、官僚主义、财政赤字等。为弥补市场与政府两方面的失灵，理论界和实践领域提出要大力发挥行业自律特别是行业协会等中介组织的作用，并认为后者的发展水平是现代市场经济成熟的重要体现。

（二）现实必要性

从现实来看，人力资源服务行业监管的必要性主要体现在以下三个方面。

1. 促进公平竞争

在人力资源服务行业中，既有完全市场化的营利性服务机构，也有提供公共服务产品的非营利机构；既有提供综合性人力资源服务的大型企业，还有经营非常专业化的中小企业。通过对行业进行合理监管，防止出现利用特殊地位和管理优势推行强制服务、指定消费、限制竞争等行为，才能保护行业内各类市场主体的合法权益。

2. 维护市场秩序

良好的市场秩序是让市场在资源配置中发挥决定性作用的关键。只有加强行业监管，建立公平开放透明的市场规则，形成有效的行业规制，才能维护市场的正常秩序，促进人力资源的合理流动和有效配置。

3. 推动行业发展

行业监管也可以看作是为行业发展提供的服务。特别是随着服务型政府越来越成为政府自身建设的趋势，通过服务实现管理，将监管寓于服务之中，才能为行业发展增添动力，形成与行业自律的更大合力，从而有效促进人力资源服务业的健康发展（见表16—1）。

表16—1　国家及部分省区市出台的加快发展人力资源服务业的政策

	文件名称及出台日期	具体论述
国家层面	人力资源和社会保障部、国家发展和改革委员会、财政部《关于加快发展人力资源服务业的意见》，2014年12月25日	依法实施人力资源服务行政许可，探索建立企业年度报告公示和经营异常名录等制度。深入推进人力资源服务机构诚信体系建设，加快人力资源服务标准化建设。建立人力资源市场信息共享和综合执法制度，充分利用信息跟踪、市场巡查、受理投诉举报等监管手段，加大监管力度

续表

	文件名称及出台日期	具体论述
江苏	省委组织部、省发展和改革委员会、省人力资源和社会保障厅《关于加快人力资源服务业发展的意见》，2012 年 4 月 24 日	建立健全行业监管法律体系，推进人力资源市场建设和管理法制化。完善日常监管制度，依法实施行政许可，加大执法检查力度，规范人力资源市场秩序。开展行业诚信评估，建立行业信用档案。建立人力资源市场突发事件应急处置机制，加强安全防范。成立人力资源服务行业协会，加强行业自律
辽宁	省人力资源和社会保障厅、省地方税务局、省工商行政管理局《促进我省人力资源服务业快速发展若干政策措施》，2012 年 9 月 20 日	加强人力资源服务业行业协会的组织建设，充分发挥行业协会在行业代表、行业管理、行业自律、行业协调的功能。创新人力资源服务机构管理方式。对人力资源服务业诚信企业可简化年检手续，免于年检
浙江	省政府办公厅《关于加快发展人力资源服务业的意见》，2012 年 10 月 15 日	加快地方立法步伐，推动省人力资源市场条例尽早出台。完善日常监管制度，充分利用信息跟踪、市场巡查、受理投诉举报等手段，加大对人力资源市场的监管力度。开展行业诚信评估，建立行业信用档案。建立人力资源市场突发事件应急处置机制，加强安全防范，规范市场秩序。健全从业人员职业资格制度。指导组建省人力资源服务行业协会
天津	市政府办公厅《关于加快我市人力资源服务业发展的若干意见》，2013 年 11 月 6 日	完善人力资源市场政策法规体系。加强依法监管，开展经常性执法检查，规范市场秩序。市人力社保局每年公布人力资源服务机构名录，倡导建立企业文化，发挥政府引导和社会监督作用。加强行业自律和交流合作。支持和鼓励人力资源服务行业自我管理、自我约束，公平竞争、诚信服务。发挥行业协会的桥梁和纽带作用
山东	省人力资源和社会保障厅《关于促进人力资源服务业发展的指导意见》，2014 年 4 月 11 日	统一人力资源市场行政许可、市场监管等职能，逐步建立政府监管、机构公开、社会监督的人力资源服务业监管体系。完善人力资源市场日常监管制度，充分利用信息跟踪、市场巡查、受理投诉举报等监管手段，加大对人力资源市场的监管，对已认证的品牌服务机构定期进行复查。综合采取信用记录、警示告诫、公开曝光、行政处罚、行业禁入等措施，严肃处理各类违法违规行为
云南	省人力资源和社会保障厅、省发展和改革委员会、省工业和信息化委员会《关于加快人力资源服务业发展的意见》，2014 年 6 月 5 日	加快行业发展地方立法步伐，尽快研究出台人力资源市场管理条例和专项规定。完善日常监管制度，依法实施行政许可，加大执法检查力度。建立人力资源服务机构行业诚信评估标准，建立行业信用档案，探索诚信级别分级管理制度

续表

	文件名称及出台日期	具体论述
北京	市政府《关于加快发展人力资源服务业的意见》，2014 年 9 月 29 日	加快人力资源市场立法工作。完善与国家标准相配套、与国际标准相衔接的人力资源服务地方标准体系。依法加强人力资源市场监管，建立公平开放透明的市场规则，规范市场准入，禁止随意提高市场准入门槛和无故延长审核审批时限。深入推进人力资源服务机构诚信创建活动，清理整顿市场秩序。充分发挥人力资源服务行业协会作用，支持行业协会创建“枢纽型”社会组织
河北	省委办公厅、省政府办公厅《关于加快我省人力资源服务业发展的意见》，2014 年 10 月 11 日	强化人力资源市场审批、监管等职能，转变管理方式，创新管理手段，建立政府监管、机构公开、社会监督的管理体系。完善服务机构日常运营制度，加大执法监察工作，全面整治人力资源市场秩序。加强行业诚信体系建设，建立行业诚信档案制度，深入开展诚信人力资源服务机构创建工作。建立人力资源市场突发事件应急处置机制

资料来源：根据公开资料整理而成。

三、完善人力资源服务行业监管的重要意义

新时期，完善我国人力资源服务行业监管，不仅有利于规范和促进人力资源服务业的发展，更重要的是，可以为“新常态”下经济转型升级提供更充足的人力资源，进一步加快政府职能转变。

（一）促进人力资源服务业健康发展的必然要求

随着人力资源配置市场化改革步伐的加快，我国人力资源服务业从无到有，发展迅猛，初步形成了多层次、多元化的人力资源服务体系，已成为新时期服务业发展重要的新增长点。截至目前，我国不仅建立了覆盖省、市、县的公共服务网络体系，同时还涌现出中智、北京外企、上海外服等一批进入中国企业 500 强和国内外知名的行业龙头企业。

但是也要看到，我国人力资源服务主体规模偏小、实力不强、专业化程度不高，监管规则尚未与国际对接、市场秩序有待进一步改善，一些影响和制约人力资源服务业发展的深层次体制问题尚未有效解决。因此，迫切需要完善行业监管，培育统一规范、竞争有序的市场化服务体系；迫切需要大力推进人才市场、劳动力市场逐步整合和统一规范的人力资源市场建设，对职业中介机构、人才中介服务机构管理的相关法规、政策进行整合，对经营性人力资源服务机

构进行规范管理和有效监督，为广大劳动者和用人单位营造良好的市场环境。

（二）为新常态下经济转型升级提供更充足的人力资源

经过改革开放30多年的持续快速发展，支撑我国长期高增长的内在条件和外部环境已发生根本性改变，增长速度由过去的10%高速向7%左右的中高速转换，我国经济开始进入一个新的发展阶段，呈现出与以往不同的新特征。从本质上看，经济发展的“新常态”就是保持高效率、低成本、可持续的中高速增长。在这样的大背景下，经济发展方式正从规模速度型粗放增长转向质量效率型集约增长，经济结构正从增量扩能为主转向调整存量、做优增量并存的深度调整，经济发展动力正从传统增长点转向新的增长点。

人力资源服务业的发展水平，直接反映一个国家或地区的人力资源开发利用程度，关系经济社会发展全局。完善人力资源服务行业监管，有利于更好地满足“新常态”下经济转型升级对人力资源服务不断增长的需求，促进人力资源的优先开发与优化配置；也有利于实现更加充分和更高质量的就业，促进发展方式尽快向创新驱动型转变。

（三）是推动政府职能加快转变的客观要求

在全面深化改革、全面依法治国的大背景下，我国人力资源服务行业监管有了不同于以往的新内涵。一方面，要处理好政府和市场的关系，将政府工作重点转移到加强市场监管、维护市场秩序上来，最大限度地激发市场活力，保证各类市场主体权利公平、机会公平、规则公平。同时，树立政府和社会共治的理念，发挥行业协会等中介组织在社会治理中的作用，让市场、政府的作用相得益彰。

另一方面，要坚持运用法治思维、法治方式履行监管职能，加强事中事后监管，推进行业监管制度化、规范化、程序化。特别是在行政审批制度改革持续推进的过程中，要规范政府权力，推行权责清单制度。这些都将推动政府职能转变迈出新步伐，切实提升政府管理科学化水平。

第二节 政府监管

一、政府监管机构及职责

我国人力资源服务行业监管涉及的政府机构主要是人力资源和社会保障、

商务、工商行政管理部门，发展和改革、公安部门等也根据各自职能定位配合和参与行业监管。各级政府相关部门各司其职、各尽其责，共同推动我国人力资源服务业的发展。

（一）主要监管机构

人力资源服务行业大部分监管职能是由人力资源和社会保障部门负责和执行。国家层面上是人力资源和社会保障部，为国务院 25 个组成部门之一，各省、自治区、直辖市的人力资源和社会保障（人事、劳动保障）厅（局）是本行政区域内人力资源服务行业的主管部门。

人力资源和社会保障部门经历了多次政府机构改革和调整。从国家层面上看，2008 年，国务院启动改革开放后第六次规模较大的政府机构改革，撤销合并了原人事部、原劳动和社会保障部，新组建人力资源和社会保障部。而原劳动和社会保障部则是在 1998 年原劳动部基础上成立的，仅仅存在 10 年的时间。

（二）监管职责

国家层面上看，人力资源和社会保障部的职责主要有：拟订人力资源市场发展规划和人力资源流动政策，建立统一规范的人力资源市场；拟订统筹城乡的就业发展规划和政策，完善公共就业服务体系等；拟订国（境）外人力资源服务机构市场准入管理制度；指导和监督对职业中介机构的管理，促进人力资源合理流动、有效配置。商务部的职责包括：牵头负责包括人力资源服务外包在内的服务贸易工作；牵头拟订服务贸易的发展战略、方针、政策、规划并开展相关工作；拟订与服务贸易相关的部门规章和促进服务出口的规划、政策并组织实施；此外，还承担境外就业职业介绍机构资格认定、审批和监督检查等职责。国家工商行政管理总局的职责有：负责包括人力资源服务行业在内的市场监督管理和行政执法工作，制定工商行政管理规章和政策；负责从事人力资源服务经营活动的单位、个人等市场主体的登记注册；承担依法规范和维护人力资源服务市场经营秩序的责任，组织开展有关服务领域消费维权；指导消费者咨询、申诉、举报受理、处理等；负责垄断协议、滥用市场支配地位、滥用行政权力排除限制竞争方面的反垄断执法工作。另外，国家发展和改革委员会作为综合研究拟订经济和社会发展政策的宏观调控部门，还承担研究包括人力资源服务业在内的服务业发展战略和重大政策、协调服务业发展的重要职能；公安部也在很大程度上参与人力资源服务市场监督管理和行政执法工作。

二、事前准入

人力资源服务行业的事前准入，是指从事人力资源服务活动所必须满足的条件和必须遵守的制度的总称。

（一）行政许可制度

人力资源服务行业的事前准入包括设立人力资源服务机构的实体条件、程序条件等。

1. 行政许可依据

《中华人民共和国就业促进法》（2007 年颁布）、《就业服务与就业管理规定》（人力资源和社会保障部 2014 年修订）、《劳务派遣行政许可实施办法》（人力资源和社会保障部 2013 年制定）、《人才市场管理规定》（原人事部、国家工商行政管理总局 2005 年修订）、《中外合资中外合作职业介绍机构设立管理暂行规定》（原劳动和社会保障部、国家工商行政管理总局 2001 年制定）、《中外合资人才中介机构管理暂行规定》（原人事部、商务部、国家工商行政管理总局 2005 年修订）、《中外合作职业技能培训办学管理办法》（原劳动和社会保障部 2006 年制定）、《境外就业中介管理规定》（原劳动和社会保障部、公安部、国家工商行政管理总局 2002 年制定）等多部法律法规，对人力资源服务业的行政管理主体及其职责等进行了明确（见表 16—2）。

表 16—2　　我国人力资源服务业行政许可的依据

	相关内容
《中华人民共和国就业促进法》	设立职业中介机构，应当依法办理行政许可。经许可的职业中介机构，应当向工商行政部门办理登记。未经依法许可和登记的机构，不得从事职业中介活动。 国家对外商投资职业中介机构和向劳动者提供境外就业服务的职业中介机构另有规定的，依照其规定
《就业服务与就业管理规定》	职业中介实行行政许可制度。设立职业中介机构或其他机构开展职业中介活动，须经劳动保障行政部门批准，并获得职业中介许可证。未经依法许可和登记的机构，不得从事职业中介活动。 职业中介许可证由人力资源和社会保障部统一印制并免费发放
《劳务派遣行政许可实施办法》	经营劳务派遣业务，应当向所在地有许可管辖权的人力资源社会保障行政部门依法申请行政许可。未经许可，任何单位和个人不得经营劳务派遣业务

续表

	相关内容
《人才市场管理规定》	设立人才中介服务机构应当依据管理权限由县级以上政府人事行政部门审批。 国务院各部委、直属机构及其直属在京事业单位和在京中央直管企业、全国性社团申请设立人才中介服务机构，由人力资源和社会保障部审批。中央在地方所属单位申请设立人才中介服务机构，由所在地的省级政府人事行政部门审批。 人才中介服务机构设立分支机构的，应当在征得原审批机关的书面同意后，由分支机构所在地政府人事行政部门审批。 政府人事行政部门应当建立完善人才中介服务机构许可制度，并在行政机关网站公布审批程序、期限和需要提交的全部材料的目录，以及批准设立的人才中介服务机构的名录等信息。 互联网信息服务提供者专营或兼营人才信息网络中介服务的，必须申领许可证。 开展人才中介或者相关业务的外国公司、企业和其他经济组织在中国境内从事人才中介服务活动的，必须与中国的人才中介服务机构合资经营。设立中外合资人才中介机构应当符合国家中外合资企业法律法规的规定，由拟设机构所在地省级政府人事行政部门审批，颁发许可证，并报人力资源和社会保障部备案，同时按有关规定办理其他手续。香港特别行政区、澳门特别行政区、台湾地区的投资者在内地设立合资人才中介机构，参照执行。法律法规另有规定的，依照其规定执行
《中外合资中外合作职业介绍机构设立管理暂行规定》	设立中外合资、中外合作职业介绍机构应当经省级人民政府外经贸行政部门批准，到企业住所地国家工商行政管理总局授权的地方工商行政管理局进行登记注册后，由省级人民政府劳动保障行政部门批准。 不得设立外商独资职业介绍机构。 外国企业常驻中国代表机构和在中国成立的外国商会不得在中国从事职业介绍服务
《中外合资人才中介机构管理暂行规定》	申请设立中外合资人才中介机构，应当由拟设立机构所在地的省、自治区、直辖市人民政府人事行政部门审批，并报国务院人事行政部门备案
《中外合作职业技能培训办学管理办法》	设立中外合作职业技能培训机构由拟设立机构所在地的省、自治区、直辖市人民政府劳动保障行政部门审批
《境外就业中介管理规定》	境外就业中介实行行政许可制度。未经批准及登记注册，任何单位和个人不得从事境外就业中介活动

资料来源：根据相关法律法规及《人力资源社会保障部关于修改部分规章的决定》(2015) 整理而成。

2. 设立条件

人力资源服务行业事前准入的设立条件包括注册资本、专职工作人员、章程和管理制度、独立承担民事责任能力等内容（见表16—3）。随着近年来政府简政放权的持续推进，人力资源和社会保障部结合行业发展实际，对不合时宜的行政审批事项进行了全面清理，努力降低准入门槛、优化营商环境。

表16—3　　我国人力资源服务机构设立条件规定

	相关内容
《就业服务与就业管理规定》	设立职业中介机构应当具备下列条件：(1) 有明确的机构章程和管理制度；(2) 有开展业务必备的固定场所、办公设施和一定数额的开办资金；(3) 有一定数量具备相应职业资格的专职工作人员；(4) 法律、法规规定的其他条件
《劳务派遣行政许可实施办法》	申请经营劳务派遣业务应当具备下列条件：(1) 注册资本不得少于人民币200万元；(2) 有与开展业务相适应的固定的经营场所和设施；(3) 有符合法律、行政法规规定的劳务派遣管理制度；(4) 法律、行政法规规定的其他条件
《人才市场管理规定》	设立人才中介服务机构应具备下列条件：(1) 有与开展人才中介业务相适应的场所、设施；(2) 有5名以上大专以上学历、取得人才中介服务资格证书的专职工作人员；(3) 有健全可行的工作章程和制度；(4) 有独立承担民事责任的能力；(5) 具备相关法律、法规规定的其他条件
《中外合资中外合作职业介绍机构设立管理暂行规定》	申请设立中外合资、中外合作职业介绍机构应当具备以下条件：(1) 申请设立中外合资、中外合作职业介绍机构的外方投资者应是从事职业介绍的法人，在注册国有开展职业介绍服务的经历，并具有良好信誉；(2) 申请设立中外合资、中外合作职业介绍机构的中方投资者应是具有从事职业介绍资格的法人，并具有良好信誉；(3) 拟设立的中外合资、中外合作职业介绍机构应有3名以上具备职业介绍资格的专职工作人员，有明确的业务范围、机构章程、管理制度，有与开展业务相适应的固定场所、办公设施，主要经营者应具有从事职业介绍服务工作经历
《中外合资人才中介机构管理暂行规定》	申请设立中外合资人才中介机构，必须符合下列条件：(1) 申请设立中外合资人才中介机构的中方投资者应当是成立3年以上的人才中介机构，外方出资者也应当是从事3年以上人才中介服务的外国公司、企业和其他经济组织，合资各方具有良好的信誉。(2) 有健全的组织机构；有熟悉人力资源管理业务的人员，其中必须有5名以上具有大专以上学历并取得人才中介服务资格证书的专职人员。(3) 有与其申请的业务相适应的固定场所、资金和办公设施，其中外方合资者的出资比例不得低于25%，中方合资者的出资比例不得低于51%。(4) 有健全可行的机构章程、管理制度、工作规则，有明确的业务范围。(5) 能够独立享有民事权利，承担民事责任。(6) 法律、法规规定的其他条件

续表

	相关内容
《中外合作职业技能培训办学管理办法》	设立中外合作职业技能培训机构，应达到以下设置标准：（1）具有同时培训不少于200人的办学规模。（2）办学场所应符合环境保护、劳动保护、安全、消防、卫生等有关规定及相关职业（工种）安全规程。建筑面积应与其办学规模相适应，一般不少于3 000平方米，其中实习、实验场所一般不少于1 000平方米。租用的场所其租赁期限不少于3年。（3）实习、实验设施和设备应满足教学和技能训练需要，有充足的实习工位，主要设备应达到国际先进水平。具有不少于5 000册的图书资料和必要的阅览场所，并配备电子阅览设备。（4）投入的办学资金，应当与办学层次和规模相适应，并具有稳定的经费来源。（5）校长或主要行政负责人应具有中华人民共和国国籍，在中国境内定居，热爱祖国、品行良好，具备大学本科及以上学历或者高级专业技术职务任职资格、高级以上国家职业资格。（6）专兼职教师队伍与专业设置、办学规模相适应，专职教师人数一般不少于教师人数的1/3。每个教学班按专业应当分别配备专业理论课教师和生产实习指导教师，其中理论教师应具有与其教学岗位相适应的教师上岗资格条件，实习指导教师应具备高级及以上职业资格或中级及以上相关专业技术职务任职资格，并具有相应的教师上岗资格。但是，聘任的专兼职外籍教师和外籍管理人员，应当具备《中外合作办学条例》第27条规定的条件。设立中外合作技工学校，参照技工学校设置标准执行
《境外就业中介管理规定》	从事境外就业中介活动应当具备以下条件：（1）符合企业法人设立的条件；（2）具有法律、外语、财会专业资格的专职工作人员，有健全的工作制度和工作人员守则；（3）备用金不低于50万元；（4）法律、行政法规规定的其他条件

资料来源：根据相关法规及《人力资源社会保障部关于修改部分规章的决定》（2015年）整理而成。

3. 行政许可程序

根据我国行政许可法的要求，相关法规明确了从受理行政许可申请到作出准予、拒绝、中止、收回、撤销行政许可等决定的步骤、方式及时限（见表16—4）。

表16—4　　我国人力资源服务业行政许可程序

	相关内容
申请与受理	设立人力资源服务机构，可以通过信函、电报、电传、传真、电子数据交换和电子邮件等方式向政府人事行政部门提出申请，并提交有关证明材料。其中设立固定人才交流场所的，须作出专门的说明

续表

	相关内容
审核及期限	审批机关应当在接到设立人力资源服务机构申请报告之日起20日内审核完毕，20日内不能作出决定的，经本行政机关负责人批准，可以延长10日，并应当将延长期限的理由告知申请人
登记变更及注销	人力资源服务机构有改变名称、住所、经营范围、法定代表人以及停业、终止等情形的，应当按原审批程序办理变更或者注销登记手续

资料来源：根据相关法规整理而成。

（二）外资准入许可

自加入WTO以来，我国人力资源服务业对外开放水平不断提高。特别是在全面深化改革、推动新一轮高水平对外开放的进程中，我国人力资源服务业的开放力度和深度进一步加大。

在2001年发布的《中外合资中外合作职业介绍机构设立管理暂行规定》中，对申请设立中外合资、中外合作职业介绍机构的外方投资者、中方投资者以及注册资本等都有明确要求和限制。此后，为进一步促进内地与港澳经济交流合作，加速相互间资本、货物、人员等要素的便利流动，根据CEPA的有关规定，2005年内地放宽了香港、澳门的服务提供者在内地设立合资人才中介机构的准入条件。即最低注册资本金为12.5万美元，可拥有的股权比例不超过70%；其中内地合资方应是成立1年以上的人才中介机构。2007年又取消了股权比例限制条件，允许香港、澳门的服务提供者在内地设立独资人才中介机构。

2013年，中国（上海）自由贸易试验区挂牌成立后，“人才中介服务”被列为服务业扩大开放的18个重点领域之一。在《国务院关于印发中国（上海）自由贸易试验区总体方案的通知》中规定，允许设立中外合资人才中介机构，外方合资者可以拥有不超过70%的股权；允许港澳服务提供者设立独资人才中介机构。同时，外资人才中介机构最低注册资本金要求由30万美元降低到12.5万美元。这一开放措施已体现在中国（上海）自由贸易试验区的外商投资准入特别管理措施（负面清单）之中。

在人力资源和社会保障部2015年出台的《人力资源社会保障部关于修改部分规章的决定》中，取消了对中外合资人才中介机构、中外合资中外合作职业介绍机构、中外合作职业技能培训机构设立的注册资本、固定资产等限制条件。

三、事中事后监管

2014年年底，人力资源和社会保障部、国家发展和改革委员会、财政部出台《关于加快发展人力资源服务业的意见》，强调“加强事中事后监管，将设立人力资源服务机构许可由工商登记前置审批改为后置审批，优化流程，提高效率。探索建立企业年度报告公示和经营异常名录等制度”。随着政府加快职能转变以及工商登记制度改革在全国推开，政府相关部门也在创新监管方式、做好人力资源服务机构许可后续市场监管、强化部门协同联动等方面，进行了许多有益探索。

（一）监管工作机制

在监管工作机制方面，各地积极探索劳动监察网格化管理、劳动监察信息化、劳动监察分类监控等制度建设。第一，人力资源社会保障部门按照合理的划分规则，以行政区划为依据，根据用人单位的数量、分布等实际情况，将本级行政管理区域划分为若干管理责任区域（即网格），并明确每个网格的责任主体，履行本级网格化管理工作职责。第二，人力资源社会保障部门实行上门或网上信息采集、摸底排查工作；劳动监察案件实现网上办理，形成实时、规范流转；应用网络进行用人单位分类监管、诚信档案管理；采用信息系统统计功能，汇总统计数据，开展统计分析等。对已生效的行政处罚和严重违法行为，及时将违法企业名称或违法自然人姓名、行政处罚决定书文号、法定代表人（负责人）姓名和身份证号码、违法违规行为、处罚情况等录入信用信息公示系统。第三，人力资源社会保障部门以信息化为依托，按照设定的标准，对所辖用人单位进行动态分类，实施针对性监督监察。按照事前预防、动态分类、科学监控的原则，根据遵守劳动保障法律法规的情况，将用人单位分为红、黄、绿、白四种监控类别，进行劳动监察。

一些地区的人力资源社会保障部门通过日常巡视检查、受理举报投诉、开展专项执法检查和审查用人单位按照要求申报的用工信息等形式，重点检查收费项目和收费标准，打击非法劳务和超范围经营行为，维护人力资源市场正常秩序。具体来看：一是日常巡视检查。人力资源社会保障部门主动对用人单位及其劳动场所开展日常巡视检查，制定年度巡查计划，确定重点检查范围，定期检查用人单位的用工情况。检查中，政府主管机构有权采取下列措施实施劳动监察：进入用人单位的劳动场所进行检查；就调查、检查事项询问有关人员；要求相关单位或者个人提供与调查、检查事项相关的文件资料或者证据材料，并作出解释和说明，必要时可以发出询问通知书；查阅台账等有关资料，采取记录、录音、录像、照相或者复制等方式收集有关情况和资料；委托会计师事务所对用人单位工资支付等情况进行审计；委托鉴定机构对专门性问题进行鉴定；法律、法规和规章规定的其他调查、检查措施。二是受理举报投诉。人力资源社会保障部门设立举报、投诉电话，公示投诉、举报途径。任何组织或者个人对违反劳动保障法律、法规或者规章的行为，有权向政府主管机构举报；劳动者认为用人单位侵犯其劳动保障合法权益的，有权向政府主管机构投诉。政府主管机构依法查处举报和投诉反映的违反劳动保障法律的行为。三是开展专项执法检查。人力资源社会保障部门对人力资源服务机构、职业中介机构、劳务派遣单位执行相关法律法规中存在的重点问题，可以集中组织专项检查活动，必要时，可以联合有关部门或者组织共同进行。四是审查用人单位按照要求申报的用工信息。人力资源社会保障部门建立劳动用工信息申报制度，建立劳动保障监察信息档案；用人单位应当按照要求通过网络、书面等方式向政府主管机构申报订立劳动合同、工资支付、使用劳务派遣用工情况等相关信息和资料。政府主管机构对申报的相关用工信息进行审查，并对审查中发现的问题及时予以纠正和查处。

（二）黑名单制度

在实践中，一些地区还探索实施了黑名单制度。其中规定，人力资源服务机构经营者有下列情形之一，且被追究行政责任或者刑事责任的，列入“人力资源服务行业黑名单”。具体包括：第一，因经营违法行为被追究刑事责任的；第二，为求职者提供从事法律、法规禁止从事的职业；第三，提供虚假供求信息、作出虚假承诺或者采用威胁、引诱等方式进行非法经营活动；第四，超越许可证核准的业务范围从事人力资源服务经营；第五，伪造、涂改、出租、出借、转让人力资源服务许可证；第六，侵犯用人单位或者求职者合法权益；第七，为无合法证照的用人单位和无合法身份证件的求职者提供人力资源服务；第八，扣押求职者的居民身份证、学历学位证和其他证件，或者向求职者收取押金；第九，其他违背诚信经营义务，造成不良社会影响的违法行为。对纳入“黑名单”的人力资源机构经营者，由人力资源监督管理部门通过新闻媒体、政务网站等途径对外公布，并记入企业信用档案。

四、行业诚信建设

近年来，各级政府大力推动人力资源服务行业诚信建设，旨在树立诚信服务品牌，规范和促进行业发展，切实维护劳动者和用人单位的合法权益。

（一）进展情况

2012 年，人力资源和社会保障部发布了《关于加强人力资源服务机构诚信体系建设的通知》，就行业诚信建设的内容和方式提出了明确要求。人力资源服务行业诚信建设以“诚信服务树品牌、规范管理促发展”为主题，以促进人力资源服务机构诚信服务、优质服务为核心，坚持政府推动、市场引导、行业自律、社会监督相结合，通过在经营性人力资源服务机构中开展诚信教育培训、诚信服务制度建设、诚信状况诊断评估和诚信典型宣传示范等诚信创建活动，推动建立和完善人力资源市场诚信体系，完成所有服务机构诚信状况评估，实现服务机构诚信档案全覆盖，从业人员接受诚信教育培训和签署诚信服务承诺书达到100%，服务机构诚信服务意识和水平显著提高，创建一批全国和区域内诚信服务示范机构。

此后，各地政府主管机构精心组织、行业协会积极配合，开展了形式多样、各具特色的创建活动，涌现出一批依法经营、规范服务、诚实守信的人力资源服务机构典型。为发挥典型引路、示范带动作用，人力资源和社会保障部于2014年12月确定了北京市人才服务中心等106家机构为“全国人力资源诚信服务示范机构”。

（二）主要内容

自2012年全国范围的人力资源服务机构诚信创建活动启动以来，各地行业诚信建设重点集中在四个方面：

1. 诚信教育培训

将诚信教育纳入从业人员的日常培训内容，结合岗前培训、在职培训、专项培训等工作，运用网络、远程教育等信息化手段，加强从业人员的诚信教育培训。同时，建立和实施从业人员上岗前诚信教育制度，签署诚信服务承诺书，引导从业人员树立诚信服务意识、提高诚信服务水平。

2. 诚信制度建设

对行业已有诚信制度建设情况进行分析研究，有计划、分步骤地建立健全各项诚信制度。完善诚信评估制度和标准，健全评估工作机制，逐步建立诚信评估体系。与此同时，建立诚信信息采集机制，依法采集人力资源服务机构诚信信息，建立完善行业诚信档案。加强诚信信息管理，严格执行管理制度，依法使用诚信信息。制定诚信宣传制度，加强诚信宣传和诚信文化建设。

除此之外，按照一定的标准、程序，采取自我评价、专家评价和群众评价等方式，综合衡量服务机构的服务水平、信用状况和服务业绩等因素，对服务机构的诚信状况进行评估（见表16—5），指导和督促服务机构不断提高诚信服务能力。

表 16—5　　　　人力资源服务机构诚信状况评估参考指标

	内容	要求
一、基本条件（10%）	1. 设立情况	依法成立，相关证照齐全
	2. 年检情况	按时报送材料，及时办理变更，年检审查合格
	3. 从业时间	持续开展人力资源服务业务满 3 年
	4. 行政处罚	近 2 年未受过有关行政机关的行政处罚
二、服务规范（15%）	5. 信息公示	公示证照、收费标准、主营业务服务规程等信息，信息内容真实可靠
	6. 服务规程	对服务项目制定服务规程，并严格按照规程提供服务
	7. 服务记录	对各项服务进行服务记录，如实反映服务质量及收费情况
	8. 监管情况	自觉接受行政主管部门的监督检查，遵守主管部门相关管理规定
三、组织建设（15%）	9. 管理机构	管理人员相对稳定、熟悉行业相关知识，管理制度健全
	10. 员工素质	从业人员熟悉人力资源服务业务及相关知识，诚信守法，无违法犯罪行为
	11. 制度建设	根据自身业务，建立相关服务制度，制度健全完善、适应业务发展的需要
	12. 场所设施	有固定的服务场所，布局划分合理，设施配置完备，满足业务开展的需要
四、信用状况（30%）	13. 信用管理	落实信用管理制度，建立信用档案，实施风险管理，无不良信贷记录
	14. 用工情况	与员工签订劳动合同，按时缴纳社会保险，无侵害员工合法权益的记录
	15. 客户权益	客户有较高的满意度，无侵害客户合法权益的不良记录
	16. 纠纷处理	投诉处理及时，记录全面准确，无有效不诚信投诉记录
五、服务业绩（15%）	17. 服务数量	年提供服务数量达到一定的规模，服务范围和服务项目呈扩大趋势
	18. 服务质量	具有较高的服务成功率，严格遵守协议，信守服务承诺
	19. 收益情况	年收入和盈利状况良好，具有一定的抵御市场风险的能力
六、社会责任（15%）	20. 公益活动	主动提供义务服务，积极参与促进就业等社会公益活动
	21. 行业活动	积极参加行业活动，为行业发展作出努力
	22. 社会评价	内部评价、公众评价良好，获得各级政府部门及社会团体表彰奖励

资料来源：人力资源和社会保障部《关于加强人力资源服务机构诚信体系建设的通知》（人社部发〔2012〕46 号）。

3．诚信奖惩管理

研究探索诚信激励和惩罚措施，推进诚信奖惩机制建设。积极争取政策及资金渠道，在政府采购、资金扶持、社会宣传等方面参考使用人力资源服务机构诚信信息及评估结果，对诚信服务机构给予重点扶持和优先安排。另外，以法律法规为依据，与清理整顿人力资源市场秩序专项行动相衔接，通过失信曝光、黄牌警告、取缔许可证等方式，加大对失信服务机构的惩戒力度。

4．诚信典型宣传

充分利用报刊、广播、电视和互联网等媒体，广泛宣传加强人力资源服务机构诚信体系建设的目的和意义，动员广大服务机构积极参与，努力营造良好氛围。及时报道创建活动动态和成效，通过专题宣传、经验交流、现场参观等形式，对人力资源服务机构在创建活动中好的做法和取得的成效进行宣传报道。对创建活动中涌现出的优秀诚信机构、诚信岗位、诚信个人进行重点宣传，充分发挥示范带动作用，进一步树立诚信服务机构的市场地位，推动行业形成诚信服务的良好氛围。

第三节　行业自律

一、行业协会发展

行业协会作为非政府组织，在人力资源服务行业监管方面发挥着重要的自律性作用。

（一）整体现状

近年来，我国人力资源服务行业协会的数量和质量都有了较大提升，促进了整个行业的健康发展。

1．协会数量

截至2012年年底，全国省、市两级人力资源服务行业（人才服务行业、人才交流）协会共有59家。其中，省级行业协会24家，所占比例为40.7%；地市级行业协会35家，占比为59.3%。

2．协会规模

在全国59家行业协会中，单位会员数量达到7 330家。从构成上看，人力资源服务企业单位会员最多，为3 789 家，占到51.7%；其次是人力资源服务事业单位会员，共有 1 821 家，占到 24.8%；还有其他行业机构单位会员 1 720 家，占到23.5%。同时，为扩大行业协会的影响力，更好地发挥协会作用，许多地区的行业协会还吸纳了从事人力资源业务的知名专家学者、管理人员，个人会员数量达到3 000 多人。

（二）各地发展情况

围绕市场建设和行业发展，各地纷纷成立了专业性行业协会，组织方式各具特色。在实际工作中，行业协会充分发挥桥梁纽带作用，开展了形式多样的活动，有力地促进了整个行业的健康发展。其中，发展较好又具代表性的主要有：

北京人力资源服务行业协会成立于1996 年，前身是北京人才交流协会，是全国首家省级人才服务行业协会，接受业务主管单位北京市人力资源和社会保障局、社会团体登记管理机关北京市民政局的业务指导和监督管理。该协会目前由人才服务机构、人事经理两个专业工作委员会组成，坚持每年召开协会年会，组织会员代表到京外人才市场考察学习；组织从业人员执业资格培训和其他培训；开展学术研究，举办“人才市场建设论坛”；开展评比先进会员单位活动，创办人才协会会刊等。

上海人才服务行业协会成立于 2002 年，为全市人力资源服务机构行业企事业单位自愿组成的跨部门、跨所有制的非营利性社会团体法人。协会成立以来，协助政府出台促进产业发展的政策，牵头起草并发布 3 部上海市地方标准和 6 项行规行约；研究业态发展，开展产业咨询，推进诚信建设，建立标准体系；嫁接商机，培育多元化、多层次的服务产品；开展从业人员培训，加快从业人员队伍建设；建立科学管理体制，构建学习型、竞争型服务团队。

深圳市人力资源服务协会成立于 2008 年，是由全市从事人力资源服务业务的有关机构、团体和个人自愿组成。目前，协会的业务主管单位是深圳市人力资源和社会保障局，主要开展以下重点工作：代表会员及行业与有关部门联系，参加活动，发挥桥梁作用；维护会员合法权益，抵制不正当竞争；协助政府对行业的管理，督促业内机构依法经营；建立行规行约，编制与推广技术标准；开展法律法规及业务知识培训，提高从业人员工作水平；开展业内资质信誉等评价，表彰优秀；开展业内外及国内外交流活动，为会员发展提供帮助；开展行业统计与发展研究，为会员及有关部门提供信息和专业咨询服务。

宁波人力资源服务行业协会成立于2011年，为该市人力资源服务机构及相关单位依法自愿组成的跨部门、跨所有制的行业性社会团体法人。协会遵循“机构独立、人员独立、运作独立、经费独立”的原则，开展经营服务；以“做大、做强人力资源服务产业”为目标，以“促进本行业自律、促进人才市场配置、促进企业人才开发”为重要抓手，发挥协会行业服务、行业代表、行业管理、行业协调、行业自律等功能，维护人力资源服务机构的合法权益，促进全市人力资源服务行业的健康有序发展。

苏州市人力资源服务行业协会是2011年在苏州市职业介绍（人力资源）同业公会与苏州市人才中介行业协会合并更名后成立的组织。协会是由苏州市从事人力资源服务的相关单位自愿组成的行业性社团组织，作为一家新型的行业协会，在政府“不派员、不干预、不给经费”的情况下，不断探索创新，充分发挥“服务、自律、代表、协调”的职能，服务行业发展壮大。该协会以“自愿入会、自选领导、自聘人员、自筹经费、自理会务”为组织原则，实行“自我管理、自我服务、自我协调、自我约束、自我教育”的活动方针。

二、行业自律公约

2013年，中国对外服务工作行业协会联合北京人力资源服务行业协会、上海人才服务行业协会、重庆市人力资源协会、广州人才交流协会共同发布《人力资源服务机构诚信服务自律公约》，向各自的会员单位推荐执行，并向社会作出承诺，接受监督。这五家协会联合提出：各会员单位应符合国家相关法律和行政法规规定的机构设立条件，而且做到业务范围、经营内容与注册登记的工商营业执照及行政许可一致，不违规或超范围经营；有健全可行的公司章程、管理制度、员工手册和工作规范，有与其业务相适应的营业场所、办公设施和资金准备；有完善的组织机构，有素质高、业务精、技能好的从业人员；能够独立享有民事权利、承担民事责任，具有良好信誉，工商、税务、劳动等各项年检无不良记录。同时，提倡在会员单位间开展公平有序的服务产品、服务质量与服务效率的竞争，反对任何阻碍、损害人力资源服务业发展的经营行为与不正当竞争。会员单位应自觉维护行业内公平竞争的市场环境。鼓励发展会员之间互助互利的合作关系，支持人力资源服务机构之间双边或多边的业务交流，支持多种形式的知名品牌、先进管理模式和信息资源的整合与共享；反对相互串通，进行价格垄断。此外，还强调要遵循市场活动的公开性原则，在单位基本信息、遵纪守法情况、投诉举报处理情况、业务经营情况、诚信守诺情况等方面，自觉接受相关部门和用户的监督。为了加强社会监督，该公约已报送政府行政主管部门并在相关媒体公布。

另外，近年来，江苏、江西、上海、重庆等多个省市的行业协会也制定实施了各自的人力资源服务行业公约，旨在规范人力资源市场秩序，引导人力资源服务机构依法经营、诚信服务、有序竞争。总体上看，这些地区出台的行业自律公约明确提出反对不正当竞争行为。具体包括：通过媒体、广告或其他方式对本单位进行虚假宣传，或捏造、散布虚假信息，损害、贬低同行单位的形象、商誉；采取竞相压价、转借资质等手段，谋取不正当的利益或市场份额，干扰、破坏其他人力资源服务单位的合法市场活动；利用在业内的强势地位，强制用户接受其产品和服务，或强制其他同行经营其产品；在与其他人力资源服务单位开展竞标服务时，与用户互相串通、暗箱操作、欺诈和排挤其他竞争对手等。同时，还明确服务机构之间发生争议时，争议各方应本着互谅互让的原则，争取以协商的方式解决争议，也可以申请行业协会进行调解。还指出服务机构应主动接受政府职能部门的监督管理，自觉接受社会各界的批评监督，共同抵制和纠正行业不正之风。服务机构有违反公约行为，造成不良影响的，由行业协会进行调查，并视情予以通报，情节严重的报送相关部门依法处理。

三、行业服务承诺

服务承诺是人力资源服务机构以提高服务质量为目的，向社会公众公开的服务保证。近年来，各级政府监管部门积极在人力资源服务业推行服务承诺制度，得到行业内各市场主体的广泛响应，纷纷就提高服务意识、办事质量和效率等内容制定了《服务承诺书》，并在服务场所内公开，接受社会监督，取得了很好效果（见表16—6）。

表16—6　　部分人力资源服务机构的服务承诺

	具体内容
北京市人才服务中心	（1）认真执行首问负责制，服务态度热情，耐心细致，语言文明。 （2）公开办事流程，严格按规范、程序和要求服务，服务对象满意率达到90%。 （3）提高办事效率，按照时限和要求为服务对象提供相关服务。 ①人才开发中心受理业务时，为用人单位办理参加招聘会手续不超过30分钟，为用人单位和求职个人办理网站登记手续时间不超过30分钟。

续表

	具体内容
北京市人才服务中心	②毕业生中心受理业务时，为毕业生办理求职登记、查调档案等事项不超过30分钟，为用人单位办理相关招聘手续等事项不超过30分钟。 ③人才档案管理中心受理业务时，对材料齐全、完备的，做到即时办理；对需要补充材料的，做到一次性告知存档单位和个人进行准备。 （4）加强保密工作，不泄露服务对象的信息内容。 （5）畅通诉求渠道，认真受理服务对象的投诉，投诉处理率达到100%
江西省人才流动中心	（1）坚持“促进就业、服务社会”的服务宗旨，要求所有员工严格遵守江西省人才流动中心的《工作人员行为规范》《首问责任制》《一次性告知制》《投诉处理办法》《员工违规违纪处理办法》等规章制度，尤其注重职业道德基本规范和职业形象要求。 （2）提高认识、振奋精神，认真做好就业创业服务工作。对群众的来信来访做到件件认真记录、个个热情接待。学会换位思考，将心比心，尽最大努力解决群众来信来访反映的问题。 （3）通过江西人才人事网（www. jxrcw. com）、现场公告栏、人才报等形式公开省人才中心的基本情况、服务内容、服务对象和服务流程以及投诉监督方式等。 （4）认真执行党风廉政建设有关规定，树立人才中心“功能齐全、设施完备、环境优美、服务一流”的良好形象
青海省人才交流中心	1. 首问责任制的受理 （1）首问责任人：最先受理咨询和业务办理的中心工作人员为首问责任人。 （2）首问责任人受理内容：人事人才法规、政策咨询，中心各项工作业务的办理。 （3）首问责任人受理形式：来信、来电和中心各项工作业务的办理等。 2. 首问责任工作制度 （1）对前来办理业务或咨询的人提出问题，无论是否属于本人或本中心范围内的工作，首问责任人应当主动热情接待，不得以任何借口推诿、搪塞、拒绝。 （2）凡属于本人、本部门业务范围内的，首问责任人可以立即答复或办理的，应当当场答复或办理，如不属于自己工作职责范围，应立即转交他人答复或办理。由于客观原因不能当场答复或办理的要说明原因，并做好解释工作。 （3）不属于本人、本部门职责范围内的，首问责任人要按中心职能部门的划分，为咨询和业务办理人员告知或联系相关部门和人员。

续表

	具体内容
青海省人才交流中心	（4）首问责任人答复问题时，要严格按照法律、法规和政策规定，坚持实事求是的原则，给予准确答复或办理。对于不清楚、掌握不准确或比较复杂、难以解决的问题，应及时请示上级和有关领导，并及时给予答复。 3. 首问责任一次性告知制度 （1）中心工作人员对服务相对人的首次办事请求，应一次性告知所办事项的办理程序、办理依据、所需条件或所需的全部书面资料以及办事应注意事项。 （2）对符合规定、手续齐全的，应马上办理，承办人不得以任何借口拖延不办。不能马上办理的，应说明原因，并限时办理。 （3）对符合规定但手续不齐全的，应一次性告知所缺的全部手续和办事程序、办事依据。 （4）对服务相对人的一次性告知，可采取口头告知形式，如服务对象要求以书面形式告知，应以书面形式告知。 4. 首问责任服务时限制度 （1）凡上级机关和领导的决策、命令、交办事项等要认真执行，按要求的时限办理。因特殊情况不能按时完成的，应及时反馈、报告情况，说明理由。 （2）实行服务时限制。凡法律、规章已明确时限要求的，或作出时限承诺的，必须严格执行；法律、法规、规章没有规定时限的服务事项，应主动按照优质、高效、廉洁的原则自行确定服务办理时限。 （3）办事限时制。除领导有明确时限要求的按领导要求办理外，一般性日常工作，材料齐全，即来即办；需向领导汇报的事项，1个工作日内向领导汇报，汇报同意后，2~4个工作日内完成。应急事项，根据工作需要，随叫随到，连续办理，做到特事特办、急事急办。 5. 首问责任追究制度 有下列行为之一的，依据有关规定将酌情给予首问责任人相关处理： （1）对前来办理业务、咨询的人态度淡漠、刁难、扯皮、拒绝受理或借故拖延办理时间的； （2）对问题处理不当，发生投诉或上诉，造成极坏影响的； （3）被新闻媒体公开曝光或被上级部门公开批评经查实的； （4）违背原则、政策、程序答复或办理，造成不良影响和后果的

资料来源：根据相关机构公开资料整理而成。

第四节　行业标准化

一、标准化规划的制定

近年来，我国人力资源服务行业标准化建设取得了重要进展，为推动人力资源服务业科学发展、提升规范化服务水平提供了有力支撑。

为充分发挥标准化工作的作用，2012 年，人力资源和社会保障部发布了《人力资源和社会保障标准化规划（2011—2015 年）》，指明了“十二五”时期人力资源和社会保障标准化工作的指导思想、基本原则、总体目标、主要任务、保障措施等。根据规划，到“十二五”末，要完成制（修）订 146 项国家标准和行业标准，初步建立起与人力资源和社会保障法律、法规、制度体系相辅相成的标准体系。从标准覆盖领域看，这些标准可分为三类。一是人力资源服务标准，共 81 项，其中经营性人力资源服务标准 23 项，公共就业和人才服务管理标准 28 项，劳动关系协调标准 30 项；二是社会保险标准，共 38 项；三是人力资源和社会保障业务支撑标准，共 27 项。可见，在制（修）订 146 项标准中，人力资源服务标准数量最多，反映出我国人力资源服务业快速发展对标准化建设的迫切需求。从标准级别看，国家标准 86 项、行业标准 60 项，表明标准层级还是比较高的。从标准制修订情况看，需要新制定的标准达到 136 项。从标准性质看，这些标准均是推荐性标准。

二、国家标准建设情况

“十二五”期间，我国人力资源服务行业标准化建设加快推进，一批工作中急需、质量水平较高的标准陆续制定出台。全行业首个国家标准《高级人才寻访服务规范》（GB/T 25124—2010）于 2011 年 1 月 1 日正式实施。《高级人才寻访服务规范》对高级人才寻访服务的服务资质、服务条件、服务流程和服务要求以及对服务质量的控制等，进行了明确规定（见表 16—7），是我国人力资源服务标准化建设的重要突破，标志着人力资源服务业由经验性服务开始向标准化服务转变。此后，各地人力资源社会保障部门通过工作试点、加强培训、开展服务水平达标活动等途径，对《高级人才寻访服务规范》进行了宣传和推行。

表 16—7　　《高级人才寻访服务规范》国家标准

	具体内容
1. 范围	本标准规定了高级人才寻访服务资质及服务条件、服务流程、服务要求以及服务质量控制。 本标准适用于高级人才寻访服务业务。
2. 术语和定义	下列术语和定义适用于本标准。 2.1　高级人才 Executive 满足客户要求的具有较高知识水平、专业技能的高层管理人员和高级技术人员或其他稀缺人员。 2.2　高级人才寻访 Executive Search 为客户提供咨询、搜寻、甄选、评估、推荐并协助录用高级人才的系列服务活动。
3. 资质及服务条件	3.1　机构资质 依法获得政府主管部门核发的《人力资源服务许可证》的机构。 注：该许可证指根据《关于进一步加强人力资源市场监管有关工作的通知》的规定，由人力资源和社会保障主管部门发放的《人力资源服务许可证》。 3.2　人员条件 3.2.1　取得人力资源服务从业人员资格证书。 3.2.2　具备高级人才寻访相关专业知识。 3.3　服务环境 3.3.1　设有独立的面试和业务洽谈室。 3.3.2　有完善的办公与通信设备。 3.4　数据库 3.4.1　客户数据库应包括以下信息：a）单位名称、属性和行业类别；b）主要业务、产品和规模；c）发展目标和战略规划；d）员工工资和福利待遇状况；e）办公地点和环境；f）组织机构设置；g）其他相关信息。 3.4.2　人才数据库应包括以下信息：a）个人基本情况；b）工作经历及业绩；c）性格特征、特长；d）教育背景及培训情况；e）专业技术资格或执业（职业）资格、职称获得情况；f）其他相关信息。 3.4.3　资料归档并输入数据库。 3.4.4　数据库应及时充实和更新。

续表

<table>
<tr><th></th><th>具体内容</th></tr>
<tr><td>4. 服务流程</td><td>4.1　接受客户委托
4.1.1　查验客户法人营业执照或相关资质证书。
4.1.2　由客户提供职位说明书、拟录用人员条件等信息资料。
4.2　需求分析
4.2.1　了解分析客户背景、规模、经营状况、组织结构、人员构成、企业文化及发展规划等信息。
4.2.2　了解分析职位所需人才的行业经验、专业水平、能力要求、工作条件、薪酬及福利待遇等内容。
4.3　签订服务协议
与客户签订服务协议。服务协议的内容应包括双方权利与义务、服务内容、服务期限、服务费用与支付方式、违约责任等。
4.4　提交寻访计划书
向客户提交包含对招聘职位的理解、寻访目标、寻访渠道、工作进度等相关内容的寻访计划书。
4.5　实施寻访
4.5.1　甄选
进行有针对性的寻访工作，初步筛选出基本符合条件的候选人。
4.5.2　测评
运用面试或专业测评工具对筛选出的候选人的性格倾向、管理能力、专业知识与技能、工作业绩、相对优势与劣势、离职原因、职业取向等相关要素进行评估，进一步了解候选人与职位的匹配性。
4.5.3　出具评价报告
根据面试或测评结果，分别对候选人出具书面评价报告。评价报告应包括：a）个人基本情况；b）教育背景；c）工作经历；d）现岗位职能分析；e）管理能力；f）专业能力；g）性格特征；h）薪酬状况；i）职位匹配度；j）结论（总体匹配度）。
4.5.4　确定候选人名单
将筛选出的候选人名单及相关资料提交给客户，供客户选择。
4.5.5　协助客户面试
安排客户面试候选人。
4.5.6　与客户沟通
确定客户初步认可的候选人。
4.5.7　与候选人沟通
与确定的候选人进行沟通，分析候选人与客户职位需求的匹配度，了解候选人的意向。</td></tr>
</table>

续表

	具体内容
4. 服务流程	4.5.8 候选人信用调查 根据客户要求，对候选人进行信用调查。信用调查应保护其个人隐私。 4.6 协助客户录用 协助客户与候选人洽谈入职等有关事宜及办理录用手续。 4.7 资料归档 归档资料应包含下列内容：a）服务协议书；b）客户提交的资料；c）候选人的资料报告；d）评价报告书；e）访谈报告书；f）双方交流函件；g）项目总结。 4.8 后续服务 4.8.1 与被录用人员保持联系，为其提供必要的咨询和指导服务。 4.8.2 与客户保持联系，了解客户对录用人员的评价。 4.8.3 与客户商定跟踪服务期（或保用期），服务期（或保用期）内由于候选人主动离职或不胜任，负责按寻访流程重新寻访候选人。
5. 服务要求	5.1 维护客户和候选人双方权益，遵守保密约定。 5.2 高级人才寻访不应涉及国家法律法规规定不得流动的人员。
6. 服务质量控制	6.1 及时了解客户和候选人对服务的意见和建议。 6.2 及时妥善处理客户投诉，提出改进措施并加以实施，提高客户满意度。

资料来源：国家标准化管理委员会。

另外，《现场招聘会服务规范》（GB/T 30662—2014）、《人才测评服务业务规范》（GB/T 30663—2014）两项国家标准，经国家质量监督检验检疫总局、国家标准化管理委员会批准，也于2015年7月1日正式实施。其中，《现场招聘会服务规范》规定了举办现场招聘会的服务机构资质、工作人员配备、场地设施、服务流程、服务要求、服务评价与改进，适用于人力资源服务机构开展的现场招聘会服务。《人才测评服务业务规范》则规定了人才测评服务的基本要求、服务流程、服务要求及服务评价与改进，适用于人力资源服务机构开展的人才测评服务。值得说明的是，《人才测评服务业务规范》国家标准是目前国内外唯一一部人才测评服务业务标准。该标准的出台和推广将使需要接受人才测评服务、建设人才测评管理平台的各类组织机构寻找到评价和确定服务提供商的合理化依据，保障人才测评使用单位和个人的利益，规范人才测评市场发展。

此外，人力资源培训服务规范、人力资源管理咨询服务规范、职业指导服务规范、流动人员人事档案管理服务规范、公共就业和人才服务术语等多项国家标准也在送审或征求意见阶段。

三、地方标准建设情况

在国家层面加快人力资源服务行业标准化建设的同时，部分省市也在积极推动地方人力资源服务标准化工作，并进行了诸多探索。其中，北京、上海等地的做法具有代表性。

早在2006年，北京市《人才服务规范》《人才服务机构等级划分与评定》作为企业标准正式颁布，开创了全国人才服务标准化建设的先河。2007年，《人才服务规范》《人才服务机构等级划分与评定》作为地方标准正式发布，这是全国首批人才服务地方标准。2013年，新修订的《人力资源服务规范》《人力资源服务机构等级划分与评定》（DB11/T 494—2013、DB11/T 495—2013）开始实施。该标准对11项业务（求职招聘服务、招聘洽谈会、信息网络服务、高级人才寻访、职业指导服务、素质测评服务、培训服务、咨询顾问服务、流动人员人事档案管理服务、人力资源外包服务、劳务派遣）进行了规范，统一了全市公共就业服务机构和经营性人力资源服务机构的服务标准；通过建立人力资源服务机构和服务项目评价指标体系，对影响人力资源服务质量的从业人员、设施设备、服务环境、业务范围及其工作流程、基本要求等因素进行了全面规范。2015年，北京市人力资源和社会保障局公布了首批通过人力资源服务机构等级评定的44家机构名单。其中，5A级4家，4A级12家，3A级19家，2A级6家，1A级3家。

与北京市不同的是，上海市人力资源服务标准化工作分为公共就业人才和经营性人力资源服务两部分，分别由上海市人才服务中心、上海人才服务行业协会负责。上海市人才服务中心重点制定公共就业和人才服务类标准，并将标准应用于人事人才公共服务平台建设及业务建设。一方面，基本统一了平台服务项目在视觉形象、服务流程、服务规范等方面的标准；另一方面，规范了人事档案管理、人才引进、居住证积分管理、人才诚信服务、事业单位聘用管理等业务，探索了人才诚信服务建设方面的标准化问题。而上海人才服务行业协会则侧重于制定市场服务类标准，目前已颁布实施了《人力资源派遣服务规范》《人才测评服务规范》《高级人才寻访服务质量要求和评价方法》等地方标准。

主要参考文献

［1］维托·坦茨. 政府与市场：变革中的政府职能［M］. 王宇，等，译. 北京：商务印书馆，2014.

［2］王克良. 中国人力资源服务业发展报告（2014）［M］. 北京：中国人事出版社，2014.

［3］萧鸣政，郭丽娟，李栋. 中国人力资源服务业白皮书 2013［M］. 北京：人民出版社，2014.

［4］刘世锦. 中国经济增长十年展望（2015—2024）：攀登效率高地［M］. 北京：中信出版社，2015.

［5］任兴洲，刘涛. 发展生产性服务业，促进产业转型升级［N］. 经济日报，2014－09－06.

后　记

作为生产性服务业的重要组成部分，无论是加大人力资本投资力度还是提高劳动力配置效率，人力资源服务业都扮演着重要角色。它是发挥市场在人力资源开发中的决定性作用，推动创新驱动战略发展的重要载体。同时，还应看到，作为朝阳产业，其发展还面临着产业规模不大、业态亟须转型升级、市场发展尚需规范等问题。人力资源服务实践的发展，一方面为人力资源服务相关理论的发展提供了坚实的基础；另一方面，也需要我们构建一个相对系统的理论体系去研究相关问题，为相关决策部门、行业从业者、研究者提供理论参考。

为此，中国人事科学研究院携手政府主管部门、行业协会、高等院校、研究机构及有代表性的人力资源服务机构，于 2014 年 8 月开始本书编写的筹划工作，经过反复研讨，形成全书的框架和思路，组成写作团队，对该领域的有关理论和实践问题等进行系统阐述，历经一年有余的时间，完成了全书写作。

各章文稿写作的分工如下：

第一章（天津市外国企业专家服务有限公司运营总监时博博士、对外经济贸易大学苏丽峰副教授）、第二章（中国人事科学研究院王晓辉博士）、第三章（中国北方人才市场副总裁刘青田、天津市外国企业专家服务有限公司运营总监时博博士）、第四章（沈阳人力资源行业协会副会长、沈阳农业大学职业能力研究所所长孟庆伟研究员、沈阳市就业和人才服务局张伟国处长、沈阳爱尔眼科人力资源总监黄芳芳）、第五章（中国劳动科学研究院曹可安研究员、中国北方人才市场杨惠贤）、第六章（人力资源和社会保障教育培训中心葛婧博士）、第七章（诺姆四达集团总经理苏永华博士）、第八章（北京城市学院王爱敏副教授、博士）、第九章（中国人事科学研究院熊通成副研究员、博士）、第十章（中国成都人才市场管理委员会办公室副主任薛驰、中国成都人才市场档案管理部刘璐、苟小娟）、第十一章（北京劳动保障职业学院朱莉莉）、第十二章（北京劳动保障职业学院郑振华）、第十三章（沈阳人力资源行业协会副会长、沈阳农业大学职业能力研究所所长孟庆伟研究员、沈阳航空航天大学李作学、沈阳市药监局孟凡艺）、第十四章（中国人事科学研究院黄梅博士）、第十五章（中国人事科学研究院吴帅博士）、第十六章（国务院发展研究中心刘涛副研究员、博士）。

中国人事科学研究院院长余兴安研究员任主编，对全书进行了总体设计和通审。中国人事科学研究院人力资源市场研究室主任田永坡副研究员、博士任副主编，协助主编做了组织和审稿工作。全体撰著者参加了全书的修改讨论，赵庆梅副研究员、魏艳春副研究员、黄梅博士、王晓辉博士、吴帅博士参与了全书的审读。

在本书的写作过程中，人力资源和社会保障部人力资源市场司、中国人才交流协会领导给予了大力支持，中国对外服务工作行业协会秘书长樊进生，北京市人才中心主任林革，上海人才服务行业协会秘书长朱庆阳，北京人力资源服务协会常务副会长张宇泉，深圳人力资源服务协会会长王颖，宁波人力资源和社会保障局副局长陈水良，广州市人力资源和社会保障局人力资源市场处处长关则朝，中智上海经济技术合作公司原总经理、首席专家石磊，中国人民大学劳动人事学院院长杨伟国教授，北京师范大学经济与工商管理学院院长赖德胜教授等予以诸多指导，中国人事出版社的张文春编审对本书的出版付出了细致而辛苦的努力，在此一并表示诚挚的谢意。

编著者

2015 年 10 月